《徐集镇志》编纂委员会

第 一 主 任： 杨振宇　徐集镇党委书记
　　　　　　　　　　（2015. 10—2020. 05）
　　　　　　　钱祥龙　徐集镇党委书记
　　　　　　　　　　（2020. 05—2023. 06　）
　　　　　　　郭青山　徐集镇党委书记
　　　　　　　　　　（2023. 06—　）

主 任 委 员： 张富恩　徐集镇党委副书记、镇长
　　　　　　　　　　（2015. 09—2021. 11　）
　　　　　　　蔡志祥　徐集镇党委副书记、镇长
　　　　　　　　　　（2021. 11—　）

副主任委员： 周　锋　四级调研员
　　　　　　　王邦军　镇人大主席
　　　　　　　陆　亚　镇党委副书记
　　　　　　　高祥丽　镇党委副书记
　　　　　　　方仁刚　一级主任科员
　　　　　　　卢　东　镇人大副主席
　　　　　　　王蓓蓓　镇党委组织委员、工会主席
　　　　　　　许正春　副镇长
　　　　　　　刘　会　镇党委宣传委员
　　　　　　　伍　涛　人武部长、政法委员
　　　　　　　丰邵生　镇纪委书记
　　　　　　　高大林　副镇长
　　　　　　　王　路　副镇长
　　　　　　　王艳艳　副镇长
　　　　　　　陈飞杨　党委委员、副镇长
　　　　　　　雷伟成　人武部长
　　　　　　　林纪垚　党政办主任

成　　　员： 胡圣法　社会事务办主任
　　　　　　　姚曙光　财政所所长

宋凤梅　计生办主任

李　进　建设所所长

荣发成　农管站站长

陈时辉　农综站站长

吴崇新　文广站站长

曾洪波　水利站站长、应急所所长

吴　坤　社保所所长

刘晨露　乡村振兴工作站站长

权家宝　退役军人事务站站长

韩　明　综治办副主任

张承军　中心学校校长

朱　文　派出所所长

宋　平　司法所所长

谢贻保　国土所所长

丁　勇　市场监管所所长

武　琦　交通运输所所长

房冬蓉　徐集法庭庭长

谷怀平　中心学校原校长

汪浜海　徐集小学原校长

田维平　黄巷小学原校长

朱炬明　徐集初中教师

孙宗清　中学语文高级教师

《徐集镇志》编纂单位及人员名录

《徐集镇志》编辑室

主　　编：孙宗清
副主编：谷怀平
编　　辑：汪浜海　朱炬明
图片采编：孙　杰　李　进　王善斌

《徐集镇志》撰稿人员

（排名不分先后）

胡多明　张登宏　李　进　吴崇新　陈时辉　曾洪波　韩　明　黄友标
梁伯金　宋　平　丰邵生　许　浩　徐思敏　邬　啸　张世琼　李晓娜
刘一浩　杨　俊　朱道兵　卢士华　鲍传根　丁美玉　张丕胜　方昌林
孟先平　张成军　罗会军　侯义友　周庆怀　王务友　田为民　潘家新
张　柳　方　苏　张学余　王蓓蓓　刘　会　刘立品　林纪垚　潘　婷
权家宝　马永胜

审定单位　中共六安市裕安区委党史和地方志研究室
　　　　　中共六安市委党史和地方志研究室
批准单位　六安市裕安区徐集镇人民政府

党政活动

中国共产党徐集镇第十三次党员代表大会　2021年摄

徐集镇第五届人民代表大会第一次会议　2021年摄

1

镇党委书记钱祥龙深入格林超市开展食品安全督导检查 2022年摄

镇长蔡志祥深入夏军花生糖厂开展食品安全检查 2022年摄

镇长蔡志祥为抗击疫情捐赠物资的安徽省科学家企业家协会赠送锦旗 2022年摄

2018年，镇村党员干部前往霍山革命纪念馆开展红色教育活动

徐集镇召开脱贫攻坚推进会　2018年摄

徐集镇召开扫黑除恶治乱工作推进会　2018年摄

经济发展

2016年1月19日，时任安徽省副省长方春明调研明升服装厂

2012年9月25日，时任中华全国供销合作总社监事会主任蒋省三在省、市领导陪同下到徐集夏军花生糖食品厂参观调研指导工作

2022年，安徽紫荆花绿沃川智慧农业科技产业园项目签约仪式

2009年，徐集镇与上海班固水泥有限公司5万吨粮食仓储暨精米加工项目顺利签约

希望的田野 2022年摄

发展中的徐集工业园区 2022年摄

棠树村惠丰稻虾绿色种植基地
2022年摄

风吹麦浪，徐集棠树村夏粮好
"丰"景 2022年摄

风吹麦浪，徐集棠树村夏粮好
"丰"景 2022年摄

风吹麦浪，徐集棠树村夏粮好
"丰"景 2022年摄

徐集镇全红村8500亩连片高标准农田　2023年摄

徐集镇铠聚产业园　2023年摄

安徽欧汐雅服饰科技股份有限公司生产车间　2023年摄

紫荆花绿沃川智慧农业科技产业园　2023年摄

集镇面貌

20世纪80年代的徐集老街

2010年的西大街

2018年集镇新貌

2012年集镇一瞥

徐集集镇建设的典范——聚富苑　2022年摄

2022年集镇鸟瞰

小区新貌　2018年摄

省道 244建成通车　2022年摄

美好乡村

省级美好乡村——梁集村　2020年摄

乡村文化广场　2022年摄

棠树村村民春耕忙　2023年摄

省级美好乡村棠树村　2022年摄

汲东干渠七里半段　2022年摄

秋天的田野　2022年摄

"白改黑"工程实施前的010县道　2022年摄

全红村光伏发电　2022年摄

梁集村新貌　2022年摄

民生工程

棠树村文化广场　2021年摄

大别山区水环境生态补偿
资金项目　2021年摄

徐集自来水厂　2022年摄

黄岳村农业生态园　2022年摄

梁集村梁堰中心水库除险
加固工程　2022年摄

黄岳村农业生态园　2022年摄

地方特产

2019年，徐集花生糖产业协会第一届会员大会召开

省级非物质文化遗产——徐集花生糖制作技艺

安徽省商务厅颁发"安徽老字号"奖牌

徐集花生糖参加赛宝大会　2020年摄

地方特产徐集花生糖展销　2020年摄

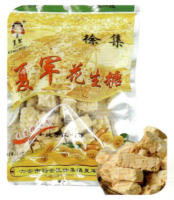

徐集夏军花生糖　　　　　舌尖上的安徽——徐集
　　　　　　　　　　　　　花生糖　2022年摄

天府肉鸭

君盛特种动物养殖场饲养的狗獾

源丰畜牧养殖专业合作社饲养的
安徽白山羊

怡养小镇

2021年,紫荆花怡养小镇新貌

紫荆花怡养小镇　怡园
2022年摄

篝火晚会　2020年摄

小镇一角　2021年摄

内部设施　2022年摄

紫金花绿沃川智慧农业（一）

紫金花绿沃川智慧农业（二）

社会事业

六安市徐集中学　2022年摄

百年名校徐集小学　2022年摄

2010年，中央电视台、人民日报、光明日报、经济日报、中国青年报5家中央主流新闻媒体以及安徽电视台、安徽日报等近20名记者组成的中央新闻媒体基层医改采访团到裕安区徐集镇中心卫生院进行现场采访

2014年，徐集中学校友中国科学院院士卞修武(左2)，陆军军医大学教授，博士生导师韦邦福(左4)回母校看望老师

徐集镇第二届校园文化节　2008年摄

小教部和幼教部在区第三届家庭才艺大赛获一等奖　2019年摄

徐集镇中心小学是安徽省家教名校。2018年，裕安区徐集镇关工委专家正在为学生家长上课

"学党史颂党恩、守护安全伴成长"2021暑期关爱服务活动

抗击新冠疫情党员先锋岗　2022年摄

走访慰问镇人大代表 2021年摄

2021年，"扁鹊针灸理疗康复研究院"调研员到镇开展"中医义诊进乡镇·健康服务暖人心"活动

历史遗存

安徽省一级古树皂荚　2018年摄

黄岳庙　　　　　　　　　安徽省一级古树皂荚

表彰荣誉

黄巷村获"安徽省民主法治示范村"称号

2018年11月，吴崇新家庭荣获国家新闻出版署全国"书香之家"称号奖牌

2008年8月，黄礼杰受到省武警总队嘉奖

黄礼杰立功奖章 2022年摄

徐集镇荣获中国科学技术学会颁发的1995年度"全国农村科普工作先进集体"称号

2019年紫荆花怡养小镇荣获安徽省首批健康小镇

2020年紫荆花怡养小镇荣获安徽省省级特色小镇

六安市

平安乡镇(街道)

中共六安市委
六安市人民政府
二〇〇九年一月

2006年度社会治安综合治理

先进单位

中共六安市裕安区委员会
六安市裕安区人民政府
二〇〇七年三月

全市创建文明村镇工作

先进单位

六安市精神文明建设指导委员会
二〇〇二年四月

第五届六安市

文明村镇

六安市精神文明建设指导委员会
二〇二〇年十二月

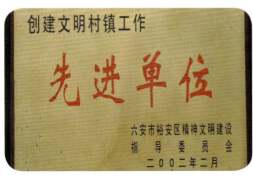

创建文明村镇工作

先进单位

六安市裕安区精神文明建设
指导委员会
二〇〇二年二月

六安市2005—2007年度社会治安综合治理

模范乡镇(街道)

中共六安市委
六安市人民政府
二〇〇七年十二月

六安市无偿献血先进单位

六安市公民无偿献血领导组
二〇一八年六月

2008—2009年度全市社会治安综合治理

模范乡镇(街道)

中共六安市委
六安市人民政府
二〇一〇年元月

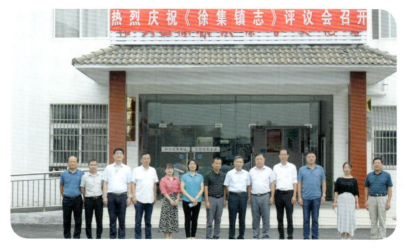

2022年8月23日，《徐集镇志》评议会召开

镇党委书记钱祥龙审读《徐集镇志》　2022年摄

镇长蔡志祥审读《徐集镇志》　2022年摄

序

　　"盛世修志，志载盛世。"费孝通先生在《乡土中国》开篇说道："从基层上看去，中国社会是乡土性的。"一部地方志书，记载一方历史沿革、山川地理、政治经济、文化生活、人物风俗，以求关兴废、知得失、通古今、察未来。在中国共产党即将召开第二十次全国代表大会的喜庆日子里，新编《徐集镇志》付梓问世，意义深远而重大，堪谓徐集镇政治之大事、文化之盛事，可喜可贺！

　　徐集，这个曾爆发革命武装起义的红色古镇，坐落在淠河西岸，武陟山北麓。东与六安城区相望，南与分路口镇接壤，西与江家店镇以汲河为界，北与丁集镇一脉相承。新中国成立后，徐集始终作为六安县派出机关——区公所所在地，是全国农村科普工作先进集体、农业农村部万亩优质粮油示范基地和国家绿色食品原料（水稻）标准化生产基地、安徽省江淮分水岭综合治理重点乡镇、市级创建村镇工作先进单位、种草养畜（鹅）示范乡镇、社会治安综合治理模范乡镇、"平安创建"模范乡镇、六安市文明村镇和区级社会主义新农村建设示范乡镇。

　　徐集镇底蕴厚重，历史辉煌，崇文重教，人杰地灵。境域内有试鼓墩、霸王墩、汉王墩等遗址，有漂石堰、王八拐银塘的美丽传说，徐集镇见证了历史的沧海桑田。诞生将军3人，省部级干部2人，厅师级干部6人，国家级体育冠军1人，专业技术人员中，副高级以上职称近200人。这里是红色热土，将军故里。徐集曾经是六安河西革命武装暴动发祥地。20世纪30年代，黄埔军校学生毛正初以家乡徐集为根据地，发动徐家集民团起义，策应独山、带动丁集、新安等地武装暴动，打红皖西半边天。在长期艰苦卓绝的革命斗争中，无数徐集儿女前仆后继，浴血奋战，有270多人英勇捐躯，为革命立下卓越功勋。革命先烈的鲜血浸透徐集这方热土，也为后人留下最为宝贵的精神财富。

　　徐集区位优越，合六叶高速横穿东西，与商景高速呈"八"字相跨。几经扩修的010县道（原312国道）始终作为通向皖西门户的主干道。古老宽阔的淠河流经南北，与蜿蜒低洼的东汲河并行流向，同汲东干渠形成"川"字形水系。随着淠河综合治理工程向西发展规划的实施，徐集承接城市经济辐射和工业企业布局，抓住快速发展的历史机遇，以科学发展观为指引，着力打造西郊工业园区，培育生态观光农业，倾力建成"裕中花园"。徐集地处大别山北麓丘陵地区，为亚热带季风气候，四季分明，气候温和，雨量适中，光照充足，自然资源丰富，是重要的商品粮生产基地。党的十八大以来，镇党委、镇政府针对徐集农业大镇的特点，加强对农业产业结构的调整与引导，紧紧抓住江淮分水岭和淮河小流域综合治理契机，加大对农村基础设施建设的投入，改善农田水利生产条件，引导和扶持能人大户，大力发展现代农业，涌现黄岳山羊，皖西白鹅，优质土鸡、鸭，优质水产等一批特色产品。显现农业增效，农民增收，农村发展的新气象。2018年，新打造的紫荆花怡养小镇集生态养老、温泉度假、高新农业为一体，正在向规模化、特色化发展。徐集镇崛起，亮点纷呈。工业发展呈良好态势，建材、能源、食品、包装等招商引资企业纷纷扎根徐集，带动徐集镇建设和经济迅猛发展，成为裕安西部一个富有活力的经济强镇。本土品牌"徐集花生糖"经过创新研发，产品呈系列化、产业化、集团化方向发展，享誉省内外。

编纂《徐集镇志》以马克思列宁主义、毛泽东思想、邓小平理论、"三个代表"重要思想、科学发展观、习近平新时代中国特色社会主义思想为指导，统筹推进"五位一体"总体布局，协调推进"四个全面"战略布局，以述、记、志、传、图、表、录为形式，广征博采，取精存真，略古详今，文风朴实，平易晓畅，客观准确地介绍徐集镇的自然环境、建置沿革、社会变迁、经济发展、科学文化、教育卫生、风土民情等情况，突出地方特色，坚持现实与史实统一、思想性与科学性统一，实为一部当代徐集镇的百科全书。

"鉴前世之盛衰，考古今之得失。"修志旨在激励当代，启迪后世，兴我徐集。科学发展，奋力崛起，建设小康徐集是时代的要求，人民的期盼。全镇党员干部应当把《徐集镇志》作为自己必备的教科书，虚心钻研，以史为鉴，科学决策，造福万民。对于安居他乡的徐集儿女，《徐集镇志》是沟通信息，联络感情的桥梁，常读常思会不断激发思乡爱土热情，努力为家乡徐集更加美好的未来贡献智慧和力量。

这部《徐集镇志》编纂成书，全镇各单位配合积极，社会贤达鼎力相助，许多退休老同志做了大量工作，付出艰辛的努力。镇党委、镇政府邀有识之士，集各方之力，历时3年有余，始成新志。在编纂过程中，编纂人员走访调查、笃实严谨，精研细校、甘于寂寞，数易其稿。其工程之浩繁，工作之艰辛，诚非常人所力及。在此，向为《徐集镇志》的编辑出版付出心血的领导、专家、学者和全体编纂人员，致以诚挚的谢意！

徐集有灿烂的历史，也必将会有光明的未来。今天的徐集人民在镇党委、镇政府的领导下，承先辈壮志，扬拼搏精神，不忘初心、牢记使命、同心同德、励精图治、扎实苦干、锐意进取，一定能创造无愧前人、造福今人、泽被后人的丰功伟业，为全面建成小康社会，早日实现富强、文明、美丽、和谐的新徐集再谱新篇章，再创新辉煌。我们坚信，古老的徐集必将焕发青春活力，以崭新的姿态出现在皖西大地上。

是为序。

中共徐集镇党委书记：钱泽龙

徐集镇人民政府镇长：蔡志祥

2022 年 6 月 20 日

凡　例

本志以马克思列宁主义、毛泽东思想、邓小平理论、"三个代表"重要思想、科学发展观、习近平新时代中国特色社会主义思想为指导，坚持辩证唯物主义和历史唯物主义的立场、观点和方法，客观、准确记述徐集镇自然、政治、经济、文化等的发展变化进程和改革开放成果，传承和抢救乡土历史文化，激发热爱祖国、热爱家乡的情怀，为探索中国特色新型城镇化发展经验、发展模式、发展道路提供历史智慧和现实借鉴。

本志编纂质量参照中国地方志指导小组印发的《地方志书质量规定》和安徽省地方志办公室颁发的《安徽省第二届三级志书编纂工作实施通则》执行。遵循中共六安市裕安区委办公室（2017）67号文件精神，在镇党委政府领导主持下编纂。在坚持志体的前提下，对体裁运用、篇目设置、资料选择等作适当创新。根据徐集镇的特点，有选择性地记述镇域内自然、政治、经济、文化等历史与现状，力争达到执简驭繁、文约事丰，便于阅读、利于普及的目的。

本志上限尽量追溯至事物发端，以全面反映入志事物发展脉络；下限一般截至2021年12月31日，部分重要内容截至出版前。

本志记录地域范围一般以下限年份的徐集镇行政辖区为主，部分内容因行政区划变更有所扩大。

专志分门别类，采用章节体层级，附文置章节后。在章节下或设无题小序，从不同角度概括引领正文内容。所设章节，除遵循《六安市乡镇志基本篇目》要求必设内容外，其余依照突出地方特色、时代特色原则设置。

本志综合运用述、记、志、传、图、表、录等体裁，以志体为主。

本志以彩页、序、凡例、概述、大事记、专志、附录、主要参考书目、为徐集镇镇志编写提供和给予支持的单位、编纂始末等依次排列。

本志除引用文字和附录文献资料外，统一使用规范汉字及现代语体文记述。记事坚持秉笔直书、述而不作，一般只记事实，不做评论，寓观点于记述之中。行文力求朴实、严谨、简洁、流畅、优美，增强可读性。

本志设人物章。人物传略按卒年先后排序，人物简介按出生年月先后排序。人物表随机列表，排名不分先后。

本志中随文配图，图下设文字说明，图文并茂。图、照片和表格统一编排序号。本志所需数据一般采用政府统计部门数据，无政府统计部门数据时选用主管部门提供的数据。

本志资料取自文献、档案、公开出版物、口述资料和实物，并经甄别核实。直录自史籍文献者使用明引，引文忠于原作。史籍记载不一又难以考证确定者，诸说并存。对"定千载之是非"问题，采取慎重态度。

本志采用国务院1984年2月发布的《中华人民共和国法定计量单位》。历史上使用的计量单位，如斗、里、尺、磅、华氏度等，在引文时可照录，首次出现时加注。

本志纪年方法有：中华民国以前的纪年，先书历史纪年，其后括注公元纪年。中华民国成立后的纪年，使用公元纪年。志书中"××年代"凡未加世纪者，均指 20 世纪××年代。红军、国民党军部队番号用阿拉伯数字，首次出现时使用全称，括注简称。

志中所称"新中国成立前（后）"以中华人民共和国成立之日 1949 年 10 月 1 日为界；"改革开放前（后）"，以中共十一届三中全会召开的时间 1978 年 12 月为界。

本志记事以第三人称记述。人名直书其姓名，必要时冠以职务职称。地名以现行标准地名为准。如使用历史地名，于每个条目首次出现时，括注现行地名。各个历史时期的党派、团体、组织、机构、职务等，均以当时名称为准。

本志数字和标点的使用遵循国家标准和出版规定。数字书写以 GB/T15835—2011《出版物上数字用法》为准，标点使用以 GB/T15834—2011《标点符号用法》为准。

本志所用重要资料力求标明出处。行文中的注释，一律采用括注，附载文章于篇后。本志编纂中的未尽事宜，均在"编纂始末"中予以说明。

目　　录

概　述

淠水潺潺，滋润一方热土；武陟巍巍，见证百年沧桑。坐落在淠河西岸，武陟山北麓有一个集"红色、绿色、金色"于一体的皖西美丽乡镇——徐集。

徐集镇地处大别山北麓丘陵地区，位于六安市西郊，东倚平桥、新安，南靠分路口，西连江家店，北接丁集，为亚热带季风气候，四季分明，气候温和，雨量适中，光照充足，自然资源丰富，是重要的商品粮生产基地。辖9个行政村、1个街道居委会、94个村民组，面积63.31平方千米，岗、湾、畈地形皆有，总人口3.5万。境内有商景、宁西两条在建高速公路和六徐路、徐固路、六响路等区内主要干道，汲东干渠和新店、高峰、邓家洼三条支渠贯穿全镇。是全国农村科普工作先进集体、农业部万亩优质粮油示范基地和国家绿色食品原料（水稻）标准化生产基地、安徽省江淮分水岭综合治理重点乡镇、市级创建村镇工作先进单位、种草养畜（鹅）示范乡镇、社会治安综合治理模范乡镇、"平安创建"模范乡镇、六安市文明村镇和区级社会主义新农村建设示范乡镇。

红色徐集　人才沃土铸辉煌

底蕴深厚，红色血脉相传。徐集镇底蕴厚重，历史辉煌。境域内有试鼓墩、霸王墩、汉王墩等遗址，有漂石堰、王八拐银塘的美丽传说，见证了历史的沧海桑田。徐集曾经是六安河西革命武装暴动发祥地，20世纪30年代，黄埔军校学生毛正初以家乡徐家集为根据地，发动徐家集民团起义，从而策应独山、带动丁集、新安等地武装暴动，打红皖西半边天。在这块热土上，有270多位先烈为革命献身。新中国成立后，徐集因历史悠久、交通便捷、群众基础好、社会风气正，始终作为县派出机关——区公所所在地。历年来，徐集全民国防教育、学生爱国主义教育、军民双拥共建、预备役工作、征兵任务都能圆满完成，法制宣传教育、依法行政工作稳步推进。

钟灵毓秀，优秀人物辈出。徐集共诞生将军3人、省部级干部2人，厅处师级干部6人，县处级干部5人。改革开放后，徐集人民矢志不渝，勤劳、勇敢、智慧，为家乡建设作出贡献，涌现出一大批杰出人才。其中优秀企业家25人；国家级体育冠军1人；专业技术人员中，副高级以上职称近200人，其中教授2人，国家级课题项目研究专家1人，受区县级以上表彰40人次。徐集高度重视党员发展工作，共有基层党组织29个，其中党委1个，党支部28个；全镇共有党员1208名，其中女党员229名，占党员总数的18.96%；大专及以上学历党员308名，占党员总数的25.5%。

人杰地灵，各类资源丰富。徐集拥有全区第一所规范化乡镇计生服务所，变计生管理为优质服务，加强孕前优生健康检查、妇幼保健及家庭医生签约服务工作，严格落实各项奖特扶政策；拥有中心医院1所、门诊部2个和村级合作医疗室11个；教育资源丰富，拥有幼儿园 5 所、小学 2 所、九年一贯制学校 1 所、初中 1 所、完全中学（六安市工业学校）1 所，学段涵盖幼儿园到高中；拥有养老中心 2 所。实施广播电视村村通工程，开放各村农家书屋和镇综合文化站，建成梁集村农民文化乐园，定期组织各类文化娱乐活动；实施中小学校舍安全强化工程；精神文明建设和民族宗教工作逐步加强。

镇梁集村张槽坊组有毛正初烈士墓 1 座（衣冠冢），是镇红色教育基地。

绿色徐集　和谐发展谱新章

四通八达，区位优势明显。徐集合六叶高速横穿东西，与商景高速呈"八"字相跨；古老宽阔的淠河流经南北，与蜿蜒低洼的东汲河并行流向，同汲东干渠形成"川"字形水系；随着淠河综合治理工程向西发展规划的实施，徐集承接城市经济辐射和工业企业布局，抓住快速发展的历史机遇，以科学发展观为指引，着力打造西郊工业园区，培育生态观光农业，倾力建成"裕中花园"。现有集镇建成区 1.1 平方千米，二零街、西大街、徐丁路、文化路、六梅路、复兴大道构成"田"形的镇区，不断完善集镇配套，落实休闲广场、集镇公厕、垃圾填埋场建设等；全力开展文明生态集镇创建，狠打治理"五乱"硬仗，集镇日常管理和卫生保洁切实加强，镇容镇貌整齐美观。

肥田沃土，农业发展强劲。徐集紧紧抓住江淮分水岭和淮河小流域综合治理契机，加大对农村基础设施建设的投入，改善农田水利生产条件，引导和扶持能人大户，大力发展现代农业。截至 2020 年年底，全镇共有各类涉农企业单位 131 家，其中农民专业合作社 80 家，家庭农场 46 家，涉及畜牧、苗木、种植、加工、病虫害防治等各方面，获得有机产品认证证书单位 1 家，绿色认证证书单位 2 家，无公害农产品认证证书单位 2 家；获得国家级示范社 1 家，省级示范社 1 家，市级示范社 2 家，区级示范社 2 家，区级示范场 1 家。大力培育特色农业，孕育出康尔惠花生糖、绿洁牧业、君盛养殖等一批龙头企业，涌现黄岳山羊，皖西白鹅，优质土鸡、鸭，优质水产等一批特色产品。积极引导花生糖产业发展，六洲、皋西花等花生糖品牌在扩大生产规模、研发新产品、对外宣传方面都取得新突破。2020 年年底，全镇农村经济总收入由 2015 年年底的 13.07 亿元提高到 20.55 亿元，增长 57.2%；财政收入由 2233 万元提高到 2243 万元，增长 0.4%；农民人均纯收入由 9349 元提高到 15456 元，增长 65.3%。

生态宜居，人居环境优化。徐集扎实开展农村人居环境整治，有效改善镇容村貌；保持秸秆禁烧高压态势，加强水源地治理保护，保障空气和饮用水安全；强力推进美丽乡村建设。截至 2020 年年底，建成宇航新村、红石桥村、棠树村、胜利村等 4 个省级美丽乡村示范点以及红石桥、胜利、菊花、黄岳等 4 个区级美丽乡村示范点；完成裕安区旅游扶贫 PPP 项目特色镇（村）建设任务，完成工程投资 1900 万元。积极创建森林城镇、森林村庄，创建国家级森林村庄 1 个，省级森林村庄 7 个，省级森林城镇 1 个，并全部通过上级验收。投资 670 万元完成粮贸市场建筑立面综合整治、背街小巷道路硬化以及棠树村 PPP 资金等项目；投资 1392 万元的集镇综合改造提升工程已基本完成。建成徐集镇污水处理站、全红村微动力处理站以及大别山水环境治理、汲河流域污染治理污水管网工程，村镇生态环境明显改善。

集镇开发，配套设施落实到位。3.6万平方米的聚富苑、1.4万平方米的中央商城、1.9万平方米的锦江花园和2.7万平方米的学府名城已建成入住，5.2万平方米的南大街、1.15万平方米的客运站和13.6万平方米的西城首府、5万平方米的恒龙公馆一期已完成建设任务，恒龙公馆二期正在建设之中。改造徐丁路、文化路、六梅路、徐分路的排水系统；投入310万元延伸建设复兴大道东段510米，投入340万元新建徐丁南路860米，投入600万元协助实施了徐江路、徐分路混凝土改造升级工程；新建徐分路、复兴大道、老街的水泥路面，更新街道路灯，改善集镇功能，提升集镇品位。

徐集镇境内汲东干渠流经菊花、黄巷、全红、棠树4个村，总长10千米，是境内灌溉的主渠道，灌溉面积35000亩，与之配套的设施有大小支渠、涵闸、桥梁、护坡等。徐集境内砂石资源约3000万立方米，淠河岸边荒滩植树800余亩（50余公顷），社会效益、经济效益和生态效益显著。徐集镇生态动物群为亚热带林灌、草地、农田动物群，种类多样的各类脊椎动物近200种。徐集镇域海拔均在500米以下，植被多为人工垦植栽培，分布有人工落叶常绿混交林和灌丛林，森林覆盖总面积1285.3公顷，森林覆盖率14.3%，植被树种以杨、松、竹、杉、青岗栎为主，局部地带散存着蕨、女贞、冬青等稀少植物。境域内旅游资源较为丰富。紫荆花怡养小镇，是安徽紫荆花控股集团旗下安徽紫荆花养老服务股份有限公司于2014年投资兴建的以健康、怡养为核心，集生态养老、运动休闲、文旅研学、健康食品为一体的综合服务型特色小镇，规划占地3.12平方公里，总投资20.7亿元。

金色徐集　砥砺奋进绘蓝图

近年来，徐集镇砥砺奋进，锐意进取，在区委、区政府和镇党委的坚强领导下，深入贯彻党的十九大和历次全会精神，坚持以习近平新时代中国特色社会主义思想为指导，围绕"康养首选地，城市后花园"的发展定位，紧扣"生态立镇、工业强镇、商贸活镇"战略目标，凝心聚力谋发展、尽心竭力惠民生、齐心协力促和谐，经济发展势头持续增强，民生福祉持续增进，社会大局和谐稳定，实现"十三五"圆满收官、"十四五"良好开局。

徐集镇未来将继续按照中央"四个全面""五位一体"和"五大发展"总体要求和省市区委部署，深入贯彻习近平总书记考察安徽考察六安重要讲话和指示批示精神，全面落实"一带一路"、长三角一体化、中部崛起、大别山革命老区振兴四大国家战略，坚持创新发展、绿色振兴，推进"一心两轴、多极增长"，推动乡村振兴和全镇高质量发展。

乡村振兴，巩固脱贫成果。落实过渡期内"四个不摘"要求，保持现有帮扶政策、资金支持、帮扶力量总体稳定；巩固"两不愁三保障"成果，进一步健全防止返贫动态监测和帮扶机制；突出脱贫低收入人口就业、产业扶持，普惠民生和社会兜底保障，推进与乡村振兴的有效衔接。加强扶贫项目资产管理和运营。培育壮大村级集体经济。加大新型职业农民培训，提高生产技能；推广粮食优良品种，优化种养结构；落实各项强农惠农政策，提高农民种田积极性。继续加大土地流转力度，提高流转的质量和效益。五年内，新建1000亩（66.7公顷）以上的蔬菜基地3家，1000亩（66.7公顷）以上的风景林基地3家，1000亩（66.7公顷）以上的优质粮油生产基地10家，新增农产品加工企业5家。利用近郊优势，引导发展"周末菜园""趣味农场""生态农家乐"等城郊休闲观光农业10家，以紫荆花为龙头，打造菊花休闲养生核心区，不断推进农、旅深度融合。

工业转型，盘活现有资源。坚持提质增效，大力整合存量土地，依托现有厂房，积极开展二次招商，嫁接项目，充分利用闲置生产要素加快经济发展。采取外出招商、以商招商、全民招商等多种方式，开展招商引资工作，力争在未来五年，引进亿元以上项目2个，5000万元以上项目5个，规模企业达到10家。借力沪陕高速（G40）徐集互通和244省道（S244）的建成，积极融入长三角，延长长景路至徐集，使徐集与平桥园乃至城市西部往返实现双道连接，在此区域布局重大项目，推动一二三产融合发展，形成裕安的一个新增长极。继续发展超市、连锁商场，完成农贸市场升级改造，建设专业建材、物流市场，整合徐集花生糖生产基地，打造皖西特色（花生糖）产业小镇，促进城镇建设和第三产业协调发展。

招商引资，经济提升快速。徐集招商引资大项目、经济总量不断取得新突破，引进紫金花养老服务中心、安徽明升户外用品有限公司、裕新电力、康尔惠食品、金宏源防火门等10余个项目，其中紫荆花生态园被列为市重点工程，实现大项目的突破，并荣获安徽省第四批特色小镇称号；主动抓住苏州婚纱产业转移商机，积极承接130余家婚纱企业落户；全镇逐步形成养老休闲、服装、建材、食品、粮油加工等为主导的产业布局。通过企业改制，资产盘活，逐步形成恒信化工、兴合家门业、天恒丝绸、明升服饰、裕新电力等一批支柱企业，"徐集花生糖"形成优质品牌，经过创新研发，产品系列化、产业化、集团化，徐集的特色产品得以发扬光大。实行党政领导联系企业制度，兑现"只要你愿来，一切我帮办"的服务承诺，全力营造有利于发展的良好氛围。全镇共有在册工业企业50家，规模以上企业4家，个体工商户550户，显现出良好发展势头。截至2020年年底，累计招商引资7.82亿元，固定资产总投资8.38亿元，规模以上工业企业产值突破2.8亿元。

统筹谋划，镇村全面进步。加强集镇管理，深入推进农村人居环境综合整治，加大项目资金整合力度，改善农村生产生活环境；强化环保宣传和执法，综合施策，开展大气、水、土壤保护和治理；实施政府驻地建成区整治，落实美丽集镇建设工程；抓好美丽乡村管理。抓好民生工程，落实各项惠民政策；加大社会治安综合治理，维护社会稳定；狠抓安全生产，及时排查整治各类安全隐患；加强食品安全检查，保障"舌尖上的安全"。提高教育办学水平，改善中小学教育设施；围绕计生政策导向，强化优质服务；开展军民双拥共建及预备役工作；做好民政、劳动就业、社会保障工作，促进教育、文化、体育、卫生、统计、档案、"三老"、群团、工会、统战、民族宗教等各项事业全面进步。

科学发展，奋力崛起，建设小康徐集是时代的要求、人民的期盼。镇党委政府紧紧抓住加快农村发展机遇，带领全镇人民继续深化农村改革，加强农村基础设施建设，加强现代农业、生态农业和支柱产业建设，文明生态集镇建设统筹兼顾，促进社会各项事业发展，一个富裕、文明、和谐、繁荣的新徐集必将出现在皖西大地上。

大 事 记

夏商周时期，徐集镇域属六国。

秦朝，秦始皇二十六年（前221）置九江郡，建六县，徐集隶属六县。

汉朝，汉武帝时，徐集镇域属六安国，东汉时期属庐江郡。

隋朝，徐集镇域属渒水县。

北宋时期，徐集镇域属六安县。

元、明时期，徐集镇域属六安州。

清初，置庐州府，后为六安州。徐集镇域分别隶属庐州府、六安州。

1928 年

1月　在徐家集（今徐集）建立中共四区区委，隶属中共六安县委。

11月　毛正初在四区领导徐家集民团发动武装起义，取得成功。

1929 年

12月25日　徐家集民团起义胜利后成立四区革命委员会，不久遭敌"清剿"后失败。后成立四区红军游击大队。

1930 年

1月　成立四区农民协会。

6月　红一军东征皖西胜利后，恢复四区革命委员会。

9月　由于"立三路线"危害，四区革命委员会再度失败。

1931 年

1月　红军和第一次反"围剿"胜利后，恢复四区苏维埃运动。

4—5月　毛正初率红军游击师连续攻占徐家集等地，建立四区区委及苏维埃政府，机关驻南岳庙宇。

5月　成立中共十三乡（徐家集支部），隶属中共四区区委。

5月　成立十三乡苏维埃政府，辖4个村苏维埃政府。成立十三乡赤卫连、共青团十三乡支部、十三乡贫农团、十三乡妇联会。

5月　成立中共十四乡（梁家集支部）、十四乡苏维埃政府、十四乡赤卫连。

7月　中华民国"国民政府"在徐家集设六区。

1932—1933 年

苏维埃在全县设7个区，徐家集镇属苏维埃四区，苏维埃政府办公地点设于南岳庙。

1938 年

8 月　日本侵略军侵占徐家集江店等地，并在附近侮辱奸污妇女多名。

1943 年

春　建立中共高店支部。

1944 年

4 月　高店支部被国民党六安县党部破坏，组织委员丁兰早、宣传委员李建峰等被捕牺牲。

1949 年

2 月　成立徐集镇民主政府，隶属中共新安区委，六安县人民政府派革命军人徐大学担任指导员，掀起交纳渡江粮高潮。成立徐集乡民主政府，乡长刘子周，隶属中共新安区委，指导员张荣洗、丁兰文。

3 月　平息以伪乡大队长徐师哲，伪财粮员陈兴全为首的武装投敌暴动。

10 月　徐集乡人民政府正式成立，相继建立二里半、邱堰、孙庙、街道四个行政村，选举村干部。

12 月　建立村民兵、共青团、妇联会等群众组织，掀起减租减息和公粮征购热潮。

1950 年

2 月　黄方龙任乡指导员，王务凯任乡长。

春　继续开展减租减息和交纳渡江粮工作。

秋　土地改革运动开始，划分成分，没收地主"五大"财产，取消一切苛捐杂税，群众入股集资，兴办供销合作社。秋后李志清任乡长。

10 月　开展镇压反革命运动，以乡为单位召开万人大会，镇压反革命分子徐师哲、陈兴全、张华春、万劲秋，土匪李守富、李文斗，逮捕并法办方兴华、陈慕国。

10 月　宣传贯彻《婚姻法》和《中苏友好同盟条约》。

1951 年

2 月　朱承富任乡指导员，周庆礼任乡长。

3 月　东方红村开办初级小学，恢复孙庙单班小学。

5 月　组织 240 名民工到运河集工段参加治淮。

5 月　各村开展"互助组"试点。

7 月　小学教师集中于六安三中学习，开展批判《武训传》。

冬　土地改革基本结束，颁发《土地房产所有证》。

1952 年

2月　开展反贪污、反浪费、反官僚主义的"三反"运动，同时开展反行贿，反偷税、漏税，反偷工减料，反盗窃国家财产，反盗窃国家经济情报的"五反"运动。

秋　推广初级农业生产合作社。

是年　徐集街道由张秀春等六家私人药店组织建立联合诊所。

是年　潘海庭接任乡指导员工作。

1953 年

12月　清查暗藏的反革命分子所制造的"毛人水鬼"谣言，维护社会治安。

冬　在徐集街道草市建立徐集文化分馆。

是年　粮食统购统销，实行粮票流通政策。

是年　陈自修接任指导员。

是年　总结邱堰村初级社经验，秋后各村建立初级农业合作社。

1954 年

春　平息"毛人水鬼"谣言，逮捕法办造谣分子蔡寿山。

7月　学习宣传贯彻《中华人民共和国宪法》。

冬　遭雪灾。召开徐集乡党员代表大会、人民代表大会。

1955 年

3月1日　全国统一旧币换新人民币。

春　召开全乡干群大会，学习宣传贯彻《中华人民共和国兵役法》，动员全乡青年报名应征。

秋　全乡组织宣传贯彻实行粮食产、购、销"三定"工作，执行粮食统购统销政策。

是年　初级社合并成高级社。

是年　中小学教师和政府机关单位开展肃反运动。

1956 年

春　徐集乡合并成大乡，管辖联盟 1~4 个社，古城社、徐集社、和晏公社七个高级农业社。

3月　开展消灭蚊子、苍蝇、老鼠、麻雀"四害"的运动。

3月　徐丁公路开工修建。

1957 年

9月　开展全民性整风运动，进行社会主义和资本主义两条道路大辩论。

秋　举办党员学习班，开展大鸣大放，大字报和大辩论。

11月　整风运动转入反右派斗争。

1958 年

5 月　扩大行政区划，成立火箭人民公社。

秋　"大跃进"开始，宣传"鼓足干劲，力争上游，多快好省建设社会主义"总路线。

9 月　淠史杭工程开工，全社集中 3000 男女劳力在南岳庙大关桥施工。

9 月　在徐集南头成立农具厂。

是年　创建徐集中学、完全小学一律配备党员校长，是谓"插红旗"。

是年　大炼钢铁，同时组织社员到淠河捞铁沙，大砍树木炼铁。

1959 年

6 月　撤销火箭人民公社，成立中共徐集公社委员会、徐集公社管理委员会。

夏　晏公庙开沟架设渡槽车水抗旱。

秋　基层社队卖过头粮，社员不发口粮，食堂停火近 40 天。

1960 年

春　组织劳力上堤，完成淠史杭扫尾工程。

秋　组织全社开展"小秋收"，大种萝卜等蔬菜，弥补社员口粮不足。

1961 年

1 月　结束农村集体食堂，口粮发到户。

4 月　宣传贯彻《关于农村人民公社当前政策问题的紧急指标信》（简称《十二条》），整风整社运动开始，通过"反五风""揭盖子"，严肃纠正"共产风""浮夸风""瞎指挥风""特殊化风"。

4 月　公社组织学习、宣传、贯彻《关于减少城镇人口和压缩城镇粮食销量的九条办法》文件，动员街道居民下放农村劳动，压缩城镇人口。

春　贯彻省委推行农村责任田方针、政策，划分承包责任田。

1962 年

2 月　开放农贸市场，准许各种农副产品自由上市。

12 月　"社教"工作队进村，开展社会主义教育运动。

1963 年

春　开展清政治、清思想、清组织、清经济的"四清"运动，检举揭发"四不清"干部。

9 月　贯彻两种教育制度，以村开办半耕半读学校。

冬　开展全社民兵冬季大比武活动。

是年　徐集区供销社被国务院授予先进单位（经营管理）荣誉称号。

1964 年

冬　各大队溮史杭支渠开工挖掘。

是年　继续开展"四清"运动,大队成立"贫下中农协会"组织。

1965 年

1 月　公社召开三级干部会议,学习"双十条""贫协条例",用"六条标准"鉴别好坏干部。

6 月　汲东干渠通水。

1966 年

2 月　"四清"工作队 133 人进村,以社成立党委。全面发动群众,清查"四不清"和地、富、反、坏、右分子的破坏活动。

5 月　"文化大革命"开始,"四清"工作队撤回。

5 月　公社成立"革命领导小组",各单位成立造反派。

7 月　开展扫"四旧"运动。

1967 年

春　公社及有关单位开展夺权斗争,当权派靠边站。

是年　各大队批斗当权派,批斗地、富、反、坏、右分子。

是年　公社大队实行当权派、造反派、武装"三结合"行使职权。

1968 年

春　社队成立群众专政指挥部。

8 月　党政、学校等单位开展清理阶级队伍运动。

10 月　公社成立"革命委员会",各大队成立"革命领导组"。

是年　下放大批居民到农村落户,参加农业生产劳动。

1969 年

1 月　撤区并社,徐集公社管辖范围扩大到大岭,分路口两社。

4 月　各大队成立"毛泽东思想文艺宣传队"编排"样板戏"欢庆"九大"。

是年　公社组织部分社队领导人到大寨参观学习。

是年　开展"一打三反"运动。

1970 年

是年　公社先后组织社队干部到大寨、徐河、郭庄、三口塘等地参观学习。

是年　发动开荒、挖坟地、修机耕路,大搞割田成方。

是年　开始培训"赤脚医生",农村推行合作医疗制度。

1971 年

是年　公社组织财务互查。

1972 年

6 月　公社以三岔大队为试点，推广双季稻栽插。

是年　撤点建区，社队划小。

1973 年

秋　公社召开三级干部会议，宣传贯彻中共十大会议精神。

是年　组织各种形式批判小分队，批判林彪反革命集团罪行。

是年　徐集、三岔、东方红、永胜、黄巷五个大队开始接收上海、淮南、六安等地下放的知识青年，公社成立"上山下乡办公室"。

1974 年

春　各大队组织开展"批林批孔"运动，公社举办骨干学习班。

是年　开展宣传计划生育工作。

1975 年

春　公社召开三级干部会议，学习十届二中全会和全国人大四届一次会议精神。

8 月　公社召开"双抢"工作总结表彰大会。

9 月　公社召开两委扩大会，开展"一忆""三查"工作。

秋　公社派主要领导人去双河区参观学习，推广小靳庄经验。

冬　公社召开三级干部会议，开始反击右倾翻案风，开展冬季植树造林。

是年　开展路线教育，镇组织工作组、各大队组织人员清查扩大宅基地、多分自留地、投机倒把等所谓"资本主义倾向"。

1976 年

春　公社召开三级干部会议，传达省第八次农业学大寨会议精神。

6 月　公社举办党员培训班。

7 月　全社群众哀悼朱德同志逝世。

8 月　动员全社广大群众开展预防地震工作。

9 月　公社设灵堂，组织悼念毛泽东同志逝世活动。

10 月　公社成立"五七"领导组，建立公社砖瓦厂。

1977 年

3 月　在永胜大队召开全社积肥现场会。

5 月　召开《毛泽东选集》第五卷发行庆祝大会。

5 月　公社召开三级干部会议，揭批宋佩章错误路线。

冬　批判"小靳庄"经验，开展整党整风学习。

是年　废除学生推荐升学，恢复统考，择优录取。

是年　国家停止使用布票。

1978 年

2 月　公社召开三级干部会议，传达省第九次农业学大寨会议精神。

7 月　创建社办中学。

8 月　贯彻十一届三中全会精神，推行农业生产责任制。

冬　公社组织人员力量，做好对冤、假、错案的调查工作。

1979 年

2 月　公社召开三级干部、党员会议 5 天，传达学习中共中央〔1979〕4 号文件精神，把工作重点转移到"四化"建设上来。

2 月　武装民兵大训练。

3 月　公社成立 13 人平反专案调查组，开展对地、富、反、坏四类分子的评审和摘帽工作。

5 月　改建公社礼堂，成立徐集电影俱乐部。

11 月　农村开始实行包产到户的家庭联产承包责任制，各大队组织划分田地给社员承包。

1980 年

2 月　继续做好冤、假、错案调查平反工作。

2 月　进一步完善家庭联产承包责任制。

6 月　公社召开党员代表大会，选举出席县党员代表大会代表。

10 月　建立徐集文化站。

1981 年

4 月　取消公社、大队革委会，公社成立管委会。

4 月　开展"五讲四美"宣传活动。

5 月　公社召开人民代表大会，选举出席县人民代表大会代表。

1982 年

3 月　各大队集体养鸭养兔。

4 月　架设通往各大队电线，全镇长 5.6 千米。

是年　各大队党支部改选。

是年　抽调部分国家教师进行平反昭雪调查。

1983 年

是年　徐集公社改为徐集乡。

是年　兴建徐集种子公司。

是年　整修高峰、邓家洼支渠。

1984 年

6 月　成立徐集乡养蜂厂。

8 月　徐集乡改为徐集镇。

是年　召开徐集镇人民代表大会。

是年　各村配备专业化会计。

是年　农民以现金代替农业税，不再直接缴公粮卖余粮。

是年　六安市道路分站在徐集到班挂牌。

1985 年

4 月　成立小学党支部。

4 月　面向社会公开招聘团干。

8 月　徐集建立农贸市场。

8 月　修建自来水厂。

11 月　镇财政所成立。

1986 年

是年　成立镇农经管理理事会。

是年　成立公交党支部。

是年　开展党员"三会一课"制度。

是年　开展整党工作。

是年　成立梁集商业分站党支部。

是年　徐集街道开办敬老院。

1987 年

4 月　召开徐集镇第十届人民代表大会。

是年　镇计生办受到国家有关部门表彰。

是年　选举出席县人大的代表。

1988 年

4 月　高皇乡筹备召开乡第五届第二次人民代表大会。

是年　开始实行居民身份证制度。

1989 年

1 月 3 日   徐集镇高皇乡村级两委换届选举。

2 月 20 日   鲍远才调任徐集区区委书记。

4 月   镇研究制定土地调整工作补充意见，针对村镇土地调整中各种具体问题民政部作具体分析，并以政府文件形式作政策安排。

是年   时任省长傅锡寿到徐集视察。

1990 年

2 月   推广杂交稻种植。

3 月   召开镇第十一届人民代表大会第一次会议。

是年   设立镇民政办公室。

1991 年

2 月   完成徐分路砂石路面铺建任务。

2 月   完成"徐丁路"整修扩宽任务。

7 月   抗洪救灾。

是年   户口普查登记。

是年   普及初等义务教育，通过市级验收。

1992 年

2 月   成立镇政协联络组。

2 月   撤区并乡，高皇乡、徐集镇合并为徐集镇。

3 月   成立镇人口学校，扩建敬老院。

是年   清理隐形市场，部分单位"三权"下放。

是年   辞退临时代课教师计 11 人。

是年   取消商品粮供应，粮票退出市场。

1993 年

1 月   党员以镇集中，冬训 3 天。

2 月   村两委换届选举。

3 月   召开徐集镇第六届党员代表大会。

3 月   镇敬老院被评为省农村文明模范敬老院。

是年   筹建徐集小学教学楼。

1994 年

1 月   开办镇老年学校。

4 月   成立教育党总支。

9 月　抓好秋种四个示范区（王店、王大塘、高皇、三岔）共 2000 亩（133.3 公顷）。

是年　农业户口可有偿转换非农户口。

是年　计生实行定点生育。

1995 年

10 月　完成通往各村循环道路。

是年　完成徐集高皇广播站的迁址合并工作。

是年　成立徐集科技领导组。

是年　对"三权"下放单位党员干部实行年度考评。

1996 年

3 月　召开镇第十三届人民代表大会。

4 月　召开第七届党员代表大会。

7 月　代表六安市通过省级"两基"验收。

8 月　通过"两基"验收。

9 月　三岔村 3000 亩农田格田成方。

是年　投资 27 万元开发西大街。

是年　新建粮油批发市场。

是年　架设 100 副电缆，实现村村通电话。

是年　行政正副科级、专业技术人员中高级职务家属子女按政策可转非农业户口。

1997 年

2 月　推广早稻旱育种植。

4 月　召开镇第十三届人民代表大会第三次会议。

是年　旱情严重，东方红村 30% 农田未插秧。

是年　镇两委下令，严禁大吃大喝之风，减少庆祝活动。

是年　西大街启动二期工程，打通老街。

1998 年

1 月　举办镇党训班。

3 月　开展农技推广。

7 月　抗洪救灾。

是年　新建中心幼儿园。

1999 年

1 月　镇第十四届人民代表大会召开。

4 月　镇第八届党员代表大会召开。

10月　组织庆祝新中国成立50周年文艺汇演。

是年　修建镇政府大楼。

2000 年

1月21日　省科协组织专家到徐集镇举行送科技下乡活动。

3月13日　召开镇村干部大会，明确规划蓝图。

4月29日　杜成阔任徐集镇党委书记。

5月13日　市委书记洪文虎到徐集镇视察养殖业。

6月24日　召开镇第十四届人民代表大会第三次会议。

8月12日　省委副书记、省政协主席方兆祥到徐集镇视察旱情。

9月5日　徐集农贸市场成功迁移。

9月29日　召开税费征收动员大会。

10月　镇干部群众自觉抵制"法轮功"。

10月8日　召开镇第十四届人民代表大会第四次会议，林国良当选镇人大主席。

10月18日　区委、区政府在徐集镇黄巷村召开全区秋种免耕现场会。

10月25日　镇组织秋种重点村村干部去寿县参观秋种工作。

11月1日　开展全国第五次人口普查。

2001 年

1月20日　高宗福任徐集镇党委副书记、镇长候选人，黄勇华任徐集镇党委副书记。

2月2日　镇集中所有党员在徐集中学召开党员培训会。

2月21日　镇召开"三个代表"学教暨机构改革动员大会。

2月23日　副区长聂保国率区财政局、区法院及区会计师事务所等单位负责人到徐集镇调研四海手套厂破产事宜。

3月2日　召开镇第十四届人民代表大会第五次会议，高宗福任徐集镇镇长。

7月17日　最高人民法院院长肖扬在省、区、市领导陪同下，到徐集法庭视察指导工作。

8月15日　镇王店村数名村民因窑厂土地纠纷冲击派出所，为首者被治安拘留。

11月27日　市减负办领导到徐集镇检查农民负担情况。

2002 年

1月5日　召开镇第九次党员代表大会，杜成阔当选为徐集镇党委书记。

1月14日　召开镇第十五届人民代表大会第一次会议。林国良当选为徐集镇人大主席，高宗福当选为徐集镇人民政府镇长。

1月26日　镇22个村党支部换届选举。

2月8日　裕安区精神文明建设指导委员会授予徐集镇"创建文明村镇工作先进单位"称号。

2月　中旬进行全面审计清理村财务。

3月4日　裕安区人民政府授予徐集镇"水利设施建设先进单位"称号。

3月28日　裕安区委授予徐集镇党委"2001年度全区思想工作先进单位"称号。

9月　撤销镇教办，设立镇教育辅导组，接受区教育局和镇党委、政府双重领导，以县为主。

11月30日　镇第十五届人民代表大会第二次会议召开。

12月　上旬共完成退耕还林面积3600亩（240公顷）。

12月22日　省、区、市人大代表到徐集镇视察种草养鹅工作。

2003 年

3月12日　区委宣布高宗福任徐集镇党委书记，杨光华任徐集镇镇长候选人。

3月19日　金安区供销社和徐集镇徐集村签订500亩（33.3公顷）留兰香合同。

3月30日　镇第十五届人民代表大会第三次会议召开，杨光华当选镇长。

4月下旬至5月　镇开展"非典"防治工作。

7月3日　区委、区政府在徐集镇召开西北片九个乡镇农村重点工作汇报会。

7月22日　区财政局向徐集镇捐赠2吨救灾大米和100多件救灾衣物。

8月11日　贯穿六村的徐集镇Ⅰ号循环路建设工程动工。

8月22日　区农村第一所区级示范幼儿园在徐集镇中心幼儿园挂牌。

8月26日　省电视台到徐集镇拍摄种草养鹅专题资料。

9月　撤销镇教育辅导组，设立中心学校。

9月19日　市、区农业开发办领导到徐集镇检查万亩优质粮油基地建设情况。

10月10日　镇敬老院扩建工程开工。

11月7日　区"三个代表"巡回报告团到徐集镇进行巡回报告。

11月7日　市文物局到阜六高速徐集段勘查一处西周时期墓葬。

12月9日　启涛希望学校教学楼正式竣工剪彩，中央政府驻香港联络办新界工作部部长杨英祥，香港新界区区事顾问协会秘书长邝启涛及省、区、市领导共80余人出席竣工仪式。

12月24日　省人大常委会原主任孟富林、副主任吴天栋在市、区领导陪同下到徐集镇调研农民增收问题。

12月31日　召开镇第十五届人民代表大会第四次会议。

2004 年

3月30日　召开镇第十五届人民代表大会第五次会议，刘贤文当选徐集镇人大主席。

5月13日　"农业部十省百县灭毒除害行动"在徐集镇举行。

6月27日　徐集村境内发生一起公交车内爆竹引芯爆炸事故，造成18人受伤。

6月30日　安徽省陆军预备役师侦察营一连点验大会在徐集镇召开。

7月5日　区人大常委会常务副主任杨厚萍到徐集镇督查人大工作。

7月28日　召开镇人大主席团会议，讨论并通过徐集镇总体规划。

2005 年

3 月 10 日　区指导村换届工作领导组到镇指导镇村开展村党支部村民委员会换届工作。

3 月 13 日　区观摩团到镇参观招商引资企业。

3 月 17 日　区水利局考察徐集镇小流域项目。

5 月 9 日　召开镇第十五届人民代表大会第六次会议。

5 月 14 日　台湾亚旭（江苏）有限公司代表副总经理周志强到镇献爱心，与五名贫困生结成对子。

7 月 14 日　东方红村在市计划生育检查中，取得全市第一名。

7 月 26 日　金陵运输公司一辆农客在东方红境内意外起火，烧伤 19 人。

8 月 9 日　区保持共产党员先进性教育督导组来镇督查第二批保持共产党员先进性教育。

8 月 30 日　裕金大道征地工作开始。

11 月 15 日　历时一个月的全国 1% 人口抽样工作结束。

11 月 30 日　全区有线电视光纤联网在境内施工。

12 月 19 日　省江淮分水岭办公室观摩王店水库。

2006 年

1 月 11 日　林业整地现场会在高皇林业经济园召开。

3 月 16 日　镇第十次党员代表大会召开。

4 月 10 日　组织去苏埠、独山两镇参观集镇建设工作。

4 月 21 日　市人大领导来镇督查《中华人民共和国种子法》贯彻落实情况，并对镇内种子化肥经营户进行明察暗访。

4 月 29 日　区委政法委、国土资源局和信访局到镇调查处理王店窑厂取土纠纷。

5 月 12 日　镇第十五届人民代表大会第七次会议召开。晁松当选为徐集镇镇长，王孝田当选为徐集镇人大主席。

6 月 5 日　区招商引资重点项目裕金大道进行放线工作。

6 月 6 日　制止部分群众过激行为，裕金大道开工。

6 月 19 日　区发改委和交通局来镇协调修建 X010 徐集段路面。

7 月 1 日　庆祝建党 85 周年。

7 月 24 日　审计原四海手套厂债权债务，拟定整体拍卖方案。

9 月 29 日　市、区土地局一行调研裕金大道建设情况。

10 月 9 日　区政府、区财政局到镇检查生猪定点屠宰工作。

11 月 4 日　区水利局到镇检查小流域治理情况。

11 月 9 日　对第二批选派村第一书记进行离任审计。

11 月 29 日　全国第二次农业普查各村小区图绘制完成。

12 月 23 日　区委组织部到镇考核第二批选派到村任职的干部。

是年，取消农业税。

2007 年

1 月 5 日　召开裕安区徐集镇第二届人民代表大会第一次会议。

1 月 7 日　区公路局到镇验收新店、东沟两村"村村通"水泥路。

1 月 14 日　镇第二届人民代表大会第一次会议召开，王孝田当选为人大主席，晁松当选为镇长，刘源泉、方仁刚、孔祥银当选为副镇长。

1 月 19 日　召开集镇文明创建工作会议。

2 月 10 日　区农普领导组验收镇第二次全国农业普查工作。

4 月 15 日　区计划委检查验收"村村通"村水泥路路基质量。

4 月 29 日　区宗教局调研镇各教堂、教点、宗教活动开展情况。

5 月 19 日　区人民法院宣布镇丝绸厂破产。

6 月 30 日　市计生委率各县区计生委到镇黄岳村现场观摩"村为主"建设情况。

7 月 20 日　高皇部分村遭特大飓风和冰雹灾害。

9 月 14 日　组织人员编纂地方志。

9 月 18 日　镇招商引资企业成祥服装厂开业。

9 月 27 日　经济发展办对境内窑厂、液化气站、加油站、烟花爆竹销售门市部等进行安全生产检查。

10 月 15 日　六安九中师生到镇敬老院捐衣物、献爱心、表演歌舞节目。

10 月 26 日　省农民负担检查组到镇检查涉农收费项目。

是年　替换使用二代居民身份证。

2008 年

2 月　连续三天暴雪，干群抗暴雪、救灾害。

3 月 3 日　镇中心卫生院晋升为裕安区第三人民医院。

3 月 12 日　镇长晁松任党委书记，孙林调任徐集镇党委副书记、镇长候选人。

5 月　四川地震，掀起救灾热潮，全镇共捐款 30 万元。

6 月 29 日　在裕安区徐集镇第二届人民代表大会第二次会议上，孙林当选为徐集镇人民政府镇长。

10 月 20 日　镇境内 17 千米快速通道道路清障完成，土方工程到位。

10 月 24 日　镇招商引资企业六安市鑫润油脂有限公司正式破土动工，占地面积 25 亩（1.7 公顷），预计总投资 2000 万元。

11 月 30 日　国家发改委农经司司长高俊才到镇调研工业企业生产情况。

12 月 25 日　镇物资局 25.6 亩（1.7 公顷）地块成功挂牌，安徽万明房地产有限责任公司六安分公司揭牌，预计投资 6000 万元，建 8 幢 6 层住宅。

2009 年

1 月 20 日　区审计局局长卫功明带领局班子成员一行到结对帮扶联系村菊花村开展

"整乡镇推进"工作。

3月9日　市人大常委会委员赵前明在区委常委、宣传部长陈道明陪同下，到徐集镇棠树村检查指导村部建设、通村水泥路修建和低保补助发放工作。

9月3日　市委组织部招商引资项目5万吨粮仓储暨精米加工项目在徐集镇政府举行签约仪式。市委组织部副部长李承鲁、裕安区委常委、组织部长卢俊等领导出席项目签约仪式。

10月11日　镇邀请市委党校常务副校长刘德新到镇作"学习实践科学发展观"活动报告。

11月25日　镇党委在镇教育总支召开学习实践活动现场观摩会。

12月5日　陈社教到徐集镇参加学习实践科学发展观专题民主生活会。

12月11日　镇开展"慈善一日捐"活动。

2010 年

1月9日　陈社教区长带队检查考核组到徐集镇考核党风廉政建设工作，镇党政班子全体成员、站所负责人和村党组织书记、村委会主任参加考核会议。

1月18日　区委学习实践活动第四指导检查组组长黄子彪带领顺河镇党委副书记、组织委员及该镇学习实践活动办公室、4个村党组织和卫生院党组织负责人到徐集镇观摩学习。

1月22日　区人武部到徐集镇对海地维和警察黄礼杰家人进行慰问。

1月25日　镇徐丁路东侧下水道建设工程竣工，$\varphi80$ 预制涵管总长度841.8米，工程总投资35.72万元。

1月26日　区委学习实践活动第四指导检查组到徐集镇督查学习实践活动整改落实工作。

1月28日　市委学习实践活动第四巡回检查组在区委学习实践活动办公室、区委学习实践活动第四检查指导组的陪同下，到徐集镇指导检查工作。

1月28日　香港应善良基金会慰问款发放仪式在徐集镇政府隆重举行。参加仪式的有应善良基金会代表胡修康、省区市侨办领导、镇班子成员和30名孤寡老人及特困户代表。捐赠仪式由区侨办主任王平主持。

3月9日　平桥工业园征地拆迁工作调度会在徐集镇高皇村部召开，副区长张矩贵主持会议，徐集、平桥两乡镇党政主要负责人、区政府办副主任陈勇、区国土资源局副局长朱明及两乡镇协调工作领导组成员参加会议。

3月11日　区长陈社教在副区长秦远松和林业局绿化委员会主任沈强等人陪同下，到徐集镇督查合六叶高速公路绿色长廊工程实施情况。

5月5日　《徐集镇工业集中区控制性详细规划》编制完毕，由北京龙安华诚建筑设计有限公司担纲设计，总设计面积1.27平方千米。

6月1日　镇中心学校举行第二届校园文化节"放飞心灵的梦想"文艺汇演。区人大常委会副主任王永济，区法院、科协、卫生局等相关单位负责人，徐集镇党政主要负责人观看文艺演出。

6月10日 工业集中区复兴大道开工建设，安徽瑞峰建筑安装有限公司施工，安徽至泽建设工程咨询公司负责工程的监理，同年12月底竣工，工程总投资255.2万元。

7月6日 开工建设规划面积为1.2平方千米的徐集工业集中区。

7月8日 徐集自来水厂高皇加压站开工建设，征地面积5.5（0.4公顷）亩，建筑面积360平方米，总投资345万元。

7月22日 全省供销系统"新网工程"建设工作会议在裕安区召开，赴"新网工程"建设中表现出色的徐集供销社，观摩徐集镇金地中央商城开发建设工程、徐集夏军花生糖厂、彩虹花炮等项目现场。省供销总社主任王首萌、六安市副市长王安逸、裕安区副区长刘圣春、省供销总社全体成员参加观摩。

9月1日 市长张韶春在副市长何颖、市政府秘书长刘连生、卫生局局长潘健、裕安区区长陈社教等人陪同下，到徐集镇视察基层医药卫生体制综合改革启动工作。

9月7日 裕安区无邪教乡镇街道创建暨政法工作现场汇报会在徐集镇东方红村召开，区委常委、政法委书记黄战野出席会议，区委政法委副书记黄子彪主持会议。

9月18日 总投资3500万元的安徽明升服装有限公司正式落户裕安区徐集镇，区人大常委会常务副主任凡炳之、区政协副主席刘挺出席签约仪式。

10月9日 徐集镇打击非法生产经营爆竹工作领导组和派出所突击行动，抓获一外逃非法生产爆竹人员。

10月9日 国家医改办携中央电视台、中央人民广播电台、人民日报、光明日报、中国青年报、经济日报等中央六大媒体到徐集镇中心卫生院报道基层医药卫生体制改革试点情况，安徽电视台、六安电视台、裕安新闻网、裕安新闻中心陪同采访，市长张韶春、副市长何颖、区委书记高斌、区长陈社教及镇主要领导参加。

10月20日 镇土地利用总体规划调整开始，其中集镇规划区范围调整：北至霸王墩、西至粮油路、南至高速公路、东至皖源米业及谢小庄一带。

11月5日 镇积极组织干群进行无偿献血。全镇共有115人参加无偿献血，献血量达30100毫升。

同日集镇路灯安装改造全面开工，共安装改造路灯61盏，总投资31.1万元。

2011 年

1月8日 安徽省"侨爱工程——送温暖医疗队"到徐集镇开展义诊活动。省侨办副主任黄英，省侨办副巡视员高潮年，安徽医科大学党委委员、统战部部长祖云，安徽省中医院党委副书记、纪委书记张永先，市委常委、副市长郑宇桦，市政府副秘书长、市外事侨务办公室主任黄文应，裕安区区长陈社教、徐集镇党委书记晁松、镇长孙林等出席开幕式。

1月27日 镇召开外出创业成功人士新春茶话会，近20家企业负责人参加会议。

3月26日 镇第十一次党员代表大会隆重召开，全镇109名党代表以及列席代表参会，区委常委、宣传部长张炬贵，区纪委副书记沈鸣以及区委组织部办公室主任李兵到会祝贺。

4月9日 镇第二届人民代表大会第四次会议召开。

4 月 30 日　镇举办首场新型农民农业专业技术培训，全镇 100 多名示范户参加培训。

5 月 4 日　镇团委组织以"纪念五四运动·弘扬时代新风"为主题系列活动，纪念五四运动 92 周年。

6 月 16 日　镇党委组织全体党政班子成员、各村（街）党组织书记以及镇直各单位主要负责人前往独山镇开展"缅怀革命先烈 重温入党誓词"活动，接受红色革命传统教育。

6 月 30 日　镇召开庆祝建党 90 周年暨七一表彰大会。全体镇村干部、镇直各企事业单位党组织书记以及受表彰的各党小组长、优秀党员 150 余人参加大会。

7 月 6 日　六安市康尔惠食品有限公司举行动工仪式。

7 月 18 日　安徽风彩新型建材有限公司在徐集镇工业集中区开工建设。

8 月 18 日　徐集镇 100 套廉租房动工建设。

8 月 23 日　区危房改造中心李云惠一行到徐集镇督查 2011 年危房改造工作。

8 月 25 日　镇召开民生工程工作调度会，民生工程工作领导组和各民生工程项目承办单位负责人参加会议。

9 月 3 日　镇南大街开工建设。

9 月 8 日　六安市宏成家纺有限公司在徐集镇工业集中区开工建设。

9 月 16 日　安徽裕新电力科技有限公司在徐集镇工业集中区动工建设。

9 月 18 日　六安市祥和机械阀门铸造有限公司在徐集镇工业集中区动工建设。

9 月 28 日　六安市凯宏机械制造有限公司在徐集镇工业集中区开工建设。

10 月 10 日　镇老龄委、宣传、团委联合在徐集镇老年学校主办了老年书画展，庆祝新中国成立 62 周年和"敬老月"活动，镇机关干部、离退休人员及教师 100 多人参观这次书画展。

10 月 13 日　日本驻上海总领事馆副领事村本千晶女士等一行 2 人，到徐集镇考察利民工程项目。

11 月 12 日　市妇联组织各县妇联主席，到徐集镇检查考核留守儿童活动室工作开展情况，并到黄巷村"妇女之家"实地检查指导工作。

11 月 22 日　镇综合文化站通过省文化厅民生工程验收。

11 月 23 日　镇召开第三届人民代表大会、政府换届工作动员大会，全体镇村干部参加会议。

12 月 1 日　镇组织镇村（居）、中小学和企事业单位干部职工开展无偿献血活动，共有 121 人经化验献血成功，献血总量 36500 多毫升。

2012 年

1 月 3 日　镇召开第三届人民代表大会第一次会议，全镇 66 名人大代表和 49 名列席代表参会。大会听取和审议了政府工作报告、人大工作报告、2011 年财政预算执行情况和 2012 年财政预算的报告；大会选举王孝田为徐集镇第三届人民代表大会主席团主席，选举杨振宇为徐集镇人民政府镇长，选举丁维宝、方仁刚、卢东为徐集镇人民政府副镇长。

1月17日　省政府外事办副主任项昌明、人事秘书处处长崔葆萍等到徐集镇开展春节慰问，为困难群众送去慰问金20000元。

2月4日　镇高皇、王店、新店三村的行政区域划归平桥高新工业集中区管委会管辖。

3月26日　日本援助徐集镇"利民工程"项目签字仪式在省会合肥举行，裕安区委副书记、区长陈社教，区外办主任王平，徐集镇党委书记晁松出席了签约仪式。

4月1日　副区长刘冠群在徐集镇召开赛徐路改建工程调度会，区交通运输局、徐集镇、赛徐路建设三个标段负责人及其监理人员等20余人参加了会议。

4月24日　在全区率先完成镇村档案基础建档工作。区人大常委会副主任刘挺、区档案局局长陆清一行到徐集镇督查指导新农村档案工作。

4月25日　丰硕农业技术服务中心巨人培训点阳光工程培训班开班仪式在徐集镇综合文化站多功能厅举行。

5月7日　镇2011年度招商引资企业安徽风彩新型建材有限责任公司举行投产庆典。

5月21日　市济广高速绿色长廊工程验收小组到裕安区进行长廊工程验收，徐集段作为一个样本点代表裕安区顺利通过市级验收。

6月11日　省档案局标准化处副处长尤正节一行在市档案局局长朱明台、区档案局局长陆清等人陪同下到徐集镇督查指导档案创建工作，镇主要负责人陪同督查。

7月29日　镇2012年度招商引资企业安徽共创环保科技有限公司在徐集工业集中区开工建设，区人大常委会常务副主任凡炳之出席开工典礼并奠基。

7月底　镇完成集镇修编测绘工作，新增集镇面积2.98平方千米。

8月17日　区植保站一行到徐集镇督查稻飞虱发生情况。

8月18日　徐集镇"西城首府"项目拆迁地块签约工作正式开始。

9月16日　位于徐集镇工业集中区的万泉楼生态假日休闲会所举行开业庆典。市级老领导王根、区人大常务副主任凡炳之及镇党政主要负责同志出席庆典仪式并剪彩。

10月15日　镇2012年江淮分水岭项目顺利通过省江淮分水岭项目验收组验收。

11月7日　省司法厅厅长王翠凤在市委副书记牛向阳、副市长陈辉等人陪同下，深入裕安区徐集镇司法所，调研基层司法行政工作。区委副书记王仲儒，区委常委、副区长李秋生陪同调研。

11月20日　全红敬老院举行入住仪式。

11月28日　完成并通过批准徐集工业拓展区1.4平方千米控制性规划。

12月25日　镇集镇开发项目、镇2012年老街改造重点项目西城首府项目举行奠基仪式，六安市委组织部副部长李承鲁，六安市人才协会上海分会会长刘守国，金安区委常委、纪委书记朱承茂，裕安区政协副主席王建国，裕安区委组织部、裕安区招商局、裕安区政府办、丁集镇、江家店镇相关人员，徐集镇党政主要负责人，以及相关企业负责人出席仪式。

12月30日　学府名城项目开工建设。

2013 年

3月8日　省外事办一行19人到徐集镇实地考察利民工程实施情况和黄巷村美好乡村建设情况。

3月12日　省财政厅会计处副处长郭安明一行3人在市财政局副局长徐维武、区财政局局长王化峰等人陪同下，到徐集镇黄巷村开展结对帮扶共建美好乡村工作。

3月19日　市委常委、常务副市长王胜在市民政局、卫生局等部门陪同下到徐集镇全红敬老院和裕安区第三人民医院调研指导工作，裕安区委常委、常务副区长吴广进陪同调研。

3月30日　济广高速沿线的绿色长廊工程接近尾声，1万余棵树木基本栽植到位。

4月中旬区人大常委会主任凡炳之携徐集镇招商小分队赴南京、上海、杭州、苏州等地招商，成功与南京戈尔机械公司、苏州申达精密齿轮公司签订招商引资协议。

5月2日　镇2012年度招商引资企业安徽奥德电器有限公司在徐集工业集中区内举行动工庆典活动。

5月22日　日本政府对华无偿援助利民工程项目助理大宅卓郎在省、市、区外事办领导陪同下到徐集镇检查验收利民工程项目建设情况。

5月29日　市中级人民法院党组书记、院长一行在裕安区人民法院院长叶志刚、副院长李学军等人陪同下到徐集法庭调研指导工作，镇党政主要负责人陪同调研活动。

6月27日　市殡仪馆馆长陈久胜带领支部党员一行到徐集敬老院看望慰问五保老人，为老人们带来大米、色拉油、饼干等价值7000元的慰问品和慰问金1.3万元，用于改善五保老人生活和敬老院环境。

9月29日　青年塘保障性住房首批配租，采取现场摇号选房，共有100户承租人喜获配租入住。

10月9日　2013年度续建的100户青年塘保障性住房全面竣工。

10月15日　镇2012年江淮分水岭项目顺利通过省江淮分水岭项目验收组验收。

10月26日　投资200万元的六梅路基础设施的综合配套工程竣工。该项目实施长度1.9千米，主要实施人行道与雨污水管道铺设、自来水管网整治等，安徽广达通信工程有限公司及安徽裕新电力科技有限公司参与承建。

10月30日　徐集镇全面完成103户的农村危房改造整任务。结合高速公路整治、美好乡村示范建设以及农村分散供养五保户、低保户、贫困户、残疾人家庭和其他贫困户住房，先后分为4个批次实施改造。

10月　农业部、财政部现代农业产业技术示范基地项目在徐集镇第二年实施，该项目示范面积1000亩（66.7公顷），展示区300亩（20公顷）。该项目核心技术：小麦科学播种技术，配方施肥技术，机开沟技术，病虫草害综合防治技术，小麦防渍、耐湿、烂场雨防控栽培技术。

11月15日　结合西城首府的开发建设，投资43万元的徐丁南路近5万立方米的土方整治工程顺利竣工。

11月18日　坐落于黄巷东岳组的118亩（7.9公顷）土地流转项目开始征地拆迁，

安徽海泰景观园林有限公司实施经营。

11月19日 青年塘（一期）地块顺利挂牌出让，该地块占地面积25213平方米，规划用地20344平方米。自然人刘文祥竞得。

12月2日 安徽万达驾驶人培训有限公司在黄巷村前进组征地80亩（5.3公顷），经营车辆驾驶培训工作。

12月5日 总投资130万元的农村清洁工程全面竣工，并通过市住建委的验收。

12月15日 黄巷村美好乡村宇航新村建设工程通过镇验收组验收决算，决算金额260万元。

2014 年

1月3日 区人大常委会委员赵善洲到徐集镇宣讲《中共中央关于全面深化改革若干重大问题的决定》。

1月 镇招商引资企业安徽海泰景观园林有限公司动工建设。

3月25日 省财政厅会计处到黄巷村开展结对帮扶活动。

4月 长786米、宽20米的徐丁南路竣工通车。

7月24日 镇党委书记郝德文、人武部长胡士勇一行慰问空军某部队驻训官兵。

8月1日 驻徐集镇训练的空军某部队团长、总工程师等一行4人到徐集镇政府，代表94746部队将一面"军民团结如一人，试问天下谁能敌"锦旗赠送给徐集镇党委、政府，感谢该镇党委、政府和广大群众对部队驻训期间的关心和支持。

9月28日 位于徐集镇六梅东路南侧地块的集镇开发项目恒龙公馆动工建设。

9月29日 在全国首个烈士纪念日到来之际，区委常委、人武部政委徐尚智、区民政局负责人等一行深入走访慰问烈士遗属，并为他们送去慰问金和慰问品。

10月 在徐集镇梁集村实施的高标准农田治理项目顺利完工，项目面积1905.3亩（127.01公顷）。

11月1日 裕安区农业综合开发办公室在徐集镇徐集村实施的高标准农田基本项目动工建设，项目面积8000亩（533.3公顷），投资1025万元。

11月29日 市委宣传部组织皖西日报社小记者到镇采风。

12月4日 首个国家宪法日、第十四个全国法制宣传日，徐集镇党委政府以"弘扬宪法精神，建设法治徐集"为主题，做好宣传活动。

2015 年

1月22日 裕安区委宣讲团到徐集镇开展十八届四中全会精神宣讲活动，区人大常委、区委宣讲团成员赵善洲作《全面推进依法治国，加快法治中国建设》专题报告。

2月10日 合肥市慈善协会向徐集敬老院捐赠助行器10台、羽绒服40套等爱心物品，帮助老人们过好春节。

4月1日 区部分乡镇人口计生工作调度会在徐集镇召开。区政协主席陶晓婉出席会议。顺河、江家店、青山、徐集、固镇5乡镇党委政府主要负责人、计生分管领导、计生办主任和区人口计生委负责人参加会议。

4月23日　镇组织全体班子成员、站所负责人、各村（居）书记、主任和大学生村官共50余人，赴六安市党风廉政教育中心参观学习，接受党风廉政教育。

5月11日　市政协主席王胜、副市长余泳一行到徐集镇调研敬老院建设工作，市政协秘书长卞显超，区政协主席张矩贵，市、区民政部门负责人等陪同调研。

5月25日　国家小麦农业产业体系六安试验站站长、六安市农科院研究员姜文武组织专家组到徐集镇农业部财政部现代农业产业技术示范基地项目进行田间测产。

6月19日　安徽省军区"文化服务老区行"战士演出队到徐集镇举行慰问演出活动。区委常委、人武部政委徐尚智，人武部部长陈纪昌、区委宣传部副部长俞道祥等与徐集镇干部群众共同观看演出。

6月27日　镇党委书记郝德文经公开遴选至市重点局任副局长，李阳调任徐集镇党委委员。

7月29日　市政协副主席、市工商联主席聂保国一行到徐集镇黄巷美好乡村点进行调研指导工作，区委常委、宣传部长陈传忠，区政协副主席陶晓婉陪同调研。

10月18日　镇召开第三届人民代表大会第三次会议，全镇48名人大代表和30多名列席代表参会，并依法选举张富恩为徐集镇人民政府镇长。

12月16日　省预备役师师长朱学山、部长王进、副参谋长王金贤一行到裕安区徐集镇实地调研指导预备役营连基础建设情况。

12月24日　镇召开"评议基层站所"和"千人评科（股）长"两项测评大会，市、区、镇三级"两代表一委员"、企业及工商户代表、村干部及村民代表、镇党政班子全体成员等共计60余人参会。

是年　吴崇新家庭荣获安徽省首届"书香之家"称号。

2016 年

1月19日　副省长方春明到徐集镇调研紫荆花养老服务中心、明升服装厂。

3月26日　镇第十二次代表大会召开，依法选举中共徐集镇第十二届委员会委员9名、中共徐集镇纪律检查委员会委员3名及出席区党员代表大会代表12名。

5月6日　召开"两学一做"学习工作会。

6月　开展"酒桌办公"专项整治活动，坚决纠正"酒桌办公"不正之风。

7月22日　镇党员干部赴许继慎纪念馆进行红色教育。

7月　针对普降暴雨天气，镇党委、政府抽调镇村干部对辖区内沟渠、泵站等重点区域和部位进行排查和防范，做好防汛工作，确保人民群众生命财产安全。

11月30日　区委书记陈社教到徐集镇调研扶贫工作。

12月29日　镇召开机关、事业单位科以下工作人员考核测评大会，镇机关、事业单位工作人员、各村书记、镇直各单位负责人等参加。

2017 年

1月1日　镇召开第四届人民代表大会第一次会议，出席代表53名，列席代表28名。大会依法选举张富恩为徐集镇人民政府镇长，汪绪强、卢东、李阳为徐集镇人民政府副镇长，周锋为徐集镇人大主席，方仁刚为徐集镇人大副主席。

1 月 21 日　开展菊花村招考村干部面试工作。

3 月 9 日　区委常委、副区长陈雷到徐集镇调研江淮分水岭工作。

3 月 15 日　组织党政班子成员、站所负责人、部分人大代表，村居书记、主任一行到肥西县官亭镇观摩学习美丽乡村建设、招商引资等工作。

3 月 20 日　梁集村毛正初烈士墓石碑落成。

5 月 24 日　省残联到徐集指导工作。

6 月 7 日　市委常委、副市长陈家本、区委副书记、区长王仲儒到徐集镇调研交通建设工作。

6 月 9 日　区委书记陈社教到徐集镇全红村调研扶贫工作。

7 月 7 日　省文化厅一行到徐集镇梁集村验收农民文化乐园。

8 月 10 日　市人大常委会主任王胜一行到徐集镇调研居家养老服务工作。

8 月 24 日　召开"扶贫帮扶大走访、数据质量大提升"工作推进会，全体镇村干部120 余人参加会议。

9 月 27 日　召开徐集镇"新理论、新成就"主题宣讲报告会，镇村干部 120 余人参加会议。

12 月 5 日　省第三方评估检查组到徐集镇开展扶贫检查验收。

2018 年

1 月 5 日　区政府区长王仲儒督查指导抗雪灾工作。

1 月 18 日　省民生工程督查组到全红村调研安全饮水工作。

3 月 8 日　省宗教局一行到镇调研宗教工作。

5 月 24 日　召开扶贫工作"大走访、大排查、大宣传、大落实"集中活动动员会，全体镇村干部参加。

10 月 3 日　省委常委、市委书记孙云飞到徐集镇调研环境整治、美丽乡村等工作。

11 月　吴崇新荣获国家新闻出版署颁发"全国书香之家"称号。

11 月 30 日　省水利厅到徐集镇调研自来水厂相关工作，区长王仲儒陪同。

12 月 7 日　省扶贫第三方评估组到徐集镇开展扶贫评估工作。

12 月 16 日　镇召开新任村"两委"干部培训工作，邀请区纪委常委李灿为镇村干部上廉政教育课。

2019 年

4 月 26 日　召开第四届人民代表大会第四次会议，镇人大代表 50 余名参加会议。

6 月 28 日　市委副书记、市长叶露中到徐集镇调研扶贫工作，市政府秘书长陆纯、区委书记陈社教等陪同。

8 月 25 日　六安市裕安区徐集花生糖产业协会正式成立。市文旅局副调研员王特，裕安区政协副主席、工商联主席罗荣，徐集镇党委书记杨振宇等出席会议，裕安区徐集花生糖产业协会 50 名会员参加会议。大会推选六安市康尔惠食品有限公司董事长李翔为会长。

　　10 月 26 日　镇科学技术协会第一次代表大会召开，大会选举董明华为徐集镇科协主席。

　　10—12 月　镇开展"不忘初心、牢记使命"主题教育，对照"守初心、担使命、找差距、抓落实"的总体要求，认真组织学习教育，开展调查研究，撰写高质量调研报告，深刻检视剖析存在问题，逐一抓好整改落实，活动成效明显。

　　12 月 11 日　镇组织召开"不忘初心、牢记使命"专题民主生活会。镇党委书记杨振宇主持会议，区委副书记董永来及区委主题教育指导组一行到会指导。

　　12 月 13 日　区委宣讲团成员、区委副书记董永来赴徐集镇宣讲党的十九届四中全会精神。徐集镇全体镇村干部、镇直各单位负责人 130 余人在徐集镇新时代文明实践所参加报告会。

2020 年

　　1 月 23 日　镇中心卫生院按照上级党委政府和卫健部门要求，成立全院疫情防控工作领导小组，强化政治责任担当，统一指导部署全院抗击新冠疫情。徐集镇有 34 人（其中全镇从湖北返乡人员 28 人，武汉籍近期滞留徐集 6 人）进行居家观察和定点隔离观察。

　　2 月 29 日　黄巷村党群服务中心收到一笔特殊的捐款。出生于 1939 年的老党员，原孙庙村（后并到黄巷村）的老书记王克林，捐款 400 元用于抗击新冠疫情。

　　4 月 21 日　一场简单而特殊的捐赠仪式在徐集镇登科学校举行。安徽明升户外用品有限公司党支部开展"暖春助学"爱心捐赠活动，向登科学校支援 1 万只口罩。

　　5 月 15 日　镇组织安监所、派出所和市场监管所人员对婚纱服装企业开展春季消防安全大检查活动。

　　5 月 29 日　全力推广使用"安康码"。在镇政府入口处、各村党群服务中心入口处设置"扫码点"，镇村党员干部带头扫码进出，为群众做表率。积极引导辖区复工复产企业使用"安康码"，督促企业人员申领使用"安康码"，要求"一人一码"，并做好进出人员登记、体温检测工作，严格实行"安康码"扫码管理。

　　7 月中下旬　连续强降雨造成镇部分房屋倒损，徐集村一般农户蒋春友农房倒塌获得农房保险理赔 7000 多元，黄巷村中庄组五保户魏运堂老人获得农房保险理赔 3000 多元。

　　8 月　在全国第 93 个建军节之际，裕安区人武部、区退役军人事务局领导一行在镇主要领导陪同下深入东沟村慰问"送子参军—最美母亲"王务玲。对她言传身教、为国家培养栋梁之材的优秀事迹表示肯定和赞扬，同时送去 1000 元慰问金。

　　9 月 28 日　镇组织市监所、安监所、食安办、派出所、农管站、卫生院等部门联合开展节前食品安全专项检查。检查组深入辖区内农贸市场、各重点超市和饭店、敬老院食堂以及高速公路服务区餐饮企业和花生糖生产企业，对存在的问题逐项进行分析和梳理，督促其立即整改，确保消除食品安全隐患，增强食品安全防范能力。

　　12 月 28 日　区退役军人事务局副局长王思如、朱克义等一行人员在热闹的鞭炮声中为徐集镇现役军人丁美好、李宝平家里送来"三等功"立功喜报和奖励金。

12月30日 镇农组办、安监所、中心学校和街道居委会人员一起深入镇区登科学校创办的学而乐教育培训中心进行安全检查和初步验收。

2020年年底 镇1689户4596名贫困户全部脱贫，镇充分利用全国扶贫开发系统和安徽省脱贫攻坚大数据平台，结合社保、民政、财政相关部门数据，建立脱贫户防返贫动态监测预警机制；落实脱贫不脱政策、脱贫不脱帮扶，继续实施帮扶措施，争取各类涉农资金，帮助脱贫户巩固脱贫成果，实现生活富裕。

2021 年

1月14日 开展"感恩共产党 奋进新时代"主题活动。镇推选出"最美扶贫人"6名、"脱贫示范户"6名、"最佳驻村扶贫干部"2名，通过典型示范，激励贫困户积极奋进，总结扶贫先进经验，为下一步乡村振兴工作做铺垫。

1月30—31日 镇人大组织辖区内的部分区、镇人大代表同财政所、建设所相关人员一起，开展污水管网验收和调研视察活动。人大代表们还同群众宣传疫情防控和森林防火相关知识。

4月28日 组织应急、消防、市场监管部门对婚纱服装生产企业开展春季消防安全专项检查，强化综合监管和隐患排查治理。

5月26日 多措并举保障新冠疫苗接种工作顺利进行。10个村（街）向辖区内群众每天定量发放卡片50张，上下午各分发25张，即卫生院每天接种500人次，上下午各接种250人次。

9月4日 区残联协同市立医院专家组成的残疾评定小组到徐集镇东方红村、全红村、棠树村、徐集村等行动不便的残疾人家中，为残疾人提供上门办理残疾证服务。

9月10日 开展"听民声 解民忧 纾民困"活动。累计保障农村低保困难群众5291户8831人次，发放低保资金425.78万元；累计保障80周岁以上老人907人次，发放高龄津贴21.60万元；累计保障患大病人员101人次，发放大病救助资金45.49万元；累计保障特困供养对象1547人次，发放资金127.44万元。

9月17日 镇人民政府特邀请"扁鹊针灸理疗康复研究院"调研员到镇开展"中医义诊进乡镇·健康服务暖人心"活动，进行以"我为群众办实事"为主题为期4天的中医义诊，对基层党员干部进行免费中医诊疗、中医适宜技术治疗及健康指导。

12月3日 在"12·5"国际志愿者日来临之际，镇新时代文明实践所组织志愿者们开展消防灭火演练活动，进一步增强大家对火灾扑救的组织能力，更好地掌握消防器材实际操作技能，夯实消防安全基础。

12月17日 镇召开学习贯彻党的十九届六中全会精神宣讲报告会。根据区委统一部署，区委常委、人武部政委方静专程到场并作专题辅导报告。镇党委书记钱祥龙主持会议。

12月24日 镇第五届人民代表大会第一次会议召开。来自镇各个领域的64名人大代表出席大会，会议听取和审议政府、人大、财政预算工作报告，依法选举周锋为徐集镇五届人大主席，选举蔡志祥为徐集镇人民政府镇长。

第一章 基本镇情

徐集镇位于六安市区西郊，东倚平桥、新安，南靠分路口，西连江家店，北接丁集，辖9个村、1个街道居委会，镇域面积 63.31 平方千米，耕地面积约 5 万亩（3333.3 公顷），人口 3.5 万人。境内有济广、宁西两条高速公路和六徐路、徐固路、六响路等区内主要干道，汲东干渠和新店、高峰、邓家洼三条支渠贯穿全镇。本章主要内容包括建置区划、自然环境、自然资源、人口状况、居民生活等情况。

第一节 建置区划

一、位置面积

徐集镇位于东经 116°22′30″ 至 116°18′45″，北纬 31°55′29″ 至 31°47′30″，地处淠河西岸，武陟山北麓，东与平桥高新工业园和新安镇为邻，南与分路口镇接壤，西与江家店镇以东汲河为界，北与丁集镇一脉相承，是六安市区西北门户。

镇内有 3 条高速公路穿境而过，即六合叶高速横穿东西，与济广高速呈"八"字相跨，六安市重点工程——南北走向的 244 省道（S224）高速与六合高速、济广高速构成三角形状。几经扩修的 010 县道（原 312 国道），始终作为通向皖西门户的主干道穿镇而过。徐丁路、徐分路分别经徐集街道东西两侧由 010 县道向北连接丁集镇，向南通往分路口镇。

古老宽阔的淠河流经南北，与蜿蜒低洼的自然河流东汲河并行流向，同淠史杭工程汲东干渠形成"川"字形水系，是省级江淮分水岭综合治理重点乡镇。

全镇面积 63.31 平方千米，其中耕地 50047 亩（3336.5 公顷），林地 8000 亩（533.3 公顷）。

二、镇名由来

徐集，原名"胡家岗"，有个小店名曰"柳店子"，明永乐年间，因战乱，徐氏始祖徐思敬从河南迁至六安河西烟墩居住，在柳店子开店做小生意，并在此修建房屋，逐渐成集市。后子孙兴旺，且为官者较多，尤以其三世孙被尊为"天官"的进士徐致觉最著名，便立名徐家集，简称徐集。民国期间置镇，1949 年年初徐集解放，成立徐集乡人民政府。1984 年 8 月徐集乡改为徐集镇。

三、建置沿革

徐家集，古属六县。齐梁时，属霍州新蔡郡开化县。隋开皇元年（581）置淠水、开化两县，镇域属开化县。唐初，区境分属霍山和开化等县。贞观元年至二十三年（627—

649）并开化入霍山。宋开宝四年（971）置六安县，镇域属六安县。北宋重和元年（1118），升六安县为六安军。至元二十八年（1291）改为六安县。不久，置六安州。明洪武四年（1371）六安县入六安州。明隆庆五年（1571）六安州设东、南、西、北、中等5乡，镇域属六安州西孝义乡。

民国元年（1912年）废除六安州，恢复六安县，徐集置镇，属六安县。

1929年，属六安县。

1931年，六安县设10区158保，徐家集属第六区，辖7保。

1930—1932年，土地革命战争期间，除国民党政府设置的六安县外，苏维埃政府设六安县辖7个区92个乡。徐家集属第四区。

1942年，六安县设5个区，徐家集属第五区。

1949年年初徐集解放，成立徐集人民政府，属六安县新安区。

1949年6—10月，六安县设12个区82个乡镇，徐集乡隶属南岳庙区。

1949年10月—1950年3月，六安县设11个区118个乡镇，徐集乡隶属南岳庙区。

1950年3月—1951年8月，六安县设13个区241个乡镇，徐集乡隶属南岳庙区。

1951年8月—1954年4月，六安县设12个区286个乡镇，徐集乡隶属南岳庙区。

1954年4月，设徐集区，徐集乡隶属徐集区。

1956年徐集乡合并成大乡，社址设在徐集街道，属六安县。

1958年9月，实现人民公社化，徐集乡改公社，隶属关系不变。

1960年年初，徐集公社属于"火箭"人民公社，秋取消改为徐集公社，属六安县。

1961年10月，恢复区建制，徐集公社隶属徐集区。

1966年2月，恢复徐集镇建制，徐集镇、公社分制，隶属徐集区。

1968年1月，各区社相继成立革命委员会，徐集公社革委会属六安县。

1969年3月，再度撤区并社，原区辖徐集、新行、洴联、分路口、高皇、南岳庙、江店、大岭、清凉寺、挥手和徐集镇等11个公社合并成徐集公社，属六安县。

1971年3月，全县设8个指导点，徐集公社隶属徐集指导点。

1972年10月，撤销指导点，恢复区建制，属六安县。

1983年春，撤销公社，恢复乡建制。徐集公社改为徐集乡，隶属关系不变。

1984年8月，乡改建镇，徐集乡改为徐集镇，隶属徐集区。

1992年2月，县撤区并乡，原区辖高皇乡并入徐集镇，属六安市（县级）。

1999年9月，属六安市裕安区。

四、行政区划

清初沿袭明制，咸丰年间（1851—1861）划5乡118保。光绪二十二年（1896）为17区158保。

1949年年初徐集解放，成立徐集人民政府，并相继建立二里半、邱堰、孙庙、街道四个行政村。

1954年4月，六安县增设徐集、西河口、木厂3个区，全县共辖17个区180个乡镇街。徐集区辖16个乡镇，区机关驻徐集街道。秋，由东方红、大岭、永兴、大步口、武陟山及溮联等初级农业社联合成立徐集农业高级社，社址设在徐集街道。

1956 年徐集乡合并成大乡，辖古城、徐集、晏公、溮联、大岭、江家店、挥手等 7 个高级农业社，社址设在徐集街道。

1957 年 2 月，全县并区，设苏埠、徐集、罗管、张店、木厂 5 个区。徐集区辖 13 个乡镇，区机关驻徐集街道。

1958 年 9 月，实现人民公社化，乡社合一。全县划 6 个区 30 个人民公社和 1 个苏埠镇。徐集区辖南岳庙、分路口、狮子岗、骆家庵、徐集、梁集、松岗、固县寺、杨柳、丁集、火星、新行、青下等 13 个乡合并成立 4 个人民公社，即徐集、江店（南岳庙）、丁集、固县。徐集乡改公社。下辖裕兴、菊花、永兴、寨岗、小牛集、东方红、三岔、黄巷、永胜、全红、梁集、梁堰、街道等生产大队。

1960 年撤区，全县划张店、双河、高山、东河口、徐集、江店、丁集、固县寺、双桥、东桥、溮东、先生店、椿树、小庙、苏埠、独山、狮子岗、凡通桥、新安、城关等 20 个人民公社。在此期间，各社一度冠以"红旗""东风""前进""火箭"等名称，徐集当时冠以"火箭"人民公社。秋取消改为徐集公社，下辖三岔、永兴、江桥、徐集、孙岗、黄巷、新店、小牛集、街道等 10 个大队。

1961 年 10 月，恢复区建制，全县设城关、独山、丁集、徐集、木厂、三十铺、孙岗、双河、新安、东河口、张店、苏埠等 12 个区，辖 94 个人民公社。徐集区辖徐集、溮联、分路口、高皇、南岳庙、江店、大岭、梁集、清凉寺、挥手等 10 个公社。

1966 年 2 月，恢复徐集镇，徐集镇、社分制，隶属徐集区。此时，徐集区辖 10 个公社和 1 个镇。

1968 年 1 月，徐集公社革委会辖裕兴、寨岗、邢店、永兴、小牛、东方红、黄巷、大岭、梁集、梁堰、永红、全红、王大塘、永胜、菊花等 15 个大队。

1969 年 3 月，撤区并社，原来的 104 个公社合并成 30 个大公社和城关、苏埠两个县属镇，徐集镇、社并为徐集公社。

1971 年 3 月，全县设 8 个指导点，徐集指导点驻徐集街道，辖徐集、溮联、江店、固镇、丁集、分路口、罗集 7 个公社。

1972 年 10 月，撤销 8 个指导点建制，恢复 12 个区建制和城关、苏埠两个县属镇。徐集区辖徐集、大岭、溮联、分路口、江店、挥手、高皇 7 个公社。同时，公社划小，徐集公社下辖东方红、三岔、梁堰、梁集、永红、棠树、全红、王大塘、孙庙、黄巷、徐集和街道等 12 个大队。

1983 年春，全县撤销公社，恢复乡建制。徐集公社改为徐集乡。

1984 年 8 月，全县 12 个乡改建镇，徐集乡改为徐集镇。

1992 年 2 月，全县撤区并乡，原区辖高皇乡并入徐集镇。至此徐集镇共辖原高皇乡的菊花、杨氏祠、孔店、东沟、王店、潘大塘、黄岳、寨岗、裕兴、新店、高皇和原徐集镇的东方红、三岔、梁堰、梁集、永红、棠树、全红、王大塘、孙庙、黄巷、徐集等 22 个行政村和 1 个街道。同时，镇设立纪律检查委员会，配备专职纪委书记；设立人武部，隶属乡（镇）党委和县人武部双重领导。

1999 年 9 月，撤销原六安地区，设地级六安市（省辖市）。同时撤销原县级六安市，分设金安、裕安两区。徐集镇隶属裕安区。

2004 年村级合并，徐集镇由原 23 个行政村（街道）合并为 11 个行政村和 1 个街道。分别为：东沟、孔店与王店合并为王店村，潘大塘与高皇并为高皇村，寨岗与黄岳并为黄岳村，裕兴与菊花并为菊花村，杨氏祠与新店并为新店村，孙庙与黄巷并为黄巷村，王大塘与全红并为全红村，永红与棠树并为棠树村，梁堰与梁集并为梁集村，三岔与徐集并为徐集村，东方红村和一个徐集街道。

2012 年高皇、王店、新店 3 个村划归平桥乡。徐集镇下辖东沟、黄岳、菊花、黄巷、全红、棠树、梁集、东方红、徐集共 9 个行政村和 1 个徐集街道。

徐集镇域内原标准地名（1985 年）

表 1-1

村名	组别
东沟村	满意组
	油坊组
	光明组
	徐大庄组
	郑郢组
	梁郢组
	徐郢组
	幸福组
黄岳村	民主组
	胡竹园组
	中心组
	长岗店组
	刘老庄组
	寨岗头组
	汤桥组
	谢槽坊组
	王小河组
	黄岳组
	木勺井组
	宋大庄组
	荣老庄组
	胜利组
	吕院墙组

续表

村名	组别
菊花村	栗树园组
	木瓜树组
	陡岗组
	莲花塘组
	张墩组
	新桥组
	菊花墩组
	严大庄组
	高升组
	红光组
黄巷村	中庄组
	二里半组
	黄巷组
	前进组
	大竹园组
	东岳组
	七里半组
	中心庄组
	江粉坊组
	胡大庄组
	关仓组
	罗塘组
	黄老庄组
全红村	新华组
	兴隆组
	张贵店组
	胜利组
	太平塘组
	东风组
	烟墩组
	团结组
	大寨组

续表

村名	组别
全红村	永兴组
	联合组
	和平组
棠树村	永红组
	井沿组
	红星组
	枣树组
	徐郢组
	朝阳组
	前进组
	友爱组
	华塘组
	张老庄组
	团结组
	新河组
	新明组
	同心组
	向阳组
	长庄组
	黄郢组
	胜利组
梁集村	双堰组
	长庄组
	红石桥组
	大墩组
	小台组
	红星组
	柴大庄组
	团结组
	曾堰组
	羊叉店组
	东风组

续表

村名	组别
梁集村	红旗组
	农科组
	花园组
	团堰组
	西堰组
	庙庄组
	中庄组
东方红	瓦房郢组
	双竹园组
	红石桥组
	莲塘组
	卢槽坊组
	胜利组
	下郢组
	面坊组
	莲塘组
徐集村	胡大庄组
	堰桥组
	新庄组
	胡台组
	江大庄组
	徐集组
	谭郢组
	毛桥组
	高步口组
	高家畈组
	三岔组
	下店组
	邱堰组
	关塘组
	张老庄组
	槽坊组

续表

村名	组别
徐集村	张家楼组
	河嘴组
街道	一片
	二片
	三片
	四片
	五片
	六片

徐集镇域内原标准地名（1985 年）

表 1-2

东沟村	黄岳村		菊花村	
村沟村委会	寨岗村委会	黄岳庙村委会	裕兴村委会	菊花村委会
油坊	张家庄	吕院墙	杨小庄	东王庄
傅郢子	徐老庄	王家庄	关巷子	马小庄
杨台子	蔡家畈	小庄	王院墙	马老庄
洼滩	谢糟坊	下庄	陈老坟	阚家庄
梁大庄	大柿树	梅家庄	冉家庄	屋上塘
梁家庄	汤桥	梅大塘	侯小庄	许槽坊
郑郢子	横板桥	黄岳庙	孟家庄	袁家庄
徐郢子	刘老庄	东庄子	马大岗	严高庄
梁郢子	寨岗头	宋大庄	高三石	杨大庄
	吕家庄	瓦门楼	蔚大井	东王庄
	宋老庄	荣老庄	许小庄	罗竹园
	余小庄	曹有庄	杨小庄	卢家庄
	长岗店	许大庄	陈糟坊	西王庄
	余大庄	卓家庄	朱家庄	栗树园
	葛家庄	高庄	中庄	严大庄
	祝小郢子	耿家仓库	陆岗子	田家庄
	祝小庄	谢家庄	宋糟坊	侯小庄
	金老院	木勺井	阮家楼	许家庄
	胡大竹园		王面坊	徐大郢子
	尚郢子		张墩子	
	敦子岗		席家庄	
	邱家岗			

续表

黄巷村		全红村		棠树村	
孙家庙村委会	黄巷村委会	王大塘村委会	全红村委会	永红村委会	棠树村委会
中心庄	大岭岗头	夏家庄	蔡小庄	三棵树	王长庄
土桥	蔡大庄	大寨子	邓老庄	李黄徐	北李家庄
朱小洼	谢小庄	丁台子	大关塘	许槽坊	程家庄
黄老庄	南陈家庄	中李家庄	陆家庄	田家庄	孟家庄
徐家庄	瓦屋庄	陈家庄	张家庄	李大庄	马郢子
侯高庄	养猪场	双塘	张拐店	黄郢子	小关塘
郭老庄	二里半庙	丁新庄	东李槽坊	徐郢子	王坝坎子
观音仓	田大庄	侯大庄	任小庄	试鼓墩	丁小庄
东陈家庄	南王大庄	壕沟庄	中刘家庄	张大庄	北陈家庄
殷小庄	卢大竹园	庙庄	松树庄	北张大庄	魏小庄
南邓家庄	皂角树	魏家庄	杨家庄	张大圩	东李老庄
郭家庄	戴家庄	袁家瓦屋	任家庄	关家庄	谢家庄
孙家庙	丁家庄	杀牛岗	左家庄	东王家庄	东张老庄
朱大庄	杨大庄	中李槽坊	陈大庄	孙台子	北王大庄
殷家圩	南李家庄	关庄子	潘家拐		东刘家庄
潘家洼	黄巷	局田			苏家庄
潘小庄	蔡小庄	陈郢子			棠树店
胡大庄	江家庄	荣大庄			东邓家庄
二十石	东卢家庄				
中张老庄	许新庄				
洼庄	杨老庄				
辛小庄					
东张小庄					
中陈家庄					
杨小庄					

续表

梁集村		东方红村	徐集村		徐集街道
梁集村委会	梁堰村委会	东方红村委会	徐集村委会	三岔村委会	徐集街道居委会
羊叉地	杨家红	上郢子	胡台子	小店子	草市居民小组
马堰头	三岔沟头	槽坊	北张小庄	丁老庄	马巷居民小组
河拐子	纪家庄	西张家庄	北张老庄	柳树林	大墩居民小组
西庄子	王前庄	田面坊	江大庄	张家楼	
楝树庙	曾下庄	丁家楼	张槽坊	高小店	
尹大庄	曾中庄	陈敦子	谭郢子	方老庄	
下八石	书房庄	小圩子	新庄子	高家畈	
林家拐	河沿	棺材岗	南头庄	石家楼	
张家岗	高八石	观音堂		三岔子	
王大圩	张大庄	西陈家庄		江家庄	
周大庄	郭家庄	南郭家庄		下店子	
北荣家庄	马家庄	郭堰头		高家庄	
梁集	毛前庄	下郢子		鲍家庄	
柴大庄	王家庄	奶奶庙		南李家庄	
	张槽坊	上郢子			
	毛大庄	南红石桥			
	梁堰头	瓦屋郢子			
	北红石桥	大门楼			
	宝应寺	朱老庄			
	长庄	南卢家庄			
	当铺庄	徐高庄			
	西李老庄	洼庄子			
	黄家楼	汪老庄			
	西王家庄	芦槽坊			
		大塘郢			
		卢小庄			
		曹门楼			
		花古楼			
		五里棚			
		左小庄			
		荷叶塘拐			

徐集行政村（居）合并表（2004 年 6 月）

表 1-3

序号	原行政村名称	合并后行政村名称
1	东沟	东沟
2	黄岳	黄岳
3	寨岗	
4	菊花	菊花
5	裕兴	
6	孙庙	黄巷
7	黄巷	
8	王大塘	全红
9	全红	
10	棠树	棠树
11	永红	
12	梁集	梁集
13	梁堰	
14	东方红	东方红
15	三岔	徐集
16	徐集	
17	新店	新店
18	杨氏祠	
19	高皇	高皇
20	潘大塘	
21	王店	王店
22	孔店	
23	街道	街道

2018 年徐集镇镇街村概况一览表

表 1-4

行政村名称	土地面积（平方千米）	耕地面积（公顷）	户数（户）	人口数（人）	村民组个数（个）
东沟村	3.2	75	588	2643	8
黄岳村	10.41	358.75	800	3043	15
菊花村	7.8	198.88	690	3002	10
黄巷村	8.28	448.39	1020	4164	13
全红村	8.2	71.6559	1082	3964	12

续表

行政村 名称	土地面积 （平方千米）	耕地面积 （公顷）	户数 （户）	人口数 （人）	村民组个数 （个）
棠树村	9.6	514	960	3859	18
梁集村	7.12	469.5	958	3560	18
东方红	5.01	303.984	725	2821	9
徐集村	5303.79	353.6	875	3620	18
街道	1.5	0	704	2816	6

第二节　自然环境

一、地质地貌

徐集镇在地质构造上处于秦岭褶皱系与中朝准地台两大地构造单元的交接部位，地层组成较为复杂。

下第三系：新统镇域内为厚层—巨厚层含钙质结核砂砾岩与中层含砾粗砂岩互层，厚度大于1783米。

上第三系：新统在镇西北附近有零星出露，为一层含砂砾黏土岩和黏土质组成的河流，湖泊交替沉积，成岩性差，厚度大于269米。

第四系：全镇及沿老淠河地带，由黏土、亚黏土、砂及砾石等组成，厚度0～232米。

徐集镇属丘陵地区，地形复杂，岗、畈、河湾相间，以丘岗地貌为主，黄岳、菊花、黄巷、全红、棠树及梁集村一部分，东方红村一部分，均为丘岗，徐集村、街道及梁集村大部、东方红村大部为畈，东沟村为湾区，境内河流有淠河、东汲河和汲东干渠。平均海拔在500米以下。

二、气候河流

徐集镇属北亚热带大陆性季区气候，四季分明，温暖湿润，常年主导风向为东南风，极端最高气温42℃，最低气温-18.9℃，年平均气温15.3℃，年降雨量1200毫米左右，全年日照时数约为2225.6小时，无霜期为220天左右。

徐集镇属长江中下游地区，"梅雨"气候特征明显，每年6月中下旬梅子成熟季节，降雨集中，梅雨季节后进入伏旱。

常年主导风向：夏季为东风、东南风，冬季为西风、西北风。

徐集镇境内有淠河和东汲河经过，灌溉渠道有汲东干渠、新店支渠、徐集支渠和邓家洼支渠，镇属省级江淮分水岭综合治理重点乡镇。

淠河位于徐集镇东南部，东沟村境内，上游至分路口镇新行村，下游至平桥乡吴巷村，全程3.1千米，该河在镇境内原无防汛堤坝，2015年利用淠河湿地公园项目，在东沟村沿淠河修筑坝顶6米宽的防汛堤坝，以保护河水域不萎缩、生态不退化、耕地不流失和人民群众生命财产不受洪水威胁。

东汲河位于徐集镇西部，上游至分路口镇江堰村，下游至丁集镇贵桥村，流经徐集镇东方红村、徐集村和梁集村，全程 9.5 千米，该河主要承担全镇泄洪和排水功能，抗旱期间，从该河流提水灌溉，也是镇内灌溉的重要补充水源。

汲东干渠穿镇而过，流经菊花村、黄巷村、全红村和棠树村，全程 9 千米，上游至分路口镇，下游至丁集镇，该干渠是徐集镇农业灌溉的主要水源，通过新店支渠，徐集支渠和邓家洼支渠，保障全镇 5 万亩（3333.3 公顷）耕地农业用水。

徐集支渠起于汲东干渠黄巷村徐大郢，流经蔡大庄、破堰桥、殷家圩、中坝、胡大堰、张大堰桥、朱槽油坊、梁堰大闸、余小河，入东汲河，全长约 15 千米，2018 年铺设护坡。

三、土壤植被

徐集镇土壤有三类：紫色土，水稻土，潮土。

徐集镇植物属于落叶、常绿阔叶混交林带，江淮丘陵植被区。落叶、阔叶树种主要有麻栎、板栗、茅栗、山槐、椿树，青檀、枫香、刺榆等。常绿阔叶树种有茶树、冬青、映山红等。人工栽培的有桑树、杉木、马尾松、白杨、毛竹、元竹、白榆、泡桐等。果树有柿、梨、枣桃、杏等。常见的草本植物有狗尾草、黄背草、荒草、白茅等。药用植物主要有桔梗、苍术、何首乌等。到 2020 年年底，全镇的植被覆盖率达 60% 以上。

四、自然灾害

旱灾

据《六安县志》记载，历史上有明确记载的重大旱灾，从汉惠帝五年（前 190）到民国二十三年（1934），共 28 次，发生的年份是：汉惠帝五年（前 190），隋大业三年（617），宋嘉定八年（1215），明宣德八年（1433）、宣德九年（1434）、嘉靖二年

（1523）、嘉靖三十四年（1555）、万历十七年（1589）、崇祯十二年（1639）、崇祯十四年（1641），清康熙四年（1665）、康熙十年（1671）、康熙十八年（1679）、康熙五十年（1711）、康熙五十三年（1714）、康熙五十四年（1715）、康熙五十五年（1716）、乾隆三十三年（1768）、乾隆五十年（1785）、咸丰六年（1856）、同治九年（1870）、光绪三年（1877）、光绪十七年（1891），民国三年（1914）、民国十五年（1926）、民国十八年（1929）、民国二十三年（1934）。徐集镇为其治所，亦受旱灾。

新中国成立后，旱灾时有发生，从 1949 年到 1986 年，发生较大旱灾 12 次：

1950 年大旱、1954 年 8 月大旱、1956 年秋冬连旱、1958 年夏旱，公社组织群众用水车拉水。1959 年、1961 年、1966 年、1967 夏秋连旱，1973 年秋冬连旱，1976 年春季旱情，1978 年夏秋旱，淠史杭行将断流，是 200 年以来最严重的大旱年。1979 年秋旱，1981 年春夏大旱。徐集镇地处六安境内，亦皆受旱灾。

2011 年 2 月 10 日，镇近三万亩春季作物受到不同程度的旱情，先后出动抗旱机械

100 余台，农业直接损失近百万元。

2011 年 2 月 23 日，大旱，人、畜饮水困难。

2013 年 7 月初至 8 月底，持续干旱，全市启动抗旱Ⅲ级响应。旱情到台风"苏力"带来大雨方才解除。徐集镇受此次旱灾影响，河塘沟渠干涸，水、旱庄稼减产。

洪涝

六安县旧志记载，自唐贞观八年（634）至民国二十年（1931），六安县域内共出现特大水灾 30 次。徐集镇亦受其灾。

1954 年 6—7 月连降暴雨。降水量达 843.4 毫米，汛期持续月余，淠河泛滥成灾。

1957 年 6—7 月连降暴雨。7 月 8 日降水 250 毫米，受灾严重。

1969 年 7 月 1—16 日连降暴雨，淠河出现特大洪峰，洪涝灾害，损失严重。

1980 年 7 月中旬大涝。

1984 年发生两次大水，6 月中旬一次，8 月 30 日一次。

1986 年 7 月 16 日暴雨。

1991 年 6—7 月连降暴雨，部分房屋进水，受灾严重。多户农房损坏，农作物大面积受损。

1998 年 7 月 16 日暴雨。

1999 年 6 月 27 日特大暴雨，徐集镇遭受洪水灾害，镇党委政府筹集麻袋、编织袋近万条送至淠河沿线抗洪救灾。

2005 年 9 月 2—3 日，受台风"泰利"影响，连降大暴雨，造成严重内涝。

2010 年 10 月 16 日，镇发生严重洪涝灾害，灾区倒房较为严重。

2015 年 8 月，受 13 号台风"苏迪罗"影响，8—11 日期间全市普降暴雨，局部大到暴雨，镇区部分农房、水田被淹。

2016 年 6—7 月连降暴雨。

2020 年 7 月 18—20 日，特大洪涝灾害，洪水泛滥，部分房屋倒塌，受灾严重。

风雪雹

大风冰雹成灾，《六安县志》旧志偶有记载。明泰昌元年（1620）冬，大雪，来年三月晴，积雪齐檐。

1953 年 4 月 15 日，风雹灾。

1954 年 6 月 1 日，风雹灾；12 月，降大雪 14 天，积雪超 65 厘米，气温降至-20℃～-8℃，交通受阻。

1958 年 4 月 24 日，风雹灾。

1964 年 4 月 5 日，遭风雹袭击。8 月 27 日，遭风雹袭击。

1979 年 2 月 10 日，遭大风袭击。4 月 12 日，遭大风袭击。

1984 年冬，大雪封山封路。

2008 年 1 月 12—28 日，连降暴雪，为 10 多年来最大的一场雪，积雪深度达 60 厘米。厂房倒塌，民居损坏，家畜禽死亡，受灾严重。

2009 年 11 月 15—16 日，普降大雪，树木折断，农村断电。

2015 年冬，普降大雪，道路结冰，短时封路。

第三节 自然资源

一、土地资源

徐集镇以岗、畈为主，夹杂小面积的湾畈区，岗区以黄岳、菊花、棠树、全红等村为主，湾区主要集中在老淠河西岸的东沟村，地形平坦，适宜种植小麦、玉米、油菜等经济作物，土壤以沙土为主，土质松散、肥沃，非常适宜农作物生长。畈区集中在镇区西部、东汲河东岸的东方红、徐集、梁集等村，土壤以黏土、红壤为主，适宜种植水稻、油菜。镇域丘岗地理特点明显，丘岗地带主要以黄棕壤、红壤为主。

随着近年来"增减挂"项目的不断推进，荒草地、废弃地、老宅基地、滩涂等土地闲置现象得到了大幅度复垦整理。全镇耕地面积约 50000 亩（3333.3 公顷），林地 8000 亩（533.3 公顷）。

二、水资源

徐集镇境内自然河流有淠河和东汲河，人工河主要是汲东干渠。

东、西淠河在六安市两河口汇合后称淠河，东流折北行 9 千米至横排头，进入淠河灌溉区渠首枢纽工程，形成 5 千米长的人工河，过大坝后经苏家埠东北流汇入十里桥河水，经裕安区、金安区、寿县于正阳关入淮河。

淠河流经徐集镇东沟村 10 千米长，主要是泄洪和提水灌溉。

东汲河流经徐集东方红、徐集、梁集 3 村，全长 12 千米，是徐集镇与江家店镇的分界河。此河为境内 3 个村的农田提供排涝、泄洪和提水灌溉。2002 年在河边植树 2000 余亩（133.3 公顷），收到了很好的环保、生态效益。

徐集镇境内汲东干渠流经菊花、黄巷、全红、棠树 4 个村，总长 10 千米，是境内灌溉主渠道，灌溉面积 35000 亩（2333.3 公顷），与之配套设施有大小支渠、涵闸、桥梁、护坡等。2002 年镇自来水厂搬迁至七里半节制闸上方，为境内 2 万多人提供饮用水源。

三、动物资源

徐集镇生态动物群为亚热带林灌、草地、农田动物群，种类众多，各类脊椎动物近 200 种。

兽类：野猪、狼、狐狸、野兔、黄鼠狼、狗獾、猪獾、水獭、刺猬、野鼠，家鼠、蝙蝠。从 21 世纪开始野猪、狼、水獭逐渐减少、绝迹，野兔数量大增。

鸟类：麻雀、燕子、鸽子、啄木鸟、乌鸦、喜鹊、八哥、猫头鹰、大雁、黄莺、沙和尚、野鸡、野鸭、布谷鸟、天鹅、秧鸡、鸽、鹭莺、洼子、鹌鹑、竹鸡、黄雀、斑婷、画眉、百舌、田鹨、鸬鹚、水葫芦、老鹰、鹞鹰、山喜鹊、绿翠鸟、铜嘴杨。进入 21 世纪后，老鹰数量减少，野鸡、野鸭、斑鸠、喜鹊、燕子、鹌鹑等大增。

鱼类 7 目 11 科 40 余种。有鲢鱼、鲫鱼、鲤鱼、鳝鱼、蛤、螺、蚌、龟、鳖、腰鱼、鲲鱼、鲇鱼、黑鱼、黄鲇、河豚、狗头鱼、泥鳅、大嘴、扁花、沙累子、蛙等。昔日淠河盛产的皇姑鱼，今已绝灭。

蛇（水蛇、郝练蛇、火三根、土公蛇、乌梢蛇、家蛇、青蛇飚）、蚕、蜂、蟹、鳖、虾、蝎、蜈蚣、蜥蜴、蟾蜍、蚯蚓、蜗牛等。资源丰富，经济价值较高，进入 21 世纪蛇类数量减少。

随着农村产业结构的调整、养殖链的改变，水牛、鹅等家禽类在萎缩，而野兔、野鸡、斑鸠、麻雀等野生鸟类群体在逐步恢复发展，猪、山羊、狗獾、鸭、鱼、泥鳅、龙虾、螃蟹等规模化养殖正在逐年扩大。公安部门加强对猎枪、电捕具的收缴管制，为野生动物的生存与繁衍提供了良好的栖身环境，镇域自然生态环境得到有效保护。

四、植物资源

植物：分花卉类、野生植物类、竹木类。

花卉类：蜻蜓花、迎春花、映山红、喇叭花、马齿苋花、指甲桃、伏天珠、鸡冠花、墨兰、刺梅、野菊花等。

野生植物类：狗尾巴草、巴根蒲草、艾草、黄蒿、茅菜、蒲公英、野月月红、棉絮头、乌龟草、三棱草、蘠秧、竿鱼草、水草、苔衣裳、甜菜芽、燕麦、野豌豆、劳豆子、荸头薔、水浮莲、水葫芦、水芹果、木荆条、野苋菜、灰灰菜、牛舌头、马兰头、稻槎菜、地菜、蟋蟀草、脑子草、龙须单、车板叶、慈姑、红蓼子、鸡骨抓、白蒿、胡刺赖、野葱、野蒜、苜蓿、红花草、霸王草、竹节章、应蒿、香蒲草、老鼠刺等。

竹木类：桐籽树、稽树、臭椿、拐枣树、槐树、檀树、化树、皂角树、水冬瓜树、冬青树、木瓜树、栎树、榆树、白杨树、泡祠树、桑树、柳树、梧桐树、柏树、毛白杨、红心柳、大叶柳、乌柏树、丝梓树、李树、白榆树、橡粟树、皮树、桑树等。

徐集镇域海拔均在 500 米以下，植被多为人工垦植栽培，分布有人工林、落叶常绿混交林和灌丛林，森林覆盖总面积 1285.3 公顷，森林覆盖率 14.3%，主要植被树种以杨、松、竹、杉、青岗栎为主，局部地带散存着蕨、女贞、冬青等稀有植物。2000 年以来，徐集镇大幅度进行退耕还林工程，植被覆盖面积迅速扩大。建有黄岳生态园、寨岗生态林、东沟湿地公园、东汲河坡人工林等大型植被园区。

五、矿产资源

淠河流经徐集镇东沟村 10 千米，河床均宽 1 千米，因上游大别山沙石丰富，致使流经东沟村段出现一场洪水一河沙的现象。正常河床积沙均深 3 米，徐集境内砂石资源在 3000 万立方米。20 世纪 70 年代砂石作为道路养护材料，随意开采，80 年代初开始，人们从中捞取铁砂，作为钢铁冶炼材料，90 年代后期，砂石普遍用于基建材料，进入 21 世纪，结合河道治理、环境整治、强化砂石管理，淠河两岸有丰富的砂石资源，2003 年镇在东沟村设立砂石管理站，从事砂石的开发和管理，严禁砂石乱采滥掘，将有限的砂石资源依法开采，同时在岸边荒滩植树 800 余亩（53.3 公顷），社会效益、经济效益和生态效益显著。

表1-5

徐集镇土地用途分区面积统计表（单位：公顷）

位置	辖区面积	土地用途区												
		基本农田保护区		一般农地区		城镇建设用地区		村镇建设用地区		独立工矿用地区		林业用地区		其他用地	
		面积	%	面积	%	面积	%	面积	%	面积	%	面积	%	面积	%
东方红村	516.01	327.02	63.37	57.53	11.15	38.98	7.55	32.93	6.38	0.00	0.00	1.11	0.22	58.44	11.33
东沟村	279.19	109.08	39.07	18.25	6.54	0.00	0.00	65.84	23.58	0.00	0.00	51.07	18.29	34.95	12.52
高皇村	832.82	173.05	20.78	144.44	17.34	375.10	45.04	61.06	7.33	0.00	0.00	26.84	3.22	52.33	6.28
黄巷村	917.34	467.84	51.00	231.65	25.25	1.32	0.14	97.93	10.68	3.29	0.36	4.99	0.54	110.32	12.03
黄岳村	1053.82	596.59	56.61	215.49	20.45	61.45	5.83	28.79	2.73	0.00	0.00	77.52	7.36	73.98	7.02
菊花村	847.56	481.12	56.77	155.23	18.31	60.47	7.13	41.50	4.90	0.00	0.00	7.39	0.87	101.85	12.02
梁集村	731.55	490.04	66.99	115.37	15.77	0.00	0.00	32.33	4.42	0.00	0.00	0.50	0.07	93.31	12.76
潲河	111.45	0.00	0.00	0.00	0.00	0.00	0.00	0.00	0.00	0.00	0.00	0.00	0.00	111.45	100.00
全红村	861.37	531.67	61.72	144.12	16.73	0.00	0.00	68.54	7.96	0.00	0.00	4.00	0.46	113.04	13.12
棠树村	827.71	595.20	71.91	114.89	13.88	0.00	0.00	33.34	4.03	0.00	0.00	1.17	0.14	83.11	10.04
王庄村	848.25	168.16	19.82	338.17	39.87	108.02	12.73	141.23	16.65	5.10	0.60	14.98	1.77	72.59	8.56
新店村	591.36	286.16	48.39	35.76	6.05	151.67	25.65	65.51	11.08	0.00	0.00	7.59	1.28	44.67	7.55
徐集村	644.97	215.81	33.46	107.39	16.65	205.53	31.87	45.06	6.99	1.92	0.30	2.11	0.33	67.15	10.41
合计	9063.40	4441.74	49.01	1678.29	18.52	1002.5	11.06	714.06	7.88	10.31	0.11	199.27	2.20	1017.19	11.22

徐集镇国土面积分村统计表

表 1-6

序号	村别	面积（km²）	备注
1	菊花	8.26	
2	东沟	4.20	
3	黄岳	10.41	
4	全红	7.58	
5	东方红	4.96	
6	梁集	6.40	
7	徐集	5.45	
8	棠树	8.41	
9	黄巷	9.24	
10	王店	8.56	
11	高皇	12.20	2014 年划入平桥乡建制
12	新店	5.95	
13	街道	1.10	
	合计	92.72	

第四节　人　口

一、人口总量与分布

人口总量

1984 年 8 月，徐集乡改为徐集镇，徐集镇辖徐集、梁堰、梁集、棠树、孙庙、全红、黄巷、东方红、王大塘、三岔、永红等 11 个行政村和 1 个街道，镇总人口 31934 人，其中农业人口 28644 人。

1992 年撤区并乡，原高皇乡并入徐集镇。

2004 年，村级体制改革，村组扩大。徐集镇辖徐集村、梁集村、黄巷村、全红村、棠树村、菊花村、黄岳村、东方红村、东沟村、高皇村、王店村、新店村、徐集街道。总人口 35985 人，其中农业人口 29091 人。

2010 年 11 月第六次全国人口普查，镇共登记户数 11370 户，43217 人。登记出生人口 499 人，死亡人口 199 人。

2014 年，高皇、王店、新店 3 个村从徐集镇划出，归属平桥工业园。徐集镇总人口 33433 人，其中农业人口 26032 人。

2016 年，徐集镇总人口 34159 人，其中农业人口 30630 人。

2020 年，全镇共有居民总户数 11172 户，户籍总人口 33962 人，其中男 18043 人，女 15919 人。乡村人口 20554 人，城镇人口 13408 人。

截至 2021 年年底，全镇共有居民总户数 11408 户，户籍总人口 33919 人，其中男 17959 人，女 15960 人。乡村人口 20584 人，城镇人口 13335 人。

徐集镇部分年份人口总量统计表

表 1-7

年份	年末户数			年末人口数		
	合计	农业	非农	合计	农业人口	非农人口
1984	11307	—	—	31934	28644	3290
2004	10464	8427	2037	35985	29091	6894
2014	11483	9384	2099	33433	26032	7401
2016	11650	9627	2023	34159	30630	3529
2020	11172	—	—	33962	20554	13408
2021	11408	—	—	33919	20584	13335

徐集镇第七次人口普查数据汇总（2020 年 11 月 1 日）

表 1-8

地区	登记人口	常住人口	现有人口	户籍人口	出生人口	死亡人口	港澳台居民和外籍人口数	12~70 周岁人数
徐集镇	41545	24616	21658	33921	366	171	1	18242
徐集村委会	4426	2739	2405	3686	41	23	0	1996
梁集村委会	3679	1744	1198	3636	34	21	0	1265
棠树村委会	3972	2138	1750	3929	36	17	0	1579
全红村委会	4264	2311	1711	4091	37	17	0	1704
东方红村委会	3318	1864	1640	2763	22	15	0	1398
黄巷村委会	4159	2318	1862	3977	25	20	0	1737
菊花村委会	2979	1452	1282	2917	23	19	0	1074
黄岳村委会	3325	1883	1507	3268	30	13	0	1374

续表

地区	登记人口	常住人口	现有人口	户籍人口	出生人口	死亡人口	港澳台居民和外籍人口数	12~70周岁人数
东沟村委会	2847	1793	1617	2797	28	17	0	1348
街道居委会	8576	6374	6686	2857	90	9	1	4767

人口分布

徐集镇人口主要分布在各村和徐集街道，其中街道人口相对集中。

徐集镇 2004 年人口分布表

表 1-9

序号	村街	户数	人口数		
			合计	男	女
1	徐集	423	1516	814	702
2	梁集	349	1306	704	602
3	黄巷	383	1436	743	693
4	全红	389	1543	827	716
5	棠树	507	1996	1087	909
6	菊花	277	1060	550	510
7	黄岳	260	1037	546	491
8	东方红	546	2060	1099	961
9	东沟	563	2092	1147	945
10	街道	2007	3543	2091	1452
11	高皇	454	1737	941	796
12	王店	400	1522	808	714
13	新店	176	722	372	350
14	裕兴	319	1711	676	571
15	孙庙	427	1247	895	816
16	梁堰	484	1838	993	845
17	三岔	431	1638	852	786
18	王大塘	426	1702	921	781

续表

序号	村街	户数	人口数		
			合计	男	女
19	杨氏祠	231	870	466	404
20	潘大塘	305	1151	606	545
21	寨岗	458	1821	979	842
22	孔店	357	1387	747	640
23	永红	262	1281	838	443
合计		10464	36280	19737	16543

徐集镇 2014 年人口分布表

表 1-10

序号	村街	户数	人口数		
			合计	男	女
1	徐集	574	1777	905	872
2	梁集	471	1510	818	692
3	黄巷	575	1912	980	932
4	全红	553	1864	1010	854
5	棠树	712	2361	1300	1061
6	菊花	409	1213	617	596
7	黄岳	375	1163	619	544
8	东方红	820	2709	1430	1279
9	东沟	980	2692	1377	1315
10	街道	2073	3576	2084	1492
11	寨岗	629	1861	995	866
12	裕兴	521	1509	813	696
13	孙庙	557	1956	1033	923
14	梁堰	622	2081	1122	959
15	在岔	607	1869	970	899
16	王大塘	582	1944	1063	881
17	永红	397	1386	741	645
合计		11483	33433	17901	15532

徐集镇 2016 年人口分布表

表 1-11

序号	村街	户数	人口数		
			合计	男	女
1	徐集	1203	3743	1925	1818
2	梁集	1115	3706	1990	1716
3	黄巷	1163	3937	2033	1904
4	全红	1184	3895	2122	1773
5	棠树	1137	3839	2089	1750
6	菊花	955	2822	1466	1356
7	黄岳	1035	3162	1672	1490
8	东方红	846	2760	1462	1298
9	东沟	989	2766	1433	1333
10	街道	2023	3529	2053	1476
合计		11650	34159	18245	15914

二、人口结构

人口性别结构

徐集镇 2004 年男性人口 19437 人，女性人口 16543 人，男女性别比为 1.17：1，2014 年男女性别比为：1.15：1，2018 年男女性别比为 1.13：1，2021 年男女性别比为 1.125：1，男女性别比呈下降趋势。

徐集镇人口性别状况统计表

表 1-12

年份	总人口数	男	女	男女性别比
2004	35980	19437	16543	1.17：1
2014	33433	17901	15532	1.15：1
2018	34124	18103	16021	1.13：1
2021	33919	17959	15960	1.125：1

人口年龄结构

1992 年，总人口 35985 人，其中农业人口 28788 人。0~14 岁人口 6805 人，15~59 岁人口 24166 人，60 岁以上人口 5014 人。

2018 年，户籍总人口 34184 人，男 18141 人，女 16043 人，0~17 岁 6951 人，18~34 岁 8344 人，35~59 岁 12892 人，60 岁以上 5997 人。

2020 年，户籍总人口 33962 人，男 18043 人，女 15919 人，0~17 岁 7030 人，18~34

岁 7963 人，35~59 岁 13137 人，60 岁以上 5832 人。80 岁以上老人 845 人，新增 135 人。其中，80~89 岁 753 人，90~99 岁 90 人，100 周岁以上 2 人。

徐集镇 2020 年 80 岁以上老人统计表

表 1-13

类别	总人数	年龄段		
		80~89 岁	90~99 岁	100 周岁以上
接上年度	710	618	90	2
2020 新增	135	135	0	0
继续享受	683	568	112	3
2019 年度已故/报停	28	21	6	1
合计	818	703	112	3

徐集镇 80 岁以上人员名单（2018 年，818 名）

表 1-14

序号	村（居）社区	姓名	性别	序号	村（居）社区	姓名	性别
1	东沟村	方先喜	男	20	东沟村	赵让华	女
2	东沟村	付前余	男	21	东沟村	张立英	女
3	东沟村	魏明英	女	22	东沟村	魏袖余	女
4	东沟村	杨贻龙	男	23	东沟村	芦少英	女
5	东沟村	徐本山	男	24	东沟村	梁直业	男
6	东沟村	胡后英	女	25	东沟村	陶传林	男
7	东沟村	徐本如	男	26	东沟村	郑贤英	女
8	东沟村	卢丙英	女	27	东沟村	徐本英	女
9	东沟村	杨贻珍	男	28	东沟村	郭学兰	女
10	东沟村	权义华	女	29	东沟村	汪德珍	女
11	东沟村	薛习英	女	30	东沟村	陈益云	女
12	东沟村	马宗兰	女	31	东沟村	江德云	女
13	东沟村	陈玉春	女	32	东沟村	谢元英	女
14	东沟村	鲍传余	男	33	东沟村	徐登厚	男
15	东沟村	潘家英	女	34	东沟村	谢华英	女
16	东沟村	梁益仓	男	35	东沟村	徐本礼	女
17	东沟村	陶传书	男	36	东沟村	胡仁堂	女
18	东沟村	蒋业华	女	37	东沟村	梁直传	男
19	东沟村	梁伯伟	男	38	东沟村	段宗英	女

续表

序号	村（居）社区	姓名	性别	序号	村（居）社区	姓名	性别
39	东沟村	郑继文	男	71	黄巷村	王超田	女
40	东沟村	梁益英	女	72	黄巷村	盛先芝	男
41	东沟村	梁直宽	男	73	黄巷村	鲍家桂	女
42	东沟村	杨贻和	男	74	黄巷村	蔡志兵	男
43	东沟村	方先珍	男	75	黄巷村	孙克云	女
44	东沟村	梁长林	男	76	黄巷村	夏志英	女
45	东沟村	王宜如	男	77	黄巷村	张传贵	男
46	东沟村	邓孝如	男	78	黄巷村	张明艮	男
47	东沟村	鲍传明	女	79	黄巷村	杨义华	女
48	东沟村	付前霞	女	80	黄巷村	朱德银	女
49	东沟村	王植培	男	81	黄巷村	徐祖如	女
50	东沟村	左正霞	女	82	黄巷村	谢长发	女
51	东沟村	徐本初	男	83	黄巷村	张传英	女
52	东沟村	田为荣	女	84	黄巷村	傅从华	女
53	东沟村	梁一胜	男	85	黄巷村	严正英	女
54	东沟村	梁益到	男	86	黄巷村	卢宜霞	女
55	东沟村	付前霞	女	87	黄巷村	万良英	女
56	东沟村	王维华	女	88	黄巷村	朱家现	女
57	东沟村	胡秀明	男	89	黄巷村	史登华	女
58	东沟村	台贻田	男	90	黄巷村	张世英	女
59	东沟村	徐登胜	男	91	黄巷村	王克如	女
60	黄巷村	殷安荣	男	92	黄巷村	陈巨发	男
61	黄巷村	陈于如	女	93	黄巷村	戴宏如	女
62	黄巷村	魏传英	女	94	黄巷村	杨贤英	女
63	黄巷村	李家纯	女	95	黄巷村	郭学泉	男
64	黄巷村	鲍运如	女	96	黄巷村	高传英	女
65	黄巷村	蔚明权	男	97	黄巷村	傅成英	女
66	黄巷村	徐国银	女	98	黄巷村	陈于德	男
67	黄巷村	魏兴圣	男	99	黄巷村	张传珠	男
68	黄巷村	侯仁中	女	100	黄巷村	张学明	男
69	黄巷村	林华英	女	101	黄巷村	荣维霞	女
70	黄巷村	刘勇权	女	102	黄巷村	韩学勤	女

续表

序号	村（居）社区	姓名	性别	序号	村（居）社区	姓名	性别
103	黄巷村	朱士贵	男	134	黄巷村	丁兰云	女
104	黄巷村	黄芳如	女	135	黄巷村	许昌和	男
105	黄巷村	罗运如	女	136	黄巷村	谢长英	女
106	黄巷村	刘登科	男	137	黄巷村	卢炳英	女
107	黄巷村	魏运福	女	138	黄巷村	周习华	女
108	黄巷村	赵家盛	男	139	黄巷村	王克林	男
109	黄巷村	汪传英	女	140	黄巷村	陈宿友	男
110	黄巷村	查同余	男	141	黄巷村	张兴元	男
111	黄巷村	王立霞	女	142	黄巷村	夏传英	女
112	黄巷村	许昌英	女	143	黄巷村	王克友	男
113	黄巷村	许昌桂	男	144	黄巷村	田德英	女
114	黄巷村	田庆华	女	145	黄巷村	李道霞	女
115	黄巷村	侯义如	女	146	黄巷村	汪圣全	女
116	黄巷村	王学英	女	147	黄巷村	王贤才	男
117	黄巷村	黄运芝	女	148	黄巷村	谢长华	女
118	黄巷村	徐祖荣	男	149	黄巷村	张同后	男
119	黄巷村	田德银	男	150	黄巷村	丁维东	男
120	黄巷村	王成英	女	151	黄巷村	陈习福	男
121	黄巷村	夏建如	女	152	黄巷村	蔡广奎	男
122	黄巷村	邓少壮	男	153	黄巷村	郭学中	男
123	黄巷村	侯义友	男	154	黄巷村	邓先初	男
124	黄巷村	陈于福	男	155	黄巷村	张啟银	男
125	黄巷村	朱俊国	男	156	黄巷村	胡道友	男
126	黄巷村	蔡志平	女	157	黄巷村	蔡广华	男
127	黄巷村	王祥华	女	158	黄巷村	江开英	女
128	黄巷村	蔡志坤	女	159	黄巷村	卢士银	男
129	黄巷村	张爱忠	女	160	黄巷村	邓德明	男
130	黄巷村	陈巨堂	男	161	黄巷村	严长华	女
131	黄巷村	徐信敏	女	162	黄巷村	卢兴田	男
132	黄巷村	谢长英	女	163	黄巷村	杨道英	女
133	黄巷村	张世勤	男	164	黄巷村	丁为林	男

续表

序号	村（居）社区	姓名	性别	序号	村（居）社区	姓名	性别
165	黄岳村	吴本黄	男	197	黄岳村	宋塘兴	男
166	黄岳村	谢宜家	男	198	黄岳村	许昌乐	男
167	黄岳村	王芬如	女	199	黄岳村	叶寿水	女
168	黄岳村	荣德英	女	200	黄岳村	谢宜德	男
169	黄岳村	曹满廷	男	201	黄岳村	刘荣霞	女
170	黄岳村	张怀云	女	202	黄岳村	张世华	女
171	黄岳村	王存付	男	203	黄岳村	王祥英	女
172	黄岳村	王宝贵	男	204	黄岳村	陈发如	女
173	黄岳村	唐德华	男	205	黄岳村	王克聪	女
174	黄岳村	傅前英	女	206	黄岳村	徐祖江	男
175	黄岳村	李善如	女	207	黄岳村	周业英	女
176	黄岳村	张怀余	男	208	黄岳村	郎道权	女
177	黄岳村	祝志如	女	209	黄岳村	仁士英	女
178	黄岳村	张德清	男	210	黄岳村	徐祖根	男
179	黄岳村	梁直英	女	211	黄岳村	祝家英	女
180	黄岳村	刘胜付	男	212	黄岳村	胡传德	男
181	黄岳村	李正英	女	213	黄岳村	张怀英	女
182	黄岳村	王心霞	女	214	黄岳村	邱德林	女
183	黄岳村	王福如	女	215	黄岳村	王志德	男
184	黄岳村	荣德财	男	216	黄岳村	杨贤华	女
185	黄岳村	胡传家	男	217	黄岳村	陶正英	女
186	黄岳村	严叶英	女	218	黄岳村	王成凤	男
187	黄岳村	胡秀石	男	219	黄岳村	葛前友	男
188	黄岳村	严业和	女	220	黄岳村	胡传芳	女
189	黄岳村	晏立清	女	221	黄岳村	潘升刚	男
190	黄岳村	陈于新	男	222	黄岳村	刘后华	女
191	黄岳村	柏友传	男	223	黄岳村	朱俊华	女
192	黄岳村	郭宗霞	女	224	黄岳村	王训元	男
193	黄岳村	田为英	女	225	黄岳村	王训林	男
194	黄岳村	柏友华	男	226	黄岳村	荣发财	男
195	黄岳村	李华英	女	227	黄岳村	朱家庭	男
196	黄岳村	张俊英	女	228	黄岳村	李恩厚	男

续表

序号	村（居）社区	姓名	性别	序号	村（居）社区	姓名	性别
229	黄岳村	王善霞	女	261	菊花村	杨计华	女
230	黄岳村	卞开琼	女	262	菊花村	陈永英	女
231	黄岳村	方义珍	女	263	菊花村	蒋如英	女
232	黄岳村	谢长贤	男	264	菊花村	马昌华	男
233	黄岳村	吕树英	女	265	菊花村	王子成	男
234	黄岳村	邱茂银	男	266	菊花村	高大福	女
235	黄岳村	柏友才	男	267	菊花村	马昌胜	男
236	黄岳村	李从英	女	268	菊花村	钱立元	男
237	黄岳村	谢长恒	男	269	菊花村	王训中	女
238	黄岳村	田德英	女	270	菊花村	徐正元	男
239	菊花村	侯守才	男	271	菊花村	马永坤	男
240	菊花村	方正英	女	272	菊花村	杨家英	女
241	菊花村	田德宽	男	273	菊花村	王立霞	女
242	菊花村	胡道霞	女	274	菊花村	耿世英	女
243	菊花村	张世平	男	275	菊花村	杨贤芝	女
244	菊花村	李学如	女	276	菊花村	高效英	女
245	菊花村	孟先全	男	277	菊花村	刘家如	女
246	菊花村	王文胜	男	278	菊花村	丁维财	男
247	菊花村	傅从霞	女	279	菊花村	田德英	女
248	菊花村	吴启才	男	280	菊花村	席宏宽	男
249	菊花村	余朝运	男	281	菊花村	傅承清	女
250	菊花村	王维禹	男	282	菊花村	祝志英	女
251	菊花村	胡家英	女	283	菊花村	王训海	男
252	菊花村	翁良菊	女	284	菊花村	严长明	男
253	菊花村	陈习中	男	285	菊花村	窦宽仁	女
254	菊花村	鲍传华	女	286	菊花村	黄家财	女
255	菊花村	孟先福	男	287	菊花村	李贤为	男
256	菊花村	宋正兴	男	288	菊花村	蒋业英	女
257	菊花村	袁世荣	男	289	菊花村	张培安	男
258	菊花村	宋家金	男	290	菊花村	傅从银	男
259	菊花村	许见英	女	291	菊花村	张丕云	女
260	菊花村	陈永平	女	292	菊花村	梁植英	女

续表

序号	村（居）社区	姓名	性别	序号	村（居）社区	姓名	性别
293	菊花村	丁维法	男	325	梁集村	潘家月	女
294	菊花村	徐正初	男	326	梁集村	杨忠如	女
295	菊花村	杨贤德	男	327	梁集村	梅意华	女
296	菊花村	徐正堂	男	328	梁集村	陈久英	女
297	菊花村	陈德玉	男	329	梁集村	余家喜	男
298	菊花村	严长俊	男	330	梁集村	王茂珍	女
299	菊花村	陈贵英	女	331	梁集村	夏杨如	女
300	菊花村	周茂清	女	332	梁集村	胡培芳	女
301	菊花村	柴成英	女	333	梁集村	蔡广如	女
302	菊花村	梁植霞	女	334	梁集村	丁为如	女
303	菊花村	严长后	男	335	梁集村	张凤西	男
304	菊花村	邓德明	男	336	梁集村	张凤阳	男
305	菊花村	田德珍	女	337	梁集村	张自英	女
306	菊花村	黄家有	男	338	梁集村	徐彩霞	女
307	菊花村	董德英	女	339	梁集村	王立权	男
308	菊花村	钱立文	女	340	梁集村	张学财	男
309	菊花村	戴厚华	女	341	梁集村	吴承义	男
310	菊花村	付前玉	女	342	梁集村	毛德友	男
311	菊花村	王福英	女	343	梁集村	王步章	男
312	菊花村	陈于书	男	344	梁集村	黄开友	男
313	梁集村	王仰凯	男	345	梁集村	王务礼	男
314	梁集村	邵永泰	男	346	梁集村	张学如	男
315	梁集村	丁长英	女	347	梁集村	苏立英	女
316	梁集村	王学伟	男	348	梁集村	王怀英	女
317	梁集村	张先申	男	349	梁集村	潘家剑	男
318	梁集村	曾宪朝	男	350	梁集村	左立友	男
319	梁集村	鲍俊如	女	351	梁集村	郭德如	女
320	梁集村	曾照如	女	352	梁集村	郭家如	女
321	梁集村	陈于佑	男	353	梁集村	辛家英	女
322	梁集村	张先道	男	354	梁集村	张凤胜	男
323	梁集村	许建云	女	355	梁集村	郭家胜	男
324	梁集村	王步金	男	356	梁集村	凡丙胜	男

续表

序号	村（居）社区	姓名	性别	序号	村（居）社区	姓名	性别
357	梁集村	宋运如	女	389	棠树村	查周芝	女
358	梁集村	吴成立	男	390	棠树村	张成芬	女
359	梁集村	王学银	女	391	棠树村	李传余	男
360	梁集村	刘兴如	男	392	棠树村	蔡志鹄	男
361	梁集村	李兆发	男	393	棠树村	方成贵	男
362	梁集村	张丕善	男	394	棠树村	王成友	男
363	梁集村	邓先才	男	395	棠树村	刘美珍	女
364	梁集村	张兰荣	女	396	棠树村	许佩和	女
365	梁集村	松成文	男	397	棠树村	王克英	女
366	梁集村	张朝修	女	398	棠树村	丁兰英	女
367	梁集村	王锡金	男	399	棠树村	许光和	男
368	梁集村	袁仁才	男	400	棠树村	荣德英	女
369	梁集村	王务义	男	401	棠树村	潘深芝	女
370	梁集村	潘家英	女	402	棠树村	陈正兰	女
371	梁集村	丁为玲	女	403	棠树村	万良全	女
372	梁集村	张朝平	女	404	棠树村	丁美权	男
373	梁集村	刘言霞	女	405	棠树村	胡兰英	女
374	梁集村	张光英	女	406	棠树村	许长英	女
375	梁集村	余登芝	女	407	棠树村	谢长山	男
376	梁集村	曾宪中	男	408	棠树村	候守青	女
377	梁集村	左立如	男	409	棠树村	邓先祝	男
378	梁集村	徐长山	男	410	棠树村	陈子全	女
379	梁集村	徐家银	女	411	棠树村	陈克如	女
380	梁集村	陈宗英	女	412	棠树村	关德成	男
381	梁集村	张风岑	男	413	棠树村	王成如	女
382	梁集村	赵登凯	女	414	棠树村	杨母芝	男
383	梁集村	李家平	女	415	棠树村	张成英	女
384	梁集村	刘国珍	女	416	棠树村	王仰中	女
385	棠树村	王茂才	男	417	棠树村	蔡志保	男
386	棠树村	谢长支	男	418	棠树村	黄成方	男
387	棠树村	张仕如	女	419	棠树村	陈正英	女
388	棠树村	张本后	男	420	棠树村	张少桂	女

续表

序号	村（居）社区	姓名	性别	序号	村（居）社区	姓名	性别
421	棠树村	程依英	女	453	棠树村	蔚志祥	男
422	棠树村	方道胜	女	454	棠树村	方道云	女
423	棠树村	刘发明	男	455	棠树村	杨德如	女
424	棠树村	魏中英	女	456	棠树村	朱业英	女
425	棠树村	张世青	女	457	棠树村	张云中	女
426	棠树村	林国文	男	458	棠树村	丁正兰	女
427	棠树村	陈久才	男	459	棠树村	关圣祥	女
428	棠树村	刘志英	女	460	棠树村	李国和	男
429	棠树村	关德政	男	461	棠树村	张本业	男
430	棠树村	张定英	女	462	棠树村	刘国英	女
431	棠树村	徐本如	女	463	棠树村	丁美宗	男
432	棠树村	蒋兴兰	女	464	棠树村	潘升如	女
433	棠树村	张新兰	女	465	棠树村	李传珍	女
434	棠树村	马世云	女	466	棠树村	王克珍	女
435	棠树村	高芳英	女	467	棠树村	许昌友	男
436	棠树村	孟先文	女	468	棠树村	胡海银	男
437	棠树村	林先和	女	469	棠树村	黄海方	男
438	棠树村	王新中	女	470	棠树村	王成凡	男
439	棠树村	查如兰	女	471	棠树村	翟庭武	男
440	棠树村	柴永如	女	472	棠树村	翟庭荣	男
441	棠树村	陈永芹	女	473	棠树村	王克珍	女
442	棠树村	徐祖录	男	474	棠树村	胡世英	女
443	棠树村	荣立本	男	475	棠树村	王成玲	女
444	棠树村	张世华	男	476	棠树村	丁为落	男
445	棠树村	杨德芬	女	477	棠树村	翟何菊	女
446	棠树村	梁益如	女	478	棠树村	许光余	男
447	棠树村	谢宜国	男	479	棠树村	宋如新	女
448	棠树村	李多家	男	480	棠树村	邓先英	女
449	棠树村	丁为堂	男	481	棠树村	张丕俊	男
450	棠树村	潘长如	女	482	棠树村	潘长云	女
451	棠树村	张丕德	男	483	棠树村	谢宜华	女
452	棠树村	丁守才	男	484	棠树村	毛明国	男

续表

序号	村（居）社区	姓名	性别	序号	村（居）社区	姓名	性别
485	棠树村	江贤知	女	517	徐集村	黄昌霞	女
486	棠树村	荣德文	女	518	徐集村	黄昌珍	女
487	棠树村	陈久山	男	519	徐集村	孙恒如	女
488	棠树村	丁为国	男	520	徐集村	毛万如	女
489	棠树村	张何珍	女	521	徐集村	刘玉霞	女
490	棠树村	张传芝	男	522	徐集村	郭德英	女
491	棠树村	李正华	男	523	徐集村	王成才	女
492	棠树村	郭云	女	524	徐集村	鲁玉珍	女
493	棠树村	蔡广培	男	525	徐集村	梁益存	男
494	徐集村	高祥芝	女	526	徐集村	谢道功	男
495	徐集村	孙光景	女	527	徐集村	黄友祥	男
496	徐集村	蔚道才	女	528	徐集村	束炳业	男
497	徐集村	王应福	男	529	徐集村	徐家如	女
498	徐集村	黄运枝	男	530	徐集村	侯怀珠	男
499	徐集村	王成英	女	531	徐集村	张见如	女
500	徐集村	周维中	男	532	徐集村	高芳友	男
501	徐集村	左立国	男	533	徐集村	马孝松	男
502	徐集村	王祥英	女	534	徐集村	张世才	女
503	徐集村	高后堂	男	535	徐集村	权循枝	女
504	徐集村	刘国如	女	536	徐集村	王业芬	女
505	徐集村	王茂华	女	537	徐集村	权循枝	女
506	徐集村	吴克云	女	538	徐集村	方仁安	男
507	徐集村	祝青兰	女	539	徐集村	刘发华	女
508	徐集村	黄文荣	女	540	徐集村	张成宗	男
509	徐集村	方仁海	男	541	徐集村	苏正祥	男
510	徐集村	陈红英	女	542	徐集村	方业保	男
511	徐集村	田德英	女	543	徐集村	方正福	男
512	徐集村	李云龙	女	544	徐集村	江开珍	女
513	徐集村	余枝英	女	545	徐集村	严正霞	女
514	徐集村	张义同	男	546	徐集村	黄启荣	男
515	徐集村	吴少堂	男	547	徐集村	潘家平	男
516	徐集村	朱成芬	女	548	徐集村	潘长英	女

续表

序号	村（居）社区	姓名	性别	序号	村（居）社区	姓名	性别
549	徐集村	付传珍	女	581	全红村	关德义	男
550	徐集村	李余财	男	582	全红村	王丙英	女
551	徐集村	黄运华	女	583	全红村	刘华英	女
552	徐集村	权循华	女	584	全红村	王克友	男
553	徐集村	陈开珍	女	585	全红村	张广升	男
554	徐集村	龚成如	女	586	全红村	徐世英	女
555	徐集村	王公英	女	587	全红村	左立德	男
556	徐集村	陈习芝	女	588	全红村	葛坤林	男
557	徐集村	陈于英	女	589	全红村	邓业奎	男
558	徐集村	王成炳	男	590	全红村	刘来堂	男
559	徐集村	杨贤云	女	591	全红村	尤申国	男
560	徐集村	张世英	女	592	全红村	陈正友	男
561	徐集村	关从霞	女	593	全红村	黄如方	女
562	徐集村	叶义英	女	594	全红村	荣为芝	女
563	徐集村	李国富	男	595	全红村	陈久珍	女
564	徐集村	余朝发	女	596	全红村	陈正得	男
565	徐集村	赵必如	女	597	全红村	陈正香	男
566	徐集村	谢贻员	女	598	全红村	余以美	女
567	徐集村	顾云堂	男	599	全红村	徐世玲	女
568	徐集村	张宏英	女	600	全红村	张初英	女
569	徐集村	张成英	女	601	全红村	胡堰海	男
570	徐集村	翁良发	男	602	全红村	蔺学贵	男
571	徐集村	张传芳	女	603	全红村	徐世龙	男
572	徐集村	王学英	女	604	全红村	许昌英	女
573	徐集村	李守珍	女	605	全红村	丁为芝	女
574	徐集村	王学如	女	606	全红村	李世付	女
575	徐集村	权良才	男	607	全红村	蔚道华	女
576	徐集村	孙云华	女	608	全红村	朱秀林	男
577	徐集村	张世全	男	609	全红村	杨宗友	女
578	徐集村	田德华	女	610	全红村	王成勤	男
579	徐集村	方贤英	女	611	全红村	孙如华	女
580	徐集村	王习品	男	612	全红村	王心英	女

续表

序号	村（居）社区	姓名	性别	序号	村（居）社区	姓名	性别
613	全红村	王克万	男	645	全红村	李传业	男
614	全红村	魏兴华	男	646	全红村	王成堂	男
615	全红村	蔚道华	女	647	全红村	朱俊友	男
616	全红村	孙如兰	女	648	全红村	田道福	女
617	全红村	侯仁富	女	649	全红村	陈正同	男
618	全红村	潘家富	男	650	全红村	吴继如	女
619	全红村	张成圣	男	651	全红村	张世华	女
620	全红村	邓得银	男	652	全红村	祝其元	男
621	全红村	张德如	女	653	全红村	左立如	女
622	全红村	刘自兰	女	654	全红村	李朝英	女
623	全红村	赵怀琴	女	655	全红村	邓德如	女
624	全红村	江贤如	女	656	全红村	丁为英	女
625	全红村	宋家如	女	657	全红村	孟成宽	女
626	全红村	丁美荣	女	658	全红村	王步英	女
627	全红村	曾照英	女	659	全红村	张明英	女
628	全红村	李世如	女	660	全红村	李世有	女
629	全红村	王成月	男	661	全红村	张怀英	女
630	全红村	邹怀英	女	662	全红村	柴华保	男
631	全红村	张晏芬	女	663	全红村	张成余	男
632	全红村	侯义林	男	664	全红村	潘家传	男
633	全红村	车启华	女	665	全红村	柴春玲	女
634	全红村	王兴如	女	666	全红村	许友英	女
635	全红村	刘国英	女	667	全红村	徐思如	女
636	全红村	郑南英	女	668	全红村	冯立英	女
637	全红村	孔凡英	女	669	全红村	王成平	男
638	全红村	郭元如	女	670	全红村	吴继珍	女
639	全红村	关德尧	男	671	全红村	王成田	男
640	全红村	田道友	男	672	全红村	葛坤平	女
641	全红村	陈善福	男	673	街道	黄静萍	女
642	全红村	赵家珍	女	674	街道	蔡广霞	女
643	全红村	田德英	女	675	街道	陈习珍	女
644	全红村	梁绍礼	男	676	街道	王顺芝	女

续表

序号	村（居）社区	姓名	性别	序号	村（居）社区	姓名	性别
677	街道	冉声华	女	709	街道	刘鑫美	男
678	街道	王克英	女	710	街道	宋胜新	男
679	街道	柴永福	男	711	街道	张荣珍	女
680	街道	张贤英	女	712	街道	朱业炳	男
681	街道	王务云	女	713	街道	黄昌茂	男
682	街道	黄春英	女	714	街道	梁德恒	女
683	街道	王西友	男	715	街道	陈家英	女
684	街道	胡晏珍	女	716	街道	丁维端	男
685	街道	吴德英	女	717	街道	李世英	女
686	街道	陈家彬	男	718	街道	胡应兰	女
687	街道	高堂芝	男	719	街道	杨华云	女
688	街道	梁士宏	男	720	街道	徐师求	男
689	街道	陈久泽	男	721	街道	庄德发	男
690	街道	张传霞	女	722	街道	赵祥	男
691	街道	周后兰	女	723	街道	张立英	女
692	街道	曾庆利	女	724	街道	夏阳华	女
693	街道	江求圣	男	725	街道	张瑞生	男
694	街道	王光霞	女	726	街道	刘金如	女
695	街道	王克志	男	727	街道	丁焕清	男
696	街道	王克余	男	728	街道	翁元如	女
697	街道	陈相谷	男	729	街道	孙世海	男
698	街道	王为玉	女	730	街道	沙金平	女
699	街道	袁品三	男	731	街道	魏运华	女
700	街道	杨玉华	女	732	街道	金宜俊	男
701	街道	温建秋	女	733	街道	李多宾	男
702	街道	胡玉华	女	734	街道	束义如	女
703	街道	权良玉	女	735	街道	许道英	女
704	街道	陈秀嫒	女	736	街道	朱家茂	男
705	街道	幸家如	女	737	街道	陈于江	男
706	街道	刘正存	男	738	街道	陈学奎	男
707	街道	权循宏	男	739	街道	叶来友	男
708	街道	胡庆如	女	740	街道	陈效华	男

续表

序号	村（居）社区	姓名	性别	序号	村（居）社区	姓名	性别
741	街道	赵义荣	女	773	东方红村	陈启鲁	男
742	街道	许照明	男	774	东方红村	江贤如	女
743	街道	谢道银	女	775	东方红村	黄云英	女
744	街道	刘兴山	男	776	东方红村	江永如	女
745	街道	杨成珍	女	777	东方红村	松成英	女
746	街道	朱士霞	女	778	东方红村	傅前珍	女
747	街道	陈祥如	女	779	东方红村	陈家英	女
748	街道	韦帮均	女	780	东方红村	张义华	女
749	街道	刘吉德	男	781	东方红村	李朝新	男
750	街道	田成发	男	782	东方红村	胡学义	男
751	街道	徐登权	男	783	东方红村	陈启华	男
752	街道	林玉梅	女	784	东方红村	张成英	女
753	街道	傅绪兰	女	785	东方红村	张才如	女
754	街道	殷永珍	女	786	东方红村	徐正如	女
755	街道	王成霞	女	787	东方红村	李恩殿	男
756	街道	陈昌莲	女	788	东方红村	赵必兰	女
757	街道	张在华	男	789	东方红村	左立善	男
758	街道	关圣忠	男	790	东方红村	杨谋英	女
759	街道	李明全	男	791	东方红村	田从如	女
760	街道	张正英	女	792	东方红村	张广如	女
761	东方红村	江开发	男	793	东方红村	刘克华	女
762	东方红村	傅传田	男	794	东方红村	胡家顺	男
763	东方红村	张玉英	女	795	东方红村	王成英	女
764	东方红村	翁朝华	女	796	东方红村	傅传江	男
765	东方红村	胡必发	男	797	东方红村	徐本圣	男
766	东方红村	赵必珍	女	798	东方红村	毛德英	女
767	东方红村	黄祥英	女	799	东方红村	李世龙	男
768	东方红村	黄顺琴	女	800	东方红村	郭文英	女
769	东方红村	苏万洲	男	801	东方红村	付前义	男
770	东方红村	张宏友	男	802	东方红村	陈宿华	女
771	东方红村	张宏祥	男	803	东方红村	朱志华	女
772	东方红村	张广友	男	804	东方红村	谷炳霞	女

续表

序号	村（居）社区	姓名	性别	序号	村（居）社区	姓名	性别
805	东方红村	江贤英	女	812	东方红村	孟成云	女
806	东方红村	陈家田	男	813	东方红村	李世如	女
807	东方红村	孔祥英	女	814	东方红村	杨成英	女
808	东方红村	翁为芝	女	815	东方红村	张宏如	女
809	东方红村	陈凤初	男	816	东方红村	徐学胜	男
810	东方红村	魏良芝	女	817	东方红村	张义新	男
811	东方红村	宋运英	女	818	东方红村	张克勤	男

人口受教育结构

2010 年全国第六次人口普查，全镇常住人口 42776 万人，6 岁及 6 岁以上人口占 91%；小学、初中文化程度占总人口 73%。

徐集镇 2010 年年末受教育人口统计表（常住人口）

表 1-15

文化程度	合计	男	女
总人口	42776	22671	20105
6 岁以上人口	38926	20630	18296
未上过学	3422	684	2738
扫盲班	300	210	90
小学	14112	8187	5925
初中	17110	8726	8384
高中	3807	1903	1904
中专	1197	610	587
大专	727	356	371
本科	300	156	144
研究生及以上	4	3	1

徐集镇 2020 年年末受教育人口统计表（户籍人口）

表 1-16

文化程度	合计	男	女
总人口	33962	18043	15919
6 岁以上人口	30986	16732	14254
未上过学	1716	610	1106
扫盲班	238	142	96

续表

文化程度	合计	男	女
小学	8456	5316	3140
初中	12810	7412	5398
高中	5807	3217	2590
中专	897	516	381
大专	531	318	213
本科	473	257	216
研究生及以上	58	36	22

家庭人口结构

2010 年 11 月第六次人口普查，镇共登记户数 11370 户，43217 人。家庭平均人口数 3.80 人。2017 年末，全镇总户数 11319 户，总人口数 34124 人，家庭平均人口数 3.01 人。截至 2021 年年底，全镇共有居民总户数 11408 户，总人口 33919 人，家庭平均人口数 2.97 人。家庭平均人口数呈下降趋势。

徐集镇 2017 年人口家庭结构情况统计表

表 1-17

序号	村街	总户数	总人口数	家庭平均人口数
1	徐集	1174	3699	3.15
2	梁集	1090	3703	3.4
3	黄巷	1147	3958	3.45
4	全红	1176	3950	3.36
5	棠树	1120	3847	3.43
6	菊花	938	2873	3.06
7	黄岳	1014	3223	3.18
8	东方红	824	2760	3.35
9	东沟	974	2796	2.87
10	街道	1853	3315	1.79
合计		11310	34124	3.02

姓氏人口结构

徐集镇主要姓氏有：王、张、李、陈、吴、田、杨、丁、孙、周等。主要分布在菊花村、全红村、棠树村、东方红村、黄岳村、黄巷村、东沟村、梁集村。具体姓氏分布如下表：

徐集镇2020年人口主要姓氏分布简表

表1-18

序号	姓氏	主要居住地（村组）	户数
1	王	菊花村、全红村、棠树村	3556
2	张	梁集村、棠树村、全红村、东方红村	3150
3	李	棠树村、菊花村	1816
4	陈	黄岳村、全红村	2359
5	吴	黄巷村、棠树村、全红村、东沟村、梁集村	562
6	田	菊花村、全红村	652
7	杨	菊花村、东沟村	918
8	丁	棠树村、全红村	964
9	孙	黄巷村、东沟村、梁集村	384
10	周	东沟村、梁集村	288
11	合计		14649

三、人口变动与流动

人口迁徙变动

2010—2018年，镇迁出人口1229人，平均每年136.6人。迁入人口606人，平均每年67.3人

2020年，迁入人口43人，其中省内迁入19人，省外迁入24人。迁出人口120人，其中省内迁出30人，省外迁出90人。

2021年，迁入人口70人，其中省内迁入33人，省外迁入37人。迁出人口160人，其中迁往省内35人，迁往省外125人。

外出务工经商人口

徐集镇外出务工、经商人员较多，以2017年为例，占全镇总人口1/3以上。外出务工、经商人口大多在上海、江浙及沿海一带。

徐集镇2017年务工、经商人数统计表

表1-19

村街	徐集	黄巷	菊花	东沟	黄岳	全红	棠树	梁集	东方红	合计
外出务工、经商	1424	2300	1104	1700	1511	924	2942	1424	1900	15229

四、计划生育

计生组织

徐集镇计划生育办公室成立于 1987 年 7 月。成立初期，计生办仅有两名工作人员，一位计生专干，负责全镇 11 个行政村和 1 个街道的计划生育统计表和信息收集。一个保健员，负责全镇计划生育妇检、手术等工作，另外成立计划生育小分队，具体负责抓硬件。

2001 年人口形势发生变化，计生办职能逐步健全，计生队伍壮大、规范。增设镇计生服务所，办公条件改善，负责计生业务。2007 年 11 月，新的计生服务大楼建成使用，办公设备齐全，服务器械齐备。

徐集镇计生办历任负责人：

负责人任职情况更迭表

表 1-20

	单位名称	职务	姓名	性别	任职时间（起止）
体改前	徐集镇计生办	计生办主任	严正才	男	1987.7—1992.3
	徐集镇计生办	计生办主任	张学和	男	1992.4—1996.6
	徐集镇计生办	计生办主任	袁依平	男	1996.12—1997.9
	徐集镇计生办	计生办主任	严正才	男	1997.12—2000.3
	徐集镇计生办	计生办主任	许斌	男	2000.4—2001.7
	徐集镇计生服务所	服务所所长	韩明	女	2000.4—2001.7
体改后	徐集镇计生办	计生办主任	徐永霞	女	2001.12—2007.3
	徐集镇计生办	计生办主任	韩明	女	2007.8 至今
	徐集镇计生服务所	代征站副站长	邹邦辉	男	2001.8 至今
	徐集镇计生办	计生办副主任	李孝龙	男	2008.7 至今
	徐集镇计生办	计生办副主任	周传梅	女	2008.7 至今

计划生育工作

1949 年新中国成立后，国家一直采取鼓励生育政策，徐集镇域内人口增长较为迅速。从 1949 年不足 2 万人增长到 1984 年末 31959 人。截至 2021 年年底，总人口 33919 人，

1984 年 8 月出台《安徽省实行计划生育若干规定》。这一时期虽然有明确的生育政策，但是由于农村地区计划生育刚刚起步，生育指标控制并不严格。1987 年至 1991 年 12 月，全镇平均每年出生人口约 260 人，年均人口出生率为 18% 左右，年均计划生育率为 82%。这一时期，徐集镇计划生育工作成绩显著，计生办曾获国家级表彰。

1992 年 3 月撤区并乡后，原高皇乡与原徐集镇合并为现在的徐集镇。原徐集区计生办主任张学和任徐集镇计生办主任，袁依平、韩明、徐永霞任计生专干，镇聘干部胡劲松、郭业海、宋道祥、束义贵协助计生工作。同时成立计划生育服务所，镇招聘丁瑞荣、田德珍同志负责技术服务。

计生办具体负责全镇23个村（街）的人口计划编制、统计报表、已婚育龄妇女的摸底登记和信息收集、上报。

1992年至1996年，全镇年均出生人口约490人，出生率为13%左右，年均计划生育率为98%，每季度妇检到位率达99%，出生婴儿性别比趋于正常。

2000年伊始，镇党委、政府采取一系列改革措施，重新分工，严正纪律，强化责任，制定严格的奖惩措施。黄振宇分管计划生育，许斌任计生办主任，韩明负责计划生育服务所工作。同时成立计生党支部，许斌任支部书记，共计9名党员。计生办、服务所人员分工明确、责任到人，镇党委书记杜成阔亲自起草拟定《徐集镇2000年计划生育工作意见》，制定严格的奖惩措施，目标明确。印制大量的宣传品发放到户。出动宣传车，开启"国策警钟半小时"广播宣传活动，收到很好效果。

2000年3月2日，国家颁布《中共中央国务院关于加强人口与计划生育工作稳定低生育水平的决定》，指出自2000年到2010年十年间人口计划生育工作的目标和方针，进一步明确计划生育工作是全社会的事，动员全社会力量，采取法律、教育、经济、行政等措施综合治理人口问题。

2001年初，全省事业单位机构改革全面推行。经过严格的考试、测评，计生办、服务所20多人的庞大队伍，精简为8个人。计生办徐永霞、韩明、周传梅、袁依平4人竞争上岗，计生服务所邹邦辉、鲁先萍、周燕、权家宝竞争上岗。2001年，徐集镇计划生育工作居全区第三名。

2002年至2004年，计生办、服务所有两人相继通过全国中级职称资格考试，获得省级、区级个人表彰计5人次，计生办、计生支部获先进、优秀称号3次。

2002年至2006年，年均出生人口约460人，年均出生率约12%，在年终综合考评中，连续五年位于全区一类乡镇。

2006年，根据省、市人口计生委的部署，全镇积极推行"村为主"工作机制，实行"月积分、季兑现、年终总评"的考评方式，"月积分"考评机制在一定程度上激励村干部的工作热情。

2007年，全镇出生455人，出生率为11%，2007年，镇计生办被裕安区委、区政府授予第四届"裕安区文明单位"。2008年，全镇出生435人，出生率为10.55%，在省、区、市历次检查中取得较好成绩。

2009年至2011年三年间，徐集镇计划生育工作稳步推进。计划生育工作体制由联村干部负责制改为计生常抓队伍负责制，成立计划生育工作领导小组和计生常抓组。计划生育工作领导组组长由镇党委书记晁松担任，计生常抓组组长为镇党委副书记张维长。常抓组下设4个计划生育工作责任组，组长均为党政班子副科级领导。2009—2011年，全镇年平均出生人口482人，出生率为11.67%，综合治理出生人口性别比成效显著。计划生育奖励扶助制度逐步完善，人口基金奖励、救助计划生育家庭于2010年启动，2011年全镇26名农村"两女孩"妇女享受人口基金长效节育奖励4000元（一次性奖励）。

2012年2月14日，因为发展需要，徐集镇东部的新店、高皇、王店三个村划归平桥乡，徐集镇总人口由2011年年底的41295人减少到32030人。徐集镇计生办本着"以人为本、全面服务"的原则，制定并完善计划生育"镇负责、村为主"的考评制度。由计生办拟定经镇党委扩大会议通过的《徐集镇 2012 年人口与计划生育"村为主"工作奖惩办法》和《徐集镇 2012 年人口与计划生育工作逆向责任追究规定》，明确镇村干部的计生工作职责，提倡干部寓管理于服务中。考评办法加大了对孕情跟踪服务、计划生育家庭帮扶及计划生育政策知晓情况和满意度宣传的考评权责，旨在引导镇村干部转变观念，切实提高计划生育服务水平。

2012 年度，全镇共出生人口 393 人，人口出生率为 12.26‰，出生人口性别比 1.3 : 1，其中孕情掌握指标在全区最优，受到区人口计生领导组的通报表彰，经验做法在全区推广。2012 年度人口与计划生育年度综合考评中，徐集镇取得全区第四名的好成绩，当年被抽查的黄巷村、菊花村在全区被查样本点中均位居前十名，受到区委、区政府表彰。

随着社会经济的发展，人口形势也在不断变化。20 世纪 50 年代末 60 年代初出生的人口正在步入老龄化，而这部分群众正赶上我国的计划生育政策，大多数家庭都是独生子女家庭。"提倡一对夫妇生育一个孩子"的生育政策已不能适应社会发展需要。2014 年 1 月 23 日，《安徽省人口与计划生育条例》（以下简称《条例》）经过修改后正式施行。根据新的《条例》规定：夫妻一方或者双方是独生子女，只生育有一个子女的，可以申请再生育。"单独二孩"政策实施后，截至 2015 年 9 月，徐集镇三年间平均出生人口 398，比 2012 年同期相比，只增加 5 人；出生率 12.06‰，与 2012 年同期相比，基本持平。"单独二孩"政策实施两年，全国出生人口增幅不大，没有达到预期效果。

2015 年 10 月 26 日，党的十八届五中全会公告指出：促进人口均衡发展，坚持计划生育的基本国策，完善人口发展战略，全面实施一对夫妇可生育两个孩子的政策，积极开展应对人口老龄化行动。2016 年 1 月 15 日，《安徽省人口与计划生育条例》（以下简称《条例》）经过第四次修正，于 2016 年 1 月 16 日正式实施，新《条例》规定："提倡一对夫妻生育两个子女"。截至 2016 年 12 月末，全面二孩政策实施一年间，徐集镇出生人口 466 人，与 2015 年同期相比出生人口增加 106 人；出生率 13.87‰，与 2015 年同期相比，增加 3.07 个千分点，全面二孩政策成效显著。

2013 年以后，随着生育政策不断调整完善，计划生育奖励扶助政策也逐步完善。2013 年增加奖励扶助扩面政策，截至 2016 年末，全镇共有 136 人享受计生奖扶扩面政策，134 人享受计生奖励扶助政策，13 人享受计生特别扶助政策。

2016 年 6 月，徐集镇计划生育服务所与镇卫生院妇儿保合并，成立了徐集镇计划生育妇幼保健服务中心，原服务所 4 名工作人员中 3 人转入计生办，1 人转入镇卫生院。

受到上级表彰（或享受特殊待遇）人员登记表

表 1-21

姓名	表彰单位	表彰名称	表彰时间
严正才	安徽省计生委	先进个人	1986
严正才	六安地区行署计生委	先进个人	1985—1986
袁依平	六安行署	优秀调查员	1987.12
袁依平	国家计生委	优秀调查员	1989.9

续表

姓名	表彰单位	表彰名称	表彰时间
严正才	六安县计生委	先进个人	1991
周燕	共青团六安市委	优秀共青团员	2000.5
韩明	裕安区人事局、计生委	全区计划生育系统先进个人	2002.11
韩明	安徽省人口计生委	优秀调查员	2004.12
韩明	裕安区人口计生委	优秀调查员	2006.8
徐永霞	裕安区人口计生委	全区计划生育先进个人	2006.8
邹邦辉	裕安区人事局、计生委	全区"十五"期间先进个人	2006.8
周传梅	裕安区人口计生委	优秀调查员	2008.7

第五节　居民生活

改革开放以后，社会经济迅速发展，人民收入大幅度增加，2008年全镇人均收入2900元，比1987年的290元增长10倍，2018年全镇人均收入12783元，是1987年的44倍，群众衣食住行水平极大提高。人居环境不断改善，村民楼房整齐划一，庄前路边绿树成荫，环境优美。各村建文化娱乐室，每逢春节都要演出地方戏，丰富群众文化生活。农村的体育逐步开展，羽毛球、乒乓球落户农家，群众健身运动形成风气，街头院落跑步、做操、打太极拳随处可见。群众穿着不断改变，80至90年代以化纤织品为主，2000年以后，改为丝绵混纺为主。羽绒服饰普及农家。高档家具、电器居家必备，2008年，全镇拥有彩电是1987年的95倍，冰箱是1987年的65倍，洗衣机是1987年的27倍，空调是1987年136倍，60%的家庭都安装太阳能。群众在饮食方面条件越来越好，人们由吃饱转吃好，由养生到保健，奶制品、果品等每日必备。群众居住条件明显改善，2008年人均住房面积40平方米，其中10%的砖瓦结构的基建房，60%楼房，20%别墅，二层阁楼四合院，冬暖夏凉，成为主流，10%农户在城市街道购买商品房。

改革开放40年，人民群众的生活发生了天翻地覆的变化。互联网、人工智能、大数据、云计算正向人民群众扑面而来。

一、居民收入

新中国成立后，20世纪50年代，农村经济恢复较快，徐集镇开展土地改革运动，农民分得土地，经历互助组、初级社、高级社，农民生产积极性不断提高，生产的粮食基本能够自给。20世纪六七十年代，三年困难时期，兼之其他原因，庄稼歉收，境内曾出现"饿、病、逃、荒、死"现象。1978年12月，十一届三中全会后，徐集镇推行家庭联产承包责任制，逐步将土地包干到户。农民生产积极性空前高涨，粮食产量稳步增长。经过40多年的改革开放，城镇居民收入逐年增长，农村变化翻天覆地。

2004年，国家免征农业税和农业特产税，取消"三提五统"。农业、农村、农民工作出现新局面。近年来，徐集镇调整农业产业结构，土地实行自愿、有序流转，各类专业合作社不断兴办，农民生产积极性进一步提高。部分农村剩余劳动力自发向大城市转移，先到沿海及江、浙、沪等地打工创业，自 2000 年开始已涌向全国各地。同时，镇党委、政府审时度势，积极转变思想观念，开展招商引资，筑巢引凤。一批重量级企业落户镇境，既带动当地经济发展，也解决部分劳动力就业。镇内传统支柱产业为水稻、小麦、油菜等，近年来，葡萄、油桃、草莓、樱桃、丝瓜、皖西白鹅、土鸡等种、养殖业逐步兴起，种粮大户、养殖大户各类专业合作社带动全镇各村经济发展。政府加大扶贫攻坚力度，多种途径增加农民收入。改革开放之初，全镇人均纯收入不足 100 元，2020年人均纯收入 15456 元，是改革开放之初的 160 多倍。

二、居民支出

新中国成立前，农民终年劳作，收入不足以维持家庭基本的生活支出。20 世纪 50 年代，实行土地改革，农民分得土地，吃、穿、用日常生活有所改善。农民收入中有 60%—70% 用于生活开支，住房及穿戴方面约占 30%—40%。20 世纪六七十年代，逢三年困难时期，并实行计划经济模式，农民靠工分吃饭，多数农民收入低。这一时期农民用于生活支出方面的费用在 60%—70%，用于教育及医疗方面费用在 10%—20%，用于人情往来方面费用在 10%—20%，用于婚丧嫁娶及住房方面费用在 20%—30%。

在改革开放以来的几十年（1978 年开始），农村经济逐步发展，农民收入成倍增长，生活水平明显提高，衣食住行有极大改善。2018 年末，全镇人口 51787 人。2020 年城镇居民人均消费支出 14865 元，比上年增加 1146 元，增长 8.4%。家庭支出大致分为以下几方面：食品、衣着、家庭设备用品及维修服务、医疗保健、交通通信、教育文化娱乐及服务、居住，其他商品和服务支出。食品烟酒、居住和教育文化娱乐是构成城镇居民消费支出的重要组成部分，分别为 3062 元、3216 元和 2538 元，仅此三项支出占到消费总支出的 59.3%。

另外，近年来人情往来费用逐年增加，占据家庭支出不小份额。

居民收入不断提高，生活条件随之不断改善。

徐集镇黄巷村村民陈娟娟，女，1989 年生，33 岁。原有姐妹 2 人，加上父母 4 口人。2010 年结婚，结婚前与父母姐妹一同居住三间平房。2003 年前父亲家中种有几亩良田，常年种田全靠与其他农户共同饲养的一头老黄牛，住土坯房，黑白电视机。2004年后父亲在家门口开始做散工，并使用小型手扶拖拉机发展农业生产，家中经济条件有所改善。2005 年秋季家里盖上 3 间混凝土平房，换彩色电视机。2014 年两姐妹出嫁后，父亲在徐集服务区务工，随着工作要求提升，父亲自学自考电工，现负责徐集服务区水电安装。

徐集镇全红村村民蔡志平 1967 年 9 月出生，1994 年与李守芬结婚。2000 年他们有了第一个孩子女儿蔡广群，而从第二个女儿蔡光玲出生开始传来噩耗。妻子李守芬开始腿疼，初期治疗诊断为产后类风湿。长时间治疗无果，所欠药费越来越多。最终诊断为小脑萎缩，无法治疗。后妻子李守芬彻底失去行动能力，评定为肢体一级残疾。孩子渐渐长大，面临着要上学缺乏学费的窘境，所有的一切都压在蔡志平身上。2014 年被认定为贫困户，他相信勤能致富，在种田之余，饲养鸡 30 只，鹅 20 只。操心着田地，喂养着家禽，除此之外还养海虾 3 亩，养猪 12 头。通过一年的辛苦劳动，家庭人均收入达 7800 元。自 2017 年以来，应村委聘请，成为一名护林员，为人民服务是他的愿望，同时也有一份稳定的收入。女儿学习幼师专业。他坚信只要不向生活屈服，愿意吃苦耐劳，生活会节节高升越来越好。

三、衣食住行

衣：记载着社会与人们生活的变化，并成为时代发展永恒的烙印和缩影。20 世纪六七十年代，农村大部分人是靠"种棉，纺线，织布，缝衣"自给自足，供给穿衣。后来人口猛增，物资匮乏，凭布票买布，普通家庭要做一件新衣服，不是一件容易的事，所以有"新三年，旧三年，缝缝补补又三年"，一件衣服"今年老大穿，明年老二穿，后年老三穿"的现象。20 世纪 70 年代末兴起"的确良"，80 年代以后，"灯芯绒""涤纶"兴起，90 年代后，物资丰富起来，市场开放，各种布料也有了。服装款式：解放初的布扣斜对襟，60 年代的中山装，70 年代绿军装、海军衫，80 年代后，喇叭裤、健美裤、蝙蝠衫、连衣裙、短裙、吊带衫……款式新颖，色彩艳丽。

食：国以民为本，民以食为天。新中国成立初期人们经常吃不饱，农闲时，一天吃一顿饭，一天一干一稀是常事。1955 年，集镇人口凭粮票购买粮食。1957 年—1959 年，"浮夸风"加上自然灾害，粮食奇缺，先是吃大锅饭，然后几乎全民停伙。1960 年以后，粮食虽然增收，但饮食业全部凭票限量供应。油、禽、肉、蛋、豆制品，日用品如火柴、煤油、肥皂、糖、烟、酒也凭票供应。农村虽然种粮，但除交公粮外，有些生产队，特别是无劳动力户，粮食不够吃，以山芋干、南瓜、蔬菜等杂粮、粗粮为主食，只有过年过节才能见到肉，卖肉想要买肥的。20 世纪 80 年代实行家庭联产承包责任制后，粮食丰收，90 年代，食品供应市场化，各种票证相继退出历史舞台。进入 21 世纪，人们物质生活已极大丰富，菜市场、超市、专卖店里的食品琳琅满目，应有尽有，还经常开展降价促销活动，人们对吃的要求也越来越高，从"少盐"到"少油"，到"少肉""少糖"，多蔬菜，多水果，营养均衡，人们从吃饱到吃好到吃得健康，野菜，粗粮，现在又成为餐桌上的健康食品。

图 1-1　全国粮票

住：有房才有家，住是城乡居民最大的关切，居住条件变化是居民生活幸福的重要指数。解放初期，农民的住房破败不堪，家庭经济好的人家住土坯荒草房，更多的人住的是茅草房和麦秸秆、稻草房。街道居民，或者靠国家分配住房，或者等国家建房，或者靠单位福利分房。燃料为茅草、秸干、树枝。照明是香油盏灯，或煤油台灯。七八十年代，改土坯房为土墙瓦顶，80年代又改砖墙瓦顶，90年代出现了钢筋混凝土两层楼房，2000年以后，不少农民在外打工赚了钱，回乡盖起了别墅型小洋楼，有的直接到城里买了商品房。单位职工参与国家住房制度改革，买下公房，住房实现商品化。2010年以后，乡镇居民进入城市买商品房的不断增加，即使在本镇买房也是购买小区的商品房，环境优美，配套功能完善。2017年，家家户户接通电和自来水，普通照明灯改为LED节能灯、彩灯。燃料：80年代是煤球，90年代后改液化气，太阳能。电饭锅，电磁炉，微波炉，冰箱，空调，洗衣机等各种电器，进入寻常百姓家。电视由黑白改为彩色，到液晶电视，再到网络电视。

图1-2　土坯草房　　　图1-3　土墙瓦顶　　　图1-4　砖墙瓦顶

图1-5　混凝土基础　　　图1-6　框架结构（别墅型）

行：徐集20世纪50年代人们出行方式主要是步行。贸易出行主要目的地为六安。有民谣为证（民国至解放初期的六安之路）：

农民进城，重在贸易，以利安家，贩草挑粮，讨个营生！徐家集（旧称）到六安走泥泞小路：从张贵店经寨岗头，踽王八拐银塘，经郝头店，上大沽堆，至河西桃园，跨浮桥至城西老地芍门滩，方至黄大街！走的艰险艰难艰苦！一更即起，各种照明灯纷纷上路：羊油灯、火把、马灯、灯笼……逢大节，期货易，一路似荧光闪动！

1970年以后，自行车是年轻人结婚的三大件（自行车，缝纫机，手表）之一。"凤凰牌""永久牌""飞鸽牌"是许多人购买自行车的首选，当时公路窄，路面砂砾，村道是原生态的泥土路，坑洼不平，"晴天一身土，雨天一身泥"，90年代伴随着先富起来的一批人，摩托车成为人们的新时尚，2000年以后小汽车开始成为人们出行的代步工具，进入2010年，全国对乡村公路硬化，逐渐实现了"村村通"水泥路和柏油路，家家有电动车，部分居民拥有私家车。2016年全镇常住人口家拥有客车小汽车2000多辆。

1970至1998，从石子路到柏油路，轮番上阵，实现了由泥到石，由石至砼的巨大变化。徐集到六安，由原来的4小时，缩短至50分钟！

1998至2018，砼道路8车道，快速便捷安全。"菜可以端上桌了，马上到了！"开车的朋友，在六安常常这样说。

"便捷道路村村通 · 安全出行庄庄连 · 美丽风景路路赏，人民心涌百般情，跟党前行心安全！大路越走越宽广，乐在心尖歌欢甜！"

图1-7 打工族的"摩托队"

图1-8 私家车

图1-9 春节返乡"拥堵"

2016年家庭拥有机动车辆统计（单位：辆）

表1-22

村街	轿车	客车	货车	面包车	大型农机	摩托车	三轮车
黄巷	215	3	147	—	837	1630	52
菊花	78	2	16	—	298	600	20
东沟	11	2	8	—	10	301	3
黄岳	126	2	24	8	12	—	—
全红	180	—	11	3	3	—	—
棠树	550	4	20	35	17	—	—
徐集	160	4	22	12	68	—	—
东方红	550	3	20	170	179	—	—
合计	1870	20	268	228	1424	2531	75

表1-23

徐集镇家庭居住条件对比表（单位：平方米）

村别	2018商品房			二层及以上楼房			一层平顶			砖瓦结构基建房			土墙瓦顶			草房（间）	
	省城	市区	乡镇	1987	2008	2018	1987	2008	2018	1987	2008	2018	1987	2008	2018	1987	2008
东方红					850	1150		300	250	15	220	215	120	30	0	1500	0
全红	480	4000	13500		1480	32900		990	25000	30	300	24000	735	120		1750	40
东沟					1592			411		12	112		630	48		1212	18
高皇					630		5	180		70	20		140	13		704	12
黄岳					2660		3	140		20	20		200	6		2620	4
菊花					1300	1400		600	700	20	40	40	1000	30	30	1000	
棠树	6300	452	18000		2800	3150		720	450		205	205	480			421	2
王店					750			120		60	20		350	10		460	
黄巷					620	917		161	75	35	184	20	480	35		480	
新店					1160		9	420		13	140		370	20		560	
梁集					1420		9	380		12	120		690	10		570	
徐集	900	6000	10000		1390	48000	6	260	800	20	110	10000	365	8		490	5
街道				120	4500		84	120		20	60		230	8		100	
合计				120	21152		116	4802		327	1551		5790	338		11867	81

表1-24

徐集镇家庭拥有高档电器对比表

村名	手机（部）			电话（部）			彩电（台）			冰箱（台）			洗衣机（台）			空调（台）			电脑（台）		
年份	1987	2008	2018	1987	2008	2018	1987	2008	2018	1987	2008	2018	1987	2008	2018	1987	2008	2018	1987	2008	2018
东方红		850	2000		350			650	530		200	1020		200	680		30	670		2	610
全红		1380	2500		480			1020	1025		390	1020		60	410		36	1000		12	300
东沟		648			302			504			411			38			118			36	
高皇		1600		2	124		2	807		1	513			70			94			52	
黄岳		960	2987		608	382		720	1022		370	776		65	617		120	688		25	615
菊花		900	700		600	600		650	950		250	550		50	350		100	400		10	100
棠树		2100	3400		630	240		900	1060		610	980		271	870		73	1100		31	900
王店		1800			600			900			375			260			656			18	
黄巷		2257	2650		608	26		611	961		945	620		62	630		351	865		15	358
新店		1100			403			750			350			50			130			30	
梁集		1631			755			645			512			298			263			26	
徐集		1800	2400		730	60		1010	690		620	620		270	590		350	980		39	380
街道	80	2800		500	1008		108	1008		100	1000	98	1000		20	400			80	
合计	80	19826		502	7198		110	10175		101	6546	98	2694		20	2721			376	

四、休闲娱乐

新中国成立之前，镇域居民生活贫困，文化娱乐活动极少，主要由民间自发组织，如唱小戏、说大鼓书、玩龙灯、演庐剧地方小戏等。这些活动大多集中在逢年过节村民凑份子或是大户人家盖新屋、孩子结婚等大事时，平常时节少见。新中国成立后休闲文娱活动较以前有些变化，除逢年过节表演唱小戏、说大鼓书、玩龙灯这些传统娱乐活动之外，主要还有看电影、下棋、打扑克、看大戏等。20世纪70年代，主要是看革命样板戏，镇域居民分别组织文艺宣传队演唱革命歌曲。

1978年以来，徐集经济文化生活得到迅速恢复和发展。同时，镇域居民的娱乐休闲方式也变得多样化、丰富化。20世纪80年代至90年代初，家庭休闲娱乐活动有收听广播、收音机、录音机，看电视和录像片，放VCD/DVD影碟等，看电影、唱小戏逐渐被冷待，打麻将、玩纸牌渐渐成为中老年居民的休闲文娱活动之一。

从20世纪90年代末开始，读书、看报、上网等成为城镇居民生活不可或缺的休闲娱乐新内容。青年人到卡拉OK厅唱歌跳舞，去烧烤店吃烧烤，夜生活比较丰富；中老年人早起跑步、练拳，傍晚跳广场舞等。年龄不同，休闲活动方式、内容等亦各不相同。徐集镇有一家较大规模的大歌星音乐纯KTV。2010年以来，随着家庭经济的逐步增长与积累，镇域内部分居民有经济基础的，外出旅游成为他们又一种新的休闲方式，利用节假日空闲时间，跟团或组团或自驾外出游山玩水，快乐度过休闲假日。

第二章 镇村建设

徐集镇位于六安市区西郊，辖9个村、1个街道居委会，镇域面积63.31平方千米，耕地面积约5万亩（3333.3公顷），人口3.5万人。境内有济广、宁西两条高速公路和六徐路、徐固路、六响路等区内主要干道，汲东干渠和新店、高峰、邓家洼三条支渠贯穿全镇。徐集镇地处淠河西岸，武涉山北麓，东与平桥高新工业园和新安镇为邻，南与分路口镇接壤，西与江家店镇以东汲河为界，北与丁集镇一脉相承，是六安市区的西北门户。

2016年以来，徐集镇始终坚持按照"向东加速推进，向南迅速展开，向北逐步延伸，向西适度发展"的总体规划，集镇建设"三纵三横"框架基本形成。

第一节 集镇建设

一、管理机构

徐集镇土建所由徐集镇土地管理所，徐集镇村规划建设管理所合并而成。

1986年9月，六安县徐集区土地管理所成立，辖分路口、淠联、大岭、江家店、挥手、高皇、徐集等七个乡镇，办公地点位于徐集镇文化路南侧，占地面积2.1亩（0.14公顷）。1989年1月，六安县徐集区村镇规划管理所成立，办公地点设在徐集区政府。1989年9月，徐集镇村镇规划管理所成立。1989年徐集区所辖7个乡镇纷纷成立土地管理所，均为临时聘用制，主要负责历史上第一次村镇土地登记发证，同时也相继展开土地管理审批业务。1992年，撤区并乡，高皇乡并入徐集镇，土地、建设两家合署办公，成立徐集镇土地建设管理所。1994年5月，徐集镇土地建设管理所再次划分为徐集镇土地管理所、徐集镇村镇规划建设管理所两个单位，均为股级单位设置。人、财、物三权上划归六安市土地局，自收自支，独立核算，此时两所相继成立党支部，支部书记由行政负责人兼任。2001年6月，机构改革，土管、建设两家进行第二次合并，机构划归国家全额财拨单位，人、财、物三权隶属于徐集镇政府。

2007年11月，六安市土地管理系统进行上划管理，裕安区土地局进行系统整合，徐集土建所中的土管人员与新安镇合并，成立裕安区土地局新安镇中心所，所址设立在新安镇，负责徐集、新安两个乡镇土地管理业务。徐集镇村镇规划建设管理所编制同年恢复，机构仍为财拨单位，人、财、物三权隶属徐集镇政府。

徐集镇土建所主要负责人任职更迭表

表2-1

组织名称	姓名	性别	职务	任职时间
土建所	胡红	男	所长	1989.9—1992.2
	段传斌	男	所长	1992.3—1996.2
	江开寿	男	所长	1996.3—2007.10
	李进	男	所长	2007.11—

徐集建设所成立于1989年1月，这是乡镇基层首次设立建设所建制。编制1人，杨林同志任所长，办公地点设在徐集区公所。1989年9月，六安县徐集区徐集镇村镇规划建设管理所成立，编制1人，胡红同志任所长，属自收自支性事业单位。1992年10月，编制增至2人。

1992年3月，六安县撤区并乡，高皇乡并入徐集镇，土地、建设两家合署办公，成立徐集镇土地建设管理所，徐集镇政府段传斌同志调任所长，胡红同志任副所长。1992年4月，六安县城建局在全县公开招考村镇建设助理员，各乡镇增加1名编制，以工代干，系聘用合同制，土、建人员进行整合。1992年10月，土建所人员编制增加到8人。

1993年，六安县改为六安市（县级市），1994年5月，徐集镇土地建设管理所再次划分为徐集镇土地管理所、徐集镇村镇规划建设管理所两个单位，均为股级单位设置，建设所编制3人，胡红同志任所长。

1996年建设所在职人员全部纳入人事局正式编制，自收自支，独立核算。同期，徐集镇建设所党支部成立，胡红同志任党支部书记。1998年，徐集镇建设所接管、整合徐集镇自来水厂、徐集镇建筑安装工程公司、徐集镇花生糖厂，胡红同志兼任自来水厂厂长、建筑安装工程公司总经理、花生糖厂厂长，并首次在国家工商总局注册了"徐集花生糖"商标。

2001年6月，全省进行乡镇机构改革，此时土管所在编17人，建设所在编19人，经过机构改革，土管、建设两家进行第二次合并，竞争上岗人员3名，其中土管人员2名，建设助理员1人，江开寿同志任所长兼土建支部书记，李进同志任副所长兼支部委员，梁伯金同志任专职土管员，机构划入国家全额财拔单位，人、财、物三权隶属徐集镇政府。

2007年11月，六安市土地管理系统进行上划管理，裕安区土地局进行系统整合，徐集土建所中的建设助理员1人从中分离出来，恢复徐集镇村镇规划建设管理所建制，机构仍为财拔单位，人、财、物三权隶属徐集镇政府。规划建设管理所编制暂定1人，李进同志任所长，相应党支部也同时进行重组，李进同志兼任党支部书记，所址设在徐集镇政府。2008年8月，经裕安区政府批准，徐集、城南、新安三个近郊乡镇建设所进行扩编，西河口乡建设所苏永杰同志招考调入徐集建设所，任建设助理员。2017年9月，经裕安区第五届人民代表大会提案，全区住建系统进行扩编，代红波、霍超群（女）两位同志考入徐集镇建设所。此年，徐集镇建设所编制人员3名。

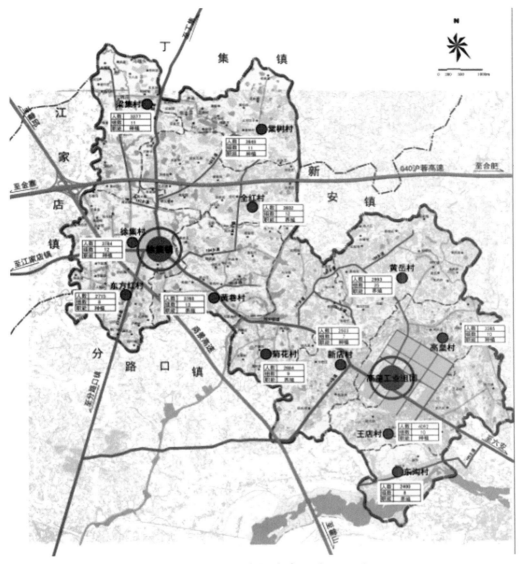

图 2-1 徐集镇集镇建设总体规划

根据镇党委政府的分工安排，徐集镇建设所负责的主要业务有：村镇规划、建筑工程质量安全监督、保障性住房管理、农村危房改造、农村改厕、美丽乡村建设、特色镇（村）建设、"三线三边"建设、农村公路畅通工程建设与管理、农村生活垃圾治理、年度工程类项目编报等。2018 年 2 月，徐集镇环保所在建设所挂牌办公，一个机构两块牌子，下设四个办公室：

建设所：徐集镇建设所负责镇域内的村镇规划建设管理。主要业务有：村镇规划、建筑工程质量安全监督、保障性住房管理、农村改厕、农村生活垃圾治理、年度工程类项目编报等。

环保所：2018 年新成立，主要从事环境保护工作，主要业务有日常环保巡查、企业环境评价、黑臭水体排查、散乱污企业排查、固体废弃物、秸秆禁烧、环境整治、案件查办等环境保护工作。

畅通办：主要从事农村公路路网规划、"村村通"及畅通工程建设、农村公路养护管理等。

美丽办：主要从事美丽乡村建设、特色镇（村）建设、"三线三边"建设以及文明创建等建设。

危房改造办公室：主要从事农村危房改造的鉴定、审核以及施工改造工作。

住保办：主要从事保障性住房的申报、审核、配租、租金收缴及日常管理工作。

二、镇村规划

1995 年，根据"康居工程"建设要求，徐集镇自行编制村庄"康居工程"居民点 317 个，并获得原六安市建设委员会批准。

1997 年 9 月，原六安市规划设计院为徐集镇编写《徐集镇村镇体系规划及徐集镇总体规划》说明书，规划期限近期至 2000 年，远期至 2010 年。

图 2-2　集镇建设管理工作会议

2004 年 7 月，在裕安区村镇规划综合技术服务中心帮助下，正式编制《徐集镇总体规划》，规划年限近期：2004—2010 年，远期：2011—2020 年。根据此规划，徐集镇先后编制集镇局部控制性规划，此后裕金大道、锦江花园、中央商城、幸福小区、三联塘小区等地块顺利实施开发建设。

2004 年 6 月并村之后，徐集镇镇域图（13 个行政村：徐集、东方红、梁集、棠树、全红、黄巷、菊花、黄岳、王店、新店、高皇、东沟、街道）。

2009 年 8 月，徐集镇全境纳入《六安市城市总体规划（2008—2030 年）》，城乡建设纳入六安市总体规划审批范围。

2014 年 6 月，在华中科技大学的鼎力相助下，徐集镇重新修订编制《徐集集镇总体规划》，首次把高皇工业组团（隶属裕安区政府）纳入了《徐集镇总体规划》编制范围之内，并于 2018 年 3 月，获经六安市政府批准。本次规划，中心集镇规划区面积为 2.0 平方千米、高皇工业组团规划面积为 6.0 平方千米。在本次规划中，第一次把徐集镇历史名人姓名、历史地名作为中心集镇道路名称进行命名。

2014 年 8 月 5 日，镇党委政府与华中科大任绍斌教授率领的规划设计团队，就徐集镇总体规划的修订业务展开交流座谈会。

2014 年 3 月，武汉华中科大城市规划设计研究院开始编制新版《徐集镇总体规划》，2017 年 12 月完成规划编制，2018 年 9 月通过六安市政府批复。

2014 年 8 月，在武汉华城筑源工程设计有限公司与安徽紫荆花控股集团的共同努力下，完成《六安市紫荆花怡养小镇控制性详细规划》。项目位于徐集镇黄巷、菊花两村，规划总面积 302.8 公顷。

2017 年 11 月，在北京森源建筑规划设计有限公司的协助下，结合老农贸市场改造，完成徐集镇农贸市场（农超广场）项目的规划设计编制，规划面积 5947 平方米，并于 2021 年 12 月建成运营，开创裕安区乡镇级别标准化农贸市场示范的先河。

2018年4月，在北京森源建筑规划设计有限公司的协助下，立足原老旧厂区，整合编制安徽欧汐雅服饰有限公司规划，规划总面积9768平方米。

2022年6月，在中维国际工程设计有限公司的帮助下，完成六安市铠聚（花生糖）产业园规划编制，规划面积30.8亩（20.1公顷）。

2022年2月，在六安市规划设计研究院有限公司的协助下，完成六安市裕安区徐集镇派出所迁建项目的新址规划编制，项目规划占地面积8.7亩（5800平方米），规划建筑面积2487平方米。

2023年3月，在浙江恒欣设计集团股份有限公司的大力协助下，于2023年8月，完成徐集镇"三个一"公共体育项目的总体规划编制，项目占地面积10.03亩（6686.7平方米），总投资300万元，并于2023年10月中旬开工建设。

2023年6月，在安徽省电子工业设计院有限公司的帮助下，完成裕安区乡村振兴产业服务中心的规划编制，选址地点在黄岳村，规划面积11710平方米。

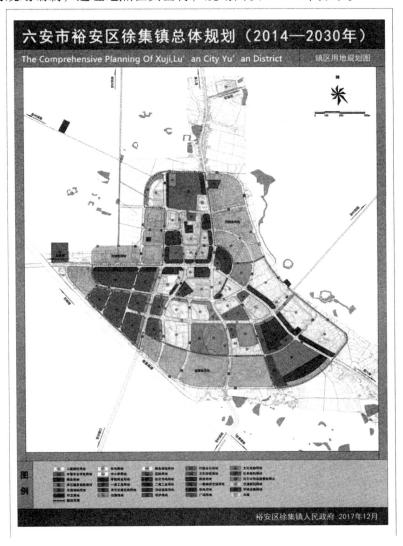

图 2-3　总体规划图

三、街道发展

徐家集新中国成立前，有两条街，主街南北
走向，从南头柳店到北头小学，稍向西拐后为
大墩小街直至老油坊，长1400米，宽5—15米
不等，砂土路面，小东街东西走向200米，宽
3—5米不等，泥沙路面。老街分为三个部分：
南头、北头以及中间部分。街道有柳店、草市、
马巷、大墩四个选区。"柳店"在南头，被六梅
路隔开，"草市"是农贸市场，徐集区公所与徐

图 2-4 徐集镇政府

集镇委会相邻，坐落在老街中间。徐集小学、徐集卫生院在北头大墩选区。街道两旁有
房屋2000间，占地4万平方米，其中有小瓦房50间，占地1000平方米。

1950年—1990年，徐家集先后沿路建三条街：沿六（安）梅（山）公路兴建街长
1000米，街道宽20米，沥青路面；沿徐（集）丁（集）公路兴建街，长800米，街道
宽20米，砂石路面；文化街，长400米街道宽15米，沙石路面。1997年建西大街，
2008年建二零街。

从2006年集镇开发建设开始，街道临街建筑一律不低于三层框架结构。2017年，通
过特色镇（村）建设，水、电、线、管道建设进入地下铺设。

中心集镇拥有粮油交易加工市场1座，占地52亩（3.5公顷），农贸专业市场1座，
占地面积17.8亩（1.2公顷），拥有蔬菜彩钢大棚1500平方米，混凝土场地硬化、给排
水、公共厕所等基础设施配套完善。2018年10月，开始对农贸市场进行升级改造，改造
后的市场为三层框架结构，集农贸交易、超市于一体。

徐集中心集镇2018年居民12710人，其中流动人口3500人。非农业人口6740人，
农业人口2470人，非农人口以单位分流、街道租居户为主，集中居住在老街区，西大
街、裕金大道（江家店镇籍人口占30%）、徐丁路、六梅路沿线以外来人口和农业人口居
多，主要从事商业、零售、第三产业服务等行业。在建筑特征上，非农人口居住房屋多
以砖瓦平房为主，农业人口居住房屋多以二层砖混楼房为主，随着集镇商业的不断繁荣，
集镇居民住房条件在迅速改善。徐集镇的建筑色彩以YP系列为主色调。截至2017年年
末，集镇建成区实有建筑面积30.64万平方米，其中砖混结构达16.98万平方米。

中心集镇位于镇域西部，是徐集镇的政治、经济、文化、商业中心，建成区面积
1.48平方千米，镇区道路10.01千米。裕金大道（徐分路—二零街）、西大街（南大
街）、老街、徐丁路（徐丁南路）四纵，文化路、六梅路、复兴大道三横，构成镇区长
方形网格框架。

徐集镇人民政府办公楼于1992年建成，系原徐集区公所办公楼改扩建。位于六梅路
与裕金大道东南角。

集镇建成区现有徐集中学（六安市工业学校）、登科私立九年一贯制学校、徐集中心
小学、中心幼儿园、红太阳幼儿园、七彩路幼儿园、华夏之星幼儿园、徐集法庭、徐集
派出所、徐集市场监管局、裕安区第三人民医院、裕安区交通局第三分局、六安市交警

大队第五中队、农业银行徐集营业所、农商银行、邮政电信支局等20多家行政事业单位，欧汐雅服侍、恒信化工、明升户外服饰、徐集康尔惠食品公司、腾飞驾校、奥德电器、金宏源门业、裕新电力、安徽风采涂料、万腾服饰、鑫润米业、皖源米业、昌隆米业、万家发米业、西部湾休闲、康怡洗浴等企业单位20余家。

图 2-5 部分结论

注：左为小东街，长160米，宽3至5米不等，是徐集镇历史老街；中间为大墩巷，长250米、宽3至5米不等，徐集镇历史巷道；右为马巷子，长60米、宽3至4米，徐集镇历史巷道。

图 2-6 部分街区

裕金大道（二零街），长690米、宽30米，2008年、2012年分期开发建成，二零街南接徐分路，即X009公路，镇区段长860米，宽12米。

西大街，长 505 米、宽 13 米，1997 年建成。南大街，长 400 米、宽 15 米，2012 年开发建成。

图 2-7　徐集老街

注：老街，为徐集镇历史老街，长 500 米、宽 6 至 13 米不等。

图 2-8　徐丁北路　徐丁南路

注：徐丁北路，即 X009 公路，长 880 米，宽 20 米，沥青混凝土路面。徐丁南路，长 760 米，宽 30 米，2014 年开发建成。

图 2-9　复兴大道

注：复兴大道，长 1520 米，宽 18 米，2011 年建成。工业集中区主干道路。

图 2-10 六梅路（X010）

注：六梅路，即原 312 国道，长 2380 米，宽 12 米至 30 米不等。国道改道后，1998 年变更为 X010。

图 2-11 文化路

注：文化路，长 516 米，宽 15 米至 20 米，部分沥青混凝土路面。

图 2-12 三联街

注：三联街，长 260 米、宽 6 至 20 米不等，连接农贸市场、老街、徐丁路。系老街改造陆续改建而成。

图 2-13　010 县级公路

注：X010 县级公路，即六安至徐集快速通道，主干道八车道，32 米，集镇区六车道。

图 2-14　徐集镇建成区鸟瞰图（2018 年）

四、建筑房地产业

自新中国成立至改革开放初期，徐集建筑业一直发展缓慢，乡村活跃着一批泥瓦匠，主要采取师徒传承形式，利用农闲时间在乡村从事盖房、改扩建房屋工作，其中土墙草屋房居多。八十年代初农业生产责任制后，乡镇集市及农村出现部分砖墙瓦房，甚至有两层楼房。

徐集镇自改革开放以来，集镇建设大发展，建筑从业人员增多。建筑队创始人有吕明俊、候义新等，1984 年成立徐集镇建筑安装有限公司，柴永福任公司经理，涌现一大批建筑能工巧匠，之后逐渐成长为部门经理、总经理、工程师。他们有李恩洲、候义国、邓德销、杨怀保、胡福堂、荣为发等。2003 年之前徐集镇大型土建工程主要由本地建筑企业承建。2003 年之后，本地企业融入其他大公司继续从事建筑业。

建筑业代表荣为发，1980 年开始从事建筑业。2018 年 1 月成立六安市恒龙置业有限公司，任总经理。近年来主要工作业绩：

2007 年承建徐集镇聚富苑第三期工程，建设规模 5600 平方米；

2008 年承建徐集镇初级中学教学楼工程，建设规模 4900 平方米；

2009 年承建徐集镇明升服装厂综合楼工程，建设规模 6500 平方米；

2010 年承建徐集六安市康尔惠食品有限公司综合楼及车间厂房工程，建设规模 3800 平方米；

2011 年承建徐集中学学生公寓及餐厅工程，建设规模 6800 平方米；

2012 年承建徐集祥和机械阀门铸造有限公司综合楼及车间厂房工程，建设规模 6700 平方米；

2012 年承建徐集客运站综合楼工程，建设规模 7100 平方米；

2013 年承建徐集西城首府 7 号、8 号楼商住楼工程，建设规模 15700 平方米；

2014—2017 年承建徐集恒龙公馆一期 1 号—6 号楼商住楼及地下室工程，建设规模 49200 平方米；

2018 年承担徐集粮贸中心综合楼改造工程，建设规模：外装饰及环境改造；

2018—2019 年开发建设徐集恒龙公馆二期 7 号—12 号楼商住楼及人防地下室工程，建设规模 49200 平方米。

第二节　交　通

徐集镇地处六安主城区西郊，自古是州府通往西北乡的门户，是通往金寨、霍邱及河南要冲，是原徐集区政治、经济、文化的中心，因此交通优势明显，过境的有宁西、济广两条高速公路八字形相汇，X010 县级公路（原 312 国道）东西而过，X009 县道（赛诸路）和徐固路，徐分路（建设中的 S244 省道）均贯穿南北，还有村村通公路 51 条，村组间快速通道 123 条，构成发达的交通网。

一、道路

国道

宁西高速（即 G40 高速，合武高速），穿越徐集镇全红、梁集两村，镇内长 5.4 千米；此路由国家于 2003 年冬开始修建。2007 年通车。镇境内修建桥涵 6 个，高架桥 3 座。

商景高速（即 G34 高速，济广高速）徐集境内长 5 千米，穿越徐集镇徐集、东方红、黄巷三村。此路 2004 年开工，于 2010 年通车。

省道

徐固路（在 312 国道）自 312 国道六（安）叶（集）路徐集起，经梁集、大牛集、丁集、小河沿至固镇止，长 21.7 千米。徐集境内 5 千米

1958 年，按照中央"公路工作的重点是依靠地方政府，依靠群众"的精神，徐集、丁集两区为了"大办公路交通"，发动沿线群众修建徐集至丁集 12.4 千米路段，同年建成。路基宽 8 米，土路，晴天可通车。1964 年，由六安县工交局勘测设计，组织民工建勤修建丁集至固镇 9.3 千米路段，路基宽 8 米。

1969 年，全线铺筑为泥结碎石路面，宽 3.5 米，最大纵坡 6%，平曲线最小半径 100 米，为四级公路，实现了晴雨通车（班车）。1973 年公路只延伸到固镇南阳门，1979 年

建固镇大桥，1981年到固镇。

1988年第一次浇柏油，4米宽路面。1995年公路大会战，徐、丁、固群众集资，公路升级为三级公路，路面宽6米。2008年公路升级为二级公路，路面宽12米，由裕安区政府投资。该路县级公路名称为X009（2006年编号）

全线共有桥梁6座，徐集境内有张大堰桥。该路分别与六（安）叶（集）、丁（集）罗（集）、丁（集）钱（集）、固（镇）夏（店）、固（镇）青（龙）、小（河沿）钱（集）、小（河沿）罗（集）等路相接，沟通4个乡镇，由梁集、丁集2个道班养护。

徐（集）分（路口）路连通徐集至分路口镇，境内长3.5千米，建于1975年，路基7.5米，先是土路，1978年改砂石路面通车。2000年改沥青石子路面，2016年拓宽重铺沥青路面。此路正在与徐（集）固（镇）路连通升级为S244省道。

县道

六梅路（X010）六安通向皖西门户的主干道，是六安六条古道之一（六叶道）：出西门经永安桥、三里街，过平渡桥，经吴家大巷、王店、新店、七里半店、徐集、永兴庵、江家店、挥手店、霍邱姚李庙，再经叶家集至河南省固始。两条岔道：自徐集西行经烟墩集、椿树店、清凉寺至松岗集；自徐集北行经梁家集、羊叉店、丁家集、荒滩集过小河沿渡至固县寺。

该道曾作为312国道、105国道，2004年改010县道，途经境内8.5千米。

有七里半、邱堰两座桥，由赛石矶、徐集两个道班养护。

六叶路自六安市汽车站起，经皖西路、三里街、窑岗嘴、赛石矶、徐集、江店、挥手店、姚李庙、大顾店、尧岭、叶集，至陈淋桥头，长68.4千米，其中六安市8千米，六安县27千米，霍邱县33.4千米，为六安地区通往河南省的主要干线，又是312国道皖境的末段。

该路始建于民国16年（1927年），由国民党驻军沿古驿道加宽修筑。后又征用民夫续建，路基宽6米，因桥涵、路面未建，不能通车。民国21年（1933年）2月，国民政府全国经济委员会筹备处制定的《七省联络公路章程》将六（安）叶（集）路列为军事路线，同年11月，又划为京陕干线的组成路段。民国22年（1933年）10月，路基、桥涵整修完工，可通行汽车。民国26年（1937年）7月，抗日战争全面爆发后，抗日军民奉命破路阻敌，交通中断。民国34年（1945年）11月，国民政府第八绥靖区修补安徽公路督导委员会设立六叶路工程处，配合国防部南京联合勤务总司令部第十五兵团，强征民夫，进行整修。民国35年（1946年）下半年，安徽省公路局派总工程师蔡鸿升督导施工，次年5月，修复通车。六安西郊窑岗嘴渡口，以木船渡运汽车。民国37年（1948年）2月，豫、鄂、皖"清剿"区公路督导委员会安徽省公路抢修工程督导团又对该路进行整修，路况稍有改善。后因国民党军政机关溃逃，路桥被破坏，解放时已不能通车。

1949年春，为支援中国人民解放军渡江战役，六叶路被列为支前路线，经六安支前指挥部抢修后，可临时通车。1952年，铺筑为简易碎石路面，路基宽6米，路面宽3—3.5米。1955年春，由于兴建梅山水库运输物资的需要，六安专区成立六（安）梅（山）公路建设指挥部，六安专区公署专员沙流辉任指挥，交通厅公路局局长吴信元、副局长戴频和金寨县县长江毅任副指挥，对六安至尧岭段进行整修，年底竣工。路基加宽至7.5米，铺筑泥结碎石路面宽3.5米。窑岗嘴渡口以20只木船排列成浮桥通行汽车。1959—1960年，汽车站经南门口至窑岗嘴段长5千米。1969年，六安县成立整修公路指挥部，组织民工建勤，对六安至姚李庙段进行整修，路基加宽至9米，开展"干线木桥歼灭战"，并开挖边沟，实行田路分家，改善了路况。1971年秋，动工对六叶路六安城区段进行改线，自汽车站，改经大别山路、南门口、安徽客车总厂至窑岗嘴，并将全线路面改建为渣油路面，次年10月竣工。路基宽7.5米，渣油路面宽5.5米。

六梅路1976年浇柏油，称（南京）浦口—叶集，公里碑从浦口计起到叶集。

1980年秋，姚李至叶集段，路基、路面、涵洞等遭洪水冲毁，六安地区公路总站拨款4.3万元修复。1984—1988年，省公路管理局先后投资48.3万元，对该路进行拓宽改造，路基由7.5米加宽至9—20米，叶集段渣油路面由3.5米加宽至6—9米，表处层厚3厘米。1989年年底，312线六安至叶集段路基宽9—20米，渣油路面宽6—9米，最大纵坡6%，平曲线最小半径60米，为三级公路。共有桥梁13座，涵洞218道。该路分别与窑（岗嘴）张（湾）、赛（石矶）诸（佛庵）、徐（集）固（镇）、众（兴）姚（李）、挥（手）清（凉寺）、六（安）苏（埠）、江（店）叶（集）、顾（大顾店）梅（山）等路相连，沟通9个乡镇。1989年，平均日交通量1410车次，由平桥、赛石矶、徐集、挥手店、望山桥、大顾店、尧岭、叶集8个道班养护。

该路徐集段2007年路面整修加宽到7.5米。2008年路基取直扩宽，路基宽18米，柏油路面12米。境内沿途拆迁民房建筑物45户，补偿经费48万元。2012年路面拓宽8车道，实行硬化。

赛（石矶）诸（佛庵）路自六（安）叶（集）路赛石矶起，经晏公庙、分路口、界牌石、独山、毛岔河、响洪甸、落地岗、龙门冲、十八盘、潘家岭至诸佛庵，长72.1千米，其中六安县段56.3千米、金寨县段7.8千米、霍山县段8千米。

六安至独山段始建于民国21年（1932年），属六（安）立（煌）路的一段。原线自六安起，经西十里头、马家庵、韩摆渡，过淠河至独山，1950年改线，由赛石矶至独山。1955年，由于兴建响洪甸水库，六安专区成立六（安）响（洪甸）路修建指挥部，省交通厅公路局派副局长戴频参加领导，并选派工程技术人员娄辰、严广桢、屠士锰、黄用康、张泽绵、周昌柏等组建测量队，进行勘测设计。1956年，六安、金寨2县分别成立六响路施工大队，对赛石矶至独山段32千米进行整修，并新建独山至响洪甸段10千米。当年8月全线竣工，路基宽7.5米，泥结碎石路面宽3.5米。1967年7月，皖西、皖化、浦信、红星等小三厂内迁，六安专署国防工办投资43.3万元，并动工新建响洪甸至诸佛庵专用线，长24.1千米。由六安、霍山两县人民委员会组织民工建勤修建，中国人民解放军驻霍山部队协助开山及修建河底便道工程，并补助材料费3.7万元，1968年12月竣工。计用民工建勤20.3万工日，完成土方1.5万立方米、石方7.5万立方米，路基宽7.5米，泥结碎石路面宽3.5—5米，河底便道7处，计长270米。1969年，经省公路部门批准，由六安专区公路部门负责管养。1978年，将金寨县段7.8千米路面改建为渣油路面，宽6米，厚3厘米。1980年，1K+400、45K+600、63K+700、67K等处路基、路面、驳岸、涵洞遭洪水冲毁，六安地区公路总站拨款5.2万元修复。1989年年底，赛诸路路基宽 7.5 米，渣油路面长 7.8 公里，路面宽 6 米；泥结碎石路面长 64.3 千米，路面宽 3.5—5 米。最大纵坡 7%，平曲线最小半径 20 米，为四级公路。共有桥梁 13 座，涵洞 197 道。该路分别与六（安）叶（集）、独（山）鲜（花岭）、界（牌石）狮（子岗）、郑（小店）南（岳）、毛（岔河）船（冲）、新（店河）诸（佛庵）等路相接，沟通 10 个乡镇。该路徐集境内 3.5 千米。

乡村公路

徐集镇通村公路从 2006 年开始修建，期间经过砂石路面、水泥路面、柏油路面几个阶段的拓宽与铺设。2006 年至 2018 年，乡村公路建设里程合计 153.57 千米。各年份具体建设如下表。

徐集镇乡村公路建设情况一览表

表 2-2

建设年度	序号	道路名称	所在村	建设里程（千米）	备注
2006 年	1	六叶路—舒巷	东沟	3.100	水泥路
	2	高皇—黑头店	高皇	2.400	
2007 年	3	六叶路—新店村委会	新店	0.427	
	4	六叶路—全红村委会	全红	3.608	
	5	X009—梁集村委会	梁集	6.315	
	6	X009—棠树村委会	棠树	3.589	
	7	东沟小学—孔店	东沟	1.150	
	8	徐集小学—成祥服装厂	徐集	0.760	
	9	棠树—全红村委会	棠树、全红	2.869	
	10	六叶路—菊花村委会	菊花	0.839	
2008 年	11	X009（永红）—棠树路	棠树	2.828	
	12	汲东干渠—全红村委会	全红	1.930	
	13	六叶路—赛诸路	新店	1.872	
	14	寨岗—黄岳生态园	黄岳	2.878	
	15	潘大塘—寨岗	黄岳	1.549	
	16	棠树小学—棠树村委会	棠树	2.100	
	17	大岗队—孙庙村委会	黄巷	2.865	
	18	高寨路—新安交界	高皇	3.907	柏油路
	19	农陈路（六叶路至渠）	黄巷	1.602	
2009 年	20	六叶路—东方红村委会	东方红	1.599	
	21	六叶路—三岔村委会	徐集	1.494	

续表

建设年度	序号	道路名称	所在村	建设里程（千米）	备注
2010 年	22	徐东路	东方红	1.500	
	23	黄岳村道	黄岳	0.918	
	24	东岳路	黄巷	1.534	
2011 年	25	东方红村道路改建	东方红	1.000	
2012 年	26	三岔—方老庄	徐集	2.660	
	27	复兴大道	徐集	1.210	
	28	东方红村道	东方红	4.060	
	29	大竹园—中心庄	黄巷	2.000	
	30	全红敬老院—松树庄	全红	0.800	
	31	裕寨路	菊花、黄岳	2.830	
	32	张老庄—胜利	棠树	2.000	
2013 年	33	长岗店—小牛	黄岳	1.120	
2014 年	34	关仓—江粉坊	—	1.400	
	35	X010 公路—邱堰	徐集	0.960	
	36	邱堰—高速路桥	徐集	0.820	
	37	高汲畈—梁堰路	徐集	0.880	
	38	大竹园—蔡大庄	黄巷	1.500	
2015 年	39	全红窑厂—医疗室	全红	1.410	
	40	前进水泥路	棠树	0.788	
	41	老槽坊—胜利	东方红	1.450	
	42	羊叉店—农科	梁集	1.410	
2016 年	43	双堰—团堰	梁集	0.900	
	44	徐王路	东方红	0.378	
	45	中双路	东方红	0.485	
	46	中石路	东方红	0.160	
	47	徐荷路	东方红	0.487	
	48	村高路	东方红	0.521	
	49	桥陈路	东方红	0.408	
	50	大东路	东方红	1.324	
	51	赛汤路	菊花	0.514	
	52	赛方路	菊花	0.643	
	53	赛石路	菊花	0.246	
	54	李朱路	菊花	0.514	

续表

建设 年度	序号	道路名称	所在村	建设里程 （千米）	备注
2016 年	55	新胜路	棠树	0.512	
	56	永全路—梁堰村	棠树	1.092	
	57	寨黄路	菊花、黄岳	1.941	
	58	兴烟路	菊花	1.586	
	59	裕关路	菊花	1.603	
	60	中红路	东方红	0.657	
	61	中黄路	东方红	0.304	
	62	王松路	全红	1.200	
	63	油李路	全红	0.400	
	64	红石桥水泥路	梁集	1.500	
	65	毛正初水泥路	梁集	0.460	
	66	黄巷至东方红	黄巷、 东方红	1.360	
2017 年	67	永全路—陈家庄	黄岳	1.473	
	68	棠烟路	棠树	1.861	
	69	中黄路	东方红	0.304	
	70	徐下路	东方红	0.501	
	71	徐赵路	东方红	0.694	
	72	马向路	棠树	1.225	
	73	黄东路	黄巷	1.361	
	74	中红路	东方红	0.657	
	75	团关路	棠树	1.724	
	76	寨黄路	黄岳	3.356	
	77	菊候路	菊花	0.955	
	78	王竹路	全红	0.645	
	79	邓李路	全红	0.252	
	80	窑大路	全红	0.869	
	81	高左路	全红	1.044	
	82	徐梨路	全红	0.449	
	83	油河路	全红	1.033	
	84	村团路	全红	0.396	
	85	徐魏路	全红	0.419	
	86	高刘路	全红	0.630	

续表

建设年度	序号	道路名称	所在村	建设里程（千米）	备注
2017 年	87	联张路	全红	0.427	
	88	徐大路	全红	0.561	
	89	田荣路	全红	0.615	
	90	木瓜树（高小路）	菊花	0.691	
	91	村王路（花园路）	棠树	0.683	
	92	王烟路	全红	1.300	
	93	杨邓路	全红	0.700	
	94	棠下路	全红	0.600	
	95	郭下路	全红	0.400	
	96	徐方路	全红	0.400	
	97	黄六路	黄巷	0.350	
	98	东六路	黄巷	0.360	
	99	张王路	菊花	0.260	
	100	高架桥至奶奶庙	东方红	0.500	
	101	新庄组道路	全红	1.500	
	102	胡台组至槽坊组	徐集	1.500	
2018 年	103	正大花园至张墩	黄岳	1.326	
	104	关烟路	全红	0.672	
	105	张棠路	全红	0.99	
	106	梁长路	梁集	0.822	
	107	同心路	棠树	0.775	
	108	张邓路	徐集	0.966	
	109	油胜路	黄岳	1.220	
	110	六双路	黄巷	1.094	
	111	六杨路	黄岳	1.256	
	112	美嘉路	黄岳	0.964	
	113	宋高路	黄岳	0.954	
	114	永张路	棠树	0.610	
	115	骆徐路	棠树	1.300	
	116	友爱路	棠树	0.800	
	117	河魏路	棠树	0.960	
	118	谢家庄路	棠树	0.860	
	119	团张路	棠树	0.600	

续表

建设 年度	序号	道路名称	所在村	建设里程 （千米）	备注
2018 年	120	同心路	棠树	1.100	
	121	程老庄路	棠树	0.900	
	122	骆黄路	棠树	0.700	
	123	林寨路	黄岳	1.110	柏油路
	124	养翟路	黄岳	0.500	
	125	胡谢路	黄岳	0.600	
	126	石曾路	梁集	0.360	
	127	曾苗路	梁集	0.310	
		合计		153.57	

道路养护

道路养护有道班养护、道群养护和群众建勤养护几种形式。主要是路面、边沟维修，路桥保养，行道树刷白、修剪。

道工、道群养护与作业

土路养护

民国时期，辖区公路多为土路，大都在古道和乡村大道基础上整修而成，坡陡弯急线性差，无固定专业道工养护。抗日战争时期，公路迭遭破坏或废路还田。1949 年春，为支援中国人民解放军渡江战役，由沿线地方人民政府组织群众抢修，部分土路恢复通车。

中华人民共和国成立后，对土路的养护，仍由沿线地方人民政府组织群众，利用农闲季节，修补坑槽、平整路面、清挖水沟，公路部门派工程技术人员予以指导。1952 年设立专业道班，开始进行常规养护，主要作业是修补路面坑槽、路肩缺口，填补车辙、明沟和水沟开挖等。雨雪季节，养护人员严格执行 1950 年 7 月中央交通部颁发的《雨季养护公路暂行实施办法》和六安行政公署关于《禁止独轮铁、木车行驶公路的通告》，加强土路的雨季管理，并经常上路巡查，雨雪天设障，禁止各类车辆通行，违者按规定给予罚款。

图 2-15　路面养护

泥结碎石路面养护

1950年治理淮河工程开工，六安公路局抢修六叶路，并铺筑泥结碎石路面，在流动道工养护的情况下，只能采用撒土、洒水、撒砂的养护方法，以维持通车，养护经验是"冬季少用土，晴天勤洒水"，以免道路泥泞和尘土飞扬。

1953年，公路部门推广刷浆加砂的养护方法：先将坑槽补齐，把路面浮砂扫净，将筛过的黏土撒在车道上，洒水后，用扫帚刷浆，并加适量的砂，控制车辆碾压，可使路面平整。后来改进方法，选用黏性大的黄土（塑性指数不低于13）和粒径0.5毫米质坚的砂，将土筛过后进行干拌，然后湿拌，适量喷水，使混合料不粘手、不松散，铺装后不粘车轮，用石碾碾压密实平整，并随时注意洒水整平，可减轻晴天扬尘和雨天泥泞，延长路面使用周期，行车时速由原来的25千米/时，提高到35千米/时左右，并减少轮胎磨损，节约汽油。

图2-16 渣油路面养护

1963年，六（安）叶（集）路铺筑了渣油路面，厚度为2厘米，以原泥结碎石路面为基层。因基层强度低，水稳性差，常出现龟裂、松散坑槽波浪等问题，给养护工作带来一定的困难。后又加大用油量，因为渣油多，黏结力强，致使油石比不当，又出现油包、弹簧等病害。针对出现的病害，找病害原因，对症下药。弹簧地段采取清挖软土或污泥，进行基层补强，选配材料，分层夯实，再作面层。对泛油地段，根据实际情况，分别处治：重泛油地段先压入适量粗料，再撒细石料；对轻泛油地段采取撒粒料，并本着少撒、勤撒和撒匀的方法进行养护；对松散地段则进行罩面。

2012年以后，道路养护实现机械化、现代化作业，养护人员减少，道工由区统一调度与管理。

徐集镇的建勤工作曾经获得交通部门的表彰。

群众养护的路面主要有六梅路、徐丁路、徐分路。

建勤：指公路两侧的农民按规定每年出一定的义务工，对公路进行养护、修理和改建等工作。

民工建勤的任务：对国道、省道、县公路及纳入省计划的乡公路的养护、修理和改建；公路的扫雪、防滑和水毁防护，行道树的栽植、养育管理和公路经常养护的备料配合，做好养护路段内的路政管理。

图 2-17　模范班组

民工建勤的范围：凡公路两侧各 5 千米以内的村镇 18 岁至 45 岁的男性农民和 18 岁至 40 岁的女性农民都有建勤义务，其承担建勤义务的数量，视实际需要而定，但每人每年最多不超过 5 个工作日。因病不能参加劳动者和孕妇应予以免除，不再补工。上述范围村镇中的兽力车和机动车每年均承担 2 个工作日的建勤义务。

民工建勤的待遇：民工建勤不发工资，只发出勤生活补贴。每完成一个标准工作日，根据当地情况发放出勤补贴费，集中食宿的可酌情增加补贴，并享受按规定应得的奖励。承担建勤义务的车辆也按当地情况发放建勤补贴。承担公路养护任务的专业合作组织有权按政策规定的比例享受公路部门投资栽植的行道树、矮林材的收入，但树权归国家所有。

道班概况

赛石矶道班成立于 1950 年，徐集道班成立于 1966 年，梁集道班成立于 1965 年。

徐集道班作业规模及负责人更迭

表 2-3

道班名称	养护里程（千米）		人数（人）	
年度	1989 年	2012 年	1989 年	2012 年
徐集	9	12	6	10
赛石矶	8	8	9	4
梁集	9.9	10	9	9

徐集道班

徐集道班，1984 年六安市公路分站在此挂牌。

刘明宇，山东曹县人，日本进中国时被拉民夫到徐集修六梅路，1966 年徐集道班成立时任班长，1983 年退休。

黄昌礼 1972 年接刘明宇班任班长，周贤富任过班长。1976 年王贤华任班长，1978 年刘大发任班长。

徐集道班负责人更迭表

表 2-4

班长姓名	任职时间	班长姓名	任职时间
李家山	1980—1984 年	杜　金	2008—2009 年
葛中年	1984—1988 年	葛启军	2009—2013 年

续表

班长姓名	任职时间	班长姓名	任职时间
张士闰	1988—1998 年		
朱仁义	1999—2000 年		
金王自	2000—2008 年		

梁集道班

分管路段徐固公路，1968 年建梁集道班，班长谷怀礼，地址在梁集公社老油厂，该道班是 1971 年落成，8 间泥土结构草房。道班占地 4.7 亩（3133.3 平方米），1985 年改建砖瓦结构房六间，1988 年新建砖瓦房六间，2017 年维修加固改建，负责养护徐集至丁集 12.5 千米。

班长更迭

表 2-5

班长姓名	任职时间	班长姓名	任职时间
谷怀礼	1968—1971	谷本楼	1989—1992
刘美堂	1972—1974	陈习瑞	1993—1995
陈茂富	1975—1977	陈金友	1996—2000
谢宜轩	1978—1980	程传新	2000—2019
周华富	1981—1989	张志军	2019 至今

二、桥梁

邱堰桥 位于徐集镇西，坐落在东汲河上，是 010 县道大型桥梁之一。该桥原建于 1949 年，木质结构低水位 3 孔长 10 米。1954 年改建为高水位木架桥 4 孔，长 30 米，宽 4.5 米。1966 年 10 月改建石拱桥，3 孔全长 53 米，宽 10 米，柏油桥面，两边水泥柱钢护栏。载重为汽-13 级。

七里半桥 位于徐集镇东，跨汲东干渠。七里半节制闸坐落于大桥南边与桥紧紧相连。是 010 县道的重要桥梁之一。该桥修于 1965 年，钢筋混凝土双悬臂式桥 3 孔，长 57 米，宽 10 米，柏油桥面，桥北边有水泥钢筋护栏。

张堰桥 位于徐集镇北 500 米处，坐落在张家堰上，前身是一座人行石板桥，1956 年修建徐集至丁集公路，此桥改建为公路桥。石拱 2 孔，钢筋混凝土桥板，柏油桥面长 40 米，宽 10 米，2000 年加宽到 12 米。**张贵店桥** 坐落于徐集镇全红村，跨汲东干渠，连接徐集与新安镇，1988 年修建钢筋混凝土双悬臂式桥 3 孔，全长 57 米，宽 6 米，高 9 米。

蔡大庄桥 坐落于徐集镇黄巷村，跨汲东干渠，连接境内菊花村，1989 年修建钢筋混凝土双悬臂式桥 3 孔，全长 57 米，宽 6 米，高 9 米。另有东汲河梁堰王小河桥。

图 2-18 邱堰桥

福寿桥 2015 年建设 750 米，是紫荆花颐养小镇境内连接东西两片的重要通道，也是一处景观。

图 2-19 福寿桥

汲东干渠徐集镇境内几座桥梁信息

表 2-6

序号	桩号	建桥时间	桥名	地点
1	41+700	—	商景高速桥	黄巷村
2	42+000	1989	木瓜树机耕桥	黄巷村
3	43+850	2012	312 国道桥	菊花村
4	44+750	2015	福寿桥	紫荆花颐养小镇
5	46+550	1989	蔡大庄桥	黄巷村
6	47+340	1989	潘家庄桥	全红村

三、交通运输管理

交通运输

1955 年徐集区供销社、粮站成立，徐集搬运社应运而生，一批人为粮站内稻子、大米包的上下车等做短途运输，另一批人利用架车为徐集供销社分销处往下面各公社运送物资，包括烟、酒、糖、日杂、布匹、农具等，1970 年左右徐集搬运站有职工 50 人，站长徐汉乔。当时一个人拉一架车 800 斤货到六安南门口只有 3.02 元。1978 年徐集搬运站升级为六安县徐集搬运公司，隶属于六安县公路局管理，经理宋安元。公司拥有解放牌货车、东风带挂 CA141 共六部汽车，为徐集农资公司运进化肥、种子、农药，也把本地的大米、麻、竹子、鹅毛等农产品运往省外。

1995 年运输公司解体，改为私人客货运营。客运大客有张世林 2 辆，刘文胜 1 辆，陈久平 1 辆，陈后田 1 辆，史登贵 1 辆，线路为徐集—南京—吴江—上海。短途客运有私人股份中巴客车 60 辆参与运营，有六安—固镇、六安—姚里两条线路。

2018 年年底，市公交公司收购整合私人车辆和车主，实现城乡公交一体化，过境徐集的公交线路有六安—固线（330），六安—姚线（331），六安—松线（350），六安—叶线（666），六安—殷墩岗线（357），城乡之间出入更加经济便捷。货运车、工程车 20 多辆。截至 2018 年年底，先后有 14 家公司车队在交管七站落户，辖有大小车辆 3000 多台。

交通管理

徐集镇境内国道、省道由上级有关单位管理，县道及乡村主要道路由裕安区交通三分局交管七站管理。

裕安区交通三分局交管七站

六安市裕安区交通三分局交管七站位于徐集镇裕金大道，占地面积 5632 平方米，建筑面积 900 平方米，是集办公、停车、生活为一体的综合大楼，总投资 200 万元，该站隶属于裕安区交通三分局，共有运政执法人员 12 名，其中党员 11 名，负责管辖三镇（徐集镇、分路口镇、江家店镇）的道路运输管理，运输市场培育、规费征收和文明创建等工作。

裕安区交通三分局交管七站以"全省争一流，全国争上游"为目标，着力提高职工素质，提升执法能力，严格管理制度，规范执法行为，秉公执法就是服务的理念。真情动人，真心便民，真诚为业主排忧解难，赢得运输业主的信任与支持，培育区内外两大运输市场。推出"上门式服务""保姆式服务""一站式一条龙服务"，交通规费持续攀升。

七站先后被授予"六安市青年文明号""全市动管系统先进单位""裕安区第二届精神文明创建先进集体""人民满意的基层站所"等荣誉称号。

裕安区交通三分局交管七站主要负责人任职更迭表

表 2-7

单位名称	姓名	性别	职务	任职时间
六安县徐集交管站	钱世君	男	站长	1986.1—1999.12
裕安区徐集交管站	江诚	男	站长	2002.2—2005.9
裕安区交通三分局管理七站	徐思敏	男	站长	2005.9 至今

第三节　电　力

一、发展历程

徐集供电所的前身是徐集变电所。35kV 徐集变电所 1976 年开工建设，1977 年投入使用，是以行政区划徐集区为供电范围建设的变电所，供电区域涉及徐集区 7 个乡镇，包括挥手乡、江店乡、大岭乡、分路口乡、沛联乡、高皇乡和徐集镇。变电所 10kV 出线 6 条：10kV109 号线主线 179 基杆，全长 16.32 千米，供电挥手乡、江店乡 2 个乡。10kV108 号线和 10kV107 号线是同杆架设双回路，主线 236 基杆，全长 21.10 千米供电大岭乡、分路口乡、沛联乡 3 个乡。10kV105 号线主线 152 基杆，全长 14.45 千米，供电高皇乡。10kV106 号线主线 39 基杆，全长 3.32 千米；10kV104 号线主线 164 基杆，全长 15.26 千米，供电徐集镇包括徐集街道。线路电杆是 10 米锥形水泥杆，还有部分 12 米锥形水泥杆，导线基本上是 LJ-50。

1976—1986 年，徐集变电所第一任所长是马新维，会计是曹祖金，老师傅张秀成，变电值班长张和平；接着分别由王光平（1986—1993 年）、储成实（1993—1995 年）、江国贤（1995—1998 年）、李方峰（1998—2000 年）出任所长。2000 年随着各乡镇分别设置供电所，徐集供电所仅负责徐集镇辖区的用电服务管理，葛坤圣（2000—2013 年）出任所长，辖区包括徐集电管站和高皇乡电管站，徐集镇电管站站长分别是孙业刚、李恩德，高皇乡电管站站长分别是葛坤圣、朱振东。2004 年 4 月江店供电所合并到徐集供电所，成立徐集供电所，辖江家店镇和徐集镇 22 个行政村（街道），所长葛坤圣。2013 年 9 月份江店供电所从徐集供电所撤分，徐集供电所辖徐集镇范围，所长葛坤圣，后分别由陈茂义（2013—2014 年）、翁鹏浩（2014—2016 年）、余鹏谦（2016—2017 年）、朱道兵（2017—2019 年）担任所长。2014 年至 2017 年，连续 3 年被地方政府评为"服务地方经济"先进单位。2019 年 4 月江电供电所与徐集供电所合并，成立六安市城郊供电公司徐集中心供电所，所长吴晓林兼任党支部书记，副所长张斌、胡乃林（2022 年 2 月调椿树供电所主持工作），支部委员张斌、窦祖庆。设置办公区域、营业厅，六安阳光电力维修工程有限责任公司徐集电力营业部。

徐集供电所的办公用房是依据 35kV 徐集变电所而建，原先是 2 栋 14 间砖瓦机构办公用房，1996 年重新规划建设，建设 2 层 10 间砖混结构楼房以及职工住房 7 套。2014 年，随着徐集开发，徐集供电所所在地被征用，房屋拆迁，供电所办公临时设置在徐集工业区内一厂房内。2019 年 2 月回迁至现在办公区域——徐集恒龙公馆 6 号楼。

二、电网建设

1998 年开始实施第一次农网改造，在徐集镇主要针对特别落后的线路设备进行升级改造，主要对全红村、棠树村、菊花村及徐集街道部分开展线路更新、增加 380V 线路、变压器分容、增加变压器等，解决农村危急隐患和低电压问题。全红村由一台 50kVA 变压器，增加到 4 台 400kVA；棠树村一台 50kVA 变压器增加到 3 台 300kVA；菊花村由原

图 2-20 徐集供电所

图 2-21 徐集中心供电所新办公楼

来的一台 50kVA 增加到 5 台 500kVA，徐集街道原来 2 台 300kVA 增加到 4 台 800kVA。2011 年实施第二次农网升级改造，主要对潘大塘、王店、孔店、东方红、王大塘、永红等村的线路设备进行升级改造，共增加 2600kVA 变压器 22 台，将主线路 LJ-25、LJ-35 铝裸导线更换成 JkLLYJ-1kV-70 绝缘线，其中 2014 年争取技改资金 260 万，主要对涉及低电压的 38 个台区线路进行整治，整治效果明显。2017 年至 2019 年实施的农村电网改造 7 个项目，分别是：

徐集镇东方红村瓦房郢台区配变及线路改造，投资 56.9 万元，主要项目内容：新增分容容量 200kVA 变压器 1 台，改造 10kV 线路 0.51 千米，新增 380V 三相四线线路 2.83 千米，220V 单相线路 1.62 千米。

徐集镇梁堰村梁堰中台农网改造工程，投资 41.12 万元，主要项目：新增分容容量 200kVA 变压器 1 台，改造 10kV 线路 0.81 千米，新增 380V 三相四线线路 2.79 千米，220V 单相线路 0.87 千米。

徐集镇黄岳村农网改造工程，投资 42.17 万元，主要项目：新增分容容量 200kVA 变压器 1 台，改造 10kV 线路 0.56 千米，新增 380V 三相四线线路 2.07 千米，220V 单相线路 1.3 千米。

　　徐集镇徐集街道夏店台区农网改造工程，投资 32.10 万元，主要项目：新增分容容量 400kVA 变压器 1 台，改造 10kV 线路 0.52 千米，新增 380V 三相四线线路 3.36 千米，220V 单相线路 0.42 千米。

　　徐集镇棠树村农网改造工程，投资 22.94 万元，主要项目：调整容量 200kVA 变压器 1 台，改造 380V 三相四线线路 3.05 千米，220V 单相线路 1.6 千米。

　　徐集镇寨岗村农网改造工程，投资 51 万元，主要项目：新增分容容量 200kVA 变压器 1 台，改造 10kV 线路 0.45 千米，新增 380V 三相四线线路 3.58 千米，220V 单相线路 1.84 千米。

　　徐集镇菊花村农网改造工程，投资 36.46 万元，主要项目：新增分容容量 200kVA 变压器 1 台，改造 10kV 线路 0.44 千米，新增 380V 三相四线线路 2.04 千米，220V 单相线路 1.3 千米。

　　其中 2018 年对 10kV105 号高皇主线路进行专项改造，升级为 10kV 双回路架设。

　　2021 年 8 月 11 日起公司启动以治理 10kV 线路和配电变压器"频停、频跳"为重点的"配网管理百日攻坚专项提升行动"，针对 10kV 线路频跳、频停及故障暴露的根本原因，认真开展诊断分析，重点梳理查找存在的突出问题、薄弱环节和潜在的风险点。共排查跌落保险 135 处，更换不合格熔丝 319 根，清理树障 236 处，整治线路通道 18 处，包括临时大棚、杆上附属物、对地距离不足等，增补、悬挂鱼塘"禁止钓鱼"牌 68 处 91 块，取得阶段性成果。

图 2-22　徐集中心供电所 2020 年 10KV 地理电网接线图

　　徐集中心供电所属地有 220kV 变电站 1 座，坐落在江家店镇华祖村柴油坊，始建于 2010 年，占地面积近 50 亩（3.3 公顷），是国家西电东送的重要工程，现名称是挥手

220kV 变电站。

220kV 输电线路 4 条，分别是：220kV 汪挥 2C91/2C92 线，境内 28 号—85 号基，总长 21.45 千米，途经高皇村、黄岳村、菊花村、东方红村、永兴村、桂花村、挥手村；220kV 崔挥 2C91/2C92 线，境内 32 号—46 号基，总长 3.6 千米，途经挥手村、华祖村、东庙村；220kV4783 线，境内 127 号—146 号基，总长 6.12 千米，途经挥手村、华祖村、青上村；220kV4786 线，境内 84 号—103 号基，总长 6.11 千米，途经挥手村、华祖村、青上村。

110kV 输电线路 6 条，分别是：110kV 挥响 638 线，1 号—26 号基杆，总长 7.3 千米，途经挥手村、芝麻地村、华祖村、东庙村；110kV 挥江 639 线，境内 1 号—24 号基，总长 7.12 千米，途经挥手村、林寨村、张墩村；110kV 挥长 629 线，境内 1 号—20 号基，总长 6.12 千米，途经挥手村、华祖村、青上村；110kV 挥叶 632 线，境内 1 号—12 号基，途经挥手村、华祖村、青上村；110kV 挥姚 633 线，境内 1 号—12 号基，途经挥手村、林寨村；110kV 挥丁 630/640 线，途经挥手村、太平村、神树村。

三、供电管理

基本情况

国家电网六安市城郊供电公司徐集中心供电所，现有员工 38 人，农电员工 29 人，业务委外 9 人，按照安徽省电力公司"全能型"供电所建设要求，设置综合业务班和客户服务班，辖徐集镇和江家店镇。两个 35kV 变电站，分布在江家店镇境内和徐集镇境内，35kV 江家店变电站 10kV 四路出线，分别是 10kV103 号永发建材厂专用线，线路总长 3.4 千米；10kV104 号新沟线，线路总长 68.72 千米；10kV105 号南岳庙线，线路总长 22.56 千米；10kV106 号江店线 58.57 千米。35kV 徐集变电站 10kV 七路出线，分别是 10kV103 号街道线，线路总长 19.48 千米；10kV104 号街道线，线路总长 45.98 千米；10kV105 号高皇线，线路总长 53.62 千米；10kV108 号丝织厂线，线路总长 5.32 千米；10kV107

图 2-23　水灾时抢修线路

号线和 10kV106 号大岭线是同杆架设双回路，其中 10kV106 号线线路总长 7.76 千米，10kV109 号江店线，线路总长 53.4 千米其中 10kV109 号江店线与 10kV106 号江店线是"手拉手"线路，另外还包括平桥工业园潘桥 19 号线，线路总长 53.68 千米，徐集中心供电所 10kV 线路总长 392.49 千米。公用变压器 346 台，总容量 5.43 万 kVA，低压客户 2.7 万户，低压客户经理 19 人。专用变压器 169 台，总容量 5.07 万 kVA，高压客户经理 4 人，营业面积近 200 平方千米。2019 年完成售电量 2379.39 万千瓦时，回收电费

1937.94 万元，电费回收率 100%，低压综合线损 5.35%，采集率 99.98%。全所员工以安全生产为基础，以满足社会发展对电力的需求为根本目的，努力做好优质服务工作，深入践行"人民电业为人民"的企业宗旨，2019 年被地方政府授予"集镇建设先进单位""支持地方经济发展先进单位"荣誉称号。

抄表收费

1997 年以前实行走收电费，电工到客户现场抄电表，现场收取电费，或者带着发票到客户收取。1997 年后在供电所设置营业厅，收取电费以及进行业扩报装业务，客户按照月度收费时段，主动到营业厅缴纳电费，电工负责抄表、催交电费以及客户服务。2013 年公司开始陆续推广远程费控电表，实现系统远程自动抄表、欠费停复电及费控等，并提供电费催费提醒信息，大大减轻了电工师傅的工作量。2017 年开始陆续推广安徽电力 APP 微信、公众号、支付宝等多渠道交费，2020 年重点推广"网上国网" APP，实现客户网上交费、线上办电更方便、更快捷，用电更明白。

四、新能源建设

2015 年 6 月 17 日，安徽省人民政府办公厅下发《关于实施光伏扶贫的指导意见》（皖政办〔2015〕34 号），同年 7 月，光伏扶贫试点工作随即在裕安区开展。

自 2016 年 8 月起，徐集镇境内共建设光伏扶贫电站 18 座，其中包含独立村级光伏电站 2 座、村户联建电站 6 座、户户联建电站 10 座，总装机规模达 1740 千瓦，年度标准总发电量约 157 万千瓦时。

东方红村、全红村作为贫困村，分别在 2016 年 8 月和 11 月开始建设独立村级光伏扶贫电站，先后在 2016 年 12 月和 2017 年 3 月完成建设，实现并网发电。电站容量均为 60 千瓦，分别投资 42.36 万元、40.44 万元，2 座电站年发电标准量均约为 52000 千瓦时。

东方红村、全红村 2 座 2016 户用集中式电站（户户联建电站）自 2016 年 8 月开始建设，于同年 12 月完成建设，实现并网发电。每座电站以 30 户建档立卡户（每户 3 千瓦标准）申报建设，容量 90 千瓦，建设投资均为 63.54 万元。

菊花村、梁集村、黄巷村、黄岳村、全红村、棠树村、徐集村、东方红村 8 座 2017 户用集中式电站（户户联建电站）自 2017 年 2 月开工建设，于同年 6 月完成建设，实现并网发电。每座电站以建档立卡户每户 3 千瓦标准申报建设，8 座光伏电站建设合计容量 840 千瓦，总计投资 569.52 万元。

梁集村、徐集村、东沟村、菊花村、棠树村、徐集街道 6 座 2018 经济薄弱村电站（村户联建电站）自 2017 年 9 月、10 月开工，于 2018 年 3 月份集中完工，实现并网发电。合计建设容量 600 千瓦，总投资 418 万元。

徐集镇按照"户申请、村审核、镇审查、区备案"的原则，对光伏收益依法依规进行分配，每年根据各村贫困户数等实际情况实行动态调整，合理分配受益户指标，将残疾人、独居老人、孤儿等特殊群体纳入受益对象，尽量扩大受益覆盖面。2017 年，按照每年每户 3000 元的标准，为 412 户困难群众打卡发放光伏扶贫资金 123.6 万元；为全红村、东方红村共 60 户光伏受益户发放补助资金 18 万元。2018、2019 年，按照每年每户 3000 元的标准，每年分别为 562 户困难群众打卡发放光伏扶贫资金

168.6万元。2020年，按照每年每户3000元的标准，为379户困难群众打卡发放光伏扶贫资金113.7万元。2021年及以后，根据上级文件要求，对光伏资金帮扶方式进行调整，停止直接打卡发放现金形式，改为以开发公益性岗位的形式激发脱贫户勤劳致富的内生动力。根据要求，从每年光伏帮扶电站年度收益中扣除运维等费用后，拿出不低于60%的资金用于开发公益性岗位，让广大脱贫户参与到家乡村组的建设中来，用勤劳的双手获取收益，剩余资金则用于支付村内小型公益事业临时用工的劳务支出、奖励先进、补助老弱病残等方面。

第四节　邮政　通信

一、邮政

机构沿革

1953年5月，徐集设立电话站。1956年4月，建立徐集邮电所，1958年升级为邮电支局。局址坐落在老街不足100平方米的草房内。1969年12月迁到南头正街，建225.5平方米的砖瓦结构基建房，设营业室、话房、分拣投递室、机械仓库、会议室等房间，辖江店、分路口2个邮电所，3个邮政代办所，1个乡办总机，3个邮票代售处。担负着徐集区的1个镇、6个乡、70个行政村、1个街道（共计731个自然村）、10.9万人口邮电通信服务工作。当时乡村邮路7条，总长477千米。电信设备有磁石交换机1部，电话100门（安装49门），单路载波机1部，开通单路载波电路1条，徐集—六安农话中继线路1对，2.5铁长15.2对千米，10对出局塑料电缆1条，皮

图2-24　老邮递员送件

长计0.45千米。经办业务有函件、包件、普汇、报刊发行、电报、长话、农话等。支局职工8人。1983年，在全省邮电通信服务质量大检查中，被省邮电局评为"先进集体"，邮递员童道元被评为省劳动模范。

1986年3月开办邮政储蓄业务，年底营业余额4.5万元。1992年局址迁至徐分路侧，坐落六梅路与徐分路交汇口，新局占地3.5亩（2333.3平方米），建邮政大楼一幢，计700平方米，当年开通农村第一家程控电话500门，1994年新建宿舍楼一幢计500平方米，1998年体制改革实行邮、电分营，成立徐集邮政支局和徐集电信支局。

六安市徐集邮政支局隶属于中国邮政集团公司六安市城区分公司，成立于1998年6月8日，单位职工5人，后因邮政储蓄管理体制改革，于2007年3月6日更名为：中国邮政储蓄银行徐集支行，至2016年，由于二类支行改革，又变更回原名；徐集邮政支局属公用企业，主要负责区内邮政通信网建设、运行、经营与管理，受政府委托承担普遍服务、特殊服务业务和中国银行业监督管理委员会批准的其他业务。办公地址：六安市裕安区徐集街道西城首府4幢101—104、201—204号，常用联系电话：0564-2171113，

邮政编码：237141。单位主要成员：支局长：李晓娜；营业主管：王露露；其余从业人员包括储蓄营业员 3 名，邮政营业员 1 名，投递员 2 名。下辖邮政乐购运营中心 1 处，投递段道 3 条，合计 175 千米，日投递里程 16 千米（单程）。

人员更迭

1988 年至 1997 年，徐集邮电支局主要负责人有王学武、王文全。1998 年至今，徐集邮政支局主要负责人有：郝先庆、方勇、李晓娜。具体任职情况见下表：

徐集邮电支局主要负责人任职更迭表

表 2-8

姓名	性别	职务	任职时间
王学武	男	支局局长	1986—1988.10
王文全	男	支局局长	1988—1997

徐集邮政支局主要负责人任职更迭表

表 2-9

姓名	性别	职务	任职时间
郝先庆	男	支局局长	1998—2008
方勇	南	支局局长	2009—2011
李晓娜	女	支局局长	2012 至今

二、通信

六安移动徐集营销部

六安移动徐集营销部成立于 2006 年，位于 312 国道旁，徐集镇网格有营销部经理 1 人，客户经理 1 人，网格经理 2 人，装维人员 3 人，服务网点 6 个。其中移动连锁卖场 2 家（六安市裕安区朱正礼通信门市部和六安市裕安区本发电器商店）。

随着家庭网络的普及和移动互联网时代的兴起，徐集移动营销部发展不断加快，截至 2020 年，宽带用户到达 3888 户，移动用户 15020 户，5G 用户 5100 户。徐集营销部践行经济责任、政治责任、社会责任，着力提升用户服务和客户感知，落实"提速降费"，千兆宽带为主流。目前农村网络覆盖率 95% 以上，着力为美丽乡村、智慧乡村、幸福乡村做出新的贡献！

2022 年徐集镇网格移动营业部社会渠道网点统计

表 2-10

序号	网点名称	网点地址
1	六安市裕安区林涛通讯门市部	六安市裕安区徐集街道

续表

序号	网点名称	网点地址
2	六安市裕安区朱正礼通信门市部	六安市裕安区徐集西大街
3	六安市裕安区徐集陈孝慧通讯门市部	六安市裕安区徐集西大街
4	六安市裕安区本发电器商店	六安市裕安区徐集西城首府
5	六安市裕安区馨鹏通信店	六安市裕安区徐集街道六梅路
6	六安市裕安区玲玲快修通信经营部	六安市裕安区徐集街道

徐集电信支局

徐集电信支局隶属六安市电信公司，辖江店电信所，有职工 13 人（正式职工 2 人，聘用 11 人），下设接入网 6 条，电缆覆盖徐集镇和江店镇 25 个行政村和 2 个街道（徐集、江店）。1987 年至 2008 年安装电话 9830 部，宽带 362 户，大灵通放号 500 户，增设信息化演示站点 1 个，为农民信息化服务提供演示场所。2006 年开办乡情信息网、彩铃、来电显示等增值业务。通信设备基本实现现代化。2007 办公条件逐步改观，当年改建营业厅门面 3 间，添置电脑 3 台，光纤 6 条。开办"尊享 E8"既能打电话又能上网，看电视的三能齐全的通信业务。2008 年 10 月 1 日开办 CDMA 移动业务，年收入达 320 万元。2007 年度被市电信公司评为"安全生产先进支局""先进工会小组"。

徐集电信支局主要负责人任职更迭表

表 2-11

姓名	性别	职务	任职时间
周鸿	男	电信支局局长	1998—2007
杨思中	男	电信支局局长	2007—2013
王涛	男	电信支局局长	2014—2016
杜甄	男	电信支局局长	2017—2018

中国电信股份有限公司六安徐集营业部

中国电信股份有限公司六安徐集营业部是一家央企下属分支部门，于 2003 年 11 月 25 日成立，位于徐集镇徐分路口，毗邻徐集镇人民政府，在公司的大力帮扶和支撑下，中国电信徐集营业部通过自身不懈努力及与时俱进的服务理念，为徐集镇通信行业不断付出与奉献。

中国电信六安分公司徐集营业部为当地提供优质的互联网、杆线杆路和安装维修服务。本着"客户第一，诚信至上"的原则，以实力和质量获得业界高度认可。

2000 年以后，固定电话开始在全国范围内进行普及，中国电信徐集营业部顺应时代的发展，对徐集镇范围内进行电话资源的积极建设，以更快更好发展徐集镇为目标，积极发挥徐集电信营业部在通信方面优势，并自 2012 年起努力打造"村村通电话，家家有电话"的美好乡村。

第五节 公用事业

徐集镇公用事业发展迅速,截至 2018 年年底,镇中心区建成主干道路 11 条:文化路、六梅路、徐丁路、老街、西大街、裕金大道、徐分路,道路总长 10.01 千米,道路面积 14.43 万平方米,均为水泥(油)路面。道路照明路灯 184 盏,排水管道总长 7.7 千米,绿化覆盖面积 0.33 公顷,公共厕所 5 座,其中标准化卫生公厕 1 座、水冲式厕所 3 座,垃圾中转站 1 座,年生活垃圾清运量达 960 吨,镇区垃圾日清日运。

一、供水排水

供水

徐集自来水供应主要由徐集自来水厂主管。徐集自来水厂始建于 1986 年。坐落在柳店组三岔水库,蓄水量 10 万立方米,水塔直接供水,无净化设备,供应徐集街道近 700 户用水。

2005 年年底,徐集自来水厂迁到黄巷村境内,旧 105 国道旁,距徐集镇 3.5 千米,交通便捷。供水站整合扩建,其经营权划入区水利局管理,完善过滤、净化、消毒基础设施,自来水日供能力达 2400 立方米,居民饮用水达到国家标准。

供水水源为汲东干渠(来自梅山水库),供水水量水质均满足要求。徐集自来水厂通过净化加压方式供水,现水厂供水规模 4800 立方米每天,供水系统均采用 PE 供水管道。徐集自来水厂主要由取水工程、净水工程、输水工程、机电工程、管理设施等几部分组成。供水范围覆盖徐集镇 9 个村、1 个街道,平桥乡 3 个村的农村居民 4 万多人,其中已通水贫困人口 3935 人;同时解决平桥工业园区的生产和生活用水。徐集自来水厂采用模块化制水设备,实行计算机自动化控制,实现全过程监控,大大提升农村饮水安全工程的科技创新。截至 2020 年,徐集自来水厂运行正常,实行 24 小时不间断供水,受益用户对水质、水量及供水管理均非常满意。

图 2-25 农村饮水安全工程

图 2-26 徐集自来水厂

徐集自来水厂厂长任职变更表

表 2-12

姓名	性别	任职时间	备注
徐有发	男	1986.8—1997.12	镇政府任命
段远东	男	1998.1—2006.12	向镇政府承包
魏高喜	男	2007.1—2018.12	水利局管理

排水

徐集镇系原徐集区公所所在地，在 20 世纪 90 年代之前，镇区排水基本维持在自然排水状态。1994 年开始，通过房地产开发建设，在依据陆续修订的《徐集镇总体规划》的基础上，先后兴建西大街、农贸市场、二零街、锦江花园、中央商城、明升商贸城、学府名城、西城首府、恒龙公馆等商住小区和工业园区，建成较为完善的排水管道，排水管道的类型以预制涵管为主，辅以盖板涵管（箱式涵）。镇区的雨水最终排入东汲河。排水通过以下路径排出：六梅东路排入漂石堰（张大堰），经梁堰排入东汲河；徐丁路向北排入漂石堰，途经梁堰排入东汲河；老街、文化路、二零街、西大街经过学府名城小区、聚富苑小区向西通过沟渠排入东汲河；徐丁南路、六梅中路和西路、徐分路、青年路、复兴大道等，向西通过三岔泄洪区，排入东汲河。

图 2-27 徐集镇污水处理

2016 年 8 月，徐集镇兴建第一座污水处理厂，日处理量 500 吨。2021 年，扩容日处理量至 1500 吨。总投资 540 万元，整个项目的核心处理工艺为"速分生物处理技术"。同时，于 2017 年、2018 年、2021 年，分为一、二、三期，新建污水专用管网，总投资 2248 万元。其主管网均为 φ800 人工顶管辅以 φ400、φ160 支管网（收集管网），已建成主管网 4677.7 米、支管网 13183.05 米，镇区内的老街、各个商住小区（恒龙公馆一期、锦江花园、公租房小区、幸福小区等六梅东路沿线除外）、各行政办公场所的污水均已得到收集、净化处理。水质处理结果为一级 A，处理后的水体通过三岔泄洪渠，排入东汲河。

2019 年、2020 年、2021 年新建 5 座农村中心村污水处理站，总投资 400 万元，其中全红村农村中心村污水处理站建成于 2019 年，棠树村、梁集村、东方红村、东沟村农村中心村污水处理站建成于 2020 年。

徐集镇建成区、道路及排水管统计表（2018 年 11 月）

表 2-13

序号	道路名称	起止点	长度（米）	宽度（米）	道路面积（平方米）	排水管（米）	污水管道（米）
1	复兴大道	六梅东路—六梅西路	1520	18	27360	3040	1367
2	徐分路	徐分路口—上跨桥	840	12	10080	840	
3	南大街	好日子超市—丝绸厂	400	15	6000	400	
4	市场路	徐丁南路—南大街	230	15	3450	460	
5	徐丁南路	—	786	12	14652	290	
6	六梅路	国强粮油—三岔上跨桥	2830	12	33960	5660	815
7	二零街	徐分路口—学府名城北	670	30	20100	1340	
8	文化路	徐丁路—二零街	390	15	5850	390	
9	西大街	文化路—六梅路	520	13	6760	1040	506
10	徐丁路	车站—张大堰桥	1340	12	16080	1340	
11	老街	文化路—六梅路	491	10	3928		
	合计		10017		148220	14800	

徐集镇农村生活污水处理设施一览表

表 2-14

序号	中心村	类别（省级美好乡村点、区级 156 个中心村、环保资金项目）	处理规模（t/d）		管网长度（m）		投运时间	运维单位名称及运维人员名称	管网入户情况		
			设计规模	实际处理规模	设计长度	实际建设长度			设计入户数	实际入户数	入户率（%）
1	东方红村	156 个	10	10	535	535	2020 年 12 月	高迪科技、高统兵	19	17	89.5
2	梁集村	156 个	20	20	1168	1168	2020 年 10 月	高迪科技、刘猛	47	47	100

续表

序号	中心村	类别（省级美好乡村点、区级156个中心村、环保资金项目）	处理规模（t/d）		管网长度（m）		投运时间	运维单位名称及运维人员名称	管网入户情况		
			设计规模	实际处理规模	设计长度	实际建设长度			设计入户数	实际入户数	入户率（%）
3	棠树村	156个	10	10	——	——	2020年10月	高迪科技、刘猛	72	70	97.2
4	全红村	156个	20	10	1630	1630	2019年10月	高迪科技、刘猛	43	36（另外7户为改厕户）	100
5	东沟村	156个	20	1	1037	1037	2020年12月	高迪科技、刘猛	58	30	51.7

二、园林绿化

20世纪50年代末至70年代，由于毁林开荒、乱砍滥伐，森林遭到严重破坏。90年代后期国家重视生态发展，林业生产开始恢复性发展。到21世纪初，国家实施"退耕还林"工程，安徽省政府实施江淮分水岭综合治理"把树种上"工程，徐集进行大面积营造林杨树林，生态环境有了很大改善。到2016年安徽省实施"千万亩森林增长工程""林业双增工程"，徐集因地制宜，以地理位置优势和丰富的荒岗荒滩土地资源改进林地经营模式，大批引进社会企业、营林大户到徐集规模发展林业生产，先后入驻"黄岳生态园""美开园艺""正大花园""森淼生态园林""天之源生态园"等20家林业企业和营林大户。实现林地流转1.2万余亩（800余公顷），发展花卉苗木基地10000余亩（666.7余公顷），红桃、葡萄等2000亩（133.3公顷）经济果树基地，徐集镇现有林业用地面积20000余亩（1333.3余公顷），其中生态林及风景林10000亩（666.7公顷），经果林2000亩（133.3公顷），速生用材林及其他林8000余亩（533.3余公顷），森林覆盖率达20.42%。

2015年镇政府以实施建设"美丽乡村"为基础，实施创建省级"森林村庄"，2019年完成创建省级"森林城镇"并通过验收，完成创建申报国家级"森林村庄"1个，到2021年完成8个省级"森林村庄"并通过上级验收。

三、路灯亮化

20世纪90年代，徐集镇在老街、文化路、徐丁路、西大街、六梅中路安装18抱柱式路灯，进入2000年以后，随着小城镇开发建设、老旧小区改造的不断改造，建成区范围内全部安装（改装）路灯，并沿主干公路分别向徐丁路、徐江路、徐分路等乡村延伸。

2018年，随着六徐路的改扩建，徐集至平桥工业园全线6.9千米均安装双向高杆路灯。位于集镇建成区内的徐集村部、镇政府球场、西城首府广场分别安装1盏12米高杆灯。镇区内安装路灯柱数607柱、灯盏621盏。路灯光源功率100W—135W，其电源以220V电力为主，间有少量太阳灯电源。灯型以单臂为主，穿插单臂（单杆）灯型。

随着美丽乡村示范点建设的不断推进，徐集、东方红、梁集、棠树、全红、菊花、黄巷、黄岳等8个示范点村及其延伸道路均安装路灯，其中黄岳村内的2条旅游通道全线安装路灯，大大提升群众的幸福感和满意度。

第六节　集镇管理

一、管理机构

2009年，裕安区行政执法局成立裕安区城市管理行政执法局一大队徐集中队定编9人，负责徐集镇村镇违法建设执法及市容市貌管理。依据《中华人民共和国城乡规划法》《安徽省城市市容和环境卫生管理条例》等法律、法规，负责对辖区市容卫生、三线三边文明创建等工作。对沿街经营商户严格管理，不准占道经营，做到"座商归店，游商归市"，沿街路面各户门前卫生，实行"门前三包"。严禁乱倒垃圾，要求做到垃圾分类、归箱入池，保证镇容整洁。村镇环卫工作由区政府统一实施PPP项目管理，君联公司有保洁工人50多人，对15个村居进行卫生清理，垃圾集中由君联公司定时外运处理。保洁工人每天早上6时，下午2时30分统一着装上岗，配备劳动工具，清扫各自的承包区。全镇每条道路、街巷、每个地段的卫生都有明确的责任人，无空白地带，主干道每人1台垃圾车，保洁中心负责人每天不定时对各条路段进行卫生检查。垃圾收集处理清扫的垃圾每天由专车送六安填埋厂处理。

二、环境整治

农村环境整治

农村环境连片整治是财政部、生态环境部从根本上改善农村环境面貌而实施的项目。徐集镇是实施农村环境连片整治的示范乡镇之一。2013年12月—2019年6月，徐集镇环保整治争取财政部和生态环境部农村环境连片整治示范资金800万元，用于环境治理。徐集镇为有效防止大气污染，由镇长任组长，副镇长、分管副镇长任副组长，党政办、安监所、农管站、派出所成员成立禁烧工作领导组，确定督查范围，并成立2个督查小组，禁止露天焚烧农作物秸秆、各类垃圾、废弃杂物和树叶。依据"标本兼治，疏堵结合，属地管理，源头控制"的原则，各村居主要负责人为焚烧第一责任人，网格员即村居包组干部是焚烧工作具体责任人，全镇范围内皆为禁焚区。自2008年开始设定每年5—7月为夏季焚烧重点时段，9—11月为秋季焚烧重点时段，利用标语、宣传栏明白纸、QQ、微信、短信等形式，广泛开展宣传，全面动员，做到家喻户晓、人人皆知，让每户都做出焚烧承诺，为禁烧加大督查力度，做到禁烧奖罚分明。

农贸市场整治

徐集镇农贸市场，原址位于六梅路（原 312 国道）以南，南大街两侧，始建于 20 世纪 80 年代初。1997 年，迁址于现在的徐集医院以南，西大街以东，老街以西地块，在徐集村井塘、谭郢两个村民组废弃的烂泥塘及部分水田的基础上新建而成，1999 年 1 月正式运营。市场占地面积 17.3 亩（1.2 公顷），建有商铺 88 套，两层砖混结构。配套建设有蔬菜大棚 3 座、公厕 1 座、机井 1 口，给排水、照明、混凝土场地等设施，配套设施及贸易场地隶属徐集镇政府所有。

由于建造年代较早，原蔬菜大棚、摊位、混凝土地面以及给排水设施损毁严重。

2020 年 1 月，通过招商引资，采用市场化运作，完成交易场地区域 8.92 亩（5946.7平方米）的土地"招、拍、挂"，安徽辰泰置业有限公司实施开发建设绿色农超广场。农超广场规划建筑面积 8244 平方米，其中商业经营面积 5940 平方米，三层框架结构，配套设施及地下车库 2304 平方米，车位 59 个。广场一层临街外铺 8 间，内铺 26 间，摊位有 55 个。市场内设置的蔬菜区、鲜肉区、水产区、活禽区、副食品区、干货区、自产自销区、熟食区等功能区，实施 24 小时无死角监控。二层规划用途为超市，三层规划用途为餐饮或宾馆。同时，政府出资对周边商铺实施强弱电入地，进户线集成整合，外围商铺建筑立面真石漆改造，沥青混凝土地面"黑色化"提升，雨污水分离，高杆灯亮化等配套建设。

该项目于 2021 年 12 月建成并投入运营，市场更名为"徐集农超广场"。该项目总投资 3700 万元，项目的建成，结束了徐集镇一直以来露天交易的历史，解决逾 43000 人的"菜篮子"问题，并辐射到丁集镇光明、云居、车畈、大牛、桂桥，江家店镇龙门、永新、庙花，分路口镇大岭、高峰、江堰，顺河镇王圩，平桥乡高皇、新店以及新安镇小牛等镇村的农副产品交易，成为六安市西部农副产品集散地，更是裕安区乡镇级农贸市场的示范性工程。镇内直接受益贫困户 1600 余户，直接受益群众 36000 余人。

图 2-28　徐集农超广场

厕所革命

镇辖区公厕大多由居委会、社区安排居民小组管理，定期打扫。2010 年开始，有 3 座水冲式公厕由环卫中心管理，每天派专人打扫。

徐集镇有村庄 252 个，农户 8292 户，涉及改厕农户 4266 户，卫生厕所 2020 户。截至 2020 年，通过"农村人居环境整治三年行动"，徐集镇 252 个村庄全面推开村庄清洁行动，沟塘堰坝达到有效治理，村庄整治完成率达到 90% 以上；农村户改厕 1357 户，卫生厕所提升到 3377 户，设立公厕 21 座，农村环境得到有效整治，环境面貌全面提升。

梁集中心村特邀合肥瑞瑶建设环保建设科技有限公司现场查看指导卫生改厕工作。针对农村环境居民分散的特点，通过卫生改厕对分散的住户旱厕改装为三格式化粪池，对于家庭有水冲式厕所的用户采取铺设污水管道接入大型三格式化粪池进行沉淀处理，对中心村无家用厕所的住户，新建水冲式公厕 1 座，以满足其如厕需要。中心村公厕 2 座，户改厕率达到 90% 以上，问题厕所均已整改完成。

棠树中心村作为镇 2018 年省级美丽乡村示范点，为推动人居环境整治，完成中心村改厕任务，在重点任务清单中明确改厕任务，根据任务清单，中心村共完成新建公厕 2 座，户改厕 56 户，加之往年的改厕，当前中心村实现水冲式公厕 3 座，中心村户改厕全覆盖，基本实现中心村无旱厕。

全红中心村作为镇 2019 年省级美丽乡村示范点，通过问题村整治项目工程和美丽乡村改厕任务，共计新建水冲式公厕 3 座，户改厕率达到 90% 以上。

区级美丽乡村东方红村公厕 1 座，菊花村公厕 1 座，徐集村公厕 2 座，黄岳村公厕 1 座，黄巷村公厕 1 座。

农村生活污水治理

徐集镇政府驻地建有污水处理厂 1 座，污水处理厂正常运行，日处理生活污水 500 吨。集镇建有污水干管 3988 米，集镇小区污水全部接入主管网。

生活污水治理。徐集镇 2017—2019 省级美丽乡村中心村分别是梁集行政村梁集中心村、棠树行政村棠树中心村、全红行政村胜利中心村 3 个。全部建有集中（纳管）、分散式污水处理设施并正常运行。其中集中式污水处理设施 3 座（日处理生活污水 20 吨 1 座，日处理生活污水 10 吨 2 座），分散式三格化粪池 9 座。敷设污水收集主管网 5400 米，入户支管网 2000 米。

农村黑臭水体整治。全镇治理塘口 42 口，清除淤泥 43124 立方米。治理水渠 11.5 千米，支渠硬化 500 米。

农村生活垃圾治理

建立"户集中、村收集、乡镇转运、市县处理"的农村生活垃圾收运处置体系，垃圾处理实行网格化管理。完成非正规垃圾堆放点整治任务。保洁和生活垃圾收运服务全部实行市场化运作，条条块块管理。配备的保洁队伍能够实现全覆盖，满足保洁等服务需要。

农业生产废弃物回收

镇域内规模畜禽养殖场 15 家，畜禽粪污综合利用率达到 80%。镇域内水稻、小麦、玉米等作物种植面积 8 万亩（5333.3 公顷）〔复种面积 3 万亩（2000 公顷）〕，通过秸秆粉碎还田、秸秆饲料化利用、秸秆能源化利用等措施，秸秆综合利用率达到90%以上。

三、文明镇村创建

徐集镇以徐集街道、街道居委会综合整治为突破口，在全镇范围内开展对摊点乱搭乱建、占道经营、乱贴小广告行为打击工作。立足"三线三边"整治和创建全国文明城市，各村（居）、机关各单位签订文明创建责任状。

不断加大资金投入，2018年初镇财政"三线三边"预算投入达600万元（含美丽乡村、清理工程、美丽集镇、"三线三边"、环境整治），2018年以来，镇整治镇村主干道两边杂草、垃圾长达410千米，清理"三道经营"140余户，乱堆乱放80余处，建设户外公益型广告96处，面积达2800平方米，文化墙400余平方米，总投入资金100万元以上。镇各村（居）动用挖机100余台，投入人力800多人次，清理生活垃圾681处，建筑垃圾324处，污泥杂物126处，沟渠垃圾清理97处，拆除畜禽圈舍421处，柴棚脚屋361处，危旧房屋107处，标线标牌、墙体小广告721处。

新增打造村民文化广场4处，拓宽老广场文化服务栏目，进一步规范农家书屋建设、塑造扶贫攻坚宣传氛围，新增永久宣传标语75处，手绘23处，道旗425处，大型户外广告4座，道路沿线海报夹4处。

以创新夯实精神文明创建，创建活动一个不落。镇在"扶贫攻坚宣传日""江淮普法行""六一儿童节""五四青年节""普法宣传日"等重要节点都开展了大型户外宣传活动，做到活动开展真实、宣传报道及时。积极开展多类型的文化广场活动，先后在城区多个村（居）开展了"我们的节日"活动，"十一""中秋"两节期间镇格林超市门口举办"民俗文化节"活动，开展篝火晚会、篮球比赛、书法、广场舞、趣味运动会等老百姓喜闻乐见的活动。中秋节时，梁集村开展了"包饺子"活动，约50多位居民、20多名志愿者踊跃参加，中午大家集聚一堂，共享"饺子盛宴"，其乐融融，共同度过中国传统佳节"中秋节"。评选"分路好人"，2020年，镇各村居累计提名120余人。

继续组织志愿服务活动。截至2018年，镇在中国志愿者注册达6239人次，提升镇村志愿者服务队伍的服务质量，组织志愿者服务活动12次，更好为广大镇村群众服务。2018年度规模最大的志愿者服务活动为12月21日至27日开展的创城活动，本次活动共120名志愿者参加，创城工作取得良好效果。

发挥市民学校、道德讲堂的作用。2018年，组织8次"法律明白人""家规、家风、家训""好人事迹"等社会主义核心价值观演讲活动，进一步升华党员干部、群众思想境界，提升奉献意识，引导广大干部群众树立正确的世界观、人生观、价值观。

继续推进村级精神文明建设。各单位成立移风易俗工作领导小组，完善村规民约，健全村民议事会、道德评议会、红白理事会、禁毒禁赌会等群众自治组织，积极开展移风易俗活动，加强宣传社会道德新风尚。积极开展评选"平安家庭""好媳妇、好婆婆、好儿女"及"十星级文明户"等先进道德典型，形成尊老爱幼、夫妻和睦、邻里友善、助人为乐、诚实守信的新型人际关系。2019年，各单位通过民主评议，共评选产生"十星级文明户"75户，"好媳妇、好婆婆、好儿女"52人，成立红白理事会15个，并在各单位醒目位置制作移风易俗、禁赌禁毒等宣传牌32块。

"三高一创新"打造新时代文明实践站。严格按照市区文明办"六有"标准，镇于2018年9月设立新时代文明实践站，当年开展宣讲16次。

图2-29　2022年1月21日旧农贸市场拆迁

第七节　村居建设

一、新农村建设

社会主义新农村建设起源于20世纪50年代，一直沿用到2005年10月，在党的十六届五中全会上，正式将"建设社会主义新农村"写入党的报告中，并提出"20字"要求，一般简称"新农村建设"。

2007年，结合"村庄整治"与土地整理，按照"撤并小型村、拆除空心村、缩减自然村、建设中心村"的目标，开始东方红村横堰中心村的布点，集约利用土地。土地整理3800亩（2533.3公顷），拆除房屋196间，拆迁农房67户，迁移坟墓317座（棺），兴建东方红集体公墓1座，公墓占地11亩（0.7公顷）。改建了东方红横堰中心村，建成公厕1座，总投资800万元，于2008年4月底完工。同时，在地属畈区的徐集村实行土地置换工程，将闲置的老宅基地、空心村庄进行还耕，整理老宅基地68宗，还耕面积110亩（7.3公顷）。2008年，在高皇村新建五包新村1座，2010年，在全红村建成敬老院1座。

2012年，农村清洁工程徐集镇垃圾中转站建成，投资120万元。农村垃圾推行集中收集处理、转运发电有效利用。由于涉及运营成本很大，未能正常运行下去。

2012年9月，安徽省政府将"新农村建设"更名为"美好乡村建设"，一直持续到2015年12月。2014年紫荆花怡养小镇开工建设。

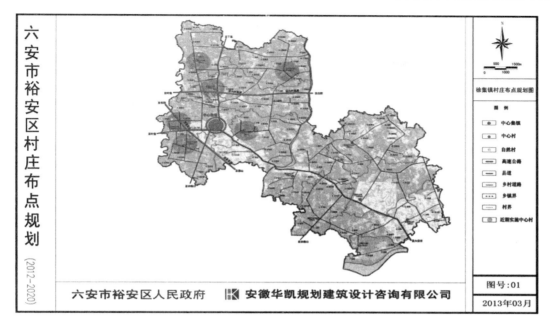

图 2-30　徐集镇村庄布点规划图

二、美丽乡村建设

建设概况

徐集镇美丽乡村建设起步较早，2012 年镇党政一把手挂帅，在区住建局的指导下，由华中科技大学大力支持，对全镇村庄布点按省区市美丽乡村建设指导意见进行重新整体规划，由点到面稳步推进。

2016 年，建设黄巷村宇航新村，省级美丽乡村梁集红石桥示范点、黄岳村示范点建设建成；2016 年，开展农村人居环境综合整治，建设生态宜居美丽乡村。

2017 年，农村垃圾实行环卫一体化，采用 PPP 运作模式，六安君联科技环保有限公司负责农村生活垃圾的保洁、清运与处理。清扫保洁收集的垃圾及居民（机关企事业）运送至指定中转站（深埋桶）的垃圾清运、转运至消纳场所进行处理（城南三峰焚烧发电厂）；运行费用均由区财政统一承担。

2018 年，省级美丽乡村棠树村棠树示范点建设建成；同时，东方红村区级示范点建成。见 2019 年，省级美丽乡村全红村胜利示范点、区级菊花村示范点、徐集村示范点建设建成；美丽乡村示范点的建设，在乡村起到了引领、启发与示范作用。

2020 年 5 月，为加强农村住房安全管理，提升农村人居环境，实现节约集约用地目标，打造美丽徐集、决胜脱贫攻坚、助推乡村振兴，实施农村环境整治开展集体土地危房拆除专项行动：（1）对"一户多宅"危房一律实施依法拆除。（2）对"一户一宅"危房落实解危措施，动员农户实施拆除改造或修缮加固，符合条件的申报农村危房改造；不符合条件的，通过其他渠道解决住房安全问题。（3）对于废弃、闲置及存在安全隐患的厕屋和圈棚进行拆除。（4）对于"无主房"属于危房的，一律依法拆除，属于安全住房的，由乡镇收回盘活利用。全镇共拆除整治危旧房屋 294 处。通过专项整治，既消除居住安全隐患，更美化清洁乡村面貌。

美丽乡村建设项目在"道路硬化、村庄绿化、道路亮化、渠塘整修、改水改厕、拆旧建新、长效机制、产业发展、乡风文明、领导有力"十大工程建设方面通过省市级验收。一个环境优美、生活便捷、设施完善、社会和谐的新农村逐步呈现出来。

美丽乡村示范点选介

2016 年省级美丽乡村——黄巷村宇航新村

图 2-31　黄巷村美丽乡村宇航新村示范点规划

黄巷村位于徐集镇东部，与平桥工业园仅一村之隔，东与菊花村相连，北与全红村相接，南往东方红村和分路口镇方向，西接徐集街道。距离市区 15 千米，六徐路横穿而过，交通十分便利。宇航新村位于徐集镇黄巷村胡大庄组，是由爱心企业安徽省六安市宇航房地产开发有限公司捐资 30 万元而命名。当前新村现有人口 236 人，58 户，新村是徐集镇最早一批省级美丽乡村，从申报到审批建设，镇村上下，合理前行，摸索出一条独具地方特色的高标准美丽乡村建设之路。新村设施完善，布局合理，通行便捷，居民生活富足，宇航新村建成，成为 2014 年全区 12 个提升中心村之一。为徐集镇后期陆续申报的美丽乡村建设打通思路，探索道路，提供宝贵的经验。宇航新村建筑风貌整体以红瓦白墙红墙裙为主色调，依坡向南走势建设为主体，以拆旧建新为推手，努力打造宜居美好乡村。

规划区范围内共拆除危草房原地重建户 4 家，拆除迁址新建户 6 家，外墙刷白 8700 平方米，屋瓦整治 2600 平方米。新建污水管网 2500 米，供水管网 2000 米，道路硬化 1800 米，路灯 30 盏，新建停车场 2 个，体育场 1 个，垃圾屋 4 个，公厕 1 个，三格污水处理池 5 个，公共服务中心 4 间，新增绿化面积 2.5 亩（1666.7 平方米），整修当家塘 2 口，编织竹篱 8000 米。投入如此之大规模的建设，就是为了开辟一条徐集镇独具特色的村庄建设之路。在实际的工作中，围绕十大工程建设，在广泛宣传动员方面，由于前期群众的认知度低，通过发调查问卷、征求意见表至每户，多次召开规划区范围内群众会，传达学习美好乡村建设的政策、规定，宣传省内外美好乡村建设的成功经验和做法，并推举出以胡道友同志为会长的理事会。在引进学习方面，启动外出观摩，镇组织美好乡村办公室全体同志和美好乡村规划区内群众去区内独山镇中擎新村、城南镇振兴新村、青山镇振华新村观摩学习，去感受美好乡村的人居环境、建设风格和管理模式。

在产业发展方面，大力发展林下经济，主要发展特色水产养殖业、特色农业和农家乐绿色餐饮业，带动美好乡村产业发展，提高美好乡村内农民收入。大户流转，产业升级服务，提升村集体收入，2018年黄巷村集体收入已达到6万元。在环境整治方面，美好乡村内的菜园篱笆统一规划建设，风格统一，彰显"篱笆就是景观，菜地就是绿化"的农家情趣；绿化工程增添花卉树种栽植和组团搭配，增添塘边垂柳栽植，使绿化错落有致，花叶共荣，落叶与常绿间植，进一步提升品位；重新整修东边塘口提升中心村整体形象。

宇航新村顺利建成，为群众提供了一个环境优美、生活便捷、设施完善、社会和谐的人居环境。

2017年省级美丽乡村梁集村红石桥中心村

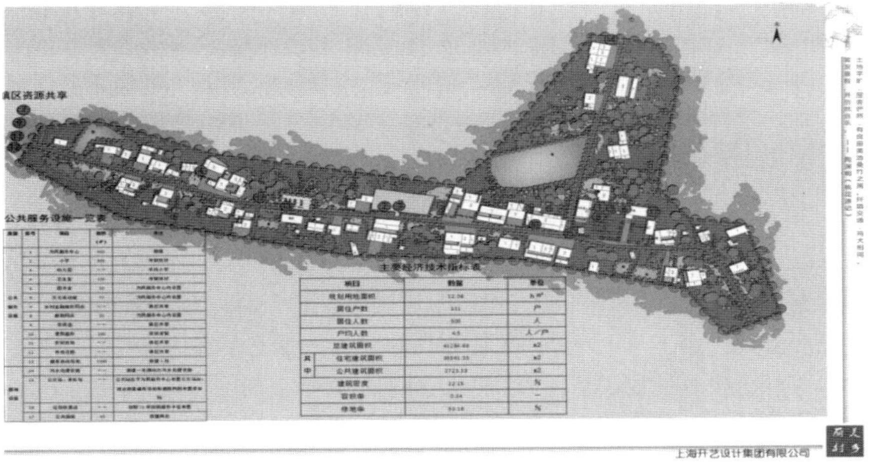

图2-32　梁集村美丽乡村示范点红石桥中心村规划图

梁集村位于徐集镇北端，东与棠树、全红村相连，南同徐集村接壤，西与江家店龙门村一河之隔，北靠丁集镇桂桥大牛村。X009公路自村侧西穿行而过，是该村沟通丁集、固镇、徐集村的大动脉。红石桥中心村位于徐集镇梁集村，系徐集镇高标准农田整治区，现有耕地877亩（58.5公顷），68户，人口320人，劳动力266人，自然村庄9个。中心村民居规划布局合理，民风淳朴，生活富足。为进一步提升中心村的人居环境，前后共投入300余万元历时1年多，按照十大工程建设要求，红石桥中心村在老村基础上进行立体化改造，建筑风貌整治以本地白墙红瓦为主调，建筑走向为南北沿路带状分布，配以道路硬化、绿化、亮化。水利整治、环境整治、污水管网建设等，规划区通过立体化改造，村容环境整洁、生态环境良好、基础配套设施完善、产业提质增效、社会和谐稳定、乡风文明先进，顺利完成省级美丽乡村建设，并通过相关验收。市委书记孙云飞在考察梁集人居环境时，给予中心村高度评价。

在道路硬化方面，为了打通村民最后一公里，共计投入32万元，修建4000平方米硬化道路，道路直接连接到村民家门口，实现中心村内户户通，路路通，极大地方便了居民的日常出行。在村庄绿化方面，所有主干道均已绿化，一团团红叶石楠球的红火，一缕缕黄金桂花树的芬芳，一簇簇紫玉兰的争奇斗艳，绿意昂扬太招眼，花香四溢已习常。在道路亮化方面，新建单臂路灯 87 盏，基本覆盖中心村内所有的主干道路。在河塘沟渠整治方面，湖畔杨柳依依，库边葱兰点缀，沟旁流水潺潺，沟渠出落得渠笔直、坡硬化、桥闸有致。通过一系列整治，村民灌溉不抽水，渔户养鱼喜丰收。中心村内 68 户村民，家家改厕，户户接入污水管网，实现雨污分流，污水管网投入 34 万有余，建设里程 1.4 千米，大投入有大回报，通过改革和污水管网建设，极大地提高中心村的人居环境。在环境整治方面，投入 70 万元，拆"四旧"，建新貌。对危旧废弃房屋、废弃旱厕、到处乱堆的草垛柴剁等，进行集中整治，该拆除的拆除，该移形换位的移形换位。农家小菜园，清一色的小栅栏取代以往的杆网兜围，菜地变菜园，农家的田园气息由简陋到规整。村庄整体外立面宣传标语呼唤着新时代新气象。在长效管护方面，物业公司包村兜底，环卫公司入驻清运，护林员兼绿化管理员负责花草，电力员工负责亮化维护，管网维护在保修期内，施工方派人定期检修。长期管护为村民提供了就业岗位，也为美丽乡村的长期美丽提供了管理保障。在产业发展方面，梁集村大户带动，土地流转，特色瓜蒌基地发展家庭农场，水库承包合作，光伏发电，梁集村由以前完全靠上级财政支持到村集体年收 10 万元有余，村里腰包鼓起来了，也为村委会提供了更为广阔的发展治理空间。

2018 年，梁集红石桥中心村所有进出口道路（包括入户道路）已经实施硬化，水利河塘沟渠整治已经全部实施完毕，环境整治取得重大进展，废弃旱厕、废旧房屋都已整治完毕。污水管网覆盖整个中心村，自来水和三网建设实现户户通，新建单臂路灯 87 盏，中心村公共卫生厕所 2 座，各户都已经实施卫生改厕，公共服务设施篮球场、乒乓球运动场、儿童游乐设施等都已投入使用。

图 2-33　梁集新村大礼堂

图 2-34　庄前绿篱

图 2-35　新村面貌

图 2-36　新村公厕

2018 年省级美丽乡村棠树村棠树中心村

棠树村位于徐集镇北端，西与梁集、全红村相连，南同徐集村接壤，东与新安镇连接，北靠丁集镇桂桥大牛村。X009 公路于村侧西穿村而过。村庄由同心、攸庄、胜利、新明、新河、团结、朝阳、徐郢子、黄郢子、井沿、永红、向阳、红昇、棠树、前进、友爱、华圹、张老庄等 18 个自然村庄组成。村域范围面积约 841 公顷，其中棠树中心村占地面积约为 12.08 公顷。全村总人口 3896 人，户数 1082 户。中心村人口为 478 人，约 106 户。中心村的建设规划，在充分尊重当地文化的基础上，运用乡土材料进行设计，延伸地域文化；保护现有资源，减少资源浪费；针对中心村实际情况，塑造当地特色，同时在视觉及建筑语汇上，保持一定的连续性；整个村庄以行道树为背景，各类植物以点、线、面三种形式相互穿插；水系贯通，通过创造不同水岸线，营造一个充满趣味的空间及生动的环境。

2018 年，共计投入 301.5 万元对中心村进行立体化改造。改造之后的棠树中心村村庄面貌焕然一新，人居环境极大提升，达到"八化"标准。在入户道路建设上，投入 20 万元，中心村内户户连接水泥路，人人脚上不沾泥，改变了以前农户门前下雨泥浆路的局面，从住房外延面上提升人居环境。在广场及停车场方面，重资投入 30 万元，新建村部棠树广场和停车场，向上级主管部门申请体育健身设施。篮球场上经常见村民们上篮投球；乒乓球场地上孩子挥舞球拍；健身设施上老年人边锻炼身体边聊聊家长里短；中心村居民的机动车辆有序在停车场停放。在沟塘渠清淤整治方面，总投入 50 万元，将中心村内所有的河塘沟渠进行整治。延续水—田—林—宅的自然肌理，对水系进行清淤梳理。保证沟渠内水流的畅通，改变了以往沟渠崩塌、水流不畅、田亩缺水的不利局面，以往的一潭死水不见踪影，老百姓们在农业生产上实实在在地感受到美丽乡村建设的好处。在道路绿化方面，投资 46.5 万元，按照经济、实用、美观，植物配置好活、好栽、好管、好养、好看的原则，以落地乔木形成行道树布置在道路两侧；大量栽植色叶树，以树阵、片林、孤植等形式形成景观视觉冲击力，使总绿化面积达到 5000 平方米。村口前，海棠花绽放着新时代的芬芳；村内鸟语花香，绿草如茵，古朴的老树诉说着村庄的历史；新兴的花树争议着谁是树冠。在生活污水处理方面，投资 40 万元，新建污水管网 1500 米，新建大型三格式化粪池，对村庄内污水进行处理。农户家中的污水不再外溢到池塘河沟，蚊蝇肆虐的情形不复存在。村民们也更加注意环保卫生。在公厕及部分农户的旱厕改造方面，投资 15 万元，新建水冲式公用厕所 2 座，方便了群众的生活所需。对部分需要改造的农户旱厕进行水冲式改造，将污水管网和水冲式厕所连接，发挥管网的最大功效。在环境综合整治方面，投资 40 万元，对房前屋后脏乱差的现象进行整治，对部分住户墙体进行刷白美化，对道路两侧菜园进行栅栏围挡，对电力和通讯路网进行梳理改造。通过一系列的美化，乡村环境面貌上了新台阶。环境的改造也使村民们更加珍惜、爱护这美好的一切。在长效管护机制方面，垃圾处理实现日日清理，日日外运到垃圾站；绿化、亮化、管网维护专人负责，全面保障。产业发展方面，镇村合力，开拓思路，谋求发展。通过水库承包、光伏发电、大户土地流转、特色种养殖等产业发展，村集体收入稳步迈进"10 万+"。

2019 年省级美丽乡村全红中心村

全红村位于镇东北端，与新安镇隔河而望，距离市区 15 千米，徐丁路横穿而过，村内沪陕高速穿村而过，S244 省道正在建设中，交通十分便利。全红中心村位于徐集镇全红村，中心村现有人口约 500 人，127 户，全红中心村是徐集镇第四批省级美丽乡村，从申报到审批建设，镇村上下一心，摸索出一条独具地方特色的高标准美丽乡村建设之路。新村设施完善，布局合理，通行便捷，居民生活富足。中心村建筑风貌保留老村庄的建筑风格，以旧村居改造为主，致力于打造宜居美好乡村。

十大工程建设方面，镇村合力，全民参与，镇村领导和村民群众出智、出谋、出资。规划区范围内共拆除危旧草房 6 家，原地重建 1 家，屋瓦整治 1000 平方米。新建污水管网 2 千米，道路硬化 2 千米，路灯 46 盏，新建停车场 1 个，体育健身广场 1 个，乡村大舞台 1 座，公厕 2 座，三格污水处理池 1 座，新增绿化面积 2.5 亩（1666.7 平方米），整修当家塘 2 口，微田园栅栏约 2 千米，投入如此之大规模的建设，就是为了开辟一条徐集镇独具一格的村庄建设之路。在实际的工作中，围绕"十大工程"建设，在广泛宣传动员方面，由于前期群众的认知度低，通过发调查问卷，征求意见表至每户，多次召开规划区范围内群众会，传达学习美好乡村建设的政策、规定，宣传省内外美好乡村建设的成功经验和做法，并成立美丽乡村建设理事会。在引进学习方面，启动外出观摩，镇组织美好乡村办公室的全体同志和美好乡村规划区内群众去区内固镇镇观摩学习，感受美好乡村的人居环境、建设风格和管理模式。在互动沟通方面，在建设中广泛听取规划区住户的意见、村干部意见，动员住户主动拆除圈、舍、厕、垛、残垣断壁，给被拆户补偿，实现广泛参与、和谐建设。召开村民理事会和全体村民会议，广泛听取村民对美好乡村建设、管理的意见和建议，鼓励村民积极参与美好乡村建设与管理。

在产业发展方面，大力发展特色水产产业，合伙经营城西油脂厂、谊盛土鸡专业合作社，建设光伏产业，带动美好乡村产业发展，提高美好乡村内农民收入。大户流转，产业升级服务，提升村集体收入，2019 年村集体收入达到 15 万元以上，2020 年全红村集体收入达到 30 万元以上。在环境整治方面，美好乡村内的微田园栅栏统一规划建设，统一风格，彰显"栅栏就是景观，菜地就是绿化"的农家情趣，绿化工程增添花卉树种栽植和组团搭配，增添塘边垂柳栽植，使绿化错落有致，花叶共荣，落叶与常绿间植，进一步提升品位，重新整修东边塘口，提升中心村整体形象。

图 2-37　全红中心村新貌

三、乡风文明

在乡风文明建设方面,徐集镇美丽乡村示范点一直起到引领示范作用。

宇航新村深入开展以"五比五好",争做文明户、好儿女、好婆媳、好夫妻等为主要内容的讲文明、扬正气、树新风活动,村民卫生保洁意识明显增强,勤劳致富意识明显提高,尊老爱幼、和睦邻里蔚然成风,村民精神面貌昂扬向上。在长效管护方面,宇航新村制订公共管理制度、卫生保洁制度、理事会成员值班制度,划分无职党员服务公益事业责任区,村民会议推举了保洁员 2 名、理事会监督员,表决通过了卫生保洁门前三包制度,每年每户收卫生费 60 元制度等。

梁集红石桥中心村五好家庭、好婆媳、好夫妻、好儿女等评比活动顺利开展,先进人物带动,全村共同学习,培育好家风、好家教;送戏入村,丰富群众的业余生活;门前三包承诺书,提升自身文明素养;移风易俗倡议书破除迷信;村规民约学习会,加深村民对村风村貌的感知和认同。

全红中心村深入开展了以"五比五好",争做文明户、好儿女、好婆媳、好夫妻等为主要内容的讲文明、扬正气、树新风活动,目前村民卫生保洁意识明显增强,勤劳致富意识明显提高,尊老爱幼、和睦邻里蔚然成风,村民精神面貌昂扬向上。在长效管护方面,全红中心村制订了公共管理制度、卫生保洁制度、理事会成员值班制度、划分无职党员服务公益事业责任区,村民会议推举保洁员 4 名、理事会监督员,表决通过卫生保洁门前三包制度等。

第八节 紫荆花怡养小镇

一、发展概况

"紫荆花怡养小镇"中"紫荆花"的含义。小镇之所以命名"紫荆花",取的是紫荆树故事的寓意。据南朝梁吴均《续齐谐记》:京兆田真与兄弟田广、田庆"共议分财"生资皆平均,唯堂前一株紫荆树,共议欲破三片。翌日就截之,其树即枯死,状如火燃。真往见之,大惊,谓诸弟曰:"树本同株,闻将分斫,所以憔悴。是人不如木也。"因悲不自胜,不复解树,树应声荣茂。兄弟相感,遂和睦如初。

紫荆树的故事有三个层面的寓意:家庭层面——兄弟和睦,家业兴旺;企业层面——员工团结,企业兴旺;国家层面——民族团结,国家兴盛。

小镇的文化是"一纲五目"。一纲:以孝治企、以德兴企。五目:大忠大爱是为仁,公开公正是为义,干净担当是为礼,创新服务是为智,言行一致是为信。发展宗旨:"德被万物,泽惠四方";价值观:"服务他人,成就自己";经营哲学:"德字当头,义在利先";企业精神("紫荆花精神"):"和合包容,积极向上";企业愿景:"百年人生,百年基业"。

紫荆花怡养小镇,是安徽紫荆花控股集团旗下安徽紫荆花养老服务股份有限公司于2014 年投资兴建的以健康怡养为核心,集生态养老、运动休闲、文旅研学、健康食品为一体的综合服务型特色小镇，规划占地 3.12 平方千米，总投资 20.7 亿元。

小镇位于六安市裕安区徐集镇境内，010 县道旁，毗邻淠河西岸，隶属合肥一小时经济圈，距六安火车站仅 10 千米，新桥国际机场 40 分钟车程，济广高速、沪蓉高速和沪陕高速绕镇四周，汲东干渠穿镇而过，地理位置优越，生态环境良好，公共设施完善。

小镇亭台楼阁星罗棋布，乔木花草四季飘香，已形成让人流连忘返的"龙吟让居湖、云飞让畔山、荷举五福港、鱼戏沧浪湾、璧影得月桥、香聚静雅苑、禅临长淮堂、珍聚紫荆堂、晨曦光裕亭、灯火一片天"等十大景观，粉墙黛瓦的徽派建筑和风帘翠幕的江南园林浑然一体，钟灵毓秀，美不胜收。

紫荆花怡养小镇内利用大别山特有的树种重点栽植，能体现皖西代表性的植物。分别是：古柳、杏、梨、柿树、杉树、竹类。花卉种植映山红、芭蕉、红梅、苦栎、紫薇、紫荆、海棠、紫藤、凌霄等。小镇主体建筑形成临水之式，临楼眺望楼阁亭廊，曲桥巧妙连接，宛如画境。重点栽植碧桃、芦苇、荷花、睡莲、莲藕、水生菖蒲、再力花、紫竹、斑竹、垂柳等水生植物。岸边迎春触水，垂柳落垂，水面睡莲连片，游鱼可数，生动活泼，动静相宜，达到返璞归真的妙趣。小镇利用自然的水资源优势，建筑驳岸、亲水平台、亲水栈道，岸边种植五针松、大柏松、杉树、黄金柳、红叶碧桃、红梅、红枫、樱花、佛肚竹、罗汉松、古紫薇、真柏、斑竹等。

紫荆花怡养小镇先后荣膺安徽省礼仪文化协会常务副会长单位和培训基地、省孟子思想研究会理事单位、省级五星级农家乐、省级诚信农家乐、省癌症康复协会紫荆花康复基地、省创意营销案例三等奖、六安市文化产业示范基地、皖西学院大学生就业基地、南京农业大学大学生社会实践基地、南京农业大学就业创业实习基地、全国汽车自驾运动营地、全省体育旅游基地、安徽省首批健康小镇、安徽省智慧健康养老应用试点示范企业、安徽省首批健康产业十大创新企业、安徽省特色小镇等荣誉称号，受到了新华网、中国网、新浪网、香港《紫荆》杂志等多家媒体杂志的广泛关注和赞誉。

2019 年春，安徽省委常委、六安市委书记孙云飞一行到紫荆花怡养小镇调研。

图 2-38　领导调研　　　　　　　　图 2-39　俯瞰小镇　2021 年摄

怡养小镇一期建设落实。镇内的亭阁楼台，彰显徽派风格；园林花草，尽得江南意趣。长寿湖、让畔山、得月桥、静雅苑、亲水栈道等诸多景观令人心旷神怡；紫荆堂（文化艺术交流中心）、畅逸堂（接待中心）、长淮堂（国学教育中心）美轮美奂、琳琅满目，使人目不暇接；十二生肖石雕、二十四孝镂空砖雕、汉白玉照壁、历代陶瓷、意趣灵石等艺术品让人流连忘返；五福港中的昌泰亭亭亭玉立，蕴藻含章；沧浪湾里的沧浪亭好像在诉说着屈原的故事；仁爱广场、菩提广场、道德广场、婚庆广场任人徜徉、遐思、祈福……

小镇的经营理念是：人文精神与科学精神相结合，身体健康与心理健康相结合，企业发展与带动就业相结合，传承与创新相结合，服务与享受相结合，以期德被万物，泽惠四方。

这颗镶嵌在六安市西大门的明珠——紫荆花怡养小镇，在大师级专家的领衔规划下，产业"特而强"、功能"聚而合"、形态"小而美"、机制"新而活"，创造一个宜居、宜业、宜游、宜养的"荒滩蝶变、新镇成景"的奇迹。

"十三五"期间，小镇解决3个行政村、13个村民组脱贫、返贫的问题，帮助村民致富奔小康。

小镇先后荣膺：安徽省首批健康小镇、安徽省省级特色小镇等荣誉称号。

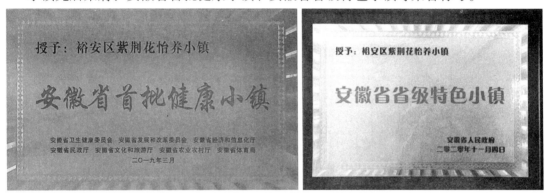

图 2-40　小镇荣誉

2017年省旅游发展委员会、省精神文明建设指导委员会办公室、省发展和改革委员会、省工商行政管理局、省质量技术监督局颁发诚信品质星级农家乐，2019年被六安酒店协会誉为六安市酒店行业协会副会长单位，2022年被六安市教育局授予六安市第一批市级学生劳动教育基地。

图 2-41　小镇荣誉

紫荆花——畅逸堂大酒店

餐饮配备豪华包厢 9 个，另设自助餐厅（可接待 200 人用餐）和散台餐饮服务；客房设有豪华景观房、商务单间房、商务标准间，紫荆堂四合院等客房 271 间，另有温泉疗养中心正在兴建中。

图 2-42　小镇一角

"紫荆堂"设有黄岩同志生平展览室、珍品鉴赏区、珍品储藏区、VIP 会客厅、视听室、康体室、高档红酒品鉴室、别墅室客房 5 间，能为前来旅游观光、会议研讨、艺术创造和文化交流的来宾、艺术家、文艺爱好者提供随遇而安，美食养生，闲庭信步服务。

图 2-43　紫荆堂

"紫荆堂"是小镇的名称所在，也是国学文化所在。装饰白色外墙有栩栩如生的十二生肖石雕；灰色内墙有二十四孝浮雕，图文并茂；中间立有古代传统建筑特色的淡黄麒麟图案照壁；内室摆设木雕等工艺精品。使中华几千年的民俗和孝道文化经典在此纷纷呈现，让人赏心悦目。

紫荆花——智慧农业

紫荆花绿沃川智慧农业科技产业园是 2022 年引进的产业项目，位于紫荆花怡养小镇东北角，占地 220 亩（14.7 公顷），投入衔接资金 3500 万元。规划建设三园、三中心和一农场，即：智慧化空中草莓园、智慧化果蔬育苗园和特色果蔬采摘园；电商服务中心、农产品展销中心和包装物流中心；一个露天智慧农场。

空中草莓吊架槽式栽培，实现农旅、农研融合发展：举首观美景，绿茵作操场，农耕、旅游、研学三位一体，融合发展。

项目总投资 2.6 亿元，分三年三期建成。项目完成后，园区将建成现代化恒温大棚 65000 平方米，露天农场 80 余亩（53333.3 余平方米）；

智慧化空中草莓种植园

建筑面积 15000 平方米，约 22.5 亩（1.5 公顷）。采用六代温室大棚建设工艺，我们与华能集团安徽分公司合作，引入太阳能柔性玻璃覆膜技术，自发电、自给能源，实现碳的零排放。全程无菌化操作，确保消费者免洗即食，吃的新鲜、吃得安心、吃得舒心健康。

5G+互联网　生产管理更智能。即草莓生长、生产管理全周期所需的全要素（温度、湿度、肥料、微量元素、光照、空气及人工生产分配等），均可实现精准可控、可持续。打开手机 APP 或操控触摸屏，心之所想，一键操控。

9 月栽培空中草莓，来年 4 月后，草莓休整期。5、6、7、8 月栽培空中瓜果蔬菜。暑假开展军训、夏令营、红色教育、劳动实践等活动。

图 2-44　智慧化空中草莓种植园

紫荆花——菊花精品民宿

菊花民宿项目依托紫荆花怡养小镇，借助紫荆花怡养小镇健康养老、文旅研学、运动休闲和智慧农业四大产业发展优势，立足黄岩故里、红船广场红色资源、智慧农业产业园等，积极打造以康养、农旅为特色，集绿色、红色文化为一体的特色民宿项目。

该项目新建民宿 14 套，建设面积共计约 2300 平方米，预计总投资 1200 万元，其中申报区财政资金 397 万元，承接单位自筹资金 803 万元。

该项目建设范围内土地性质为一般耕地，已完成征迁，规划设计初稿已完成。待项目批复、备案后即可履行土地报批手续，土地报批完成、招投标程序到位后即可动工，预计项目工期为 4 个月，项目建成后即可投入使用并产生效益，带动村集体增收 20 万元，提供就业岗位 15 个。

图 2-45　菊花精品民宿

紫荆花——文旅研学

2019 年紫荆花怡养小镇被六安市教育体育局、六安市文化和旅游局认定公布为六安市首批中小学研学实践教育基地。基地设有标间 286 间，单间 33 间，学生公寓 320 间，研学一食堂和研学二食堂，可同时接纳 2000 人住宿与用餐。可开展军训、夏令营、红色教育、劳动实践等活动。

图 2-46　文旅研学

二、规划建设

小镇规划

小镇的具体规划是：围绕四大功能，重点建设"一核""两廊""三片区"，积极打造以健康服务业为基本业态的特色健康小镇。

一核：1平方千米健康怡养核心区，主要包括：

康养，从优美的环境、先进的设施、向善的文化、科学的理念、一流的服务等方面营造"不一样的家"，使入住老人心情愉悦、身心康泰，精神的丰度、生命的长度和自由度得以充分拓展。

休养，与国内诸多旅游景点和国际驰名品牌瑞士BLV健康俱乐部进行合作，为入住老人提供国内外休养平台。

疗养，利用紫荆花康养护理医院、上海爱康国宾、紫孝泉温泉度假中心等帮助老人恢复健康与体力。

医养，设立紫荆花康养护理医院（二甲）、亿和堂中医馆等，利用医院的必要检查和技术，将康复、养护、养老专业融合，提供疾病转诊、评估观察、咨询检查、诊治护理、大病康复以及临终关怀等医疗技术上的服务。

两廊：长寿湖景观廊——沿汲东干渠水系打造近1000亩（66.7公顷）滨河休闲公园；大别山景观廊——打造微型大别山山体。

三片区：运动休闲、文旅研学区。以"两廊"景观为主线，以文态、生态、形态、业态"四态合一"为理念，突出地方特色，传承以"孝德、教化"为象征的古色文化、以山清水秀为标志的绿色文化、以"两源两地"革命精神为代表的红色文化。

商贸服务区。以老六安九拐十八巷商业街为主轴，以"互联网+"为手段，丰富商贸活动，完善社区配套，提供创业平台。

健康食品基地。发展当地优质的农牧渔业，开辟瓜片、石斛、芍药等土特产品种植、加工、科研基地，既为养老和旅居者提供绿色的健康饮食品，又为他们提供观赏、体验的平台。

截至2021年，总建筑面积37000余平方米的一期怡养社区——怡园已正式开园，怡养服务秘书处、智慧健康养老管理中心、康养护理医院、亿和堂中医馆、药膳堂、白鹅宴、长淮轩艺术馆、闲逸馆、室外运动场、惠膳房、至善物业等均已投入运营。

小镇正以"一纲五目"的企业文化为引领，大力弘扬利他精神，为使老人有一个自在、健康、长寿的幸福晚年，为帮助众多创业者解决赡养老人的后顾之忧，为实施乡村振兴战略、建设健康中国，为实现安徽领先的健康怡养特色镇、长三角智慧化健康怡养标杆地、全国医养结合的健康怡养生活示范园的宏伟目标奋力前行。

项目建设

安徽紫荆花绿沃川智慧农业科技产业园

建设宗旨：促进现代农业集群发展，推动现代农业技术进步，展示现代农业生产方式，带动现代农民增收致富。

项目历程：2021年4月—2022年4月，前期洽谈工作；2022年5月11日，签订

《招商引资合同书》；2022 年 5 月 15 日，开始安徽紫荆花绿沃川智慧农业科技产业园规划与施工图设计；2022 年 5 月 23 日，成立安徽紫荆花智慧农业科技发展有限公司并领取企业《营业执照》；2022 年 5 月 25 日，进行紫荆花绿沃川智慧农业科技产业园园区场地平整；2022 年 6 月 2 日，区发改委项目备案成功；2022 年 6 月 15 日，产业园正式动工。

项目简介：建设单位为安徽紫荆花智慧农业科技发展有限公司。投资企业为安徽紫荆花养老服务股份有限公司；浙江台州绿沃川农业公司。项目名称为安徽紫荆花绿沃川智慧农业科技产业图。建设地点为安徽紫荆花怡养小镇境内。

本项目总投资 2 亿元，其中固定资产投资 1.6 亿元。总用地 182.83 亩（12.2 公顷）。规划总建筑面积 64422 平方米。主要建设空中草莓生产基地、水培自动化蔬菜生产基地、台湾圣女果生产基地、特色瓜果基地、配套建设商业服务设施（含展示中心，电商中心，包装物流中心）等，计划三年建设完成。

第一年建设空中草莓基地 14836 平方米，配套农产品展示中心 2200 平方米，农产品电商中心 3700 平方米，包装物流中心 2600 平方米，其他设施 500 平方米等。第二年开工建设水培自动化蔬菜生产基地 12722 平方米，控制中心 3224 平方米。第三年开工建设台湾圣女果基地、特色瓜果基地共 24640 平方米。

产能效益：项目建成后第一年预计实现产值 1500 万元，利税持平；第二年实现产值 2500 万元，利税 500 万元；项目完全建成投产后年可实现产值 4500 万元，利税 900 万元。

三、文化活动

2017 年 10 月 28 日——重阳节上午，由六安市和裕安区老龄工作委员会联合主办，安徽紫荆花控股集团承办的"欢庆十九大 重阳健步走"活动，在紫荆花怡养小镇隆重举行。六安市人大常委会副主任刘连生，老年大学常务副校长曹承芳，市关工委常务副主任汪锡文，市政府副秘书长张兴香，市人社局局长王永峰，市民政局局长潘健等出席活动。

2018 年 5 月 26 日，安徽省第二届健康休闲大会及瑜伽比赛在紫荆花怡养小镇举行。

图 2-47 重阳节活动

2019 年 1 月 21 日，光影节首秀。

2019 年 4 月 13 日，由人民摄影报社、中共陕西城固县委、城固县人民政府主办的"张骞故里杯"人民摄影"金镜头"（2018 年度）新闻摄影作品评选在紫荆花怡养小镇举行。

2019 年 5 月 28 日，由安徽书法院、安徽书画村主办，安徽综艺频道（《我爱诗书画》栏目）及紫荆花怡养小镇等协办的首届"松风蟹眼谷雨天——己亥茗茶书画展"2019 年 5 月 28 日在紫荆花怡养小镇隆重开馆。出席书画展的有中国书协理事、中国书法大厦艺委会负责人、安徽书法院院长李士杰先生，安徽美协原副主席张国琳、安徽书画院副院长张煜、安徽书协副主席石海松、安徽文史馆馆员刘筱元、安徽书法院副院长汤永志、六安书协主席唐云洲、六安书协副主席文济齐、六安美协主席孙玉石等几十位德高望重的知名艺术家。安徽紫荆花控股集团董事长田淮民到场祝贺。

2019年6月28日，正值建党98周年来临之际，安徽紫荆花养老服务中心党支部在紫荆花怡养小镇红船主题广场开展红船主题广场开场仪式暨庆"七一"活动。裕安区委组织部副部长、非公党工委书记董庆国、徐集镇党委副书记汪绪强亲临指导，安徽紫荆花控股集团董事长田淮民、集团总经理田秉昌、党支部书记黄金华及全体员工出席活动。

2019年6月 油纸伞风情节举行。

2019年10月1日，灯光节举行。

2019年10月7日，怡园开园，举行千叟宴。

2019年11月2日—11月3日，六安市裕安区政协书画研究会讲座及拍卖会举行。

2019年12月14日，曲艺春晚举行。

2020年7月24日，旅居团签约。

2020年9月26日，"六齿"五十周年战友聚会。

2020年10月25日，第二届重阳节活动举行。

2021年7月20日，紫荆花怡养小镇承办"长三角女子书画优秀作品（安徽站）巡展"。

图2-48 长三角女子书画优秀作品（安徽站）巡展留影

2021年10月1日，"红色大别山 大美在六安"摄影展在紫荆花小镇举行。

2021年10月4日，第三届重阳节活动举行。

2022年2月19日—2月20日省发改委规划处处长李全军、安徽省政府发展研究中心宏观与产业经济研究处处长王尚改、安徽大学经济学院党委书记、安徽特色小镇发展研究中心主任田淑英教授等领导一行到紫荆花怡养小镇现场指导特色小镇建设。

"梦筑新时代·诗吟大别山"——首届全国诗书画大赛

2022年3月26日，首届全国诗书画大赛评选会在安徽六安紫荆花怡养小镇举办。

"梦筑新时代·诗吟大别山"——首届全国诗书画大赛初复终评选会在革命老区安徽

六安市紫荆花怡养小镇举办。国家一级书法家、将军星创始人王廷才先生被组委会特聘为本次活动的书法终审评委。来自全国的诗人、书画家共30多人参加此次盛会。

图 2-49　梦筑新时代·诗吟大别山

会议由组委会总指挥、洛阳市皖洛文化经济促进会会长党组书记、国家一级美术师、中国皖洛书画院院长周和贵主持，组委会常务主任、中联国兴书画院驻院院长周鉴民发表讲话，国家一级书法家王廷才等出席会议。大赛分为诗歌、书法、画作三个组别，大赛组委会聘请安徽省书协主席、书法家吴雪，安徽省文物局局长、安徽省书协副主席陈建国，安徽省诗书画研究会会长、画家朱秀坤以及诗与远方国际文化交流协会会长、诗人何怀玉为各评审组负责人并颁发聘书，同时还为各位评委老师和大赛顾问们颁发聘书。

图 2-50　书画现场

大赛组委会收到来自全国的作品共18000多件，其中诗歌10000多首，书法作品近5000幅，画作近3000幅。评选期间还举办了书画笔会，艺术家挥毫泼墨，尽情讴歌大别山革命精神。

安徽省书协主席、书法家吴雪先生为将军星酒业题词——"将军典范，酒中精品"。

图 2-51　书法家题字并合影

六安市文联主席、党组书记陈斌先，六安市书协主席唐云洲，六安市美协主席孙玉石，六安市文联副主席秦厚威，河南省花鸟协会副会长林少杰，安徽省紫荆花怡养小镇董事长、爱国企业家田淮民，六安市金安区文联主席彭德明，六安市金安区书协主席王新，国家一级美术师、宿州市书协副主席杨华，中国文旅部中国艺术节基金会传统文化书画院院长张景迎，合肥翰林书画院院长王全一，六安市老年大学书画协会会长鲍世勇，六安市老年大学书画协会秘书长梅曙东等参会。

第三章　政　治

　　1925 年冬，中共六安特别支部成立，徐集共产党员毛正初任支部委员。徐集乡境域是中共六安县委四区（西北乡）革命活动的先锋。

　　新中国成立后至 2020 年年底，徐集镇的组织机构历经多次变动，本章《政治》主要记述新中国成立后徐集境内的政治情况，重点收录新中国成立后，特别是 1992 年撤区并乡后，徐集镇党委、政府、人大的主要工作情况以及镇境内的军事政治组织和群团组织情况。

第一节　中共徐集镇委员会

一、党组织

早期地方党组织

　　1925 年冬，中共党员王绍虞受中共上海大学支部派遣回六安，组建党组织，在城关建立中共六安特别支部，直属中共中央领导，这是六安县最早的党组织。书记王绍虞，徐集共产党员毛正初任支部委员。

　　1928 年 1 月至 1929 年 1 月。徐集乡隶属于中共六安县委四区（西北乡），毛正初受党组织派遣，先是以徐集小学教师身份，从事革命活动，后打入徐家集民团当队长，以农协会骨干分子、民团士兵组成秘密游击队，活动在以徐集为中心的地区。1929 春至 1929 年 10 月，在共产党员王绍周的领导和毛正初游击队的支援下，武陟山农民暴动爆发，拔除阻碍农民运动的一个据点，党和农民运动更加健康发展。

　　1929 年 11 月，独山暴动后，徐家集民团起义，建立四区红军游击大队，后编入红军 33 师，成立 108 团。1931 年—1932 年 10 月，六安赤卫军司令部下辖一个团，四个赤卫团，13 个赤卫营，毛正初是第一任团长。1931 年 5 月成立中共十三乡（徐家集）支部，十四乡梁家集支部（后属徐集镇），共有党员 11 人。皖西革命根据地先后取得第一、二次反围剿胜利，为继续巩固皖西革命根据地，六安党组织决定发动河西农民起义。六霍前方办事处主任潘计于尚家庙主持召开河西地区党团骨干和赤卫队队长以上干部会议，成立暴动指挥部，由毛正初任总指挥，丁守福、王秀峰任副总指挥。5 月 2 日，在新安集一带成功举行暴动，战果扩大到陈集、桑家庙、小刘集、徐集、江家店、莲花庵一带。在河西农民起义的胜利推动下，六安四区苏维埃政权于南岳庙成立。下辖 17 个乡苏维埃政府，徐家集属于十三乡。

　　1932 年 11 月至 1937 年 7 月，鄂豫皖苏区第四次反"围剿"失败后，六安县苏区大部分沦陷。

　　1937 年 7 月至 1945 年 8 月　1938 年 8 月，日军侵占徐集，江店，铁蹄所至，奸掳焚杀，在徐集、江店附近奸污妇女 20 余人。抗日战争期间，国共两党第二次合作，推动抗日民族统一战线的发展。1944 年 4 月，中共徐家集地下党支部遭破坏，丁南早等 7 名党员被国民党杀害于西樵集萧家老坟。

1945 年 8 月至 1949 年 9 月，解放战争期间，徐集镇先后隶属于中共六安县丁集区委、新安区委。其中，1949 年 2 月至 1949 年 6 月徐集镇民主政府指导员为徐大学，乡长为张少贤。

新中国成立后党组织发展概况

1949 年 10 月—1954 年 3 月，徐集乡隶属于中共南岳庙区委，1952 年建立党支部，书记潘海庭。开展机关整风运动，以及土地制度革命运动。1953 年，开展反贪污、反浪费、反官僚主义"三反"斗争，随后开展农业合作化运动，第一个国民经济五年计划启动。1954 年 4 月—1956 年 1 月，建立徐集区委、区公所，机关驻徐集镇，辖 16 个乡镇，其中从南岳庙区划进徐集、永兴庵、烟墩、太平庵、华祖庙、青上 6 个乡镇，从丁集区划进青下乡和华祖乡，新安区划进云居、梁集、大牛、石棠、小牛、大岭、新行、晏公 8 个乡。区委书记马步洲，副书记朱东富、鲍家勋，区长张百会，徐集镇党委书记陈自修，镇长周庆礼、王厚成。1956 年 1 月徐集区建制撤销。

1957 年 2 月—1958 年 8 月，全县区划调整，恢复徐集区，设立徐集区公所，南岳庙、丁集等 13 个乡划归徐集区管辖，区委机关驻徐集，区委书记刘裕泉，副书记殷锡康、汪民鸿、王必宏。1958 年 9 月—1961 年 9 月，徐集区委所辖 13 个乡镇党委合并成徐集、江店、丁集、固县等 4 个人民公社，区委驻徐集，区公所被撤销，区委书记刘裕泉，副书记梁再成、刘昌谷、王中，徐集公社党委书记汪世民，管委会主任孙恒德。

1961 年 10 月—1966 年 4 月，徐集区委机关驻徐集，下辖徐集、淠联、分路口、高皇、南岳庙、江店、大岭、梁集、清凉寺、挥手 10 个公社党委。1966 年 2 月恢复徐集镇党委。隶属于徐集区委。区委书记王中，副书记姚家升，徐集公社党委书记孙恒德（1962.3—1962.7）、周开文（1962.7—1966.4），徐集镇党委书记汤其富（1966.2—1966.4）。管委会主任张鸿儒（1962.3—1962.11）、王正明（1962.5—1962.7）、孙恒德（1962.8—1965.1）、金宜俊（1965.3—1966.4）。1966 年 5 月—1969 年 2 月，徐集区委辖区未变，驻地徐集，区委书记姚家升、王中，副书记梁允清、徐廷国，徐集公社党委书记周开文、张世俭、汤其富，徐集镇长关诗俊。

1968 年 5 月—1969 年 2 月，徐集区革命委员会机关驻徐集镇，辖徐集、梁集、大岭、高潮（高皇）、东风（南岳庙）、淠联、分路口、江店、辉煌（挥手）、红卫（清凉寺）10 个公社党委。主任徐挺国（1968.5—1969.3），副主任梁允清、韩志云，徐集镇革委会主任汤其富（1968.5—1969.3），徐集公社革委会主任余宜俊（1968.5—1969.3）。

1969 年 3 月—1971 年 3 月，1963 年 3 月撤区并社，徐集公社书记梁允清。1971 年 3 月—1972 年 10 月，设徐集指导点党的核心小组，机关驻徐集，辖徐集、淠联、江店、固镇、丁集、分路口、罗集 7 个公社党委，组长马道平，副组长刘明、张新余，徐集公社党委书记梁允清。1972 年 10 月—1976 年 10 月，撤销徐集指导点，恢复徐集区委，辖徐集、大岭、淠联、分路口、江店、挥手、高皇 7 个公社党委，区委书记马道平（1972.10—1973.5）、杨健全（1973.5—1976.10），徐集公社党委书记胡万林（1972.10—1976.3）、宋家寿（1976.3—1976.10）。

1976 年 10 月—1992 年 2 月，徐集区委驻徐集镇，徐集公社 1984 年改建镇，区委下辖 6 个乡 1 个镇。区委书记分别为：杨健全（1976.10—1978.12）、胡万林（1978.12—1983.5）、张万和（1983.5—1984.3）、黄祥之（1984.3—1989.2）、鲍远才（1989.2—1992.1）。

1976 年 10 月—1992 年 2 月，徐集区委下辖 6 个乡 1 个镇党委书记任职情况：

徐集镇历任党委书记：宋家寿（1976—1981.1）、陈久贵（1981.1—1984.8）、王贵珠（1984.8—1985.12）、鲁承先（1985.12—1989.2）、王正平（1989.3—1992.2）。

大岭乡历任党委书记：单华章（1976.10—1976.11）、易定国（1976.11—1977.10）、韩远方（1977.11—1981.1）、翁大祥（1981.1—1983.5）、汤德山（1983.5—19856.9）、胡宴国（1986.9—1989.3）、叶厚庭（1989.3—1992.2）。

高皇乡历任党委书记：蒋厚福（1976.10—1979.3）、陈宝珍（1979.3—1983.3）、冯大文（1983.3—1984.3）、陈昭和（1984.3—1988.3）、侯怀勇（1988.3—1990.10）、杜继坤（1990.10—1992.2）。

淠联乡历任党委书记：冯良儒（1976.10—1979.3）、孙恒德（1979.3—1981.1）、丁维银（1981.1—1984.7）、王正平（1984.7—1989.3）、周华忠（1989.3—1991.2）、袁绍祥（1991.2—1992.2）。

分路口乡历任党委书记：李厚田（1976.10—1979.12）、鲁承先（1979.12—1984.9）、吴成宝（1984.9—1986.1）、彭立德（1986.1—1989.3）、宋辅新（1989.3—1991.2）、许照明（1991.2—1992.2）。

江店乡历任党委书记：赵贵诚（1976.10—1977.1）、王正平（1977.1—1984.3）、王贵珠（1984.3—1984.7）、李成海（1984.7—1988.3）、周大松（1988.3—1991.2）、宋辅新（1991.2—1992.2）。

挥手乡历任党委书记：周大松（1976.10—1977.11）、马善初（1976.10—1981.1）、陈占国（1981.1—1983.10）、周大松（1983.10—1988.3）、李成海（1988.3—1991.9）、陈礼宏（1991.9—1992.2）。

1992 年 2 月至 4 月撤区并乡，高皇乡并入徐集镇，同时设立（镇）党委，乡镇纪律检查委员会，配备专职纪委书记。1993 年至 2016 年徐集镇先后召开第六届、第七届、第八届、第九届、第十届、第十一届、第十二届党员代表大会。至 2020 年年底徐集镇有 40 个党支部（含 6 个党总支），1220 名党员。

二、中共徐集镇党员代表大会

1984 年 8 月徐集乡改建徐集镇。因体制变更及党政机关办公场所数度搬迁，徐集乡（镇）第一至第五次党员代表大会资料缺失，故不作记述。

中共徐集镇第六次党员代表大会

1993 年 3 月 30 日召开，大会应到代表 126 名，实到代表 113 名。会议听取和讨论了党委、纪委工作报告，选举产生中共六安市徐集镇第六届委员会和纪委检查委员会。大会选举张仁才为党委书记；陈昭和、丁为银、陈礼红、周先文为党委副书记；穆代京、卢丙成、许照明、许江、朱成德、周大松、武政权为党委委员；周大松为纪委书记。

中共徐集镇第七次党员代表大会

1996年4月29日召开，大会应到代表119名，实则118代表名会议听取党委、纪委工作报告，选举产生中共六安市徐集镇第七届委员会和纪委检查委员会。大会选举陈礼红为党委书记；陈昭和、杜继坤、周先文、鲁承先为党委副书记；周大松、朱成德、穆代京、涂永胜、黄振宇、段传斌为党委委员；周大松为纪委书记。

中共徐集镇第八次党员代表大会

1999年4月18日召开，大会应到代表120名，实到代表120名，会议听取和讨论党委、纪委工作报告，选举产生中共六安市徐集镇第八届委员会和纪委检查委员会，大会选举童晓春为党委书记；武政权、林国良、钟承才为党委副书记；涂永胜、黄振宇、杨晓玲（女）、杨德青、刘国安为党委委员；涂永胜为纪委书记。

中共徐集镇第九次党员代表大会

2002年1月5日召开，出席代表118名，其中农民党员64名，占54.2%，女代表17名，占14.4%；劳模代表7名，占5.9%，专业技术人员代表16名，占13.6%；干部代表39名，占33.1%；工人代表11名，占9.3%；离退休基层干部代表2名，占1.7%。四十五岁以下代表62名，占52.5%，大专以上文化程度37人，占31.4%；小学文化程度10人，占8.5%。大会听取和讨论党委、纪委工作报告，选举产生中共六安市徐集镇第九届委员会和纪委检查委员会。大会选举杜成阔为党委书记；高宗福、刘贤文、杨光华为党委副书记；唐德明、鲍传业、杨德青、周锋为党委委员；杨光华为纪委书记，杨德青为纪委副书记。

中共徐集镇第十次党员代表大会

2006年3月20日召开，出席代表128名，其中农民党员代表68人，占53.1%；女代表18名，占14.1%，先进模范代表8名，占6.0%，专业技术人员代表18名，占14.1%，干部代表48名，占37.1%；工人代表12名，占9.4%；离退休基层干部代表3名，占2.3%；四十五岁以下代表65名，占50.8%；大会听取和讨论党委、纪委工作报告，选举产生中共六安市徐集镇第十届委员会和纪委检查委员会；大会选举高宗福为党委书记；晁松、许劲松为党委副书记；唐德明、杨德青、汪明家、傅勇为党委委员；许劲松为纪委书记。

中共徐集镇第十一次党员代表大会

2011年3月26日召开，全镇109名党代表以及列席代表参加盛会，选举王文珍、王茂余、卢东、孙林、宋磊、晁松、唐德明7位同志为中共徐集镇第十一届委员会委员，选举王文志、金世军、金家吾、韩明4位为纪律检查委员会委员。选举晁松为镇党委书记，孙林为党委副书记，王文志为镇纪委副书记。

中共徐集镇第十二次党员代表大会

2016年3月26日召开，应到代表95人，实到代表89人，选举王文珍、李阳、杨振宇、汪绪强、张富恩、林甫、周峰、郭兴斌、董明华9位为党委委员，选举王文珍、郭玉山、蔡志祥为纪委委员，选举杨振宇为书记，张富恩、周峰为副书记，王文珍为镇纪委书记，郭玉山为镇纪委副书记。

中共徐集镇第十三次党员代表大会

2021 年 5 月 20 日召开，应到代表 95 人，实到代表 85 人，选举王蓓蓓、卢东、邬文娟、刘会、孙杰、汪绪强、张富恩、林甫、钱祥龙 9 位为党委委员，选举许正春、孙杰、杨绍梅、张柳、荣发成 5 位为纪委委员，选举钱祥龙为书记，张富恩、汪绪强、林甫为副书记，孙杰为镇纪委书记，许正春为镇纪委副书记。1993 年 3 月—2021 年徐集镇历次党员代表大会选举结果简表

1993 年 3 月-2021 年徐集镇历次党员代表大会选举结果简表

表 3-1

书记		副书记	委员
姓名	任职时间		
张仁才	1992.3—1996.4	陈昭、丁为银、陈礼红、周先文	穆代京、卢丙成、许照明、许江、朱成德、周大松、武政权
陈礼红	1996.4—1999.4	陈昭、杜继坤、周先文、鲁承先	周大松、朱成德、穆代京、涂永胜、黄振宇、段传斌
童晓春	1999.4—2002.1	武政权、林国良、钟承才	涂永胜、黄振宇、刘国安、杨德青、杨晓玲（女）
杜成阔	2002.1—2006.3	高宗福、刘贤文、杨光华	唐德华、鲍传业、杨德青、周锋
高宗福	2006.3—2008.3	晁松、许劲松	唐德明、杨德青、汪明家、付勇
晁松	2008.3—2012.3	孙林、许劲松	王孝田、李启国、张伟长、唐德明、王文珍、汪明家
郝德文	2012.3—2014.3	杨振宇、周峰	王文珍、王茂余、卢东、宋磊、唐德明
杨振宇	2014.3—2020.5	张富恩、汪绪强	王文珍、李阳、林甫、郭兴斌、董明华
钱祥龙	2020.5 至今	张富恩、汪绪强、林甫	王蓓蓓、卢东、邬文娟、刘会、孙杰

三、重大发展举措

集镇建设

2015 年镇集镇建设按照"向东加速推进、向南迅速展开、向北逐步延伸、向西适度发展"的总体规划，集镇建设"三纵三横"框架基本形成。

农业园区、龙头企业建设

"十一五"期间，镇东方红优质粮油生产基地被列为农业农村部万亩优质粮油示范基地和国家绿色食品原料（水稻）标准化生产基地，以东方红粮油基地为中心，向周边 5 个村辐射，优质粮油生产面积达上万亩；全镇实现农民专业合作社达 53 家。

"十二五"期间，成立土地流转服务中心，组建土地流转农民专业合作社，通过土地流转，先后建立黄岳生态园、全区最大的现代农业科技示范园和东方红优质粮油基地，

完成土地经营权流转面积 21800 亩（1453.3 公顷）。配合实施全镇土壤有机物质提升补贴和徐集村现代农业产业科技示范基地等 2 个农业农村部、财政部项目，实施徐集村现代农业产业科技示范基地项目。培育鑫润油脂、嘉浩畜禽养殖、三丰生态农业、金碧园瓜蒌生产基地、徐集花生糖等一批"农"字号龙头企业。

"十三五"期间，引进紫荆花怡养小镇、安徽明升户外用品有限公司、金宏源防火门、中禾机电、裕新电力、康尔惠食品、欧汐雅服饰、六安铠聚产业园等 10 余个大项目，其中紫荆花生态园荣获省第四批特色小镇称号，徐集花生糖制作技艺被评为省级非物质文化遗产。

市政重点工程

"十二五"期间，淠河综合治理项目在镇东沟村共征地 2000 多亩（133.3 多公顷），拆迁 2 万平方米，在区镇村共同努力下，化解征地、补偿款分配等各种复杂矛盾，保证市政重点工程的顺利实施。

党的建设

"十三五"期间，始终坚持把抓好党建作为最大政绩，推进全面从严治党，推进党的思想、组织、作风、反腐倡廉和制度建设，深入开展群众路线教育实践活动、"三严三实""两学一做"和"不忘初心、牢记使命"主题教育等活动，各级党组织和广大党员干部"四个意识"进一步增强，"四个自信"更加坚定。"三会一课""党员活动日""主题党日"等活动持续加强，党内政治生活气象更新，基层组织基础更加牢固。

脱贫攻坚

截至 2020 年年底，攻坚任务圆满完成，顺利实现户脱贫、村出列。深入落实精准扶贫、精准脱贫基本方略，成立脱贫攻坚指挥部，对照贫困户标准，扎实开展精准识别、精准帮扶，制定四项清单，实行党政同责、镇村共抓、干部齐上，坚持尽锐出战、决战决胜，实现全镇现行标准下贫困人口共 1682 户 4579 人全部脱贫。2016 年脱贫 293 户 734 人，2017 年脱贫 372 户 869 人，2018 年脱贫 348 户 901 人，2019 年脱贫 152 户 286 人，2020 年脱贫 23 户 52 人，东方红村、全红村整村退出贫困序列。

民生工程

大力实施农村公路畅通工程、"四好"农村路建设工程。"十三五"期间，投入改造资金 3998.1 万元完成 122 条总里程达 118.202 千米的农村公路改造任务，全镇交通状况大为改观，群众出行更加方便，满意度大大提高。安居工程保障有力，大力开展农村住房安全质量排查，完成农村危房改造 347 户，累计发放补助资金 542.65 万元。

四、纪检监察

镇纪律检查委员会由 3—4 人组成，设书记 1 名，副书记 1 名，委员 2 名，在同届党员代表大会上选举产生。

1993-2022 年中共徐集镇纪委书记任职更迭表

表 3-2

纪委书记	任职时间
周大松	1993.3—1996.4
周大松	1996.5—1999.4
涂永胜	1999.4—2002.1
杨光华	2002.1—2006.3
许劲松	2006.3—2011.3
张伟长	2010.3—2012.3
王文珍	2013.3—2018.12
孙杰	2018.12—2022.7
丰邵生	2022.7—

党风廉政建设

徐集镇认真贯彻上级关于党风廉政建设和反腐败工作要求，落实党委主体责任，纪委主业、监督责任。加强思想建设和纪检督查，在"强化学习教育""健全制度，强化监督""依法处理"上用力。同时，通过综合治理维稳信访工作站，党政联动，化解矛盾。坚持党要管党，从严治党，提高党委的执政能力，为全镇经济快速发展和社会持续稳定奠定政治和纪律基础。

图 3-1　法制讲座 2014 年摄　　图 3-2　庆祝中国共产党成立 98 周年 2019 年摄

徐集镇党风廉政制度建设与监督措施

表 3-3

制度建设	监督措施
建立反腐倡廉长效机制	村级财务审计和村务公开，"惠农政策"保障群众知情权

续表

制度建设	监督措施
积极推进政务、党务公开制度，民主生活会制度，《廉洁自律承诺书》	对"惠农资金"、扶贫资金、民政救灾资金、民生工程加强监管
落实"八项规定"，整顿"形式主义、官僚主义，享乐主义、奢靡之风"四风	对教育乱收费、减轻农民负担落实情况加大治理
《机关效能日常绩效考评办法》延伸至村级，明确学习、考勤、值班、接待、财务管理、公务用车、差旅报销、节约管理等制度	加强对涉农"三资"（资产、资金、资源）规范管理，发挥"代理服务中心"、村务监督委员会作用
《徐集镇村级财务管理实施办法》《徐集镇脱贫攻坚工作奖惩办法》《徐集镇财政专项资金监督管理办法》	廉政风险防控"回头看"

行政监察及案件查处

徐集镇纪委紧紧围绕加强党的执政能力建设，全面贯彻落实中央、省、区、市纪委全会精神，深入开展党风廉政建设和反腐败工作，坚持教育、制度、监督、防控并举，大力加强党风廉政教育和廉政风险防控，营造风清气正的政治氛围，打造廉洁从政的清明政府，为实现镇各项工作目标提供了坚强的思想、组织和作风保证。认真组织党员干部学习《习近平总书记系列重要讲话》，中央八项规定，省委30条、市委20条的规定，《中国共产党党内监督条例（试行）》《中国共产党纪律处分条例》《中国共产党党员领导干部廉洁从政若干准则》，增强了机关干部的党性、组织的纪律观念，增强了清正廉洁、遵纪守法的自觉性，规范了从政行为，通过学习讨论，提高了党员"六个意识"，即效能意识、责任意识、制度意识、法律意识、风险意识、廉政意识。

2013年，化解信访矛盾102起，妥善处理1个多年信访老案；自办案件5件，区纪委交办案件1件，4人受到党内严重警告处分，1人受到开除党籍处分。

2016年，开展机关效能督查16次，效能通报13期，查办信访举报16件，转立案8件，给予12人党籍处分，纪委约谈6人次，诫勉谈话5人次。

2017年，排查脱贫攻坚领域突出问题线索8件，查实3件，给予4人警示谈话，退缴违纪款1.3万元；共初核问题线索39件，转立案13件，结案10件，提醒谈话19人次，集体警示谈话7次，诫勉谈话5人次，给予党纪处分12人次，其中开除党籍3人。

2018年，受理群众信访举报12件，上级交办信访件5件。排查扶贫领域问题线索14件，初核了解8件，转立案4件，给予提醒谈话3人，诫勉谈话2人，退缴违纪款0.204万元；全年排查问题线索42件，初核了解30件，转立案12件，结案15件，给予党纪处分16人次，开除党籍3人，诫勉谈话3人，提醒谈话9人次，集体谈话1次，共退缴违纪款8.20075万元。

2022年以来，镇纪委深入学习贯彻习近平新时代中国特色社会主义思想和党的十九大精神，牢固树立"四个意识"，坚定"四个自信"、做到"两个维护"，求真务实，履职尽责，从本镇实际出发，坚持从严治党方针，不断加强党风廉政建设，深入开展反腐败斗争，坚定不移推进全面从严治党向基层延伸，取得了纪检工作新的进步，保障促进了全镇各项工作的顺利开展。

维稳举措

带案化解，变群众上访为干部下访；以情化解，干群心心交流真情化解，通过亲友社会关系亲情化解；帮扶化解，把信访工作与为民解困相结合；依法化解，提高接访能力，引导理性信访，依法调处打击；包保稳控，镇村包保责任人经常深入到户，掌握动态；回访巩固，包保领导定期回访息诉罢访的生活困难户。

在征地、拆迁、土地款分配、行政事业单位下岗分流人员养老保险、退伍军人、老民师等方面，截至2022年年底，镇村共上报矛盾86件，成功调处86件，同时成功调处市、区交办信访件7件。

五、综合党务

组织建设

中国共产党是社会主义事业的领导核心。加强党的建设是全面建成小康社会、全面深化改革、全面推进依法治国的根本保证。2009年，全镇设党总7个，党支部47个，党员人数1478人，其中新发展党员30人。到2020年10月，全镇设党总6个，党支部40个，党员总人数1211人，预备党员25人。截至2021年年底，党总2个，党支部30个，党员数1164个，预备党员22个；行政村9个，党员数870个；居委会1个，党员数61个；机关支部1个，党员22个；事业支部1个，党员33个；非公企业支部8个，党员43个；其他支部8个，党员135个。

徐集镇党总支、党支部及党员人数一览表

表3-4

年度	总支	支部		行政村	居委会	机关	事业	非公企业	其他
2009	7	个数	47	22	1	4	12	8	
		党员数	1478	986	37	62	283	110	
2011	8	个数	48	22	1	4	12	9	
		党员数	1514	996	40	67	294	117	
2015	9	个数	44	16	1	6	7	4	4
		党员数	1284	894	50	76	183	74	7
2016	9	个数	44	17	1	6	7	4	6
		党员数	1297	840	49	71	192	73	62
2018	6	个数	40	17	1	4	4	4	6
		党员数	1220	940	58	37	49	40	96

续表

年度	总支	支部		行政村	居委会	机关	事业	非公企业	其他
2021	2	个数	30	9	1	1	1	8	8
		党员数	1164	870	61	22	33	43	135

党员队伍建设　党员队伍建设是基层党组织建设的基础。镇党委通过发展党员上的"高标准""细考察"，管理党员上的"重教育""严要求"，建设一支高素质的党员队伍。按照"成熟一个发展一个"的原则，严把党员入口关，把年轻的致富能手、知识青年等优秀人才吸收到党员队伍中来。2015—2020年，全镇共新发展党员110名，其中40岁以下占86.7%。新鲜血液的不断输入，不但使结构得到优化，更让质量得到提高。在党员队伍建设上，通过开展远程教育、双培双带等教育培训，不断提升党员队伍综合素质。通过系列教育培训，把农村党员培养成党性高、懂技术、能经营、会创业的新型农民，提高党员带头致富、带领群众致富的能力，发挥党员的示范带头作用，增强党员的影响力、凝聚力。建立党内帮扶关怀机制，加大对老党员、老干部的帮扶慰问力度。加强对党员干部的管理，坚持"三会一课"制度，组织开展好党员民主生活会，引导党员时刻做到"自重、自省、自警、自励"。加强对党员干部的考核力度，增强党员履职尽责的自觉性。坚持"群众评议"和"党员评议"的"双评"制度，对丧失信念、不履行党员义务、不服从组织安排的党员，按照党纪进行严肃处理，纯洁党员队伍。

干部队伍建设　干部队伍建设是党的执政能力建设的关键。镇党委强化党委中心组理论学习，提高党委统揽全局、协调各方的能力，做到思路有创新、发展有举措、改革有突破、工作有实绩。坚持民主集中制原则，建立重大问题科学决策、议事恳谈、走访联系等制度，增强领导干部依法行政、综合解决问题的能力。加强机关干部队伍建设，提高各类干部的学习力、执行力、服务力，树立良好的基层工作者形象，培养良好的综合素质和服务意识。加强村级班子队伍建设，规范村级民主决策程序，推进村级民主决策。通过村级换届、合并村等多种渠道，调整和加强干部队伍建设，同时注重后备干部的培养教育，建设一支高素质的村级干部队伍。2013—2018年，全镇共选拔、培养、考核后备干部43名，必要时充实和加强到村级班子中。依据"信念坚定、为民服务、勤政务实、敢于担当、清正廉洁"的干部标准，坚持看德才配干部、凭实绩用干部、靠公论选干部的选人用人导向，兑现效能考核机制，激发工作活力、提高干事效率，加强干部队伍管理。加大村组干部管理力度，实施"双培双带"工程，组织村干部和相关产业发展带头人到外地学习新的管理经验与产业发展技能。重用顾全大局讲党性、面对困难不回避、破解难题有办法、推动发展干实事的干部，在全镇上下形成人人想干事、会干事、干成事、不出事的良好氛围。2008—2020年，全镇先后有8个村被裕安区委授予"优秀村党支部"称号，1人享受区直管村书记待遇，15人被评为优秀村支部书记。

基层组织建设　镇党委强化村级党组织的危机意识、责任意识和使命意识，深化农村党建工作，排查整顿一批软弱涣散的基层党组织，提升基层组织战斗力。加强党建资源整合，强化远程教育学用成果转换，加强非公企业党组织建设，严格党员日常教育管理，强化队伍建设，引导党员为镇经济、社会发展多作贡献，争作贡献。

2014年村"两委"换届，经依法选举产生村"两委"干部共53人，新选任成员6人，其中"大学生村官"2人，面向社会公开选拔2人，本村复员退伍军人1人，外出务工经商人员1人。新一届村班子性别结构、年龄结构和文化结构均得到优化：性别结构上，女干部14人，所占比例为26.1%，比上届提高4%；年龄结构上，村干部平均年龄49.2岁，其中，35岁以下5人，36至50岁30人，51岁以上18人；学历结构上，大专及以上村干部15人，占28.3%，其中书记大专及以上5人，占书记总数的55.6%。2018年村"两委"换届共选举产生新一届村（居）"两委"成员53名，其中1名为机关下派人员。男性共34人，占64.2%，女性19人，占35.8%；党员人数48人，占90.6%；35岁以下共14人，占26.4%；大专以上学历共20人，占37.7%，通过此次"两委"换届新进入村干部队伍的人数是13人，"扶贫专干"当选的人数6人，书记当中"连任"人数7人，"一肩挑"村4个。

对镇直支部进行整顿，将一些长期工作不力、软弱松散的支部解散合并。截至2020年10月，共撤销镇直党支部9个，划拨出教育党总支，合并了菊花党总支、东方红党总支。

提升基层党组织标准化建设水平。在村级组织活动场所建设中，镇党委、政府坚持立足实际、着眼长远、规范管理，使全镇农村基层组织活动场所建设迈上了新的台阶，其中包括新建的梁集村、黄岳村、棠树村、全红村为民服务中心，对其他6个村的为民服务中心进行改扩建。

思想建设

进入21世纪，镇党委根据上级部署组织党员干部，相继开展"三讲"教育、"保持共产党员先进性教育""学习实践科学发展观""党的群众路线"，"三严三实"和"两学一做""不忘初心、牢记使命"等活动。通过这些教育活动，增强党员的宗旨意识和发展意识，真正做到权为民所用、利为民所谋、情为民所系。

"三讲"教育 2000年5—12月，以"三个代表"重要思想为指导，在镇领导班子及党员干部中集中深入开展以"讲学习、讲政治、讲正气"（简称"三讲"教育）为主要内容的党性党风教育活动。"三讲"教育分为思想发动、学习提高；自我剖析、听取意见；交流思想、开展批评；认真整改、巩固成果四个阶段。单位和个人都针对各自的情况制定整改措施和方案，通过学习，提高认识，写出书面总结材料。"三讲"教育活动促使全镇党员干部提高思想政治素质，达到思想上有提高，政治上有进步，作风上有改变，干群关系有改善等目的，为全镇经济建设和社会各项事业的发展提供坚强的组织保证。

保持共产党员先进性教育 江泽民同志提出，贯彻"三个代表"重要思想，关键在坚持与时俱进，核心在坚持党的先进性，本质在坚持执政为民。胡锦涛同志进一步提出，"三个代表"重要思想的本质是立党为公、执政为民。2005年，镇党委在全镇开展第二批保持共产党员先进性教育活动。此次先进性教育活动以实践"三个代表"重要思想为主要内容，以"学习理论、坚定信念、为民谋利、创新发展、敬业奉献、促进各项工作"为主要目标，通过组织全镇党员干部学习"三个代表"重要思想和胡锦涛同志在保持共产党员先进性专题会上的讲话精神，党员干部对照党章规定的党员义务和党员领导干部的基本条件，从世界观、人生观、价值观等方面剖析自己。保持共产党员先进性教育活动的开展，使党员干部重树价值观，组织纪律观念和党性观念得到加强，党群关系更加密切，为实现全镇经济社会快速发展提供有力的思想保证。

学习实践科学发展观　根据中国共产党的"十七大"部署，中共中央决定，从 2008年 9 月开始，用一年半左右时间，在全党分批开展深入学习实践科学发展观活动（以下简称"学习实践活动"），乡镇为第三批，从 2009 年 9 月—2010 年 2 月基本完成。按照部署，徐集镇从 2009 年 9 月开始开展学习实践活动，贯彻党的"十七大"精神，高举中国特色社会主义伟大旗帜，以邓小平理论和"三个代表"重要思想为指导，组织党员特别是各基层组织领导班子和党员领导干部深入学习实践科学发展观，围绕党员干部受教育、科学发展上水平、人民群众得实惠，解放思想、实事求是、改革创新，增强贯彻落实科学发展观的自觉性和坚定性，转变不适应、不符合科学发展观要求的思想观念，解决影响和制约科学发展的突出问题以及党员干部党性党风党纪方面群众反映强烈的突出问题，构建有利于科学发展的体制机制，提高领导科学发展、促进社会和谐的能力，使党的工作和党的建设更加符合科学发展观的要求，把全社会的发展积极性进一步引导到科学发展上来，把科学发展观贯彻落实到全镇经济社会发展各个方面。

学习实践活动分学习调研、分析检查、整改落实三个阶段进行。开展学习实践活动，关键在于取得实效。通过全面把握科学发展观的科学内涵、精神实质和根本要求，联系本地区、本部门、本单位实际，坚持边学边改，找准并解决影响和制约科学发展的突出问题以及党员干部党性党风党纪方面群众反映强烈的突出问题。按照贯彻落实科学发展观必须加强和改善党的建设的要求，解决党性不强、党风不正、党纪执行不严的问题，在世界观、人生观、价值观、地位观、利益观方面存在的问题，尤其是党员意识不强，理想信念动摇，宗旨意识淡薄，党员领导干部政绩观不正确、作风漂浮以及形式主义、官僚主义严重等问题，查找和解决突出问题，坚持从实际出发，明确哪些问题已具备条件，在学习实践活动期间可以解决；哪些问题难度较大，需要较长时间才能解决。解决问题要突出重点，坚持什么问题突出就着力解决什么问题，多为人民群众办看得见、摸得着、促进科学发展的实事。

学习实践活动基本结束后，做好活动的总结工作，并向党员、群众通报。对学习实践活动进行满意度测评，将测评结果进行公布，根据测评情况，完善整改措施，确保在学习实践活动中尚未解决的突出问题继续得到解决，达到党员干部受到教育，人民群众得到实惠的目的。教育总支科学发展观教育成果显著，接待了裕安区西北片顺河、单王、固镇、江店等乡镇的参观学习。

党的群众路线教育　2014 年 1—10 月，在全镇开展第二批党的群众路线教育实践活动。全面贯彻党的十八大精神，高举中国特色社会主义伟大旗帜，坚持以马克思列宁主义、毛泽东思想、邓小平理论、"三个代表"重要思想、科学发展观为指导，围绕保持和发展党的先进性和纯洁性，以"为民、务实、清廉"为主题，按"照镜子、正衣冠、洗洗澡、治治病"的总要求，自上而下深入开展，加强全体党员马克思主义的群众观点和党的群众路线教育，以贯彻落实中央八项规定为切入点突出作风建设，坚决反对形式主义、官僚主义、享乐主义、奢靡之风，按照坚持围绕中心、服务大局，全面贯彻落实党的十八大提出的各项任务要求，把作风建设放在突出位置，以作风建设的新成效凝聚起推动事业发展的强大力量，落实为民务实清廉的要求，牢牢把握基本原则，解决突出问题的总体要求，达到教育引导党员干部、树立群众的观点，弘扬优良作风，解决突出问题，保持清廉本色，使干部作风进一步转变，干群关系进一步密切，为民务实清廉形象进一步树立的主要任务。

整个教育活动分为：学习教育、听取意见，查摆问题、开展批评；整改落实、建章立制三个阶段。通过深入开展党的群众路线教育实践活动，党员干部全心全意为人民服务的宗旨意识和马克思主义群众观点得到牢固树立，工作作风得到改进，干群关系更加密切，为民务实清廉形象进一步树立，基层基础进一步夯实。

"两学一做"学习教育　"两学一做"学习教育，指的是"学党章党规、学系列讲话，做合格党员"学习教育。2016年2月，中共中央办公厅印发《关于在全体党员中开展"学党章党规、学系列讲话，做合格党员"学习教育方案》。开展"两学一做"学习教育，是面向全体党员深化党内教育的重要实践，是推动党内教育从"关键少数"向党员拓展、从集中性教育向经常性教育延伸的重要举措。

镇党委根据部署，在全镇党员中开展"两学一做"学习教育，按照基础在学，关键在做；增强针对性，"学"要带着问题学，"做"要针对问题改；坚持正面教育为主，用科学理论武装头脑；坚持学用结合，知行合一；坚持问题导向，注重实效；坚持领导带头，以上率下；坚持从实际出发，分类指导的总体要求，以党支部为基本单位，以"三会一课"等党的组织生活为基本形式，以落实党员教育管理制度为基本依托，针对领导机关、领导班子和党员干部、普通党员的不同情况做出安排，以学党章党规，学习习近平总书记系列重要讲话，做合格党员作为学习教育内容，通过围绕专题学习讨论，创新方式讲党课，召开党支部专题组织生活会，开展民主评议党员，立足岗位作贡献，领导机关、领导干部作表率等措施，党员增强政治意识、大局意识、核心意识和看齐意识，践行全心全意为人民服务的宗旨，严格遵守党的纪律和党的规矩得到牢固树立，《廉洁自律准则》为标尺，以《中国共产党纪律处分条例》为戒尺，按照习近平总书记的要求，在党章总规矩的规范下，成为一名合格的共产党员。

以"讲政治、重规矩、作表率"专题教育为载体，在习近平总书记视察六安一周年之际扎实开展"三个一"活动：组织一次专题学习讨论、开展一次专题组织生活会、实施一次全面对标落实行动。按时开展了集中学习，围绕"讲政治，我们怎么讲""重规矩，我们怎么做""作表率，我们怎么办"3个专题开展研讨。要求班子成员亲自撰写发言提纲。

"不忘初心、牢记使命"主题教育　党的十九大决定以县处级以上领导干部为重点，在全党开展"不忘初心、牢记使命"主题教育。这是在新时代把党的自我革命推向深入，用习近平新时代中国特色社会主义思想武装头脑、指导实践，推动全党更加自觉地为实现新时代党的历史使命不懈奋斗的重大决策部署。根据省委主题教育领导小组《安徽省第二批"不忘初心、牢记使命"主题教育工作方案的通知》（皖教组发〔2019〕28号）精神，市委《关于开展"不忘初心、牢记使命"主题教育的实施方案》（六发〔2019〕15号）和区委主题教育领导小组《裕安区"不忘初心、牢记使命"主题教育实施方案》

（裕教组〔2019〕3 号），徐集镇全面开展"不忘初心、牢记使命"主题教育。按照中央和省委、市委、区委部署，我镇主题教育从 2019 年 9 月开始，到 11 月底基本结束，不划阶段、不分环节，具体到每个单位开展集中教育的时间不少于 3 个月。主要包括镇直各单位、各村（居），非公有制经济组织、社会组织和其他基层组织。这次主题教育要贯彻守初心、担使命，找差距、抓落实的总要求，紧紧围绕学习贯彻习近平新时代中国特色社会主义思想这条主线，引导党员、干部原原本本学，以理论滋养初心、以理论引领使命，增强"四个意识"，坚定"四个自信"，做到"两个维护"。要突出问题导向，既着力解决党员、干部自身存在的问题，特别是思想根子问题，坚守理想信念、初心使命不动摇，又着力解决群众最关心、最直接、最现实的利益问题，以为民谋利、为民尽责的实际成效取信于民。要以镇科级以上干部为重点，先学先改、即知即改，示范带动广大党员、干部的学习教育。

2019 年自 9 月 12 日，区委"不忘初心、牢记使命"主题教育动员部署会议后，镇党委认真研究、迅速行动，成立了镇主题教育工作领导小组和 3 个指导组，明确指导组工作职责，分片负责指导督促全镇 38 个基层党支部开展主题教育，并于 9 月 19 日上午召开徐集镇"不忘初心、牢记使命"主题教育动员部署会，对本次主题教育进行全面部署安排，9 月 30 日前，镇党委下辖各党支部（总支）分别召开党员大会，进行主题教育动员部署。在 10—11 月期间陆续完成了学习教育、调查研究、检视问题、整改落实等工作，并于 12 月上旬召开了领导班子专题民主生活会和基层党组织专题组织生活会，进一步提升主题教育学习整改成效。

2020 至 2021 年，徐集镇党委理论学习中心组学习内容主要有：习近平新时代中国特色社会主义思想，《习近平谈治国理政》，学习中央第五巡视组巡视安徽省反馈意见整改暨新一轮深化"三个以案"警示教育动员部署大会会议精神，学习《习近平新时代中国特色社会主义思想学习问答》，学习习近平总书记在党史学习教育动员大会上的重要讲话精神，学习《论中国共产党历史》等。

截至 2021 年全镇主题教育工作已按照区委主题教育领导组要求全面完成。

2013-2021 年主题学习教育

表 3-5

年度	学习教育主题	范围
2013	中央八项规定、省委三十条、市委二十条、《中国共产党纪律处分条例》《廉政准则》、习近平党风廉政系列讲话	村镇干部全体党员
2015	十八大和十八届三中、四中、五中全会精神，《中国共产党廉洁自律准则》，"两学一做"，《永远在路上》警示教育片	全体党员
2016	新《中国共产党章程》、党规	全体党员
2017	"三严三实"	全体党员
2018	"讲、严、立"教育实践活动，十九大报告，《习近平谈治国理政》，扫黑除恶专项整治	全体党员

续表

年度	学习教育主题	范围
2019	习近平新时代中国特色社会主义思想，"严、强、转"教育实践活动，"不忘初心、牢记使命"主题教育	全体党员
2020—2021	习近平新时代中国特色社会主义思想，《习近平谈治国理政》，学习中央第五巡视组巡视安徽省反馈意见整改暨新一轮深化"三个以案"警示教育动员部署大会会议精神，学习《习近平新时代中国特色社会主义思想学习问答》	全体党员

统一战线

中共六安市裕安区徐集镇党委设统战办公室，指派 1 名党委委员主持统战工作。主要工作有：经济统战；做好台胞台属、侨胞侨属服务工作；贯彻民族宗教政策，依法依规管理宗教事务。

为巩固经济统一战线，建立招商引资项目信息库，支持招商引资工作，巩固非公有制经济发展，2022 年 2 月，镇开始筹备组建商会，会员 53 人，会长由六安市康尔惠食品有限公司法定代表人李翔担任，秘书长由镇宣传委员刘会担任。

做好台胞台属、侨胞侨属服务工作，切实为台胞台属做实事，搞好台胞台属基本情况调查。自 2016 年来每年都对辖区内台胞台属基本情况进行调查，摸清全镇台胞台属底数。截至 2019 年，台胞台属为 1 人。成立由镇党委书记任组长，其他班子领导和站所负责人为成员的对台工作领导小组，确保对台工作稳定有序。积极开展为台属送温暖活动，坚持在中秋、春节两大传统节日开展台属走访慰问活动。

调查摸底少数民族情况，截至 2022 年 3 月底，镇少数民族居民合计 61 人，涉 13 个民族，其中：回族 17 人，苗族 5 人，彝族 6 人，壮族 1 人，布依族 5 人，朝鲜族 1 人，满族 8 人，白族 1 人，土家族 7 人，哈尼族 4 人，傣族 2 人，景颇族 2 人，仡佬族 2 人。

贯彻民族宗教政策，镇党委尊重人民群众宗教信仰自由，对宗教职业者认真执行党和国家的民族宗教政策，依法依规管理宗教事务，以确保宗教活动正常有序开展为目的，强化措施、务实创新、充分发挥宗教在促进社会和谐方面的积极作用。详细对宗教场所进行摸底登记，镇依法依规对镇宗教场所进行管理，坚决贯彻落实宗教管理三级网络两级责任制，党政主要负责人担任宗教工作领导组组长，镇干部每月对村（居）干部内宗教活动场所至少走访一次，村（居）干部每半月进行一次走访、村宗教工作协理员每周走访一次，重点对宗教活动开展情况、管理制度执行情况、安全管理情况、有无外来人员传教、有无非法出版物情况进行检查。在重要节日、重大活动期间，随时检查。在检查过程中发现问题、及时报告、妥善处理。带领宗教人士积极学习宗教政策理论，开展"好教徒、好群众"创建活动。充分发挥宗教在促进社会和谐方面的积极作用，政治上关心宗教界人士，鼓励他们参政议政、团结协作；信仰上相互尊重，为经济建设和社会主义事业发展服务，在宗教界开展社会主义荣辱观和社会主义核心价值体系建设教育；支持和鼓励宗教界发扬关爱他人、服务社会的优良传统，发挥宗教的特殊优势，鼓励宗教界积极参与捐资助学、扶贫济困等公益、慈善事业。

镇域内宗教信仰以佛教、基督教为主，宗教场所为寺庙、教堂。信教人员多为年龄较大的农村老龄人员，人数呈逐渐减少、慢慢萎缩态势。截至2021年镇共有宗教场所8处。境内有开放寺庙2处（黄岳庙、东岳庙），合法基督教教堂6个（徐集村油坊基督教堂、街道基督教堂、棠树村基督教堂、全红村基督教堂、梁集村基督教堂、东沟村基督教堂）。截至2021年年底镇佛教和基督教信徒数287人。

"三老"工作

徐集镇关心下一代工作委员会（简称关工委）于1997年10月成立。是镇党委、政府领导下的一个部门，是群众性工作组织，组成人员有党政领导、退休老干部、老战士、老专家、老教师、老模范（简称"五老人员"）组成，是党委政府组织教育青少年儿童的助手和参谋。镇关工委的工作目标：深入开展"五好"关工委和"三无两有"先进村的创建活动（简称"双创"活动）。"五好"关工委，即领导重视好，组织建设好，老同志作用发挥好，活动开展好，工作效果好；"三无两有"先进村，即无辍学——学龄儿童全部就学，完成义务教育；无犯罪——15周岁以下青少年无违法犯罪的；无不孝行为——青少年都孝敬父母，尊重老人；有文化——村青年农民具有初中以上文化程度；有技术——村青壮年农民要掌握一定多项适用技术，开展科技致富奔小康活动。镇关工委的主要任务：围绕青少年开展"五教""五助"活动，即德教、法教、家教、科教、健教；助学、助校、助困、助残、助医。徐集镇9个村（居）、完全中学1所、初中2所、小学2所和企业2个分别建立关工委组织。截至2019年8月，已经实现"五好"关工委组织3个；实现"三无两有"先进村、校关工委7个，分别是东方红村、黄巷村、徐集村、梁集村、徐集街道、徐集初中和徐集小学等。

奖励情况：2016年5月区关工委授予镇关工委"双创建"示范单位，2020年3月获区关工委表彰为2019年度关工工作宣传报道先进集体。2015年李杰获市关工工作先进个人。

历任镇关工委主任：赵登志、李杰、胡多明。

徐集镇老年教育工作委员会（简称老教委）成立于1996年，同年老教委创办老年学校1所，首期学员45余人，学员以机关事业单位离退休干部职工为主，以及部分退休教师、职工以及老年居民。镇党委副书记兼任老教委主任及老年学校校长。从离退休干部中挑选一名老同志任常务副主任、副校长，主持日常工作。

教育的指导思想：以党的方针、路线为指导，强化政治意识，传播正能量，坚持增长知识，丰富生活，陶冶情操，促进健康，服务社会的办学宗旨，不断满足老年人日益增长的精神文化需求。

教育的基本原则：一是坚持党政主导、组织，老干部工作部门主管、部门支持、社会参与；二是坚持以人为本，面向离退休干部、职工、社会老年人，满足老年人求知求乐求健求为的愿望。

教育的基本内容：学习党的路线方针政策、卫生保健、法律、安全等知识，了解本级党委政府年度的中心工作。教育内容与走出去参观游览活动相结合。这么多年来，先后去合肥、六安、独山等红色和绿色景点参观学习。老年教育还大力发展了远程教育，充分利用互联网等平台，丰富了教育内容，拓展了教育形式。

开设课程有：时事论坛、农业科技、法律法规、医疗保健、历史文学、家风家教、地方名人逸事等。聘任党政领导干部、医生、农技专家、法律工作者等为授课教师，课堂教学与室外活动相结合，尤其是重大节日期间，围绕党委政府中心工作，活动开展频繁。截至2021年，有镇老年学校1所，教育分校1所，村级老年学校10所。在抓好本级老年教育的同时，注重抓村级老年教育的开展。2000年以后，村级老年教育60周岁以上的老年人，到课率逐年上升，2018年达到20%。随着形势的发展，镇老年教育正朝着开办老年大学的方向发展。

奖励情况：徐集街道和黄巷村老年学校被评为区级示范学校，镇老教委、教育分校两次被评为区级先进单位，两位老教委主任被评为区先进个人。

自老教委成立以来，相继担任常务副主任有：鲍传业、许照明、杨晓玲、方仁刚、卢东。

徐集镇老龄工作委员会（简称老龄委）成立于1996年。老龄委主任由镇党委副书记兼任，从离退休干部中挑选一名老同志任常务副主任，主持日常工作。主要职责是：为全镇60岁以上老人服务，督促助老优待规定的落实，关注和关心特困老人、留守老人、空巢老人、高龄老人。积极主动做好一年一度的"敬老月"活动，搞好各年的孝亲敬老之星先进个人的评选工作，负责年终各级政府的老人慰问金发放事宜，配合做好敬老院工作。每年重阳节期间，老龄委组织宣传车，设宣传台，挂横幅标语宣传《中华人民共和国老年人权益保障法》《安徽省实施〈中华人民共和国老年人权益保障法〉办法》。

奖励情况：2015年镇老龄委被裕安区委、区政府评为"全区老龄工作先进单位"称号，2020年胡圣法被评为区老龄工作先进个人。

1997年至2022年年底，历任镇老龄委常务副主任：赵登志、段传斌、胡圣法、吴崇新。

第二节　徐集镇人民代表大会

一、代表选举

1992年4月，乡镇人大设立人大主席团，作为县区人大直属组织机构。人大主席团由7—9人组成，其中设人大主席1人。根据相关法规，乡镇人大行使法律赋予的职权，保证法律法规的遵守执行，审查批准本区域内财政、民政工作实施计划，保护社会主义的全民所有制财产和劳动群众集体所有制财产，保护公民私人合法财产，维护社会秩序，保障公民的人身权利、民主权利和其他权利。乡镇人大每3—5年召开一届代表大会，每年举行一次代表会议，每届（次）代表大会选举产生人大主席团、人大主席，选举产生乡镇长、副乡镇长，通过乡镇政府工作报告，通过乡镇财政预算执行报告。

代表产生办法：各村街单位按照分配的名额，采取自下而上的办法，组织选民进行推荐提名，经过上下结合，反复酝酿，由选举单位根据多数人的意见，按照多于应选代表20%的差额，提交选举产生。分配的代表数，不得超过或减少。先进模范人物指受到镇党委政府以上表彰奖励的。女代表不少于20%，专业技术人员是指人事部门颁发过证书的。镇党代表与镇人大代表一般不交叉。

二、历届人民代表大会

徐集镇自1992年至2021年，共召开10届人民代表大会。六安撤地设市后，于2007—2017年，分别召开裕安区徐集镇第二、三、四届人民代表大会，选举产生裕安区徐集镇人大主席，裕安区徐集镇人民政府领导成员。

第十届人民代表大会

1987年4月30日召开，大会应到代表73人，实到代表58人。大会听取和审议政府工作报告，听取和审议财政预决算报告，听取和审议人大工作报告。大会选举许照明为镇长，王玉满为副镇长。

第十一届人民代表大会

1990年2月召开，大会应到代表59人，实到代表59人。大会听取和审议镇政府工作报告，听取和审议财政预决算报告，听取和审议人大工作报告。大会选举涂永胜为镇长，邵齐为副镇长。

第十二届人民代表大会

1992年11月28日召开，大会应到代表89名，实到代表89名。会议听取和审议镇政府工作报告，听取和审议财政预决算报告，听取和审议人大工作报告。大会选举王贵珠为镇第十二届人民代表大会主席团主席；周先文为镇长；钟承才、涂永胜、许江（女）、林国良为副镇长

第十三届人民代表大会

1996年2月7日召开，大会应到代表65名，实到代表64名。会议听取和审议镇政府工作报告，听取和审议了财政预决算报告，听取和审议人大工作报告。大会选举产生汤德山为镇第十三届人民代表大会主席团主席；杜继坤为镇长；钟承才、林国良、武政权、卢丙成为副镇长。

第十四届人民代表大会

1999年1月28日召开，大会应到代表65名，实到代表65名。会议听取和审议镇政府工作报告，听取和审议财政预决算报告，听取和审议人大工作报告。大会选举周先文为镇第十四届人民代表大会主席团主席；武政权为镇长；唐德民、许劲松、段传斌、高芳兴为副镇长。

十五届人民代表大会

2002年1月14日召开，大会应到代表65名，实到65名。会议听取和审议镇政府工作报告，听取和审议人大工作报告。听取和审议财政预决算报告。大会选举林国良为镇第十五届人民代表大会主席团主席；高宗福为镇长；刘源泉、许劲松、张新民、段传斌、徐家荣为副镇长。

第二届人民代表大会（撤市设区后改为五年一届）

2007年1月13日召开，大会应到代表66名，实到66名。大会听取和审议镇政府工作报告，听取和审议人大工作报告，听取和审议财政预决算报告。大会选举王孝田为镇

第二届人民代表大会主席团主席；晁松为镇长；刘源泉、方仁刚、丁维宝、孔祥银为副镇长。

第三届人民代表大会

2012 年 1 月 3 日召开，应到代表 66 人，实到代表 66 人，列席代表 49 人。大会对镇人大主席团、镇长、副镇长实行无记名投票的方式进行选举，王孝田当选徐集镇第三届人民代表大会主席团主席；杨振宇当选为徐集镇人民政府镇长；丁维宝、方仁刚、卢东当选为徐集镇人民政府副镇长。

第四届人民代表大会

2017 年 1 月 1 日召开，应到代表 53 人，实到代表 53 人，列席代表 28 人。大会对镇人大主席团主席、副主席、镇长、副镇长实行无记名投票的方式进行选举。周峰当选为人大主席，方仁刚当选为人大副主席；张富恩当选为徐集镇人民政府镇长；汪绪强、卢东、李阳当选为徐集镇人民政府副镇长。

出席裕安区第五届人民代表大会代表名册：田秉昌、邬宗益、孙业云、李进、杨振宇、汪长华、张富恩、陈时辉、陈善宝、周锋、魏文秀。

第五届人民代表大会

2021 年 12 月 23 日至 24 日召开，应到代表 64 人，实到代表 61 人，列席代表 15 人。大会对镇人大主席团主席、副主席、镇长、副镇长实行无记名投票的方式进行选举。大会选举周锋为人大主席，卢东为人大副主席；选举蔡志祥为徐集镇人民政府镇长，郭兴斌、刘少新、许正春为徐集镇人民政府副镇长。

图 3-3　徐集镇第四届人民代表大会　　　图 3-4　人大代表执法检查座谈会

三、人大工作

人大代表视察

徐集乡（镇）人大主席团在乡（镇）人大会议期间，认真筹备和组织召开人民代表大会和主席团工作会议。全程组织人大换届选举工作，确保选举工作依法进行，选出人民满意人大代表。在人大会议闭会期间，行使对政府工作的监督权。通过监督、推动政府工作，建设人民满意的政府。监督是依法监督、和谐监督、阳光监督。

人大主席团围绕同届乡（镇）人民政府中心工作，本着议大事、抓重点、求实效原则开展工作。每年年初或年末，组织召开人大例会，审议政府工作报告、财政预决算报告、农民负担情况报告以及其他工作报告。组织县、乡（镇）人大代表配合上级组织进行执法检查，纠正有法不依、执法不严、违法不究现象。制定《议案和建议案办理制度》，将乡（镇）人大代表建议、批评意见交有关机关和组织研究处理并负责答复。

促进普法教育。按照普法规划，在全乡广泛深入开展以宪法为中心，以专业法律为重点的法律教育，提高广大干部群众的民主观念和法律意识。

加强基层民主法治建设。着重检查《税收征收管理法》《义务教育法》《教师法》《农业法》《安徽省社会治安综合管理条例》的实施情况及有关部门执法情况。监督执法部门认真查处大案要案，听取派出所对大案要案查处和执法情况汇报，切实做到打击犯罪、保护人民。加强对政府及有关部门的文件审查，发现问题，及时监督纠正。每年12月4日，组织公安、司法、文化站等部门开展"国家宪法日"法制宣传活动。发放宣传材料，解答群众咨询。

实行政务村务公开。在实施依法治乡（镇）的同时，积极支持政府实行政务、村务公开。乡（镇）政府办事程序、重点项目、为民办实事及政府工作要点都以专栏形式向群众公开，对一些窗口行业、热点部门的收费项目、收费标准都以较好形式公布于众。村务、账务实行规范化管理，坚持定期或不定期向群众公布账务及相关项目。公开内容细致，社会效果好。

组织评议政府和部门工作。通过联系选民、调查研讨、听取反映、书面述职，认真评议政府和部门工作，评出成绩，议出不足，支持和促进政府及部门开展各项工作。

组织村民代表评议村委会工作。乡（镇）人大每年选择1到2个村开展评议，以此促进村委会组成人员的责任意识和为民办实事的宗旨意识，推进村委会工作顺利开展。

开展"双带"活动。人大活动围绕经济建设中心，发现典型、培养典型。利用典型引路，让人大代表成为致富代表，带领群众共同致富。

议案、建议办理

人大代表所提建议、意见，一般都是全镇各行各业的热点难点问题，对推动政府工作、促进经济发展、改善干群关系有着重大意义。镇人大主席团始终把代表建议、意见办理摆在重要位置，在每次召开人民代表大会前都认真准备。每次人大会议都成立议案审查委员会，对意见、建议进行分类整理，做到1个月内交办完成，3个月内完成答复。提案人不满意，要跟踪重办。

徐集镇第五届人民代表大会第一次会议代表议案：

杨勇等11位代表提出议案：关于黄淮山羊俗称地方土山羊品种的保护、开发、利用。

胡怀宝等13位代表提出议案：关于修建S244快速通道损坏村村通路面修复和徐集花生糖成立地理标志。

王善先等10位代表提出议案：关于建议对全红、黄巷境内主干道"白改黑"及主支渠硬化。

王敏敏等14位代表提出议案：关于镇人大助力高标准基本农田建设情况、存在问题及建议。

杨勇等 12 位代表提出议案：关于请求高标准农田建设及配套水利工程实施及乡村振兴。

杨勇等 12 位代表提出议案：关于请求农村路灯亮化和水利兴修。

杨勇等 11 位代表提出议案：关于请求配套水利工程实施及新修道路。

徐集镇人大主席（裕安区第六届人大代表、徐集镇第五届人大代表）：关于做大做强徐集镇花生糖产业的议案。

徐集镇副镇长刘少新提出：关于改善徐集村车站巷口环境脏乱差的议案。

本届人民代表大会代表们提出的各类建议、意见，涉及镇内发展的方方面面，都是热点难点问题。这些建设性意见，已经基本被政府纳入议事日程，并逐步实施解决。例如：

徐集镇人大主席：关于做大做强徐集镇花生糖产业的议案。议案办理情况：2021 年年底徐集镇招商组赴湖北省英山县开展双招双引，与英山县大别山置业有限公司开展招商洽谈并成功签约，规划在徐集镇工业集中区新建 4 幢 5 层标准化厂房和 1 幢综合办公楼，建筑面积 34000 平方米，其中不低于 300 平方米的产品生产工艺展厅，项目总投资 1.2 亿元，建设周期 24 个月，2022 年 5 月 18 日土地摘牌并开工，截至 2022 年 11 月已完成 4 栋标准化厂房和 1 栋综合办公楼的主体工程，预计 2023 年 6 月完工并正式投产，建成后可有效整合徐集镇现有花生糖生产企业入园进驻，鼓励企业重组合并，推动徐集花生糖产业规模化、集约化。

徐集镇副镇长刘少新提出：关于改善徐集村车站巷口环境脏乱差的议案。议案办理情况：此地块整治列入 2022 年度农村人居环境整治提升重点整治区域，由镇政府拨付 6 万元经费进行集中整治，已于 2022 年 9 月完成整治工作。

棠树村党支部书记、村委会主任胡怀宝领衔提出：关于修建 S244 快速道路损坏村村通道路的修复工程的议案。镇对该议案办理情况如下：由区交通局牵头，徐集镇人民政府同 S244 道路施工方进行协调，对于修建 S244 过程中损坏棠树、全红、黄巷三村道路，S244 道路施工方不再予以修复，由其承担镇区内民生大道的修缮工程，对于以上三村道路损坏，已申请 25 万元专项修缮资金，对集镇内 7 个村共 27 处损坏路段进行修复，截至 2022 年 11 月，工程正在推进建设中。

东沟村党支部书记、村委会主任杨勇领衔提出：关于农村路灯亮化工程的议案。针对该议案办理情况：徐集镇人民政府已与主管部门区发改委节能办申请立项，因 2022 年专项资金已分配，暂无资金落实，等待 2023 年专项资金下达分配实施。

专题调研

依法监督是镇人大主席团把办理人民代表的议案、建议、意见作为加强，同人大代表提出的议案、建议、意见都进行梳理，通过镇人民代表大会交由政府或相关职能部门定期督办，并将办理结果进行反馈。同时在历届村民委员会换届中，充分发挥人大代表的作用，监督各村选举委员会严格按照选举办法等程序开展选举工作。

镇人大每年组织代表开展专题调研活动，调研的内容是热点问题、民生问题、环境问题和工农业生产问题等。

图3-5　2020年6月人大代表调研集镇建设工程及民生项目

1992年-2021年徐集镇历届人大主席更迭表

表3-6

姓名	性别	任职时间
王贵珠	男	1992.11—1995.2
周先文	男	1995.3—1995.11
汤德山	男	1996.2—1998.10
周先文	男	1999.1—2001.12
林国良	男	2002.1—2006.12
王孝田	男	2007.1—2017.1
周锋	男	2017.1—

第三节　徐集镇人民政府

一、政府组成及工作机构

1949年徐集镇成立民主政府，1954年4月成立徐集乡人民政府。1954年4月—1956年1月，建立徐集区委、区公所，机关驻徐集镇街道，辖16个乡镇，其中从南岳庙区划进徐集、永兴庵、烟墩、太平庵、华祖庙、青上6个乡镇，从丁集区划进青下乡和华祖乡，新安区划进云居、梁集、大牛、石棠、小牛、大岭、新行、晏公8个乡。区长张百会，徐集乡长周庆礼、王厚成。

1956年1月徐集区建制撤销，建立徐集镇人民政府。1957年2月区划调整，恢复徐集区，建立徐集乡人民政府。1958年9月徐集区公所被撤销，建立徐集（火箭）公社管委会。1966年2月恢复区属徐集镇。1968年5月成立徐集镇革委会。

1969年3月撤区并社，设立徐集指导点。徐集公社革委会隶属指导点。

1981年9月，区公所重建，驻徐集。历任区长：张万和（1981.9—1983.5），黄祥之

（1983.5—1984.3），冯大文（1984.3—1989.2），张仁才（1989.2—1992.2）。

1983年4月撤销公社革委会，建立徐集乡人民政府。1984年8月徐集乡改建徐集镇，同时成立镇政府。

1992年撤区并乡，原高皇乡并入徐集镇，下辖23个村委会和1个街道居委会，镇直属单位有"七站八所"。2001年乡镇事业单位机构改革，原属"七站八所"撤并，保留财政所、土管所、计生服务所、计生办、农经站、农技站、文广站等单位。

2004年村级合并，镇辖23个行政村并为11个行政村和1个街道。2012年高皇、裕兴两村划入平桥乡，镇辖9个村1个街道。

政府内设党政办公室、社会事务办公室、经济发展办公室、扶贫办公室等办公室。

撤区并乡后，徐集镇设党政办公室，配主任1名，负责党政办日常工作。其主要工作职责有：围绕全镇中心工作，当好参谋助手，为各党组织贯彻执行党的路线、方针、政策提供综合服务；负责全镇各类文件、镇党委政府重要会议（书记办公会议、镇长办公会议、党员代表大会、人民代表大会）、镇党委政府主要领导讲话稿的起草及日常的文书处理；负责对镇级机关各党组、站所、各村（居）委会送交镇党委政府的各类文件的文书处理工作；围绕镇党委政府中心工作和社会热点、难点问题，做好调查研究、综合分析，为镇党委政府决策提供参考；围绕镇党委政府总体工作部署，负责重要信息的收集、整理、综合、传递和上报工作；负责对镇党委政府工作报告、镇党员代表大会报告部署的工作任务进行分解立项督办；对党、政会议决定的事项进行督促检查；负责镇党委政府日常工作，做好全镇重要会议的统筹，镇党委政府有关会议的筹备及镇党委政府领导参加的重要活动的组织、安排、协调和联系等服务工作；负责镇党委政府班子会议的召集、协调等有关事宜；负责镇党委政府办公室队伍建设，抓好镇党委政府办公室干部职工的教育、培训、培养工作，统筹、协调、组织全镇党委政府办公室人员的培训工作；负责管理全镇党政系统机要和保密工作；负责镇党委政府办公室人事、党务、后勤等事务的管理工作；负责镇党委政府大事记的记录；完成上级和领导交办的其他任务。1992—2022年，历任党政办负责人分别为：钟承才、朱成德、刘国安、周锋、汪明家、卢东、董明华、孙杰、刘少新、丰邵生。

1987年-2023年徐集镇历任镇长更迭表

表3-7

姓名	性别	任职时间
许照明	男	1987.4—1991.2
涂永胜	男	1991.2—1992.2
周先文	男	1992.11—1993.5
张仁才	男	1993.8—1994.8
陈礼红	男	1994.10—1995.2
丁为银	男	1995.3—1995.7
杜继坤	男	1996.2—1998.2

续表

姓名	性别	任职时间
童晓春	男	1998.7—1998.10
武政权	男	1999.1—1999.12
高宗福	男	2001.3—2003.2
杨光华	女	2003.3—2006.4
晁松	男	2006.5—2008.5
孙林	男	2008.6—2012.1
杨振宇	男	2012.1—2017.1
张富恩	男	2017.1—2021.11
蔡志祥	男	2021.11 至今

二、施政纪略

徐集镇第二届人民政府政绩述要（2007—2011）

2011 年年底，全镇农村经济总收入由 2007 年年底的 3.2 亿元提高到 9.54 亿元，增长 198.1%，农业总产值由 1.6 亿元提高到 2.72 亿元，增长 70.0%，工业总产值由 0.35 亿元提高到 4.12 亿元，增长 1077.1%，第三产业总产值由 1.3 亿元提高到 2.7 亿元，增长 107.7%；财政收入由 741 万元提高到 1793 万元，增长 142.0%；农民纯收入由 2900 元提高到 5352 元，增长 84.6%。

全镇水稻优质品种覆盖率达 96% 以上，小麦优质品种覆盖率达 100%，粮油生产科技贡献率达 50% 以上。镇东方红优质粮油生产基地被列为国家农业部万亩优质粮油示范基地和国家绿色食品原料（水稻）标准化生产基地，以东方红粮油基地为中心，向周边 5 个村辐射，形成万亩优质粮油生产基地。通过土地流转，先后建立了黄岳生态园等一批"农"字号企业，推进农业产业化的发展。兴修清淤水渠 28500 米、挖大塘 48 口，新建电灌站 2 座，改善灌溉面积 12500 亩（833.3 公顷）；建设完成国家级小流域治理 2 处，完成国家、省、市级土地整理开发项目 1 个，整理开发土地面积 5000 亩（333.3 公顷），极大改善了徐集镇农业生产条件。

五年共引进投资项目 16 个，总投资 4 亿元，其中鑫润油脂、明升服饰、皖源米业等投资额都在 3000 万元以上，实现了大项目的突破。全镇规模工业企业已达 4 家，逐步形成了服装、建材、化工、粮油加工等产业。2010 年 4 月开始规划建设徐集工业集中区，依托老工业园区，规划面积 1.2 平方千米。园区内 2 条主干道建设已经完成，60 盏路灯已安装完毕，给排水完善，自来水主管已铺设完毕，人行道花砖铺设及近 4000 平方米的绿化全面完成。园区建设已经投入 1000 多万元，建成区面积 600 亩（40 公顷），已入驻工业项目 12 家。

2011 年引进入园项目 6 个，总投资 1.8 亿元，分别是安徽风彩新型建材有限公司、六安市康尔惠食品有限公司、六安市宏成家纺有限公司、安徽裕新电力有限公司、六安市祥和机械阀门铸造有限公司、六安市凯虹机械有限公司，6 家企业已全部开工建设。2011 年工业企业总产值达 4.12 亿元。

集镇建设"三纵三横"框架逐渐拉开。挂牌开发地块 5 块，共 220 亩（14.7 公顷），总建设面积 13.8 万平方米。同时，不断加大配套设施建设，改造徐丁路、文化路、六梅路、徐分路的排水系统，新建徐分路、复兴大道、老街的混凝土路面，更新街道路灯，新建垃圾填埋场、水冲式公厕等，改善居民的居住环境，提升集镇的品位。2011 年，1.4 万平方米的金地·中央商城和 1.9 万平方米的锦江花园建成入住，8500 平方米的徐集中学教学楼建成使用。6 月份开始规划编制 123 亩（8.2 公顷）的徐丁南路政务新区，9 月份开工建设 100 套廉租房，10 月和 11 月分别动工开发建设 5.2 万平方米的南大街和占地近 30 亩（2 公顷）的停车场。

财政收入从 2007 年年底的 741 万元增长到 2011 年的 1793 万元，其中 2011 年地税收入为 930 万元。

徐集镇第三届人民政府政绩述要（2012—2016）

截至 2016 年年底，全镇农村经济总收入由 2012 年年底的 9.73 亿元提高到 14.42 亿元，增长 48.2%；农业总产值 2.27 亿元提高到 2.96 亿元，增长 30.4%；工业总产值由 4.95 亿元提高到 6.94 亿元，增长 40.2%；现代服务业总产值由 2.5 亿元提高到 4.68 亿元，增长 87.2%；财政收入由 1130 万元提高到 1733 万元，增长 53.4%；农民人均纯收入由 6155 元提高到 10424 元，增长 69.4%。

历时 16 个月开展农村土地承包经营权确权登记颁证，保障农民基本权益，完成实际测绘面积 50046.6 亩（3336.4 公顷），归档资料 16834 件；建立国家农业部万亩优质粮油示范基地和国家绿色食品原料（水稻）标准化生产基地，并向周边 5 个村辐射，优质粮油生产面积达上万亩；完成土地经营权流转 17861 亩（1190.7 公顷），通过土地流转，建立多个农业园区；配合实施全镇土壤有机质提升补贴和徐集村现代农业产业科技示范基地等 2 个农业部、财政部项目；争取结构调整项目资金 172 万元，用于引导大户发展；建立了农产品、畜产品和水产品三位一体的综合快速检测室，提高农产品安全和质量；截至 2016 年年底，全镇共有各类涉农企业单位 121 家，其中农民专业合作社 58 家，家庭农场 14 家，涉及畜牧、苗木、种植、加工、病虫害防治等各个方面。大力培育特色农业，孕育出鑫润油脂、嘉浩畜禽养殖、三丰生态农业、金碧园瓜蒌基地、徐集花生糖等一批龙头企业。积极引导花生糖产业发展，六洲、皋西花等花生糖品牌进驻工业集中区，在扩大生产规模、研发新产品、对外宣传方面都有新突破。

共兴修水渠 30.7 千米，兴修当家塘 157 口，修建电灌站 13 座，修复水毁工程 26 处，除险加固小 Ⅱ 水库 29 座，仅 2016 年向上争取水利资金 679.5 万元；整理开发土地 2465 亩（164.3 公顷），完成徐集、梁集两村基本农田建设项目，总投资 2000 余万元。

开展高速公路沿线自然村庄整治，完成 496 户危旧房屋整治任务；强力推进美丽乡村建设，建成 2014 年省美丽乡村点——黄巷宇航新村，启动建设了 2016 年区美丽乡村点梁集红石桥中心村。

引进紫荆花养老服务中心、康尔惠食品、奥德电器、裕强机械、徐集加油站、金宏源防火门、恒洁洗涤、华裕机械制造、欧亚达电缆科技、伊米服饰、艾迪梦菲服饰等 10

余个项目，其中紫荆花生态园被列为市重点工程，总投资 12 亿元，一期到位资金 2 亿元，实现大项目的突破。全镇逐步形成了服装、建材、粮油加工等产业，规模工业企业产值由 2012 年年底的 2.63 亿元达到 2016 年年底 3.5 亿元。

3.6 万平方米的聚富苑、1.4 万平方米的中央商城、1.9 万平方米的锦江花园和 2.7 万平方米的学府名城已建成入住，5.2 万平方米的南大街、1.15 万平方米的客运站和 13.6 万平方米的西城首府已完成建设任务，5 万平方米的恒龙公馆一期顺利建成，配套设施落实到位。五年来，投入 300 万元，改造徐丁路、文化路、六梅路、徐分路的排水系统；投入 310 万元延伸建设复兴大道东段 510 米，投入 340 万元新建徐丁南路 860 米，投入 600 万元协助实施了徐江路、徐分路混凝土改造升级工程；新建徐分路、复兴大道、老街的水泥路面，更新街道路灯，新建停车场、公共绿地，加大垃圾填埋场、垃圾中转站、垃圾车、垃圾池等环卫设施配套，投资 45 万元购置 LED 路灯 158 盏，点亮复兴大道、六梅路、徐丁路、徐集老街和霸王墩中学路段；投资 40 万元铺设复兴大道、徐分路人行道；投资 30 余万元升级改造徐分路、六梅路、复兴大道、西城首府、西大街等 5 处污水管网工程。

征地 2000 多亩（133.3 多公顷），拆迁 20000 平方米；配合实施市重点工程溮西水系治理，征地 274 亩（18.3 公顷），拆迁房屋 520 平方米；配合实施市重点工程紫荆花养老服务中心，前期征地 400 亩（126.7 公顷），租用水面 200 亩（13.3 公顷），拆迁房屋 1340 平方米；配合实施区重点工程赛徐路道路绿化工程，征地 155 亩（10.3 公顷），拆迁房屋 5500 平方米；配合实施区重点工程平桥扩园二期，征地 600 亩（140 公顷），拆迁房屋 1700 平方米。

2016 年初成立脱贫攻坚指挥部，建立集体光伏电站 1 个，户用光伏电站 2 个，60 户贫困户受益，引导了 176 户贫困户发展产业，发放产业扶贫资金 51.4 万元；引导 1177 名有劳动能力贫困人口外出务工，对 12 名贫困人口发放就业扶贫资金 1.3 万元；对贫困人口实行家庭医生签约，代缴医保参保费用，扩大医保报销范围，降低医保补偿门槛，提高医保补偿比例，强化大病保险保障，加大医疗救助力度，实行健康兜底保障"351"工程；积极开展教育扶贫，争取"雨露计划"等教育帮扶资金 21.3 万元；加大村级特别是贫困村基础设施建设，投入约 980 万元开展道路、桥梁、水利建设；对 939 户五保和低保贫困户进行政策兜底，共发放兜底保障资金 314.5 万元。通过一年的努力，东方红村顺利出列，全镇 302 户贫困户 764 名贫困人口光荣脱贫，全部通过省第三方评估验收。

完成 200 套保障性住房建设，实施 565 户农村危房改造；完成农村安全饮水工程 5 万米管网建设，解决 1000 余户安全饮水问题；卫生室实现全覆盖，新型农村合作医疗参保率达到 96%以上；升级改造全红村敬老院和徐集敬老院，总投入 200 余万元；修建农村水泥路 37.4 千米，砂石路 73 千米，赛徐路 8.2 千米，特别是在 2016 年，大力实施农村畅通工程，拓宽水泥路 9 条，15.69 千米，升级改造 22 条，16.9 千米，全镇交通状况大为改观。

徐集镇第四届人民政府政绩述要（2017—2021）

镇经济生产总值 20.55 亿元，同比增长 57.22%；财政收入由 900 万元提高到 2205 万元，增长 145.0%；累计招商引资 7.82 亿元；固定资产总投资 8.38 亿元；规模以上工业企业产值突破 2.8 亿元；农民人均纯收入由 9349 元提高到 15456 元，增长 65.3%。

引进紫荆花怡养小镇、安徽明升户外用品有限公司、金宏源防火门、中禾机电、裕新电力、康尔惠食品、欧汐雅服饰、六安铠聚产业园等 10 余个大项目，其中紫荆花生态园被列为市级重点工程，荣获省第四批特色小镇称号，徐集花生糖制作技艺被评为省级非物质文化遗产。主动抓住苏州婚纱产业转移商机，承接 130 余家婚纱企业落户。全镇逐步形成了以养老休闲、服装、建材、食品、粮油等为主导的产业布局。

安排 531 名党员、干部、能人大户，实行"一对一、点对点"精准帮扶。东方红、全红两个贫困村按期出列，现行标准下 1951 户 4894 名贫困人口全部脱贫，并荣获六安市脱贫攻坚社会（定点）扶贫工作"百佳"单位。

共投入 360 万元发展到村项目 5 个，增加村集体经济收入 74.2 万元；发放产业到户项目奖补资金 1247.2 万元，受益贫困户达 6724 户次，实现户均年增收 3000 元；开发贫困户公益性岗位 438 个，户均增收 1 万元；发放教育资助资金 252.9 万元，受益贫困学生 1296 人次；完成贫困人口代缴医保 13851 人次；投入 347.8 万元实施 225 户危房改造和住房提升工程。

2021 年发放奖补资金 131.7 万元扶持产业到户项目 524 个，投入 248.6 万元发展产业到村项目 2 个，投入 772.9 万元建设水利、道路畅通项目 24 个，投入 1350 万元实施黄巷村 1800 亩（120 公顷）高标准农田治理，启动全红村高标准农田整治项目前期准备工作。通过 46 家新型经营主体采取劳动务工、入股分红、订单收购、土地流转等方式带动 511 户脱贫户创收增收。全面完成 50046.63 亩（3336.4 公顷）农村土地承包经营权确权发证，清产核资农村集体资产 1846.8 万元，成立 10 个农村集体股份合作社，发放股权证书 8971 户 33180 人，农民基本权益得到有效保障。兴修水渠 28.6 千米，当家塘 79 口，新建电灌设施 14 座，除险加固小 Ⅱ 水库 16 座，修复水毁工程 28 处，有效增加和改善灌溉面积 2 万亩（1333.3 公顷）。完成徐集、梁集、东方红、菊花、黄巷 5 个村上万亩核心区高标准农田建设项目，农业机械化程度逐步提高。建成国家农业农村部万亩优质粮油示范基地和国家绿色食品原料（水稻）标准化生产基地，有效带动周边村居产业集聚。

培育畜牧、苗木、种植、加工、病虫害防治等各类涉农企业单位 131 家，获得有机产品认证 1 家，绿色认证 2 家，无公害农产品认证 2 家，国家级示范社 1 家，省级示范社 1 家，市级示范社 2 家，区级示范社（场）3 家。培育壮大康尔惠、绿洁牧业、君盛养殖、惠丰稻虾等一批龙头企业。积极扶持徐集花生糖产业做大做强，六洲、皋西花等品牌在规模扩大、技术研发、宣传包装等方面突破明显。

3.6 万平方米的聚富苑、1.4 万平方米的中央商城、1.9 万平方米的锦江花园、2.7 万平方米的学府名城、13.6 万平方米的西城首府、5 万平方米的恒龙公馆一期全面建成入住，6.3 万平方米恒龙公馆二期基本建成。5.2 万平方米的南大街、1.2 万平方米的客运站和农村公交首末站已建成使用。投入 3292 万元建设旅游扶贫 PPP 特色镇（村）项目和集镇综合改造工程。通过项目实施、资金注入，集镇功能进一步完善、集镇品位进一步提升。

投入 580 万元建成全红、棠树、黄岳 3 个村 1440 平方米党群服务中心及 5880 平方米文化健身广场，投入 1800 万元建成宇航新村、红石桥新村、棠树中心村、胜利中心村 4

个省级美丽乡村及菊花、黄岳 2 个区级美丽乡村。

投入 3998 万元完成 122 条 118.2 千米农村公路改造工程；投资 50 万元延伸建设复兴大道 510 米，投资 95 万元新建徐丁南路 860 米，配合实施徐江路、徐分路县道改造升级工程。投资 275 万元建设中心村污水处理设施 5 处，投资 2817 万元建设日处理规模 1000 吨镇级污水处理厂及徐丁路、文化路、六梅路、徐分路管网改造工程，同时，供电、通讯、照明、绿化等基础设施持续完善，群众出行更加便捷，居住环境更加优化，集镇功能更加齐全。

坚持科学防控，精准落实排查、管控、检测、扫码、消杀、防护等各项措施，累计发放《宣传一封信》6000 余份、发布疫情防控知识 2000 余条次、制作宣传条幅 50 余条、宣传展板 20 余块，设置劝返点 38 处，组织镇村干部、党员群众志愿者 200 余人参与值班值守。全镇无疑似病例和确诊病例发生。持续推进疫苗接种，在全区率先完成第一针剂和第二针剂疫苗接种工作，共接种疫苗 51808 针次，做到应接尽接，筑牢疫情防控全民免疫屏障，疫情防控阻击战取得阶段性胜利。

重大项目

徐集镇重大建设项目

1994 年，西大街开工建设；1995 年，六安市粮油贸易大市场开工建设；1996 年，六梅中路（粮站高坡段）实施降坡改造；1997 年，徐集镇第一座规范化农贸市场开工建设；2005 年，聚富苑小区开发建设；2008 年，幸福小区开发建设，三连塘小区、锦江花园小区、中央商城小区开发建设；2010 年，明升商贸城开发建设，徐集客运站开工建设，徐集镇垃圾周转站建成；2012 年，西城首府、学府名城开工建设；2013 年，恒龙公馆开工建设；2014 年，青年塘地块（一期）挂牌建设、紫荆花怡养小镇征地建设；2017 年，三角广场建成；2018 年，城乡公交一体化徐集首末站开工建设。2018 年，徐集镇第一座污水处理厂建成，日处理污水 500 吨。2021 年，第二次扩建，日处理污水能力达到 1500 吨。

2022 年 6 月，实施六安市铠聚（花生糖）产业园建设工程，主要建设内容为框架结构厂房及办公用房共计 35200 平方米，装饰、水电安装、消防设施及附属配套工程，总投资 8000 万元，其中政府性投资 1706.75 万元。6 月，六安市裕安区徐集镇派出所迁建项目开工建设。项目规划占地面积 8.7 亩（5800 平方米），建筑面积 2487 平方米，总投资 1267 万元，2023 年 3 月建成投入使用。

2022 年 7 月，实施紫荆花小镇智慧农业科技产业园项目（一期），新建轻型钢构玻璃温室大棚 14784 平方米，投资总额 1543.28 万元。

2022 年 9 月至 2023 年 8 月，先后实施 X310（原 X010）公路境内全程"白改黑"，总投资达 5500 万元。

2022 年 11 月，六安市永增家具项目在徐集镇工业组团内建成投产。

2023 年 2 月，为缓解六安市区西片、裕安区平桥工业园区及西片工业与民用用电不足问题，国网安徽省电力公司在徐集镇菊花村，选址建设高皇 220kV 变电站项目，占地 23.4 亩（1.6 公顷），输送电网西至江家店镇挥手村、东北分别至新安镇、平桥乡吴巷村、南至分路口镇武陟山、苏埠等乡镇。项目于 2023 年 7 月完工，2023 年 12 月满足输电条件。

2023年4月，徐集镇与北大荒集团开展垦地合作，以优质专用水稻订单为切入点，以北大荒"1241"农业社会化服务模式为原则，输出北大荒先进生产要素和理念，将集约化、现代化、规模化生产经营模式复制到徐集，夯实粮食安全基础，助力乡村振兴，实施供种、机插秧、统购等深度合作，建成徐集镇育秧中心项目。同月，实施白鹅养殖基地建设项目，主要建设内容为新建钢构鹅栏舍1300平方米，附属房300平方米，孵化房200平方米，配套建设输电、粪污处理、道路、水渠、管网、监控系统等。总投资322.1万元。同月，实施徐集镇梁集村育秧中心建设项目，项目主要建设内容为标准化钢构厂房574平方米，提升泵房1座，砂石路2800米，并配套建设水渠、排水管、涵管等，项目总投资314.8万元。

2023年6月，六安市铠聚（花生糖）产业园在徐集镇工业组团内建成。

2023年9月，X216公路（原X009县道徐集至分路口段）开始实施"白改黑"升级改造，境内改造长度2.9千米。

2023年10月，沪汉蓉高速铁路合武段境内启动征地拆迁建设。同月，实施紫荆花小镇智慧农业科技产业园项目（二期），主要建设内容为一层钢构厂房15744平方米，总投资1804.2万元。同月，徐集镇与裕安区供销社合作，实施裕安区乡村振兴产业服务中心建设项目。主要建设内容有管理服务用房、皖西北农业机械调度中心库房、员工生活用房等、购置烘干设备、生产流水线、高速插秧机、拖拉机、旋耕机、无人机、收割机、秸秆打捆机等设备共约35台（套），信息化智慧系统、展示屏，配套其他基础设施建设。项目规划总建筑面积8514平方米。项目总投资4250万元，其中政府性投资1250万元。

"十三五"期间，实施农村危房改造349户，投入危改补助资金546.65万元。2016年、2017年，分别实施"六徐路改造及周边地块棚户区"改造、"柳店巷及周边地块棚户区"改造等2个项目，改造安置共计62户。

"十三五"期间，先后建成宇航新村、红石桥新村、棠树中心村、胜利中心村等4个省级美丽乡村示范点以及红石桥、胜利、菊花、黄岳等4个区级美丽乡村示范点；完成了裕安区旅游扶贫PPP项目特色镇（村）建设任务，完成工程投资1900万元。

"十三五"期间，实施农村公路畅通工程、四好农村路建设工程，完成了141条129.5千米农村公路改造任务，投入改造资金4608.4万元；首次成立徐集镇路长办，招募路管员12名，组建农村公路专管员队伍，保障农村公路建好、管好、养好、运营好，实现全镇村组通"硬化路"。

"十三五"期间，徐集镇配合安徽省交通投资集团、六安市交通局、裕安区交通局，先后实施了G40高速公路扩建、S244公路新建工程，并在全红村境内设立了徐集收费站，实现G40、G42、G35三条高速公路与S244、X310、X216等地方路网融会贯通。

徐集镇江淮分水岭项目

徐集镇缺水易旱，岗湾畈皆有，主产水稻，兼产小麦、油菜，是商品粮油生产镇，也是典型的江淮分水岭重点治理乡镇。2013—2016年，争取江淮分水岭项目159.5万元，其中：无公害蔬菜基地示范片项目1个，50万元；森林增长工程项目4个，45万元；结构调优项目4个，40万元；塘坝工程项目3个，10万元；基础设施项目1个，12万元；饮水工程项目2个，2.5万元。有力助推镇森林增长工程、种养殖业结构调优、塘坝工程、饮水工程及基础设施建设。

2013 年江淮分水岭项目 65.5 万元。六安市裕安区东方红无公害蔬菜基地建设项目 50 万元，济广高速森林长廊绿化建设徐集段项目 10 万元，菊花塘袁大塘 4 万元，黄岳村部井 1.5 万元。

2014 年江淮分水岭项目 15 万元。梁先武扩挖塘 2 口，打深井 1 眼，项目 5 万元；徐集镇美开园艺基地建设项目 10 万元。

2015 年江淮分水岭项目 27 万元。裕安区徐集镇黄岳生态园扩建项目 15 万元，裕安区徐集镇金碧园瓜蒌种植基地项目 10 万元，黄巷大塘 2 万元。

2016 年江办项目 52 万元。济广高速森林长廊绿化建设（徐集段）项目 10 万元，裕安区东方红现代农业专业合作社精养水产和特色种植扶贫项目 10 万元，裕安区徐集镇种草养羊项目 10 万元，梁集村黄堰渠道清淤整治硬化项目 12 万元，裕安区康源生态种养殖专业合作社康源综合种养殖建设项目 10 万元。

三、综合政务

徐集镇是农业镇，镇党委政府始终以"农业增效，农民增收，农村发展"为工作目标，坚持农业、工业、集镇建设、计划生育、民生、党群、稳定全面推进，实行板块管理。由徐集镇党员代表大会、人民代表大会按省区市发展战略，进行"五年规划"，制定发展计划和重大决策部署，党政群联席，民主决策，公开透明；政府组织，站所攻坚，村街决战，合力推进；人大、综合治理、社会、媒体监督，依法行政。2014—2018 年，徐集镇农田水利基本建设逐年上台阶，农产品基地不断壮大，增收渠道拓宽，农村环境大大改善。

国土资源管理

图 3-6　裕安区国土局新安国土资源管理中心所办公楼

徐集镇土地管理隶属新安自然资源管理中心所管辖，徐集镇土地管理机构的前身是"六安县徐集区土地管理所"，成立于 1988 年 7 月，所长 1 名，土地管理员 7 人，徐集镇小镇土地管理员 1 名。1992 年 1 月撤区并乡后，徐集镇成立土地管理所，所长 1 名，土地管理员 2 名，隶属徐集镇人民政府管理。1995 年土地管理所三权上划，职能由六安县土地管理局管理，并成立徐集镇土地管理所。2001 年机构改革，三权下放与徐集镇建设所合并，成立徐集镇土地村镇建设管理所，编制 3 名，所长 1 名，负责徐集镇建设规划和耕地保护、土地管理工作。

2007 年 11 月安徽省对国土管理工作进行改革，把土地管理工作权力上划，三权上收，土地和建设分立，国土所上划到裕安区国土资源局，成立"裕安区国土局新安国土资源管理中心所"，负责徐集镇、新安镇两镇的国土资源管理和耕地保护，土地执法巡察等项业务，为副科级单位。编制4人，正、副所长各1名，管理员2名，并为全额拨款事业单位，同时挂裕安区土地执法监察大队新安中队的牌子，新安国土中心所的职责是辖区内耕地保护、建设用地管理、矿产资源管理、国土资源执法、巡察、土地利用总体规划，基本农田保护、土地复垦、农宅管理、土地整理、土地利用、编制和管理、土地供后监管等。

1988—1989年完成徐集镇第一次土地调查工作，1990—1991年徐集集体土地建设用地发证顺利结束。1992年撤区并乡成立徐集镇土地管理所以来，为徐集镇的耕地保护和集镇建设做了大量工作，编制完成徐集镇总体规划，负责合六叶路、济广高速、紫荆花养老中心、恒龙公馆、学府名城、西城首府、登科中学以及凯虹机械等多家企业项目征地、拆迁。2007年11月成立新安镇国土中心所，为徐集镇、新安镇的耕地保护，做了很多具体工作。2008年完成徐集镇、新安镇的第二次土地调查，2008年1月份开始在分路口镇江堰村和徐集镇东方红村进行土地整理，总投资2600多万元，项目总面积15000多亩（1000多公顷），包括江堰村大部分、徐集镇的东方红村一部分，拆除破旧房屋410间，新增耕地700多亩（46.7多公顷），改善面貌，提高耕地质量，通过整理东方红村的田成方，路、水渠成网，提高了农田产量，方便了农民的生产和生活，带动了江堰村的新农村建设，该村面貌焕然一新，新农村建设得到省、区、市好评。2010年以来，加强耕地保护的力度，对2个乡镇的违法用地加强巡查，减少违法用地乱占滥用耕地的现象。根据占补平衡原则，增减挂项目有序开展，对农民的宅基地进行还耕，拆除破旧农民住房，给予农户适当补偿，每年为2个乡镇新增耕地200—300亩（13.3—20公顷）以上，拆迁危房200多户，既改善农村环境，增加农民的收入，又增加耕地，为2个乡镇增加了财政收入，同时确保建设项目的用地指标，特别是徐集镇建设有了长足的发展。经济建设上了一个新的台阶，解决项目用地和耕地紧缺的矛盾，为徐集镇的经济增长提供有力保障。近年来，徐集镇的经济飞速发展，年税收都在3000万元以上，得到市、区的肯定。

新安中心所工作人员5名，其中大学本科学历1名，专科3名，工程师1名。办公地点在新安镇，占地面3000平方米，办公楼1幢，建筑面积800平方米。新安国土所历任负责人分别有：李朝阳，段传斌，江开寿，刘玉涛。

市场监督管理

裕安区市场监督管理局徐集管理所前身是六安县工商局徐集工商所，徐集工商所1978年成立，作为六安县工商局派出机构。工商所人员3人，管辖范围为徐集镇、江家店镇、分路口镇。1992年六安县撤县建市，六安县工商局徐集工商所更名为六安市工商局徐集工商所。2000年原六安市行政划分为金安区和裕安区两区，徐集工商所属裕安区辖区，遂更名为裕安区工商局徐集工商所，2008年徐集工商所在编人员17人，办公条件大为改观，新建二层办公楼24间，交通网络、通信设备齐全，为省级标准化工商所。其基本任务依照法律、法规对辖区内的企业、个体工商户和市场经济活动、经济合同、商标、广告进行监督管理，保护合法经营，取缔非法经营，维护正常经济秩序。截至2008年，共办理注册各类企业25户，个体工商业420户，广告登记每年数百份，商标注册3份，每年处理无照经营、商标侵权、违法广告、合同欺诈，假冒伪劣商品等多种违法经营活动案件均在数十件，为维护市场经济秩序做大量工作。2014年根据中央、省、市关于工商质监食品药品管理体制改革精神和部署要求，裕安区挂牌成立裕安区市场监督管理局，并设立裕安区市场监督管理局徐集管理所，同时挂六安市裕安区市场监督管理局徐集管理所和六安市裕安区食品药品监督管理局徐集管理所两块牌子。

裕安区市场监督管理局徐集管理所位于六安市区西郊徐集镇，东临平桥乡，南与狮子岗乡接壤，北与丁集镇为邻，西接叶集区姚李镇。徐集市场监督管理所2017年有干部8人，辖徐集镇、江家店镇、分路口3个乡镇。辖区内有各类经济主体3000余个，农贸市场3个。徐集管理所主要负责辖区内食品、药品、医疗器械、保健食品、化妆品、特种设备安全等监督检查工作；在辖区内宣传贯彻工商行政管理、质量技术监督、食品药品监督管理法律法规；按照局授权范围负责辖区内工商行政管理、质量技术监督、食品药品监督管理行政许可、非行政许可审批事项的办理和年报工作；按照局授权范围组织查处辖区内违反工商行政管理、质量技术监督、食品药品监督管理法律法规的违法行为。

徐集市场监督管理所多次被区局和辖区3个乡镇党委政府评为党建和优质服务先进单位。

裕安区市场监督管理局徐集管理所负责人更迭表

表3-8

姓名	职务	任职时间（年）
李杏仁	所长	1979—1984
谢家富	所长	1984—1986
丁瑞好	所长	1986—1992
吴家勇	所长	1992—1996
汪 杰	所长	1996—1999
杨秀明	所长	2000—2002
罗东旭	所长	2002—2010
许圣权	所长	2010—2016
黄友标	所长	2016—2022.9
丁勇	所长	2022.9至今

图3-7　执法人员销毁假冒伪劣商品

信访与档案

信访是人民群众反映问题、表达心声的重要渠道，是党和政府密切联系人民群众的桥梁和纽带。镇党委政府始终把综治维稳信访工作作为工作的重中之重，成立由镇党委书记任组长，党委副书记、镇长任副组长，各部门负责人为成员的综治维稳信访工作领导小组。领导小组下设综治维稳信访工作办公室，不定期召开会议，传达贯彻上级有关信访维稳工作会议、文件、政策和相关规定，提高干群对信访工作的认识。严格落实信访首问制，书记、镇长接待制度，形成矛盾纠纷排查、领导包案、各部门协调联动的工作机制，对所有信访案件实行"挂牌办理"，责任到人。落实来访接待值班制度，综治办、信访维稳领导小组成员单位每天安排值班接待来访群众，镇主要领导每周至少2次接访；重要敏感时期，镇党政班子领导每天至少1人负责接待来访群众，对群众反映的问题及时进行调节处理。同时，进村入户走访困难群众，了解因病、因残、因灾、因祸等群众的实际困难和反映的问题，积极协调有关单位给予解决、帮助。2022年，徐集镇共接待来访群众200余人次，走访群众230人次，办结198件；全年共受理信访件45件，办结45件，来访来信群众满意率达98%以上。

徐集镇综合档案室于2006年3月成立，由调阅室、档案库房、工作人员办公室组成，总面积50平方米，共有档案柜18组，添置防盗门、空调、除尘器、温湿度计、防火器材、电脑、打印机等办公设备，并安装档案管理软件，对档案目录实行计算机管理，累计投入20万元，用于档案整理及维护。镇机关综合档案室文书档案以"件（卷）"为单位，保管期限以"永久、30年、10年"整理归档。档案室设有1个全宗，共有文书档案、专门档案、实物档案、照片档案四大类。其中专门档案包括综治档案、新农合档案、民政档案、村干部档案、农村宅基地档案、林改档案、计生档案、道路工程档案、基建档案、党员档案、社保档案、危房改造、厕所改造档案13种。截至2020年，档案室有全宗档案15382件（卷），其中文书档案7336件（卷），实物档案40件，专门档案8006件（卷）。通过档案进一步立卷改革，利用档案更加方便快捷，规范安全，方便查找、借阅，提高档案管理工作效率，做好党委政府文件汇编，档案利用效果汇编，各类案卷目录和有关资料汇编。为领导提供决策依据、为部门提供凭证依据，为编制徐集镇志提供资料参考，不断提高档案的利用价值。

人事劳动

劳动事务代理　是根据平等自愿的原则，接受用人单位与个人的委托，为其代理人事关系，保管档案，办理户籍入户及相关劳动保障具体业务的一种无偿服务。徐集镇社保所成立后，为用人单位和求职者搭起桥梁，为镇域内富余劳力解决就业问题。

劳动人事争议调解　依据《劳动争议调解仲裁法》、人社部《关于进一步加强劳动人事争议协商调解工作的意见》和《安徽省劳动人事争议仲裁立案工作暂行规定》等相关规定，徐集镇于2012年成立劳动争议调解委员会。2014年，更名为劳动人事争议调解中心，下设办公室，主要处理镇辖区内劳动者与企业之间的劳资纠纷。自成立以来，有力维护劳动和谐关系和劳动者的合法权益。

劳动保护　劳动保护是国家和单位为保护劳动者在劳动生产过程中的安全、卫生、舒适的劳动工作条件，消除和预防劳动生产过程中可能发生的伤亡、职业病和急性职业中毒，保障劳动者以健康的劳动力参加社会生产、促进劳动生产率的提高，保障社会主义现代化建设顺利进行。对辖区内用人单位实施动态监控，及时采集和维护用人单位的基本信息，建立"一户一卡、一路一册或一楼一册、一片一册"的检查制度；协助裕安区人社局对从业人员参加保险情况进行监督检查，监督辖区内企业是否使用童工，女工是否有婚假、产假，是否发放劳动保护用品，是否拖欠职工工资，是否生产有毒有害产品等，并宣传人力资源和社会保障法律法规和政策，为维护劳动者合法权益保驾护航。

民生工程

徐集镇自 2007 年开始实施民生工程，从最初的农村居民最低生活保障制度、农村"五保户"供养制度、城镇未参保集体企业退休人员基本生活保障制度、计划生育家庭奖励扶持制度、城乡义务教育经费保障制度改革、新型农村合作医疗制度、城镇居民基本医疗保险制度、城乡医疗救助制度、重大传染病病人医疗救治和生活救助保障制度、农村中小学危房改造、农村饮水安全工程、城乡卫生服务体系建设等 12 项。发展到 2021 年，农村道路畅通工程、农村危房改造、农村饮水安全工程、农村居民最低生活保障、农村"五保"供养及运行维护、贫困残疾人救助与康复、重度残疾人护理补贴、计划生育家庭特别扶助、孤儿基本生活保障、生活无着人员社会救助、城乡困难群体法律援助、美丽乡村建设工程、小型水利工程改造提升、政策性农业保险、提升农村基层党建与服务经费保障、就业技能及新型农民培训、新型农村合作医疗、城镇居民基本医疗保险、城乡居民大病保险、城乡居民基本养老保险、基本公共卫生服务、城乡医疗救助、义务教育经费保障机制、高校中职及普通高中家庭经济困难学生资助、公共文化场馆开放、农村文化建设专项补助、农产品食品安全工程、城市社区卫生机构和村卫生室标准化建设、中小学及中职学校教师培训、城乡时令妇女"两癌"免费筛查、农田建设工程、农作物秸秆产业化利用、小型病险水库除险加固等 33 项，类型也由救助补助类等扩展到培训类、补助类和工程建设类，民生补贴不断增加。

徐集镇 2018 年补贴项目情况：总金额 27,670,264.08 元，涉及 8377 人。

徐集镇 2019 年补贴项目情况：总金额 28,488,521.65 元，涉及 8419 人。

徐集镇 2020 年 1 月至 9 月补贴项目情况：总金额 20,536,734.54 元，涉及 7961 人。

徐集镇 2021 年度惠民资金打卡台账

表 3-9

日期	主管部门	打卡项目	打卡户数	金额
1 月	民政局、退役军人事务管理局等	农村低保等 22 项	7717	3,400,001.54
2 月	组织部、人社局等	村组干部补贴等 10 项	2475	1,075,604.00
3 月	民政局、组织部、人社局等	农村低保等 14 项	4648	1,605,567.02

续表

日期	主管部门	打卡项目	打卡户数	金额
4 月	民政局、组织部、人社局等	农村低保等 21 项	5811	2,676,553.37
5 月	民政局、组织部、人社局等	农村低保等 19 项	4866	1,708,478.85
6 月	民政局、退役军人事务管理局等	农村低保等 17 项	4402	1,863,729.88
7 月	民政局、组织部、人社局等	农村低保等 24 项	5790	3,722,199.47
8 月	民政局、组织部、人社局等	农村低保等 19 项	5749	4,958,094.81
9 月	民政局、组织部、人社局等	农村低保等 25 项	11026	4,754,706.17
10 月	民政局、组织部、人社局等	农村低保等 22 项	5406	2,744,815.63
11 月	民政局、组织部、人社局等	农村低保等 19 项	4132	1,637,848.04
12 月	民政局、组织部、人社局等	农村低保等 15 项	2558	2,260,167.07

图 3-8　徐集镇民生工程宣传台

第四节　政协　群众团体

一、政协

政协组织

徐集镇政协联络组是区县政协委员会下设的联络组织，主要职能是对本镇的重要事务进行民主协调讨论、民主监督、参政议政。1992年4月撤区并乡，徐集镇设立政协联络组。1995年3月"徐集镇政协联络组"更名为"徐集镇政协联络委员会"。2007年徐集镇政协联络委员会又更名为"徐集镇政协联络组"。

1992年–2013年徐集镇政协主要负责人任职更迭表

表3-10

姓名	性别	职务	任职时间
许照明	男	联络员	1992.11—1995.11
宋辅兴	男	联络员	1995.11—1998.10
穆代京	男	联络员	1998.12—2004.10
李启国	男	联络组长	2005.11—2013
唐德明	男	联络组长	2013至今

政协活动

徐集镇政协工作委员会（政协联络委员会、政协委员组、政协活政协工作委员会，以下简称政协工委）把加强自身建设当作一种责任，当作一种修养，当作一种境界。镇政协工委制定委员学习制度、定期活动制度、社会调研制度、联系教育制度、联系企业制度等。要求每位政协委员都要自觉遵守各项制度，加强理论学习，加强品德修养，加强自身建设，加强廉政意识和反腐败意识。要求每位委员都要积极参加学习，积极参加活动，积极参加社会调研，积极主动地反映社情民意。按照《中国人民政治协商会议章程》和区政协要求，认真履职尽责，充分发挥政协委员参政议政作用，为党委政府提建议、献良策。

徐集镇政协工委经常组织政协委员学习理论、视察社情民意、视察重点民生工程、开展社会调研等活动。每次活动前，做到认真计划、精心筹划，努力提高政协委员活动质量。

理论学习　采取集中学习和分散自学相结合，保证每月不少于1次，并记好读书笔记。认真系统学习政协章程、区政协工作要点，法律法规；认真学习习近平一系列重要讲话精神；认真学习中国共产党第十九次全国代表大会精神、系统学习"一带一路"理论，学习政协工作理论，接受红色革命传统教育，观摩美丽乡村建设现场，提高理论水平、政策水平和法治观念。

镇政协工委要求每位政协委员都要按照县政协"三个一"要求，认真履职尽责，积极建言献策。2016年，政协委员写出提案4篇，社情民意2篇，工作信息5篇。2020年，政协委员写出提案5篇，调研报告1篇，社情民意2篇，工作信息6篇。政协工委围绕文化扶贫，组织开展乡村脱贫攻坚文艺汇演活动。

参加教育活动 政协委员经常参加各类主题教育。2015年，按照"严以修身、严以用权、严以律己，谋事要实、创业要实、做人要实"的总要求，认真查摆问题，深入整改。强化责任担当，认真解决懒政怠政问题；强化正风肃纪，查处发生在群众身边的"四风"和腐败问题；强化为民服务，认真解决群众反映的突出问题。从思想上牢固树立为人民服务的宗旨。

2019年，镇政协工委参加"不忘初心、牢记使命"主题教育并就学习展开讨论，对照《中国共产党章程》《关于新形势下党内政治生活的若干准则》和《中国共产党纪律处分条例》等有关规定，重点对照中央提出的"十八个是否"进行自我对照、自我检查、自我反省、自找差距，整改缺点和不足。按区委部署，积极参加反腐倡廉思想教育、群众观念教育、宗旨意识教育，从思想上牢固树立为人民服务宗旨。

开展调研活动 调研是镇政协工委一项经常性活动。2015年，镇政协工委组织政协委员开展社会调研活动两次。上半年，组织政协委员围绕"农村阳光低保工作"，深入村组、农户，认真开展走访，为乡党委政府顺利开展此项工作提出合理化建议，得到党委政府的高度重视。下半年，组织政协委员围绕"精准扶贫、精准脱贫"主题，开展对建档立卡贫困户走访，了解他们的所盼所需。对全镇重点贫困村在项目需求、项目建设和项目管理等方面认真开展调研，为全镇精准扶贫工作取得经验做法，提供了可行性建议。2017年，镇政协工委参与脱贫攻坚大决战，政协委员每人结对帮扶1户贫困户，一帮到底，不脱贫、不脱离。2019年，政协工委围绕"如何强化干部帮扶包保责任，发挥帮扶效果，加快脱贫步伐"，深入村组、农户，认真开展走访，认真核查信息，认真开展大排查活动，深入了解产业帮扶社会效益和贫困户脱贫实效情况，为镇党委政府顺利开展此项工作提出合理化建议，得到党委政府的高度重视。

关注教育发展 徐集镇教育发展是政协委员的关注重点。镇政协委员一直在关心全镇教育，关注留守儿童，关注校园安全，关心学校建设，积极参与关心下一代工作。

关注慈善事业 镇政协委员积极参与扶贫送温暖活动。"两节"期间，镇政协委员和镇公职人员一道，分赴各村、街道开展对"五保户"、低保户和贫困户走访，为他们捐款、捐物，送去党和政府的关怀和温暖。镇政协委员及镇内企业爱心人士经常到敬老院对五保老人开展"两节"慰问活动，为敬老院老人购买新衣被和节日慰问金，非典疫情和新冠疫情防控期间，也积极捐助防疫物资。

二、工　会

乡镇工会组织成立于20世纪90年代初，主要职能：坚持中国特色社会主义工会维权观，切实改善新形势下劳动关系；坚持把维护农民工合法权益作为重点，拓展工会工作新思路。自2013年以来，徐集镇党委政府认真贯彻"组织起来，切实维权"的工作方针，镇机关、企事业单位先后组建13家工会组织，积极申请加入工会组织的会员近千人。"当好主力军，和谐奔小康"竞赛活动；岗位练兵，技术培训，技术竞赛技术交流成为常态；

"春送岗位保就业，夏送清凉保健康，金秋助学保就学，冬送温暖过新年"极大地提升了工会帮扶困难职工和家庭的实力。"以党建带工建，以工建促党建"的政治局面已初步形成。

徐集镇工会主要负责人任职更迭表

表 3-11

姓名	性别	职务	任职时间
陈照和	男	工会主任	1997.1—1998.12
姚国民	男	工会主任	1998.12—2007
胡道元	男	工会主任	2007—2021.6
刘会	女	工会主任	2021.6 至今

三、共青团

1992 年 3 月，徐集镇和高皇乡合并成立徐集镇，同时成立共青团徐集镇委员会。此时，徐集镇有青年 7213 人，团员总数 1478 人，设团支部 17 个（行政村 12 个、街道支部 1 个、学校团支部 3 个，企业团支部 1 个），支部委员以上团干部 93 人。2017 年 10 月，徐集镇团委下辖团支部 12 个，2018 年，村团干平均年龄 28 岁，团支部书记全部入"两委"班子。

2002 年以后，发展建团积极分子 2368 名，吸收新团员 679 名，"推优"312 名。团费收缴正常，圆满完成上级团委下达的任务。完成团报团刊征订任务，镇团委 2002 年至 2008 年间连续 3 年被团区委授予"先进团委"荣誉称号，全镇共有区（县）级青年文明号单位 3 个，市、区级"优秀团干部""优秀团员"23 名。

徐集镇团委坚持按照党团联建、夯实基础、务实求效的工作思路，遵循"服务大局、服务社会、教育青年"的原则，大力加强团的思想建设和组织建设，全面拓展团的各项工作。镇团委在青年团员中开展各项教育实践活动。农村团支部"双培双带"青年行动先锋作用得到发挥。各村团支部建立了致富带头人档案库，每个支部都有 1 名以上的青年成为致富带头人，开展结对帮扶活动。2008 年，全镇有 300 名青年致富，其中大户 15 人。2014 年建成"徐集镇爱阅读青少年综合服务平台"占地 100 平方米，设有阅览室、电教室、多功能活动室，每年"五四"前夕，组织全镇优秀青年开展"奉献基层，青春飞扬"的主题演讲比赛和益智游戏竞赛，组织村、镇青年篮球队参加全区农民运动会，进一步丰富了青年文化活动，展现了徐集镇团委的青春与活力。组织全镇青年团员积极参加"青年大学习"活动：学习党的十八大、十九大精神，深入学习领会习近平新时代中国特色社会主义思想。2018 年组织新团员到金寨南溪、红军广场宣誓。

2002 年以后，每年开展学生志愿者活动不少于 3 次；演讲读书比赛成为每年学校共青团的常规工作；积极参与学校的"五五普法""六五普法"活动，如"关爱明天，普法先行"、反邪教万人签名活动。镇团委与登科学校、镇初中团支部密切合作，开展"尊师重教拜师礼""腾飞的祖国，纪念改革开放 40 周年演讲""为南京大屠杀死难同胞公祭""纪念革命烈士毛正初"、学雷锋"信德养老中心"献爱心等活动。2005 年，徐集镇中心学校编排表演的《竹林乐》在全区校园文化节上获得一等奖。

图 3-9　梁集大礼堂

镇团委联系争取政府、企业、爱心人士开展了希望工程、春蕾一对一、心意行动、迎驾慈善特困家庭助养温暖包、兴茂旅游儿童爱心保险、青年扶贫暖冬行动、青春扶贫 1+2、六一儿童节慰问等项目，近千人受益。希望工程活动正常开展，有 16 名学生接受希望工程救助。

徐集镇团委主要负责人任职更迭表

表 3-12

姓名	性别	职务	任职时间
朱承勇	男	书记	1992.11—1995.6
刘国安	男	书记	1995.6—1998.12
邓启航	男	书记	1999.12—2002.3
汤斌	男	书记	2002.3—2008.12
吴崇新	男	书记	2009.1—2015.4
孙杰	男	书记	2015.4—2017.8
吕锡东	男	书记	2017.9—2018.7
王蓓蓓	女	书记	2018.10—2021.5
林纪垚	男	书记	2021.5 至今

四、妇联

徐集镇妇联组织随着镇建制的逐步健全。每村（街道）配备妇女专干 1 名，镇妇联定期召开妇女代表大会，2017 年 9 月，根据上级要求，镇村"妇女代表大会"改为村"妇女联合会"，每村选举产生妇联主席 1 名，副主席 2 名，执委 9 名；全镇妇联主席 10 名，副主席 20 名，执委 90 名。2017 年 10 月 15 日，徐集镇第一次妇女代表大会召开，选举产生徐集镇妇联第一届执行委员会委员 19 名，常委 9 名，其中主席 1 名：刘会，副主席 3 名：王玲、赵婵娟、张登菊。2018 年 10 月 30 日，安徽明升户外用品有限公司召开妇女大会，徐集镇第一个"两新组织"（新经济组织和新社会组织）妇联"安徽明升户外用品有限公司妇联"成立，方苏同志当选妇联主席。2018 年 11 月 23 日，裕安区第三人民医院召开妇女代表大会，成立裕安区第三人民医院妇女联合会，李小群同志当选妇联主席，这标志着裕安区首家医院妇联在徐集镇成立。乡镇（街道）妇联组织区域化的建设改革，打破了行政村壁垒和条块分割的界限，创新妇联组织机制，妇联组织建设得到进一步加强。

妇联活动

村成立"妇女之家""留守儿童之家",建立"儿童维权工作站"。2018年5月,镇省级美丽乡村点梁集村按照安徽省儿童之家规范化建设要求建立"梁集村儿童之家"。"梁集村儿童之家"建筑面积220平方米,室内设有儿童活动室、图书阅览室、管理员办公室及四点半课堂,配备图书1000余册,电脑6台,电视机1台,亲情电话1部以及其他相关的文体活动用品,室外设有篮球架,乒乓球桌,儿童滑梯,健身器材等活动设施。建立了《儿童之家管理员制度》《儿童之家活动制度》《儿童之家安全管理制度》等规章制度,设立了《儿童活动登记表》《儿童登记表》《图书借阅登记簿》等台账,组建了爱心志愿者队伍,配备专职管理员1名,兼职管理员2名。

配合司法所、农广站开展对妇女进行法制教育、科学知识普及教育,每年十几期,受益2000多人次。

2012年,镇妇联联系区妇联向徐集小学捐赠价值2万元图书,加强对"两癌"妇女关爱。2017年,镇共为5名贫困"两癌"患病妇女成功申报"两癌"救助,救助资金为每人1万元。2018年5月13日,裕安区巾帼扶贫项目关爱贫困母亲"两癌"健康保险启动仪式后,区妇联组织为徐集镇66名贫困单身母亲购买了"两癌"健康保险。

2018年5月31日,镇妇联联系区检察院、住建局、人防办、水产局等4家单位,深入徐集镇中心小学慰问资助贫困儿童,共向贫困儿童慰问资助现金12000元。2019年5月29日,区委副书记董永来率区检察院、住建局再赴徐集镇开展"六·一"慰问,两家单位共向该镇贫困儿童捐赠慰问金8000元。

镇妇联主席孙恒霞于2006年、2007年、2008年分别出席省、区、市妇女代表大会。2018年1月4日,徐集镇安徽省明升户外用品有限公司人事主管方苏同志作为六安市第五届人民代表大会代表参加六安市第五次人民代表大会。

2018年5月21日,刘会参加六安市妇女第四次代表大会,并当选为六安市妇联第四届执行委员会委员。2018年11月19日,徐集镇妇联主席刘会作为安徽省妇女"十三大"代表,赴合肥参加安徽省第十三次妇女代表大会。

获得表彰妇女同志积极参与经济、和谐社会建设,争创"三八红旗手""五好文明家庭",争做好妈妈、好妻了、好干部。1987年以后,涌现出大批优秀女性,2008年驻镇六安市恒信化工有限责任公司王黎黎女士荣获全国妇女"双学双比"女能手荣誉称号,区表彰13人:王存田、丁剑、谢宜琴、孙业云、权家丽、张登梅、徐欣、鲍文奇、王文珍、杨晓玲、王玲、周传梅、韩明。市级及以上表彰:徐集村曹文,东沟村鲍奇被全国妇联授予"五好文明家庭"光荣称号。2006年徐集小学汪浜海家庭被评为全省未成年人思想道德建设示范家庭。2007年徐集镇妇联参加区组织家庭才艺演出,获得优秀组织奖,参赛家庭获得第一名。2018年12月,镇街道张先锋家庭荣获"市平安家庭"称号。

图 3-10　"三八"妇女节专题法制讲座　　图 3-11　"三八"妇女节慰问

徐集镇妇联主要负责人任职更迭表

表 3-13

姓名	性别	职务	任职时间
孙恒霞	女	妇联主席	1987—1992
杨晓玲	女	妇联主席	1992—2000
孙恒霞	女	妇联主席	2000—2016
刘会	女	妇联主席	2017—2021
赵婵娟	女	妇联主任	2021—2022
刘会	女	妇联主任（兼）	2022 至今

五、商会

为服务经济社会高质量发展，充分整合、挖掘各方资源，搭建经济交流和服务平台，2022 年 2 月，六安市康尔惠食品有限公司法人李翔、安徽明升户外用品有限公司人事经理方苏、安徽紫荆花养老服务有限公司负责人黄金华、安徽中禾机电设备有限公司负责人李传运、六安市日虹建材有限公司法人陈前会、六安市万腾服饰有限公司负责人谷延亮、安徽欧汐雅服饰有限公司法人徐登全等自愿发起组建徐集镇商会，会员 53 人，会长由六安市康尔惠食品有限公司法定代表人李翔担任，秘书长由镇宣传委员刘会担任。

徐集镇商会成立后发挥团结、教育、引导、服务作用，制定行业标准，规范经营秩序，加强沟通交流，畅通诉求反映渠道，引导徐集镇民营企业家和非公有制经济人士争做"四个典范"，为裕安绿色振兴赶超发展作出积极贡献。

徐集镇商会会员名单

表 3-14

序号	姓名	所在企业及职务	政治面貌	商会职务	备注
1	李翔	六安市康尔惠食品有限公司法人	中共党员	会长	发起人

续表

序号	姓名	所在企业及职务	政治面貌	商会职务	备注
2	方苏	安徽明升户外用品有限公司人事经理	中共党员	副会长	发起人
3	黄金华	安徽紫荆花养老服务股份有限公司负责人	中共党员	副会长	发起人
4	李传运	安徽中禾机电设备有限公司负责人	群众	理事	发起人
5	谢贻祥	六安市铠聚产业园发展有限公司负责人	群众	理事	
6	邵英明	六安市城西饲料油脂有限公司法人	群众	理事	
7	陈前会	六安市日虹建材有限公司法人	群众	理事	发起人
8	李张周	安徽裕新电力科技有限公司法人	中共党员	理事	
9	谷延亮	六安市万腾服饰有限公司负责人	群众	理事	发起人
10	徐登权	安徽欧汐雅服饰有限公司法人	群众	监事长	发起人
11	傅绪武	六安腾飞驾驶员培训有限公司法人	中共党员	监事	
12	袁业敏	六安市裕安区惠丰粮食种植专业合作社法人	群众	监事	
13	马习来	六安市好运来大酒店有限公司法人	群众	会员	
14	许昌玉	六安市裕安区万家发精米厂法人	群众	会员	
15	李亮	六安市国强粮油贸易有限公司负责人	中共预备党员	会员	
16	鲍丙章	六安市裕安区一辰家纺厂（中豪家纺）负责人	群众	会员	
17	方志远	六安伊米服饰有限公司负责人	群众	会员	
18	蔺德宝	六安漫都华纱婚纱礼服有限公司负责人	群众	会员	
19	李亮	安徽丝萝服饰有限公司法人	群众	会员	
20	黄明耀	六安明星飞耀婚纱礼服有限公司法人	群众	会员	
21	张少军	六安市凯虹机械有限公司负责人	群众	会员	
22	张磊	六安佳和机械科技有限公司负责人	群众	会员	
23	赵志国	安徽风彩新型建材有限责任公司负责人	群众	会员	
24	沈绪江	安徽欧旺家居有限公司法人	群众	会员	
25	方波	六安市裕安区梦凡特加工厂法人	群众	会员	
26	高鸿	六安凯弘新型建材有限责任公司法人	群众	会员	
27	李海洋	六安市裕安区徐集镇昌隆精米厂负责人	群众	会员	
28	金美松	六安市裕安区海蓝米业有限公司法人	群众	会员	
29	潘登	六安简芙妮服饰有限公司法人	群众	会员	
30	戴禁卫	六安市裕安区宏远服装印绣厂法人	群众	会员	
31	梁新友	六安市华裕机械制造有限公司负责人	群众	会员	

续表

序号	姓名	所在企业及职务	政治面貌	商会职务	备注
32	翁同晓杰	六安市皋西花花生糖有限公司法人	群众	会员	
33	吴先祥	六安市裕安区徐集镇丰源精米加工厂负责人	群众	会员	
34	王永兵	六安市裕安区海洋食品厂法人	群众	会员	
35	马昌君	六安市莉鹰生态养殖有限公司法人	群众	会员	
36	丁瑞文	六安安皋养殖有限公司法人	群众	会员	
37	蒋纯超	六安市裕安区源丰畜牧养殖专业合作社法人	中共党员	会员	
38	朱业友	六安市裕安区瑞蓝礼服厂法人	中共预备党员	会员	
39	李家祥	六安市裕安区腾元制衣厂法人	中共党员	会员	
40	朱业余	六安市裕安区裕隆种植专业合作社法人	群众	会员	
41	杨克帅	六安市裕安区谊盛土鸡养殖专业合作社法人	群众	会员	
42	张俊	六安市裕安区千树种养殖专业合作社法人	群众	会员	
43	王汉梅	六安市裕安区康源生态种养殖专业合作社法人	群众	会员	
44	严正全	六安市裕安区正全种养殖专业合作社法人	群众	会员	
45	陈久忠	六安市裕安区金实种养殖专业合作社法人	中共党员	会员	
46	杨庆堂	六安市裕安区庆堂畜禽养殖专业合作社法人	群众	会员	
47	杨贤圣	六安市裕安区三洋种养鹅综合养殖专业合作社法人	中共党员	会员	
48	李兆周	六安市裕安区兆周农机专业合作社法人	群众	会员	
49	田峰	六安市裕安区黄岳生态农业专业合作社法人	中共党员	会员	
50	张明青	六安市裕安区绿源蔬菜种植专业合作社法人	群众	会员	
51	李登勇	六安市裕安区永稳种养殖专业合作社法人	群众	会员	
52	李昌军	六安市裕安区海鸿畜禽养殖专业合作社法人	中共党员	会员	
53	胡仕强	六安市裕安区仕强畜禽养殖专业合作社法人	群众	会员	

六、残联

徐集镇残联 全称徐集镇残疾人联合会，2006年成立。历任残联理事长为杨晓玲、刘会、胡圣法。2018年，各村支书任所在村残疾人专职委员，负责残疾人具体工作。2021年，徐集镇持证残疾人557人，一、二级重度残疾人413人，三、四级残疾人144人。至2021年，累计发放各类残疾人补助（含贫困残疾人生活补贴、重度残疾人护理补贴、精神病人药费补助等）86909元，精准康复342人，办理扶助320人，安排就业补助4人。徐集镇残联主要负责全镇残疾人动态更新及精准康复工作，为重度残疾人办理一、二级二代残疾证。《国务院关于全面建立困难残疾人生活补贴和重度残疾人护理补贴制度的意见》决定自 2016 年 1 月 1 日起，实施重度残疾人护理补贴制度，发放每人每月 60 元，徐集镇重度残疾人护理补贴在册打卡人数截至 2021 年 12 月 542 人。为低保户或贫困建档立卡户中已办理一、二、三、四级二代残疾证残疾人申报贫困残疾人生活补贴，一、二级每年 800 元，三、四级每年 400 元。为贫困精神病人办理药费补助，每年 1000 元。镇成立残疾人工作站，各村成立残疾人工作站、残疾人之家，方便残疾人功能恢复训练，起到安慰身心作用。

残儿教育　2017 年前为特殊教育学校就读和普通学校随班就读，2017 年秋季起，教育部门要求乡内学校在征得家长同意的情况下开展送教上门。2020 年春，徐集镇已入学和缓学义务教育适龄残疾儿童少年 23 人。其中特殊教育学校就读 2 人，普通学校随班就读 9 人，送教上门 7 人，幼儿园就读 1 人。

残联活动　每年 5 月第三个星期日，为全国助残日。围绕每次助残日主题，开展多种形式助残、慰问活动。2021 年 10 月，徐集镇残联根据裕安区残联的统一部署开展了残疾人基本状况和需求专项调查督查。

七、科协

徐集镇科学技术协会（简称镇科协）是由乡镇党委、政府领导由科技人员、农民技术员和科技示范户等组成的群众团体，是徐集镇党委政府推广科学技术、普及科学知识、开展群众性技术活动的重要社会力量，是裕安区科协在农村中的基层组织，业务上受裕安区科协指导。

镇科协的宗旨：团结广大科技工作者，高举中国特色社会主义伟大旗帜，全面落实科学发展观，坚持科学技术是第一生产力的思想，围绕发展农村经济，普及科学知识，推广先进技术，促进农村科技进步，调整产业结构，推动全镇经济和社会发展，构建社会主义和谐社会，为提高公众科学素质，建设社会主义新农村作贡献。

镇科协的主要任务：宣传党的方针、政策，弘扬科学精神，普及科学知识，传播科学思想和科学方法，提高全镇公众科学文化素质，促进基层物质文明和精神文明建设；进行科技培训、技术交流、技术服务，办好农函大，培养基层急需的各种实用技术人才；开展横向联系，积极引进和推广新品种、新技术、新项目，传递科技信息；做好科技示范户推荐与扶持工作；根据当地实际，不断完善各村科普协会建设，发展基层专业技术协会和科普惠农服务站；做好领导参谋，完成党委政府交办和有关单位委托任务；维护会员合法权益，向党和政府反映会员的意见及要求，表彰在科技活动中取得显著成绩的会员。

1995 年，成立徐集科技领导组。

2019 年，成立徐集镇科学技术协会。10 月 26 日，徐集镇召开科学技术协会第一次代表大会，镇党委书记杨振宇同志主持会议。会议听取副镇长董明华做了《徐集镇代表大会筹备工作报告》，会议选举产生徐集镇科学技术协会第一届科协委员会。镇科协第一次代表大会正式代表名额为 61 名，第一届科协委员会委员候选人为 9 名。徐集镇科学技术协会第一届主席、副主席、秘书长、委员名单：

主席：董明华

副主席；张登宏、许正春

秘书长：潘婷

委员：宋平

　　　张登菊（徐集小学副校长）

　　　丁兰荣（裕安区第三人民医院妇产科副主任护师）

　　　李翔（徐集镇花生糖协会会长）

　　　陈久忠（金实种养殖专业合作社理事长）

2000 年，徐家荣任徐集镇科技副镇长。

第五节　军事　公安　司法

一、武装工作

机构设置

徐集是六安人民武装革命的发源地，革命先烈毛正初于 1928 年任徐家集民团队长，发动民团起义，后以徐集为根据地，成立河西游击大队，创立皖西革命根据地。1949 年全县解放，区、乡先后建立人民武装部和民兵基层组织。徐集是区公所驻地，一直设立区人民武装部。

1992 年 2 月撤区并乡，徐集镇设立人民武装部，隶属于镇党委和县人武部双重领导。镇人武部职责：本区域民兵组织建设、政治教育、军事训练和武器装备；本区域的征兵工作和民兵预备役人员登记、统计工作；本单位专职人民武装干部和民兵干部的管理；组织民兵参加社会主义"三个文明"建设，带领民兵担负战备和治安维稳以及本区域军事设施的保护；拟定本区域的战时动员计划，会同有关部门做好战时动员的各项准备工作；动员和带领民兵参军参战，配合部队作战，保卫后方、支援前线等任务，协同有关部门开展国防教育，做好优抚工作。

徐集镇人武部及预备役主要负责人任职更迭表

表 3-15

单位	姓名	职务	任职时间
徐集区人武部	丁维银	武装部长	1987—1992. 3
徐集镇人武部	陈习贵	武装部长	1987—1992. 3
高皇乡人武部	武正权	武装部长	1987—1992. 3
徐集镇人武部	武政权	武装部长	1992. 3—1997. 8
徐集镇人武部	黄振宇	武装部长	1997. 8—2001. 5
徐集镇人武部	唐德民	武装部长	2001. 5—2012. 5
徐集侦察连	童晓春	连指导员	1999. 7—2000. 4

续表

单位	姓名	职务	任职时间
徐集侦察连	杜成阔	连指导员	2000.4—204.4
徐集侦察连	高宗福	连指导员	2004.4—2008.3
徐集侦察连三排	黄振宇	排长	1999.7—2001.5
徐集侦察连三排	唐德民	排长	2001.5—2012.5
徐集侦察三排	胡志勇	排张	2012.6—2016.2
徐集侦察三排	郭兴斌	排长	2016.3—2021.12
徐集侦察三排	伍涛	排长	2021.12—至今

兵役　民兵

2000年，安徽省预备役部队侦察营在六安市组建，采取联村建班，以镇建排，3个乡镇建连的组织原则，徐集镇、丁集镇（2007年1月调为分路口镇）、江家店镇组建侦察一连，连部设在徐集镇政府。连部有专门办公地点，设施齐全。镇所在党委书记任连指导员，由省预备役师现役人员担任连长，徐集镇编为第三排，镇人武部长任三排排长。预备役部队组建后，徐集镇承担连部的日常工作，由徐集人民武装部具体负责。

2008年，徐集镇应征入伍1000余人，现役200余人。2016年民兵整组，全镇共有民兵4000余人，其中基干民兵160余人。共编为10个营，30个民兵连，基干民兵编为5个分队：应急排1个；情报侦察分队1个；交通运输分队1个；信息抢修分队1个；民兵信息员队伍1个。退伍军人应服预备役80余人，其中28岁以下30余人，29—35岁50余人。地方与军事专业对口技术人员50余人。民兵整组后，对应急分队进行点验，以此提高干部的组织指挥能力，增强"兵"的观念，达到官兵相识，杜绝在册不在位、在编不在队的现象，确保民兵队伍的稳定性。加强对民兵和广大群众进行国防教育，让《兵役法》《国防法》深入人心。摸清军民通用装备基数，并登记造册，特别是对防汛、防爆、救生等器材，进行清理登记和维修。

徐集镇部分参战、参会人员一览表

表3-16

姓名	出生年月	户籍地	入党情况	入伍服役情况	立功情况
权家宝	1964.8	徐集镇街道	中共党员	1982年10月入伍，1988年1月退伍，在83235部队服役，于1984年7月至1985年7月参加"两山"轮战	战时三等功
孙业余	1959.1	徐集镇东方红村下联塘组		1977年1月入伍，1981年1月退伍，在35901部队服役，于1979年参加对越自卫反击战	

续表

姓名	出生年月	户籍地	入党情况	入伍服役情况	立功情况
梁根军	1955. 8	徐集镇东沟村郑郢组	中共党员	1975 年 1 月入伍，1980 年 1 月退伍，先后于 145 野战医院、35403 部队、55024 部队服役，于 1979 年参加对越自卫反击战	
陈昌兵	1963. 4	徐集镇街道	中共党员	1982 年 10 月 20 日入伍，1986 年 1 月退伍，先后在 35160-83、83236-83 部队服役，于 1984 年 7 月至 1985 年 7 月参加"两山"轮战	
徐家龙	1963. 6	徐集镇街道	中共党员	1982 年 10 月 31 日入伍，1985 年 12 月退伍，先后在 83235-42、35159-42 部队服役，于 1984 年 7 月至 1985 年 7 月参加"两山"轮战	
郝先庆	1965. 12	六安市金安区	中共党员	1982 年 10 月入伍，1985 年 10 月退伍，先后在 35161-82、83237-82 部队服役，于 1984 年 7 月至 1985 年 7 月参加"两山"轮战	战时三等功
朱春明	1963. 5	徐集镇街道	中共党员	1982 年 10 月 29 日入伍，1987 年 1 月 1 日退伍，先后在 35159-61、83235-61 部队服役，于 1984 年 7 月至 1985 年 7 月参加"两山"轮战	战时三等功
王家坤	1957. 4	徐集镇街道	中共党员	1976 年 3 月入伍，1981 年 1 月退伍，在 54255 部队服役，于 1979 年参加对越自卫反击战	
马瑞国	1964. 11	徐集镇街道	中共党员	1982 年 10 月 24 日入伍，1986 年 1 月 1 日退伍，先后在 35159-72、83235-72 部队服役，于 1984 年 7 月至 1985 年 7 月参加"两山"轮战	
翁仕好	1963. 6	徐集镇街道	中共党员	1982 年 10 月 29 日入伍，1987 年 1 月 1 日退伍，先后在 35159、83236 部队服役，于 1984 年 7 月至 1985 年 7 月参加"两山"轮战	战时三等功

续表

姓名	出生年月	户籍地	入党情况	入伍服役情况	立功情况
许令勇	1958.5	徐集镇街道	中共党员	1975 年 1 月入伍，1980 年 1 月退伍，在 35011 部队服役，于 1979 年参加对越自卫反击战	
江开武	1956.4	徐集镇梁集村		1978 年 4 月入伍，1982 年 1 月退伍，在 33630 部队服役，于 1979 年参加对越自卫反击战	
付贵英	1953.3	徐集镇梁集村	中共党员	1975 年 1 月入伍，1980 年 1 月退伍，在 35514 部队服役，于 1979 年参加对越自卫反击战	战时三等功
高大广	1959.5	徐集镇菊花村	中共党员	1975 年 1 月 1 日入伍，1979 年 12 月 30 日退伍，在 35403 部队服役，于 1979 年参加对越自卫反击战	
徐为圣	1965.12	徐集镇东沟村		1983 年 1 月入伍，1987 年 12 月退伍，先后在 83236、35160 部队服役，1984 年 7 月至 1985 年 7 月参加"两山"轮战	战时三等功
徐为圣	1948.12	徐集镇黄岳村	中共党员	1965 年 12 月 20 日入伍，1971 年 2 月 19 日退伍，在 160 部队服役	
荣德秀	1943.10	徐集镇黄巷村		1965 年 3 月入伍，1969 年 2 月退伍，在 8040 部队服役	
张先云	1944.6	徐集镇梁集村		1965 年 3 月入伍，1969 年 2 月退伍，先后在 8040、甘肃青海工程兵部队服役	
杨国中	1952.1	徐集镇东沟村		1969 年 12 月入伍，1973 年 1 月退伍，在 352 部队农场二连服役	
吴同财	1948.4	徐集镇全红村		1966 年 3 月入伍，1969 年 3 月退伍，在 416 部队 9 中队酒泉卫星发射中心服役	

重大兵事

铲除毛占魁　1928 年秋，党领导各级农协会普遍进行抗粮、抗税斗争，夺取敌人武器，准备武装起义，根据六安县委的决定，毛正初打入国民党徐集民团担任队长，不久便暗中发展徐四、李家宽等人入党，成立徐集党小组，并逐步争取了 22 个团丁中的 15 个团丁拥护党的革命主张，使民团成为共产党领导的革命武装。1929 年，徐集发生旱灾，麦收时，乡保董曾炳、恒大地主陈可大、土豪毛占魁（正初大哥）等密谋按人均增派 3 斗"人头积谷"，毛正初利用掌握的民团武装力量发动全乡农民开展反"人头积谷"。值"小太岁"们聚会时，他带领 8 名团丁（中共党员）进入会场，虎视眈眈、严词痛斥：饥荒严重，你们却大搞积谷，如若逼起百姓造反，砍了你们的脑袋，我民团万难负责，最终使豪绅取消了"人头积谷"。农民们暗地称赞他是"敢在太岁头上动土，老虎屁股拔毛"的革命好汉。

毛占魁对弟弟的革命行为早就心怀不满，外加之前当众蒙羞，他一直耿耿于怀，咽不下这口气。于是想方设法找机会抓辫子想除掉他。一天他偷入毛正初的卧室，发现弟弟私藏的油印机，以及刻印传单没有烧尽的蜡纸角，便连夜坐小轿去县政府告密，说毛正初明为民团，暗为共产党，要暴动。六安县警备营派联防大队长朱晴川率一营兵力，去徐集逮捕毛正初，因得农协会员的秘密报告，毛正初提前出走，并将民团内的党组织和兵运工作交由共产党员徐四负责，秘密联络处定于徐集刘子亭中药店，民团队长改由朱晴川担任。

离开民团后，经向特区委汇报，毛正初亲率摸瓜队将毛占魁镇压，并将罪状贴到尸体上。

苏区保卫战　毛正初领导的轰轰烈烈的河西农民运动，令国民党安徽省主席陈调元坐卧不安。为扑灭河西革命烽火，陈调元急令岳盛瑄率警备旅一个团及六安民团共 1000 余人，扫荡河西苏区，毛正初指挥县独立团和赤卫军 4000 余人，采取"选好地形，迂回埋伏，依靠群众，诱敌深入，集中兵力，各个击破"的战术，先后在武陟山、徐家集击溃进犯之敌，生俘国民党正规军 393 人，毙敌 200 余人，缴枪 391 支，迫击炮 1 门，机枪 1 挺，军马 50 匹，子弹 50 箱，残敌窜回六安，不敢再犯。

河东反动派在上起单家埠，下至马头集的沿河地区分段对苏区实行经济封锁，造成当时苏区连伤病员都没有食盐供应，形势十分紧迫。经过充分准备，毛正初率赤卫军 3 个团 9000 余人枪以 4 倍于敌的优势兵力，渡河突袭，一举突破敌人 40 余里（20 多千米）的武装封锁线，俘敌 800 余人，毙伤 700 余人，解决了苏区的食盐供应和农产品外销等问题，这是保卫苏区经济建设上的关键性一战。

同年秋不甘失败的国民党军又煽动寿县、霍邱、颍上和六安边境的大刀会、黄红学等封建会道门 1800 余人，由马头集过河，进犯苏区，妄图毁坏苏区人民的大秋收，毛正初率县独立团，在郭店子一带严阵以待。考虑到会中许多土匪是上当受骗的农民，他采取"避敌前锋，诱敌入瓮，消灭会首，狠打屁股"的战术。首先打击反动会首赵厚培，群龙无首，不战自溃，此役共毙伤敌 1100 余人，缴枪 1200 余支，溃逃的会匪龟缩河东，从此一蹶不振。

不久毛正初又集中兵力拔掉河西敌人残存的唯一据点——清凉寺陈玉堂的木围子（陈后围子），歼灭围内残余反动分子，缴枪 300 支，大米 100 余石，以及大量金银财物，彻底肃清河西根据地内的土顽反动据点。

二、公安

治安机构

徐集派出所隶属于裕安区公安分局。始建于 1958 年 7 月，时称"六安县公安局徐集派出所"，1961年10月撤销，1981年10月徐集行政区重新设立，派出所管辖徐集、高皇、江店、挥手、大岭、沛联、分路口7个人民公社，1992年初撤区并乡，管辖徐集、江家店、分路口3个乡镇。同年6月，分路口、江家店分别成立派出所，徐集派出所建制不变，仍保留原有名称，管辖范围缩小。派出所为副科级机构。同年12月，县、市（六安县、六安市）合并，徐集派出所随之改名为"六安市公安局徐集派出所"。2006年1月徐集派出所、

图3-12 徐集派出所

江店派出所合并，成立六安市公安局徐集中心派出所，中共徐集派出所党支部也同时建立，所址设在原徐集派出所。2010年1月25日徐集派出所与江店派出所分开，成立徐集派出所和江店派出所，徐集派出所仍保留合并前管辖范围；2012年2月14日因裕安区成立，平桥工业园区，高皇村、新店村、王店村3村划归平桥乡管辖。

徐集派出所占地5亩（3333.3平方米），建筑面积1500平方米，有办公楼1栋，办公室8间，会议室1间，值班室1间、户政大厅1间，民警宿舍及其他生活用房12间，警用车辆2台、计算机11台，打印机7台，各式空调13台等各类办公用品，截至2018年派出所有民警4人，辅警7人，其中党员6人，平均年龄36岁，有本科学历1人，大专学历4人。

辖区总面积89平方千米，共9个行政村和1个街道；9个治保会，配置专兼职保卫人员32人，共设警务室4个，农村警务室3个，报警点42处。2018年4月为进一步加强和规范全省公安机关值班备勤室保障工作，满足公安机关值班备勤工作需要，落实惠警利警保障措施，推动值班备勤室保障标准化、规范化的规定和要求，徐集派出所对现有餐厅、值班室、备勤室、卫生间等环境条件进行了改建，同时新建淋浴室、洗衣房、锻炼训练场所和晾晒场，极大地方便民警的生活条件。

2000年徐集派出所建立和开通公安四级网络，人口实现计算机管理，先后实现网上办公、网上办证、网上查询和网上办理户口各类业务。2008年徐集派出所视频会议建设完成。1996年派出所获得"规范化派出所"称号；2004年派出所荣获"二级公安派出所"称号；2007年派出所被评为"青年文明号"；2015年被徐集镇评为社会治安综合治理先进单位；2016年、2017年均被徐集镇评为党的基层组织建设工作先进单位；2016年被裕安分局评为流动人口信息采集会战先进单位；2017年信访维稳、武装工作被徐集镇评为先进单位；徐集派出所户籍窗口被裕安分局评为示范户籍室；在全市公安机关岗位争先活动中荣获先进基础所队称号。派出所民警多人多次受到表彰和奖励，2017年指导员江勇开被省公安厅评为"2017—2018年度全省优秀公安派出所教（指）导员"。

徐集中心派出所主要负责人任职更迭表

表3-17

单位名称	姓名	性别	职务	任职时间
徐集派出所	许昌新	男	所长	1982.2—1991.1
	江贤良	男	指导员	1986.10—1991.1
	江贤良	男	所长	1991.1—2001.1
	杨孝清	男	指导员	1994.3—1996.7
	袁士龙	男	所长	2001.1—2006.1
徐集中心派出所	江绪友	男	所长	2006.1—2011.10
	赵平	男	指导员	2006.1—2011.10
徐集派出所	闻巍	男	所长	2011.10—2016.7
	江勇开	男	指导员	2011.10—2016.7
	邬啸	男	所长	2016.7—2021.11
	江勇开	男	指导员	2016.7—2021.11
	杨明	男	所长	2021.11至今
	陆道斌	男	指导员	2021.11至今

户政管理

中华人民共和国成立后，人民政府一直注重户籍、户政管理工作。期间，派出所等治安机构只负责社会管理，不管户口，户口由政府管理。徐集派出所始建于1958年7月，时称"六安县公安局徐集派出所"，分路口、江店、高皇等乡镇原属徐集管辖，1981年10月徐集行政区重新设立，1992年初撤区并乡，分路口、江店等被单独划分出去，撤销了高皇乡。徐集派出所辖徐集村、三叉村、梁集村、梁堰村、全红村、王大塘村、棠树村、永红村、黄巷村、孙庙村、菊花村、裕新村、黄岳村、寨岗村、东沟村、东方红村、新店村、王店村、高皇村和1个街道，2010年因平桥工业园区成立，将王店村、新店村、高皇村划归平桥乡管辖，后由16个村合并成9个村，现徐集镇管辖共有9个村和1个街道。1992年后徐集派出所负责管理农业、非农业、辖区社会治安，户籍、户政管理工作也划归派出所管理。派出所进行专项工作的开展及地方派出所的摸底、登记、核查，户籍管理也逐步加强。随着1953年、1964年、1982年、1990年、2000年、2010年六次全国性人口普查农村的人口统计，包括迁入、迁出、出生、死亡4项变动情况，都以户为单位逐年增加，这给户政管理工作增加很大的难度。为确保数据信息准确、完整、鲜活，每年重新核查和登记一次。20世纪90年代，随着进城务工热潮的到来，农村流动人口也由派出所联合村、镇单位，定期开展实有人口、暂住人口、重点人口、重点单位、要害部位各项基础信息采集会战。采取"专项突击与日常工作相结合""错时工作制""内外勤民警信息通报"等措施，既采集又录入。截至2021年年底，全镇共有居民总户数11408户，总人口33919人，其中男17959人，女15960人。2021年，全镇接收外来务工人员112人。全镇户口迁移人口170人，其中男67人，女93人，其中流向江苏38

人，上海 2 人，浙江 12 人，安徽省内 33 人。

综合治理与平安建设

新中国成立后，各级人民政府专门设公安机关管理本地社会治安，依法打击违法犯罪，保障人民生命财产安全，调处社会矛盾。进入 21 世纪，随着流动人口的增加及集镇建设需要，镇域内加强综合治理、信访维稳工作和平安建设，打造"平安徐集"，构建文明和谐集镇。镇为此成立社会治安综合治理办公室，由镇党委副书记分管，其主要职责是：贯彻执行有关社会治安综合治理的法律、法规和方针、政策；研究制定镇域内的社会治安综合治理工作计划，并组织实施；指导、督促和协调镇域内社会治安综合治理工作；对社会治安综合治理目标管理责任制的执行情况进行检查、考核、评比，提出实施奖励或处罚的建议；定期召开会议推动后进单位整改存在的问题；办理有关社会治安综合治理工作的其他事项。开展辖区矛盾纠纷排查调处，适时组织社会治安重点整治工作；总结推广先进典型经验，综合治理办公室配合公安机关通过严打现行违法犯罪，开展重点地区、重点领域、重点人群排查整治工作，"打击私拉电网捕杀野猪""民用爆炸物品专项治理"等专项行动；开展经常性人户查防，群防群治，调解各类矛盾纠纷；做好"重点人口""五种人"以及暂住人口、出租房屋、特种行业、民用爆炸物品、砂石塘口、要害部位的管理等措施，创造良好的社会治安环境。

2019 年，镇联合辖区派出所开展群防群治治安巡逻 150 次，开展重点区域、重点人群摸底排查 52 次，排除治安隐患 25 起，群众安全感、满意度达 95% 以上。2019 年度，镇被裕安区评为"平安建设"先进单位。

交通管理

徐集交警中队隶属于六安市公安局交通警察支队三大队。中队成立于 1993 年 7 月，共有民警 11 人，配备警车 1 辆，警用三轮摩托车 1 辆，分管独山、石婆店、狮子岗、西河口、分路口、新安、顺河、单王、徐集、丁集、固镇、江家店、罗集等 13 个乡镇，近 200 个行政村，辖区面积 1420 平方千米，总人口 51300 人。中队管辖范围有各类机动车驾驶员 7950 人（不含农机），各类机动车 8489 台。国道 6312 线 29 千米，县乡镇公路 248 千米。1998 年 9 月新合六叶公路开通，徐集中队划分为分路口中队、徐集中队。2000 年县市合并徐集中队更名为六安市交警支队直属二大队四中队。

2002 年 12 月 8 日，徐集中队正式迁入新办公大楼办公，队址位于徐集镇东大门六梅路 1 号，中队占地面积 6500 平方米，其中建筑面积 680 平方米，餐厅、厨房等各类办公房间 26 间，配备警车 2 辆，无线对讲机、车载台 4 台，计算机 3 台，健身器 2 付，篮球场、羽毛球场各 1 块，中队担负新安、顺河、单王、徐集、丁集、固镇、江店、罗集等 8 个乡镇，186 个行政村，总人口 341000 人，总面积 804 平方千米、县乡公路 476 千米的交通管理工作，其中辖区内拥有各类机动车驾驶员 18556 人，机动车 17154 人（不含农机），各类中学 27 所，小学 90 余所，加油站 3 处，治安派出所 5 所。

徐集交警中队主要负责人任职更迭表

表 3-18

单位名称	姓名	性别	职务	任职时间
徐集交警中队	陶寿山	男	中队长	1993—1997
	刘明亮	男	指导员	1994—1997
	徐光升	男	中队长	1998.9—1999
	谢道银	男	指导员	1998.9 至今
六安市交警支队	李光军	男	中队长	2000—2007
直属二大队四中队	谢道银	男	指导员	2003
	薛浩	男	中队长	2008—2012
	钟国成	男	中队长	2013—2021
	阙宇松	男	中队长	2021—2022
	喻玮	男	中队长	2022.11 至今

三、司法

基层司法组织

徐集司法所　隶属于裕安区司法局，1984 年，原六安地委行署统一在全地区设立司法助理员，1987 月 12 月后又统一建立司法办公室。当时魏文功同志任徐集镇司法助理员兼司法办公室主任。1988 年司法办公室改为司法所，同时挂法律服务所牌子，实行"一套人马，两块牌子"，司法所长为副科级，魏文功同志担任司法所所长兼法律服务所主任；1992 年 12 月余玉亮同志主持徐集司法所工作，1993 年 12 月余玉亮同志任司法所所长兼法律服务所主任。1995 年原地委行署为进一步适应农村经济和社会发展的需要，研究决定以乡镇（街）建立司法所，司法所与法律服务所继续实行"一套人马，两块牌子"，司法所为县区司法局派

图 3-13　徐集司法所

出机构，实行条块结合、以条为主的管理机制，余玉亮仍为徐集司法所所长兼法律服务所主任。1996 年 3 月陈家柱主持徐集司法所工作，1997 年 3 月陈家柱任徐集司法所所长兼法律服务所主任。1999 年建市设区后，徐集司法所隶属裕安区司法局垂直管理。2002 年 11 月张新林主持徐集司法所工作，2006 年 6 月张新林任徐集司法所所长。其中 2005

年徐集司法所与徐集镇法律服务所脱钩分离，张新林为司法所所长，周习权为法律服务所主任。2016 年 9 月张施军担任徐集司法所所长。2018 年 7 月宋平任司法所所长至今。截至 2022 年，司法所工作人员 3 人，均为专科以上学历，其中司法行政编制 2 人，其他编制 1 人。

法治宣传

自 1985 年一五普法开始至今，徐集司法所进行长达 30 余年"普法治、宣传法"宣传教育，通过开展各种形式的普法宣传教育活动，极大地提高广大干部的法律素养和人民群众维护自身的合法权益的能力，通过近几年的普法依法治理工作的不断深入，全镇已有省民主法制示范村 1 个（黄巷村）、区级民主法制示范村 1 个（菊花村）。徐集镇在格林超市和三角广场分别建立法治文化广场，并且在三角广场建立法治文化长廊 1 个，在镇复兴大道建立法治文化一条街，各村（居）均有普法学校。徐集司法所积极开展法制宣传教育活动，为创建法治徐集保驾护航，为建设法治社会增光添彩。

人民调解

人民调解委员会是依法设立的调解民间纠纷的群众性组织，徐集镇在 1992 年依托村（居）民委员会设立调解组织。2010 年 8 月 28 日《中华人民共和国人民调解法》颁布后，徐集镇各调解组织进一步得到完善，2014 年 6 月，徐集镇在人民调解委员会的基础上成立徐集镇人民调解工作中心，镇长杨振宇任主任，相关部门负责人任成员，另外还建立徐集镇人民调解员人才库。徐集镇目前已建立镇级人民调解委员会 1 个，村（居）调解委员会 10 个，企事业单位调解委员会 2 个，调解人员 72 名。其中高中以上学历 65 人。2000 年以来徐集镇各级调解组织调解民间纠纷 2800 余件，防止民间纠纷转化为刑事案件 52 件，制止群体性纠纷 116 件，充分发挥政法工作"第一道防线"的作用。

安置帮教

徐集镇于 2006 年 2 月成立帮教安置工作领导组，各村（居）建立安置帮教相应的帮教工作小组。目前，徐集镇安置帮教人员共有 16 人，大部分为期满解矫人员。司法所和各帮教小组通过对他们进行帮助教育，使他们摆脱阴影，尽早回归社会，有的人还通过努力创办经济实体，成为致富能手。

社区矫正

社区矫正是国家赋予司法所的一项新职能。社区矫正是与监禁矫正相对的行刑方式，是根据我国现行的法律规定，将判处管制、宣告缓刑、裁定假释、剥夺政治权利并在社会上服刑、暂予监外执行的罪犯置于社区内由专门的国家机关在相关社会团体和民间组织及社会志愿者的协助下，在判决裁定或决定确定的期限内，矫正其犯罪心理和行为恶习，并促进其顺利回归社会的非监禁刑法执行活动。截至 2016 年 12 月，徐集司法所共有在矫社区矫正人员 19 名，其中女性矫正人员 3 人，未成年矫正人员 1 人，司法所根据不同的情况开展有针对性的帮助教育，取得良好改造效果，为维护徐集镇的和谐稳定发挥着重要的作用。

法律援助

法律援助是指由政府设立的专门机构组织职业律师、公职律师或法律助基层法律工作者对符合条件的公民提供法律服务，并根据具体情况予以免收、减收或缓收法律服务费用的一项法律制度。裕安区法律援助中心徐集工作站自 2005 年 10 月挂牌以来，到工作站寻求法律援助的群众不断增多，该站严格按省、区、市有关法律援助文件要求，认真接待来访群众，仔细解答群众提出的问题，对不符合援助申请的群众告知他们要注重诉讼时效，证据收集方法及诉讼风险，受到来访群众的好评。例如，2016 年 10 月 24 日，徐集镇棠树村一位老人吴某来所寻求法律援助。吴某养有二子一女，24 年前吴某丈夫去世，3 个儿女由吴某抚养成人。近年来，吴某为治病花光所有积蓄，依靠次子和女儿接济生活，现吴某住在次子家生活不能自理，打大儿子陈某电话，陈某不接，据吴某诉说大儿子陈某不愿赡养吴某。2016 年 10 月 28 日上午，工作站工作人员召集吴某的 3 个子女到司法所进行调解，调解员首先向吴某的 3 个子女宣传《老年人权益保障法》，让其知道不赡养老人不仅是违背社会伦理道德的，而且也是违法的。工作人员通过动之以情、晓之以理对吴某的 3 个子女进行劝说，吴某的 3 个子女终于认识到自己的错误，并达成协议，每月轮流赡养老人。老人对工作站的援助工作表示由衷的感谢。

截至 2020 年 12 月，司法所多年来累计代理法援诉讼案件 168 件，调解 56 件，解答法律咨询 600 余人次，获得广泛社会好评。

法律服务

徐集镇法律服务所立足基层，方使及时为社会、为广大群众提供高效、优质的法律服务，多年来法律服务所为基层政府充当法律参谋和助手，为人民群众排忧解难，得到广大干部群众的广泛认可。1988 年建所以来，法律服务所共代理民事，经济、行政诉讼案件 1000 余件，非诉讼案件 90 件，上法制宣传课 80 次，解答法律咨询 25000 人次，协办公证 400 件，办理见证 900 余件，代写各类法律文书 2000 余份，担任政府、村（居）、企业和个体户法律顾问 19 家，为当事人挽回经济损失 700 万元。

徐集司法所部分荣誉：

2000 年 2 月被六安市人事局、六安市司法局评为市级先进司法所。

2010 年 1 月被六安市人事局、六安市司法局评为全市基层司法行政工作先进集体。

2010 年 4 月被六安市裕安区司法局评为 2009 年度综合考评先进集体。

2012 年 8 月被中共六安市委、六安市人民政府评为 2006—2010 年全市依法治市和法制宣传教育先进集体。

2013 年 3 月被安徽省司法厅评为省级示范司法所。

2014 年 4 月被六安市裕安区司法局评为 2013 年度全区司法行政工作岗位目标综合考评第三名。

2015 年 3 月被中共六安市裕安区徐集镇委员会、六安市裕安区徐集镇人民政府评为 2014 年度支持地方经济发展先进单位。

2015 年 3 月被六安市司法局评为六安市 2014 年度先进基层司法所。

徐集人民法庭 隶属于裕安区人民法院，始建于 1953 年，"文革"期间法庭工作一度瘫痪，1969 年恢复办公。1990 年前，法庭为 2 间平房，坐落于徐集老街。1991 年迁入一幢面积为 180 平方米的二层小楼。2000 年 5 月再次迁址新建法庭，位于徐分路西侧，占地 1680 平方米，主体建筑面积为 800 平方米。法庭管辖范围为 6 个乡镇（徐集镇、分路口镇、江店镇、丁集镇、固镇镇、罗集乡）。法庭年收结案数从 1999 年的几十件到

图 3-14 徐集法庭

2008 年的 300 余件。案件类型主要是婚姻关系、家庭纠纷、损害赔偿纠纷、土地承包纠纷及民间借贷纠纷等。2008 年法庭工作人员 7 人，庭长 1 名，审判员 4 名，驾驶员 1 名，后勤服务人员 1 名。办公主要设施有桑塔纳轿车 1 辆及电脑 2 台等。2018 年法庭有干警 8 名，审判人员 4 名，书记员 2 名，法警 1 名，司机 1 名。办公楼主体分三层，一层设有诉讼服务站、调解室、审判法庭等；二层为法官办公；三层为干警生活区、会议室、人大代表联络站。办公楼西侧为干警食堂。法庭硬件设施完善，现配有电脑、打印机、复印机、科技法庭等办公设备，为法庭服务地方提供了较好的后勤保障。

六安市裕安区人民法院徐集法庭位于裕安区西北部，2010 年后，管辖徐集、丁集、固镇、江家店、罗集 5 个乡镇，辖区人口近 23 万，面积 500 平方千米，辖区内的固镇系全国知名羽绒之都，丁集镇正在着力打造全国婚纱之都。徐集法庭在院党组的领导下，在上级法院的支持及监督下，坚持"为大局服务，为人民司法"的工作主题，积极落实"便利人民群众诉讼，便利人民法院审判"的两便原则，努力践行"公正、廉洁、为民"的人民法庭庭训，把群众诉求作为加强和改进工作的重点，不断创新载体，坚持能动司法、民本司法，努力使法庭工作符合民情，体现民意，赢得民心。

徐集法庭始终秉承公正审判、司法为民的理念，坚持高效便民的工作方式，努力维护社会稳定。2017 年受理民事审理执行案件 721 件（新收，不含旧存），结案 680 件；2018 年截至 8 月底受理案件 405 件；徐集法庭的民事审判的质量和效率一直位于全院前列，全庭无一案件全改、无一案件发回重审。

徐集法庭立足基层，注重缓和、化解各类矛盾纠纷，忠实履行职能，始终坚持执法办案为第一要务，狠抓队伍建设，保持审判执行工作全面推进的良好态势。徐集法庭除了正常办案外，每位法官每人每周不少于 1 次到乡镇司法所熟悉情况，参与指导基层组织人民调解。法庭以巡回审判为平台，走村进户为老百姓提供法律服务和司法援助，"琐事不出格，小事不出村，大事不出镇"，深入纠纷现场，与群众保持"零距离"接触，面对面做工作，就地解决问题，确保把矛盾切实化解，把隐患消除在萌芽状态，实现诉调无缝对接。

徐集法庭在辖区 5 个乡镇设立巡回审判站，构建便民诉讼网络，扩大"司法为民"的服务直径。法庭定期到巡回审判点进行"三养"（赡养、抚养、扶养）、婚姻、借贷、邻里关系纠纷、分家析产等民事纠纷的审理，方便当地民众的诉讼，妥善地解决各类纠纷。努力坚持"面向农村、面向群众、面向基层，为民便民利民护民"的司法服务理念。实现"以案件为中心"向"以解决矛盾为中心""以农民为中心"的转变，缩短法庭与农村的地理距离，拉近法官与群众的心理距离，及时掌握辖区内社会矛盾纠纷的动态情况，为当地党委政府化解重大、疑难问题，提供法律依据，及时化解纠纷，把矛盾解决在基层，解决在萌芽状态，实现人民调解与诉讼调解的对接，法庭也经常利用巡回审判站这个平台做好司法联动的委托调解工作。2015—2018 年，各巡回审判站共开庭审理、调解案件 42 件，参与基层组织人民调解工作 50 余次。

徐集法庭始终把廉政建设当作首要任务来抓，除每月次的庭务会学习会强调以外，还利用多种载体、形式加以巩固、深化，积极响应上级法院的监督。

2001 年获评全省（首批）规范化人民法庭，裕安区法院先进集体；2002 年获评全省法院系统指导人民调解工作先进集体；裕安区法院先进集体；2003 年获评裕安区法院先进集体；2004 年获评裕安区法院先进集体；2005 年获评全省优秀人民法庭，裕安区法院先进集体；2008 年获评裕安区文明单位，裕安区法院先进集体；2012 年获评裕安区法院先进集体；2013 年获评六安市优秀人民法庭；2014 年获评裕安区法院先进集体；2014 年获评全市法院优秀人民法庭；2016、2017 年获评裕安区法院先进集体。

1997—2022 年 徐集法庭主要负责人分别为：张学友、李文祥、宣圣文、陆玉霞、许则玉、杨俊、房冬蓉等。

四、消 防

徐集镇是原徐集区公所所在地，集镇建成面积 3 平方千米左右，常住人口 1 万多人，工业企业约 40 家，各类婚纱作坊 200 余家。因生产生活及集镇发展需要。2019 年 5 月由区消防救援大队指导组建"六安市裕安区徐集镇专职消防队"，队长陈久东，队员 7 名：侯义桃、孙业国、潘显明和派出所干警 4 名。各村同时成立"消防工作领导组"。专职消防队主要承担本镇辖区火灾扑救、应急救援、企业消防知识培训、居民日常消防知识宣传教育、校园防火防溺水防雷电知识宣传等；协助市、区消防大队应急救援工作。

消防器材统计表

表 3-19

名你	单位	数量	名称	单位	数量	名弥	单位	数量
消防车	台	1	强光手电	支	30	应急铲车	辆	3
防空报警器	部	1	干粉灭火器	个	4	安全钩	副	5
防火服	套	4	个人导向绳	副	5	头盔	个	5
65 米水带	盘	10	手套	副	10	战斗靴	双	6

第六节　脱贫攻坚

一、贫困人口总量与分布

2002 年，裕安区被确立为全国扶贫开发工作重点区。新一轮扶贫工作启动后，徐集镇严格程序、反复审核、精准识别，确定全镇贫困人口的总体数量和基本结构，找出致贫的主要原因。镇域内有 2 个重点扶贫村，分别是东方红村和全红村，贫困人口总计

1159 人，占全镇贫困人口总数的 23.68%。自 2014 年开始，上级先后对 2 个贫困村实施整村推进工作，选派六安市市场监督管理局、六安市重点工程管理处、裕安区法院、裕安区检察院、裕安区人大等单位驻村参与扶贫工作。

2014 年初，徐集镇全镇建档立卡贫困人口 1940 户 4894 人，贫困发生率 16.42%。2014 年实现脱贫 483 户 1427 人；2015 年实现脱贫 291 户 914 人；2016 年脱贫 293 户 734 人。2017 年脱贫 386 户 903 人。2018 年脱贫 348 户 901 人。2019 年脱贫 152 户 286 人。2020 年脱贫 23 户 52 人。通过多轮建档立卡动态管理工作，全镇贫困人口识别精准度进一步提高，帮扶措施安排更有针对性。2020 年年底，全镇所有贫困人口均实现脱贫，贫困发生率由 2014 年 16.42% 降低至 0。

徐集镇共有 9 个行政村具有扶贫开发任务，其中贫困村 2 个，分别是：东方红村、全红村。东方红村 2016 年年底出列，全红村 2017 年年底出列。村集体经济收入显著提高。截至 2021 年，村集体经济分别达到 30 万元以上和 60 万元以上；均有 1 项特色产业；2 个贫困村"双基"建设明显改善，实现了道路到组、自来水到户、信号全覆盖、医疗教育明显改善的改变。

图 3-15　脱贫攻坚会议

图 3-16　走访贫困户

二、脱贫措施

徐集镇成立由镇主要领导任组长，分管领导任副组长，民政、财政、农管、农业、林业等相关部门负责人、扶贫专干和各村（居）书记为成员的扶贫开发领导小组，负责各村（居）扶贫开发的具体工作，监督各项工作的落实情况。

镇认真贯彻省委、省政府提出的以单位联系贫困村、干部联系贫困户为主要内容的"联村联户、为民富民"行动，坚持把扶贫工作列为全镇的重点工作，实行党政一把手负责制，严格责任追究。镇党委政府争取扶贫发展资金并通过政府推动和项目带动，积极引进社会资金，建立计划衔接、部门共建和定期会商工作机制，形成多方投入、联合共建的工作新格局，按照"渠道不乱、用途不变，各司其职、各记其功"的原则，把各类扶贫资金向贫困群众倾斜，优先为贫困村申报劳动力转移培训、互助资金试点、扶贫到户贷款贴息、扶贫助学等扶贫资金。为贫困户如期完成脱贫工作提供资金保障。

引进、聘请和培养农业科技人才，负责对农业产业发展产前、产中、产后的指导服务。抓好产业技能培训，通过技能强化培训，绝大部分劳动力转变为拥有一技之长的劳动技能型人才。抓好村级干部队伍建设，通过多方面、深层次的宣传教育，实践锻炼，村两委干部充分掌握基本技术，为当地脱贫发展起到出谋划策、技术指导的作用。大力培养农民经纪人，培育一大批有知识、有能力，敢闯市场的新型农民，提高农村专业合作经营组织化程度，不断提高农民的自我发展能力、市场竞争能力，促进多渠道增收。

东方红村、全红村2个贫困村均有结对帮扶单位，其中东方红村的结对帮扶单位为六安市重点工程管理处、裕安区法院、裕安区司法局，全红村的结对帮扶单位为六安市市场监督管理局、裕安区人大办，全镇共有460位帮扶联系人包保帮扶1694户贫困户，帮扶干部中市直单位84人，区直单位15人，乡镇机关事业单位82人，村"两委"48人，党员152人，其他人员79人；严格按"543"包保要求调整帮扶责任人，确保建档立卡贫困户均有帮扶责任人，确保不脱贫不脱钩。

围绕"人脱贫、村出列"的目标，做好建档立卡对象核准、项目编报、进度安排、项目落地、资金使用、人力调配、推进实施等工作。细化帮扶措施，按照"一户一方案、一人一措施"要求，因户精准施策，进一步健全贫困户帮扶计划，完善贫困户帮扶四项清单，对脱贫户采取四色管理，对于易返贫户，制定措施防止返贫。对于2020年以来受灾贫困户建立独立的"一户一方案、一人一措施"，进行精准帮扶。

三、精准扶贫

2016年，积极引导176户贫困户发展产业，发放产业奖补资金51.37万元；2017年，共计实施1357例（3个批次），发放产业奖补资金219.43万元；2018年，我镇认真按照"四带一自"产业扶贫要求，积极落实好产业脱贫工程，全年共引导1316户贫困户发展产业，申报产业奖补293.54万元，产业发展覆盖率达72%；同时，引导对接38家产业基地、龙头企业、专业合作社和种养殖大户通过劳务带动、股份联结、基地带动、订单收购等方式带动1334户贫困户增收脱贫。针对东方红、全红2个贫困村实际，分别为其申报生猪养殖、水产养殖达标村，并落实好城西油脂有限公司（全红村）、鑫诚畜禽养殖专业合作社（东方红村）2个农业财政资金项目，进一步助力村级集体经济稳定增收。2019年，共引导947户贫困户发展产业，申报产业奖补273.56万元；引导对接14家产业基地、龙头企业、专业合作社和种养殖大户通过劳务带动、股份联结、基地带动、订单收购等方式带动367户贫困户增收脱贫。2020年，共引导908户贫困户发展产业，申报产业奖补290.90万元；引导对接46家产业基地、龙头企业、专业合作社和种养殖大户通过劳务带动、股份联结、基地带动、订单收购等方式带动501户贫困户增收脱贫；积极帮助村集体筹划产业到村项目；2020年东方红村、全红村分别建立1个到村项目，项目资金共计240万元，通过主体带动增加10户贫困户就业机会、帮助村集体增收约17万元。每年根据东方红、全红两个贫困村实际，分别为其申报畜禽养殖、水产养殖达标村。

截至2020年，全镇已建成到户集中式光伏电站340户1020千瓦（分散在8个村），带动562户贫困户年增收3000元；建成集体经济薄弱村村级100千瓦光伏电站6座（建成并网），贫困村村级60千瓦光伏电站2座（东方红、全红2个贫困村），实现村级集体经济收入稳定增收。全镇每座光伏电站均配备1名村级光伏管护员，负责日常除草、打扫、简单维护。

镇认真落实上级就业脱贫相关政策，要求帮扶责任人积极引导有劳动能力的贫困户居家或转移就业，并为就业贫困户落实就业补贴资金，确保实现"稳定就业一人，带动脱贫一户"。同时，对有就业意愿但缺乏劳动技能的贫困户落实技能培训，确保让他们"掌握一门技术，推动一人就业"。

2016 年，为 12 名贫困人口申报就业扶贫资金 1.32 万元；2017 年，实现引导贫困户居家就业 145 人，转移就业 181 人，累计申报补贴 10 万元。对有就业意愿的 45 人开展就业技能培训，发放生活补贴 2.25 万元；2018 年，新实现引导贫困户居家就业 64 人，转移就业 54 人，申报就业补贴 8 万元。目前，全镇通过设置公益性岗位就业贫困户 16 人（2017 年生态护林员 8 人，光伏电站管护员 6 人，村部管理员 2 人）。2019 年，全镇通过设置公益性岗位就业贫困户 61 人（其中生态护林员 47 人，光伏电站管护员 10 人，道路专管员 4 人）。帮助引导贫困户居家就业两批 427 人（第一批 184 人，第二批 243 人）次，申报就业补贴两批 127.71 万元（第一批 54.42 万元，第二批 73.29 万元），引导转移就业两批 152 人（第一批 71 人，第二批 81 人），申报就业补贴两批 7.60 万元（第一批 3.55 万元，4.05 万元）。为公益性岗位两批 54 人（第一批 29 人，第二批 25 人）发放补贴 9.03 万元（第一批 7.47 万元，第二批 1.56 万元）；为扶贫车间两批 37 人（第一批 25 人，第二批 12 人），发放补贴 11.66 万元（第一批 8.43 万元，第二批 3.27 万元）；为 8 名技师学院学生发放补助 2.4 万元。2020 年，全镇通过设置公益性岗位就业贫困户 237 人（其中生态护林员 60 人，光伏电站管护员 10 人，道路专管员 4 人，新开发公益性岗位 163 人）。引导贫困户居家就业 257 人，申报补贴 35.52 万元；转移就业 149 人，申报补贴 7.45 万元；为扶贫车间 54 人发放 4.94 万元技能培训补助和日常补助 9.36 万元。

为确保教育扶贫工程落实到位，镇认真做好每年度春、秋两学期在校生摸底工作，认真摸清底数，针对不同教育阶段的贫困家庭在校生分类做好教育资助宣传，确保在校生均能了解政策会申报。同时，认真落实好雨露计划工作，确保贫困大学生均能享受补助。

2016 年，帮助 71 名贫困、本专科生申报雨露计划，发放资金 21.3 万元；2017 年，帮助 198 名贫困、本专科生申报雨露计划，发放资金 59.4 万元；2018 年，春学期专科生雨露计划已打卡资助 90 人（13.5 万元），本科生雨露计划打卡资助 85 人（25.5 万元），秋学期专科生雨露计划已打卡资助 92 人（13.8 万元）；2019 年春学期专科生雨露计划打卡 98 人（14.7 万元），秋学期专科生雨露计划打卡 104 人（15.6 万元），2019 年本科生雨露计划打卡 88 人（26.4 万元）；2020 年春学期帮助申报专科雨露计划 102 人（打卡发放 15.3 万元），秋学期帮助申报专科雨露计划 119 人（打卡发放 17.85 万元）。

2017 年，镇公开选聘 8 名贫困群众担任生态护林员公益性岗位；2018 年年底，生态护林员公益性岗位增设至 22 个。2019 年年底，镇生态护林员公益性岗位增设至 47 个。2020 年，生态护林员公益性岗位增设至 60 个，设置生态护林员岗位既保护镇区森林资源，保护生态环境，又帮助贫困群众实现就业，促进贫困户脱贫。

社会兜底保障脱贫工程是针对有特殊困难的贫困人口通过社会保障来实现脱贫的一种有效方式，镇严格按照区精准兜底和有效兜底要求，认真识别兜底人员，采取动态管理，确保特困贫困人口真保障、能脱贫。截至 2020 年年底，镇建档立卡贫困户中有：低保 463 人（其中：A 类 103 人，B 类 233 人，C 类 127 人）、五保 170 人（集中供养 1 人，分散供养 169 人）、残疾人护理补贴 327 人，残疾人生活救助 440 人、孤儿救助 12 人。

镇现有贫困人口中有 50% 左右都是因病致贫，因此落实好健康脱贫工程，解决因病致贫问题显得尤为重要。镇坚持严格落实上级要求，年初将健康脱贫工作纳入脱贫攻坚工作领导责任制和政府目标考核管理，按照制定的《徐集镇健康脱贫工作实施方案》《徐集镇健康脱贫工作考核办法》，在精准识别的基础上，对因病致贫、因病返贫的贫困人口进行动态管理，保障贫困人口享受健康脱贫好政策。按照区统一安排，认真核对上报，将全镇 2016 年及以后新增建档立卡贫困人口在医保信息系统中标注为贫困人口，帮助办理健康医疗服务证和慢性病证，确保贫困户看病就诊时能及时享受健康脱贫政策。同时，要求帮扶责任人在日常走访帮扶时，全面宣传健康脱贫"351""180""210"等政策，确保贫困户知晓政策、会用政策，自 2016 年 11 月至今，医保中心反馈镇已享受"351"政策 198 例，已享受"180"政策 2687 例，已享受"210"政策 7808 例。落实健康脱贫补丁政策，帮助 2014、2015 年脱贫户中发生大病导致花费过大的户主申报补丁政策，进一步降低其医疗费用，防止因病返贫情况发生。

"双基"达标是贫困县摘帽的重要指标之一。2016 年以来，按照区统一安排，镇认真落实好"双基"项目建设。

水利设施

2016 年，区政府安排整合资金 110.5 万元，用于 12 个八小水利项目建设；安排整合资金 100.8 万元用于东方红村安全饮水项目；安排整合资金 250 万元用于建设污水管网 10 千米。

2017 年，区政府安排整合资金 120 万元，用于 41 口当家塘清淤扩挖，1 条河沟整治和 3 座小 Ⅱ 型水闸加固。其中全红村 45 万元，用于 10 口当家塘清淤扩挖，1 条河沟整治和 1 座小 Ⅱ 型水闸加固。另外，安排整合资金 224.52 万元用于全红村安全饮水项目。

2018 年，区政府安排整合资金 80 万元，用于 5 口当家塘清淤扩挖、2 条支渠清淤硬化、2 座泵站新建、2 座水闸新建等八小水利项目，已全部完工。同时，在已完成 2 个贫困村安全饮水工程基础上，安排整合资金 59.16 万元用于徐集水厂提升改造，现已完工；安排整合资金 40 万元用于水利薄弱环节的邓家洼支渠 1 千米进水口段清淤、加固、硬化项目（全红村、棠树村）；安排整合资金 50 万元用于"双基"薄弱村棠树村自来水管网延伸覆盖部分自然村。

2019 年，区政府安排扶贫资金 721.89 万元，用于黄岳、棠树、徐集 3 个村饮水工程管网铺设，已全部完工。同时，在已完成的徐集水厂饮水工程的基础上，安排 88 万元扶贫资金用于水厂新建清水池，安排 50 万元用于水厂水质在线监测、供水能力监测等信息化监管平台建设。安排 143 万元扶贫资金用于 4 个支渠清淤硬化，（后期新增扶贫资金 186 万元用于 4 个支渠清淤硬化），安排 514 万元扶贫资金用于加固 4 个水库，安排 5.5 万元扶贫资金用于马堰大闸维修，安排 4.5 万元扶贫资金用于修建 1 个节制闸（后期新增扶贫资金 17 万元用于 3 个节制闸修建），后期新增 29 万元扶贫资金用于 7 个大塘清淤扩挖，安排 40 万元扶贫资金用于全红、梁集 2 个村黑臭水体治理。

2020年，区政府安排954.62万元用于建设安全饮水工程（东沟村183.33万元、黄巷村173.25万元、菊花村260.62万元、梁集村92.62万元、徐集水厂244.80万元）；安排扶贫资金40万元用于（黄巷村、黄岳村）人居环境整治（黑臭水体）；安排扶贫资金48万元用于（菊花村、全红村、徐集村）人居环境整治（水体治理）；安排扶贫资金626万元用于建设34个农田水利工程，其中安排扶贫资金46万元用于（黄巷村、黄岳村、梁集村、全红村）20个水塘清淤扩挖，安排扶贫资金395万元用于（东方红村、黄巷村、梁集村、徐集村）8个水渠清淤硬化，安排扶贫资金131万元用于黄岳村3个水渠建设，安排扶贫资金54万元用于（东方红村、黄巷村）3个项目机械设备更换、启闭机方抬升、危闸改造。

电力设施

2018年，安排整合资金91.34万元，用于实施3个项目（10千伏东方红芦槽坊台区改造项目、10千伏全红村部台区改造项目、10千伏棠树村棠树中2号台区改造项目）。

道路工程

2016年，区政府安排整合资金329.71万元，用于落实东方红村、全红村10.30千米道路畅通工程。

2017年，区政府安排整合资金341.88万元（根据实际情况，已调整为435.23万元），用于对20条道路（14.07千米）开展畅通工程；后期新增项目全红村5条道路畅通工程6.1千米（144.05万元）。

2018年，区政府安排整合资金488.02万元，用于对11条道路（11.04千米）开展畅通提升。安排资金352.35万元用于"双基"薄弱村棠树村9条村村通道路建设（7.83千米）。

2019年，区政府安排扶贫资金560.97万元用于对17条道路（12.47千米）开展畅通工程；后期新增项目15条道路畅通工程（7.48千米，扶贫资金336.6万元）。

2020年，区政府安排扶贫资金280.31万元用于对12条道路开展畅通工程（6.23千米）；安排扶贫资金179万元用于建设2座桥梁（东沟村、黄岳村）；安排扶贫资金51万元用于（全红村、菊花村）环境整治（道路畅通）；安排扶贫资金10万元用于全红村环境整治（垃圾及污水处理）；安排扶贫资金30万元用于（菊花村、全红村、徐集村）环境整治（卫生改厕）。

网络建设

镇10个村（居）网络已全部开通。信息入户工程：2018年，区政府安排整合资金13.00万元用于实施361户信息入户项目，项目已全部完工。2019年区政府安排扶贫资金40.00万元用于实施1111户信息入户。

村级体育设施"两个一"项目：

2018年，区政府安排整合资金12万元，用于黄岳村、棠树村、东方红村落实室外篮球场1片、乒乓球台2张，健身路径1条，进一步提升基层文化水平，目前项目已顺利完工。

村卫生室标准化建设项目：

2018年，区政府安排整合资金63.893万元用于对镇内10个村（居）卫生室标准化建设，提升基层医疗水平，目前已全部完工。

为更好落实金融扶贫小额信贷项目，镇充分发挥帮扶责任人作用，要求走访时全面宣传小额信贷政策，打消贫困户顾虑，引导贫困户贷款发展，取得较好效果。

2017年，镇落实小额贷款289户1433万元，其中：户贷户用19户83万元，2017年贷款户中涉及清退户5户，贷款已追回；2018年，落实小额贷款204户968万元，其中户贷社管合营发展（六安市裕安区徐颐农业专业合作社）188户940万、户贷户用16户28万元。2019年办理小额信贷1户。2020年依据"应贷尽贷"原则，为206户脱贫户（边缘户）发放贷款660万元。同时，在到期年度根据农户家庭实际和产业发展资金需要，及时办理续贷、延期手续。

社会扶贫是一项动员社会各方面力量参与扶贫开发，共同帮扶贫困户脱贫致富的爱心工程，是脱贫攻坚工作的重要一环。镇在充分摸排的基础上，利用"10·17"扶贫日宣传活动，积极对接镇区爱心企业和大户，帮助他们搭建帮扶贫困户的平台，引导社会力量参与帮扶。落实"百企帮百村"工作，积极帮助村企对接，实现真帮实扶，如：裕安区东方红现代农业专业合作社帮扶东方红村，一方面有偿流转了70户贫困户土地，解决了贫困户有生产资源却无劳动能力的困境，平均每亩土地为贫困户增收600元以上，同时，带动40户贫困户带资入股，年分红达到3000元左右，进一步带动贫困户增收。另一方面，该社在日常生产管理过程中，积极聘用有一定劳动能力的贫困户，带动其就业增收，带动效果十分明显。

为进一步落实好危房改造政策，确保贫困群众住房有保障。2016年，共落实危房改造户117户（新建105户，修缮加固12户），申报整合资金155万元；2017年，共落实危房改造户74户（新建57户，修缮加固17户），申报整合资金111.4万元；2018年，共落实危房改造户114户（新建84户，修缮加固30户），申报整合资金182.6万元。2019年，共落实危房改造户4户（新建4户），申报扶贫资金8万元。

四、脱贫成效与乡村振兴

"十三五"重点项目

培育特色支柱产业，建立贫困群众稳定增收来源，拓宽脱贫致富渠道。制定特色产业增收工作实施计划，大力发展现代农林业、畜牧业和水产业。进一步调整优化农业产业结构，大力发展生态农业、生态旅游。积极寻求转型跨越发展的机遇，积极打造一批创业理念新、管理制度强、生产技术先进的新型企业。同时争取农商行、盛平村镇银行等金融机构的扶贫小额信贷等产品，支持贫困户发展产业。

实施整村推进项目，以贫困村为重点，按照"基础设施到村、产业项目到户、培训转移到人、责任帮扶到单位"的"四到"扶贫措施，重点实施安全饮用水工程，解决饮水安全问题；升级改造农村道路，畅通群众出行；完成危房改造、社会事业、环境整治、信息服务等基础设施建设。建设乡村文化广场，进一步完善贫困村基础设施，村容村貌整洁美观，农民生活水平大幅度提升。在贫困村大力推进产业扶贫工程，确定贫困户帮扶责任人，扶持产业发展，推动贫困村经济社会实现跨越式发展，达到脱贫致富目标。

积极开展光伏扶贫、电商扶贫、旅游扶贫、教育扶贫等扶贫工程，努力拓宽贫困户稳定增收渠道。积极推进分布式光伏发电系统、村集体光伏电站等建设。

开展农村人居环境整治，有效治理沟渠污水，硬化入户道路，搭建卫生厕所，改善生态环境，提升群众生活质量，加快群众脱贫致富步伐。

依照"应贷尽贷"原则，大力实施贫困户金融扶贫政策，力争解决每一户贫困户产业发展资金短缺问题，带动贫困户稳定脱贫。

开展科技扶贫，在贫困村实现技术培训、信息服务、新品种、新技术推广应用四个方面全覆盖。利用镇村相关阵地，积极开展贫困户就业及知识培训，定期邀请市、区人力资源和技术科普部门到镇开展就业及业务知识培训，保证贫困户家庭主要劳动力都能够参加实用技术培训，人均掌握1—2门实用技术，早日脱贫致富。

开展教育培训行动计划，整合"雨露计划"、金秋助学、大学生圆梦计划等，将智力扶贫工程落到实处。认真落实贫困家庭助学政策，实现贫困户家庭子女中职、高职在校期间资助工作全覆盖；实施农村教育学校布局调整规划，优化学校布局，均衡配置义务教育学校校舍、师资、仪器设备等资源，就近就地入学为重点，保障贫困家庭子女全面接受九年义务教育，入学率达到100%。建立健全覆盖各级各类教育家庭经济困难学生资助体系，改善各类资助资源，大力改善资助环境，确保每名家庭经济困难学生不因贫困而失学。加大职业技能培训力度，积极引导贫困村有培训愿望的劳动力参加职业技能培训，取得职业资格证书。抓好劳务输出，加速季节型向常年型、分散型向集中型、体力型向技能型、打工型向创业型的转变。

开展好公共服务行动计划，进一步健全镇医疗卫生条件，完成村级卫生室升级改造建设，贫困村有标准的卫生室，建筑面积达到相关规定标准，基本医疗设备、药品配备齐全，提高贫困人口健康水平，减少因病返贫人口。加大计划生育家庭奖励扶助力度。进一步加强贫困村文化建设，新建或增设农家书屋、文化广场和体育健身器材等，做到民族文化娱乐活动场所有保障。积极开展文化扶贫，开展送戏下乡、电影下乡等进村活动，丰富群众文化生活。

落实村医疗保险和养老保险政策。加大农村医疗救助力度，降低门槛，扩大重点贫困村医疗救助面，提高医疗救助标准；加大救助资金投入，相应扩大重点贫困村低保保障面。

紧密联系、积极对接，进一步完善定点帮扶工作机制，加大定点帮扶单位的监督检查力度，完善考核考评管理制度，充分发挥定点帮扶单位的帮扶作用。在市、区帮扶单位定点帮扶的基础上，积极争取市、区其他各级单位帮扶支持，并建立镇、村干部结对帮扶机制，积极开展扶贫济困活动，开展好"双百千"工程，大力推动镇域企业与贫困村、贫困户结对帮扶，发展种植、养殖业。引导和鼓励各类组织和个人捐款捐物，在资金、项目、技术、信息等方面对扶贫对象进行支持和帮助。

图 3-17　光伏发电

脱贫成效与乡村振兴

"十三五"期间，徐集镇始终把脱贫攻坚作为首要政治任务和第一民生工程，围绕"一个不落、一个不少"总要求，实行"单位包村、干部包户"工作机制，安排 531 名党员、干部、能人大户，实行"一对一、点对点"精准帮扶。东方红、全红 2 个贫困村按期出列，现行标准下，1951 户 4894 名贫困人口全部脱贫，并荣获六安市脱贫攻坚社会（定点）扶贫工作"百佳"单位。

2016 年至 2020 年，共投入 360 万元发展到村项目 5 个，增加村集体经济收入 74.2 万元；发放产业到户项目奖补资金 1247.2 万元，受益贫困户达 6724 户次，实现户均年增收 3000 元；开发贫困户公益性岗位 438 个，户均增收 1 万元；发放教育资助资金 252.9 万元，受益贫困学生 1296 人次；完成贫困人口代缴医保 13851 人次；投入 347.8 万元，实施 225 户危房改造和住房提升工程。

2021 年发放奖补资金 131.67 万元扶持产业到户项目 524 个，投入 248.63 万元发展产业到村项目 2 个，投入 772.85 万元建设水利、道路畅通项目 24 个，投入 1350 万元实施黄巷村 1800 亩（120 公顷）高标准农田治理，启动全红村高标准农田整治项目前期准备工作。通过 46 家新型经营主体采取劳动务工、入股分红、订单收购、土地流转等方式带动 511 户脱贫户创收增收。动态监测 3 户 8 人，安排帮扶包保，落实扶持政策，化解致贫风险，脱贫攻坚成效持续巩固拓展。

2020 年年底，徐集镇已全面完成脱贫攻坚任务。未来乡村振兴工作已发生新变化，主要任务与措施：

乡村要振兴，产业兴旺是基础。徐集镇按照"宜农则农、宜游则游、宜商则商、宜工则工"原则，调整优化农业产业结构，提高农业绿色化、优质化、特色化、品牌化水平，优化升级特色产业。

扎实推进教育均衡发展，确保教育帮扶全阶段、全覆盖，严格控辍保学，阻止贫困代际传递。组织开展就业技能、创业培训，帮助广大群众转变思想观念，促进比学赶超，掌握实用技术，提高脱贫技能。充分调动脱贫群众积极性、主动性，组织脱贫群众投入建设美好家园的进程中来，增强脱贫群众自身"造血"功能。

持续加强扶贫项目全流程管理、健全完善扶贫工作的体制机制，着重围绕发展农村现代特色产业需要、改善群众生产生活条件需求，积极争取上级各种扶持农村基础设施建设和基本公共服务投入，加速推进教育、文化、医疗卫生等各项社会事业发展，提高基本公共服务能力。全面推进美丽乡村建设，深入开展中心村建设和自然村环境整治，拆除废弃房屋、棚圈、旱厕、杆线标牌，清理乱堆乱放和乱搭乱建，全面推进农村垃圾、污水、厕所专项整治"三大革命"，强化农民建房管控，扎实推进农村社区化管理，实现农村生产生活条件明显改善。

持续完善脱贫户政策落实和帮扶制度，坚决落实"四个不摘"要求，摘帽不摘责任、摘帽不摘帮扶，摘帽不摘政策，摘帽不摘监管；确保政策不变、队伍不散、人员不撤、干劲不松、力度不减。建立健全镇返贫防控体系，对已脱贫的贫困户根据不同情况分类管理、因户施策，持续抓好出列贫困村基础设施建设和集体经济、特色产业发展，切实做好防范返贫致贫监测和脱贫成果巩固。

第四章 经济发展

徐集镇位于六安市西郊,东倚平桥、新安,南靠分路口,西连江家店,北接丁集,辖 9 个村、1 个街道居委会、94 个村民组,面积 63.31 平方千米,岗、湾、畈地形皆有,总人口 3.2 万。境内有济广、G40 两条高速公路和六徐路、徐固路、六响路等区内主要干道,汲东干渠和新店、高峰、邓家洼 3 条支渠贯穿全镇,是省级江淮分水岭综合治理重点乡镇、市级种草养鹅示范乡镇和区级社会主义新农村建设示范乡镇。

镇域内有汲东干渠和新店、高峰、邓家洼 3 条支渠贯穿全镇,自然资源丰富,农业基础条件较完善,现已形成以稻渔综合养殖、大棚蔬菜、经济作物为主的特色农业产业,并建有国家绿色食品原料(水稻)标准化生产基地、黄岳生态园、全区最大的现代农业科技示范园、东方红优质粮油基地、三丰生态农业、金碧园瓜蒌生产基地等一批特色农业项目。徐集镇紧抓市区推动茶谷、淠河生态经济带、312 国道工业走廊“一谷一带一廊”建设发展机遇,积极融合推动发展生态农业和休闲旅游业,走好生态发展之路,全力打造美丽徐集。

本章分为 10 节,主要记述农村经济体制改革、种植业、养殖业、现代农业、林业、水利、工业、徐集花生糖、商贸服务业、财税金融等内容。

第一节 农村经济体制改革

一、土地制度改革

1949 年 10 月新中国成立后,对生产资料私有制进行社会主义改造,徐集 1951 年完成土地改革,土地归集体所有,1952 年进入初级社,1953 年实行粮食统购统销,1955 年进入高级社,1959 年进入人民公社,1961 年划分承包责任田,1962 年秋停止承包,开始单干,1978 年推行农业生产责任制,1979 年推行家庭联产承包责任制。1992 年取消粮食统购统销,初步放开市场,1995 年土地二轮承包,对农民土地所有权、使用权等项权利进行了确认,30 年不变。

2001 年农业产业调整,鼓励种植业、养殖业、服务业多种经营,农、林、牧、副、渔全面发展。2006 年取消农业税,国家给种粮户补贴。2007 年后,经过整理的土地,“田成方,树成行,渠成网,路配套”,大大提高土地利用价值,有效提高粮食产量,方便机械作业,引进不少农业种植大户进行土地经营权承包,出现专业合作社、家庭农场,把农民从高强度的农业生产中解放出来,带动地方经济快速发展。现代农业、高科技农业逐步呈现。

本镇土地制度大体经历封建土地所有制(新中国成立前—土地改革),农民土地所有制(土地改革—人民公社),集体土地所有制(人民公社化以后)三个阶段的历史演变过程。

封建土地所有制

1949年中华人民共和国成立前，土地实行的是封建土地所有制。除公、学产田亩外，余为"民田"，但其产权归属地主占有大部分。

农民土地所有制

1949年徐集解放后，乡民主政府组织农民群众开展斗争地主，没收地主土地、财产运动。1950年6月，《中华人民共和国土地改革法》颁布后，是年冬，在全乡农村开展轰轰烈烈的土地改革运动，至1951年春结束，农民从此有了自己的土地。在土地改革运动中，除没收地主用于剥削的土地外，还没收地主房屋、役牛、大型农具、粮食等财产。这些财产，绝大部分分给了贫、雇农民及一部分下中农，少数留作公用。

集体土地所有制

土改后，为了走社会主义道路。1955年，始办初级农业生产合作社。1957年，办高级农业生产合作社。农民响应党的号召，带着土地证、耕畜和农具（折价）向农业社入股。地主、富农、反革命分子没有资格入社，后来，责令他们带着土地和其他主要生产资料，到农业社参加劳动，接受社员监督改造，表现好的转为社员或候补社员。这个时期，农民以土地、大农具、耕牛作为入社的股本，参加分红。1958年，实现人民公社化，土地产权及主要生产资料转为集体所有，2019年，全镇耕地总面积87984亩（5865.6公顷），确权面积74092亩（4939.5公顷），占总面积84.2%。

二、农业生产经营制度

租佃关系

1949年10月前，土地所有制为私有制，由一家一户私人经营管理。有的地主有田庄田地，虽属于自己经营，但靠雇长工、短工、散工耕种，自己不劳而获。地主将田地租给农民耕种，农民需先得到地主同意，再凭中人、保人作证，立田契、交押金，承认东佃关系，然后才能上庄。在田地产权买卖易主时，地主实行买空卖空，田亩虚亏少在10%，多达30%以上。租额，每石（合0.4公顷）田（地）每年交租稻4石（每石130—150斤，合65-75千克），有的交5石；除地租外，每年农历六七月，佃户要送东家若干数量的新米、新鸡，并请东家"踩租""吃新"。

互助组

土地改革结束以后，党和人民政府为了使广大农民走共同富裕道路，号召农民组织起来。1951年，在坚持"农民自愿和等价互利"的原则上，乡村随即响应，积极组织农民办互助组。互助组经营方式：常年互助组入组农户基本稳定，土地、大农具、耕牛、大农活，由组内统一安排，劳力是互助互利、等价交换，年终结算；临时季节性互助组，入组农户不稳定，春、夏农忙季节，农户自愿结合，大农活协作，小农活自做，以工日计酬，秋后结算。互助组的生产资料产权均归农民个人所有，经营收入、自负盈亏。

农业生产合作社

1955年，农业生产互助组参加农业生产合作社；1957年，初级农业生产合作社会全部转入高级农业生产合作社，全乡高级农业生产合作社达9个，入社农户占全乡总农户

99%以上。收益分配，初级农业生产合作社以社为核算单位，除交纳国家税金、留足生产资金、提取一定数量的公积金、公益金外，其余部分，按社员入股份数和社员劳动工分，或三七分红，或二八分红。高级农业生产合作社，土地、耕畜、大农具归社集体所有，生产由合作社统一计划、管理、核算、分配，社员以工记分、按劳取酬。对失去劳动力的鳏寡孤独社员实行"五保"，即由社保口粮（柴草）、保穿衣、保住房、保医疗、保丧葬。

人民公社

成立人民公社，劳动力突破原来的社界、区界，进行共产主义大协作，参加大办农业、大办钢铁和其他农、工、副业生产，全公社共办公共食堂，实行吃饭不要钱。这种劳动方式，当时认为是体现人民公社"一大二公"的优越性，经过一年多的实践，认识到这是无偿平调，不利于调动农民生产积极性，即予以纠正，得到群众拥护。

人民公社收益分配，以公社统一核算、统一分配，开始实行社员吃饭不要钱，结果有损集体经济，次年改为以大队核算；统一分配。在分配中，除去国家税收、当年生产费用、预留来年生产资金、行管费、公积金、公益金、储备粮资金外，其余部分，按劳动工分计酬，分配到户。在分配中，绝大多数生产队年初评定劳力底分，男整劳动力10分、半劳动力5—8分；女整劳动力8—10分、半劳动力3—7分；技术活另加1—2分；男、女辅助劳动力3—5分；也有个别队有时采用"大寨式"记工方法；年终以户记分记酬，参加分配钱、粮、草。粮食分配有2种形式，余粮队按人口平均分配，缺粮队一般以人口年龄搭子分配；稻草随粮数计算；对超过底分的工分，给予奖励粮、草，体现多劳多得；对完不成底分的，须拿现金买齐工分后再参加分配；对因天灾人祸的困难户，生产队酌情照顾。

家庭联产承包责任制

1978年12月以后逐步推行和完善家庭联产承包责任制，先后开展一轮土地承包和二轮土地承包，土地承包法治化，充分调动了农民的生产积极性，农业生产出现蓬勃发展的态势。1980年9月，根据中共中央《关于进一步加强和完善农业生产责任制的几个问题》的指示。至1982年，第一轮土地承包结束。承包土地的产权原属人民公社的仍属集体所有。随着承包的人口变动（包括出生、死亡、招工、嫁娶、迁入、迁出），承包土地面积也有所增减，多数生产队是一定3年不变。原生产队的耕牛、大型农具等集体财产折价变卖，极少数的，仍为集体使用。承包户所生产的粮食、油料及其他农副产品，为各户自得，取消统一分配制度。承包户每年按时缴纳农业税、水费、管理费、集体提留和出售统购、派购的物资。1984年，土地承包期延长至15年，每隔3—5年进行一次小调整。1985年后，取消统购、派购，国家向承包户签订农业生产产品购销合同，规定国家按时向承包户销售化肥、农药和提供必需的生产资金，承包户按时向国家缴纳农业税、出售统购物资。

二轮土地承包

徐集镇农村土地承包经营权确权登记颁证工作于2015年5月启动，制定方案，成立组织，全方位培训，通过历时16个月的确权，全镇共完成242组，7528户土地承包经营权确权任务，实际测绘面积50047亩（3336.5公顷，含全红石狮岗组30户和东沟梁郢组

62 户面积 169.88 亩，11.3 公顷，因存在纠纷暂未确权，实测面积 318.43 亩，21.2 公顷），全部发证到户。自此为止，徐集镇农民经营几千年的耕地，终于有了土地承包经营权证书。徐集镇年报耕地面积 36964 亩（2464.3 公顷），调整为 50047 亩（3336.5 公顷）。

2016 年 8 月底开始，经过连续 50 天会战，共完成归档资料 16834 件，复印纸张 20 余万张（不含 117 户矫正、换证资料）

土地流转情况：2013 年百亩以上种粮大户 15 户，5856.99 亩，其中：500 亩以上 2 户，3547.79 亩。2014 年百亩以上种粮大户 29 户，10252.69 亩，其中：500 亩以上 5 户，6177.7 亩。2015 年百亩以上种粮大户 40 户，16808.86 亩，其中：500 亩以上 10 户，10850.03 亩。2016 年百亩以上种粮大户 45 户，17861.92 亩，其中：500 亩以上 9 户，9874.44 亩；稻虾共养 2 户，290 亩。2017 年百亩以上种粮大户 52 户。

农业经营主体办理情况：2007—2017 年农民专业合作社 69 家。其中 2007 年 1 家，2008 年 1 家，2009 年 3 家，2010 年 1 家，2011 年 2 家，2012 年 12 家，2013 年 13 家，2014 年 13 家，2015 年 8 家，2016 年 10 家，2017 年 5 家。2013—2017 年家庭农场 22 家，其中：2013 年 5 家，2014 年 2 家，2015 年 6 家，2016 年 7 家，2017 年 2 家。

徐集镇土地确权面积分村一览表

表 4-1

村别	确权面积（亩）	村民组数	涉及农户数
东方红	4559.76	26	683
东沟	1156.21	8	728
黄巷	6725.85	41	941
全红	7165.59	31	965
黄岳	5381.18	25	688
菊花	4996.44	21	686
徐集	5303.79	29	959
梁集	7042.51	30	891
棠树	7715.30	31	957
	50046.63	242	7498

徐集镇 2021 年土地流转分村一览表

表 4-2

村别	流转面积（亩）	经营主体个数（个）
街道	0	0
东方红	3997.37	10
徐集	4345.91	18
梁集	5932.80	17

续表

村别	流转面积（亩）	经营主体个数（个）
棠树	4422.86	28
全红	3679.41	31
黄巷	2908.34	15
菊花	1199.78	5
黄岳	468.70	3
东沟	0	0
合计	26955.17	127

徐集镇 2021 年种粮大户基本情况统计调查表

表 4-3

姓名	经营面积（亩）	主要作物	家庭住址	亩投入（元）	亩纯收益（元）	家庭农场	专业合作社
陈先国	501.91	水稻	徐集村	1150	210		
王春江	149.99	水稻、小麦	徐集村	1100	200		
魏良发	202.00	水稻	徐集村	1150	180		
余朝云	541.40	水稻、小麦	徐集村	1250	250	朝云家庭农场	
周习宏	303.44	水稻	徐集村	1100	200		
王汉梅	528.70	稻渔养殖、小麦	徐集村	1200	400		康源生态种养殖专业合作社
赵登牛	123.00	水稻	徐集村	1150	210		
孙德国	150.00	水稻	徐集村	1100	200		
翁仕东	290.40	水稻	徐集村	1150	180		
丁允国	212.30	水稻	徐集村	1150	210		
鲍丙林	221.77	水稻	徐集村	1100	200		
郝先国	382.00	水稻	徐集村	1150	180		
吴义龙	255.50	水稻、小麦	徐集村	1100	200	昊梅家庭农场	
李传江	190.00	水稻、小麦	徐集村	1100	200		
杨谋忠	133.50	稻渔养殖	徐集村	1200	400	众力家庭农场	
胡怀元	102.29	稻渔养殖	棠树村	1200	400		
孙玉国	197.06	稻渔养殖	棠树村	1200	400		
王成保	229.95	稻渔养殖	棠树村	1200	400		
张成仓	164.82	水稻	棠树村	1150	210		
王光友	115.31	水稻	棠树村	1100	200		
李方武	134.56	水稻	棠树村	1150	180		

续表

姓名	经营面积（亩）	主要作物	家庭住址	亩投入（元）	亩纯收益（元）	家庭农场	专业合作社
胡怀兴	112.19	水稻	棠树村	1150	210		
李世龙	136.20	稻渔养殖	棠树村	1200	400		
丁瑞武	111.50	稻渔养殖	棠树村	1200	400		
张少庭	547.46	稻渔养殖	棠树村	1200	400		
张长发	201.06	水稻	棠树村	1100	200		
袁业敏	1419.46	稻渔养殖	棠树村	1200	400		惠丰粮食种植专业合作社
张学仁	548.31	水稻、小麦	梁集村	1150	210		
王丁成	399.20	水稻	梁集村	1100	200		
李兆周	508.30	水稻	梁集村	1150	180	兆周家庭农场	
丁美堂	125.05	水稻	梁集村	1150	210		
曾庆国	166.28	稻渔养殖	梁集村	1200	400	老曾家庭农场	
张永海	592.79	稻渔养殖、小麦	梁集村	1200	400	永海家庭农场	
陈方才	1242.66	水稻、小麦	梁集村	1100	200	正宏家庭农场	
纪立新	385.89	水稻、小麦	梁集村	1100	200	纪立新家庭农场	
吴尚勇	245.44	水稻	梁集村	1100	200		
陈久忠	343.19	稻渔养殖	梁集村	1200	400		金实种养殖专业合作社
李显春	107.30	水稻	梁集村	1100	200		
张凤宗	200.67	水稻	梁集村	1100	200		
关德圣	104.80	水稻	梁集村	1100	200		
李亮	283.00	水稻	梁集村	1100	200		
黄文玲	419.87	水稻	梁集村	1100	200		
徐家中	210.05	水稻	梁集村	1100	200		
陈公田	306.62	稻渔养殖、小麦	全红村	1200	400	田缘水稻种植家庭农场	
朱业余	497.69	水稻、小麦	全红村	1100	200		裕隆种植专业合作社
魏启红	235.97	稻渔养殖、小麦	全红村	1200	400	启红家庭农场	
陈习坤	127.26	水稻	全红村	1150	210		

续表

姓名	经营面积（亩）	主要作物	家庭住址	亩投入（元）	亩纯收益（元）	家庭农场	专业合作社
邓业明	117.14	水稻、小麦	全红村	1100	200		为民种养殖专业合作社
盛陈永	155.69	水稻	全红村	1150	180		
田先利	113.70	水稻	全红村	1150	210		
邓业学	190.45	水稻	全红村	1100	200		
王成祥	112.06	水稻	全红村	1150	180		
蔡广付	103.29	水稻	全红村	1100	200		
王长发	139.75	水稻	全红村	1100	200		
陈习奎	102.30	水稻	全红村	1150	210		
陈善兵	116.17	水稻	全红村	1100	200		
邓业封	114.39	水稻	全红村	1150	180		
张永青	146.12	水稻	全红村	1150	210		
车怀青	130.10	水稻	全红村	1100	200		
徐家友	147.85	水稻	黄巷村	1150	180		
张传祥	162.44	水稻	黄巷村	1100	200		
卢兴田	227.49	水稻	黄巷村	1100	200		
杨贤圣	171.26	水稻	黄巷村	1150	180		三洋种鹅综合养殖专业合作社
陈广明	116.08	水稻	黄巷村	1150	210		
蔡英山	131.85	水稻	黄巷村	1100	200		
韦春雨	261.00	水稻	黄巷村	1150	180	六韦家庭农场	
卢兴俊	437.45	稻渔养殖	黄巷村	1200	400	卢俊生态家庭农场	
谢峰	107.56	水稻	黄巷村	1150	180		
王荣祥	268.20	水稻	黄巷村	1100	200		
张家厚	293.80	水稻	黄巷村	1100	200		
田先虎	145.75	水稻	黄巷村	1150	180		
沈佐宏	164.61	水稻	黄巷村	1150	210		
李益平	125.42	水稻	黄巷村	1100	200		
张成贵	147.58	水稻	黄巷村	1150	180		
胡秀胜	150.12	稻渔养殖	黄岳村	1200	400	胡秀胜家庭农场	
徐祖兵	177.10	水稻	黄岳村	1150	180		

续表

姓名	经营面积（亩）	主要作物	家庭住址	亩投入（元）	亩纯收益（元）	家庭农场	专业合作社
刘存贵	141.48	水稻	黄岳村	1100	200		
徐登福	683.65	水稻、小麦	菊花村	1100	200		
田为兵	190.25	水稻、小麦	菊花村	1150	180	为兵家庭农场	
王先巍	140.88	水稻	菊花村	1150	210		
盛绍麒	287.20	水稻	东方红村	1100	200		
高绪铸	196.00	水稻	东方红村	1150	180		
胡良军	1391.97	水稻	东方红村	1150	180		
谢长和	654.34	水稻	东方红村	1100	200	长和家庭农场	
宋来刚	170.04	水稻	东方红村	1100	200		
郭昌林	548.60	水稻	东方红村	1150	180		
刘爱国	505.42	水稻	东方红村	1150	210		
杨跃	104.59	水稻	东方红村	1100	200	杨跃家庭农场	
张成新	70.00	水稻	棠树村	450	650		
李国香	70.00	水稻	棠树村	500	600		
方家发	51.00	水稻	棠树村	500	600		
王光于	50.00	水稻	棠树村	450	650		
许又余	50.00	水稻	棠树村	450	650		
王成桂	60.00	水稻	棠树村	450	650		
王成兵	70.00	水稻	棠树村	500	600		
丁美荣	60.00	水稻	棠树村	450	650		
丁美福	70.00	水稻	棠树村	500	600		
王宗贵	60.00	水稻	棠树村	450	650		
苏业思	60.00	水稻	棠树村	450	650		
张成军	50.00	水稻	棠树村	450	650		
谢正福	50.00	水稻	棠树村	450	650		
胡发荣	60.00	水稻	棠树村	600	500		
陈习中	70.00	水稻	棠树村	500	600		
荣为新	50.00	水稻	棠树村	450	650		
徐为兵	83.00	水稻	东方红村	1000	300		
陈巨山	56.21	水稻	东方红村	1000	300		
徐维庆	95.00	水稻	菊花村	1000	300		
田晓明	90.00	水稻	菊花村	1000	300		

续表

姓名	经营面积（亩）	主要作物	家庭住址	亩投入（元）	亩纯收益（元）	家庭农场	专业合作社
黄文品	50.00	稻渔养殖	梁集村	1000	320		
王善虎	70.00	水稻	全红村	900	300		
陈善红	54.48	水稻	全红村	900	300		
陈善发	60.30	水稻	全红村	900	300		
王善武	54.61	水稻	全红村	900	300		
王艮	52.59	水稻	全红村	900	300		
葛坤仁	54.96	水稻	全红村	900	300		
任绪海	88.25	水稻	全红村	900	300		
田绪江	61.14	水稻	全红村	900	300		
方正同	68.92	水稻	全红村	900	300		
方正宝	89.17	水稻	全红村	900	300		
侯义友	64.11	水稻	全红村	900	300		
王善虎	70.00	水稻	全红村	900	300		
李国武	68.87	水稻	全红村	900	300		
左传宗	60.81	水稻	全红村	900	300		
翁仕传	52.50	水稻	全红村	900	300		
权良兵	50.00	水稻	徐集村	50	400		
王少余	60.00	水稻	徐集村	70	400		
王中友	50.00	水稻	徐集村	50	400		

三、农村税费改革

新中国成立后至 1991 年，农业税，农林特产税（后改称农业特产税）是农民负担的主要项目。1992—1999 年，农民负担的主要项目是农业税、农业特产税和 1991 年 11 月国务院颁发的《农民承担费用和劳务管理条例》，规定村（包括村民组）提留、乡（包括镇）统筹费、劳务（农村义务工和劳动累工）以及其他费用，其中乡统筹费用于乡村两教办学、计划生育、优抚、民兵训练、乡村道路修建，村提留费项目有公积金、公益金和管理费。农业税收、统筹提留款及其他负担项目由乡镇政府组织有关人员向农民征收。2000 年，拉开农村税费改革序幕，根据省政府《关于建立农业税计税土地面积管理制度的意见》《安徽省农村税费改革试点方案》，全镇农业税计税土地面积以第二轮农村土地承包时用于农业生产的土地为依据，农业税计税常产依照 1993—1997 年 5 年农作物实际平均产量为基础确定。调整农业特产税。改革之初，出现农业税收负担不均、农业特产税征收难、农村公益事业"一事一议"实施难，乡村可用财力缺口骤然加大、乡村负债难消化、农村中小学危房改造资金无来源等问题，后国家、省出台减免农业税、加大财政资金转移支付、增加资金补助、安排专项资金等政策措施，难点得到基本解决。

2001—2002年，农村税费改革以"巩固、完善、规范、配套"为重点，继续征收农业税、农业特产税及其附加，中小学义务教育阶段实行"一费制"。2003年，农业税、农业特产税合二为一，改称农业税及附加。2004年，改为征收农业税，取消农业税附加，平均税率改为4.8%，比前三年平均降低2.2个百分点，村组干部报酬及管理费列入财政转移支付项目。

2005年，全面取消农业税，全面推行"一免征，三补贴"政策，农民负担进入"零赋税"监管时期。2006—2008年为防止农民负担反弹，裕安区委、区政府下文明确要求做好"零赋税"时期的农民减负工作。此后，延续农村税费改革，启动以深化乡镇机构、农村义务教育、乡镇财政体制改革，建立以农村基层工作新机制为重点的农村综合改革，落实国家给予农民各项补贴政策，创造农民补助政策资金"一卡通"等新做法，切实作好农民减负工作。

农业支持保护补贴

从2016年起，在全区全面推开农业"三项补贴"改革，即将原农资综合补贴的80%、种粮直接补贴和农作物良种补贴的全部合并为"农业支持保护补贴"，用于支持保护耕地地力。

（一）补贴对象。用于支持保护耕地地力的补贴资金，其补贴对象原则上为拥有耕地承包权的种地农民。享受补贴的农民，对耕地保护负有一定的义务要求，确保承包的耕地不撂荒、地力不下降，提升农业生态资源保护意识，积极主动采取措施推进秸秆还田，不露天焚烧，保护地力。

（二）补贴政策范围。从2017年开始补贴资金原则上与确权耕地面积挂钩。对已作为畜牧养殖场使用的耕地、林地、成片粮田转为设施农业用地、非农业征（占）用耕地等已改变用途的耕地，以及长年抛荒地、占补平衡中"补"的面积和质量达不到耕种条件的耕地等，不予补贴。

（三）徐集镇2019—2021年度9个村农业支持保护补贴情况表

表4-4

年度	组数（组）	户数（户）	补贴面积（亩）	补贴金额（元）
2019	103	6745	49861.24	3986655.45
2020	104	6693	50046.63	3963693.10
2021	103	6703	50015.4	398577.24

第二节　种植业

一、耕作制度

镇农业生产长期沿用传统的耕作制度，绝大部分地区是一年一熟，少数地区是两年三熟或一年两熟。其茬口安排是：一年一熟制，每年芒种前栽中稻，立秋前栽迟（晚）稻。水稻收割后，绝大部分田翻犁沤水，少数田（地）种红花草和大、小麦、豌豆、蚕豆、油菜，丘岗区的岗头地，一年种两季；两年三熟制，多在土地肥沃、水源充足的地区，少数农户实行水稻（玉米、大豆）—麦、油菜—水稻轮作或玉米—大麦—玉米；一年两熟制，个别生产资金、劳力、畜力较强的农户，立夏左右栽少量早稻，立秋前收割后，或栽迟（晚）稻，或种寒（晚）玉米、荞麦、红豆、蔬菜，有的实行高秆、矮秆作物大套种，水旱作物间作（水稻田埂种大豆）。

1954年，中共安徽省委提出"扩大秋种面积，改变午秋收成比重；改一年一熟为一年两熟、三熟，实行间种、套种，提高复种指数；推广高产作物和耐旱、耐劳作物，改变广种薄收习惯"的农业"三改"措施，重点是改一年一熟为一年两熟、三熟。

80年代，又向一年三熟制发展。主要措施：减少红花草面积，扩大油菜面积，稳定双季稻面积，缩短作物在大田的生长期，搞温水催芽、薄膜育秧、移栽油菜、培选良种。

1985—1994年，粮油生产技术快速发展，单产大幅度提高，少数年份逐渐出现卖粮难现象。种植结构调整，扩大油菜种植面积，减少绿肥、冬闲田。

1995—2004年，随着市场经济逐步完善和农村劳动力大量转移，农业生产逐步淡出计划经济范围，耕作制度有了较大变化，丘岗区由双季稻变为单季稻，出现了杂交油菜—水稻、麦—稻、瓜菜—稻、油—棉、油—玉米等二熟制；畈区双季稻减少过半，实行单双季稻混作，三熟制的有肥—稻—稻、瓜—稻—稻，二熟制的有杂交油菜—单季稻、西瓜（草莓）—稻、油菜—棉（玉米、山芋）、早玉米—稻、秋冬和早春蔬菜—稻等。

2005—2021年以两熟为主，即油—稻或麦—稻。

二、种植业结构

水稻等粮食生产水平逐步提高。

粮食作物主要是水稻、小麦、玉米，大豆、山芋、蚕豆、豌豆，马铃薯也有小面积种植。粮食单产：新中国成立前为120千克每亩。2018年达530千克每亩。单产稳定在500千克每亩以上。

种植业结构演变状况及特征

1949—1978年粮食生产处在由低产走向中产阶段，以追求粮食增长为中心。这一阶段处在高度集中的计划经济体制下，解决温饱是我国的首要问题，国家实行"以粮为纲"的农业发展政策，综合经营的发展受到严重的抑制，农业生产以种植业为主，种植业又以粮食为主，粮食以高产作物为主，即种植制度的核心是追求粮食产量的增长。种植结构的变化表现为粮食作物比重上升，经济作物比重下降，在粮食作物中，水稻、小麦种植面积扩大。豆类、薯类等其他作物面积逐步缩小。但总体粮食生产水平仍较低，年均增长率在10%左右。

1979—1990年粮食生产处在由中产走向高产阶段，开始转向产量与效率并重。这一阶段处在农村经济体制改革时期。政策和经营体制、经营方式的变革给农村和农业带来生机，充分调动农民的积极性，在最初几年，生产力解放所释放的能量在农业增长中的作用特别明显

1991—2021 年，粮食进入稳步高产阶段，质量与效益问题开始突出。这一阶段处在市场经济体制逐步确立阶段。良种、化肥、灌溉与农机已成为粮食生产的必要条件，科技兴农与可持续发展战略的实施已使农业生产由"资源型"走向"科技型"，努力增加科技投入，大力推广应用农业先进适用技术，不断增加科学技术在农业增长中的贡献份额，农业增长的拉动力已由 20 世纪 80 年代的政策、投入、科技转为科技、投入、政策。90 年代随着宏观经济形势变化，农产品的供求格局和市场条件也发生根本性变化，农业发展的主要制约因素已从过去单纯的资源约束转向需求约束；农产品供求格局已从供给总量不足的数量问题转变为供求之间的品种和品质不适宜而形成的结构问题。代表消费结构升级的动物性产品和蔬菜类产品远远超过传统的粮油棉产品，一度出现粮食积压和卖粮难问题。市场需求对各种农产品的拉动力促进农业结构进入一个较快的调整时期，传统的粮食主产区在很大程度上改变过去"农业就是种植业，种植业就是粮食"的高度单一、效率低下的结构模式，开始向质量效益方面转化。圩畈村许多地方出现了双季稻亩产吨粮，粮食单产提高促使粮田比重下降，为发展高价值经济作物提供空间，同时单产提高也弥补粮田比重下降的缺口，促进畜牧业与渔业的高速发展。随着耕地生产力的提高，农产品的供给得到极大提高。

20 世纪 50 年代水稻主要推广农民经验、缩小行距、增加密度。油菜混合选择改良农家品种，种植方式以点播为主。60 年代开始推广单项技术水稻小苗移栽、推广粳型、矮秆、午季作物推广合理轮作换茬技术。70 年代推广化肥应用技术、水稻通气秧田、湿润育苗、泥水选种，油菜开始推广抗病品种，并种植部分甘蓝型油菜。试验示范种植"三水一萍"，即水花生、水葫芦、水浮萍和红萍做基肥和饲料。80 年代推广农药防治病虫害技术，杂交稻面积扩大。油菜育苗移栽、平衡施肥、秸秆还田、育苗移栽技术、硼肥施用、引进抗病优质油菜。90 年代水稻旱育稀植、软盘抛秧、秧田除草剂应用、增施复合肥、配以钾肥。油菜宽行窄株栽培、平衡施肥、秸秆还田、育壮苗移栽技术、硼肥施用引进优质油菜。21 世纪水稻经型化栽培、测土配方施肥病虫害综合防治技术、优质化品种开发、采用水稻大田直播等节本增效栽培、无公害操作规程种植，双低油菜开发、优质油菜保优栽培、速溶高效硼肥应用、测土配方施肥技术、直播及机开沟免耕撒播技术。2012 年，水稻开始推广超级稻和精确定量栽培技术、抛秧技术。

种植业的变化趋势

50 年代中期至 70 年代，随着水稻矮秆品种及高产栽培技术的推广应用，水稻主产区成功进行了一次以扩大水稻种植面积、增加稻谷产量为主旨的"单季改双季，旱地改水田，晚籼改晚粳"的大变革，在此期间内，徐集镇轮作制由油—稻、麦—稻、肥—稻等两熟制向油—稻—稻、麦—稻—稻、肥—稻—稻等三熟制发展。

随着市场经济的进一步深入和健康发展，徐集镇在提高单产、保证总产、稳定增长的前提下，调整种植结构，优化资源配置，大力发展多种经营，稻田种植制度发生重大变化，稻田种植制度又向油—稻、麦—稻、薯—稻、油—瓜—稻、草莓—稻、大棚蔬菜等两熟制和经济作物与水稻轮作制度转变。

稻田轮作制中，经济作物、蔬菜、瓜类及其他作物的比重增加形成以水稻为主的粮经、粮菜等各类型的多熟制，优化镇种植结构，复种指数先呈上升趋势，90 年代后呈波动下滑状态。但粮食优质率与商品率大大提高，优质品种推广速度加快。

图4-1　软盘育秧抛秧　　　　　图4-2　机械化插秧

三、粮食作物

徐集耕地面积58845亩（3923公顷），其中水田45344亩（3022.93公顷），旱地13501亩（900.07公顷）。水域面积6143亩（409.53公顷）。徐集是粮食主产区，镇域农作物品种丰富，粮食作物主要是水稻、小麦、玉米；山芋、大豆、豌豆等也有小面积种植，其中水稻面积占水田面积98%。

水稻　农作物主产品是水稻，居粮食作物之首，占粮食种植面积65%左右，产量占粮食总产量77%。1988年，东方红村制杂交稻种150亩（10公顷），创亩产180斤（90千克），后大面积推广。1989年全镇种植协优63、协优64等高产优品种占78%，2008年杂交稻种植面积100%。1989年，黄淮海治理进行低产田改造。1992年，开展软盘育秧及抛秧技术推广。2002年至2004年，实施国家级徐集镇优质农产品项目，其中水稻10000亩（666.67公顷）。2006年实施农业科技入户工程，全镇300户，带动6000户。2006年水稻良种补贴项目4.2万亩（2800公顷）。2007年，实施水稻测土配方项目，取样375个送区农技中心化验，种植污染源调查取样65个。2008年水稻产业提升行动4万亩（2666.67公顷），亩增产25千克。同年扶持种植大户50亩以上32户，100亩以上6户，计4042亩（269.47公顷）。

徐集主产水稻，2000年以后，通过政府引导，供种企业配合良种农药经销商售后服务，农民自主选择，形成杂交稻与常规稻并存，以杂交稻为主，籼、粳、糯各有所爱，以中籼为主的种粮局面。如中优系列、汕优系列、华占系列、丝苗系列、荃优153等。种植模式多样，有直播、人工抛掷、人工插植、机插等。2020年，中稻种植面积57832亩（3855.47公顷），一季晚稻种植面积255041亩（17002.73公顷）。

2014年9月1日，裕安区组织开展水稻新品种展示观摩活动，全区20多家供种企业现场观摩区农委在徐集镇徐集村开展的水稻新品种展示田，参观了解水稻新品种的长势情况，使水稻新品种与供种企业进行零距离接触。这次在徐集镇徐集村建立的现代农业水稻新品种的展示中心，共展示水稻新品种27个，展示田全部采用统一插秧、统一密度、统一施肥标准、统一病虫害防治、统一展示推介"五个统一"的方式，通过主导品种展示示范，农艺性状观摩评议，将筛选、发布适宜该区种植的水稻为主导品种，并通过各种方式进行宣传推介，引导农民购买，达到帮助农民选择良种、应用良法的目的，为裕安区粮食增产、农民增收提供有力保障。

图4-3 裕安区农广校农业专业技术培训班

小麦 居粮食作物次位，占粮食种植面积20%左右，产量占粮食总产量6%。

玉米 常年种植面积1600亩（106.67公顷）左右。

山芋 常年种植面积850亩（56.67公顷）。大豆、蚕豆、豌豆、红豆等均有种植，面积不大，多作为鲜食用，年种植180亩（12公顷）左右。

四、经济作物

油料作物主要有油菜、花生、芝麻等，其中油菜占午季作物的50%，年种植5000亩（333.33公顷）以上。经济作物主要有红麻、大麻、西瓜、樱桃等，主要分布在岗湾区。观赏类植物品种齐全（主要由园艺公司种植）。

主要是油料、棉花、大麻、瓜、果、菜。甘蔗、药面积小，产量少。

油料为油菜、花生、芝麻3种，全镇每年种植面积约6000余亩（400余公顷），总产约1000吨。

油菜 种植面积居油料作物之首，占90%以上。1985年，"改沤扩午"（改沤水田，扩大午季作物），油菜面积逐年扩大。1990年后，大规模推广杂交油菜。1997年，推广杂交"双低"（低芥酸、低硫甙）油菜。

蔬菜 农户常年种植面积1300亩（86.67公顷）左右，总产1400吨，基本是自产自销。2010年以后，发展蔬菜种植大户，种植面积发展到2600亩（173.33公顷），总产3900吨。至2019年3500亩（233.33公顷），总产9901吨。

表4-5

2021 年徐集镇部分经济作物统计表

乡(镇)、村名称	经济作物合计 (01)		一、油料作物 (02)		油菜籽 (04)		二、棉花 (10)		三、生麻 (11)		其中：生黄红麻 (12)	
	播种面积(亩)	总产量(百千克)	播种面积(亩)	总产量(百千克)	播种面积(亩)	总产量(百千克)	播种面积(亩)	总产量(百千克)	播种面积(亩)	总产量(百千克)	播种面积(亩)	总产量(百千克)
徐集	1515.0	12424.0	621.0	931.5	621.0	931.5	73.0	42.0	0	0	0	0
梁集	1479.0	13518.0	415.0	622.5	415.0	622.5	145.0	76.0	0	0	0	0
棠树	1752.0	14080.0	550.0	825.0	550.0	825.0	270.0	145.0	0	0	0	0
全红	1651.0	13739.0	585.9	878.9	585.9	878.9	154.0	83.0	0	0	0	0
东方红	1696.0	12582.0	586.0	879.0	586.0	879.0	279.0	151.0	0	0	0	0
黄巷	1506.0	12249.0	581.0	871.5	581.0	871.5	128.0	68.0	0	0	0	0
菊花	1368.0	13330.0	386.0	579.4	386.0	579.4	98.0	52.0	12.0	12.1	12.0	12.1
黄岳	2002.0	14680.0	481.3	722.0	481.3	722.0	518.0	273.0	25.0	25.1	25.0	25.1
东沟	1460.0	9926.0	790.8	1186.2	790.8	1186.2	0	0	46.0	45.8	46.0	45.8
街道	0	0	0	0	0	0	0	0	0	0	0	0
合计	14429.0	116528.0	4996.1	7496.0	4995.8	7496.0	1665.0	890.0	83.0	83.0	83.0	83.0

五、土壤肥料种子

土壤

镇域境内土壤类型通过普查鉴定分潴育型水稻土、潮土和粘盘黄棕壤 3 大类，其中潴育型沙泥田，主要分布在淠河边的沿淠湾区。粘盘黄棕壤，主要分布在岗畈区。

肥料

中华人民共和国成立前，镇农业生产肥料，主要有人畜粪、土杂肥、红花草、青秸、饼肥、掩青肥（油菜、蚕豆）、沟塘泥等。

农家肥为本镇重要肥料，肥源丰富、采积方便、成本低、效率高。它可分为人畜粪、厩肥、窖肥、沟塘泥、烧土肥、饼肥等。

人畜粪：农村居民每户建有厕所、粪窖，积蓄人、畜粪便。

厩肥：饲养家畜、家禽的农户（生产队），均建有牛棚（栏）、猪圈（栏）、鸡鸭鹅笼，平时铺草、垫土、撒草木灰，不定期打扫出清。

窖肥：农户多在庭前、院内挖阳沟窖（宕），积蓄垃圾、"千脚土"、零星杂肥，不定期挖出使用；有的在田头、地边或空隙地挖窖打宕，夏秋（伏天最好）铲草皮填汇，或掺上秸秆、畜粪，增加肥力，每年出肥 1 至 2 次，有的在田间圈临时性粪窖，俗称"懒窖""田头窖"，就地就土，掺上畜粪、饼肥、青秸汇作，使用时，就近撒开。

沟塘泥：本镇岗畈湾区，春耕开始，放干沟塘水，挖取肥淤泥，一般是三、五年轮挖一次；圩区多用铁制泥夹捞取。1981 年以后，因化肥大量供应，农业劳动力分散，故农户绝大多数不再使用沟塘泥积肥。

烧土肥：农户习惯烧土粪灰，就地烧、就近用，节省劳力；烧"田包子"，增加地温，减少虫害。

饼肥以油菜籽饼为大宗，还有棉籽饼、芝麻饼。新中国成立后，因农、林业生产发展，饼肥产量增加。1959—1963 年，因受"左"的思想影响，产量下降。80 年代以后，饼肥逐渐减少。

其他杂肥包括草木灰、稻糠灰、锅墙土、毛发、沼气池发酵原料、植物叶皮茎、食品渣滓等。

绿肥主要是红花草，传统品种是紫云英，70—80 年代种植面积在 5000—8000 亩（333.33—533.33 公顷），目前仍有少量绿肥。

化肥有尿素、碳酸氢氨、过磷酸钙、25%复混肥、氯化钾、中高浓度氯化钾复合肥、硫酸钾复合肥、硼肥等。新中国成立之初，虽使用化肥，但数量甚少。60 年代初，推广使用化肥逐渐普及。20 世纪 90 年代中期以前，碳酸氢氨每亩施用量 40 千克；磷肥每亩 35 千克；钾肥每亩 8 千克。20 世纪 80 年代初，为解决油菜花而不实问题，硼肥得到广泛应用，2000 年前以基肥为主，2000 年后以外追肥为主。进入 21 世纪，作物生产主要以化学肥料为主，2010 年后，农业生产以各种含量复混肥为主，部分田块使用复合肥和有机无机复混肥。

种子

镇域居民使用的种子大致分为以下几个阶段：农业合作化前，农民自留、自选、自用，余缺相互串换，品种具有极强的地域性；农业合作化到 20 世纪 80 年代，政府高度重视农作物优良品种的改良与推广，建立优良品种繁育体系和各级种子机构，通过专家审定、政府核准，最大限度普及优良品种；20 世纪 80 年代后期，种子逐步从产品过渡为商品，国家拨款扶持建立健全县、区、乡（镇）种子机构，提出种子工作区域化、专业化、良种化、标准化和统一供种的"四化一统"方针。实行家庭联产承包责任制，激发农民使用优良品种的积极性。由于杂交良种增产增收，得到大面积推广。水稻、小麦、油菜等主要农作物的杂交种子，由市（县）、乡种子公司（站）统一调运、统一供应，以提高种子质量，保证生产用种，农户每年购买新种子，不再自留种子。

水稻

种植的早稻、中稻、晚稻品种有常规品种和杂交品种。

油菜

本镇油菜有传统品种，引进优良品种，1986—1990 年，主要有白菜型油菜。1990年，引种杂交油菜，以"双低"优质油菜品种为主。

麦类

大麦 80 年代前有部分种植，90 年代后没有种植。

小麦传统品种有三月黄、立夏黄等 10 个；引进新品种扬麦 158、宁麦 13、皖麦 33 等20 个。

蔬菜

主要传统蔬菜类型有根菜、葱蒜、茄果、瓜豆、甘蓝、水生菜、食用菌、山野菜等 12类近 100 个品种。通过推广引进目前达到 15 类 300 多个品种。

其他有玉米、大豆、甘薯、花生、芝麻等品种。

六、农作物保护

主要病虫害

水稻病虫害有 33 种，危害最严重的主要有二化螟、稻飞虱、稻纵卷叶螟、稻蓟马、纹枯病、稻瘟病、白叶枯病、稻曲病。

油菜病虫害主要有蚜虫、菌核病。

小麦病虫害有 5 种，即赤霉病、毒锈病、蚜虫、麦蜘蛛、麦黏虫，其中危害最严重的小麦赤霉病，是小麦后期主要病害。

棉花病虫害有 8 种，即立枯病、炭疽病、棉蚜虫、红蜘蛛、棉叶蝉、金刚钻、棉铃虫、红铃虫，危害最严重有棉铃虫。

蔬菜病虫害为十字花科蔬菜病虫，有白菜霜霉病、软腐病，菜蚜、菜青虫、小菜蛾、黄曲跳甲、斜纹夜蛾等。茄果类病害有茄子青枯病、辣椒炭疽病、灰霉病等。瓜果病害有黄瓜霜霉病、枯萎病等。豆类虫害以豆野螟危害最严重。此外，小地老虎、蛴螬等地下害虫危害也十分普遍。

农田草害　农田杂草种类较多。稻田主要有稗草、节节菜、鸭舌草、眼子菜、三棱草、异型莎草、野荸荠、千金子、牛毛毡、母草、陌上菜、四叶萍、丁香蓼等，油菜田主要有牛繁缕、雀舌草、稻槎菜、早熟禾、野老罐、罔草等，麦田主要有看麦娘、猪殃殃、播娘蒿、繁缕、野燕麦等。

病虫草害防治　新中国成立前，本镇无植保机构和植保设备，农作物收成情况，听天由命。到 20 世纪 50 年代中后期，乡村层层配有不脱产植保员，贯彻预防为主，综合治理的方针，做到防重于治，一年四季向农民通报病虫害发生情况和防治措施。20 世纪 80 年代起，农作物病虫害防治从以化学方法为主，转向全面推广综合防治技术。加强病虫害测报。对水稻、小麦、玉米、油菜等大宗作物主要病虫害测报，每年发布病虫情报 8—10 期。开展病虫害防治。采用农业防治、生物防治、化学防治等方法防治病虫害。

科技兴农在农药使用上有明显的体现。原来的农药有 38 种禁止使用（甲胺磷、苯线磷、甲基对硫磷、地虫硫磷、对硫磷、甲基硫环磷、久效磷、硫线磷、磷胺、绳毒磷、六六六、治螟磷、滴滴涕、特丁硫磷、毒杀芬、磷化钙、磷化镁、杀虫脒、磷化锌、二溴乙烷、氯磺隆、除草醚、福美胂、艾氏剂、福美甲胂），23 种限制使用，12 种高毒农药用生物农药、化学农药进行替代，提倡生物、灯诱无害灭虫。

图 4-4　无人机喷洒

徐集镇庄稼医院农技服务部

表 4-6

名称	开办时间（年）	地点	面积（平方米）	服务项目
惠尔丰农资	1993	西大街	100	种子农药肥料技术指导
翔云种子农药	1990	西大街	100	种子农药肥料
夏荷农技服务中心	1991	文化路西城首府	150	种子农药肥料技术指导
诚信良种服务部	2005	徐丁路西大街	100	种子
徐集农技服务部	2000	西大街	100	种子农药肥料技术指导

植物检疫　1983 年开始，恢复植物检疫工作，镇聘请兼职检疫员。对繁殖的品种、苗木严格按照产地检疫操作规程检查生产，对调出、调入的种苗进行调运检疫。检疫对象主要为毒麦。1998 年，发现美洲斑潜蝇，2002 年，发现稻水象甲，2014 年发现加拿大的一枝黄花，2019 年发现草地贪夜蛾等检疫性对象，并及时组织进行防控。

七、农业机械

农机化发展演变历程

中华人民共和国成立初期，本镇传统的大、小耕作机具主要有犁、耙、锄、锹等，均系本镇手工行业自行制造。1952 年和 1954 年先后推广七寸步犁和双轮双铧犁，后均因不合镇情而废弃。1967 年开始购置手扶拖拉机。1969 年始使用人力脚踩打稻机。1975 年开始用谷物收割机。至1978年，全镇拥有拖拉机4台、手扶拖拉机82台，排灌动力机械49台。1990年后，全镇大办农机化，大中型拖拉机拥有量增加到9台，手扶拖拉机150台以上。机耕面积达2万亩（1333.33公顷），占可耕面积40%。

1981年始，农村实行家庭联产承包责任制，随后原人民公社拖拉机站解体，土地实行分散经营，自此农民个人或联产开户开始购置农副产品加工机具、小型拖拉机，从事农田生产作业和运输。

20世纪80年代中期至90年代末，为促进农机发展，农机部门主要实行两项优惠政策：一是为农业机械使用计划内审批供应柴油，二是免费培训各类农机手，调动农民使用农业机械的积极性。与此同时，农机部门积极发挥职能作用，搞好农机新技术、新机具的引进推广工作和农机社会化生产的组织。促进农机事业渐进式发展。

90年代初，农业生产中水田耕整机、旋耕机、割晒机、脱粒机等小型农业机械不断增加，为解决"有机户闲，无机户难"的问题，农机部门因势利导，将当时审批计划柴油供应量与农机手代耕田亩数挂钩，鼓励农机户与无机户签订机械代耕作业合同，年均签订合同数在160份左右。90年代中期，随着农村经济发展，农村劳力大量外出引起农业生产季节性紧缺矛盾。当时以联合收割机为代表的大中型农机具引入使用，其高效、复式作业受到群众欢迎。一批农机作业专业户开始出现，并以组队的形式为群众开展专业化服务。1997年在农机技术人员的带动下，镇联合收割机不仅在本镇作业，并开始于午收季节北上淮北小麦主产区跨区作业。

进入21世纪，镇农机部门把推广重点放到大中型拖拉机、稻麦联合收割机、水稻插秧机械及设施农业建设等领域。同时面向农村和社会，多形式、多层次抓好农业机械驾驶、操作、维修、经营人员的岗位技能培训工作和"送科技下乡"活动。2002年自党的十六大召开后，随着经济社会的发展，本镇农村经济结构不断调整，农民外出经商务工增多，社会发展农业机械化需求变得迫切。为此，农机部门根据我镇主产水稻作物的生产现状，主攻水稻生产全程机械化技术推广应用，大力引进示范，至2004年，水稻机械化栽植技术正式应用，全

图4-5 全机械化（组合式旋耕）

镇联合收割机发展到6台，开始解决农民种水稻栽插、收割两弯腰且劳动强度大的难题。

农机应用

中华人民共和国成立初到20世纪70年代末，本镇农作机具，是以人工操作各类竹木、铁制的传统小农具、犁、耙、耖田，打场以牛力为主。

传统农机具

耕作机具 传统的大、小耕作机具主要有犁、耙、锹、郭、锄、耱耙、钉耙、四爪、榔头、桶、瓢等，均系本镇手工业制造。除满足本镇需要外，还销往外地。1952年，

提倡深耕，推广七寸步犁，后因不合县情，未几即废。1954 年，推广双轮双铧犁，因本镇水田和牛力均不适应，旋即废弃。随着经济建设和科技的发展，耕作机具不断向半机械化、机械化方向发展。1969 年，开始使用脚踩打稻机。1981 年以后，农业生产实行家庭联产承包责任制后，农民因诸多不便，耕作机具仍以传统为主，机械为辅。

排灌机具　历来使用的排灌机具是传统的人力手摇和脚踏木制大、小龙骨水车。1959 年，镇内首次使用抽水机（12 匹马力），当年有效灌溉 600 亩（40 公顷）。1988 年，全镇计有各种排灌柴油机 20 台、11072.6 马力，电动机 200 余台、12951 千瓦、17577 马力、水泵 400 余台，有效排灌面积约 2 万亩（1333.33 公顷）。

收割机具　历来使用人力操作的传统收获器具有锯镰刀、石磙、连枷、扬锨、洋叉、板锨、抬杆、稻驴、稻床、帘、箩等。1969 年，始用人力打稻机，现多用电动机带动。1970 年以后，打场开始用手扶拖拉机作动力带动石磙。1975 年，始用谷物收割机。2000 年以后，联合收割机开始广泛运用。

图 4-6　灌溉人力水车

图 4-7　联合收割机一次性收割入仓

运输机具

历来使用的运输工具是人力肩挑、扛抬，传统的器具是扁担、畚箕、箩筐。60 年代以后，开始用大板车运输，以后发展到拖拉机（兼耕田）、小四轮车、汽车等。至 1985 年，全镇计有农用运输汽车 6 辆、平板车 500 多部，多数仍以人力传统运输为主。

农机新技术、新机具推广

至 1986 年，全镇农机动力 7630 马力，主要有拖拉机 102 台，其中大中型 7 台、小型 95 台，农用运输车 11 辆，排灌机械 279 台，机耕 6780 亩（452 公顷），机灌 16200 亩（1080 公顷），机械植保 2250 亩（150 公顷）。2010 年以来，农机从小型发展到大中型，从单一作业型转向复式联合作业型，从用于生产中为主向生产前、生产后延伸，技术含量不断提高，农机装备结构逐渐优化、升级。同时在国家农机购置补贴政策扶持下，共计购买各类农业机构 744 台。至 2016 年年底，农机总动力 21586 千瓦，比 2000 年提高 40%。主要有机械化插秧机 12 台，大中型拖拉机 65 台，小型拖拉机 1855 台，农用运输车 65 辆，联合收割机 47 台，植保机械 88 台（套），农产品加工机械 74 台（套），大型排灌机械 35 台（套）。机耕面积 4050 公顷，机收面积 3800 公顷，机灌面积 1550 公顷，机械植保 1800 公顷。

油料节能技术在 1986—1992 年，引进并推广应用金属清洗剂替代机械维修使用柴油清洗，平均每年节省柴油0.76吨。基本保证农机维修不用柴油，缓和了当时供油紧张局面，减少了环境污染。同时，引进农机功率油耗检测仪，调整检修机械，推广安装机车限油校正器，促进机车功率恢复，油耗下降。

水田生产机械化技术　1988年开始使用水田耕整机、单铧犁、手扶拖拉机等机械。1990年，六安手扶拖拉机厂等3家支持农民购进长江—51型耕作机和单铧手扶拖拉机，农机部门开展技术指导与服务，逐渐带动圩畈区农民应用、推广、普及。1998年，引进以江苏靖江—504拖拉机为主的反转灭茬旋耕机，促进稻茬还田，提高作业功效，培训耕地肥力。

水稻种植机械化技术　1989年，引进试用水稻插秧机。1996年，引进稻种破胸催芽机和工厂化育秧设备。同时，引进水稻旱育秧播种机，水稻抛秧机等农机具，进行试验示范。

水稻收割机械化技术　1990年，引进推广水稻割晒机。至1995年，割晒机成为圩区较普遍的配套农机具。1998年，引进使用三洋联合收割机，一次性收割、脱粒、清选、规模、高效的复式作业，深受农民欢迎。2004年年底全镇有机动割晒机20台，联合收割机5台。2020年年底全镇联合收割机45台。

八、机构设置

徐集镇农业综合站　2000年6月，徐集镇林业、蚕桑、畜牧、水产、水利合并，成立六安市裕安区徐集镇农业综合站，人、财、物三权隶属徐集镇党委政府管理，工作范围、业务不变。

徐集镇农业综合站设站长1人，副站长1人，设岗4人，其中林业蚕桑1人，畜牧1人，水产1人，水利1人。

徐集镇农业综合站主要负责人更迭表

表4-7

组织名称	姓名	性别	职务	任职时间
徐集镇农业综合站	张登宏	男	站长	2001.2—2009.5
	陈时辉	男	站长	2009.6至今

徐集镇农经站　徐集农经站成立于1983年，当时为徐集区农经站。1983年至1992年，农经站2人。2000年，农经站有工作人员10名，2001年7月，机构改革，农经站保留2名编制。

农经站主要负责业务有：农村财务审计与管理；农村土地承包与管理，农民负担监督与管理；农民人均收入调查统计；农民专业合作社组织与管理；农业产业化服务与管

图4-8　粳米加工

理；江淮分水岭综合治理与开发等工作。1996 年，实现村账镇管，全镇各村账簿全部集中到农经站统一管理、统一做账。2006 年，农经站在银行开办村有镇管账户，钱账双管双控，实现"村有镇管"。

农民负担监督与管理是农经站工作的重要内容之一。徐集镇农民负担工作经历三个阶段。第一阶段（1991 年至 1995 年）为列入管理日程阶段。第二阶段（1996 年至 1999 年）为加大力度，减负治乱阶段。第三阶段（2000 年至 2005 年）为标本兼治，巩固税改成果阶段。2000 年税费改革，取消"三提五统"，2001 年乡镇机构改革，2002 年取消无固定土地农业税，2003 年取消农特税，2004 年取消农业税附加，2005 年取消农业税。在中国延续 2600 多年的农民种田交税宣告终结。

2009 年 6 月，徐集镇农技站、农经站合并上划，成立六安市裕安区徐集镇农业管理服务站，人、财、物三权隶属裕安区农业委员会管理，工作范围、业务不变。设岗 5 人，其中：农技 3 人，农经 2 人。

徐集镇农经站主要负责人任职更迭表

表 4-8

组织名称	姓名	性别	职务	任职时间
徐集区农经站	刘源泉	男	站长	1986.10—1992.3
徐集镇农经站	刘源泉	男	站长	1992.3—1995.1
	许劲松	男	站长	1995.1—1995.12
	孔祥银	男	站长	1996.1—2007.1
	金世军	男	站长	2008.6—2009.6
徐集镇农业管理服务站	张登宏	男	站长	2009.6 至今

图 4-9　全红村 2017 年度贫困村农业实用技术培训会

徐集镇农技站　徐集镇农技站成立于 1954 年，始为徐集区农业技术推广站，简称徐集区农技站。1984 年征收下店队土地，地址位于徐集街道六梅路西，占地 2 亩（0.13 公顷），砖墙瓦顶基建房 13 间，有办公室、食堂、招待所、经营门市部、职工宿舍、水井等固定设施。环境优美，管理规范。承担徐集区的农业技术方面工作。其主要任务是：宣传农业政策、法规，制定生产计划，指导农业生产，从事农业新技术、新品种、新材料的试验示范、推广，对基层干部群众的农业技术培训等。农技站受六安县农业局直接领导。

1992 年 3 月，六安县撤区并乡，徐集区农技站随之一分为三，分别为六安市裕安区徐集镇综合服务站、六安市裕安区江店乡综合服务站、六安市裕安区分路口乡综合服务站，三权下放，隶属当地乡镇党委政府管理，综合服务站站长由分管农业副站长谢元璋担任。

2001 年 6 月，全省进行乡镇机构改革，整合七站八所，成立徐集镇农业技术服务站，人、财、物三权隶属党委政府管理，工作范围、业务不变。设岗 6 人，其中：农技 3 人、林业蚕桑 1 人、水产 1 人、畜牧畜医 1 人。

2009 年 6 月，徐集镇农技站、农经站合并上划，成立六安市裕安区徐集镇农业管理服务站，人、财、物三权隶属裕安区农业委员会管理，工作范围、业务不变。设岗 5 人，其中：农技 3 人，农经 2 人。

2011 年 12 月，六安市裕安区徐集镇农业管理服务站加挂六安市裕安区徐集镇农产品质量安全监管站牌子，编制 2 人，农技岗位兼职。

2016 年 4 月，六安市裕安区徐集镇农产品质量安全监管站加挂农产品安全工程牌子，成立民生工程徐集镇快速检测室，建设农残、畜牧、水产品三位一体检测室，检测室由农管站长负责，农残、畜牧、水产品分别由农技、畜牧、水产技术干部兼任检测员，按照要求检测徐集镇境内农户、农业经营主体农残、畜牧、水产品，并上传检测结果。

徐集镇农技站主要负责人任职更迭表

表 4-9

组织名称	姓名	性别	职务	任职时间
徐集镇农经站	黄道林	男	站长	1986.3—1992.3
	杨德青	男	站长	1992.3—1995.7
	闻德	男	站长	1995.7—2001.6
徐集镇农业技术服务站	张登宏	男	站长	2001.6—2009.6
徐集镇农业管理服务站	张登宏	男	站长	2009.6 至今

图4-10　1991年徐集区农业技术推广站成员

徐集农机管理中心站　徐集农机管理中心站坐落于徐集镇街道，占地0.8亩（0.05公顷），徐集农机管理中心站所辖范围：徐集镇、江家店镇、分路口镇，负责3个镇的农业机械管理。主要职责是，宣传贯彻国家农机化的法律、法规、规章和政策。负责本辖区农业机械的安全监督管理。引进、试验、示范、推广先进适用的农业机械新技术和新机具。开展技术咨询，信息服务。负责本辖区的农业机械统计报表。

徐集农机管理中心站主要负责人任职更迭表

表4-10

单位名称	姓名	性别	职务	任职时间
徐集农机站	李和密	男	站长	1987—1996
	张平	男	站长	1997—1998
徐集农机管理中心站	胡道元	男	站长	1999—2001
	李和密	男	站长	2002—2005
	荣发成	男	站长	2006—2012

徐集镇农业在编在岗人员情况登记表

表4-11

序号	单位名称	姓名	性别	年龄（岁）	学历及专业	现聘任职务	职称专业
1	徐集镇农业管理服务站	张登宏	男	59	大专—蔬菜	高级农艺师	综合
2	徐集镇农业管理服务站	杨绍梅	女	43	大专—心理健康教育	农艺师	综合
3	徐集镇农业管理服务站	胡圣法	男	57	本科—植保	高级农艺师	植保

续表

序号	单位名称	姓名	性别	年龄（岁）	学历及专业	现聘任职务	职称专业
4	徐集镇农业管理服务站	潘婷	女	29	本科—园林	助理农艺师	综合
5	徐集镇农业管理服务站	荣发成	男	49	大专—农机化	工程师	农机化
6	徐集镇农业管理服务站	陈习飞	男	48	大专—水产养殖	高级工程师	水产
7	徐集镇农业管理服务站	胡良宝	男	33	大专—财会	初级	畜牧兽医
8	徐集镇农综站	陈时辉	男	54	大专—农学	高级工程师	林业
9	徐集镇农综站	曾洪波	男	49	大专—电气技术	工程师	水利
10	徐集镇农综站	陈久东	男	55	大专—水利水电	高级工	灌排工程

第三节　养殖业

一、畜牧饲养

1992 年，徐集镇乡畜牧兽医站时任站长为朱开育，每村基本有兽医 1 名，主要从事畜禽防疫、疫病防治，防治经费从乡统筹和提留中预算一部分作为乡兽医的工资，乡兽医身份是大集体村兽医。村兽医都是自收自支的，报酬从防病治病的收费中解决。当然收费乡兽医站须对各村兽医下达收费标准。随着体制改革，大集体兽医退出乡镇结构序列，乡镇畜牧工作由全额财政拨款的有编制的事业单位工作人员进行，成立徐集镇镇动物疫病防治服务中心，主要从事动物防疫、动物及其产品的检验检疫、畜禽生产技术指导和防病治病服务、动物卫生监督、畜禽污染治理等工作。

徐集镇畜牧业发展经历农户自繁自养自食—以户扩大规模—规模专业化养殖三个发展阶段。经过近十几年的发展，镇畜牧业生产得到很大发展，全镇先后涌现出一大批畜牧业养殖企业，大型规模养殖企业有文胜白鹅养殖专业合作社、恒泰养殖专业合作社、王存明万头猪场、海鸿畜禽养殖专业合作社等，其他中小型养殖企业大大小小有 80 多家。2017 年年底，全镇出栏 500 头以上的养殖场 9 家，年出栏生猪 200 头以上的 26 家。年出栏家禽 5 万只的养殖户有 3 户。2018 年，全镇生猪出栏 2.1 万头，年底存栏 1.2 万头，能繁母猪存栏 868 头。家禽出栏 6.9 万羽。畜牧业总产值 1.1 亿元，占整个农业总产值 43%。

随着畜牧业的发展，镇畜牧工作所承担的工作职能越来越细化。主要有：重大动物疫病的防控；动物卫生监督；畜禽养殖产业发展及技术指导；畜禽产业的保险；动物食品安全；畜禽粪污治理等。

特别是畜禽养殖存在重大的疫病风险，如禽流感、口蹄疫、非洲猪瘟等。2018年7月以来，非洲猪瘟相继在全国相关地区爆发蔓延，给生猪养殖产业造成巨大损失。

二、家禽饲养

徐集镇是畜牧业大镇，养殖自然条件优越，饲养生猪、肉鸡历史悠久。主要家禽为鸡、鸭、鹅。皖西白鹅，近年来产量有所增加。三黄鸡为本地良种，新引进来杭、芦花、白洛克等。本地水鸭被淘汰，新引进昆山和巢湖鸭。主要家畜有江淮水牛、淮猪、羊、猫、狗等。

徐集镇地形复杂，水源丰富，畜牧种类繁多，主要有猪、牛、羊、鹅、鸡、鸭等。养殖形式多样，农户散养占总户数95%，一般农家养猪1至5头，鹅、鸡、鸭几只至上百只，部分农户养牛、羊，全镇年养牛羊3000头。大户规模养殖成为示范，2008年白鹅养殖上规模的有黄巷村的三洋鹅厂，年养白鹅2000羽以上；全红村年养鹅在1000羽以上201户。生猪年出栏率500头以上大户全镇10户，鸭年养1000羽以上全镇6户，2007年成立佩安养鸭专业合作社，养鸭向集约化发展。

2016年生猪饲养量2.1万头，达到生猪饲养量的高峰，其中家禽饲养量达到18万羽，牛、羊1800余头；2017年镇生猪饲养量2.2万头，家禽19万羽，牛、羊2100余头；2018年生猪饲养量2.2万头，家禽19万羽，牛、羊2300头；2019年生猪饲养量2.0万头，家禽22万羽，牛、羊2400头；2020年生猪饲养量2.2万头，家禽24万羽，牛、羊2600头。近5年畜牧业产值1.56亿元，占农业生产总值的41.1%。畜牧业发展趋势是传统家禽和生猪饲养呈现下降趋势，而牛、羊饲养量逐年增加，这是农业供给侧改革的结果和农业现代化进程中高质量发展的需求。

畜牧产业化发展情况。近年来，农业产业化建设作为转变畜牧业生产方式和产业结构调整、增加农民收入的重要手段，紧紧抓住国家发展农业产业化一系列强农惠农政策机遇，着力推进畜禽标准化、规模化养殖。除传统的肉鸡、生猪、肉鸭养殖持续增长外，肉牛、肉羊养殖不断涌现。畜禽养殖标准化程度不断提高，规模养殖占畜牧业生产的比重达65%以上。各种农民专业合作组织纷纷成立，镇先后成立畜禽养殖农民专业合作社10家，畜禽养殖公司4家，起到了良好的示范带头作用。规模养殖进入一个新的发展时期。

三、水产养殖

水产养殖以青、草、鲢、鳙"四大家鱼"等淡水鱼类和菱、藕等水产植物为主。渔业在大农业中列为第五位，是国民经济的一个重要组成部分。新中国成立前，渔业均由私人经营。新中国成立后，在农业生产合作社、人民公社经济统一管理核算时期，由集体经营，在实行农业生产家庭联产承包责任制后，由集体和个体户承包经营。

鱼类有30多个品种。主要是：南方马口鱼、光唇蛇白、鮎鱼、黄颡鱼、大眼鳜、鳗鲡、白鲢、鳙鱼、鲤鱼、鲫鱼、长春鳊、草鱼、青鱼、翘嘴红白、短尾白、麦穗白、花骨鱼、泥鳅、黄鳝、乌鳢、刺鳅、河蟹、虾、鳖、龟、河蚌、田螺红鲤、杂交鲤等。

水生植物主要有莲藕、菱角、芦苇、蒲草、菱瓜、芡实、荸荠、水浮莲、灯芯草、睡莲等。

　　鱼苗繁殖　除野生鱼自繁外，鲢、鳙、青、草"四大家鱼"的鱼苗，过去于每年春季从外地天然鱼苗场购进毛籽（俗称江花），运回放入专养塘（又称鱼花塘），育成鱼苗（有春花、夏花、秋瘪子），夏至以后开塘。本镇"江花"养殖户多具有祖传专业知识，经济效益较高。民谣说："要想起大土查（发财），削（音 xiao，阉）猪打铁养鱼花"。

　　成鱼饲养　农业合作化前，由农户自养、自食、自售。1956 年至 1981 年，境内水面属集体所有，公社、大队、生产队各级都按水面所有权养鱼，收入归集体，纳入分配范围，分鱼按头或斤计算。1982 年 2 月，实行渔业家庭联产承包责任制，1984 年年底到 1985 年初，全镇共落实承包水面 3500 亩（233.33 公顷）。承包对象主要是村民组集体、联户、专业户。通过承包，产量年年上升。自 1981 年农业实行家庭联产承包责任制后，小面积的沟、塘、荡、堰按管理用水权，责任到户，由社员户自养；有的农户在庄前宅后挖宕养鱼，有的利用低洼稻田养鱼、养莲藕、栽荸荠，实行多种经营。各类水生植物，按承包耕地、水面归属，由社员自培、自采、自用、自实。

　　特种养殖　主要品种有黄鳝、牛蛙、龙虾、青虾、美蛙、甲鱼、毛蟹等，采取池塘主养、混养等方式。特别是自 2016 年以来稻虾养殖发展迅速，全镇共发展稻虾养殖 4000 亩（266.67 公顷），年产龙虾 600 吨，年产值 900 万元。

　　截至 2021 年 12 月，全镇池塘养殖水面 4600 多亩（306.67 多公顷），稻虾综合种养殖面积近 5000 亩（333.33 公顷）。2021 年度，全镇水产品产量 2035 吨，按当年现价计算，产值达 3000 万元。附 2021 年全镇水产品产量明细表：

徐集镇 2021 年水产品产量同比增加绝对量明细表

表 4-12　　　　　　　　　　　　　　　　　　　　　　　　　　　　单位：吨

乡镇名称	村级	淡水养殖同比增加绝对量										
		产量增加量小计	按养殖水域分						按养殖品种分				
			池塘	湖泊	水库	河沟	其他	稻田	鱼类	甲壳类	贝类	藻类	其他
徐集镇	全红村	347.5	309.0		5.0			33.5	314.0	33.5			
	棠树村	249.0	167.0		4.0			78.0	171.0	78.0			
	东方红村	109.0	105.0		2.0			2.0	107.0	2.0			
	徐集村	136.0	109.0		2.0			25.0	111.0	25.0			
	菊花村	229.0	214.0		3.0			12.0	217.0	12.0			
	黄巷村	277.0	246.0		4.0			27.0	250.0	27.0			
	梁集村	425.0	280.0		5.0			140.0	285.0	140.0			
	黄岳村	262.5	241.0		4.0			17.5	245.0	17.5			
	东沟村	0	0		0			0	0	0			
	合计	2035.0	1671.0		29.0			335.0	1700.0	335.0			

四、禽畜疾病防治

徐集镇动防中心前身是徐集镇兽医站，是基层事业单位，接受农业农村局和徐集镇政府双重领导，肩负着发展畜牧兽医事业的多项职责，其中包括动物疾病的预防与诊治，动物食用肉制品的安全检测等。2000年以后，徐集镇动防中心由9人组成，主任胡良宝（徐集镇官方兽医），成员蔡英胜（执业兽医师、产地检验员、白肉检验员、村防疫员）、房传宏（白肉检验员，村防疫员）、鲍育林（村防疫员）、丁美琴（村防疫员）、罗会群（村防疫员）、张成碧（村防疫员）、丁瑞文（村防疫员）邱业和（村防疫员）。

使用兽药、疫苗、维生素及饲料添加剂等产品，必须使用取得国标批号的产品，入场及投入使用前必须经过消毒处理，并做好详细采购和出售记录。

徐集镇目前有兽药饲料门市部6家，通过GSP（Good Supply Practice，药品经营质量管理规范）认证的一家（蔡英胜兽药饲料门市部），本镇兽药饲料门市部，执业兽医师1人（蔡英胜），技术人员有3人（鲍育林，罗会群）。

2018年共调进禽流感疫苗33万毫升，防疫家禽65.3万羽次，调进猪口蹄疫疫苗3.96万毫升，防疫生猪2.2万头次，调进牛羊口蹄疫疫苗1万余毫升，防疫牛羊2300头次。同时要求各村防疫员严格按照免疫程序做好免疫记录，建立免疫档案，发放免疫证明。全镇动物免疫率达100%。在强制免疫期间，坚持"五统一""五不漏"。即在防疫时坚持"统一组织行动，统一完成时间，统一操作规程，统一免疫标识，统一免疫程序"。"五不漏"就是在注射疫苗时做到"镇不漏村，村不漏组，组不漏户，户不漏畜禽，畜禽不漏针"。全年动物免疫工作改进工作方法，创新工作机制。即规模养殖场的授权自免制度、月补免日制度、免疫抗体监测制度、疫苗空瓶回收集中销毁制度等。

2018年实施生猪产地检疫17563头，家禽产地检疫189400只；对饲养户场使用的动物药品和饲料添加剂进行监管，严禁养殖户在动物饲养中使用或添加违禁药物。同时对全镇40多户生猪养殖户场进行了"瘦肉精"检测，共抽检全镇生猪养殖户所饲养生猪尿样350份，生猪尿样全部合格；开展动物流行病学牛羊布病及其他动物传染病调查。采集各类牛、羊血样70份，禽类血样40份，双拭子40份。市区畜牧主管部门分别对镇免疫后的畜禽进行免疫抗体的抽样检测，全年采集禽流感血样320份，猪血样150份，牛羊布病防控血样200份。

2019年上半年共防疫家禽22万羽次，生猪2.0万头次，牛羊2200头次。保证镇全年无重大动物疫病发生和畜牧业健康稳定快速发展。协助镇贫困户从事的养殖产业，发挥经济效益并及时脱贫。完成镇2019年度能繁母猪保险投保，为农户做好死亡母猪理赔工作。主要做好养殖户能繁母猪的参保（参保工作已完成，全镇共参保1188头），帮助农户做好死亡母猪的理赔。完成全镇15家规模畜禽养殖场的粪污治理及资源化综合利用工作。做好镇1000多贫困户实施的扶贫产业的"深贫保"工作，及时为贫困户做好"深贫保"案件查勘、材料收集整理及汇总上报理赔工作。进一步做好镇非洲猪瘟的防控工作。进一步加强疫情排查，落实日报制度。做到早发现、早防控、早处置，防止造成不必要的疫情扩散和传播。继续加强生猪及其产品的移动监管。进一步指导养殖场做好消毒灭源，净化养殖环境。积极开展宣传活动，营造良好防控氛围。

2020 年完成全年重大动物疫病的防控工作。特别是高致病性禽流感，猪、牛、羊口蹄疫等重大动物疫病的防治。调进禽流感疫苗 25 万毫升和生猪口蹄疫疫苗 6 万毫升以及牛羊口疫疫苗 1 万毫升，及时组织村级动物防疫员对全镇所有畜禽养殖场和散户饲养畜禽进行强制免疫。做好从事养殖产业扶贫项目的贫困户家畜禽进行强制免疫和防治的工作。全年共防疫家禽 85 万羽次，生猪 3.7 万头次，牛羊 2400 头次。保证镇全年无重大动物疫病的发生和畜牧业健康稳定快速发展。协助贫困户从事的养殖产业发挥经济效益并帮助他们及时脱贫。

完成镇 2020 年度能繁母猪保险投保，为农户做好死亡母猪理赔工作。主要做好养殖户能繁母猪的参保（全镇共参保 786 头），帮助农户做好死亡母猪的理赔。进一步加强动物卫生和畜产品质量安全监管。组织实施畜产品质量安全检测检查行动，定期对镇内规模养猪场饲养生猪以及家禽进行"瘦肉精"、兽药残留、三聚氰胺等进行检测，确保镇畜产品质量安全。加强病死畜禽无害化处理工作，组织村防疫员对各养殖户场的病死畜禽进行了深埋、高温消毒等无害化处理措施。确保畜禽养殖场无污染环境的行为发生，从源头上控制病死畜禽流入餐桌。严格产地检疫制度，对镇调出畜禽进行严格检验检疫，保证群众吃上放心肉。完成我镇规模畜禽养殖场的粪污治理及资源化综合利用工作。结合镇人居环境整治，根据畜禽养殖废弃物综合治理及资源化利用要求，按照种养结合、循环利用、生态环保原则，重点对镇内规模畜禽养殖场按照雨污分离、干粪堆积和粪污存储发酵后还田还地还林利用进行技术指导和粪污治理及资源化利用方案设计。督促养殖场建立粪污治理配套设施，降低对生活环境的污染。

2020 年度为镇 13 家养殖场申报畜禽粪污治理及资源化利用项目。完成镇 1572 户贫困户"深贫保"投保和理赔工作。及时为贫困户做好"深贫保"案件查勘、材料收集整理及汇总上报理赔工作。截至 2020 年 9 月底共完成 373 件到户产业项目"深贫保"案件理赔，获得理赔资金 98323 元，全年共为镇贫困户救助类"深贫保"案件 56 件，其中 2020 年度高考升学为本专科的贫困户子女 55 人，死亡救助 1 人。进一步做好镇非洲猪瘟的防控工作。进一步加强疫情排查，落实日报制度。做到早发现、早防控、早处置，防止造成不必要疫情扩散和传播。继续加强生猪及其产品移动监管。进一步指导养殖场做好消毒灭源，净化养殖环境。开展宣传活动，营造良好防控氛围。新冠疫情期间积极落实联防联控机制，指导畜禽养殖企业的复工复产工作。

2020 年春，组织村防疫员共 3 人连续 26 天，深入镇所有畜禽养殖场现场指导养殖企业做好新冠疫情防控、生物安全防护和消毒灭源工作。为养殖企业提供消毒药品、一次性手套、防护服和禽流感疫苗等防控、防护物资。充分调动企业复工复产积极性，帮助压栏养殖企业通过微信等网络平台销售压栏家禽，减小企业压力。

第四节　现代农业

一、农业产业化

1993 年，提出大力发展"两高一优"农业，即发展高产、高效、优质农业。1995—

1999 年，全镇农业产业化经营方式由探索逐步走向成熟，重点培育优质粮油、畜禽、水产、蔬菜四大主导产业。

徐集镇大力发展养殖业。境域内动物分布比较单一，主要有猪、狗、猫、水牛、鸡、鸭、鹅、鱼等家禽为代表，随着农村产业结构的调整、养殖链的改变，水牛、鹅等家禽类在萎缩，而野兔、野鸡、斑鸠、麻雀等野生鸟类群体在逐步恢复发展，猪、羊、狗獾、鱼、泥鳅、龙虾、螃蟹等规模化养殖正在逐年扩大。

图 4-11 裕安区农委王举勇老师授课：《地方土鸡的养殖技术》

2011 年以来，培育主导产业、做强优势产业、发展特色产业、推进农业多功能并发地和标准化养殖基地建设，坚持"优质高效、生态安全"的原则发展现代农业、生态农业和观光农业。坚持绿色发展，资源循环制用，着力打造生态农业镇。2015 年徐集农业企业总计 132 家，其中公司 25 家，合作社 59 家（种植 16 家、养殖 30 家、综合 8 家、苗木 4 家、加工 1 家），家庭农场 22 家，其他 26 家。2016 年农业企业合计 142 家，其中合作社 69 家（种植 7 家、养殖 25 家、综合 33 家、苗木 1 家、农机 3 家），家庭农场 22 家，公司 25 家，其他 26 家。2017 年农业企业合计 153 家，其中合作社 72 家，家庭农场 31 家，公司 25 家，其他 26 家。2018 年农业企业合计 164 家，其中合作社 74 家，家庭农场 36 家，公司 26 家，其他 28 家。

现代农业示范基地

六安市现代农业示范基地徐集镇境内共涉及 3 个村、11 个村民组，595 户、人口 2336 人，总占地面积 528.14 公顷。其中耕地面积 302.92 公顷，林地 176.67 公顷，水域面积 48.53 公顷（大小水塘 119 口）。

安徽省黄岳生态农业科技有限公司：法人代表田先锋，公司承包山场土地面积 40 公顷，水面 6.67 公顷。培育桂花、狗骨、木瓜、青枫、紫薇等大别山地区特有树种，苗木基地占地 26.67 公顷。1 个良种猪繁育基地，占地 6.67 公顷。引进优良品种"斯格"种猪 500 头，实行自繁自养一条龙生产。

高皇林业经济园：法人代表陈晓燕，承包山场土地面积 33.33 公顷，主要培育用于城市绿化的马褂木等品种。

徐集镇高皇大棚蔬菜示范片：高皇现代农业示范园位于徐集镇高皇村，距六安市区 9

千米。该项目共投资 89.7 万元（其中省江淮分水岭项目投资 56 万元，个体户筹资 33.7 万元）。2006 年 10 月开始兴建，园区一期租地 33.33 公顷，规划 3 个区，即优质粮油种植区、家禽养殖区、精品蔬菜示范区。园区内建钢架大棚 13 座，修砂石路 2.8 千米，渠道硬化 500 米，涵管配套 100 米，拦水坝 2 座，平板桥 1 座，深井 2 眼，修整土地 26.67 公顷，建预储室 300 平方米，建标准化鸡舍 2500 平方米。园区由承包大户陈昌发承包经营，解决当地劳动力 40 余人，2008 年项目区内销售商品鸡 2 批，6 万余只。

徐集村种粮示范点

六安市裕安区金海优质粮油生产专业合作社位于裕安区徐集镇徐集村。成立于 2009 年 4 月，注册资金 36 万元，法人代表周庆怀。主要从事优质粮油生产、杂交水稻新品种试验示范、高产小麦实验示范，合作社流转土地面积 46.31 公顷，拥有大小型农机具 10 台个，年销售收入 105 万元，纯收入 20 万元左右。合作社在经营过程中，不断创新，逐步提升产品质量。精选米质优，食性好，产量高的好品种，与当地龙头加工企业对接订单，增加经营效益，每年优先带动当地贫困户参与生产劳动，使他们年人均收入增加 3000 元左右。合作社自 2013—2020 年承担六安市农业科学研究院小麦新产品种植区域试验示范，裕安区农科所杂交水稻新产品展示项目杂交水稻新品种试验示范近 13.33 公顷，还为六安市几大种业公司的新品种推广示范承担大量业务，每年接待种业科技人员市区两级农业部门现场观摩会人数达 300 人次。

绿洁牧业有限公司

六安市绿洁牧业有限公司位于六安市裕安区徐集镇黄岳村，成立于 2014 年 10 月，主要从事安徽白山羊标准化饲养、良种繁育。总经理蒋纯超放弃在上海餐饮业的稳定收入，回乡投资兴建标准化羊舍 2900 平方米，牧草地 13.33 公顷。在种羊良种繁育、标准化健康养殖、种草养羊等技术示范推广工作中取得良好的经济社会效益，先后被评为市级产业化龙头企业、省级示范社。

公司坐落在黄岳寺附近丘陵地带，地势高，四周林草繁茂，远离工业污染源。空气、水源、土壤指标完全符合农业农村部关于无公害畜禽产品生产要求。2017 年取得安徽省农产品无公害地理位置认证、农业部农产品无公害认证。日常管理严格按照《安徽省畜禽标准化养殖小区建设管理规范》的规定，积极开展标准化种羊繁育示范创建工作，在进一步提高山羊繁育水平，增加养殖效益，改善农业生态环境等方面发挥较好的示范带动作用。得到省农委的认可并授牌为"安徽省畜禽养殖标准化示范社"。

安徽白山羊是优良的地方畜牧品种，是备受消费者青睐的"干风羊肉"的原料羊，近年来，由于无计划地进行杂交，安徽白山羊优良性状不同程度丢失，纯种安徽白山羊个体在羊群中的比例不断降低，濒危程度达濒危—维持。为科学合理开发安徽白山羊的生产潜力，向广大养殖户批量提供优质安徽白山羊种羊，2013 年以来，公司致力于安徽白山羊良种选育工作，在首席专家王立克的指导下，先后从合肥博大牧业科技开发有限责任公司、阜阳及当地引进安徽白山羊种羊 580 只，选建核心群种 303 只，培育 8 个家系。并建立完整的系谱记录与选育档案。2017 年 9 月取得安徽省《种畜禽经营许可证》，建成安徽白山羊祖代种羊场。选育的安徽白山羊耐粗饲，饲养以干草料和青饲料为主，精料为辅，很少使用添加剂；抗病力强。

图 4-12 "黄岳" 山羊，绿色草羊

公司于 2014 年成功注册"黄岳山羊"商标，公司系列产品以"黄岳山羊"品牌统一对外销售。

六安市君盛特种动物养殖有限公司

君盛特种动物养殖有限公司位于六安市裕安区徐集镇黄岳村，公司于 2016 年 12 月正式成立，注册资本 300 万元，是安徽省六安市林业局批准的唯一一家大型集野獾驯养繁殖科研于一体的私营企业。公司前期投资 2000 万元，占地面积 3.33 公顷，后期待建储备建设用地 0.67 公顷，公司分为办公区和饲养区两大部分，其中设有办公室，会议室，财务室，消毒室，屠宰间，员工宿舍，餐厅，饲料配比室，冷库，沼气池，共计 2900 平方米。现有圈舍 21 栋 9000 多间，饲养笼 3000 多个，目前饲养种獾 1200 只，2017 年年销售收入 138.27 万元。

狗獾是一种性情凶猛、抗菌力极强对环境要求不高且皮、毛、肉、药兼具的珍稀野生动物。獾有狗獾猪獾之分：狗獾形如家狗，脚短而粗壮，体重约 10—12 千克；猪獾像小猪，体形肥腴且行动迟钝。

獾的毛皮较好，绒毛密度大，皮板致密，经化学揉制后毛色光亮紧密，可制作高档裘皮服装，脱毛后揉出的软面革可以做各种皮包、毛皮玩具、手套。獾毛可制作胡刷和油画笔。獾肉细嫩、鲜美可口，营养丰富，是宴席上的野味珍品。獾油有补中益气、消肿解毒、润燥的功效，是治疗烫伤、烧伤、冻伤、咳血、痔疮、疥癣、皮肤皲裂、中气不足、子宫脱垂、半身不遂、胃肠溃疡等病症的有效药物。獾肝胆可以直接入药，具有清热解毒的作用。獾膀胱治遗尿，獾鞭可与鹿鞭相媲美，爪泡酒可治疗神经衰弱、补肾，骨可提取几丁质等紧缺的制药原料。李时珍在《本草纲目》中写到"其有起死回生之功效"。獾的市场目前是供不应求，在韩国獾肉是做滋补汤最好的原材料，每斤高达 100 多元。

公司实行"公司+基地+农户"等带动模式，企业与养农签订产销合同，实行产前、产中、产后有机结合的产业链及饲养技术跟踪监督，向广大养农介绍獾的相关知识，以养农为中心的理念，积极举办养殖相关讲座，同时通过创新型的活动提高养农的综合素质，致力培养养农的精英意识。截至 2020 年，企业已带动 19 个贫困户及 72 位本村农户，户均增收 16000 元。

图 4-13 野獾驯养繁殖基地

表 4-13

2020 年徐集镇农业企业基本情况登记表

序号	企业名称	所在村	企业法人	租、征地面积（亩）	注册资金（万元）	产业化龙头企业	备注
1	六安市裕安区黄岳生态园	黄岳	田峰				种植、苗木、养殖、销售
2	六安市裕安区宇龙庄园	黄岳	关传辉				苗木、养殖、销售
3	安徽省嘉浩生态养殖有限公司	黄岳	许浩	50			养殖业
4	六安市裕安区美开园艺有限公司	黄岳	丁美开	130	500		养殖、苗木
5	六安市六州丰裕畜牧养殖有限公司	黄岳	李先友	40	50		养殖业
6	六安市裕安区黄土地生态养殖场	黄岳	王存明	50			养殖业
7	六安市三宝生态农业有限公司	黄岳	刘传兵	690	100		种植业、林业
8	六安市裕安区宏达养殖场	黄岳	刘运红	35	160		养殖业
9	六安市茂森生态农业有限公司	黄岳	方浩	600	50		苗木、养殖、农家乐
10	六安市龙峰养殖场	黄岳	田敏				养殖、苗木
11	裕安区成兴养殖场	黄岳	张成兴		80		养殖业
12	裕安区谢正兴养殖场	黄岳	谢正兴		60		养殖业
13	裕安区大平塘养猪场	黄岳	谢宜堂				养殖业
14	六安市裕安区明露养殖场	黄岳	张明露				养殖业
15	六安市裕安区邱茂松养殖场	黄岳	邱茂松	40			养殖、苗木
16	六安市兄弟生态养殖场	黄岳	马家亮				养殖业
17	六安市裕安区林先兵猪场	黄岳	林先兵				养殖业
18	六安市凯华工贸有限责任公司	黄岳	何良凯	123			养殖、苗木

续表

序号	企业名称	所在村	企业法人	租、征地面积（亩）	注册资金（万元）	产业化龙头企业	备注
19	六安市绿洁牧业有限公司	黄岳	蒋纯超				山羊养殖
20	六安市君盛特种动物养殖有限公司	黄岳	刘莉莉		300		
21	安徽新浩园艺有限公司	黄岳	俞成新				林木育种
22	六安市黄土地养殖有限公司	黄岳	张绪乾				商品代仔畜
23	六安市裕安区徐集永红生态养殖场	棠树	田绪文	100			养殖业
24	六安市天之源生态农业有限公司	菊花	刘太平	280			经果林、苗木、养殖
25	六安市裕安区徐集镇佳旺养殖场	菊花	刘传道	35			养殖业
26	六安市森淼园艺有限公司	菊花	刘太平	220	300		生态农业、苗木种植、销售；水产养殖
27	六安市裕安区庆为堂畜禽养殖场	菊花	徐为胜				家禽养殖
28	六安市裕安区徐登军蔬菜种植园	菊花	徐登军				蔬菜种植
29	六安市棠西花花生糯有限公司	徐集街道	马瑞国				加工业
30	六安市裕安区徐集镇夏军食品厂	徐集	夏军				加工业
31	安徽省六安市鑫润油脂有限责任公司	徐集	黄宏斌			市级	加工业
32	安徽润泽园生态林业发展有限公司	徐集	李丙祥	550			苗木
33	徐集镇徐集村扶贫互助社	徐集	周庆怀				畜牧养殖销售
34	六安市裕安区怀宇生态养殖场	全红	左传发				养殖业
35	六安市裕安区梁先武种鹅场	全红	梁先武				畜禽养殖
36	六安市安率养殖有限公司	全红	丁瑞文				养殖业
37	安徽省沪皖生态养殖场	全红	刘存好	68			

续表

序号	企业名称	所在村	企业法人	租、征地面积（亩）	注册资金（万元）	产业化龙头企业	备注
38	六安市裕安区三洋种鹅场	黄巷	杨贤胜	30	25		白鹅养殖销售
39	六安市裕安区徐集镇黄巷村皖西白鹅营销协会	黄巷	杨贤胜				养殖业
40	六安市裕安区徐集镇大胜综合养殖场	黄巷	高大胜	50	82		养殖业
41	六安市裕安区皖源精米厂	黄巷	湛永贤	14	976		加工业
42	六安市国强粮油贸易有限公司	黄巷	湛超				加工业
43	六安市裕安区徐集镇昌隆米业有限公司	黄巷	方兴敏	7	686		加工业
44	六安市三丰农业生态养殖有限责任公司	黄巷	丰勇	68	176		养殖业
45	安徽海泰景观园林有限公司	黄巷	田怀军	350			景观园林
46	安徽紫荆花生态养老股份有限公司	黄巷	田秉昌				
47	千树生态园	黄巷	张俊				
48	六安市裕强机械制造有限公司	东方红	高茂俊	12	50		机械加工制造
49	六安市德意盛生态养殖有限公司	东方红	余荃		300		
50	安徽华杰农业开发有限公司	梁集全红	章锐				苗木
51	六安市久忠园林场	梁集	陈久忠	80			苗木
52	六安市裕安区先好综合养殖场	梁集	林先好				养殖业
53	六安市金碧园瓜蒌科技发展有限公司	梁集	胡超				瓜蒌种植加工销售
54	六安市康尔惠食品有限公司	镇工业园	李利廷				加工业
合计				3622			

二、农民专业合作社

东方红现代农业专业合作社

六安市裕安区东方红现代农业专业合作社位于徐集镇东方红村，成立于 2008 年 6 月。合作社以 266.67 公顷耕地为依托，通过现代化机械化的生产模式，主要从事优质粮食生产，同时兼顾水产养殖以及多种经济作物生产，逐步形成优质生态综合性的专业合作社。

生产规模：2010 年合作社流转耕地近 266.67 公顷，水面 13.33 多公顷。

固定资产投资 300 万元，其中简易仓库 1200 平方米，水泥晒场 1300 平方米，活动板房 500 平方米，育秧车间 250 平方米，育秧大棚 15000 平方米，谷物烘干机 1 套，插秧机 4 台，旋耕机 6 台，收割机 3 台。整个农业生产基本实现机械作业。

生产的模式和方向：合作社采取先进的生产模式，突出“五良”方针即：良种、良法、良田、良策及良效。不断挖掘生产潜力，调整种植结构，提高复耕指数，力争打造“万元田”，即每亩年产值达到万元目标。

合作社的效益和成果：成立以来，每年向社会提供产品原粮 2500 吨，创造条件抓秋种，承担种粮的责任，并为周边起覆盖和带头作用，为国家粮食安全尽一份职责。合作社农民收入每户增长近 2000 元，合作社效益也在逐年提高。

图 4-14 东方红现代农业专业合作社

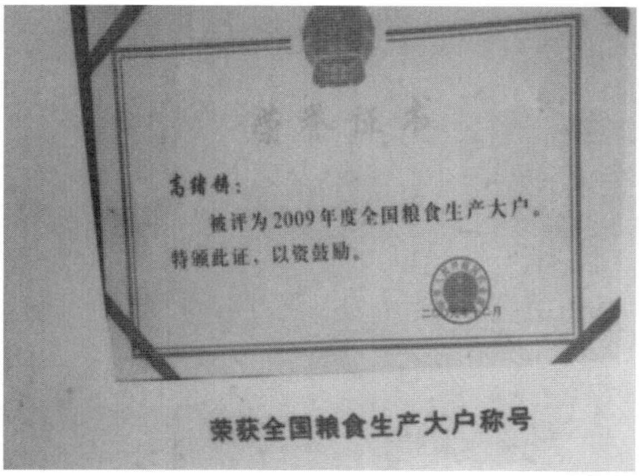

图 4-15 全国粮食生产大户荣誉证书

惠丰粮食种植专业合作社

六安市裕安区惠丰粮食种植专业合作社成立于 2015 年 5 月 22 日，位于裕安区徐集镇棠树村，毗邻 009 县道公路旁，交通便利。现流转土地 86.67 多公顷亩，主要产品是惠丰虾稻米、小龙虾等农作物。于 2019 年初获得了中国绿色食品发展中心的绿色认证“惠丰虾稻米”。

合作社致力于原生态环境保护与原生态农产品的保护与培育，致力于打造与利用生态环境，研发与应用生物技术，并使生态环境得到良性循环，注重打造有机水稻、稻虾产业品牌，在有机水稻种植和小龙虾养殖上，坚持仿生学饲养技术，植草移螺、清水灌溉、杜绝违禁药品使用，保证有机水稻和小龙虾的品质；在水稻生产上坚持测土配方施肥，使用生物肥，实施综合防治病虫草害，不用农药人工除草。

棠树村在脱贫攻坚帮扶工作中加大力度，"合作社+贫困户"模式全面推广，农业与精准扶贫深度融合，各方面帮助更多留守的贫困户学到有用、切合实际的技术，从生产技术方面进行帮扶，形成一个完全不同的新职业农民群体。

通过发展稻田养虾增收脱贫，带动更多贫困户共同创业就业的生产模式。致力于培育优良品种，生产品质过硬、打造高品质绿色大米优秀品牌。

图 4-16　种植基地

黄巷村千树种植专业合作社

千树种植专业合作社位于徐集七里半 010 县道边，成立于 2016 年，总面积 5.33 多公顷，是集草莓、葡萄、火龙果等有机水果种植和休闲观光采摘为一体的现代农业合作社，努力发展生态、有机、高效、安全的果品。法人代表张俊，1984 年 5 月出生于六安市丁集镇，毕业于安徽农业大学环境工程系，从事设施大棚水果种植 6 年。

海鸿畜禽养殖专业合作社

六安市裕安区海鸿畜禽养殖专业合作社坐落于徐集镇黄巷村大竹园村民组，占地面积 13.33 公顷，建筑面积约 3.3 万平方米，总投资 1200 万元，年出栏猪 3500 头，法人代表李昌军。

图 4-17　海鸿畜禽养殖专业合作社

杨庆堂天府肉鸭养殖合作社

2013 年杨庆堂开始引进天府肉鸭父母代种鸭并进行品种改良和适应，由于天府肉食鸭祖代种鸭地处四川盆地，常年气温偏高，昼夜温差不大，常年雨水多水气足等原因，刚开始时肉种鸭并不适应六安本地的气候，造成种蛋的受精率低于 80%，孵化 27 天的嘌蛋（活体等待出壳的鸭蛋）无故死亡等，经过近 5 年的不断探索和努力和对种鸭的不断杂交处理，培育出适合本地特色的新品种——肉麻鸭，肉麻鸭有以下特点：

性情温和，不爱乱跑，群居性强，和本地的土鸭相比一个正常的成年人如野外放养 600 羽的话，那么野外放养肉麻鸭可放养 1000 羽。

可喂食可放养，全部饲料喂养50天平均体重达3.0千克，可媲美樱桃谷白羽肉鸭。全放养50天达2.0千克，100天绿头公鸭可达3.3千克，母鸭可达3.1千克。野外放养的肉鸭杂食性强，稻田里剩下的稻谷、杂草、河沟堰坝里的螺蛳，稻田里的鱼虾和虫子都可是它们的食物。

羽毛丰满产绒性强，一只100天的肉麻鸭可生产羽绒100—130克，远远高于土鸭的产绒能力。

产蛋重，一枚肉麻鸭蛋平均可达80克，产蛋高峰期时的蛋重可达86克每枚，远远高于土鸭的70克每枚的蛋重，且肉麻鸭产双黄鸭蛋的概率能达到5%。

2021年徐集镇农民专业合作社统计表

表4-14

合作社名称	注册登记日期	所在村	理事长姓名	经营产业类型	主要产品或服务
惠丰粮食种植专业合作社	2021-2-5	棠树村	袁业敏	种植业及其相关—粮食产业	稻谷种植
博洋园林生态养殖专业合作社	2013-11-21	菊花村	宋道平	畜牧业及其相关—生猪产业	猪的饲养
正全种养殖专业合作社	2016-4-13	菊花村	严正全	畜牧业及其相关—肉牛羊产业	林木育苗
浩鑫种养殖专业合作社	2016-4-26	菊花村	王成兵	种植业及其相关—其他种植	内陆养殖
天益种养殖专业合作社	2016-5-25	菊花村	李守义	种植业及其相关—其他种植	林木育苗
杨庆堂天府肉鸭养殖专业合作社	2016-9-19	菊花村	杨庆堂	畜牧业及其相关—肉鸡产业	鸭的饲养
天蓬牧业专业合作社	2017-6-8	菊花村	严家红	畜牧业及其相关—生猪产业	猪的饲养
康源生态种养殖专业合作社	2016-1-19	徐集村	王汉梅	种植业及其相关—粮食产业	稻谷种植
永稳种养殖专业合作社	2013-7-22	东沟村	李登勇	种植业及其相关—蔬菜产业	仁果类和核果类水果种植
鑫诚畜禽养殖专业合作社	2012-9-17	东方红村	潘显明	畜牧业及其相关—生猪产业	猪的饲养
仕强畜禽养殖专业合作社	2015-6-26	东方红村	胡仕强	种植业及其相关—粮食产业	猪的饲养

续表

合作社名称	注册登记日期	所在村	理事长姓名	经营产业类型	主要产品或服务
裕佳畜禽养殖专业合作社	2018-6-16	东方红村	张晓付	畜牧业及其相关—生猪产业	猪的饲养
黄岳生态农业专业合作社	2013-5-13	黄岳村	田峰	种植业及其相关—其他种植	林木育苗
翔豪养羊专业合作社	2013-9-9	黄岳村	林先武	种植业及其相关—其他种植	羊的饲养
正兴土鸡养殖专业合作社	2014-4-29	黄岳村	谢正兴	畜牧业及其相关—肉鸡产业	鸡的饲养
绿源蔬菜种植专业合作社	2015-10-29	黄岳村	张明青	种植业及其相关—蔬菜产业	蔬菜种植
盛峰种养殖专业合作社	2016-1-6	黄岳村	李玲	畜牧业及其相关—生猪产业	林木育苗
源丰畜牧养殖专业合作社	2016-3-9	黄岳村	蒋纯超	畜牧业及其相关—其他	羊的饲养
大伟畜禽养殖专业合作社	2016-4-5	黄岳村	荣大伟	畜牧业及其相关—生猪产业	猪的饲养
世虎种养殖专业合作社	2016-5-11	黄岳村	万世虎	种植业及其相关—其他种植	林木育苗
家芳种养殖专业合作社	2016-10-19	黄岳村	李家军	畜牧业及其相关—生猪产业	猪的饲养
宇龙农业专业合作社	2016-11-30	黄岳村	关传辉	种植业及其相关—蔬菜产业	蔬菜种植
徐老庄种养殖专业合作社	2017-4-24	黄岳村	李永廷	种植业及其相关—其他种植	林木育种
亿景种养殖专业合作社	2018-3-22	黄岳村	王军	渔业及其相关	其他农业
武圣农机专业合作社	2018-6-14	黄岳村	尚必武	其他农业专业及辅助性活动	农业机械活动
恒泰畜禽养殖专业合作社	2018-6-15	黄岳村	左传福	畜牧业及其相关—生猪产业	猪的饲养
黄岳种养殖专业合作社	2018-6-15	黄岳村	郑小兵	种植业及其相关—其他种植	其他农业

续表

合作社名称	注册登记日期	所在村	理事长姓名	经营产业类型	主要产品或服务
运红养殖专业合作社	2018-6-20	黄岳村	刘运红	畜牧业及其相关—生猪产业	猪的饲养
皖岳种养殖专业合作社	2018-12-26	黄岳村	徐冬	种植业及其相关—其他种植	稻谷种植
训家养殖专业合作社	2019-2-12	黄岳村	王训家	畜牧业及其相关—生猪产业	猪的饲养
裕龙畜禽养殖专业合作社	2014-1-2	全红村	刘存龙	畜牧业及其相关—肉牛羊产业	羊的饲养
裕隆种植专业合作社	2015-3-23	全红村	朱业余	种植业及其相关—粮食产业	稻谷种植
文胜白鹅养殖专业合作社	2016-2-19	全红村	丁瑞文	畜牧业及其相关—其他	鹅的饲养
先武综合养殖专业合作社	2018-6-14	全红村	梁先武	畜牧业及其相关—生猪产业	猪的饲养
传发畜禽养殖专业合作社	2018-6-15	全红村	左传发	畜牧业及其相关—生猪产业	猪的饲养
怀宇生态畜禽养殖专业合作社	2018-6-15	全红村	王业俊	畜牧业及其相关—生猪产业	猪的饲养
为民种养殖专业合作社	2018-6-16	全红村	邓业明	种植业及其相关—粮食产业	稻谷种植
慧杰种养殖专业合作社	2019-2-1	全红村	邓业红	种植业及其相关—粮食产业	稻谷种植
谊盛土鸡养殖专业合作社	2019-6-26	全红村	杨克帅	畜牧业及其相关—肉鸡产业	鸡的饲养
牧丰农业专业合作社	2021-1-29	全红村	陈善娟	种植业及其相关—粮食产业	稻谷种植
兆周农机专业合作社	2012-8-20	梁集村	李兆周	服务业-农机服务	农业机械活动
林云生态养殖专业合作社	2016-10-21	梁集村	孙业林	渔业及其相关	牛的饲养
兴发畜禽养殖专业合作社	2018-6-14	梁集村	余兴发	种植业及其相关—蔬菜产业	猪的饲养

续表

合作社名称	注册登记日期	所在村	理事长姓名	经营产业类型	主要产品或服务
三鑫土麻蛋鸭养殖专业合作社	2018-6-14	梁集村	吴长成	畜牧业及其相关—其他	鸭的饲养
金实种养殖专业合作社	2019-7-16	梁集村	陈久忠	渔业及其相关	蔬菜种植
吴曜金实种养殖专业合作社	2020-10-29	梁堰村	孙锐	渔业及其相关	其他农业专业及辅助性活动
美中畜禽养殖专业合作社	2014-4-29	黄巷村	丁美中	畜牧业及其相关—生猪产业	猪的饲养
超亚粮食种植专业合作社	2015-4-20	黄巷村	湛超	种植业及其相关—粮食产业	稻谷种植
新星种养殖专业合作社	2015-6-3	黄巷村	丁美新	渔业及其相关	鸡的饲养
海鸿畜禽养殖专业合作社	2017-2-16	黄巷村	李昌军	畜牧业及其相关—生猪产业	猪的饲养
畜旺综合养殖专业合作社	2018-1-3	黄巷村	胡道友	畜牧业及其相关—生猪产业	牛的饲养
三洋种鹅综合养殖专业合作社	2018-6-15	黄巷村	杨贤圣	畜牧业及其相关—其他	鹅的饲养
千树种养殖专业合作社	2018-11-14	黄巷村	张俊	种植业及其相关—其他种植	葡萄种植

三、家庭农场

2010 年后，徐集镇农业产业化发展迅速。其中，家庭农场数目逐年增加。2015 年徐集农业企业总计 132 家，其中家庭农场 22 家。2016 年农业企业合计 142 家，其中家庭农场 22 家。2017 年农业企业合计 153 家，其中家庭农场 31 家。2018 年农业企业合计 163 家，其中家庭农场 36 家。2021 年农业企业合计 186 家，其中家庭农场 48 家。

2021 年徐集镇家庭农场统计表

表 4-15

农场名称	是否在市监部门注册	注册登记日期	所在村	农场主姓名	主要产品或服务
万丰家庭农场	是	2021-11-25	棠树村	张少庭	稻谷种植

续表

农场名称	是否在市监部门注册	注册登记日期	所在村	农场主姓名	主要产品或服务
登军家庭农场	是	2013-11-13	菊花村	徐登军	鸡的饲养
为兵家庭农场	是	2016-6-14	菊花村	田为兵	稻谷种植
贾录才家庭农场	是	2018-12-6	菊花村	贾录才	羊的饲养
兴斯露家庭农场	是	2019-12-3	菊花村	李守义	鸡的饲养
大成家庭农场	是	2018-5-10	徐集村	张显成	内陆养殖
朝云家庭农场	是	2018-12-7	徐集村	余朝云	稻谷种植
田丰家庭农场	是	2014-4-15	黄岳村	田峰	稻谷种植
郁森家庭农场	是	2013-10-23	黄岳村	尚必武	鸡的饲养
元军家庭农场	是	2014-4-15	黄岳村	张明宏	蔬菜种植
习红家庭农场	是	2015-10-13	黄岳村	陈习红	蔬菜种植
三元家庭农场	是	2016-3-23	黄岳村	史本生	羊的饲养
草根家庭农场	是	2016-5-10	黄岳村	张明宝	猪的饲养
永福家庭农场	是	2018-5-22	黄岳村	吴永福	内陆养殖
友祥家庭农场	是	2017-8-7	黄岳村	柏友祥	猪的饲养
胡秀胜家庭农场	是	2018-12-7	黄岳村	胡秀胜	内陆养殖
周琴家庭农场	是	2021-11-9	黄岳村	周琴	鸡的饲养
永升科技种养家庭农场	是	2013-12-24	全红村	潘声芳	猪的饲养
裕鑫家庭农场	是	2015-3-10	全红村	朱业余	鸡的饲养
江文家庭农场	是	2018-1-11	全红村	田绪江	苗木种植
启红家庭农场	是	2018-9-26	全红村	魏启红	鸡的饲养
成前家庭农场	是	2019-5-29	全红村	杨成前	猪的饲养
田缘水稻种植家庭农场	是	2019-10-31	全红村	陈公田	稻谷种植
徐家中家庭农场	是	2021-3-29	全红村	徐家中	内陆养殖
余光宝家庭农场	是	2013-7-16	梁集村	余光宝	鹅的饲养
车宏云家庭农场	是	2013-7-16	梁集村	车宏云	鸭的饲养
兆周家庭农场	是	2017-5-18	梁堰村	李兆周	稻谷种植
正宏家庭农场	是	2018-1-12	梁集村	陈方才	稻谷种植
老曾家庭农场	是	2018-12-14	梁集村	曾庆国	鸡的饲养
永海家庭农场	是	2019-3-19	梁集村	张永海	猪的饲养
纪立新家庭农场	是	2019-7-24	梁集村	纪立新	稻谷种植
金丰家庭农场	是	2021-4-25	梁集村	黄文玲	稻谷种植
方才助农家庭农场	是	2021-10-26	梁集村	陈方才	其他未列明服务业
爱国家庭农场	是	2016-11-1	东方红村	刘爱国	稻谷种植

续表

农场名称	是否在市监部门注册	注册登记日期	所在村	农场主姓名	主要产品或服务
长和家庭农场	是	2018-4-11	东方红村	谢长和	稻谷种植
仕强家庭农场	是	2020-4-20	东方红村	胡仕强	稻谷种植
宋来刚家庭农场	是	2020-3-25	东方红村	宋来刚	稻谷种植
运文家庭农场	是	2021-4-28	东方红村	郭昌林	稻谷种植
鸿新生态养殖家庭农场	是	2015-4-22	黄巷村	丁美新	水产养殖
杨良军家庭农场	是	2017-1-6	黄巷村	杨良军	鸡的饲养
芳芳莹家庭农场	是	2017-5-2	黄巷村	张家武	猪的饲养
安伟家庭农场	是	2017-5-15	黄巷村	许安伟	稻谷种植
卢俊生态家庭农场	是	2017-12-19	黄巷村	卢兴俊	稻谷种植
业清家庭农场	是	2019-1-9	黄巷村	牛业清	猪的饲养
区婷梦家庭农场	是	2020-8-5	黄巷村	田维国	内陆养殖
穗丰生态种养殖家庭农场	是	2021-3-23	黄巷村	谢峰	稻谷种植
小雨家庭农场	是	2021-3-29	黄巷村	韦春雨	稻谷种植
春宏家庭农场	是	2021-6-9	黄巷村	沈佐宏	稻谷种植

第五节　林　业

一、林政管理

1991 年县市合并，撤区并乡前原六安县徐集区林业站，技术人员 3 人，负责人方先安，业务范围是原六安县徐集区（辖 6 个乡镇分别是：徐集镇、高皇乡、江店乡、挥手乡、分路口乡、洴联乡）。1992 年至 1997 年撤区并乡后设立徐集镇林业中心站，技术人员 6 人，负责人方先安，业务范围是原六安市徐集镇、江家店镇、分路口镇；1997 年至 1999 年林业系统"三权"回收到主管局，设立分路口林业中心站，办公地点在徐集镇，技术人员 5 人，负责人张俊（女），业务范围负责原六安市徐集镇、江家店镇、分路口镇 3 个乡镇；2000 年至 2001 年林业人员"三权"下放，设立徐集镇林业站，负责人张俊（女），2001 年后事业单位机构改革，农、林、水牧、渔合并为徐集镇农业综合站，林业编制 1 人，负责人分别是张登宏、陈时辉。

徐集镇集体林权制度改革，林地确权登记颁证。徐集镇林改工作于 2007 年 9 月开始实施，2009 年 4 月全面结束。历时一年半，全镇林改确权办证共涉及 12 个行政村（高皇村、王店村、新店村于 2012 年划入平桥乡），109 个村民组，1481 户农户，林地勘界面积 1004.04 公顷，小班数 907 个，2811 宗地，确权发证林地面积 941.84 公顷，2804 宗地，共发放林权证 538 本。

图 4-18　生态园区

二、森林资源

徐集镇域海拔均在 500 米以下，植被多为人工垦植栽培，分布有人工林、落叶常绿混交林和灌丛林，森林覆盖总面积 1271.3 公顷，森林覆盖率 14.3%，植被树种以杨、松、竹、杉、青岗栎为主，局部地带散存着蕨、女贞、冬青等植物。

据《六安县志》第四章《林业》记载：1980 年徐集区高皇乡寨岗村是一个典型的贫困村，随着农业产业结构不断调整，农民因地制宜摸索出一条致富的新路子，全村有70% 的农户利用庄前屋后的空地，大力栽植樱桃果树，大户栽植樱桃 50 棵以上，小户也栽植 8—10 棵，其中栽 20 棵以上的有 40 户，全村共栽樱桃 3000 棵。长岗村民组万良武家栽樱桃 50 棵，1986 年春结果 27 棵，一季樱桃纯收入达 600 元，刘庄村民组农民宋宏兴等 4 户，家有几颗特早樱桃品种，1986 年提前到合肥市场出售，每千克售价高达 8 元。

现徐集镇是由原六安县徐集区的徐集镇、高皇乡、二小乡镇合并而成，是一个丘岗和湾畈地貌均有分布的乡镇，建镇初林业用地 66.67 公顷左右，且大部分为无林地，有林地面积不足 66.67 公顷，树种为杉树和国外松；其他为零星分布的四旁林地，以元杂竹和杂树灌木为主，林木分布质量较差。

1992 年出现毁林改耕，2000 年林地面积不足 66.67 公顷。2002 年开始，国家实施"退耕还林"造林工程，安徽省实施江淮分水岭综合治理"把林种上"造林工程，到2007 年，徐集共实施退耕还林造林 590.67 公顷，农发项目造林 80 公顷，荒滩、荒地造林 86.67 公顷，国家每年补贴农户退耕还林款 134 万元，全镇森林覆盖率从 1991 年的1.4% 上升到 2008 年的 12.3%。全镇生态环境有了较大改善。树木品种以杨树为主，成片成线占 80%，杉树占 5%，竹占 5%，其余杂树零星分散，桃、松、柿、槐、椿、栗等品种共占 10%。2003 年开始，全镇建设以林业为主 3 个经济园，品种以杨树为主的生态林和果木风景树为主的经济林。2016 年建有黄岳生态园、寨岗生态林、东沟湿地公园等大型植被园区。

2015 年安徽省实施"千亩森林增长工程""林业双增工程"，徐集镇采用引进社会企业、营林大户的规模发展林业生产，到 2021 年徐集共引进"黄岳生态园""美开园艺"等 20 家林业企业和营林大户，发展花卉苗木基地近万亩，皖西红桃、葡萄等经果林 133.33 余公顷、花椒中药材 20 多公顷。"沪陕高速""济广高速"绿长长廊 11 千米，绿化面积 80 多公顷。森林覆盖率达 20.42%。徐集镇现有古树名木 6 株，一株安徽省一级保护古树，皂角树有 500 年树龄，位于黄岳村蔡家畈村民组，已挂牌保护。另有 5 株三级保护古树，2 株位于黄岳村高八旦组、1 株位于菊花村木瓜树组，2 株位于棠树新河组和徐郢组，均已挂牌保护。2015 年徐集镇实施"美丽乡村"建设，到 2021 年先后创建省级"森林村庄" 8 个，并通过上级验收。2018 年完成创建国家级"森林村庄"并通过省级推荐到国家林业局待验收。2019 年完成创建省级"森林城镇"并通过验收，获得 10 万元奖励。

图 4-19 安徽省一级古树皂荚 2018 年摄

三、森林保护

在发展林业生产的同时，徐集镇亦注重森林资源保护工作，推深做实林长制工作，成立了以书记、镇长为首的镇、村两级林长制工作组织，明确林长管绿护绿责任，指导林业生产发展方向，共同推动镇林业生产和森林资源保护工作。

2019 年，实施植树造林 15.21 公顷，清理枯死松树 2000 余株。加大秸秆禁烧力度，全年巡逻车出动 100 多天，发放宣传折页 4500 多份。新增护林员 25 名，全镇生态护林员坚持在岗在位，网格化管理，监管全覆盖。

2020 年新增植树造林 17.38 公顷；合计清理枯死松树 2600 余株。加大森林防火力度，2020 年全年巡逻车出动 80 多天，新增 13 名生态护林员，全部在岗在位，做到监管无死角。

2021 年，完成人工造林 17.36 公顷，义务植树 8.2 万株，农田林网建设 11.5 千米，退化林修复 33.33 公顷，省级森林抚育 322.79 公顷，创建 1 个省级"森林村庄"菊花村示范点。

四、林业企业

"黄岳生态园"，法人代表田锋，成立于 2008 年 5 月，办公地点位于六安市裕安区徐集镇黄岳村黄岳庙村民组。该企业坐落在六安市城区西郊，是六安市委市政府实施绿色发展建设西部生态园区的重要区域。企业主要经营培植、繁育本地珍稀树种的绿化苗木及城市、集镇绿化工程实施。该企业是六安市林业产业龙头企业，注资"六安市裕安区徐集镇田丰家庭农场"，2020 年被批准为省级示范家庭农场。该林场总林业用地 40 余公顷，水面面积 6.67 公顷，种植培育树种有：桂花、香樟、朴树、榉树、木瓜、狗骨、广玉兰等十几种本地乡土珍稀树种，园区是集生态旅游、休闲、垂钓度假观光等多功能于一体的现代化科技生态园。

图 4-20　黄岳生态园

第六节　水　利

一、水政管理

汲东分局汲东管理分局坐落于裕安区徐集镇徐分路东侧，分局前身为汲东管理所，由六安县政府批准成立于 1978 年 2 月。1995 年 3 月经市委编办批准更名为汲东管理分局，为副科级事业单位。设人秘、财务、水政、工管 4 个职能股室，下辖吴家岸、大观桥、鲍家杠、七里半、江店、挥手、清凉寺 7 个管理段，1 个汲河管理所，1 个国营电灌站。分局有干部职工 120 人，分局设中共党总支，下设 4 个党支部，现有党员 63 人。汲东管理分局主要管理汲东干渠 54 千米渠道防汛抗旱、灌溉输水任务以及分干渠 1 条，大型支渠 11 条，干渠直放口 108 座，负责吴家岸泄水闸、吴家岸渠下涵、大观桥渠下涵等管理和维护。灌区有效灌溉面积达 3.63 公顷。并主要负责流经徐集、江家店、分路口、丁集、固镇、罗集、新安、顺河、单王、独山、石婆站、狮子岗、西河口、苏埠、陆集、石板冲等 16 个乡镇的河道、灌溉渠、水利工程管理，协调 6 个乡镇的防汛、抗旱、防涝、灌溉供水、水土保持及其他有关工作。汲东管理分局于 2015 年收回裕安区水利局。

汲东分局主要负责人任职更迭表

表 4-16

单位名称	姓名	性别	职务	任职时间
汲东管理所	严肃	男	主任	1985.3—1995.2
汲东管理分局	严肃	男	局长	1995.3—1999.4
	胡厚明	男	局长	1999.4—2001.2
	张学兵	男	局长	2001.3—2005.6
	邵必应	男	局长	2005.7—2015

徐集水利站 2001 年 6 月因机构改革，撤销水利站，徐集镇成立农业综合服务站，水利站并入综合站，张登宏任站长。2012 年水利站从农业综合服务站分离，重新成立水利站，曾洪波任站长。

二、水利设施建设

2002 年徐集镇被列入安徽省级江淮分水岭综合治理重点乡镇。2003—2018 年，全镇利用江淮分水岭项目资金和八小水利奖补资金共扩挖当家塘 173 口，增加塘容 395 万立方米，截至 2018 年年底，全镇共有当家塘 625 口，塘容 1172 万立方米，新建水闸 27 座，泵站更新改造 12 座，总装机容量 386 千瓦，渠道硬化 40 千米。利用小（2）型水库除险加固资金，于 2006 年至 2018 年分别对 21 座小（2）型水库进行除险加固，截止 2018 年年底，小（2）型水库，总体库容达到 269.4 万立方米，小（2）型水库及当家塘成为农业灌溉重要补充水源。

徐集镇 2018 年小（2）型水库名单

表 4-17

序号	所在地（村）	水库名称	水库类型	库容（万立方米）
1	梁集村	梁堰中心库	小（2）	12.0
2	梁集村	梁堰水库	小（2）	25.0
3	梁集村	北沿水库	小（2）	11.0
4	梁集村	尹大塘	小（2）	10.5
5	棠树村	陆岗水库	小（2）	18.0
6	棠树村	同心水库	小（2）	13.0
7	全红村	王亮郢水库	小（2）	12.5
8	全红村	老呆塘水库	小（2）	10.5
9	黄巷村	关仓水库	小（2）	10.7
10	黄巷村	孙庙中心水库	小（2）	12.0
11	黄巷村	桐林水库	小（2）	11.5
12	黄巷村	黄巷中心库	小（2）	12.0

续表

序号	所在地（村）	水库名称	水库类型	库容（万立方米）
13	东方红村	下郢水库	小（2）	12.5
14	东方红村	胜利水库	小（2）	12.7
15	东方红村	荷叶塘水库	小（2）	10.5
16	东方红村	宋大塘水库	小（2）	11.0
17	黄岳村	江塘水库	小（2）	13.0
18	黄岳村	黄庙水库	小（2）	14.0
19	徐集村	堰桥水库	小（2）	12.8
20	徐集村	胡堰	小（2）	11.7
21	徐集村	柳店水库	小（2）	12.5

图 4-21　陆岗水库

图 4-22　梁堰水库

图 4-23　梁堰村大闸

图 4-24　老涍河东沟村段

图 4-25　胡堰水库（徐集村）

小（2）型水库选介

梁堰水库简介

表 4-18

水库名称	梁堰		灌溉面积	113.3hm²		管理职工人数	1　人
所在河流	淮河、汲河		乡镇供水	万 m³	管理情况	固定资产原值	21.2 万元
管理单位	六安市徐集镇水利水保站	放水洞	形式	斜卧砼无区圆涵		年管理费用	0.1 万元
所在地点	安徽省六安市徐集镇		洞径	直径 0.8m		年水费收入	万元
邮政编码	237100		最大放水流量	0.18m³/s		年电费收入	万元
主管部门	六安市水利局	溢洪道	形式	宽顶堰		实际经营纯收入	万元
集水面积	8.4km²		底高程	31m	大坝安全情况	安全类别：未鉴定	
总库容	25 万 m³		底宽	6m			
兴利库容	15.3 万 m³		最大泄量	37.4m³/s			
调洪库容	21.2 万 m³	洪水标准	设计	20 年			
总投资	24.9 万元		校核	200 年		鉴定与否：	
竣工日期	1974 年 2 月		实际	10 年			
坝型	均属土坝	水库下游影响	铁路	／　km			
坝顶高程	34.7m		公路	／　km		安全状况：溢洪道损坏	
最大坝高	6.0m		村庄	／　km			
坝顶长度	340m		人口	400 人			
坝基防渗形式			耕地	113.3hm²			

三、防汛抗旱

汛情旱情　徐集镇灾害性气候频繁，易旱易涝。干旱性气候平均每年出现 1—2 次，旱灾平均 3 年一次，暴雨日平均每年 2—3 个，洪涝灾害平均 5 年一次。自 20 世纪 90 年代到 2020 年，共出现 1992 年、1994 年、1995 年、2001 年、2002 年 5 次大旱灾害，出现 1991 年、1996 年、1998 年、2005 年、2007 年、2016 年、2020 年 7 次较大洪涝灾害。

1992 年起，徐集镇成立防汛抗旱指挥部。镇党委书记任政委，镇长任指挥长，成员涵盖政府各职能部门负责人。各行政村成立防汛抗旱领导组。

防灾减灾措施 每年 3—4 月份，镇指挥部组织汛前检查，深入各村（街）和重点工程路段进行检查，并向区防汛抗旱指挥部和党委政府汇报，要求解决问题，紧急处理险工险段，确保安全度汛。每年汛前召开防汛抗旱专题会议，开展汛前动员，会后深入各地紧抓落实。同时，每年根据雨情、水情、旱情需要，临时召开指挥部成员会议，进行详细安排部署。徐集镇编制《防汛预案》《抗旱预案》《小水库安全度汛预案》以及防台风、山洪泥石流等特殊气候、地质灾害等防灾预案。

四、水土保持

2005 年和 2007 年分别在菊花村和黄岳村实施水土保持寨岗小流域和徐集小流域综合治理工程，寨岗小流域治理水土流失面积 7.87 平方千米，完成水平梯田 76 公顷，疏林补植 214.5 公顷，塘坝 1 座，蓄水池 1 口，沉沙池 8 口，截排水沟 1200 米，渠道 700 米。徐集小流域治理水土流失面积 3.30 平方千米，完成水平梯田 9.5 公顷，三保地改造 21.2 公顷，水保林 61.5 公顷，老林改造 8 公顷，封禁治理 124 公顷，疏林补植 106 公顷，塘坝 1 座，截排水沟 6822 米，沉沙池 6 口。经过治理，镇内两小流域初步形成了功能齐全、设施完善的水土保持综合防护体系，生态效益、经济效益和社会效益显著。

2015 年以来，水利站对镇内 21 座小（2）型水库、中型节制闸，12 座泵站，塘容在 5 万立方米以上的当家塘和主要支渠进行确权，发放所有权证书和使用权证书，并签订农田水利管护责任书。

徐集镇 2013 年 10 月成立裕安区东方红农民用水者协会，该协会是以种粮大户和联户土地经营为主体，以汲东干渠水源为纽带，由政府引导，群众自发成立的区级灌溉用水组织，管理范围主要涉及徐集镇黄巷、徐集和东方红 3 个村，灌溉面积 720 公顷。协会选举种粮大户高绪铸为协会会长，曾洪波为副会长，许光斌、李世忠、周庆怀、陈久东和杨国义等 5 名同志为执委。协会有独立办公场所，有具体规章制度，有独立法人和有效完善的服务机制，协会主要负责辖区内工程管理、运行和维护，协调用水纠纷，充分利用好水资源，更好发挥水利设施基础作用。

五、淠史杭工程会战

1959 年开展淠史杭河网化工程会战，徐集老区是六安水利兴修主战场之一。

工程任务

全区汲东干渠通过改道后，总任务土石方 9967000 立方米（减去新安），根据各公社情况，研究分配丁集公社 2418000 立方米外，一处需要料块石 779 立方米，碎石 70 立方米，水泥 60 吨，黄沙 230 立方米。固县寺公社 151 万立方米。徐集公社高地方 170 万立方米，南岳公社 18.393 立方米（不包括潘家楼切岭）。时间：水渠道民工 3100 人（切岭

1100人），计算平均每人每日土方11立方米，日进度34100立方米，需71天（未除阴雨天）。固县寺公社2600人（切岭950人）平均每人每日土方11立方米，日进度28600立方米，计51天。徐集公社属高填方3888人（切岭1052人，建筑物500人）。

图4-26　淠史杭工程会战

时间分配：1959年1月15日—2月15日每人每日7立方米，2月15日—3月15日每人每日4立方米。3月15日—4月15日每人每日3立方米需105天，南岳庙公社渠道2060人（切岭950人，建筑物500人），每人10立方米，日进度需要完成20600立方米，计需要100天完成任务。潘家楼切岭，尚有土方32万立方米（石方在外）按1900人平均每人完成6立方米，日进度完成11400立方米，计需要28天完成任务。分路口预计尚有649000立方米，按4200人，平均每人完成8立方米，日进度完成33600立方米，计需要20天完成任务。

劳力分配：丁集4000人，固镇3550人，徐集5400人，南岳3510人（以上任务包括切岭和大官桥建筑物民工），潘家楼、分路口4200人。

民工生活

口粮：按照区委1月7日、13日二次协作会议规定执行，后方保证供给前方民工每人每天0.60千克大米，代食品0.25千克或青菜0.75千克，由后方加工好前方自行运输一次。丁集、固镇、南岳3个公社后方可拿现金到粮站购买各乡粮食计划，每半月拨给1次，双方列出花名册。今后工程单位民工回后方运输请假，一律携带粮食，否则后方拒绝供应。为改善民工们生活，鼓舞民工生产积极性，春节前后分发给前方每人3元钱，1月31日调2元发给个人。2月5日调1元发给食堂改善生活。民工吃油问题：按后方食堂每人标准供给前方，前方不足者上级补助解决。工地上少数民工没有棉衣，由工程单位统计列表，由各公社在这次上级救济款根据实际情况适当解决一部分。工地要组织一定力量（妇女劳力）大量种菜，须到每人33.33平方米地，春节后除后方按现在每天0.90千克斤菜补齐供给外，要求工地争取自给。发动群众趁早晚时间送到工地较远地方，也应将粮食集中在一个地点，通知工地按时拨去，对民工吃菜问题要开展一次献菜，不论干菜、青菜等都可以，平均每户献1.50—2.50千克，这样来节约菜支援前方提前实现河网化，大队集中组织社员送到工地。民工住宿：迅速检查一下是否温暖和清洁。

开展前后方大竞赛

工程进程中，前后方生产都掀起一个高潮，主要是比干劲钻劲，比出勤，比工分、比献计多，比组织纪律，比思想觉悟，比安全，互写挑应战书，前方保证把河挖通，提高工效，发扬实干巧干，河不扒通决不回乡。后方保证午季田管理好，实现跃进产量，积肥春耕完成好，互相争上游夺红旗。如机关、学校、街道、工厂大写慰问信（每人 1 封），发动群众献一部分草鞋带着锣鼓到工地慰问。工地上，6—8 人不等，一起手拉麻绳拽着"石鹅"，"石鹅"随着号子声，上下跳跃，慰问的姑娘们，腰扎红丝带，扭秧歌，几十里的工地上，喜气洋洋，歌声震耳，红旗满岗，标语满墙，有光荣榜、表扬栏，不断开展检查评比，组织参观，呈现出学先进、比先进、超先进的共产主义竞赛高潮。

凡是前区委所确定上堤干部民工，一律不准擅自调换，公社党委第一书记、大队总支书记在搞好农业生产同时，要抓水利，抽时间到工地检查督促帮助解决具体问题。水利干部要将任务包下来，河不通不回乡，公社党委书记总支书记负责。

做好工地安全卫生，大块石切法上一定要安全，设备要防伤亡事故，食堂住宿要勤打扫，减少疾病，不论前后方，在进行工作都要走群众路线，发挥群众智慧，采取说服教育，防止强迫命令。

第七节　工　业

一、发展概况

徐集镇工业企业经历异军突起，偃旗息鼓和复苏转型三个阶段。1992 年镇域内开始创办工业企业，镇政府在徐分路建立了 1 个工业区，先后成立六安恒达丝绸厂、六安聚氨酯厂、六安四海手套厂、六安县包装厂、徐集农机修造厂、徐集花生糖厂等工业企业。除此以外全红、王店、高皇办了几座轮窑厂，徐集街道有 4 家粮食加工厂，以及 6 个个体水泥制品厂，就业人员超 1000 人，年销售额 2000 万元，缴纳税金 100 万元，是六安市工业企业重点乡镇之一。四海手套、聚氨酯、恒达丝绸、徐集花生糖等产品畅销世界和国内各大中城市，给地方经济带来较大效益。20 世纪 90 年代末，工业立项盲目，新老项目没有及时改制，市场前景无预测，产品一度质量低劣，企业自有资金有限，靠高息贷款维持生存。1998 年后，丝绸厂、包装厂、手套厂相继破产倒闭，徐集镇工业企业由高峰跌入低谷。

2002 年，镇党委政府决定招商引资，将原工厂转让给有管理经验和有一定资金的个人经营。六安市恒信化工有限公司、安徽天恒丝绸织造有限公司、成祥服装厂、鑫润油脂生产公司、精米厂等企业先后在徐集镇落户，徐集镇工业企业开始复苏，并充满生机。2013 年以后，随着六安市整体规划的调整，徐集镇以绿色经为主，着力打造生态徐集。

二、手工业

徐集镇手工业生产历史悠久，门类众多，生产方式皆以手工操作，经营方式以匠铺、作坊、个体户为主。新中国成立前多以私人经营为主，新中国成立后，国家提出因地制宜发展手工业。徐集区委响应六安县工业局兴办手工业的号召，以徐集为试点，大力推进，各社队积极响应。主要项目有以金属为原料的银匠、白铁加工、铸造等，以木材为原料的房屋料、家具制作、挖瓢等，以竹子为原料的篾匠、编篓等，以纸张为原料的印刷、爆竹、糊裱、签扎等，以棉麻为原料的成衣、织布等，以粮食为原料的油坊、酱坊、面坊等，其他诸如茅匠、泥瓦匠、石匠等。经营方式公营、私营并存。随着社会发展，大多已解体或改为私人经营。

百年"刘丝店"

清光绪末年，丁集 15 岁小伙子刘忠普（1890 年）只身来到徐家集，跟丝线店老板（河南潢川人）学徒，3 年后学艺成功，在亲友的帮助下，租丁姓的 1 间沿街草房，开起自己的丝线店。开始织丝绳、棉带，后来夏季织绸子，冬季织包头、围巾、腿带。当时，人们穿衣，嫌老布太粗，而进口洋布，价钱不低，绸子虽是上品，但价钱与洋布相当，所以很多人买绸子穿，体面又凉快。刘丝店产品远销四邻八乡，生意红火。刘忠普在街道中部盖起 12 间草房，4 间门面，3 间堂屋，其余为厢房，作为生产机房。民国 23 年（1934 年），刘忠普 45 岁喜得贵子，刘正存 14 岁跟父亲学做丝线。后来，丝织业务雇别人做，刘正存专做丝线业务。刘忠普 61 岁去世。新中国成立后，刘丝店业务有所收窄，1966 年，徐集区供销社不慎失火，将刘丝店宅子烧了。供销社从北头调剂 8 间草房（4 间门面）给刘丝店。刘正存 85 岁，身体健朗。刘丝店在老街北头，一直经营丝线女红等针线品，"刘丝店"这个百年老店，在徐集无人不知。

徐集花生糖

徐集花生糖迄今已有近千年历史。公元 1128 年，黄山休宁县令翁由辞官隐退，其夫人赵氏系皇室宗亲，遂将宫廷制糖秘方带入六安西郊。相传北宋时期，宋徽宗在汴梁微服私访时，吃到一种糖觉得特别好，一问才知是六安徐集花生糖，之后就此传开，由此而名。公元 1271 年，翁由五世孙翁德芳首创翁家糖坊并初具规模。至元末明初，翁由八世孙翁祖文在六安徐集经反复实验改进，创出独具特色的徐集翁家花生糖，因质量上乘，深受当地民众喜爱。明朝时徐集花生糖成为朝廷贡品。

徐集花生糖是以花生米、大麦、大米为原材料，经育芽、蒸煮、发酵、翻炒等多道复杂工序制作而成。花生糖呈乳白色，食之甘甜香脆、不粘牙，具有较高的营养价值。2000 年后，徐集花生糖逐渐形成皖西乃至安徽省名牌产品，带动地方经济发展。

三、乡镇工业

从 1958 年开始至 1983 年体制改革，镇、公社和大队两级兴办的集体企业统称"社队企业"。其间，主要是以粮食加工、油料加工、铁业社、小吊窑、毛掸厂、缝纫组、染织厂为主，规模小，效益低，从业者少。1983 年体制改革后，乡镇企业有所发展，乡镇有渔场、加工厂、预制厂、旅社、联营纸厂、陶瓷社、织布厂、外贸加工厂等一批较大规模的企业。1992 年撤区并乡后，徐集镇设立企业办公室，统一管理乡镇企业。1992—1997 年镇企业发展迅速，规模和企业总数不断扩大。由于乡镇企业技术含量低，大多为劳动密集型产业，或发达地区淘汰的产业，1998 年后，曾经红火一时的乡镇企业相继破产倒闭，徐集镇工业企业由高峰跌入低谷。到 2000 年大多停产或关闭，有的也进行改制，被私企收并。

铁业社 1958 年创建，主任方正才，员工十多人，直属六安县手工业管理局。地址在草市街，5 间厂房，生产刀、斧、铲、剪、锹、犁、耙、秒等。

修配组 1958 年组建，组长刘国全，5—7 人，铺面在老街南头入口处，主要业务是铸犁尖，配钥匙，补锅、壶、水吊子，用白铁皮做茶叶桶，自己设计制造的"薄荷锅"比较有名，销往周边乡镇。

"五七"综合厂 1971 年创建，厂长李和平，厂址在老街大墩区属街道的空置房，下设印刷、制香、麻纺、交易所四个部门，职工 60 多人。业务有：印刷各种办公簿本、表格，制作卫生香、蚊香，纺麻线、织麻袋。交易所管理并收购竹、木、窑货业务，所长陈聚友。

毛掸厂 厂长张永珍，员工 15 人，主要业务有扎鸡毛掸子、轧棉花、弹被子。徐集毛掸子远近闻名。

缝纫组 20 世纪 60 年代末组建，组长吴宝润，有十几人台机，在老街中间。棉、涤、绒、绸各种面料，裁剪、缝制、锁边、熨烫、刺绣全套工艺，四季服饰，连 80 年代新潮服装也能制作。

染织厂 1955 年，区委鲍家勋书记依据徐集传统手工业优势，征用柳店小街民房创办染织厂，从县手工业局请来一位厂长，倪士才任会计，工人从当地招选。据《六安县志》第七章《工业》记载，"清末民初，徐集有刘明初、李开榜两家染坊，能染毛蓝、青轧花等土布。"

农机具修造厂 1957 年，扩大染织厂厂房，除染织厂外增加木工、翻砂铸造、竹编、铁业、五金修配等车间，成立徐集农具厂，厂长朱韶德，工人 70 人左右，直属六安县手工业管理局管理。1958 年起，农具厂用柴油机发电，先是供应厂里用电，以后供应街道单位用电，专供徐集医院用电。1965 年，农具厂扩大，五金铁业分出另建厂房，由方正才负责。

1980 年，改革开放，厂房改扩建，修配、铸造分立，先后由吴宝润、郑子清负责。1983 年，农具厂在改革试点中继续壮大，徐集镇政府以"起用能人，小厂腾飞"典型事迹材料上报县企业局，得到上级充分肯定。由此拉开农具厂改革序幕，此时厂子分设"徐集农机修配厂"和"徐集木业社"两个分部，农机修造厂厂长闻信德。厂里增加预制车间，1985 年生产出农用小汽车，生产出的脚踏脱谷机、铁风车是县农机具供销公司知名产品。木业社由王西富负责，厂里增加精米加工车间。木业社生产的福柜、条几、苏腰拱衬大桌、风箱远销周边十几个乡镇。手摇水车、脚踏水车成为各生产大队抗旱首选。1983—1999 年间，徐集农机修配厂和木业社是徐集镇工业的支柱之一，多次受到六安县、六安行署主管部门表彰。其间涌现出一批能工巧匠，如机修车间的丁佩玉、徐祖国、王西友，铁业姚汉仓、李铜匠，竹木厂侯仁朝、张学才等。2000 年以后，修配厂厂长侯义华。随着市场放开，厂子经济效益下降，逐渐萎缩，直至 2012 年破产。

四、私营企业

徐集镇私营企业起步较早，开始于 20 世纪 50 年代末。60 年代末至 70 年代末，由于大割"资本主义"尾巴，私营企业几乎绝迹。20 世纪 80 年代开始，随着农村家庭联产承包责任制的实行，农村出现大量富余劳动力，一些头脑灵活的人率先兴办一些小型的科技含量低的私营企业，如粮食加工厂、小吊窑厂、小食品加工厂、小木材加工厂、油料厂、缝纫厂等。撤区并乡以后，国家提出大力兴办乡镇企业，并出台一系列激励政策，要求镇办、村办、联办、个体办企业"四轮驱动"，私营企业处于鼎盛时期。许多当地能人从发达的江浙一带引进一些小型加工企业。据 2000 年年底统计，全镇各类私营企业达到 500 余家，主要有小预制厂、窑厂、粮食加工厂、木材加工厂、农副产品加工厂、食品厂、饮料厂、农机具修造厂、徐集花生糖厂、徐集建筑安装公司等，2000 年以后，外出务工人员逐年增多且工资比在家打工要高许多，一些科技含量低、能耗高、劳动密集的私人企业因劳动力、用电等原因逐步停产关闭。2010 年后，全镇私营经济发展较快，镇一些建筑房地产业、粮食加工业、交通运输业、服饰业等近 50 家企业成为全镇经济发展的重要力量。其中办的比较好的有皖源精米厂、昌隆精米厂、六安市恒龙置业有限公司、六安万腾服饰有限公司、安徽诚恒置业有限公司、六安市富达物流有限公司等。

图 4-27　徐集镇工业园区

粮食加工

徐集是粮食主产区，粮食加工业发展较快。徐集粮食加工的发展经历了以下几个阶段：

1970 年之前，以播稻舂米风播去糠私加工为主。1970 年以后，出现柴油碾米机，每个大队办起粮食加工厂，达到糠米一次分开，业务繁忙，加工稻麦要排队，常常是起早带晚。1985 年，不仅有徐集粮油中心站的米厂，还出现了私人粮食加工厂，使用二型设备，达到粗糠、细糠、米一次分开，每个机组日产量大增，达 1.5 万千克。1992 年，徐集镇成立粮油贸易公司，新建粮贸中心，有 13 家粮食加工企业入驻，高峰总日产量达 20 万千克，大米除本地销售外，大部分远销江浙农民工较多的地区，同时带动当地人就业，每个机组高峰用工 30 人。20 世纪 90 年代后期，由于国家粮食管理政策收紧，粮食私人加工企业受到压缩。2003 年以后，粮食销售再次放开，徐集私有粮食加工企业通过设备升级（五型机），进行精米加工，五型机组生产有 11 道工序：除杂—脱壳—四道碾米—两道抛光—三道色选。

2010 年以后，除了人们对大米质量要求提高以外，环境保护政策加强，导致徐集当地米质在市场上竞争力不足，企业成本增加，效益下降。2015 年后，规模粮食加工企业 5 家，业务由稻谷加工为主转型为稻谷收购销售为主。

粮食加工企业选介：

图 4-28 精米加工厂

皖源精米厂，湛永贤在 1987 年筹建黄巷湛家米厂，在黄巷大队部，二型机组，收本地稻谷碾米，年产量 200 万千克，1990 年迁到徐集镇政府大院外自家房屋开办。1991 年被镇政府集中到徐集粮油贸易中心生产，设备升级为五型机组，年产量 400 万千克。2004 年在徐集北头开办，更名为"皖源精米厂"，法人湛超，定点销售到上海。2007 年又迁回黄巷村老养猪场（属徐集区食品站），投资 1200 多万元。年产量 500 万千克，解决当地 30 多人就业。2016 年注册"国强粮油贸易有限公司"，加工量减少，以稻子收购、销售为主，营销方式是线上联络与线下洽谈相结合。

昌隆精米厂，法人方兴敏，1988 年秋创建，在柴大庄 4 间民房生产，三型机组。1990 年迁到区物资局大院，1995 年在自家屋内生产，年产量 150 万千克。1998 年入镇粮贸中心，五型机组。2004 年扩大规模，迁到徐集搬运站车库，投资 1000 多万元。2008 年，镇开发锦江花园，拆迁到黄巷村（交警队对面），年产 800 万千克，农民工就业 30 多人。

万家发精米厂，法人许昌玉，1995 年创建。

六安市裕安区天源精米厂，法人王朗枝，1995 年创建。

丰源精米厂，法人张传芬，1996 年创建。

婚纱企业

随着苏州婚纱服装企业承接转移返乡创业，徐集镇婚纱服装企业遍布大街小巷。据不完全统计，共有 150 家左右，主要以私人小作坊生产为主，流动性较大，经常有搬到丁集婚纱小镇或康桥小镇落户的，也有从外地搬迁到徐集落户的，其中位于工业园区奥德电器厂房内的萃之兰礼服厂规模相对较大，厂房相对较规范。

婚纱小作坊的增加，给当地增加就业、拉动消费的同时也存在巨大的安全隐患，镇政府一方面优化营商环境，做好"四送一服"工作，另一方面坚持安全生产和消防安全"党政同责、齐抓共管"，成立 3 个由班子成员带队的婚纱服装企业安全检查工作组，镇公安、市场监管、应急、消防和街道居委会人员不断联合加大隐患排查力度，针对婚纱服装企业领域是否有消防通道、厂内是否住人烧饭、灭火器是否达标、电线线路是否规范等方面进行细致入微地排查，并不定期"回头看"，督促其对排查出的隐患及时整改到位，确保全镇安全形势平稳有序，切实拧紧婚纱服装企业的"安全闸"。

镇充分利用安全生产月、防灾减灾宣传周、国际减灾宣传日、消防宣传日等契机，通过召开会议、横幅、宣传栏、排查走访等方式广泛开展对婚纱服装企业从业者的安全宣传教育，督促他们落实好主体责任，搞好自己的"一亩三分地"，坚持"管生产经营必须管安全"，增强安全防范意识，确保统筹好发展和安全，促进经济社会和谐发展。截至2021年年底，镇域内婚纱企业年产值约5000万元，解决1000余社会富余劳动力就业问题。生产制作的婚纱礼服、童装、旗袍远销海内外。

五、企业选介

安徽明升户外用品有限公司

安徽明升户外用品有限公司是浙江省供销社下属企业浙江明升在徐集镇投资的明星企业，公司成立于2010年9月份，坐落于六安市裕安区徐集镇明升大道58号。公司总投资3000万元人民币，年生产产值1亿，公司占地面积35300平方米，建筑面积15500平方米，现有生产员工人数500人左右，目前共组建10条流水线。"安徽明升户外用品有限公司"依托六安地区人力资源优势和"浙江明升服装有限公司"良好的客户订单业务基础，以"高起点、高速度、高增长"在六安新升起一家"明星企业"。公司主要生产：户外运动服、滑雪服、羽绒服等，产品以"高科技、高性能、高功能"为自己的亮点，服装不仅是作为穿着，而且是向"功能性"发展，例如：透气防水、衣服中安装有GPS定位装置、微型太阳能充电板、常规手机操作键等高科技、功能性服装，打破传统的服装范畴。公司主要合作品牌为迪卡侬，产品主要销往欧亚地区，且已与多家知名品牌公司建立良好合作关系。

图4-29 安徽明升户外用品有限公司

安徽裕新电力科技有限公司

安徽裕新电力科技有限公司成立于2011年，位于六安市徐集工业集中区，占地15000平方米，建筑面积14700平方米，是一家投资5000万元，集产品研发、制造、销售为一体的民营企业，也是专业从事生产高低压开关柜壳体、太阳能充电站和太阳能路灯的企业。

公司购置先进的专用设备，其中激光切割1台，冲压机床4台，数控冲压机床1台，数控车床1台，剪板机2台，折弯机2台，喷涂流水线2条。主要从事配电

图4-30 公司外景

柜、配电箱、文件柜等各种金属制品加工，以及充分利用太阳能作为发电能源的太阳能充电站和太阳能路灯。2013年以来，生产的各种规格太阳能路灯为美好乡村建设提供亮化工程。公司技术力量雄厚，拥有一批技术娴熟、经验丰富、责任心强的员工队伍，公司以高效管理为支撑，以市场行情为导向，以精良的产品质量，灵活的营销思路，成功的发展模式，完善的服务体系为准则。

2017年，配套生产厂家有安徽明都电气有限公司和合肥华威自动化有限公司等，保持长久的合作关系。

六安万腾服饰有限公司

总经理谷延亮，主要承接内销、外贸等一系列品牌服装（经销）加工订单。从2014年的近似于作坊式的服装缝制，发展至今自主接单，成为集裁剪、缝制为一体的综合性服装生产企业。2018年年底厂房搬迁至徐集经济开发园区，设备更新换代，生产能力和品质管控得到大幅提升。

安徽欧汐雅服饰科技股份有限公司

安徽欧汐雅服饰科技股份有限公司成立于2017年10月16日，是一家六安市政府招商引资企业，占地面积15000平方米，其产权归安徽欧汐雅所有，坐落于六安市裕安区徐集工业区，交通便利。公司拥有员工110人，全自动电脑横机140多台，分别为3G、5G、7G、12G、14G；缝盘套口机180多台；其他设备洗衣机、烘干机、脱水机、验针机、电脑钉珠机、锁眼钉扣机、整烫机等。年产量200多万件针织服饰。

本公司主要以针织服饰生产、加工、样品开发、研制、销售为一体的生产型企业。订单主要以欧美和国内市场的品牌针织时装为主，其中国内品牌占市场40%、欧美市场占60%。公司生产的针织衫从3GG—14GG，另包括各种电脑绣花型、手工钉珠、手工绣花、手工棒针、印花等针织服装。

公司下设有样品开发部、业务部、生产部、销售部、财务部等多个部门，每个部门都有专门的主管人员，协调公司各部门的工作。

安徽欧汐雅服饰科技股份有限公司坚持科学发展观，追求企业与社会的和谐发展。

图4-31 公司内景

表 4-19

徐集镇企业简表

序号	企业名称	企业属性	企业类型	法定代表人（负责人）	经营地址（住所）	注册资本（万元）	成立日期
1	安徽诚恒置业有限公司	私营	有限责任公司	张道君	徐集镇街道	2000.00	2012-8-3
2	六安市裕安区院源精米厂	私营	非公司私营企业	湛超	徐集镇街道	500.00	2011-7-25
3	安徽嘉禾粮食机械有限公司	私营	有限责任公司	付绪刚	徐集镇工业集中区	500.00	2013-4-12
4	六安市三丰生态农业有限责任公司	私营	有限责任公司	丰勇	徐集镇黄巷村	1000.00	2008-11-28
5	六安市康尔惠食品有限公司	私营	有限责任公司	李翔	徐集镇工业集中区	500.00	2011-12-14
6	六安皖源米业有限公司	私营	有限责任公司	张良田	徐集镇	1000.00	2009-5-4
7	安徽鑫隆生态农业开发有限公司	私营	有限责任公司	王善平	徐集镇王店村	500.00	2010-7-23
8	六安市富达物流有限公司	私营	有限责任公司	王跃飞	徐集镇街道	2500.00	2009-9-18
9	六安市天和房地产开发有限公司	私营	有限责任公司	李自高	徐集镇文化街	1020.00	2012-10-19
10	安徽明升房地产开发有限公司	私营	有限责任公司	刘之东	徐集镇明升大道58号	1300.00	2010-12-15
11	安徽明升服装有限公司	私营	有限责任公司	刘之东	徐集镇明升大道58号	500.00	2010-9-1
12	六安市茂森生态农业有限公司	私营	有限责任公司	方浩	徐集镇黄岳村	500.00	2013-9-9
13	安徽省鑫阳置业有限公司	私营	有限责任公司	刘建国	徐集镇高皇村	5100.00	2012-7-26
14	六安市城西饲料油脂有限公司	私营	有限责任公司	邵英明	徐集镇全红村	500.00	2011-8-24
15	六安市祥和机械阀门铸造有限公司	私营	有限责任公司	金玲	徐集镇	1000.00	2011-8-26
16	安徽紫荆花养老服务股份有限公司	私营	股份有限公司	田秉昌	徐集镇菊花村紫荆花养老怡养小镇	6000.00	2013-5-9

续表

序号	企业名称	企业属性	企业类型	法定代表人（负责人）	经营地址（住所）	注册资本（万元）	成立日期
17	安徽富春景丽园林建设有限公司	私营	有限责任公司	周兆江	徐集街道	3000.00	2015-1-23
18	六安市万腾服饰有限公司	私营	有限责任公司	王锐	徐集镇徐集工业集中区	500.00	2015-4-17
19	六安龙博智能科技有限公司	私营	有限责任公司	李娟	徐集镇工业园	1000.00	2015-6-2
20	六安紫荆花生态农业观光园（普通合伙）	私营	非公司私营企业	田淮民，田秉昌	徐集镇黄巷村	5000.00	2016-1-27
21	安徽壹路达商贸有限公司	私营	有限责任公司	徐波	徐集镇街道	500.00	2016-2-5
22	六安盛鑫医疗器械有限公司	私营	有限责任公司	谢正荣	徐集镇平桥工业园	500.00	2016-2-2
23	安徽竹芽园生态农业科技有限公司	私营	有限责任公司	李善峰	徐集镇黄岳村	500.00	2016-5-11
24	六安市裕安区徐集加油站（普通合伙）	私营	非公司私营企业	王勇	徐集镇	900.00	2016-5-25
25	安徽腾晖农业开发有限公司	私营	有限责任公司	徐祖发	徐集镇西大街西侧	3000.00	2016-9-8
26	六安恒毅基础工程有限公司	私营	有限责任公司	王中印	徐集街道	600.00	2016-10-31
27	六安市双王餐饮服务有限公司	私营	有限责任公司	张玉	徐集镇中心学校内	500.00	2016-12-1
28	六安星光演艺传媒有限公司	私营	有限责任公司	张振源	徐集镇老街80号	500.00	2017-1-17
29	安徽恩兴商贸有限公司	私营	有限责任公司	江贤芬	徐集镇梁集村	500.00	2017-1-25
30	六安市龙辉建筑劳务有限公司	私营	有限责任公司	辛乃祥	徐集镇文化路27号	1000.00	2017-2-14
31	安徽明升户外用品有限公司	私营	有限责任公司	吴泽猛	徐集街道	1000.00	2017-3-29
32	安徽省金宏源防火门有限公司	私营	有限责任公司	李传运	徐集镇	2060.00	2006-11-14
33	六安凯弘新型建材有限责任公司	私营	有限责任公司	高鸿	徐集镇徐集村	2000.00	2017-6-12
34	安徽富亿网络科技有限公司	私营	有限责任公司	李文敏	徐集镇徐丁路东侧	500.00	2017-4-28
35	六安兴米贸易有限公司	私营	有限责任公司	李恩米	徐集镇聚富苑小区	1000.00	2017-7-10

续表

序号	企业名称	企业属性	企业类型	法定代表人（负责人）	经营地址（住所）	注册资本（万元）	成立日期
36	六安市传惠生态养殖有限公司	私营	有限责任公司	梅克胜	徐集镇黄岳村	560.00	2017-7-28
37	六安市筱禾鑫建筑材料有限公司	私营	有限责任公司	谢正明	徐集镇西大街东侧	3000.00	2017-8-18
38	安徽欧汐雅服饰有限公司	私营	有限责任公司	徐登全	徐集镇街道	2000.00	2017-10-16
39	六安市隆安塑料加工有限公司	私营	有限责任公司	黄子银	徐集镇	1020.00	2017-10-13
40	安徽沐莹艺术发展有限公司	私营	有限责任公司	尹鑫磊	徐集镇紫荆花怡养小镇	5000.00	2017-11-16
41	安徽裕德建筑劳务有限公司	私营	有限责任公司	肖科升	徐集镇街道	500.00	2018-3-27
42	六安市宏泰消防设备有限公司	私营	有限责任公司	刘俊华	徐集镇街道徐分路东侧	600.00	2018-4-25
43	六安禄徽家居有限公司	私营	有限责任公司	黄子禄	徐集镇徐集村关塘组	800.00	2018-4-11
44	安徽振洲贸易有限公司	私营	有限责任公司	郭元武	徐集镇富苑小区24幢133号房	500.00	2018-8-13
45	安徽安美服装有限公司	私营	有限责任公司	王锐	徐集镇兴大道复兴工业园区	500.00	2018-9-7
46	安徽丝梦服饰有限公司	私营	有限责任公司	李莞	徐集镇工业集中区	500.00	2018-10-24
47	六安宝城建筑劳务有限公司	私营	有限责任公司	湛安军	徐集镇聚富苑B4附1栋	500.00	2018-12-6
48	安徽星光显视广告传媒有限公司	私营	有限责任公司	张栋源	徐集镇老街80号	500.00	2018-12-10

续表

序号	企业名称	企业属性	企业类型	法定代表人（负责人）	经营地址（住所）	注册资本（万元）	成立日期
49	安徽牧渔工坊渔具经营有限公司	私营	有限责任公司	杨克术	徐集镇西大街155号	500.00	2019-1-15
50	安徽海泰景观林有限公司	私营	有限责任公司	余江	徐集镇紫荆花怡养小镇	500.00	2019-3-20
51	安徽洁锦物业服务管理有限公司	私营	有限责任公司	方志涛	徐集镇西大街62号	500.00	2019-1-28
52	安徽悦建筑工程有限公司	私营	有限责任公司	丁龙	徐集镇徐丁路	1008.00	2019-4-1
53	六安博通钢铁商贸有限公司	私营	有限责任公司	邓业婷	徐集镇徐分路东侧	506.00	2019-3-5
54	安徽正江装饰工程有限公司	私营	有限责任公司	何升亮	徐集镇恒龙公馆一期	600.00	2019-3-5
55	安徽正绿园林绿化工程有限公司	私营	有限责任公司	程彬	徐集镇黄岳村	1080.00	2019-7-31

第八节 徐集花生糖

一、发展历程

徐集花生糖迄今已有近千年历史。公元 1128 年，黄山休宁县令翁由辞官隐退，其夫人赵氏系皇室宗亲，遂将宫廷制糖秘方带入六安西郊。相传北宋时期，宋徽宗在汴梁微服私访时，吃到一种糖觉得特别好，一问才知是六安徐集花生糖，之后就此传开，由此而名。公元 1271 年，翁由五世孙翁德芳首创翁家糖坊并初具规模。至元末明初，翁由八世孙翁祖文在六安徐集经反复实验改进，创出独具特色的徐集翁家花生糖，因质量上乘，深受当地民众喜爱。明朝时徐集花生糖成为朝廷贡品，当时朝中传出"伴君不再施粉黛，唇齿留香彻夜欢"的佳话。

1998 年，徐集镇村镇规划建设管理所首次在国家工商总局注册"徐集花生糖"商标。徐集花生糖最早生产经营企业为徐集老粮站粮厂。

2008 年春徐集花生糖厂的发展和扶持提交区人大三号议案，成为区"三农"发展项目。同时区卫生、质监工、农委等部门现场指导，按食品生产的规范化要求，对生产设施进行全方位改进，产品获得 QS 认证。

图 4-32 产业协会第一届会员大会

2014 年，徐集花生糖制作技艺被列为六安市第四批非物质文化遗产项目。

2019 年成立徐集花生糖产业协会。

2022 年 5 月，徐集花生糖制作技艺荣获安徽省第六批省级非物质文化遗产传统技艺类项目，编号为 Ⅷ—151。

徐集花生糖产业协会一览表

表 4-20

企业名称	企业法人	职位
六安市康尔惠食品有限公司	李翔	会长
六安市夏军花生糖食品厂	夏军	副会长
六安市翁家粮坊食品有限公司	翁仕宏	副会长
六安市新麦农食品有限公司	卢军	副会长
六安市恒丰食品有限公司	张义宏	副会长
六安市昆燕食品有限公司	张传斌	副会长
裕安区裕香源食品有限公司	陈继保	副会长
六安市皋西花花生糖有限公司	翁同晓杰	副会长

二、制作工艺

徐集花生糖是以花生米、大麦、大米为原材料，经育芽、蒸煮、发酵、翻炒等多道复杂工序制作而成。花生糖呈乳白色，食之甘甜香脆、不粘牙，具有较高的营养价值。花生中含有人体所需的氨基酸、维生素、亚油酸、蛋白质和钙等营养元素。大米和大麦熬制的麦芽糖，有润肺、生津、去燥等功效，可用于治疗气虚倦怠、虚寒腹痛、肺虚、久咳、久喘等症状。

好糖始于好糖浆，传承的熬制糖浆之法是徐集花生糖一切工艺的基础，在整个制作中举足轻重。精心挑选大麦粒洗干净，放入池中加水浸泡，待长芽后将其剁碎；糯米浸泡后沥干，与麦芽搅拌发酵等待出汁，榨出的汁液经加热熬煮，就成了麦芽糖糖浆。

图 4-33　徐集花生糖制作

翻炒糖浆，要会看火候，会看糖浆的变化，还要有充足的臂力。等大锅一热，立刻往锅里倒入备好的糖浆和淀粉，双手握着锅铲顺时针搅动。5 分钟、10 分钟……锅中的糖浆逐渐黏稠，泛起一圈圈金黄色的涟漪，时候差不多了，将小苏打倒入锅中，原本黏稠的糖浆立刻开始膨胀，大量气泡涌出，这时，工人赶紧将炒好的花生粒均匀地倒入锅中。瞬间，一股混合着花生焦脆、麦芽糖香甜的气味扑面而来。再搅拌一段时间，花生糖开始变硬，出锅后趁热将花生糖切成均匀的小块，冷却后等待装袋。

三、产业规划

为了推动裕安区农产品深加工，促进徐集花生糖等传统品牌农产品加工集聚，提质增效，做大做强，2021年9月23日徐集镇政府与英山县大别山置业有限公司签约，在徐集工业集中区祥和铸造厂内（占地20.01公顷）新建4幢5层标准化厂房和1幢综合办公楼，建筑面积34000平方米，其中不低于300平方米产品生产工艺展厅（项目规划符合规划部门的设计条件要求）。六安市祥和铸造厂地面建筑物由英山县大别山置业有限公司出资800万元购买。建设周期24个月，自土地摘牌后计算，于2023年12月前投入生产经营。项目总投资1.2亿元，其中固定资产投资约9000万元。

英山县大别山置业有限公司，位于英山县城区，法人柯武，总经理谢以祥（原祥和铸造厂法人），该公司实际控股人蔡焕明。2021年9月29日，英山县大别山置业有限公司在裕安注册六安市铠聚产业园发展有限公司（注册资本1200万元）。

2021年12月31日，徐集农产品深加工小微产业园项目建设已通过裕安区规会。

四、企业选介

六安市康尔惠食品股份有限公司

图4-34　公司产品

六安市康尔惠食品股份有限公司成立于2011年12月，位于裕安区徐集镇工业集中区。生产"六州牌"徐集花生糖系列产品。公司征地1.33多公顷建造标准化厂房2000多平方米，从业人员近80人。配备先进的生产设备，设立3条生产流水线，在传统生产工艺的基础上，配方科学，利用先进的设备，在发展传统花生糖的基础上，生产低糖型的花生酥、黑芝麻酥、坚果酥和姜糖等产品，把"六州牌"花生糖打造成为独具特色的优质名牌产品。该系列产品具有香中带甜、甜中带酥、酥中生脆、脆而不厥的特点，得到消费者的一致好评，成为久负盛名的特色佳品。六安市康尔惠食品有限公司成为徐集花生糖生产的领军企业。2019年8月成立徐集花生糖产业协会，六安市康尔惠食品股份有限公司为会长单位。选举公司法人李翔为会长。

公司采用线上线下相结合的销售模式，其中线上有微店、淘宝、阿里巴巴和邮乐小店等，线下与绿篮子、合家福、世纪联华等各大商超合作，销售火爆。产品每年都参与政府、农委等单位组织的各类展销交易会，自投产以来，公司靠着诚信经营和优质的产品焕发勃勃生机，进入持续、快速、健康的发展佳境。

六安市康尔惠食品股份有限公司于 2014 年被认定为六安市农业产业化龙头企业，2016 年 5 月通过 ISO 9001 国际质量认证，2017 年 12 月通过安徽省著名商标认证，2018 年被评为安徽百佳好网货，2019 年被评为省农业产业化全奖产品，2021 年获国家高新技术企业，2023 年 2 月通过省市场监管局"食安安徽"品牌认证。

徐集夏军花生糖食品厂

该厂成立于 1992 年，1997 年投资建厂，位于徐集镇下店六梅路。2004 年创始人夏有军经国家工商总局成功注册"夏军"牌花生糖，企业始终采用传承古法技艺独特的制作工艺生产绿色产品。为扩大市场需求，2009 年在永兴村投资近百万元，建设标准化厂房 1000 多平方米，从业人员近 30 人，年产近万吨大型花生糖厂。2010 年产品在六安市举办的全国徽商大会上，被六安市推选为唯一土特产亮相徽商大会，并与福建、四川、安徽、上海等地客商签订销售合同，得到来自全国各地消费者的广泛认可。企业成立后，中华全国供销合作总社监事会主任蒋省三，省供销社监事会主任钱斌，市委副书记李乔，市委常委、常务副市长付新安，副市长王安义、陈辉，裕安区委书记王仲儒等各界领导到厂参观调研指导工作。作为非物质文化遗产项目的"夏军"牌徐集花生糖生产企业，是裕安区徐集花生糖产业协会副会长单位；先后荣获"2012—2013 年度诚信示范单位"称号、2021 年"文明诚信示范单位"等称号。

图 4-35　夏军花生糖食品厂及产品

六安市翁家糖坊食品有限公司

翁家塘坊是徐集花生糖的源头。2012 年，翁由三十三世孙张学斌（原名翁同普）继承祖业，先期投入 500 万元，在徐集扩建翁家糖坊生产基地，注册成立"六安市翁家糖坊食品有限公司"，每年以纯利润的 30%—60% 的比例投入生产和销售。其中除销售费用外，大部分用于传统工艺的继承和研发上，确保翁家塘坊历史悠久的工艺传承和发展下去。翁家糖坊花生糖色、香、味、形俱佳，经过历任传承人的继承和发扬，已将花生糖的制作完善到 9 个主要工艺环节和 18 道工艺程序，呈现出香、甜、酥、脆的特点。公司经过经营和市场扩张，将翁家糖坊花生糖遍布六安地区，并畅销江、沪、粤、京及港区。

皋西花花生糖

图 4-36 翁家糖坊花生糖

"皋西花"花生糖是徐集地方特产，其生产制作工艺有上百年历史。20 世纪 70 年代末由徐集粮站牵头，将几家分散的家庭小作坊组合在一起，成立徐集粮油食品厂，独家生产经营徐集花生糖。皋西花花生糖厂系 1992 年粮食系统改革时由十几名本系统下岗工人承包徐集粮油食品厂而来，1997 年马瑞国将厂房购买后与 6 名下岗工人共同出资组建"六安市皋西花花生糖有限公司"。2000 年以"皋西花"作为注册商标。"皋西花"牌徐集花生糖民间独家配方，制作工艺独特，产品香、酥、脆，回味悠长营养丰富。由于其独特的制作工艺和产品特色，产品远销上海、苏州、郑州、武汉、三门峡等地。2007 年又对产品的配方进行更加合理的调配，降低糖分含量，向低糖发展。除去食用小苏打外，产品中不含任何增白、防腐、化学剂、发酵等添加剂。成为名副其实的绿色、健康食品。

皋西花牌花生糖在几十年的风雨中历经厂房搬迁、员工流动、家庭变故等一系列问题，不断前行，传承与保留古老传统技艺，宣传与推广当地特色美食。

公司自成立以来，秉持"传承古法技艺、复兴地方品牌的宗旨"，在保持和改进徐集花生糖风味和品质的基础上，努力开拓市场，现产品覆盖江浙沪皖等地区，在线上及线下的销售中取得不错的经济效益及社会效益。建厂 20 多年来，从未发生过食品卫生质量安全事件以及消费者投诉事件，皋西花牌花生糖曾 2 次代表裕安区参加上海名优农产品展销会，2 年被评为"六安市十大名点产品""舌尖上的安徽"已做过专栏宣传并向"舌尖上的中国"栏目推荐，皋西花牌花生糖正逐渐成为徐集镇的美食名片。

图 4-37 "皖酥"牌花生糖

皖酥牌徐集花生糖

安徽省六安市恒丰食品有限公司成立于 2014 年，公司本着为广大消费者生产安全、口味纯正的休闲食品而创办。旗下品牌：非物质文化遗产项目"皖酥"牌徐集花生糖。生产线班底为几代传承的张氏制糖世家，其精湛的技艺、良好的口碑在徐集制糖界知名度颇高。公司的徐集花生糖生产线传承和延续古法、技艺制作，生产出的"皖酥"牌徐集花生糖具有香、脆、酥，食之口齿留香，回味悠长等特点。公司的休闲系列产品、糖果系列产品、蜂蜜系列制品、茶系列产品皆在研发和生产线建设中。

皋陈牌花生糖

六安市裕香园食品有限公司，在社会各界的大力支持下，组建成立于 2017 年 3 月。

公司拥有现代标准化厂房及生产设备，公司拥有资深制糖专业技术师傅，制糖经验30年以上。申请注册皋陈牌商标并使用。

皋陈徐集花生糖采取祖传制作工艺，精选优质花生仁，纯正麦芽糖精制而成，口味清香，脆中带酥，低糖爽口，不粘牙，香气宜人。

裕香园人代代相传，将徐集花生糖这一绝技如游丝般延至今日。

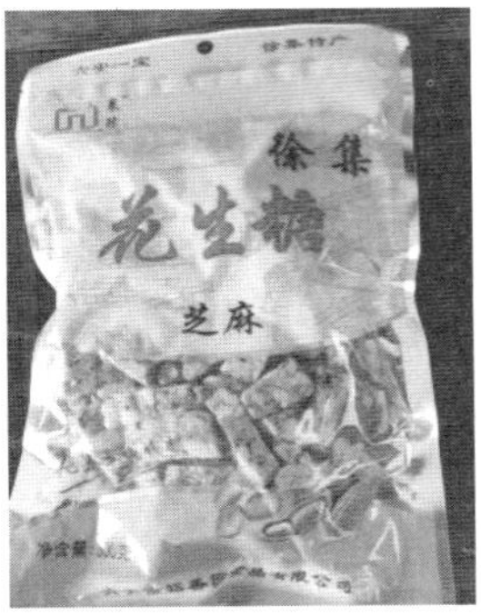

昆燕食品有限公司

图4-38　皋陈牌花生糖

六安市昆燕食品有限公司，是一家专业生产、加工、销售、配送等流程一体化的综合型食品企业；其主要产品：徐集张斌花生糖、徐州特产羊角蜜、皖西糯米锅巴、大京果、中秋月饼等系列经典食品。公司位于平桥工业园区，拥有2000余平方米的现代标准化厂房和精良的机械化生产设备。公司自成立以来，在社会各界的大力支持下，经过多年来的不断努力与创新，"徐集张斌花生糖"等系列经典食品，深受广大消费者的青睐，产品远销省内外。

关于"徐集花生糖"地理标志的证明

国家知识产权局商标局：

"徐集花生糖"是我区著名地理标志产品，"徐集"是知名商品产地名称，迄今已有近千年历史。

"徐集花生糖"特定品质：以当地花生、大麦、大米为原料，采用当地特有的手工工艺制作而成，外观呈乳白色，具有花生的焦脆，麦芽糖的香甜，以及复合而成的特殊香味，香、甜、酥、脆，食之口齿留香，回味悠长，没有一般花生糖食用时的粘牙问题。富含人体所需的氨基酸、维生素、亚油酸、蛋白质等营养物资，具有润肺、生津、去燥的功效。

徐集花生糖的特定品质、信誉是由徐集当地自然因素和人文因素所决定的：徐集镇地处江淮分水岭，丘岗地貌为主，土壤并不肥沃；亚热带气候，四季分明，温暖湿润，适宜种植优质水稻、花生、大麦等作物。产生的花生米粒中等、紧实，含有丰富的营养物质，其中脂肪、糖含量低于外地花生品种，具有油而不腻的特点；所产大麦皮薄质优，碳水化合物含量高，用于配置麦芽糖培养基，香味更浓。

徐集花生糖制作采用徐集当地传承下来的特有的制取糖浆之法，熬煮出上乘的麦芽糖浆；再采用特有手工炒制花生米、翻炒糖浆的工艺制作而成。独特的制作工艺精髓是人工掌握火候和糖浆的浓稠变化，靠的是耳濡目染代代相传，只有生长生活于此地区的人，方能掌握其精髓。

"徐集花生糖"制作技艺被六安市人民政府列为"市级第四批非物质文化遗产"，产地范围仅限于徐集镇，除此以外的人使用"徐集花生糖"名称，均侵犯了徐集镇先人传下的商誉，欺骗了消费者。保护"徐集""徐集花生糖"作为知名商品产地的名称和地理标志原产地的名称，对于促进镇域经济发展和当地群众脱贫致富具有重要意义。

以上事实，官方、民间均有记载。我区将在今后修志工作中予以系统表述。
特此证明。

安徽省六安市裕安区人民政府

2019 年 1 月 16 日

第九节 商贸服务业

一、发展历程

徐集的商业贸易在新中国成立以前不够繁荣，因为是六安近郊，重要的交易活动人们都去六安完成，它的商业交易覆盖半径大约 5 千米。新中国成立后国家主要实行计划经济体制，即对生产、资源分配以及产品消费事先进行计划的经济体制。徐集成为区委区公所所在地以后，常住人口多起来，作为全区政治、经济、文化中心，商业贸易逐渐繁荣。辖区内陆续成立供销社、粮站、食品站等部门，负责物资供给与调配。徐集供销社负责管理合作商店、旅社、大众食堂、饮食商店、油坊、孵化厂。20 世纪 80 年代始，随着社会经济的一步步发展，徐集商品贸易亦日趋多元化，商品市场日渐繁荣，商品贸易辐射周边 3 县近 10 个乡镇，商业门点 400 多个，日营销额达 20 余万元。每年来自全国各地经商、务工的人员在 2 万人以上。徐集镇成为六安西北部农特产品收购、储存、加工、外运和日常百货销售的商品集散中心之一。

据市场监管部门统计，2021 年年底，镇区内有共有企业 2437 家，其中股份有限公司 11 个，有限责任公司 508 个，农业专业合作社 72 个，个体工商户 1798 个。注册登记的个体工商户中，主要有超市、百货商店 343 家，饭店、小吃部、排档 115 家，影楼 14 家，服装、鞋帽批发、零售 196 家，理发店 26 家，汽车、摩托车、电瓶车销售维修店 18 家，美容美体会所 5 家，烟花爆竹专营店 88 家，建材门市部 88 家，通信设备（手机）销售门市部 31 家，农资销售 3 家，各类咨询服务部 106 家，足浴店、洗浴中心 4 家，药店（房）6 家，家电销售 18 家，母婴生活用品连锁店 2 家。镇区内有农商银行、邮政储蓄银行设立的分支机构、农业银行各 1 个，农贸市场 1 个。

二、粮油供销

徐集粮油中心站 1952 年，国家实行粮食统购统销政策，1955 年徐集区成立粮油管理站，相继在区辖 7 个公社分建 9 个粮油分站，各分站承担农民对国家缴公粮、卖余粮的收储职能，同时还负责商品粮人员的粮油供应和粮食流通。1983 年从业人员多达 495 人。1984 年国家实行以钱代粮政策，农民公余粮任务改为直接以现金上缴农业税，粮站不再收购公余粮。1992 年撤区并乡，原区粮油管理站改为粮油中心站，隶属关系不变。徐集镇内分设徐集、杨叉店、高皇 3 个分站，占地共 1.3 公顷，总容量 1.5 万吨，承担国家粮油收储任务。徐集分站设油厂，设备先进，产油率高，产量大，效益好。

1993 年，商品粮供应取消，粮票也退出流通市场。随着计划经济向市场经济转轨，从业人员开始分流，至 2003 年大集体和全民职工分流达 350 人，所留国家职工改为合同制工人。2003 年政企分开，实行市场化运作，徐集粮油分站先后派生出鸿达等公司，直接承担粮油收储任务，隶属于国家粮食储备局。徐集粮库隶属于六安南门国家粮食储备库，因原站址开发，现拆迁到黄巷村新建。

徐集粮油中心站主要负责人任职更迭表

表 4-21

单位名称	姓名	性别	职务	任职时间
徐集粮油中心站	孙恒德	男	站长	1961—1989
	李敏	男	站长	1989—1991
	李传银	男	站长	1991—1996
	张配杨	男	站长	1997—2001
	王思明	男	站长	2002—2003

徐集食品站 1951 年成立中国食品公司徐集食品站。1966 年至 1973 年区食品站与供销社合并，下设食品门市部，主要经营猪、禽、蛋收购。1973 年秋，县社分家，食品站与供销社分开经营，成立区食品收购站，承担猪、蛋、禽、牛、羊购销调存业务，每年下达生猪收购任务到大队，统购统销。区站下设 7 个（公社）食品收购门市部。1985 年落实中央一号文件精神，由派购转换为定购。1990 年实行"四统一分"（统一收购、统一屠宰、统一纳税、统一销售，分散经营）。1992 年企业倒闭，食品站保留服务和管理职能。1996 年实行定点屠宰，集中检疫，统一纳税、分散经营。2008 年，徐集中心食品站有职工 41 名，在 7 个乡镇分设 7 个屠宰厂。

徐集食品站主要负责人任职更迭表

表 4-22

单位名称	姓名	性别	职务	任职时间
徐集食品站	汤其富	男	站长	1987—1996
	张登明	男	站长	1996—

徐集供销社 1949 年 2 月莲花庵供销合作社成立。1951 年 4 月建立了徐家集合作社。1955 年初，六安县供销社在徐集设立了批发部。根据国家合作社业务分工的精神，于 1955 年 2 月工业品批发、人、财、物一并移交中国百货公司六安分公司，5 月粮油业务移交粮食部门，油厂也随同一并移交，但是属于供销社投资的油厂，仍由供销社继续经营。

1956 年，随着行政区域的调整，基层供销社也有较大变动，2 月撤销了徐集供销社。1957 年 5 月，根据上级指示精神，工业品零售业务及人员全部划归国营商业，同时基层社又进行了必要的合并，丁集和南岳庙两社合并为徐集供销社。1961 年 12 月，全县以行政区设立了包括徐集在内的 12 个区供销社和 79 个供销分社，农村人民公社的商业科、供销部已同时收回供销社。1962 年初进行了清股分红，扩股发展新社员工作。1970 年左右打扮室（工商管理）也从供销社分离出去。1973年食品站，从商业站分离出去，恢复供销社称谓。1985年1月全县84个基层供销社全部实行独立核算，自负盈亏，独立开展经营业务活动，徐集供销社，一分为七：除徐集社以外，又建立了江家店、高皇、大岭、沛联、分路口、挥手6个乡级社。1987年下半年起，又先后将6个乡级社并于区社（徐集社）。1990年全区设立的乡级社有徐集、杨叉店、高皇、窑岗嘴、大岭、分路口、沛联、新行、孙岗、宴公庙、江家店、永兴、神树店、挥手、张墩子。1992年徐集区共有15个乡级社，职工280人，大队代销网点70多个。供销社始终坚持"为农村、农业、农民服务"的宗旨。

1993年商业改革，供销社租壳卖瓢给职工，实行个体经营，库存商品卖给职工，保留服务和管理职能。2000年，徐集供销社隶属于六安市裕安区供销合作社联合社。

徐集供销社主要负责人更迭表

表4-23

时间	主任	支部书记	副主任
1951—1983	杨永愚 姚植夫 卢士银 黄 森 张广纯 甄元厚 胡进生	曹进 卢士银	张华轩 纪吟舫 韩有志 钟耀山 朱克之 陈世恩 沈 煜 殷世忠
1984—1986	卢士琪	张广纯	陈习坤 关传全 黄有旺
1987—1988	王席如		陈习坤 关传全 罗高升
1989—1991.3	周士旺	甄元厚	陈习坤 李广敏 张学余
1991.4—1993.3	罗高升		陈家骥 李广敏 张学余
1993.4—1994.7	程东平		张学余 陈家骥
1994.8—1995.5	张学余	陈家骥	
1995.6—1996.5	左 灵		王立林 黄运龙 翁元忠
1996.6—1997.5	翁元忠	陈家来	王立林 黄运龙
1997.6—2002.12	周士明		王立林 黄运龙 孙 明
2003—2005	孙 明		黄运龙
2006—	戴继兵	陈家来	

徐集供销系统受表彰情况

表4-24

类别	时间（年）	获奖名称或颁奖部门	业绩范围
集体	1963	徐集区供销社被国务院授予先进单位称号	经营管理
	1963	徐集区供销社被省社授予先进单位称号	经营管理
	1964	徐集区供销社被省社授予先进单位称号	政治工作
	1985	徐集图书门市部被省地新华书店授予先进单位称号	图书发行
	1986	徐集区供销社被六安行署消安委授予先进单位称号	冬防安全
个人	1953	李玉林被原北京军区授予军政文化学习二等功	
	1956	柏大锋被六安地区农产品采购局授予先进个人称号	
	1958	柏大锋被六安地区商业局授予积极分子称号	
	1958	高殿祥被安徽省财贸部门授予先进工作者称号	
个人	1968	张广纯被安徽省革委会授予"学毛著"积极分子称号	
	1969	张广纯被安徽省革委会授予"学毛著"积极分子称号	
	1983	陈于凤被六安地区供销社授予先进个人称号	
	1984	陈于凤被安徽省政府授予知青就业先进工作者称号	

三、商业市场

图4-39　郭长生电器　传全电器

徐集农贸市场　徐集农贸市场1985年之前在老街与小东街交叉口（草市），20世纪90年代在六梅路南农具厂门前（柳店），2000年以后迁到西大街，占地12000平方米，建有彩钢瓦大棚1500平方米，混凝土场地，排水、公厕等基础配套设施齐全。分区分类经营，经营肉类的有江绪峰、魏良荣、邱茂胜、徐维胜、陈军、谢以洲、夏柱平、丁维荣、陈昌才等人，经营活禽的有高方志、王家明、高伦枝、高勇、王芳等人，经营水产的有权良柱等人，经营蔬菜的有魏兴国、徐家林、王存远、王伟、孔祥中、张小初等人，还有周边许多散户，经营豆制品的有陈以卓、李光荣、侯义友、张成家、刘文义、张家敏等人。辐射江家店、分路口、丁集、平桥等周边乡镇。2018年规划的高规格农贸市场已建设竣工，投入使用。

徐集商场　新中国成立后很长一段时间内，徐集作为区委区公所所在地，商业贸易比较活跃。90年代初，徐集街道的主要供销商场有：第一综合商场、第二综合商场、生产门市部、新华书店、收购门市部、批发门市部、肥料门市部、烟酒批发门市部、窑货门市部等。2010 年后，境域内出现很多超市，方便群众日常生活需求。2018 年，徐集街道规模超市主要有：格林超市徐集分店、好日子超市、世纪华联、茂源超市、大明超市、雨润超市等。其中，格林超市六安市连锁店：格林超市 2015 年加入徐集，法人王绘良，超市建筑面积 2000 平方米，设有食品、百货、散食、生鲜、联营等柜组，用工 40人，通过会员卡优惠顾客，积 10000 分奖 300 元，贵宾卡享九五折，与供应商一对一合作，明码标价，支付方便，设有存包柜，充分保护消费者利益。消防、安保、维保由专业公司承担，防盗设施先进。

1990 年徐集街道主要供销商场

表 4-25

商场门市部名称	经营范围	地点	负责人
第一综合商场	日杂用品	老街中间	余朝珍
	服装		李宏
	五金交化		余世堂
	日用百货		严骏
	化妆品		鲍远芳
第二综合商场	服装、日用百货	车站（大田）	梁春筹
生产门市部	农药、农具、种子、五金交化	老街中间	李明全
新华书店	图书文具、课本发行	文化路	严伟
收购门市部	农副产品、（棉麻）	文化路	陈于春
批发门市部	日用百货	车站大田仓库	王泽云
肥料门市部	化肥批发	六梅路北（供销仓库）	李方传
烟酒批发门市部	烟酒批发	六梅路北（供销仓库）	丁维孝
窑货门市部	瓷器	六梅路北（供销仓库）	黄进

徐集镇 2020 年主要商场（市场）

表 4-26

商场名称	开办时间（年）	营业地点	建筑面积（平方米）
格林超市徐集分店	2015	西城首府	700
大好日子超市	2006	六梅路与西大街交叉口	700
小好日子超市	2005	西大街	400
雨润超市	2017	徐丁南路	400
世纪华联	2006	西大街	300

续表

商场名称	开办时间（年）	营业地点	建筑面积（平方米）
茂源超市	2015	西大街	700
大明超市	2012	西大街	300
启宝糖酒	2012	徐丁路与文化路交叉口	100
吕德祥烟酒百货	1999	文化路	100
明江烟酒百货	1993	老街与文化路交叉口	100
财源商贸酒店	2010	六梅路	100
惠选超市	2017	西大街与文化路交叉口	100
卢萍服装超市	2005	老街	100

四、服务业

传统服务业

餐饮业 新中国成立之前，徐集在老车站有一家小餐馆，老街中间有一家酒店，有3家早点铺面。1955年国家走合作化道路，服务业实行合作经营，1957年成立大众食堂饮食商店，包括饭店、蒸炸店、豆制品商店、旅社，主任王家友，员工50多人，隶属于六安县供销社。

饭店有4个分店，分别是在老车站的朝阳饭店，草市街的早点蒸炸店，老街南头花园饭店，乡政府对面的大众食堂。六梅路，312国道经过时，车流量大，过往客商多，朝阳饭店和花园饭店以过往的食客为主。蒸炸早点品种有油条、麻花、糍粑、油香、烧饼、包子、稀饭。其中烧饼很受欢迎，尤其是刘大鼓烧饼，炭火烤，芝麻面，白糖芯，火候黄而不焦，恰到好处，色、香、甜、脆俱佳。

豆制品商店有高堂枝、朱自香等6家组成，员工10人，租用田姓家沿街铺面。开始是驴拉磨做动力，1963年，采用柴油机发电马达带动，产量提高。1965年以后，粮食统购统销，大豆由粮油中心站定量提供，所以豆制品凭票供应。

1979年改革开放以后，大众食堂饮食商店分散承包经营，商业体制改革后，实行独立自主经营。

徐集镇2020年主要餐馆

表4-27

餐馆名称	开办时间（年）	营业地点	建筑面积（平方米）
东芝饭店	1995	徐丁南路	1000
好客来大酒店	2006	西大街	1300
鑫宝酒楼	2013	六梅东路	1000

续表

餐馆名称	开办时间（年）	营业地点	建筑面积（平方米）
满福酒楼	2016	六梅东路	1000
会宾园酒楼	1995	六梅西路	1000
美临酒楼	2001	六梅东路	800
徐集饭店	1995	六梅西路	800
酸菜鱼馆	2000	徐丁路	800

另有土菜馆、排挡 68 家，副食品（早点、冷饮、蛋糕、炒货）23 家，粮油加工 9 家，酿酒 7 家，豆制品加工 10 家，矿泉水 1 家，茶叶 7 家。

梁氏面馆、老字号面馆，居六梅中路相对而居，开业时间：1990 年，面积都有 150 平方米，经营早餐、特色小吃。

旅社宾馆 徐集早期旅社设在徐集粮站对面，由朱广福等 8 人经营。2000 年后，徐集街道新开一些快捷宾馆。环境优雅舒适、装修较好的宾馆有：

客运快捷宾馆，开业时间：2015 年，地点：六梅东路，面积：2000 平方米。

毛家宾馆，开业时间：2016 年，地点：六梅东路，面积：500 平方米。

徐集宾馆，开业时间：2018 年，地点：六梅东路，面积：1000 平方米。

兄弟宾馆，开业时间：2012 年，地点：徐分路，面积：800 平方米。

另有住宿 13 家。

新兴服务业

随着经济的逐步发展，消费水平、能力不断提高，满足人们生活需要的生活服务业发展较快，在传统服务业的基础上，又诞生一批新的行业。徐集镇新兴服务行业发展快，门类多。家政业：钟点工、卫生保洁、室内装潢、管道疏通、电器维修、开锁换锁等便民服务。婚庆服务：包括婚纱摄影、婚礼策划、迎亲车队、婚礼司仪、喜宴筹办等服务。知名门店有挚爱、创意婚纱摄影婚庆服务等。休闲娱乐业：包括洗浴、足疗保健、茶楼棋牌室等行业。如西部湾沐浴中心等。汽车美容：随着私家轿车增多，汽车维修保养逐渐扩展为汽车美容业，包括车内装潢、保洁等。镇域内知名企业有美孚一号汽修等。物业管理：随着徐集镇各小区（西城首府、恒龙公馆、明升小区、聚福苑小区等）的建成与投入使用，物业管理业应运而生，住宅小区多由物业公司负责管理，包括房屋建筑主体的管理和装修的监管，房屋设备设施、环卫、绿化管理，公共秩序和安全防护等，知名物业有西城首府、恒龙公馆、明升小区、聚福苑小区物业管理公司等。快递公司中通、申通、圆通、天天、优速、韵达、百世等皆在徐集镇设立运营网点，镇区内 2020 年市场贸易额达亿元以上。

截至 2021 年年底，徐集市场监管部门登记在册有影楼 14 家，汽车、摩托车、电瓶车销售维修店 18 家，美容美体会所 5 家，通信设备（手机）销售门市部 31 家，各类咨询服务部 106 家，足浴店、洗浴中心 4 家，药店（房）6 家，家电销售 18 家，母婴生活用品连锁店 2 家。

图 4-40 西部湾沐浴中心

驻徐集快递物流一览表

表 4-28

公司名称	时间（年）	位置	面积（平方米）	法人
申通快递	2009	徐丁路	100	王心谋
圆通快递	2018	六梅东路	100	王牛功
中通快递	2018	六梅东路	80	柴富元
百世快递	2018	六梅东路	80	梁永军
韵达快递	2015	西大街	80	王怀俊
天天快递	2015	徐丁路	100	
永生包裹代发	2018	六梅路	50	魏永生
宇鑫物流	2017	六梅路	50	
凯诚物流	2018	六梅路	50	

六安市腾飞驾驶员培训有限公司

腾飞驾校位于六安市裕安区徐集镇，建于 2013 年初，现已建成六安市设备先进、教学培训规范的国家二级驾驶学校，占地面积 4.67 余公顷，总投资 2000 多万元，配备小车雪铁龙教练车 60 辆，东风大货教练车 10 辆，专职教练员 80 余人，训练场地 24000 平方米，考场 11000 平方米，办公综合楼 3500 平方米，内设高、中档学员标准间 30 余套、180 平方米多媒体教室、180 平方米电脑模拟教室、免费无线上网、空调休息室、餐厅、超市等相关配套服务设施。

学校建设起点高、规模大，并同时筹建标准化小型轿车科目二分考场和项目齐全的大车训练场，实现学员培训考试一体化。可培训 C2、C1、B2 车型驾驶员。驾校根据学员需求开设正常班、上午班、下午班、晚班、双休日班、VIP 班等多种类型教学，VIP 班学车时间灵活，随到随学，星级教练一对一式教学。学校为给广大学员提供方便、快捷的办证服务，施行报名、培训、考试、发证一条龙服务模式，同时开办学员俱乐部，为学员提供代办驾驶证年检、补证、换证、邮寄驾驶证等延伸服务。为解决学员来校培训的交通问题，学校安排 2 辆大客车，贯穿六安市各条主干道，分早、中、晚三个时间段，免费接送学员。

腾飞驾校管理严格，服务周到，拥有 1 支经验丰富、技术过硬、纪律严明、经过正规培训、具有准教资质的教练员队伍。驾校狠抓廉政建设，坚决杜绝"吃、拿、卡、要"，学员在培训期间，教练必须严格执行"三个不"原则，即：不抽学员一根烟、不吃学员一顿饭、不私收学员一元钱。腾飞驾校以坚守热情服务、追求高质教学、打造品牌驾校为宗旨，始终坚持质量第一、服务至上，注重驾驶员素质教育、弘扬安全教育、精益求精、学以致用新理念，为学员提供便捷、优质的驾培服务。树立"腾飞驾校"特色品牌，追求卓越，科学发展，以"培训合格驾驶员"为使命，打造安徽最值得信赖的驾校为愿景，把驾校建设成安徽机动车驾驶员培训行业内培训质量好、教学水平优、现代化程度高的一流的驾驶员培训学校。

第十节　财税金融

一、财政

机构沿革

新中国成立初期，百废待兴。由于当时条件限制，各地乡（人民公社）只设一名专（兼）职财粮员，负责农业税解报（公粮由粮站代收）和财政供给人员经费领发业务。随着我国经济发展，特别是十一届三中全会以后，农村"政社合一"的管理形式已难以确保乡村正常运转，1983 年，中共中央、国务院发出了《关于实行政社分开，建立乡政府的通知》并提出了建立乡镇财政的要求，财政部颁发了《乡镇财政管理实行办法》在全国范围内建立乡镇财政所，并实行"财政包干"的财政体制。1983 年 6 月安徽省部署乡镇成立财政所，当时只有一名财政人员，乡镇主要负责人兼任所长。

1984 年 10 月省全面建立财政所，每所配置 3 人（初中至高中文化），新建办公场所。至此乡镇有了真正意义上的财政所，实现一级政府一级财政基本架构。乡镇财政所建立后的主要职责：财政预算内外资金的征收管理、财政预算编制、依法行使财政监督职能、农业税征收及农业税政策宣传落实。主要征收有农业税、农特税、耕地占用税、契税、代收水费、农建费（后称外资还贷）及处罚收入。为了规范乡镇财政人员执法行为，经国务院批准，1989 年 3 月财政部下发《关于农业税征收人员统一着装的通知》，并给财政人员制发《农业税收检查证》，规范财政征收人员履行职责。

徐集镇财政所机构沿革

1984 年 12 月，徐集镇财政所成立，隶属于原六安县财政局和原六安县徐集镇政府双重领导。其组成人员 3 名，设负责人 1 名。主要职责是：农业税征收，乡镇财政预决算编制执行。1992 年 2 月"撤区并乡"，由原六安县徐集区财政所、徐集镇财政所、高皇乡财政所合并组建为"六安县徐集镇财政所"，所长程若贵，副所长杨富忠，人事权隶属县财政局，党组织关系隶属徐集镇党委。1992 年 6 月，财政所人权下划隶属徐集镇政府。1992 年 12 月"市县合并"，更名为"六安市徐集镇财政所"，隶属徐集镇政府。1996 年 9 月，财政所人事权上划，隶属于六安市财政局。1999 年 12 月"撤地设区"，更名为

"六安市裕安区徐集镇财政所"，隶属于裕安区财政局。2001年3月，财政所"三权"下划，隶属于徐集镇人民政府。2001年4月，开展事业单位机构改革，编制由12人减少至6人。2004年3月，财政所"三权"上划，隶属于裕安区财政局。

基础设施进一步完善。1984年12月财政所成立时，办公用房168平方米。经过10年发展，1996年财政所办公用房360平方米，到2016年财政所办公用房628平方米。

图4-41　1986年建筑照片　　图4-42　1996年办公楼　　图4-43　2016年办公楼

财政所人员经费来源为财政全额拨款单位，财政所历届所长（在任时间）：陈若贵（1991年1月—1992年5月）、李云波（1992年6月—1996年3月）、朱明庆（1996年4月—1999年4月）、杨富忠（1999年5月—2003年4月）、王学军（2003年5月—2005年10月）、金家吾（2005年11月—2017年7月）、马永胜（2018年3月—至今）。2018年，徐集镇财政所由马永胜、张柳、秦杰、吴正远4人组成。

徐集财政所职能职责

依照财政管理的有关法律、法规和规章规定，负责徐集镇的财政管理工作，并完成当地政府和上级财政部门交办的其他事项。设置的工作岗位主要是：国库支付中心报账员、惠民补贴管理员、财政资金监管员、票据管理员、档案管理员；同时办理预决算、专项资金、政府行政单位会计、惠农打卡、非税征收等业务。

1984年徐集镇财政收入15.6万元，经过40年的发展，2015年镇财政收入2233万元，是建所时143倍。几十年来，镇党委政府注重财源建设，先后投入3000万元用于徐集工业集中区建设，对经济建设有突出贡献的单位奖励200多万元，投入1.5亿元进行各种配套建设，经济建设日益壮大，社会事业稳定发展。

2005年农业税取消后，财政所职能由"征收型"转变成"服务型"。财政所建立综合服务大厅：一是完善财政补贴农民资金"一卡通"信息，制订资金发放流程图和各类资金管理制度。2017年镇财政所通过"一卡通"发放资金2196.3万元，15319人次享受补贴；二是服务"三农"，加大投入。仅2015年镇对"三农"发展投入4854.7万元；三是加强资金监管。从完善各项制度、强化包村干部监管财政资金、注重成效几方面工作，提高了财政资金使用的效益；四是拓展为民服务载体。服务农业专业合作社、服务村级经济建设。引进黄巷村海泰园林有限公司、三丰养殖有限公司、黄岳村美开园艺有限公司、东方红防火材料有限公司等6家村级企业，为村级经济发展提供了保障。

图 4-44 民生工程政策宣传

财政收支

徐集镇财政收入 1998 年以前主要有国税、地方工商税、农业税、农业特产税、上级补助、自有资金等项目，1999 年以后，增加非税收入，2005 年取消农业税，其他收入渠道不变。

镇财政支出主要有农林水事业费、文化事业费、广播电视电影事业费、计划生育事业费、乡镇财政经费、行政管理费、教育事业等项目。

徐集镇1992年至2017年度财政收支一览表

表4-29

年度	财政收入（万元）										财政支出（万元）					
	国税	地税	农业税	契税	非税	耕地占用税	上级补助	预算外	其他	合计	预算内	预算外	体制上解	基本建设	其他支出	合计
1992							72.96	15.09	76.14	164.19	81.47	15.09			73.76	170.32
1993							103.51		132.47	235.98	103.51				77.22	180.73
1994	90.93	3.38							90.29	184.60	94.79				81.13	175.92
1995	12.31	54.55	78.60						231.32	376.78	121.74	22.28			215.41	359.43
1996	17.00	117.00	119.90		54.00				488.10	796.00	372.00	422.00				794.00
1997	20.00	168.00	124.00		75.00				384.00	771.00	545.00	226.00				771.00
1998	24.50	185.00	123.90		75.00				624.50	1032.90	594.00	520.26				1114.26
1999	38.75	192.00	155.75	2.50	70.00	5.50			302.65	767.15	482.48	33.09	147.52		60.00	723.09
2000	16.00	133.00	195.00	3.00	108.00	6.00	186.00		149.00	796.00	629.00	140.00				769.00
2001	8.00	135.30	202.70	2.50	40.00	5.50	271.00		130.90	795.90	597.00	182.60	151.00			930.60
2002	10.00	140.00	219.70	2.50	75.80				122.00	570.00	279.06	182.00	180.00			641.06
2003	28.00	61.00	210.00	2.00			38.00		10.00	347.00	217.00				248.00	465.00
2004	40.00	70.00	210.00						20.00	342.00	238.00				142.00	380.00
2005		76.00		3.00	104.00		210.00			393.00	431.00		55.00			486.00
2006		107.60		37.00	182.00		222.00			548.60	330.90		55.00		75.30	461.20
2007		158.00		8.60	294.00		280.80			741.40	384.90		79.00	92.70	74.20	630.80
2008		210.00			290.00		310.00			810.00	386.00		150.00	100.00	94.00	730.00
2009	106.00	330.90		38.25	417.40		377.48	211.50	69.90	1551.43	400.20		172.71	217.61	74.20	864.72

续表

年度	财政收入（万元）										财政支出（万元）					
	国税	地税	农业税	契税	非税	耕地占用税	上级补助	预算外	其他	合计	预算内	预算外	体制上解	基本建设	其他支出	合计
2010	200.00	600.50		30.00	300.00		64.20	288.50	2.00	1485.20	464.00		255.00	150.00	200.00	1069.00
2011	320.00	930.00		260.00	283.00		693.70	313.00		2799.70	600.00		465.00	510.00		1575.00
2012					296.60		55.90	366.00	2.00	720.50	887.90				35.00	922.90
2013	241.00	509.00		250.00	651.10		932.00		524.30	3107.40	1002.60				7.90	1010.50
2014	491.00	1355.00			798.00		1214.90	191.00	351.00	4400.90	934.00		1878.00	339.60		3151.60
2015.00	513.50	1263.00			501.00		1586.50		82.30	3946.30	1067.20		1713.30		278.80	3059.30
2016	748.10				252.80		614.60		348.20	1963.70	1194.20			20.00	38.60	1252.80
2017	809.00	220.00			136.80		1417.00			2582.80	1133.00			1425.00	118.00	2676.00
2018		1450.00			120.00					1570.00	930.00			200.00	646.00	1776.00
2019		2128.00			150.00					2278.00	1020.00			236.00	1100.00	2356.00
2020		2442.00			38.00					2480.00	1050.00			185.00	1256.00	2491.00
2021		2528.00			9.00					2537.00	1130.00			200.00	1300.00	2630.00
2022		2804.00			31.00					2835.00	1150.00			180.00	1560.00	2890.00

财政管理与监督

严格执行《六安市裕安区区级预算外资金管理暂行办法》《六安市裕安区区绵预算外资金收缴分离暂行办法》等文件精神，加强票据管理，从源头控管查处乱收费、私设"小金库"和"账外账等行为"。实施"收缴分离、罚缴分离、票款同行"等一系列改革措施，落实收支2条线管理原则，预算外资金管理实现向政府非税收入管理的转变。

账户管理。根据裕安区财政局布置要求，结合镇村（街）社区的实际，防止多头开户的现象，预算外资金直接缴入财政专户，单位除备用金账户外，不再设其他账户，财政分局不定期对村（街）业务往来加强管理督查。

票据管理。加强村（街）票据使用管理，制止乱借乱开现象，在平时工作中，加强票据供应限量，实行"核旧领新"，对已实现收入而未能及时收缴或滞留甚至坐支的单位，限制供应或暂缓供应票据，直至其整改资金解缴入库。加强票据规范化管理，针对执收、执罚单位在票据使用中存在的不规范甚至丢失票据的现象及时给予严肃处理。

会计管理。认真贯彻《会计法》《财务会计准则》，开展执法情况检查，成立由镇政府领导及财政、司法部门等负责人组成的督查工作领导组，建立长效管理机制，不定期对村（街）进行检查，发现问题立即纠正整改，要求各单位领导关心、支持、重视会计工作，要求会计人员积极参加会计工作培训，同时建立健全各项规章制度，制定会计岗位职责，严格财务报批手续，及时进行会计核算。

行政事业单位财务管理。根据各单位的人员、基本建设和事业发展计划，核定支出预算，各单位按照下达的经费指标，编制用款计划报区财政，实行收支两条线，严格预算管理，教育部门开展"校钱局管校用"的原则。镇财政开展不定期的村（街）、单位财务督查，对供养人员信息库进行更新，实行动态管理。认真遵守财经纪律，准确掌握津补贴发放状况，规范津补贴的发放标准范围，加强专项资金管理，提高资金使用效益。

二、税 务

中华人民共和国成立后，徐集镇境内税收分为三大部分，即国税、地税、农业税、农业特产税。国税由县、区税务局派员征收；地税由裕安区地税局徐集分局负责征收；农业税及农业特产税由财政所负责，镇、村干部协助征收。全面取消农业税后，财政所主要协助国税、地税工作，非税收入和契税，也由财政所负责收取。

税务体制变更：1954年徐集区设财税所，徐集、江家店、挥手、分路口、沛联、大岭、高皇各公社有1名税收专管员。1978年财税分离，设立六安县徐集区税务所，1983年税务系统垂直隶属于市局管理，1988年国家税务系统垂直管理，1994年，国、地税分家，徐集区税务所更名为徐集中心税务所，下面各乡设地税所，2000年设六安市裕安区地税局徐集地税分局，2018年国地税合并，徐集中心税务所更名为国家税务总局六安市裕安区税务局徐集税务分局（办公地址在分路口），2014—2017年徐集镇设国税分局。

征收的主要税种有：营业税、增值税、企业所得税、个人所得税、城建税、义务教育附加、土地增值税、土地使用税、车船税、房产税、印花税、契税、耕地占用税等。另外还负责水利建设资金、养老保险、医疗保险、失业保险、工伤保险、生育保险、城镇居民医疗保险和部分资金费用的征收。2017年，营业税改为增值税。

税务机关职责：宣传国家税收政策，评估核定工商户应缴税额，收缴税款，管理票据，负责停业、歇业、复业的调查。实施以票管税后，纳税人主动缴纳税款。

徐集税务机构历任负责人为：王思叶（1970—1975）、徐梁（1976—1981）、张秀清（1982—1986）、黄丙忠（1987—1990）、谢长应（1991—1993）、陈国军（1994—1999）、谢勇（2000—2017）、马申尚（2018—）。

三、银行

徐集镇金融服务机构主要有中国农业银行裕安区支行徐集分理处、六安农商银行徐集分理处、中国邮政储蓄银行徐集分理处。

中国农业银行裕安区支行徐集分理处

机构沿革中国人民银行六安地区支行徐集营业所建立于1951年，所址坐落在徐集老街，仅有草房3间。1958年迁到老街南头六梅路北，当时改称为中国人民银行六安支行徐集营业所，隶属徐集镇政府。1980年再次迁址修建营业大厅。1994年在徐分路西新建职工宿舍，总占地面积0.73公顷。

1957年，徐集区、丁集区、南岳庙区3个营业所合并为徐集营业所，下辖27个乡镇信用社。1979年农业银行恢复成立。1996年农村信用社与银行脱钩。1998年徐集营业所（包括党组织）隶属金融系统垂直管理。2008年改为中国农业银行皖西路支行徐集营业所，有职工6人，主要办理存款、贷款业务。办公设备自动化、业务网络化。1996年存款1356万元，贷款金额1079万元，累计发放贷款1110万元。2008年存款11407万元，贷款2796万元。

农行营业所后转型更名为分理处，徐集分理处于2013年4月投入运营，有员工5名，网点主任1名，运营主管1名，柜面经营2名，专职大堂经理1名。截至2020年，徐集分理处设立1个对外营业窗口，网点营业面积336平方米，设自助服务区1个，面积约20平方米，设置存取一体机3台，壁挂式自助终端1台，大堂内设置超级柜台2台，柜式自助终端1台。高柜日均业务量65笔；超柜日均业务量180笔，7月超柜分流率97%；存取款机日均业务量600笔。

转型以前根据徐集分理处实际情况，对网点各职能分区进行重新划分界定，对人员职责进行重新定位，遵循"三减两增一控"原则，充分利用科技手段，对网点进行智能、智慧化改造，推进网点向智能化、营销化、数字化、运营轻型化、业务综合化和线上线下一体化转型，实现营销能力和风险防控的双提升。

转型以后是功能分区再界定。对照轻型网点要求和徐集分理处实际，将徐集分理处分为智能服务区、自助服务区、营销服务区、综合服务区、客户等候区、引导区、集中办公区（具体见下图4-45）。

智能服务区：该区域位于网点东南边，配备新一代超级柜台1台、自助终端设备1台、回单机及移动超级柜台1台。在靠东墙面悬挂电子信息展示屏，集中滚动展示网点证照信息、网点人员信息及营销人员资质、在售产品信息、风险提示信息等。

自助服务区：该区域位于网点东边，配备存取款一体机2台、取款机1台和穿墙式自助设备1台，提供24小时自助银行服务。

营销服务区：该区域位于网点东边，配备移动式"双录"设备，供网点营销人员进行产品推介、营销洽谈。

综合服务区：该区域位于网点北面，设立高柜1组，配备业务终端、扫描打印一体机、印控仪、柜外清等设备。

客户等候区，该区域位于网点大厅中部，设立客户座椅3组，供客户等候使用。

引导区：该区域位于网点大厅中部，设立导览台1部、填单台1部。

集中办公区：该区域位于网点西北角，为网点主任、客户经理和网点员工集中办公地点，配备办公电脑、打印机、扫描仪、办公电话以及必需的其他办公设备。

截至2017年12月31日，各项存款33326.81万。其中个人存款32189.52万，单位存款1137.29万。各项贷款571.60万，其中人民币贷款571.60万。

截至2018年11月末，各项存款余额37468.89万元，其中个人存款35043.86万元，对公存款2425.03万元；各项贷款余额541.81万元，其中法人贷款余额0元，个人贷款余额541.81万元。

图4-45 中国农业银行裕安区支行徐集分理处

农业银行徐集营业所历任主任一览表

表4-30

单位名称	姓名	性别	职任	任职时间
徐集营业所	石俊英	男	主任	1984—1956.6
	董国民	男	主任	1995.6—1995.10
	马体贵	男	主任	1995.10—1996.8
	秦立恩	男	主任	1996.8—1997.2
	汪书敏	男	主任	1997.2—1997.5
	付勇	男	主任	1997.5—2001.4
	费华	男	主任	2001.4—2005.2

续表

单位名称	姓名	性别	职任	任职时间
徐集营业所	曾四清	男	主任	2005.2—2008.10
	王国华	男	主任	2008.10—2013.3
	杨松	男	主任	2013.3—2017.5
	孙毅	男	主任	2017.5—2017.12
	张世琼	女	主任	2017.12—

六安农商银行徐集分理处

机构变更：六安农商银行徐集分理处为徐集镇金融机构之一，现址位于徐集镇徐分路 5 号，其前身可追溯至 20 世纪 50 年代，时称徐集信用合作社，成立于 1955 年，由社员入股，属公办集体组织。

1958 年，徐集、梁集、高皇、分路、大岭、滮联 6 地合并为徐集人民公社，信用社作为公社下设单位，改称信用部，每村 1 部，共设 16 个信用部。

图 4-46　六安农商银行徐集分理处

1961 年，大公社划分为小公社，梁集、徐集、高皇 3 处信用部合并为徐集信用社，徐集信用部恢复为徐集信用社，这一时期，人民公社、信用社、供销社 3 大社被并称为"一鸟二翅"。信用社行政上隶属政府部门，业务上归属农业银行管理。该时期徐集信用社负责人依次为谢道煜、张正如、赵本铎、王文德等人。

2006 年，经改制后，省政府成立省级农村信用合作联社，信用社从农业银行分离出来，各市（县）成立信用联社，六安市郊区农村信用合作联社（简称郊区联社）成立，郊区联社的成立将以往独立核算的各法人社纳入统一核算、统一管理，徐集信用社随之变更为六安市郊区农村信用合作联社徐集分社（以下简称徐集分社），属六安市郊区农村信用合作联社分路口信用社的二级分社。该时期，机构负责人依次为涂登平、张广军。

2014 年，六安农村商业银行股份有限公司挂牌成立，六安市郊区农村信用社徐集分社变更为六安农村商业银行股份有限公司徐集分理处（以下简称徐集分理处）。自 2014 年至 2020 年，该机构负责人依次为车宏祥、余学能、孙杰。

业务发展：在信用部、信用社时期，徐集信用社在业务上归属农业银行管理，业务包括存贷款业务，但存款业务相对较少，主要业务为贷款业务，用于支持农村地区农民的生产、生活，具体贷款对象为各生产队及农民个人。负责具体办理贷款业务的人员称为信贷员，每名信贷员负责 1—2 个村业务。在此期间，各信贷员每逢春耕秋收时节，奔走在各田间地头，为有资金需求的老百姓解决燃眉之急，与当地农民结下浓厚的帮扶情缘。随着业务发展，信用社逐步开始投放工商信贷，贷款对象增加个体户、小企业等，业务规模逐渐提升。

自2006年起，徐集信用社成为分社，后变更为徐集分理处，该机构隶属分路口二级机构，不再办理贷款业务，主要业务为存款及其他电子银行业务。同时该机构作为地方性金融机构，多年来，以支持地方经济发展为己任，认真履行社会责任，代理全镇9000余户各类涉农补贴及低保、五保补贴发放、城乡居民社会养老保险代收、5000余户社保代发等业务。

因徐集镇地处江家店、丁集、分路口之间，该机构同时还兼顾周边乡镇的各类资金代发业务。工作量大，服务对象中老年人居多。2018年，该机构被裕安区老龄工作委员会授予第三届"敬老文明号"称号。

中国邮政储蓄银行徐集分理处

图4-47　中国邮政储蓄银行徐集分理处

2016年，六安徐集邮政支局累计实现考核收入392.32万元，规模列全分公司第6位；代理金融收入358万元，占总收入91.25%；邮务类收入31.82万元，占总收入8.00%；包裹快递收入2.4万元，占总收入0.61%。2017年，累计实现考核收入490.8万元，规模列全分公司第4位，比上年上升2位；代理金融收入427.6万元，占总收入87.12%；邮务类收入61.26万元，占总收入12.48%；包裹快递收入1.98万元，占总收入0.40%。

业务发展：2017年8月至2018年8月，累计完成进出口业务量5.39万件。围绕"塑造农村电商的牵头者、组织者和整合者"的定位，壮大"一体"。加强线上线下运营，打造集"工业品下乡+农产品进城+公共服务+普惠金融+物流配送"为一体的农村电商综合便民服务平台，建设邮乐购站点27个，全年月均站点活动度74%。强化政企合作，创新"邮乐小店"电商扶贫新模式，邮乐小店激活人数328个。市商务局、市扶贫办、市发改委等13单位联合出台《关于推进电商精准扶贫的工作意见》文件，明确提出支持邮政农村电商发展。依托邮乐农品网，建立大别山六安馆及5个县区馆，实现各县区地方馆建设全覆盖。市经信委、市农委、市邮政联合印发《关于做好本地产品上线邮乐网、邮乐农品网的通知》，全市上线企业66家，上线产品567款，累计销售8.41万单，销售额292.04万元，打造徐集花生糖、百色芒果、徽六六安瓜片等5款5000件以上爆款产品。做活邮政基础业务，提升普遍服务功能。集邮、函件、报刊、电商专业分别实现收入9.34万元、1.16万元、8.73万元、56.54万元。2017年全年共代办税务3741笔，代征税款金额325.8万元。其中代办国税2875笔，代征税款225.9万元；代办地税866笔，代征税款99.8万元。累计成功处理车驾管业务832笔。

普惠金融：搭建基于客户视角的金融产品超市，满足普惠客户开户、结算、代收、代发、代缴、理财、投资、线上线下结合的一站式金融需求。积极创新存款类、结算类等不同种类产品体系，增强普惠金融产品的市场吸引力，更好服务小微企业。加强邮政

图 4-48　普惠金融（反洗钱、反假币宣传）

掌柜贷、中邮消费金融等小额线上产品推广；研究探索为普惠客户提供孵化、咨询、投资理财服务等全生命周期服务，把金融服务输送到客户手中。通过徐集支局的转型发展，实现零售、普惠、小微企业服务全覆盖。同时，利用网上银行、手机银行、自助银行、集中外呼等线上渠道，实现"线上线下"一体协同。

徐集支局服务普惠金融、落实支持实体经济，重视普惠金融业务的合规风险，规范收费管理，落实"七不准""四公开"。发展普惠金融是一项国家战略，切实服务好小微企业、三农领域，大力支持"大众创业、万众创新"，助力脱贫攻坚战，是国企的政治责任，也是邮政转型发展，做好普惠金融工作的客观要求。

普遍服务：作为国家重要的社会公用事业和国家重要的通信基础设施，长期以来，徐集邮政在促进地方经济和社会发展、保障公民的基本通信权利、承担普遍服务义务等方面发挥着重要作用。徐集邮政承担的普遍服务范围广泛，包括信件、印刷品、包裹、汇票等，并按照国家规定办理机要通信、国家规定报刊发行，及义务兵平常信函、盲人读物和革命烈士遗物的免费寄递等特殊服务业务。不仅满足辖区内所有居民的基本通信需求，还在保证国家地方政令畅通、传播方针政策以及各种信息方面发挥着重要作用。农村电商"邮政+电商"让农产品"流通"起来。经六安市邮政分公司研究，在徐集镇建立"邮乐购运营中心"1处；有效促进包裹快递的集散、农村电商产品的分装配送，缓解原来处理配送环节的压力。"邮政+商店"让村民"便利"起来。徐集邮政依托"邮掌柜""邮乐网"、商易通等软件设备，通过"邮政+商店"形成功能齐全的村邮站，在商店的基础上叠加十几种服务：收发快递包裹、村民转账支付、小额取款、网上代购、农资销售、代缴电话费、代缴电费等。

截至 2018 年年底，徐集村邮站已建成 27 个，代投点 14 个，通过段道整改，将村邮站、邮掌柜、村民进行串联，实现行政村级网络全覆盖，真正实现"购物不出村、销售不出村、生活不出村、金融不出村、创业不出村"，帮助村民实现"五个不出村"、实现农产品"上网"，让"最后一公里"变成"面对面"服务。

管理科学：支局管理权责分明，井然有序。加强成本费用管控，细化成本费用标杆，将有限的资源用在促进高效业务发展上，促进了企业降本增效；加强报销报账自查，降低企业风险，提升工作实效。按照省、市、分公司经营组织架构调整整体部署，逐步实现从"以产品为中心"向"以客户为中心"转变；严格落实《全市邮政青年人才培养工作实施方案》，按照《中国邮政集团公司六安市分公司内部培训激励办法（试行）》和《教育经费使用管理办法》，加强员工薪酬绩效考核，积极鼓励支局员工参加全省邮政特有职业技能竞赛。安全管理更加有力，积极争创"平安邮政"，强化安全生产管理长效机制，加强邮件、车辆、消防、信息网等安全管理；层层签订《安全生产目标管理责任书》和《消防责任书》，明确兼职安全员和义务消防员工作职责，加强安全生产防范体系建设。服务质量稳步提高。坚持服务问题"零容忍"，以"五个确保"为工作目标，以邮件时限达标，提升客户满意度为工作重点，着力推进"两岗"履职工作。

和谐支局：文娱活动成绩喜人，支局全员积极参与全市举办的各类演讲、征文比赛活动，彰显支局新气象。支局代表参加全省邮政职工运动会手球比赛，获得"团体第三名"。2016至2017年，徐集邮政在全市邮政优质服务班组评审中连续荣获"市级优质服务网点"，支局长李晓娜荣获"2016—2017年度先进个人"，营业主管王露露荣获"2017年度微笑天使"称号，投递员方永参加由六安市委宣传部、六安市文明办、六安市交通运输局等部门举办的"文明邮政服务之星"评选。

图4-48　先进个人颁奖

四、保险

（一）中国人寿保险公司

2014年，中国人寿保险公司培训、安排各村干部为保险代办员，服务群众。

（二）政策性农业保险

徐集镇政策性农业保险工作为着力解决三农问题，化解农业风险，减少农民损失。2008年政策性农业保险试点工作正式开展，当年镇东方红现代农业专业合作社即为600亩（15公顷）单晚水稻进行投保，在裕安区率先开展政策性农业保险工作。2009年成立徐集镇政策性农业保险工作服务站，丁为宝、卢东、林甫、刘少新和许正春等分管农业副镇长先后担任站长，胡圣法同志担任常务副站长，负责政策性农业保险日常业务工作，主要是政策宣传、知识培训、资料报送、保费收缴、验标、接报案、现场查灾定损、理赔公示等，每村配有一名协保员。种植业投保的险种主要有水稻、小麦、玉米、油菜、棉花和大豆等，后增加有林业、养殖业、渔业和特色农业保险等。历年来为农民群众挽回近千万元损失，为徐集镇的农业发展、农村稳定和农民增收做出一定的贡献。2015、2017、2019年多次获政策性农业保险工作优秀单位表彰。

第五章　社会事业

第一节　文　化

一、文化机构与设施

（一）文化机构

1953年冬，在徐集街道草市街建立徐集文化分馆，隶属六安县文化馆，配专职文化干部从事文化工作。1980年，六安县徐集区建立广播电视管理站，1992年六安县徐集镇建立文化站。2001年，乡镇机构改革，广播电视管理站上岗1人，文化站上岗1人，成立徐集镇文化广播电视站，定编两人，2005年更名为徐集镇综合文化站，有2名工作人员。

徐集镇综合文化站，是徐集镇政府所属的事业职能单位，主要职责是提供公共文化服务、指导基层文化工作，协助管理农村文化市场。

（二）文化设施

1979年，徐集建立农村文化中心，各大队建立文化室。徐集公社文化站建立图书阅览室，有图书一万余册，1980年六安县组织人员到徐集参观学习。2008年至2012年全镇各村相继建成农家书屋，助力科技兴农。

2011年11月，总投资120万元的综合文化站建成，建筑面积675平方米，内设"四室一厅"，即图书室、电子阅览室、农民科技培训室、办公室和多功能活动厅。站前广场1800平方米，配建灯光篮球场、乒乓球台和休息凉亭。2016年在西城首府格林超市门前修建法治广场，约2000平方米，每到傍晚，常有流动舞台车表演文艺节目，几乎每天都有居民来跳广场舞，还有经营吹气的空气城堡吸引小孩前来玩乐。2017年，在梁集村建成全镇第一个"农民文化乐园"，农民学习、健身、休闲娱乐有了好去处。同年，镇政府筹资91万元新建徐集街道文化广场——三角广场，公园式的小广场配建公厕、休息长廊与"灯光广场"，每到傍晚，常有百余人在此跳广场舞。2018年黄岳村修建农民文化活动广场，配建篮球场和农民健身步道，安装健身器材，方便群众进行文化、健身活动。2019年棠树村修建农民文化活动广场，配建农民文化大舞台，安装健身器材，方便群众进行文化、健身活动。2020年全红村修建农民文化活动广场，配建农民文化大舞台，安装健身器材，方便周边群众进行文化、健身活动。

图5-1　徐集镇综合文化站

新华书店

徐集新华书店正式建立于 1988 年（此前，徐集供销社内开设新华书店柜组），在徐集老街北头，曾经搬至老 312 国道徐集车站附近，2000 年迁至六梅路边锦江花园北 50 米，2018 年成为六安新华书店有限公司徐集便民店。店内主要经营国内书报刊、电子出版物零售；负责徐集及周边乡镇中小学、幼儿园教材征订与发放等工作。20 世纪徐集新华书店，为促进精神文明建设发挥过重要作用。随着多媒体的发展和壮大，21 世纪开始其职能逐渐弱化。历届工作人员为：严伟伟（1988 年前）、彭世柱（1988—1995 年）、刘隆浦（1995—1998 年）、李洪亮（1998—2004 年）、袁洪蕾（2004—2005 年）、仇严严（2005—2013 年）、胡海明（2013 至今）。

徐集镇综合文化站主要负责人任职更迭表

表 5-1

姓名	性别	职务	任职时间
梁德金	男	六安县徐集区广播电视管理站站长	1980.1—1992.4
梁德金	男	裕安区徐集镇广播文化站站长	1992.4—2001.6
孙恒霞	女	裕安区徐集镇文化广播电视站站长	2001.7—2005.4
吴崇新	男	裕安区徐集镇综合文化站站长	2005.4 至今

二、群众文化生活

徐集镇群众文化生活的内容丰富多彩，形式多种多样，并且随着社会形势的变化、政治经济的发展而变化发展。

新中国成立后至 1978 年前该地的文化生活以地方戏为主，民间艺人杨占鳌、杨占祥带领庐剧戏班在徐集区各地演出，剧目为《小辞店》《休丁香》等传统戏。1969 年 4 月各大队成立"毛泽东思想文艺宣传队"，排演"样板戏"，并轮流在各生产队演出，也在徐集街道草市街修建的宣传台上为群众演出。

21 世纪随着广播电视、VCD、电脑等普及，人们的文化生活越来越丰富多彩。在农村，家有红白喜事，主家常常请业余戏班演唱三五天，群众对此喜闻乐见。

图 5-2 群众业余文化生活

2014 年以后，居民健身活动开始兴盛，其形式多样，尤以广场舞为甚。徐集镇连续5 年组织队伍参加区级广场舞大赛并获得较好成绩。

图 5-3　徐集镇三角广场上的群众广场舞

2016 年，吴崇新家庭荣获安徽省"书香之家"称号。2018 年 11 月，吴崇新家庭被国家新闻出版署授予全国"书香之家"光荣称号。

图 5-4　吴崇新家庭被国家新闻出版署授予全国"书香之家"

三、文艺创作

1957 年，徐集区文艺创作组编排节目参加六安县群英会演出并获奖。1976 年教师高毅创作"小戏"《一代新风》，题材反映知青在农村安家落户，作品参加地县级文艺汇演，并获奖。1978 年徐集文化分馆万良巨创作并演唱《十二月走娘家》，在六安县会演中获奖。1980 年，由中学教师谷怀平作词，徐集文化馆杨开政作曲的民歌《请喝一杯六安茶》，参加六安县及六安地区会演并获奖。1990 年徐集文化分馆举办书画展，作品共50 多件（其中有名家刘蕴山的作品）受到社会一致好评。1992 年撤区并乡，乡镇文化组织进一步加强，徐集建立文化站，组织"九三元宵灯会"，参加六安市会演，《彩车》《狮子灯》《花篮》等节目获演出一等奖。1997 年六安市举办"庆港归"文艺汇演，镇广播文化站副站长项昌文创作的《告别吧，港英》配乐诗，荣获创作一等奖、演出二等奖。1998 年以黄岳村曹文海为首的狮子灯表演队，参加"安徽省第八届农民运动会"开幕式。（这班狮子灯表演队前后相继，新中国成立后一直活跃在乡村舞台。）1999 年徐集镇组织的国庆 50 周年文艺汇演，曾有新闻媒体进行专题报道。2007 年，由徐集妇联推荐，徐集镇中心学校创作表演的《外婆的生日 party》在裕安区第三届家庭才艺大赛中荣获第一名。2008 年徐集小学创作表演的《相亲相爱一家人》获裕安区校园文化节一等奖。2014 年徐集文化站举办"迎国庆"书画展。2014 年和 2015 年，徐集中心小学吴丹同学参加六安市安美杯书法大赛连获硬笔书法一等奖。

文学创作方面，中华诗词学会会员、安徽省诗词学会理事、安徽省太白楼诗词学会常务理事、六安市诗词楹联学会会长郭元勋诗词楹联创作成就突出。六安市诗联协会会员、教师叶溉之创作诗歌近 300 首，曾出版《叶溉之诗集》。郭耀东诗集《知非斋吟草》、高琰枝散文集《金桂飘香》《民间故事集》在师生中广为流传。

词曲创作方面，《徐集小学校歌》词、曲创作得到市级专家好评。

书法绘画方面，谷怀平、李杰、汪家堂和蔚明海等人的书法作品有较高的艺术水平，戴永谋、汪家堂和张贯明的绘画作品也很见功力。

诗词、对联

1. 郭元勋诗词对联选录

六安北塔

屹立皋城古，摩青北塔雄。
东依都市景，西对淠河泓。
五角风铃脆，七层唐韵浓。
六安标志物，夕照塑金容。

横排头仙境

山环水绕溟渠头，浩渺丰源碧浪柔。
岭上长城擒烈马，峰间深谷荡轻舟。
华楼翘角栖金凤，大坝垂帘接绿洲。
半岛坡前观胜景，横排仙境一怀收。

天堂寨

隐身十万山，古韵数千年。
怪石奇峰叠，清溪幽谷穿。
深潭连玉瀑，曲径入青天。
大寨云间筑，东南第一关。

浣溪沙　沙河游

吻浪游船入画廊，采风览胜话沧桑。粼粼碧水惹诗狂。

玉带绕城如折扇，芳洲浮水似华艎。沙河两岸好风光。

水调歌头　中国梦

四海炎黄奋，九域党旗红。金阳普照华夏，蝶舞万花荣。水秀山青天碧，民富国强世泰，各族喜交融。共奏文明曲，尽显汉唐风。东方立，邦威震，五洲崇。铜墙铁壁疆土。剑利帅兵雄，银汉嫦娥登月，蓝海蛟龙捉鳖，科技助昌隆。两个百年志，圆梦在寰中。

2. 叶溉之诗词对联选录

祝贺六安诗词楹联学会成立三周年

三载逢庚六月中，芙蓉出水映榴红。

云开老凤鸣春暖，雨霁雏莺唱彩虹。

鸥舞海天歌故国，鹰飞云岭傲苍穹。

文园百卉齐争艳，花月清辉影几重。

浪淘沙　六安建市十五周年

二塔对谈评，笑语铮铮，沧桑岁月话阴晴。今日九州红日丽，辐射皋城。物候律回新，惊蛰雷鸣，满园花发劲争春。伫立九墩墩畔望，硕果沉沉。

九墩塘畔筑吟坛

九墩塘畔奏华章，今有宋皇赐玉堂。

艺数长存歌德政，风骚独领傲三唐。

过许继慎烈士故居

土门浩气压尘埃，大别雄风拂面来。

叱咤风云留式范，神州一统慰泉台。

北塔公园

庙新栏曲小亭妍，池水涟漪鱼戏岩。

一眺临轩远骋目，楼台多少白云间。

登北塔即景

陟巅极目楚天舒，立体城乡展画图。

佛塔双尊偕大别，淠河二水秀中枢。

六桥促活工商贸，五站连通内外衢。

信史皋陶称法祖，古香今美有谁如。

徐集霸王墩

怀项羽人杰精神，皋塔东临，犹如身躯挺矗；
想虞姬体姿风韵，绒河西照，有此宝镜斜悬。

3. 郭耀东诗词对联选录

游览淠史杭

一

淠河改道走山巅，银汉何时落九天。
农业喜添新命脉，皖中大地乐丰年。

二

飞舟破浪在中流，恍若乘槎银汉游。
荷矣香风堪醉客，归来天半月如钩。

登九公寨

陟高起步自平坡，策杖扶云上翠峨。
履道方知坦地少，登山始识险峰多。
长桥飞水虹为路，拱坝凌空人造河。
无限风光身入画，流连欲返几蹉跎。

登武涉山怀古

老去登高兴未休，触情往事上心头。
读书台畔人何在，洗砚池边墨尚留。
汉武佛迷劳众庶，桂英马奋固金瓯。
兴亡千古渔樵话，屹立武山历万秋。

登霸王墩

扛鼎拔山气亦豪，未成霸业恨难消。
至今犹见乌江水，不尽东流涌怒涛。

纪念毛主席诞生一百周年

一九九三年十一月二十六日

一代伟人百代师，乾坤扭转立民基。
经天纬地丝纶美，伏虎降龙智勇奇。
独领风骚留绝唱，远超唐宋展雄姿。
当年高奏阳春曲，声震神州醒睡狮。

二

甲午起风云，人民苦难深。韶山钟灵秀，天降一伟人。
辛亥中山起，君皇铲断根。大权终旁落，革命叹沉沦。
蒋氏挥刀斧，尸横血肉腥。救星共产党，独手把天擎。
炮响洪都府，工农举义旌。井冈英杰聚，顿使鬼神惊。
枷锁锤镰砸，雄狮发吼声。红旗风展画，星火着山林。
党内分歧在，有机敌可乘。入侵日鬼进，围剿境压兵。
遵义中枢会，理论路线新。泽东居首位，党意合民情。
红日高空照，神州暖气腾。秦皇与汉武，文采逊三分。
人跟毛公走，众星拱北辰。棋盘新局布，北上抗倭军。
足踏长征路，英雄历万辛。雪山风雪骤，草地望无垠。
不见人禽兽，更无米水薪。充饥分马肉，野草作盘飧。
终到长城下，世闻好汉名。延安成圣地，呼吸仰中心。
窑洞奇谋出，分兵敌后屯。村庄皆战堡，男女斩猢狲。
八载人民战，降幡出敌营。猴儿山顶下，要把大桃吞。
处处兵蠢动，人民怒与拼。萧墙戈又举，三战敌巢倾。
主席轻挥手，乾坤转巨轮。三山推尽倒，大地见光明。
缔造新中国，国旗手上升。沉浮终有主，青史载功勋。
大众开心日，野狼入近邻。挥师过鸭绿，抗美竟东征。
美帝侵军撤，朝中胜利临。大船操稳舵，破浪正航行。
理国心肝瘁，高空殒巨星。有情天亦老，无物不哀鸣。
思想金光闪，理论灼古今。宏文留五卷，革命指航灯。
伟业传千古，诗文振国魂。新天日月换，承志慰英灵。

散文

1. 高琰枝散文选

写春联的故事

清末，淳化县时家庄有位秀才名为时不济，熟读四书五经、唐诗宋词，但终究背时得很，命运不济，几次乡试都没考中。武昌起义，赶走了皇帝，废除了科举，时不济最终得了个"秀才"。祖上丢下的几石良田，因他多年读书赶考，又不善经营，被一次次割卖得净光。时不济只得靠卖文维生，给人家写写书信、对联等混碗饭吃，但他仅是"有柴一笼火，有菜一顿餐"。有一年，村上财主时百万客厅落成举办典礼，他的几个亲戚本家请时不济写副对联，时不济挥笔写下遒劲有力的对子：金屋落成玉宇增焰，栋梁铸就华夏添彩。请时不济写副对子的人每人送给他一斗米酬金，财主时百万见到这副对联后，觉得不仅字写得刚劲有力，而且对文做得工整，一语双关，于是又给了三石米赏钱。时不济乐了，到街上"醉八仙"酒馆接连喝了几天，每次从酒馆出来都是踉踉跄跄，飘飘然地回到时家庄，直到把相当一个长工一年的工资喝得精光。

光阴荏苒，转眼就到了卯年尾，时家庄家家户户都在置办年货，杀猪宰羊，忙得热火朝天。可时不济既无煮的、炖的，又无煎的、炸的，冷冷清清，没有一点儿"年味"。但他毕竟是个读书人，仍要表现出"秀才"的模样。他买来一张大红纸，写下了表露心境的对联：行节俭事，对淡泊年。于年二十九的晚上悄悄贴到门上，也算是除旧布新，新桃换旧符了。

年三十早晨，时家庄家家张灯结彩，户户爆竹连天，喜气洋洋，而时不济却柴门紧闭，躺在床上睡闷觉。晌午时分，时不济起床做饭，谁知开门一看，门对子变了，原来的对文多了两个字，上联是"早行节从俭事"，下联是"免过淡泊年"。蓦地，时不济身子一颤，像触了电一样，是谁把对文换了？再细看，这门对子没有换，八个魏碑大字是他亲手写的没错！这时家庄读书人不多，善写魏碑的人更少。时不济把时家庄为数不多的读书人逐一排了队，摸了底，终于悟出：此二字定是时万通老先生写的。此人虽然读书不多，但他好学，学问渊博，且善书法，会写一手魏碑书。时万通德高望重，是时家庄的老户长。这改对子的举动，是时万通见机行事，意在规劝时不济改掉"有柴一笼火，有菜一顿餐"的坏习惯。

时不济毕竟是秀才出身，一点就通。除夕夜，他在油灯下写下：量人而出，细水长流；少吃多滋味，蠢吃伤财气。说到做到，从此时不济一改以往铺张浪费、好逸恶劳的劣习。时家庄地多人少，周围荒山、荒地很多，过了元宵节，时不济就扛大锹开荒挖地，种菜、种粮。一年下来，囤有余粮，鸡、鸭、鱼肉样样有。过年时，时不济又挥笔写下了熠熠生辉的新春联：勤俭黄金木，诗书丹桂根。

2. 陈世宏散文

徐集老街记忆

图 5-5　旧时书桌

我的故乡徐集有一条老街，记忆中都是三四十年前的印象。

老街南北走向，从南到北大约四里（2000 米）。街道比较平直，没有蜿蜒曲折、高低起伏的感觉。从南直通到北，中间微微向西一折。老街虽称"老"，但缺少古香古色的气息，没有琉璃瓦，没有挡火墙，也没有青石板路，沿街只是一些草屋，偶尔有一些单位的砖墙瓦房，且是平房。街道两旁的后面就是农田、水塘、菜园，一到夏天，白天蝉鸣不断，夜晚蛙声一片，一派农村的气象。

老街分为南头、北头以及中间三个部分。

老街的最南边紧挨原来的六梅公路，即现在的010县道，本地人称为"南头子"。记忆中的南头子有一家炸爆米花的，主人姓"李"，因是独家生意，人又和善，所以每当过年过节，生意特别火爆。小时候，家家生活贫困，为了逗逗孩子们过年开心，给前来拜年的孩子丢个念头，家家都要炸上一大袋爆米花、玉米花。每年的腊月二十九、年三十，家长们总是要派小孩子拎上两三斤糯米、玉米，拿到街上炸一下。炸爆米摊上，坐满了排队的孩子，经常是早晨去，下午回，中午饭都无法吃，很是辛苦。但是当看到红红的柴火上的黑黑的炒货罐不停地摇着，孩子们幼小的心里就都充满了浓浓的期望。随着师傅左脚一蹬、左手一扳，在"嘭"的一声巨响声中，白花花的爆米花伴着香喷喷的气味，冲出炒货罐，倒进各自的布袋里。这时，捧上一大把，香甜地吃起来；再不过瘾，就把小小的脑袋伸进布袋里，尽情地大吃一顿。所有的辛苦都烟消云散，家里兄弟们每年这时都抢着要去。

图 5-6　炸爆米花

离炸爆米花不远的一个地方，绿色的门，绿色的窗，那是徐集邮电局。面积不大，只有两三间门面；人员不多，只记得一个年轻人，大人们喊他"小左"。每天早晨，我都能看到他穿着绿色的服装，挎着绿色的背包，天晴就骑着绿色的自行车，穿梭于崎岖不平的乡间小路上，宛如一个"绿色天使"。只要他一出现，就会喊道"张大伯，你家的信""李阿姨，你家的包裹"。他的到来，经常给劳作的乡下人带来快乐、带来希望。姐姐常常从单位寄来的汇款单和我的大学录取通知书，都是他送来的。在我们幼小的心里，他就像一个解放军战士。每次他一到我们村子，就会有十几个孩子跟在他后面，雄赳赳、气昂昂地向前走。

老街的中间，是整个街道最繁华的地方，其中最热闹的就是"草市子"，估计这里当初主要是供乡下人卖柴、卖草的地方。早晨，这里是一个农副产品的集散地。乡下人把自己舍不得吃的鸡、鱼、蛋以及时令的蔬菜拿来变卖，挣点零钱，买些煤油、食盐、牙膏、肥皂等生活日用品。记得我上小学的时候，只有十一二岁光景，就上老街卖过菜。开始我跟母亲一起去，后来经常同庄子上的大人、孩子一起。我卖过辣椒酱，五分钱一铁勺；卖过青菜、豇豆、蕹菜、南瓜杆子、芋头藤子，二分钱一小把。母亲头一天晚上把菜园里的菜摘回来，用稻草把它们扎成一把一把的；第二天早晨天不亮，我就挎着竹篮，加入卖菜的队伍，走到三里（5000 米）外的老街去赶早集。由于年龄太小，有时我都不懂蔬菜的好坏，但还要和斤斤计较的街上的婆婆、阿姨们讨价还价。记得有次冬天卖青菜，一位老奶奶拿着我的菜看了看说："你的菜不老。"我一听急了，生怕被压低价钱，连连申辩："我的菜很老，哪说不老？"老奶奶听后大笑说："我是说你的菜很嫩，很好。"说完，拿了菜付了钱，笑呵呵地走了。现在有时想想，也不觉哑然失笑。

　　草市子最让人难忘的还是它的傍晚时分。这时候，它又成了一个文化中心。草市子有一些高大的电话杆，电话杆上装有几个大喇叭，是当时很多徐集人抹不掉的记忆。那时的文化生活贫乏，家家没有电视机，收音机也很稀罕，看电影更是偶尔的，因此，听广播就是一个大众的选择。记得我在徐集读书的时候，广播上正在热播刘兰芳的评书，先是《岳飞传》，后是《杨家将》。太阳落山了，街上人们的劳作结束了，学生们放学了，大家三五成群、络绎不绝地来到草市子。街上人端个板凳坐在广播前，学生们有的围在电话杆下，有的直接坐在地上。少则几十人，多则一两百人，大家静静地等着，沉醉地听着。"岳母刺字""王佐断臂""气死兀术，笑死牛皋""十二寡妇破阵""穆桂英挂帅""佘太君点将"等故事，成了我们津津乐道的话题；岳家军的忠诚、杨家将的勇猛，就在刘兰芳的口吐莲花中深深地扎根在我们的心里；刘兰芳那铿锵起伏的声韵美感、高亢嘹亮的声音类型，也成了那时人们茶余饭后模仿的对象。

　　如果幸运的话，草市子偶尔也放一些电影。下午三四点，草市子的两根大电话杆上就挂上一大块白色银幕。"今晚街上要放电影了！"消息传播很快，开始在街上，接着传到乡下，十里（5000 米）、二十里（10 千米），甚至更远。街上的孩子得天独厚，早早地就把小板凳搬到银幕前占好了座位，乡下的孩子则要等到大人们干完农活、忙完家务后再带着一起去。去得早一点，就站在银幕正面的中间或后面；迟一点，只能站在银幕的背面，我们称这种看法叫"看反片子"。整个草市子，银幕的正面、背面，到处都是人，挨挨挤挤的，坐着的少，站着的多，特别小的孩子就骑在家长的肩膀上。虽然有的电影，孩子们看不懂，有时甚至靠在墙根睡觉，但孩子们还是一次不落地跟着走上几里路，没有一次缺席。就在这一知半解、懵懵懂懂中，我们观看了《地雷战》《地道战》《南征北战》《渡江侦察记》《英雄儿女》《列宁在1918》《瓦尔特保卫萨拉热窝》等大量的影片，我们的口中也经常流传着"高，高，实在是高"（《地道战》），"人老了，弦也调不准了"（《洪湖赤卫队》），"别看你今天闹得欢，小心明天拉清单"（《小兵张嘎》），"面包会有的，牛奶会有的，一切都会有的"（《列宁在1918》）等经典台词，《英雄儿女》中的王成、《平原游击队》中的李向阳、《闪闪的红星》中的潘冬子、《小兵张嘎》中的小嘎子都永久地刻在我们这一代人的脑海里，我们的童年中也充满了抓坏蛋、打鬼子、抢山头、夺炮楼等娱乐活动。当然，也有消息误传的时候。当我们一队人兴致勃勃地来到街上，发现草市子空无一人，压根儿没有洁白银幕的影子的时候，大人们倒也无所谓，我们这些孩子们却像泄了气的皮球，没精打采地跟着大人一起回家。但当回到村子里别人问我们看了什么电影时，大家异口同声地美其名曰《小英雄白跑路》。

紧挨草市子向北走，老街的西边是徐集的政治中心——原徐集区（现在叫"镇"）、徐集公社（现在叫"乡"）的政府所在地。进进出出的往往都是一些戴着手表、穿着皮鞋、骑着自行车的国家干部。作为孩子是不敢问津的，因而也知之甚少。对着政府所在地的东面，依次是食品站、百货站。在那物质绝对匮乏的年代，这都是人们极其艳羡的部门。认识食品站的人，买肉就能买到肥肉，回家在锅里一炼，既吃到了肉，又炼到了油；家住百货站，即使没有布票、煤油票等，照样能从内部买到生活日用品。

老街的最北人称"北头子"，主要有两个单位。一个是街西边的徐集医院，乡下人头痛脑热，一般就是找大队（现在叫"村"）的赤脚医生，吃点药，打个针，也就算了。至于乡下人到医院，除非是一些要动手术的较重的病了。还有一个单位就是徐集小学，在老街的尽头，横对着老街。原先在高台上有一排教室、办公室，后来陆续盖了一些楼房。父亲当年在这里教书，我在徐集中学读书时，就暂住在这里，度过了一年的光阴。

世事沧桑，转眼三四十年了。如今的老街，已经旧貌换新颜，商铺琳琅满目，楼房鳞次栉比，但随着西大街、二零街的兴建，加之农村、街道大量人口入城居住，老街上的人越来越少了。正如夕阳在山，虽然有时也有绚烂的一刻，但终将走向黄昏，走向凄凉。

不管怎样，徐集老街，在我心中都有着抹不去的印象。

歌曲

1. 民歌:《请喝一杯六安茶》

116 12 | 323 2 | 335 12 | 532 3 |

烈 士 长　眠 鲜 血 染，

艰 苦 奋　斗 创 奇 迹，

四 季 如　春 鸟 鸣 涧，

553 231 | 615 6 | 335 615 | 6 ·6

红 土 盛 产 闻 名 茶。

建 国 横 空 第 一 坝。

美 女 采 茶 归 径 斜。

661 35 | 323 2 | 1112 615 | 3 ·3

浩气永存 天地 间 化作春雨 催新 芽，

库似星罗 渠如 网 清源滋润 山茶 花，

天然有机 禅一 味，甘淳浓郁 品月 下，

116 56 | 1612 3 | 5553 231 | 2 · 2 |

当年 将士 回 放 里,请喝一杯 六安 茶　　呀,

昔日 民工 你 在 哪,请喝一杯 六安 茶　　呀,

远方 朋友 来 这 里,请喝一杯 六安 茶　　呀,

3335　　6156 | 6 · 6 |

请喝一杯 六 安 茶 呀!

请喝一杯 六 安 茶 呀!

请喝一杯 六 安 茶 呀!

注：此民歌由原徐集区文化部门组
织表演，曾参加原六安县六安
地区等文化部门组织的文艺汇
演，并获奖。
杨开政先生，原徐集区文化馆
馆长。

2. 徐集镇中心小学校歌

《梦想起航》

徐集小学校歌

1=C 2/4 ♩=120

愉快 活泼地

词作者：王罗华
曲作者：胡 飞

(1)
徐集 小学， 红色 土 壤。
徐集 小学， 梦想 工 厂。

(5)
阳光 的校园， 快乐的殿堂。 德智 体美， 全面 发展。
育人 的征途， 一路歌飞扬。 好学 守纪， 活泼 向上。

(9)
如酥春雨 益芬芳， 滋润我们 快成长， 金闪闪 梦想 从此 起航。
老师谆谆 育英才， 学生代代 铸辉煌， 金闪闪 梦想 从此 起航。

(13)
嘿！ 金闪 闪 梦想要飞 翔。 展 开 梦想的翅

(17)
膀， 雏鹰展翅 高飞， 向前进！ 不可挡！ 梦 想， 一直在飞

(21)
翔， 乘风破浪 挂 云 帆 看我 们 一起向前 闯！

(25)

书法

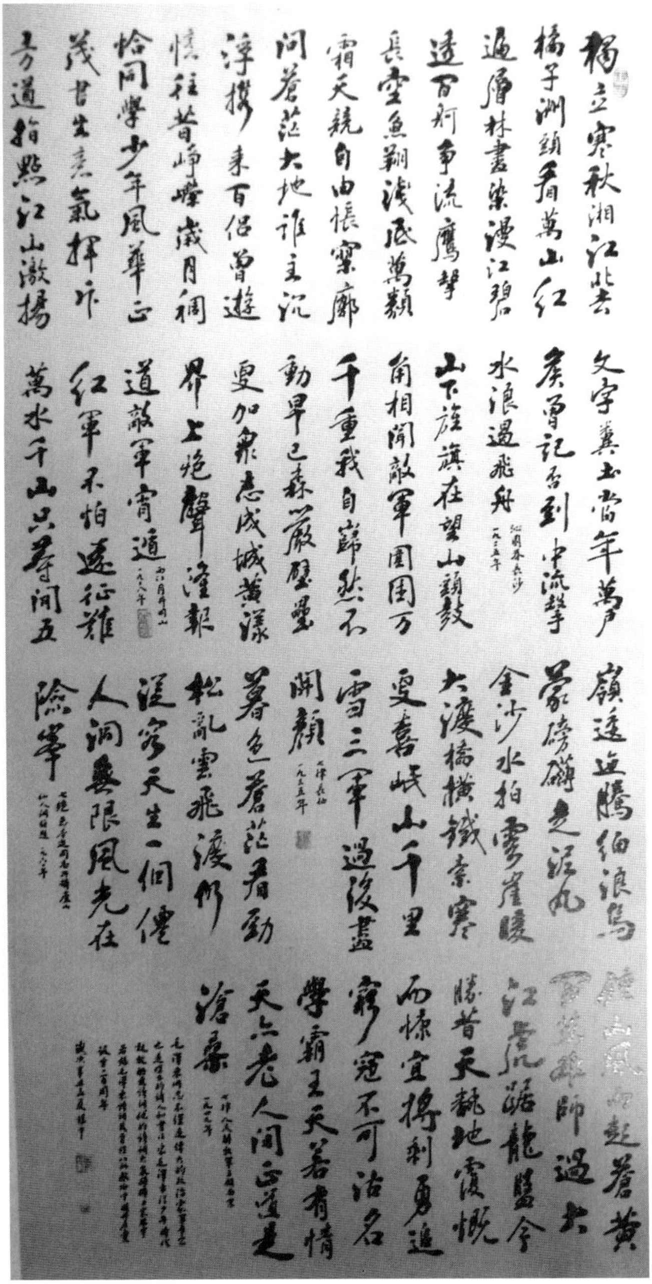

图 5-7 谷怀平书法作品

图 5-8　汪家堂书法作品

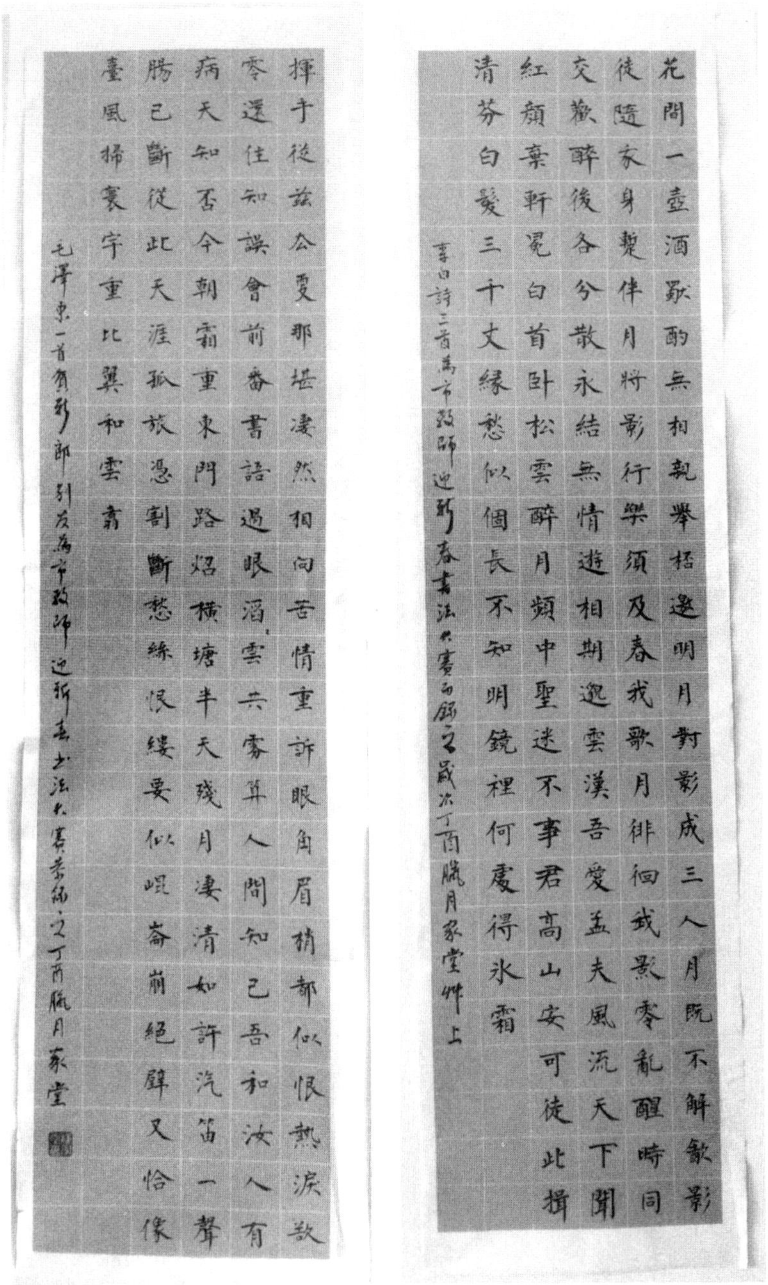

图 5-9 汪家堂书法作品

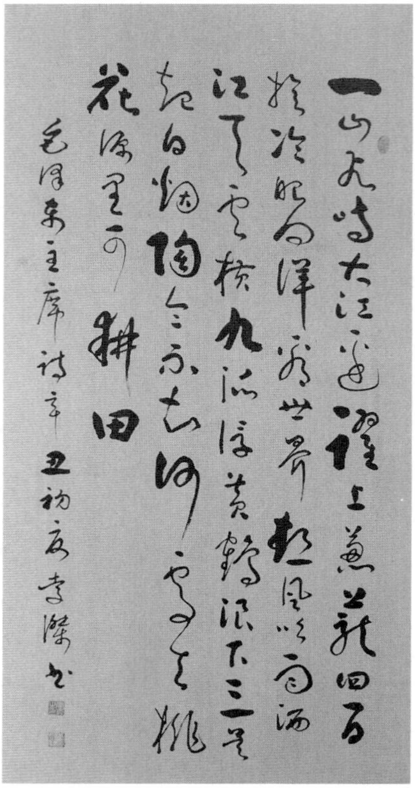

图 5-10　李杰书法作品

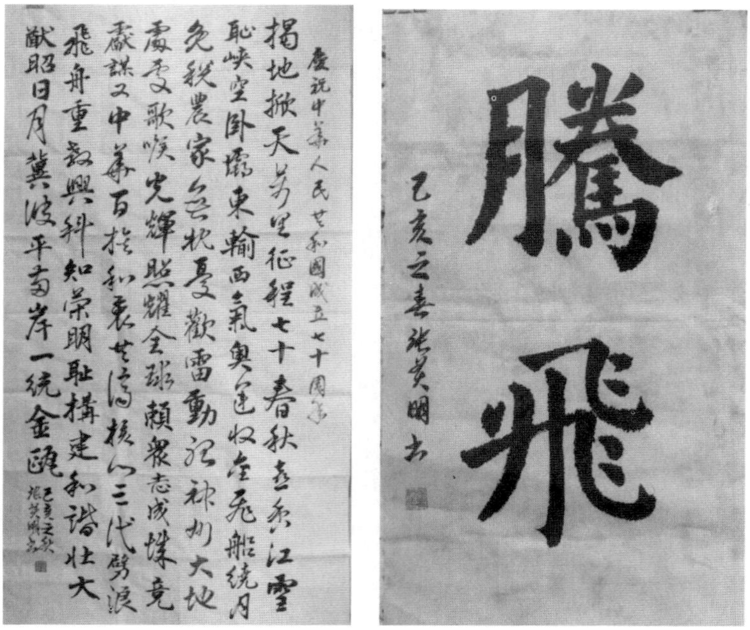

图 5-11　张贯明书法作品

（五）绘画

图 5-12 戴永谋绘画作品

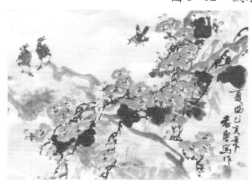

图 5-13 汪家堂绘画作品

图 5-14　张贯明绘画作品

四、广播影视

广播

徐集广播站成立于 1969 年，有线广播落户农村。公社设广播室、大队部安装高音喇叭，农民家中安装有线广播。当时没有电源，用一台 12 匹马力的柴油机发电供播音使用。有 2 名工作人员，包括 1 个负责人兼值机员，一个护线员，2 人有明确分工，互相协作，每天早中晚播音 3 次共 6 小时，既转播中央、省、县节目，又有自办节目，内容丰富多彩，深受群众欢迎。广播覆盖徐集境域所有农户，既宣传党的方针政策、农业技术和地方好人好事，也起到统一作息时间的作用。

1992 年以后，成立徐集镇广播文化站，广播站改为调频广播。各村相继成立广播室，由镇广播站负责安装、调试和技术指导，由村接收放大。广播站每天按时转播上级广播节目，安排专人维修、维护传输线路，村也指派专人日常维护。1997 年以后，广播采用无线传输，效率有很大提高。

图 5-15　20 世纪徐集老街高音喇叭

电影

电影事业在农村发展也很迅速。1960 年，徐集成立电影队，在各大队巡回放映，喇叭一响，四面八方的群众就带着椅子、摇着蒲扇聚拢过来。1979 年，徐集区新建有 726 个座位的电影院，满足全区人民看电影的需求，2009 年因电影院年久失修成了危房被拆除。从 2001 年起至 2020 年，从"2131 工程"到"一村一月一场电影"，送电影下乡进村走过 20 个年头。

送戏下乡文化惠民政策深得人心。从 2013 年起，每年每村送一场戏，把党的政策以群众喜闻乐见的形式呈现出来，群众看戏的热情很高，一场戏观众最多的时候有上千人。

图 5-16 街道居民和附近村民
在聚富苑大道上看戏

图 5-17 20 世纪老草市
街放电影场景

电视

1985 年，农村开始有黑白电视机，靠天线接收信号收看节目。

1994 年 10 月，徐集镇建立有线电视前端，年底 500 户街道居民用上有线电视，当时设计带宽 300MHz，传输 12 套电视节目。1999 年，镇广播文化电视站对有线电视前端及线路进行升级改造，带宽 550MHz，传输 26 套电视节目，用户增至 916 户。

2005 年，徐集镇有线电视实现与全区光纤联网，建成一个光放大中心机房，全镇有线电视节目增至 46 套，用户增至 1100 户。2007 年，对全镇 1212 面地面卫星天线进行转星调整。2008 年，镇有线电视网被区文广局整合，同年，广播电视村村通被列入全省 18 项民生工程，全镇共有 17 个村点年底通有线电视。至 2013 年，徐集镇有线电视用户近 3000 户，同年 5 月，安广网络整合徐集镇有线电视网，将模拟信号全部转换为数字信号，老百姓看上数字电视。

2016 年以后，4G 通信技术发展普及，电信和移动宽带电视走进寻常百姓家。

五、古迹旧址

黄岳庙

黄岳庙又名黄岳寺，位于六安市裕安区徐集镇黄岳村境内，占地 10 亩（0.667 公顷），该寺紧连黄岳生态园、二天门、石塘、谢家坝小水库环绕周边交通便利、山清水秀，环境优美。

黄岳寺建于唐贞观年间，当时建有大雄宝殿、前殿和东西厢房。清光绪年间，由当地财主捐资，重新修缮扩大，增建娘娘殿、华祖药王殿和前栅门，香火旺盛，鼎盛一时。十年动乱期间，黄岳寺被毁。改革开放后，黄岳寺香火复燃，百姓云集，络绎不

图 5-18 黄岳庙正殿图

绝。江苏、浙江、河南，安徽省内霍邱、寿县、霍山等地游客前来观光旅游，烧香拜佛。

2005 年九华山十戒和尚释常亮来此传经送法，多方化缘，主持重修。2008 年初具规模，有前殿（弥勒殿）、地藏殿、观音殿、西方三圣殿、药王殿、僧房殿、僧房客厅、西

栅门等，另建花园、放生池等设施，大雄宝殿 2009 年落成，寺内僧人 2 名，佛像庄严，宝鼎钟鼓齐全。

东岳庙

图 5-19　东岳庙残存碑

东岳庙，位于老 312 国道七里半段北侧 800 米处，因相对西面 3 公里处老佛庙而得名，占地 1.2 亩（0.08 公顷）。该庙始建年代不详，从残存碑文可见"大清光绪十六年"字样，不知是始建还是重修时间，无从考证。碑文上信士捐款所用单位是串和文。

老庙土墙瓦房，属于徽派建筑，有大殿 3 间，东西厢房各 3 间，佛像数尊，并供奉三清雕像。由于年久失修，毁于 20 世纪 60 年代。

2003 年，由本地村民卢仕发、丁维国等人牵头筹款，在原庙旧址上重建，大雄宝殿 3 间，观音殿、娘娘殿、弥勒殿各 3 间，庙房共 13 间，佛像 32 尊，主要供奉释迦牟尼、药师佛、阿陀佛。聘请十戒和尚、首堂僧和二堂僧各一人，居士数人。

图 5-20　东岳庙大雄宝殿

老古井

徐集镇梁集村有口老古井，人称陈砖井。清康熙年间，梁集附近有户陈姓人家，家里有口井，每逢干旱缺水，附近人们都到他家担井水饮用。有一年，又遇大旱，人们照例去他家打井水，可是他家有一只狗非常凶猛。为了防止狗伤众人，同时也彻底解决乡邻用水难的问题，这户陈姓人家决定在田野重打建一口水井。这口井深 10 米，井口直径 0.8 米，井底直径 1.2 米。青砖砌就，井口用红石围护。这口井最大特点是水质好，清冽可口，当地人还用井水治痢疾，很多老

图 5-21　陈砖井

人去世前会要求喝几口古井水。井水旺盛，人们弯腰可提，取之不尽，用之不竭，从没干枯过。就这样，用了几百年，一直到自来水入户才停止使用。为了保护这口曾经长期造福人们的老古井，也为了纪念那户陈姓人家的善举，21世纪，先后几次农田改造，基本建设，都为之让道，没有填埋，没有破坏，它一直被完好保护。

徐集镇境内的"试鼓墩"，历经两千多年的风雨侵蚀和人为损坏，现仍高有数丈，可以推测，当时筑成的高度应在十丈以上（见图5-22和图5-23），军民堆筑此墩轮番作业的人数当在万人之众，一年内堆筑成此高墩。"试鼓墩"因试鼓所用，屯兵人数多，其建制稍大。从"试鼓墩"到丁集境域内"王花墩""查墩""康墩"之间的距离均约十里（5000米），十里（5000米）之间，白昼晴放狼烟，阴雨或夜间擂击战鼓，均可奏效，说明这些烽火台确为备战而筑，其对战争信息传送的作用不可小看，发挥当时应有作用。"试鼓墩""王花墩""顾墩""查墩""康墩"乃至其他诸墩均向着东北方向延伸而筑，向东北直指楚都寿春（今寿县县城），说明这些烽火台均属楚都郢的卫戍区内，战略重地，关系楚都安危。

图5-22 试鼓墩遗址　　　　　　图5-23 试鼓墩遗址碑文

第二节　教　育

一、教育管理

管理机构

"中心学校"是乡镇中小学、幼儿园教育教学等方面的管理机构，2003年以前的称谓有："教育组""教育办公室""教育辅导组"。20世纪50年代开始公社配备教育辅导员、教育干事。20世纪80年代初成立乡镇教育办公室，负责本乡镇的教育管理，隶属区（县属"区"）教育组。1992年撤销区教育组，乡镇设教育办公室。2002年改为乡镇教育辅导组。2003年9月乡镇教育辅导组撤销，成立乡镇中心学校。

徐集镇中心学校，前身为徐集区教育组，位于徐集老街，有5名工作人员，陈久泽任组长。辖徐集、江店、挥手、大岭、沛联、分路口、高皇等七个乡镇110所学校，其中7所初中（每乡镇一所），103所小学。教育组下设乡镇教育办公室，负责教育教学管理、人事调动、财经管理等。

1992 年 4 月乡镇体制改革，原徐集镇、高皇乡合并成立徐集镇，教育体制随之改革，成立徐集镇教育办公室，原徐集区教育组和两个乡镇教办室撤销。原区教育组人员到徐集镇教办任职，同时成立徐集镇教育党总支和教育工会。办公地点迁到西大街。原高皇乡教办和原徐集镇教办人员分流到新设的两个辅导区。此时徐集镇教办辖 2 所初中和 21 所小学。

2002 年 2 月乡镇体制改革，徐集镇教育办公室改为镇教育辅导组，隶属关系不变。

2003 年 9 月，乡镇教育管理以县为主，撤销徐集镇教育辅导组，由原徐集镇教育辅导组、徐集镇初中、徐集小学三个单位合并成立"裕安区徐集镇中心学校"（以下简称中心校），接受裕安区教育局和徐集镇党委、政府双重领导，同时成立校务管理委员会，办公地点由西大街迁入徐集小学。中心校工作人员共 6 名。辖区初中 3 所（徐集镇初中、高皇初中和民办登科中学），在校生 2000 人。辖区小学 11 所（徐集小学、东方红小学、梁集小学、梁堰小学、黄巷小学、棠树小学、菊花小学、高皇小学、寨岗小学、东沟小学、孔店小学），在校生 3000 名。辖区有 4 所幼儿园（徐集镇中心幼儿园、民办幼儿园 3 所），在园幼儿 800 名。中心校负责全镇中小学、幼儿园教育教学管理、安全防范、人事调配、危房改造、全镇教职工的工资调整、中小学经费拨付、全镇教职工年度考核等。

2014 年，行政区域调整后，徐集镇中心学校辖 2 所初中（徐集镇初级中学和登科学校，高皇初中划归平桥工业园）、4 所小学、4 所幼儿园（其中一所公办幼儿园）。

教师队伍

2003 年，全镇教职工 192 名。2014 年，全镇教职工 230 多名，教坛新星、教学能手、学科带头人省级 3 名、市级 5 名、区级 20 名，中小学生 4200 名，入园儿童 700 余名。

2018 年，徐集镇中心学校迁入徐集中学内办公，7 名工作人员，苏万余连任校长，辖区内中小学在校生 6252 名，幼儿园在园儿童 900 余名。中心校秉承"敬业爱岗、勤恳自勉、勇于探索、积极进取"的优良传统，以"办好人民满意的教育，办好百姓放心的学校"为宗旨，全面贯彻教育方针，按照"以人为本、德育为首、教学为主、全面发展"的工作思路，围绕创建"精神文明的校园，培养人才的学园，发展个性的乐园，优美整洁的花园"的工作目标，奋力拼搏、开拓进取，整体推动全镇基础教育又好又快地发展。中心学校多次荣获市、区"师德建设""继续教育""文明创建"等先进集体称号。

图 5-24　中心学校校长在镇初中指导工作　　图 5-25　中心学校期末工作布置会

徐集镇中心学校主要负责人任职情况简表

表5-2

单位	姓名	性别	职务	任职时间
徐集镇教育办公室	张德才	男	主任	—1990.4
	傅成余	男	主任	1990.4—1992.4
	陈久泽	男	主任	1992.4—2000.3
徐集镇中心学校	谷怀平	男	校长	2000.3—2006.9
	苏万余	男	校长	2006.9—2021.9
	张承军	男	校长	2021.9至今

徐集镇初中、小学、幼儿园1984年–2000年基本情况统计表

表5-3

校名	年度	校长	班数	学生数	教师数（名）		占地面积（平方米）	建筑面积（平方米）	
					公办	民办		草房	砖瓦
徐集初中	1984	王成才	6	326	17	—	33 350	—	1008
	1992	曾毅	6	425	23	—	33 350	—	1344
	2000	宋睿	18	1522	33	6	33 350	—	1508
徐集小学	1984	刘大志	10	562	18	—	7992	200	1012
	1992	汪浜海	12	760	23	—	10 656	—	1176
	2000	汪浜海	18	920	32	—	11 322	—	1316
东方红小学	1984	李兆林	5	258	1	7	6500	—	560
	1992	卢士敏	5	260	1	8	6500	—	560
	2000	丁为菊	6	390	8	—	6500	—	592
黄巷小学	1984	田从江	5	240	1	6	6570	448	—
	1992	田从江	5	245	1	6	6570	448	112
	2000	周峰	6	270	7	—	6570	448	560
孙庙小学	1984	陈光春	5	208	1	—	6100	308	112
	1992	黄信芳	5	212	1	6	6100	308	168
	2000	黄信芳	6	248	7	—	6100	308	504
全红小学	1984	左立言	5	228	1	7	6790	448	—
	1992	陈俊	5	230	1	7	6790	448	—
	2000	郭学山	6	252	8	—	6790	—	504
棠树小学	1984	李庆初	5	280	2	7	6800	448	—
	1992	徐祖华	5	270	2	7	6800	448	—
	2000	谢正权	6	272	9	—	6416	—	504

续表

校名	年度	校长	班数	学生数	教师数（名）		占地面积（平方米）	建筑面积（平方米）	
					公办	民办		草房	砖瓦
王大塘小学	1984	邓德荣	5	220	1	6	6120	280	224
	1992	吴义富	5	235	1	6	6120	280	280
	2000	邓德荣	6	248	7	—	6120	—	560
梁集小学	1984	尹立发	5	255	1	7	6200	448	—
	1992	林承森	5	250	1	7	6200	448	—
	2000	林承森	6	268	8	—	6200	—	476
梁堰小学	1984	吴义富	5	220	1	7	6280	448	—
	1992	王淮河	5	230	1	7	6280		560
	2000	王淮河	6	270	8	—	6280		560
菊花小学	1984	许友知	5	245	—	7	4300		—
	1992	许友知	5	245	—	7	4300		336
	2000	胡家忠	6	340	7	—	4300		448
裕兴小学	1984	刘志友	5	210	1	6	4000	234	—
	1992	刘志友	5	210	1	6	4000	—	336
	2000	刘志友	6	245	7	—	4000	—	532
寨岗小学	1984	王韶林	5	215	1	5	3500	152	—
	1992	王韶林	5	215	1	5	3500	—	336
	2000	王德义	6	230	7	—	3500	—	476
三岔小学	1984	张世贵	5	190	—	6	4000	—	336
	1992	张世贵	5	200	—	6	4000	—	336
	2000	张世贵	6	90	6	—	4000	—	336
高皇初中	1984	汤德时	6	263	17	—	900	—	1080
	1992	李志毅	6	450	15	10	9000	—	1288
	2000	付承余	9	480	35	—	9000	—	1456
高皇小学	1984	王富明	8	430	9	6	5000	—	728
	1992	王富明	8	430	9	6	5000	—	728
	2000	王富明	12	580	20	—	7000	—	1008
潘大塘小学	1984	田德银	5	200	—	5	3500	—	336
	1992	田德银	5	200		5	3500	—	336
	2000	田德银	6	205	7	—	3500	—	504
黄岳小学	1984	曹云林	5	150		5	3400	—	235
	1992	曹云林	5	150		5	3400	—	336
	2000	王德义	6	180	6	—	3400	—	448

续表

校名	年度	校长	班数	学生数	教师数（名）		占地面积（平方米）	建筑面积（平方米）	
					公办	民办		草房	砖瓦
王店小学	1984	蔚明友	5	180	—	5	3000	—	300
	1992	蔚明友	5	180	—	5	3000	—	336
	2000	蔚明友	6	220	6	—	3000	—	504
东沟小学	1984	程华清	5	240	—	6	3000	—	336
	1992	程华清	5	240	—	6	3000	—	336
	2000	吴福林	6	290	6	—	3000	—	504
孔店小学	1984	刘庆泉	5	240	—	6	4000	—	336
	1992	刘庆泉	5	240	—	6	4000	—	336
	2000	侯仁胜	6	270	7	—	4000	—	616
杨氏祠小学	1984	王厚霞	5	160	1	4	3000	—	336
	1992	王厚霞	5	160	1	4	3000	—	336
	2000	王光明	6	170	6	—	3000	—	504
新店小学	1984	王和	5	110	1	4	2800	—	336
	1992	王和	5	110	1	4	2800	—	336
	2000	李孝霞	6	140	6	—	2800	—	504
中心幼儿园	1984	—	—	—	—	—	—	—	—
	1992	—	—	—	—	—	—	—	—
	2000	张淑芳	2	42	2	—	2000	—	1000
汲东水利幼儿园	1984	—	—	—	—	—	—	—	—
	1992	—	—	—	—	—	—	—	—
	2000	王在平	2	38	2	—	340	—	320

徐集镇初中、小学、幼儿园2008—2016年基本情况统计表

表5-4

校名	年度	校长	班数	学生数	在职教师数	退休教师数	占地面积（平方米）	建筑面积（平方米）	图书室及册数	微机室及电脑数	多媒体教室及设备	操场面积（m²）
徐集初中	2008	朱磊	14	728	37	8	4000	4508	9000	1/34		2000
	2012	郭嘉新	8	348	54	9	4000	6140	12 000	1/32	8	2000
	2016	魏永军	6	174	51	10	4000	6140	5000	1/32	6	2000
徐集小学	2008	汪浜海	12	866	30	9	13 550	5020	15 000	1/30	12	4000
	2012	汪浜海	18	1255	41	10	13 550	5707	20 000	1/50	18	4000
	2016	王罗华	18	920	32	10	13 550	6231	27 000	2/112	30	7500

续表

校名	年度	校长	班数	学生数	在职教师数	退休教师数	占地面积（平方米）	建筑面积（平方米）	图书室及册数	微机室及电脑数	多媒体教室及设备	操场面积（m²）
东方红小学	2008	丁为菊	5	135	8	2	6700	700	100	—	—	1000
	2012	李柱权	1	8	3	2	6500	728	120	—	1	1000
	2016	—	—	—	—	—	—	—	—	—	—	—
黄巷小学	2008	田维平	6	180	7	6	6570	560	300	—	—	600
	2012	田维平	6	72	10	12	6570	810	800	1	6	600
	2016	田维平	2	13	6	14	6320	850	300	1/5	2	600
孙庙小学	2008	郭业清	6	150	7	—	6100	504	300	—	—	600
	2012	—	—	—	—	—	—	—	—	—	—	—
	2016	—	—	—	—	—	—	—	—	—	—	—
全红小学	2008	郭学山	6	140	7	—	6790	504	300	—	—	600
	2012	—	—	—	—	—	—	—	—	—	—	—
	2016	—	—	—	—	—	—	—	—	—	—	—
棠树小学	2008	谢正权	6	280	2	7	6416	600	2400	—	—	500
	2012	谢正权	6	71	10	24	6416	600	200	1	6	500
	2016	李国军	6	272	9	24	6416	600	300	1/3	3	500
梁集小学	2008	林承森	6	150	8	—	4500	560	300	—	—	500
	2012	—	—	—	—	—	—	—	—	—	—	—
	2016	—	—	—	—	—	—	—	—	—	—	—
梁堰小学	2008	王淮河	6	180	8	—	6280	504	300	—	—	450
	2012	许友恩	2	6	2	—	6280	580	600	—	—	450
	2016	许友恩	2	2	2	—	4000	580	100	—	—	450
菊花小学	2008	方道伦	6	260	8	—	4300	800	3000	—	—	600
	2012	方道伦	6	68	15	12	6200	840	5500	—	6	600
	2016	方道伦	6	56	10	14	4800	588	1200	1/5	6	600
裕兴小学	2008	邱茂洲	6	120	7		4000	332	300	—	—	600
	2012	—	—	—	—	—	—	—	—	—	—	—
	2016	—	—	—	—	—	—	—	—	—	—	—
寨岗小学	2008	王德义	6	110	7		3500	476	300	—	—	800
	2012	王光明	1	6	2	5	4400	784	800	—	—	800
	2016	—	—	—	—	—	—	—	—	—	—	—

续表

校名	年度	校长	班数	学生数	在职教师数	退休教师数	占地面积（平方米）	建筑面积（平方米）	图书室及册数	微机室及电脑数	多媒体教室及设备	操场面积（m²）
高皇初中	2008	申祥余	6	165	25	5	21 283	4384	7000	1/35	3	5000
	2012	申祥余	6	85	25	5	21 283	4384	7000	1/35	3	5000
	2016	汪思春	6	65	25	5	21 283	4384	7000	1/35	3	5000
高皇小学	2008	王富明	6	283	22	3	8000	784	6000	1/5	6	3150
	2012	王富明	6	261	22	3	8000	784	6000	1/5	6	3150
	2016	—	—	—	—	—	—	—	—	—	—	—
东沟小学	2008	鲍传根	6	90	6	—	2800	504	200	—	—	350
	2012	鲍传根	6	9	2	2	2800	504	700	—	—	350
	2016	—	—	—	—	—	—	—	—	—	—	—
孔店小学	2008	侯仁胜	6	120	7	—	5000	616	200	—	—	600
	2012	—	—	—	—	—	—	—	—	—	—	—
	2016	—	—	—	—	—	—	—	—	—	—	—
七彩路幼儿园	2008	柴春华	3	60	6	—	320	156	300	—	—	100
	2012	柴春华	3	72	6	—	320	156	300	—	—	100
	2016	柴春华	8	181	20	—	2800	2600	600	—	8	820
红太阳幼儿园	2008	王在平	3	125	6	—	600	168	—	—	—	—
	2012	王在平	6	262	13	—	2500	1014	1000	—	—	1200
	2016	王在平	9	311	23	—	2500	1014	2000	—	9	1200
中心幼儿园	2008	张淑芳	3	152	7	—	2000	504	500	—	—	800
	2012	张淑芳	4	253	9	—	2000	504	550	—	—	800
	2016	鲍文琦	6	170	6	—	2000	504	1700	—	6	800
登科学校	2008	—	—	—	—	—	—	—	—	—	—	—
	2012	荣娟	35	2044	107	—	87 180	22 561	21 000	2/60	—	16 400
	2016	荣娟	105	3534	205	—	87 180	24 981	50 000	2/65	—	16 400

二、学前教育

学前教育概述

徐集镇学前教育兴起于1984年。当时，徐集小学在后院的三间平房内开办了一个幼儿班，招收6周岁以下儿童20名（来自徐集街道），两名小学教师兼任幼儿教师。1993年7月，镇教育办公室创办幼儿园，园址在老街西侧，原区公所4间会议室改为教室，占地不足1.5亩（0.1公顷），有3名教师50名学生。1997年征地6亩（0.4公顷），在西大街东侧建镇中心幼儿园。中心幼儿园新建教学楼18间，内有教室、舞蹈室、寝室、办公室，先后添置大型玩具、风琴、电视、VCD 和标准桌椅等设备。园内有专任教师 5 名，开办大、中、小三个班，招收 160 名幼儿，来自街道和周边村组。

2000 年，按县级市教委教行字（1997）第 83 号文件要求，对照幼儿园评审标准，区教委给该园颁发《办园许可证》，徐集镇中心幼儿园正式成立。

在学制与课程上，2000 年以前，幼儿园学制 3 年，入园年龄为 3 周岁，开设小、中、大班。有的幼儿园和小学还开设学前班，学制延长 1 年。2000 年以后，幼儿园入园年龄改为 2 周半，学制未变，实行分科教学，开设语言、计算、音乐、美术、常识、体育、艺术等，学前班按五大领域开设课程，有健康、语言、科学、社会、艺术等，在语言学科增加拼音。一些有条件的幼儿园会开设英语课。各科教学活动都采用安徽教育出版社教材。2017 年秋学期，小学学前班取消。

在教育教学上，幼儿园根据《幼儿园发展纲要》《幼儿园管理条例》，遵循幼儿教育规律，以幼儿发展为本，以游戏为载体，保教并重，改变封闭、静止、呆板及整齐划一的压抑幼儿个性发展的传统教育方式，注重培养幼儿个性的发展，设计活动区、活动角，创设情境，进行生动有趣的教学活动。幼儿园不断更新教学设备，开展多媒体教学，寓教于乐，寓教于玩。

徐集镇学前教育工作成绩突出。2003 年裕安区财政局在该园进行珠心算实验，收效显著。同年获"裕安区示范幼儿园"称号（区内农村唯一）。中心幼儿园一切按规程办园，规范管理。从 2002 年起，园内配专车接送远道幼儿。随着经济的发展和民众需求，民办幼儿教育兴起，徐集镇陆续出现汲东幼儿园（创办于 2000 年）、高皇群星幼儿园（创办于 2004 年）、七彩路幼儿园（创办于 2005 年）、红太阳幼儿园（创办于 2009 年）、华夏之星幼儿园（创办于 2017 年）。

幼儿园选介

徐集镇中心幼儿园

徐集镇中心幼儿园始建于 1993 年，是一所现代化管理的区级示范园。占地面积 2000 平方米，户外活动面积 1000 平方米。幼儿在园生活保健、教育教学设施配套完善。园内设有小班、中班、大班、学前班，另设有舞蹈室、休息室、餐厅。

幼儿园坚持以"一切为了孩子"为办园宗旨，深入开展幼儿教育的教研活动。中心园有 8 名教职工，保教队伍具有高尚的职业道德和认真的工作态度，综合素质良好。中心园与时俱进不

图 5-26　徐集镇中心幼儿园面貌

断创新，目前已建设成为具有高质量和现代化的特色性、示范性的一流名园。

历任园长：张淑芳、鲍文琦。

三、小学教育

小学教育概述

1. 发展概况

1966 年到 1978 年，徐集镇的小学教育基本处于兴起阶段，虽然各大队都有 1 所小学，但是办学条件差，师资力量弱，教学质量低。

20 世纪 60 年代中期，各大队利用没收原地主家房屋、残存庙宇祠堂或生产队仓库等先后办起小学。校舍全是土墙草房。桌子是泥巴土坯的，教师是从本大队回乡知识青年中挑选的，报酬来源于大队筹集工分。学校被称为"耕读小学"，教师被称为"耕读教师"。

20 世纪 60 年代后期至 70 年代初期，黄巷、棠树、梁集等大队集资调工先后盖起独立校舍，教师从下放知青中充实，大都是小学或初中文化程度，待遇实行两结合即工分为主，政府每月每人补助 10 元，教师被称为"民办教师"。后来，有的大队找不到教师，就从外地选拔调补，每月由上级发给 22 元工资，教师被称为"代课教师"。

20 世纪 70 年代后期，"三结合"办法改貌，县、公社、大队共同集资建砖瓦校舍，改善办学条件。1978 年，省对民办教师统考，发给"任用证"，淘汰水平特差教师，后来每年实行考试直转或选拔进修办法解决民办教师问题。对没有转正的教师也实行民办公助，享受财政拨款工资，同时采取函授、电大等多种形式提高教师水平。

20 世纪 90 年代末，符合条件的民办教师全部转正。1991 年普及初等义务教育，并通过国家级验收。1996 年"两基"（基本实现九年义务教育，基本扫除青壮年文盲）达标后普及初中教育，实行九年义务教育，小学毕业生免试入初中。1999 年，市、区教育局认定徐集镇中心小学为区特色小学。

2000 年 8 月，区政府印发《关于进一步加快中小学布局调整工作实施意见》，加快全区中中小学布局调整实施步伐，并制定第一次规划，工作重点是危房改造，做到与布局调整相结合。从 2001 年开始实施农村中小学危房改造工程，先后分两期进行，到 2008 年年底，圆满完成 D 级危房改造任务。2004 年年底，镇内部分小学撤并。2005 年 6 月，落实省《关于编制中小学布局调整规划的通知》和《裕安区农村中小学 2005—2010 年布局调整规划》精神，进一步撤并村小。

2005 年 3 月，农村小学实行"两免一补"，即免学杂费、免费提供教科书、补助贫困寄宿生。2016 年，徐集镇"义务教育均衡发展"通过国家级验收，徐集镇小学办学条件、师资力量、教育教学教研状况全面提升。

2017 年 9 月，政府对义务教育段学生实行"营养改善计划"（俗称"营养餐"），即小学 1—6 年级、初中 7—9 年级学生，正常上学时间里，每人每天在学校就中餐，一顿只需小学生交 2 元钱，初中生交 3 元钱。中餐费用的其他部分，由政府补贴 4 元。每天，由中心学校按上级要求统一编排菜谱、定点采购食材，配发到各校烹饪制作。

2. 学制与课程

2000 年秋学期，农村小学的学制陆续改为 6 年，入学年龄随之改为 6 周岁，到 2003 年改制结束。

课程包括思想品德、语文、数学、自然、体育、音乐、美术、劳动、健康体育、社会、课外活动，同时开设英语课，微机课也相继开设。2000 年 9 月，安徽省修订小学英语教学大纲，从小学三年级开始开设英语课。2003 年，实施新课程标准，小学一年级进入课改实验，其他非实验年级按新课程要求开展相应实验工作。一年级开设品德与生活、语文、数学、体育、音乐、美术等课程，地方课程有手工、阅读；二年级增开自然、劳动课程；3—5 年级增开信息技术课程；3—6 年级增开综合实践课程；4 年级增开社会课程；各年级均开设写字课，逐步与国家规定课程相接轨。1—6 年级均开设班队活动、科技文娱活动、体育活动等活动类地方课程。2008 年，小学所有年级开展课改实验，按《安徽省义务教育实验课程安排表》开设课程。语文学科使用苏教版实验教材，数学学科使用北师大版实验教材，其余各学科使用全国或省审定的义务教育课程标准实验教材。

3. 教育教学

1998 年，各校贯彻原六安地区教委《关于中小学生在校活动总量等有关规定的通知》，把学生每日在校时间控制在 6 小时以内，严格控制作业量，学生过重的作业负担再次减轻，小学教学秩序渐趋正常。2002 年，区成立课改实验领导小组，下发《关于推进基础教育改革与发展的意见》和《关于我区基础教育课程改革实验工作的意见》，指导全区小学进行课程改革实验。把"以学生发展为主体，以创新精神和实践能力培养为重点"作为课程发展基本理念，转变教育思想，扎实有效地开展新课改实验，全面推进素质教育。狠抓教学改革，继续加强基础知识教学，发展智力，培养能力，结合学科特点，进行思想品德教育。采用多媒体教学，促进课堂教学优质化。

2002 年秋开始，中心小学每年派出一定数量老师，到边远乡村薄弱学校支教，为期一年，在一定程度上改善薄弱学校的教师结构和教学状况。

2004 年 3 月，区教育局下发关于学习贯彻《中小学守则》《小学生日常行为规范（修订）》的通知，各校把贯彻《中小学守则》《小学生日常行为规范（修订）》作为对学生进行经常性教育的抓手，把普法教育纳入常规教育，配备兼职法治副校长，专抓法治宣传教育。同时结合师德建设，开展"三育人"（教书育人、管理育人、服务育人）活动，着力营造和谐的育人环境。

2007 年，实施农村远程教育工程，教学手段现代化进入新阶段。

2016 年通过义务教育均衡发展国家级验收，各校建起音乐、美术、体育、电脑、实验、图书、心理健康等标准化功能室，各个教室配备电子白板，教师能运用现代化教学手段和方式进行教学。

图 5-27　电脑课　　　　　　　　图 5-28　实验课

4. 办学条件

20 世纪 60 年代建校初期，小学校舍，大都是本大队农民自建土房，甚至是寺庙、农舍陈房旧屋，课桌是泥巴垒成，板凳学生自带。教学设备几乎为零。

1978 年至 1986 年教育着力点放在改善基本办学条件上，国家对学校采取"三结合"的改貌方式，部分学校陆续由土草房改为砖墙（斗子墙）瓦顶，直到 1987 年全镇小学新盖校舍 340 间，基本实现校舍砖瓦化。

图 5-29　20 世纪 70 年代徐集小学面貌

2000 年开始，改善办学条件的重点是危房改造。2008 年年底，全镇新改建标准校舍 7400 平方米，新建楼房 5 幢，共 3310 平方米，分别坐落在徐集、黄巷、棠树 3 所小学。21 所小学新建围墙 5360 米，修水泥道路 1000 平方米，添置标准课桌椅 800 套。

图 5-30　20 世纪 90 年代徐集小学面貌　　图 5-31　2016 年徐集镇中心小学侧影

2007 年农村小学开始发展远程教育，全镇拥有多媒体设备 10 台。

2016 年，徐集镇义务教育均衡发展通过国家级验收，小学和初中的校园校貌、教学设备等全面改观。

5. 教师队伍

解放初期，教师除少数是解放初就任教的老教师外，90%来自本地，多数是小学或初中文化程度。有的享受国家每月10元或22元代课津贴，大部分报酬是以大队统筹工分年终分配。直到1983年，民办代课教师实行国家月薪制。2001年10月，教职工工资由区财政统一在中国农业银行打卡，2004年6月，实行绩效工资制，30%津贴部分用于按劳分配。

1987年开始实行教师职称制度，全镇小学教师中级职务15名，员助级职务210名。1993年，《中华人民共和国教师法》颁布，1996年开始实行教师资格制度，全镇260名教师过渡教师资格，1999年年底以前，全镇120名民办代课教师按政策逐年转为公办教师。2004年实行教师职务评聘公开，按岗聘任，竞岗激烈。2008年以前，教师通过不同形式进修，全镇小学教师中本科及以上学历60名，专科85名，其余全部是中师毕业以上。2014年小学教师大专及以上学历达100%。

学校选介

1. 徐集镇中心小学

徐集镇中心小学诞生于1928年，地处徐集街道北徐丁路交会处。由黄埔第六期学子革命烈士毛正初创建，原名六安县立徐集初级小学。1949年新中国成立以后，学校得到正常发展，十一届三中全会以后，学校发展迅速。徐集中心小学曾是原六安县重点小学、原六安市示范小学，六安地区红领巾示范小学，先后被六安县、六安市、裕安区确立为示范校。1989—1993年被列为"联合国儿童基金会，国家教委加强贫困地区小学教育项目学校"。

图5-32 徐集镇中心小学面貌

1996年被市教委确立为市继续教育试点校、市素质教育试点单位、市家教工作示范校、市电教示范校，地级红领巾示范学校。1999年被区政府确认为示范小学。2003年由香港爱国同胞邝启涛等人的捐资兴学，学校面貌大变化，规模不断扩大。徐集镇中心小学占地10 172平方米，24个教学班，在校生1200多名，在岗教师55名，其中专科及以上学历占100%。"普九"服务区为徐集街道、徐集村，现在又覆盖到东方红、全红、黄巷、梁集等村，惠及2万多村民子孙。2004年改为徐集镇中心学校小学部，成为市级示范学校。学校学区为徐集村、街道、三岔村，总辐射人口7000多名，18个教学班，在校生1100名，教职工35名，专科及以上学历95%。全国优秀教师2名、省教坛新星1名，市级优秀教师10名。

2016年，中心学校抓住国家义务教育均衡发展验收机遇，加大学校软、硬件设施投入和建设，学校有教学楼两幢，实验室楼按Ⅰ类标准配齐仪器。多媒体教室3个、微机室1个、图书室1个，生均图书10册，绿化面积700平方米，活动场地4000平方米。

徐集镇中心小学是裕安区农村中心小学中的佼佼者，以"高尚的师德、优良的育人环境、先进的教育技术践行着人民满意的教育"为办学宗旨，本着"老师、家长与学生一同成长"的教育理念，办学特色凸显。

一是制度管校，有"好学守纪，活泼向上"的校风，以八字校风为彼岸，以《管理规程》为航标，以《校史》篇章为里程碑的目标管理的运行机制，施行"德育立校，科研兴校，文化活校，家教强校"的发展策略。二是德育立校，启动"1234"立体式德育工程：培养一支高素质的教师队伍；常抓"后进生转化""安全教育"两个难点；"课堂教学教书育人""校园文化润物无声""家庭教育望子成人"三大板块立体支撑；"校风建设""国旗下讲话""行为规范天天讲""品德课教学"四线并进。学校拥有全国优秀教师2名，市、区级师德标兵人11名。三是科研兴校，积极探究新课程改革，素质教育扎实推进。新课程研究不断深入，"集中识字""注音识字""三算结合"课改成果生根长叶，"课外阅读""不让一个学生掉队"等课题研究常抓不懈。近年来，课改论文或教学案例省、市级刊发的有50篇。走出去的名师有张强、毛小敏、车福俊、王家胜、许海峰等。新星不断涌现：省级教坛新星2名，市级教坛新星4名，区级教坛新星10名。教改活动，让学校的办学活力得到大幅提升。语数学科教学分别进行"集体识字""注音识字""提前读写""三算结合"等教材实验，实验成效明显。2016年，有90多名学生在省、区、市各级举办的教育教学竞赛中获奖。四是文化活校，校园文化活动丰富多彩，"书香校园"正在形成。五是家教强校，在"家校携手，共创和谐""创建学习型家庭，推进家庭教育现代化"等课题的引领下，家教水平大有提升，家长学校为市级家教名校。

学校办学条件优越。教学楼、办公楼、宿舍楼交相辉映，教学用房基本够用。功能室有音乐室、美术室、心理咨询室、微机室，实验仪器、图书配备达Ⅱ类标准。学校实现"班班通"，配备校园网，现代教育技术运用水平正在提高。

徐集小学是省、市家教名校，省思想品德教育示范校，市青年教师培训实验基地，区校本教研、文明创建先进单位，是《六安县志》《裕安区志》唯一入志选介的农村小学。

徐集小学沿革简表

表5-5

校名	时间	校址	学校负责人	备注
六安县立徐集初级小学	1928年 民国17年	永胜寺（现校址）	毛正初	
六安县立十四短期小学	1931年秋	迁至现在镇委会后院	徐登信 刘习如	
六安县立十四短期小学	1936年春	永胜寺内	方进秋	
徐集乡保国民小学	1938年秋	同上	翁 岩 郑向阳	郑向阳为乡长
六安县立徐集小学	1945年	同上	徐开明	徐开明区党部书记
徐集小学	1949年	同上	卡纯一	
六安县徐集重点小学	1978年	同上	张德才	
六安市徐集小学	1992年	同上	汪浜海	

续表

校名	时间	校址	学校负责人	备注
裕安区徐集镇中心小学	2000 年	同上	汪浜海	

徐集小学新中国成立后历任校长主任一览表

表 5-6

姓名	职别	性别	任职时间
卡纯一	校长	男	1949—1951
王仲迟	校长	男	1952—1953
王森华	校长	男	1954—1955
杨旭恭	教导主任	男	1954—1955
万纪德	校长	男	1956—1957
李继新	副校长	男	1958
曾树才	校长	男	1958—1960
葛志坤	校长	男	1960—1961
李从禹	副校长	男	1960—1961
余朝伦	教导主任	男	1961
许渐学	校长	男	1962—1963
仇照盘	校长	男	1962—1964
黎吉武	教导主任	男	1962—1964
吕趾仁	校长	男	1965—1968
赵登玉	教导主任	男	1965—1968
张承安	校长	男	1969—1970
郭跃东	校长	男	1971—1972
吴道贯	校长	男	1973—1975
张德才	校长	男	1975—1983
刘大志	副校长	女	1979—1983
陈祥才	教导主任	男	1980—1981
刘大志	校长	女	1984
汪浜海	副校长	男	1985
钟承才	教导主任	男	1985
汪浜海	校长	男	1991
龚承友	教导主任	男	1991
龚承友	副校长	男	1993
王罗华	教导主任	男	1993
王罗华	副校长	男	1995

续表

姓名	职别	性别	任职时间
刘家发	教导主任	男	2003
王罗华	校长	男	2015
张登菊	副校长	女	2016
许昌飞	副校长	男	2016
陈善虎	副校长	男	2018

2. 菊花小学

菊花小学创建于 1968 年，2001 年杨氏祠小学并入该校，2004 年裕兴小学并入该校。占地面积 4800 平方米，校舍建筑面积 588 平方米。2016 年学校在职教师 9 名，其中，小学高级教师 6 名，小学一级教师 3 名，大专学历 4 名，教师学历合率达 100%。在校学生 192 名，学校存放图书 2000 余册。

2003 年，菊花小学征用土地 1500 平方米，新建标准校舍 12 间，扩建围墙 150 米，修建水泥路 300 平方米，栽植花卉树木 300 多株。

历任校长：许友知、胡家中、方道伦。

3. 高皇小学

高皇小学始建于 1964 年，占地面积 8000 平方米，建筑面积 784 平方米，属徐集镇辅导区小学。1998 年秋学期新店小学并入该校，分别于 2001 年和 2003 年将杨氏祠小学高年级、潘大塘小学并入该校，调整后的高皇小学生源覆盖 5 个行政村，8000 人口，在校生 350 名。学校拥有教师 13 名，学历全部达标，其中大专 5 名、本科 1 名；小学高级教师 11 名，专任教师 13 名。

学校曾被评为"六安市控制流生先进单位""裕安区教学质量检测优秀学校""裕安区教育质量优胜单位""徐集镇文明单位""徐集镇教育教学先进集体""徐集镇校园管理先进单位"等。

2009 年 3 月并入高皇初级中学，实行九年一贯制；2014 年划归平桥工业园。校长王富民。

4. 黄巷小学

黄巷小学始建于 1961 年，原址为一个村庄（后不复存在）。1974 年 2 月迁址到六梅公路与汲东干渠交叉处。属原六安市"文明单位"，徐集镇"教育教学管理先进单位"，布局调整保留学校。

1970 年 2 月增设初中部。1980 年 8 月初中部并入徐集初中，保留完全小学。学校占地面积 6320 平方米，其中建筑面积 850 平方米。2001 年"国家扶贫项目"援建 600 平方米教学楼一幢。校有图书 2900 册、教学仪器按农村Ⅲ类校配齐，新式钢质标准双人课桌椅 130 套、音响设备 1 套、教学投影仪器 6 台、录放机 2 部、彩电 1 台。

现有教学班级 6 个，学生数 170 名，在编在职老师 7 名，其中，本科 1 名，大专 6 名；中级职务 4 名。

2018 年秋学期，黄巷小学并入徐集镇中心小学。

历任校长：田从江、周锋、田维平。

5. 东方红小学

东方红小学 1948 年正式建校，校名为永兴庵小学，坐落旧庙观音台，后迁址重建，更名为东方红小学。

该校是一所农村全日制小学，覆盖人口近 3000 人，服务半径 2—3 千米。学校占地面积为 6700 平方米，校舍面积 700 平方米共计 25 间。学校四周与村民以围沟为界，校园风景优美，学校的活动场地 2000 平方米，有 1 个篮球场，2 个乒乓球台。

学校拥有一支合格的教师队伍，现有教师 6 名，学历达标率为 100%，其中，小学高级教师 5 名。

2012 年 9 月，东方红小学并入棠树小学。

历任校长：卢士敏、李柱权、丁为菊。

6. 棠树小学

棠树小学位于新安、丁集、徐集三镇交界处的棠树村，始建于 1949 年，生源覆盖 4 个村 6000 人口。原校址在棠树店后面的一座庙堂里。当时实有学生 20 名。1954 年，该校共两个班（1 年级、2 年级）。1968 年，该校成为一所完小，在校生 100 余名，授课教师 6 名。1975 年设初中班，1978 年初中学生并入徐集初中。

2000 年布局调整，王大塘小学并入该校，统一管理。2001 年，市、区、镇各级政府根据国务院及安徽省关于中小学布局调整和中小学危房改造的规划，考证后将新校区迁址至西 500 米处公路北边，并于 2001 年 6 月开工，2003 年 11 月竣工，总投资 55 万元，占地面积 15 亩（1 公顷），新建教学楼一幢，建筑面积 600 平方米，学校运动场地 6600 平方米。近年来，在校领导班子的带领下，全体教师艰苦创业，初步将校园规划设置出运动区、生活区，又新建和拓宽主干路和车库，并争取上级支持，安装篮球架和乒乓球桌。为广大师生的学习、工作和娱乐，创造良好环境。学校现拥有固定资产 78 万元。

2008 年秋学期，棠树小学在校生有 130 余名，设 3 个班级，生源覆盖全红、桂桥、棠树、刘郢四个行政村。专任教师 5 名，学历全部达标。2017 年 9 月，棠树小学并入徐集镇中心小学。

棠树小学主要负责人任职更迭表

表 5-7

姓名	性别	职务	任职时间
徐祖华	男	校长	1980.9—2001.9
李性宏	男	校长	2002.9—2003.9
刘家法	男	校长	2001.9—2003.9
郭修军	男	校长	2003.9—2004.9
谢正权	男	校长	2004.9—2016.9
傅　勇	男	校长	2016.9—2017.9

7. 梁堰小学

梁堰小学位于徐集镇西北，始建于 1965 年，1971 年由分布在全村的三个单班教学点合并选址建为五年制的完小，占地 4000 平方米，当时建 18 间稻草房，有 7 名教师（其中 6 名民办教师）。1976 年秋由镇、村、校合集资建砖瓦结构校舍 8 间。1996 年由镇政府筹资建校舍、厨房、厕所等 16 间，门楼一座，围墙 120 米，水泥路 300 平方米。

在 1994 年至 1996 年学校筹资 2 万余元，添置标准课桌凳 120 套，办公椅 20 余张，还有会议桌、图书柜、仪器柜、办公柜、餐桌、厨柜、（餐桌）讲桌、永久性的名人名像、风琴、三用机喇叭、体育器材等设备。学校有雪松、水杉等风景树 20 种，实现校园绿化。梁堰小学 2008 年在编教师 6 名，学历达标率为 100%，在校生 120 多名。

2016 年 9 月，梁堰小学并入棠树小学。吴义富、王淮河曾任校长。

8. 梁集小学

梁集小学始建于 1931 年，原址试鼓墩，20 世纪 60 年代更名羊叉店小学。20 世纪 80 年代搬迁至梁大岗后改名为梁集小学，占地面积 4500 平方米，先后建校舍 25 间，学校环境优美。2007 年有四个班级、6 名教师、70 名学生。校长是林承森。

2011 年 9 月，梁集小学并入棠树小学。

9. 孔店小学

孔店小学地处徐集镇王店村。该校始建于 1953 年秋，原为龙潭寺小学。1979 年秋改名为孔店小学。学校占地面积 5000 平方米，建筑面积 616 平方米，围墙 250 米，水泥路 100 平方米。22 间窗明几净、砖墙瓦顶的房屋。6 个教学班，在校学生 140 名，有学历资格的教师 8 名，其中，小学高级教师有 6 名，小学一级教师 2 名。刘庆泉、侯仁胜曾任校长。

2011 年 9 月，孔店小学并入高皇学校。

10. 寨岗小学

寨岗小学坐落于徐集镇黄岳村的东北角，属丘陵地区。这里环境宜人，古寺钟声入耳，樱桃花开炫目。

2002 年 9 月原黄岳小学合并为现在的寨岗小学，2006 年建标准校舍 18 间，围墙大门配套设施完善。该校服务半径达 1 千米，覆盖人口 2700 多名。有教师 6 名，学历合格率为 100%，教师取得中级职称 4 名，助级职称 2 名。

2012 年 9 月，寨岗小学并入高皇学校。

寨岗小学主要负责人任职更迭表

表 5-8

姓名	性别	职务	任职时间
王韶林	男	校长	1972.11—1998.8
王德义	男	校长	1998.9—1999.8
袁学刚	男	校长	1999.9—2002.8
王德义	男	校长	2002.9—2004.8

续表

姓名	性别	职务	任职时间
胡少邦	男	校长	2004. 9—2012. 8

11. 东沟小学

东沟小学始建于1963年，位于淠河西岸，占地面积2800平方米，拥有6个班级，一个图书阅览室，一个仪器存放室、办公室。教师中有小学高级职务4名，助级教师3名。学历全部合格，在校生103名。学生的入学率、巩固率均为100%。

1989年7月将原有的6间破危房翻盖成6间标准校舍，增添校桌椅50套。由于1991年洪水冲击，经多方筹措又于1992年7月新建6间标准的平房。让学生全部搬进安全的新教室。

2016年9月，东沟小学并入菊花小学。

东沟小学主要负责人任职更迭表

表5-9

姓名	性别	职务	任职时间
程华清	男	校长	1987. 3—1994. 9
徐平	男	校长	1994. 9—1998. 9
付前宏	男	校长	1998. 9—2002. 9
吴福林	男	校长	2002. 9—2016

12. 其他小学选介

孙庙小学

2008年9月，孙庙小学并入徐集镇中心小学。

全红小学

2009年2月，全红小学并入棠树小学。

王大塘小学

2006年9月，王大塘小学并入梁集小学。

三岔小学

2000年9月，三岔小学并入徐集镇中心小学

潘大塘小学

2003年9月，潘大塘小学并入高皇小学。

黄岳小学

2003年9月，黄岳小学并入寨岗小学。

王店小学

2004年9月，王店小学并入高皇小学。

杨氏祠小学

2001年9月，杨氏祠小学并入菊花小学。

新店小学

2000 年 9 月，新店小学并入高皇小学。

裕兴小学

2009 年 9 月，裕兴小学并入菊花小学。

四、中学教育

初中教育

1. 初中教育概述

徐集镇"初中教育"兴办于 1965 年，当时徐集公社在徐集街道西南 1 个村庄，办 1 所"农中"，2 个班；1967 年，农中撤销并入徐集中学（初中部）。1969 年高皇公社在高店建 1 所初中，招生 2 个班，三易其址，1974 年初具规模，就是高皇初中；1996 年高皇初中新建 26 间教学楼，2009 年与高皇小学合并，实行九年一贯制。2014 年高皇学校随行政区划变化，划归平桥工业园。1975 年黄巷、棠树、全红等 3 所小学先后办起"戴帽"初中班。1978 年徐集公社在徐集街道北霸王墩征地 60 亩（4 公顷），办徐集镇初级中学，各小学的初中班随即撤销并入。建校动用民工盖土墙瓦顶 20 间，作为教学使用。1990 年新建 24 间教室，1996 年实现"两基"，建成一幢拥有 27 间教室的教学楼，2006 年，该校校舍不足，每年又在徐集小学开设 3 个班。2004 年，民办登科中学建立，向镇内外招收初中新生，2014 年，登科中学增加小学部，更名为徐集登科学校。

徐集镇"初中教育"在建校办学、条件改善、师资队伍建设等方面和"小学教育"基本一致。1992 年 4 月前徐集镇初中教育隶属徐集区教育组管理，撤区并乡后，初中教育隶属乡镇管理。1996 年前，初中招生实行考试择优录取；1996 年"两基"达标，普及初中教育，实行九年义务教育，小学毕业生免试入初中。初中招生按"免试，就近，划片"的原则进行。裕安区教育局为初一新生建立学籍卡，统一编号、管理，初中毕业证书统一编号、验印、发证。2002 年，初中毕业报考省、市示范高中需进行体育加试和理科实验考试，成绩与中考文化课分数统一累计。初中毕业考试与高中、中考招生考试同时进行，地理、生物在初二举行结业考试。高中、中专招生考试每年 7 月上旬举行，2002 年起改为 6 月中旬。裕安区教育局每年对初中进行一次四项综合评估。初中按照国家教委《关于组织实施全日制小学、初中课程方案》，实施素质教育。2003 年实行课改，增加计算机课和地方教材《安徽历史》《安徽地理》《体育与健康》。教材版本由单一的人教版改为多种版本供学校选择使用。

2005 年春学期对农村初中实行免收学杂费、课本费，对困难的寄宿生给予生活补助，也就是"两免一补"。2016 年，徐集镇义务教育均衡发展通过国家级验收，初中校园校貌、教学设备、教育教学等全面改观。2017 年 9 月，政府对义务教育段学生实行"营养改善计划"（前文有述）。

2. 学校选介

（1）徐集镇初级中学

图 5-33　徐集镇初级中学面貌

徐集镇初级中学，1978 年建校，坐落于徐集街道北沿徐丁路约 1 千米的霸王墩上，俗称霸王墩中学，是徐集镇一所公办初级中学。学校由原徐集公社创立，原建荒岗上，占地 40000 平方米，有土瓦房 6 间，其中教室 3 间，一个班编制，学生 42 人，教师 3 名。后各小学"戴帽子"初中班并入，1980 年，学生增至 200 名，教师增至 15 名。

1990 年洪水灾害，时任省长傅锡寿亲临学校视察，建起四栋计 24 间教室，教学条件逐步改善。1996 年，迎接"普及九年制义务教育"检查验收，学校建起两层计 26 间教室教学楼一幢，筑砖围墙 650 米，建教师宿舍 27 间，建实验室、图书室 6 间；初步配备理、化实验器材及 6000 册图书。1999 年建综合楼 1 幢。其间，学校师生用锹挖用肩抬，将高洼不平的原校址整平，并种植花草树木，绿化、美化校园。2005 年，学校利用修高速公路之机，争取外援平整操场 20 亩（1.33 公顷）。

1998 年至 2009 年，徐集镇初级中学发展最盛，其中 2000—2008 年每年拥有 18 个教学班，1500 多名在校学生。教室不够用，在徐集中心小学借用了 3 个教室开班；教师不够用，聘请了车宏城、朱先芳等 6 名校外教师上课。中考成绩连年优胜。

2010 年后，随城市化进程加快，农村中学生源开始萎缩，在校学生数呈下降趋势。2016 年，乘国家义务教育均衡发展验收之机，学校提升教育教学硬件配套设施，建"理化生"实验室 2 个，电脑室 1 个，多媒体教室 2 个，标准操场 1 个，篮球场 1 个，学生食堂及女生宿舍楼 1 幢。学校 7 个教学班，近 200 名学生，实行半封闭管理：早自习到上午放学，中自习到下午放学期间封闭管理，其余时间开放。学校有 47 名教职工，其中专任教师 43 名，均有专科以上学历，本科占 60% 以上，语文、数学、英语、物理、化学、政治、历史、生物、地理、音乐、体育、美术各学科均有相应专业毕业的专任教师。教师队伍稳定，年龄比例合理，教师年龄主要集中在三四十岁，大多数教师教龄在 5 年以上，经验丰富，敬业精神强。学校有多名市区级教坛新星和裕安区教学理事会理事。学校环境优雅，教学管理规范，整体教学水平处裕安区 40 多所公办初中中等，少数优势科目如政治、语文、数学、英语、化学的教学水平处裕安区前列。

2017 年 9 月，开始实施学生"营养改善计划"，学校成立"学生营养改善计划工作办公室"，专门负责学生"营养改善计划"工作，总务主任张发枝兼任办公室主任。

徐集镇初级中学主要负责人任职更迭表

表5-10

姓名	性别	职务	任职时间
曾毅	男	校长	1983.9—1996.7
邓业奎	男	校长	1996.9—1998.7
宋睿	男	校长	1998.9—2004.7
邓业奎	男	校长	2004.9—2008.8
朱磊	男	校长	2008.9—2009.8
郭嘉新	男	校长	2009.9—2016.8
张羽	男	校长	2015.9—2016.8
魏永军	男	校长	2016.9至今

图5-34 徐集镇初中学生
"营养餐"食堂餐厅

图5-35 徐集镇初中学生
大课间体育活动

（2）高皇初级中学

裕安区徐集镇高皇初中始建于1969年，三次易址，1974年择址新建，位于裕安区徐集镇高皇行政村，紧邻合六叶、商景高速与高寨路，交通便捷。占地面积21 283平方米，建筑面积4384平方米。4个教学班，在校生210名，教职工28名。

高皇初中，从开始建校单班逐步发展到最高峰1998年的16个教学班，在校生973名。2008年面积为930平方米的新教学楼投入使用。该校建有3类标准的仪器与实验室，配有图书8000余册，筹建1个微机室，1个多媒体教室，2009年4月完成。校园多功能区明确，北部为校园教学区，中部和东部为学生生活区，西部为体育运动区，相对集中。学校培养合格毕业生6000多名，涌现出许多杰出代表。

2014年，因高皇村改建成平桥工业园而划归平桥乡，高皇初中也随之不再隶属徐集镇。

高皇初级中学主要负责人任职更迭表

表5-11

姓名	性别	职务	任职时间
汤德时	男	校长	1981—1991
李志毅	男	校长	1991—1993
傅承余	男	校长	1993—2001
张显胜	男	校长	2001—2004
张光甜	男	校长	2004—2005
王启龙	男	校长	2005—2007
申祥余	男	校长	2007—2015

高中教育

徐集镇境内有一所高中，即"六安市徐集中学"，系裕安区教育局直属学校，1958年创办。2014年，校内成立六安市工业学校，开设中等职业教育学校，面向全市招生，形成一个校园两所学校，普通高中与职业高中并存的格局。高中招生由市教育局下达指导性招生计划，分为计划内招生、计划外招生两部分。录取原则，依据学生志愿和中考成绩从高分到低分，由市教育局统一组织录取。高一新生学籍由市教育局统一编号、统一管理、新生档案由录取学校保管。实行高中毕业会考制度，由省统一命题、同一时间进行考试（学完一科考一科，不及格者可在下一年补考一次）。由市教育局组织统一阅卷，成绩合格者，由市教育局统一编号、验印，发给毕业证书。

自1978年恢复高考以来，高考时间在每年7月7、8、9日三天举行。2002年改为7月7、8日两天举行。2003年改为6月7、8日两天举行。考试科目：2000年及以前，文科考语文、数学、外语、政治、历史、地理；理科考语文、数学、外语、物理、化学、生物。

学校简介：

六安市徐集中学，前身系1958年创办的六安县第五中学，位于徐集街道北端老佛庙西侧北岗头，四栋青砖灰瓦平房教室，始为初级中学。1970年更名为六安县徐集中学，并增设高中部，成为完全中学。1979年被确立为六安县重点中学，与原六安县毛坦厂中学、六安县新安中学并称为皖西教育的"三驾马车"，教学质量在原六安行署辖区内名列前茅。1979年创下本科升学率100%的奇迹（当年全省本科录取率为6.1%），享誉省内外，河南、湖北等省教育主管部门和学

图5-36　徐集中学教学楼

校纷纷前来参观学习。1981年应届文科毕业生田大忠同学被北京大学法律专业录取，成

为迄今为止六安市范围内农村中学唯一考取北京大学的应届毕业生。1999年12月随撤县设区更名为六安市徐集中学，2003年5月被市教育局认定为六安市示范高中，2004年9月按市教育局初、高中分立的指示精神，将初中分离出去，由完全中学变成高级中学。随后，学校生源达高峰期，在校学生数超3500名。2010年后，随城市化进程加快，农村中学生源开始萎缩，在校学生数呈下降趋势。2014年5月，根据教育部大力兴办职业教育的指示，经市教育局批准，在六安市徐集中学基础上成立六安市工业学校，开设中职班，面向全市招生，形成目前一个校园两所学校、普通高中与职业高中并存的格局。2015年六安市工业学校加入安徽大别山职业教育集团。

自1958年建校至改革开放前，学校硬件设施基本未变，只有4栋平房12个教室，1栋平房办公室，4栋平房教师宿舍，4栋平房学生宿舍。1991年在校园西南角兴建1栋两层办公楼，是学校第一栋楼房。1997年由政府出资加社会各界捐款共150万元，建筑面积1888平方米、内设24个教室的第一栋教学大楼建成，1998年，造价近400万元，建筑面积近5000平方米的综合楼投入使用，2001年，造价164万元，建筑面积2226平方米的学生公寓楼投入使用。进入新世纪，随"校安工程"大力推进，办学条件迅速改变，原教学楼和学生公寓楼拆除重建，目前学校占地面积83 500平方米，总建筑面积13 700平方米，包括1栋教学主楼、1栋综合楼、3栋学生公寓、两栋教师公寓楼、1栋综合报告厅和体育室，1个学生餐厅。标准化操场，理化生实验室按国家I类标准配备，图书室拥有图书2万余册、报纸杂志130余种。每个教室配备"班班通"设备，校园监控全覆盖，绿化面积1万多平方米。2016年，徐集小学部分班级迁入这里上课。

学校有教职工98名，专业技术人员83名，其中高级教师32名，先后涌现出"全国劳动模范""全国优秀教师""全国中小学德育先进工作者""全国教育科研杰出校长""安徽省教坛新星"等。

自1977年恢复高考制度以来，徐集中学所获部分荣誉如下：国家教师科研基金"十五"成果调研科研兴教先进单位、国家教师奖励基金会"十一五"规划重点课题实验校、六安市教育教学工作先进单位、六安市"招飞"工作先进单位、六安市师德建设先进单位、六安市零犯罪学校、裕安区师德建设先进单位、裕安区师德培训先进单位、裕安区创建文明行业文明窗口、裕安区校本教研先进单位、裕安区校园卫生工作先进单位、裕安区青少年读书活动先进单位（七次）、裕安区校园文艺先进单位、裕安区中学生运动会优秀组织奖、裕安区中学生运动会道德风尚奖等。学校团委先后获得裕安区先进团委（四次）、六安市"五四"红旗团委等称号。学校关工委被评为裕安区"五好"关工委，学校党支部先后四次被评为徐集镇先进党支部。

徐集高中主要负责人更迭一览表

表5-12

姓名	任职时间	任职
张鸿模	1958—1960	校长
张宏儒	1960	校长

续表

姓名	任职时间	任职
张炳文	1960—1969	校长
周开文	1969—1970	党支部书记主持工作
王训柱	1970—1972	革委会副主任主持工作
张炳文	1972—1982	校长
许仁智	1983—1990	校长
魏景禧	1990—1993	校长
许仁智	1993—1996	校长
余朝水	1996	副校长主持工作
田为民	1996—2002	校长
赵启友	2002—2008	校长
汪帮胜	2008—2015	校长
许红旗	2015—2019	校长
蒋纯坦	2019 至今	校长

知名校友

陈世文，1966届初中毕业生，中国人民解放军北京卫戍区原副政委，少将军衔，诗人、书法家，北京诗词学会顾问，中国榜书艺术研究会顾问，八一书画院副院长，中国将军诗书画院副院长，中国军谊诗书画院副院长，中国书法家协会会员。出版诗词集有《太行千秋》《长江吟》《黄河谣》《诗话笔记》和《陈世文书法作品集》等。

卞修武，1980届高中毕业生，中国科学院院士，陆军军医大学西南医院病理科教授、博士生导师。中国人民政治协商会议第十三届全国委员会委员。

韦邦福，1981届高中毕业，陆军军医大学西南医院政委、教授、博士生导师。

田大忠，1981届高中毕业生，法学硕士，曾任中央政法委综治协调室处长、中国长安出版社副社长、副总编辑等职，现任江西省南昌市委常委、副市长。

余绍水，1981届高中毕业生，博士，高级工程师，中铁十二局集团公司总经理，曾任青藏铁路建设指挥部指挥长，第十四届"中国十大杰出青年"。

李德宏，1982届高中毕业生，国家人力资源和社会保障部保险司制度处处长。

张成刚，1991届高中毕业生，曾任北京奥组委新闻宣传部宣传处处长，北京市委宣传部办公室副主任、机关党委专职副书记等职。现任中共北京市委宣传部办公室主任。

马启程，1993届高中毕业生，博士，宁波大学潘天寿艺术设计院美术系主任、硕士生导师，画家、书法家，中国画史、画论研究专家。

黄灏，1990届高中毕业生，武汉音乐学院教授，男高音歌唱家，1998年布达佩斯国际歌剧大赛第四名获得者。

五、民办教育

新中国成立后，徐集镇教育一直以公办教育为主。进入 2000 年后，逐渐成立一些私立幼儿园和培训机构。其中较为出色的有汲东幼儿园（创办于 2000 年）、高皇群星幼儿园（创办于 2004 年）、七彩路幼儿园（创办于 2005 年）、红太阳幼儿园（创办于 2009 年）、华夏之星幼儿园（创办于 2017 年）。培训机构主要有梦之恋文化艺术培训中心、尚博教育等。截至 2018 年，另有 8 家校外培训机构正在申报办理证照手续。

2004 年，境内兴办一所涵盖小学、初中九年一贯制民办学校——六安市登科学校。

登科学校

六安市登科学校是经六安市教育局批准成立的一所九年一贯制、全日制、寄宿制、封闭式管理的私立学校。学校创办于 2004 年，是登科集团旗下一所寄宿制民办学校。

学校在裕安区共有总校和分校两个校区，在校师生 6000 余名，占地 200 余亩（13.33 余公顷），教学区、生活区、运动区等布局合理。登科拥有较好的教学设施和教学环境。登科学校自创办以来一直秉承"办有品性的学校，做有良知的教育"的办学理念，坚持"依法办学、以质立校、管理兴校、教师强校"的办学思路，是六安市的先进学校，已跻身六安基础教育品牌名校之列。

图 5-37　登科学校主教学区

全校现有教师 293 名，研究生学历 13 名，本科学历 248 名，专科 32 名，其中省、市、区级优质课评选获奖教师，市、区先进教育工作者，获区学科教学成果评比一等奖共 200 余名。来自澳大利亚、北爱尔兰的外籍教师常年担任英语口语教师。

图 5-38　登科学校荣誉展示

民办幼儿园选介

1. 七彩路幼儿园

图 5-39　七彩路幼儿园面貌

七彩路幼儿园位于徐集街道徐丁路上，环境优雅，丹桂飘香，是一所一类园和普惠园。2005 年 9 月，幼儿园正式开园，当时租赁沿街一所院落，开设 3 个班，共 120 多名学生。囿于条件限制，全体员工倾注自己的"爱心、耐心、责任心"，赢得社会良好口碑。2014 年，在政府与主管部门的关怀下，新园落成。幼儿园占地面积 2800 平方米，建筑面积 2600 平方米，8 个标准班，能容纳 300 名学生。教职工有 10 名，学生 190 名。园内建筑格局精心规划，配有活动区、种植园区、专业舞蹈教室、多媒体教室、多功能教室、休息室、卫生间、亲子阅读吧、户外活动操场及大型户外玩具区。

园长：柴春华。

2. 华夏之星幼儿园

徐集镇华夏之星幼儿园，位于裕安区徐集镇南面西城首府小区内，建成于 2017 年 9 月。校园占地总面积 1800 平方米，园舍建筑总面积 1600 平方米。户外运动面积为 1200 平方米。房屋宽敞明亮，教室面积达到坚实安全，自然光充足，通风良好。校园周围环境优美，无传染源，无安全隐患。户外有安全、平整、清洁的活动场地，符合卫生标准，设有促进儿童生长发育的运动机械。园内设有教室 8 间，活动室 2 间，寝室 2 间，厨房 2

图 5-40　华夏之生幼儿园

间，餐厅2间，儿童厕所4间，办公室2间，并配备了符合儿童生理特点的桌、椅、床、饮水机等。

幼儿园园长为汪若凡，职工中有保教主任一名，园长助理一名，各班级配教师一名，保育员一名，厨房工作人员1—2名，专职保安一名。

根据园中实际情况制定相关的管理制度，如：教职工职业规范、保育工作条例、保教工作考核制度、厨房管理制度、传染病防治工作责任、晨检制度等，各项应急措施齐全完善，劳动合同协议齐全，幼儿园管理合理规范，有据可依。培养目标：培养完整儿童，奠定幸福人生。办学规模：8个班级，招收2岁半至6岁学龄前儿童260名。办学层次：学前教育；班级设置为托班、小班、中班、大班。办学宗旨：为孩子们打下坚实的基础，培养能力强、素质高、道德优的社会主义人才。

3. 红太阳幼儿园

红太阳幼儿园创办于2000年9月，当时名为汲东水利幼儿园，租用西大街民房有两个班级，共有幼儿38名，教师2名。2011年由于场地不够用，第一次搬迁至徐集车站高台附近，当时有3个班，共有幼儿60名，教师3名。2016年迁址到徐丁路，学生人数上升到100名。2008年，第三次迁址到老交管站院内，当时有4个班，120名幼儿和5名老师。

图5-41 欢庆六一

2012年在徐集镇政府和教育部门领导的关心下，该园在二零街征地2500平方米，建造了一个新的幼儿园，建筑占地面积为1014平方米，更名为红太阳幼儿园。王在平任园长。

校外培训机构选介

1. 梦之恋艺术培训学校

梦之恋艺术培训学校成立于2016年，是经裕安区教育局批准成立的文化艺术培训机构。学校开设以来多次参加省级、市级及电视台等多项活动，每年都有相应的国家认定的艺术考级，学校开设有中国舞、拉丁舞、古典舞、街舞、爵士舞、流行舞、形体塑型、跆拳道、美术、书法、音乐、播音与主持等各类艺术课程及艺术特长生、艺考培训。

图5-42 艺术培训学校

梦之恋艺术培训学校专注少儿及青少年培训多年，作为六安艺术培训的龙头机构，学校采用业余面授的形式，以"普及艺术教育，发掘培养艺术人才"为宗旨，办学以来秉承"教育为本、德育先行"的教学理念，用科学的方法引导孩子的天性，培养孩子的兴趣，建立孩子的自信与理想。学校学员曾多次参加各大型栏目表演，积极组织学员参加学校各种比赛活动，多次获得较好成绩。

梦之恋艺术培训在少儿及青少年舞蹈教学中以快乐为导向，秉持素质科学教学的理念，培养孩子的舞蹈基本功、舞蹈表现力、音乐理解力，致力于给孩子快乐、形体、气质和特长的教育。在美术教学中联合市区一流画室开展美术考级和书法课堂，并注重引导开发孩子的创意思维，提升少儿审美能力。我们用完善的教学体系、专业的教学特色、丰富的教学内容打造强有力的艺术培训高端品牌。

2. "远博教育"辅导中心

六安市徐集镇远博教育辅导中心，以中小学文化课辅导为主要内容的辅导机构，2018 年 4 月经六安市裕安区教体局授权许可、徐集镇中心学校领导的辅导机构，有教职工 8 名，学生 180 名左右。

图 5-43　活动剪影

六、职业教育

徐集镇正规的职业技术教育起步比较晚，20 世纪后期，虽然出现过一些"种植技术短训班""家禽家畜饲养辅导班""缝纫专训班"等等，但都为期不长，不成规模，直到 2014 年成立"六安市工业学校"，职业教育正式兴起。

六安市工业学校，是 2014 年经六安市教育局批准，在原徐集中学基础上成立。2015年加入安徽大别山职教集团。

学校占地 83 500 平方米，教学及辅助用房 13 700 平方米，开设有美术绘画、运动训练、服装设计与工业、计算机网络技术、计算机动漫与游戏制作、机电技术应用等专业，面向全省招生。2019 年秋学期同安徽汇恩艺术中心合作办学，招收播音主持和影视制作专业的学生。现有 10 个教学班，在校学生 500 名；在职在岗教职工 96 名（含 4 名编内聘用教师），其中，专业技术人员 82 名，工勤技能人员 14 名。

图 5-44　六安市工业学校

校园布局合理，教学设施齐全。教学区、生活区相对独立。学校拥有 1 栋 54 个教室的教学楼，1 栋集教学、办公为一体的综合楼，3 栋学生公寓，1 个可容纳 300 人同时就餐的学生食堂。学校共 5 个实训室。2 个服装实训室，2 个计算机技术运用实训室，1 个播音主持实训室，学校还有 1 个微机教室，2 个美术教室，1 个音乐教室，1 个标准化室内体育训练室，6 个实验室（3 个国际级标准）；1 个附属设施完备的标准化的塑胶操场；图书室、电子阅览室、教学仪器按教学需要分类配置；建有校园网，实现办公信息化。

学校坚持"以人为本"的办学理念，不断推进教育教学改革创新。开展学生文艺汇演、体育竞赛、经典诵读、演讲比赛、作文竞赛、主题班会等，寓德育教育于各项活动之中，提高学生综合素质。

学校重视教师的管理与培养。学校认真抓好教师转型培训工作，组织教师积极参加市、省、国家举办的各种技能培训，组织教育教学大练兵、优质课大赛等教研活动，加强与相关学校的经验交流，实施名师工程等促进教师队伍整体素质的不断提高。

图 5-45　六安市工业学校教学实景

第三节　卫　生

图 5-46　裕安区第三人民医院

一、医疗机构与队伍

裕安区第三人民医院

裕安区第三人民医院（以下简称"三院"）是在原徐集中心卫生院的基础上发展而成，2018年改设六安市第二人民医院医共体徐集分院。坐落于六安市西郊徐集镇，辖9个村、1个街道共10个卫生室。

三院长期承担着镇区60多平方千米共3.3万人口的基本医疗、疾病预防控制、妇幼卫生保健、计划生育技术指导及卫生监督协管等工作，同时辐射江家店、分路口、丁集、新安等周边乡镇十万人口疑难病症的患者诊疗。

1958年4月，徐集医院前身由私人联合诊所创建，后成立徐集区中心卫生所，1960年改称徐集区卫生院，下设6个公社卫生院：高皇、江家店、挥手、大岭、分路口、沛联。各大队改为卫生所。1969年4月撤区并社，撤销区医院，改称徐集镇卫生院，并将大批医务人员下放农村组建大队合作医疗。1984年因行政机构改革，区镇合并，改名为徐集区中心卫生院。1992年撤区并乡又改名为徐集镇中心卫生院，下设高皇卫生分院，13个村卫生所，1个门诊部。2008年1月经上级部门批准，在徐集镇中心卫生院基础上升格，加挂六安市裕安区第三人民医院，享受区直属单位（正科级）待遇。

医院在岗专业技术人员 55 名，副高职称 7 名，中级职称 14 名，护士 17 名，全科医生 2 名，下设党支部、共 17 名党员。2006 年在上级政府和卫生主管部门支持下，新建 1 座高 4 层，面积约 4000 平方米的医疗综合大楼，内设 12 个业务科室；2015 年新建 1 座高 3 层面积约 1000 平方米的行政、公卫综合楼，承担行政办公、基本公共卫生，妇幼保健、家庭医生签约服务、健康脱贫和计生工作等业务。

进入 21 世纪，区三医院采购各类先进医疗设备：如 DR、500 毫安闭路电视 X 光机、全自动血球计数仪、彩超、麻醉呼吸机、多参数心电图监护仪、全自动洗胃机、尿液分析仪、微波治疗仪、激光治疗机、三维电脑牵引床等。在引进大量先进医疗设备的同时，医疗技术也同时得到不断更新。外科：可开展骨外科、泌尿外科、产科、普外科等常见手术，并能独立完成椎间盘突出髓核摘除术、关节内骨折切开复位固定术、前列腺摘除术、子宫全切术、胆总管探查加内外引流术、胃大部切除术等二、三类手术，还可开展扁桃体摘除，鼻内窥镜下鼻窦手术，甲状腺次全切除，甲状腺囊肿及腺癌摘除，全胃切除术，胆囊摘除，脾切除术，肠梗阻切除术，肾盂结石、输尿管结石、膀胱结石等取石术，肛瘘，痔疮等。骨科：四肢骨折开放复位和外固定、腰椎间盘突出术、骨质增生等手术。妇产科：剖宫产、子宫全切和次全切、卵巢囊肿、宫外孕等手术。内科：能开展慢性阻塞性肺病、心功能不全、心律失常、冠心病、心肌梗死、胃溃疡、十二指肠溃疡、肝炎、肾炎、泌尿系统感染、糖尿病、各类贫血、风湿、类风湿关节炎等病的诊断治疗。中医内科：实现对一些疑难病症的精准处理，诸如对妇科杂症、不孕症等的治疗。

图 5-47　徐集镇中心卫生院"一级甲等医院"初审验收

自 20 世纪 70 年代开始，区三院获得上级主管部门及政府部门的多次表彰，曾连续多年获得"卫生系统先进单位"称号，1995 年被授予"一级甲等"的医院称号。1998 年 12 月获"爱婴卫生院"称号。

2016 年区三院在原有中医门诊的基础上，增设中医康复科、中医儿科、中药房、煎药室、中药熏蒸等，积极筹办建设中医馆，同时也得到上级主管部门和有关部门的大力支持，2017 年 10 月顺利通过省级主管部门验收。

裕安区第三人民医院主要负责人任职更迭表

表 5-13

当时单位名称	姓　名	性别	职务	任职时间
徐集区中心卫生所	顾广德	男	所长	1958.4—1960
徐集区卫生院	王立国	男	院长	1960—1969

续表

当时单位名称	姓　名	性别	职务	任职时间
徐集镇卫生院	房厚堂	男	院长	1969—1984
徐集区中心卫生院	李恩惠	男	院长	1984—1988.3
徐集 卫生院	林承钧	男	院长	1988.3—1998.11
	徐　超	男	院长	1998.11—2008
裕安区三院	徐　超	男	院长	2008—2010.8
裕安区三院	杨谋刚	男	院长	2010.8—2012.2
裕安区三院	张成平	男	院长	2012.2—2012.10
裕安区三院	金传堂	男	院长	2012.10—2016.3
裕安区三院	刘一浩	男	院长	2016.3至今

内设机构

门诊科室

徐集医院门诊科室设：西医内科、中医内科、外科、骨科、五官科、口腔科、理疗室、妇产科、检验室、放射科、B超室、心电图室、脑电图室、中西药房、输液厅、防保接种室等。

行政科室

徐集医院行政科室有：院长室、会计室、信息与统计室、医政办公室、乡村一体化管理办公室、新农合结报窗口、合管办、行风办、医疗服务质量监控办、综合考评办、党办等。

住院部

徐集医院住院部设护理部、医办室、内科、外科、产科、儿科、骨科、手术室、急诊室等。医技楼设置病床60张。

2016年，院有固定资产650万元，流动资产380万元，其中，万元以上医疗器械设备49台，价值150万元。占地面积10 600m²，医疗用房4400m²。

图5-48　医院行政大楼

图5-49　公共卫生服务中心

附属单位

因徐集镇（区）卫生院属中心卫生院，对原行政区划内的各乡（原公社）卫生院在业务上有指导责任，1992年以前，隶属于徐集镇（区）中心卫生院领导的各乡（公社）

卫生院有：高皇乡卫生院、江家店卫生院、挥手乡卫生院、大岭乡卫生院、分路口乡卫生院、沛联乡卫生院。1992 年以后因撤区并乡建镇，仅有高皇乡卫生院并归徐集镇，徐集医院成立高皇分院、各村（大队）医疗室。个体诊所逐渐增多。

2004 年，乡镇一体化，原村个体诊所统一整合经村卫生室，一村一室，共设 12 个村级卫生室。2014 年裕安区创建平桥产业园，划出徐集 3 个行政村（王店村、高皇村、新店村），之后变为 9 个村级卫生室。

2018 年由于徐集村和街道诊疗量增大，原有徐集村卫生室已经没有充分医疗资源可以再代两地卫生诊疗，经过卫生院积极争取，上级部门同意设立徐集镇街道卫生室的申请。至此，医院共有 9 个村级卫生室和 1 个街道卫生室。（徐集村卫生室、东方红卫生室、黄巷卫生室、菊花卫生室、棠树卫生室、梁集卫生室、东沟卫生室、黄岳卫生室、全红卫生室、徐集镇街道卫生室）

图 5-50　梁集村卫生室　　　　图 5-51　黄岳村卫生室

表5-14

徐集镇黄巷村卫生室基本情况简明表

不同时代	单位名称	地 址	建立时间	负责人	业务用房面积（m²）	基本设备	诊疗科目	管理情况
1978年以前	永胜村卫生室	永胜村蔚大岗生产队	1973年	李学胜	100	血压表、听诊器、温度计	内科、外科、妇科、儿科、中医科	集体管理
1978—1992年	孙庙村卫生室	孙庙村村关仓组	1976年	潘家恒	150	血压表、听诊器、温度计	内科、外科、妇科、儿科、中医科	集体管理
1992—2018年	黄巷村卫生室	黄巷村朗大庄组	2004年	潘家恒	200	血压表、听诊器、温度计、电脑一体机、空调、六室分开、标准化卫生室	内科、中医科	乡村一体化管理、裕安区三院院办院管

徐集镇黄岳村卫生室基本情况简明表

表 5-15

不同时代	单位名称	地 址	建立时间	负责人	业务用房 面积（m²）	基本设备	诊疗科目	管理情况
1978 年以前	寨岗卫生室 和黄岳卫生室	寨岗村部和 黄岳村部	1970 年	葛前余和 严业松	50	体温表、血压表 和听诊器	内科	合作医疗
1978— 1992 年	寨岗卫生室和 黄岳卫生室	寨岗村部和 黄岳村部	1980 年	葛前余和 严业松	50	体温表、血压表 和听诊器	内科	合作医疗
1992— 2018 年	黄岳卫生室	黄岳村部	2010 年	严长勇	120	体温表、血压表、 听诊器和多 功能一体机	内科	合作医疗

表 5-16

徐集镇全红村卫生室基本情况简明表

不同时代	单位名称	地 址	建立时间	负责人	业务用房面积（m²）	基本设备	诊疗科目	管理情况
1978 年以前	王大塘村卫生室	魏塝组	1972 年	陈效峰	45	血压表、听诊器、温度计	内科、儿科、中医科	集体
1978—1992 年	王大塘村卫生室	王大塘村老村部	1980 年	陈效峰	60	血压表、听诊器、温度计	内科、儿科、中医科	集体
1992—2018 年	全红村卫生室	东风组	2004 年	丁桂美	100	血压表、听诊器、温度计、一体机、空调	内科、儿科、中医科	集体

表 5-17

徐集镇梁集村卫生室基本情况简明表

不同时代	单位名称	地 址	建立时间	负责人	业务用房面积（m²）	基本设备	诊疗科目	管理情况
1978 年以前	梁堰卫生室	梁堰村	1970 年	余海南和刘美和	100	体温表，血压表和听诊器	内科	合作医疗
1978 年——1992 年	梁堰卫生室	梁堰村	1970 年	刘美和和刘文宝	100	体温表，血压表和听诊器	内科	合作医疗
1992 年——2018 年	梁集卫生室	梁集村	2004 年	刘文宝	120	体温表，血压表和听诊器和多功能一体机	内科	合作医疗

二、卫生防疫

预防接种

预防接种是预防、控制乃至消灭传染病的有效手段。我国是最早使用人工免疫方法预防传染病的国家，其中，人痘接种法是预防接种的先例。

20 世纪 50 年代，徐集镇卫生防疫机构响应国家号召，开展普种牛痘。

20 世纪 60 年代，徐集镇卫生防疫机构根据 1963 年卫生部首次发布《预防接种工作办法》，开展卡介苗、脊髓灰质炎活疫苗、百白破混合制剂和麻疹疫苗的预防接种工作。

20 世纪 70 年代，徐集镇卫生防疫机构，利用每年冬春季节在全镇范围推行突击接种，疫苗接种使传染病发病率大幅下降。

2000 年，徐集镇中心卫生院防保科，人员充实，有专业执业医师和执业护士若干人，从事预防接种，每月定期到辖区各村开展预防接种服务，提高预防接种率。

2003 年，抗击"非典"成绩卓著。

2005 年，防保科配备电脑、打印机等设备，安装宽带，安装儿童预防接种信息系统平台，把所有 2005 年起出生的儿童预防接种信息录入平台，共用一个服务器，解决省内儿童接种信息的查询问题，提高流动儿童接种疫苗的便利性。

2010 年，徐集镇中心卫生院防保科专职防疫员达到 6 名，其中，执业助理医师 2 名，执业护士 2 名，主管护师 1 名。为徐集镇 3 万多人民群众提供儿童预防接种服务。

2016 年，徐集镇中心卫生院建成新的公共卫生大楼。大楼全部由预防保健相关科室使用，配备 2 台空调、3 台电脑、2 台打印机、1 台专用电话、3 台冷藏箱、4 台冰箱。这些设备，改善了儿童预防接种条件，保证了疫苗的安全储藏，为医院防疫工作创造了良好的环境。同年，徐集镇中心卫生院申报并通过市规范化预防接种门诊的验收，以新的环境、新的要求，为徐集镇 3 万多人口进行更好的预防接种服务。

2008—2021 年徐集镇中心卫生院一类疫苗接种率统计表

表 5-18

年份	接种率
2008	90%
2009	91.4%
2010	92.1%
2011	92.5%
2012	92.7%
2013	92.8%
2014	93.1%
2015	94%
2016	94.2%
2017	94.5%

续表

年份	接种率
2018	94.7%
2019	95.1%
2020	95.3%
2021	95.5%

疫情防控

2020 年新冠疫情暴发，徐集镇中心卫生院立即行动，严格落实各项防控措施，2020 年 3 月 15 日，院接到裕安区新冠疫情防控指挥部紧急通知，要求立刻派人、派车进驻裕安区集中隔离医学观察点（紫荆花怡养中心），参加隔离防控观察工作。

三院人立即动员，先后有多名医护人员报名参加，经过严格筛选，选派张道运、潘声发、王静、张娟、王晶晶 5 名医护人员和驾驶员金家胜于 18 号正式进驻集中隔离医学观察点紫荆花 9 号楼开展工作。

裕安三院 6 位同志牢固树立"一盘棋"思想，严格规范集中隔离人员入住、管理、餐饮、消毒、医疗观察、解除隔离等流程，加强统一调度、统筹协调，确保完成任务。进驻当天即开始接收医学观察人员，首先，医护志愿者对新来人员分配入住房间，发《集中隔离观察人员须知》，其次，嘱咐新入住人员扫二维码加入微信群，通过微信采集个人详细信息。每天上午对新来的医学观察人员进行咽拭子标本采集和常规的每天两次的体温测量，并负责对医学观察人员进行心理疏导、身体健康监测、问题咨询解答、生活必需品的转运等，晚上要将白天的工作汇总，完善各项表格的填写，并及时向指挥部报送。医护人员每天都紧张有序地忙碌着，测量、消杀、查房、采样、表格录入等，每天日程都排得满满的，他们最多一天接收新入住人员达 22 人。经过大家的不懈努力，疫情渐渐得到控制。

2021 年自 5 月 13 日六安再次发生疫情，三院人再次出征，听从上级安排组织人员参加全员核酸检测，抽调 15 名医护人员参加紫荆花隔离点疫情防控，同时做好冷链食品的核酸抽样工作。

图 5-52　疫情防控

2021年1月徐集镇中心卫生院作为全区六个新冠接种点之一率先开展新冠疫苗接种工作，截至2021年9月，全镇累计接种新冠疫苗4.5万多剂次，率先在全区完成接种任务，受到区通报表扬，三院人优异的表现获得诸多荣誉，其中，刘一浩获得"六安市五一劳动奖章"称号，王小兵获得"裕安区防疫先进个人"和"优秀共产党员"称号，张道运获得"六安市先进工作者"称号。

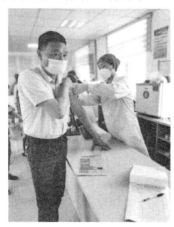

图5-53　疫苗接种

三、妇幼保健

徐集镇中心卫生院以提高人口素质，降低孕产妇/新生儿死亡率和新生儿缺陷为重点，贯彻妇幼卫生工作，全镇妇儿保健覆盖率95%，系统管理率90%，完善保健手册的各项内容，落实高危筛查、首诊、逐级报告转诊，儿童保健做好0—3岁儿童体检和幼儿园体检，做好高危儿保健管理，给儿童家长提供合理的治疗方案，并做到定期随访，观察病情发展，同时完善各项登记。

2008—2021年徐集镇妇幼保健工作汇总表

表5-19

年度	管理孕产妇人数	管理0—6岁儿童人数
2010	429	2401
2011	423	2422
2012	411	2459
2013	409	2456
2014	403	2465
2015	396	2412
2016	391	2495
2017	389	2489
2018	382	2512

续表

年度	管理孕产妇人数	管理0—6岁儿童人数
2019	343	2504
2020	255	2610
2021	247	2650

十四项基本公共卫生服务：城乡居民健康档案管理、健康教育、预防接种、0—6岁儿童健康管理、孕产妇健康管理、老年人健康管理、慢性病健康管理、2型糖尿病健康管理、重症精神病患者健康管理、结核病患者健康管理、传染病及突发性公共卫生事件报告和处理、卫生监督协管、中医药健康管理服务。

第四节　体　育

截至2020年，徐集镇镇区建有3处公共活动广场，梁集村、棠树村、黄巷村、黄岳村、全红村、徐集村等文化健身活动广场建成并投入使用，配备各种健身器材、乒乓球台和篮球场。徐集镇初中、徐集登科学校、徐集镇中心小学和镇内幼儿园都建有操场并配齐体育运动器材。徐集中学（六安市工业学校）投资400余万元兴建一座标准化操场，乒乓球场、篮球场、足球场和塑胶跑道一应齐全。

一、群众体育

徐集镇群众体育运动发展较早，20世纪50年代起，镇域内各机关单位、街道、学校等，纷纷组建篮球队、乒乓球队，经常组织友谊比赛。节假日，镇文化馆常组织开展联谊赛。街道有很多砖砌水泥抹面的乒乓球台供群众打球娱乐。

街道参加晨练的人很多，晚上锻炼的人更多。学府名城、徐集村农民文化活动中心、街道居委会法治广场和三角广场等地有4支广场舞队伍每天活动。围绕街边、徐集村、黄巷村徒步锻炼的人数不胜数，且设有专人指导，五十岁以上的老年人热情参与，既锻炼身体又愉悦心灵。镇域内各单位每年都举办职工球类、象棋、掼蛋等比赛，以提高机关干部职工的体育水平。2000年以来，徐集镇围绕"保障广大人民群众享有基本的体育服务，增强人民群众的身体素质"这一中心目标，推进全民健身计划，开展全民健身活动。

通过全民健身活动的开展，全镇经常参加体育锻炼的人数稳步上升。人民群众生活水平不断提高，民众强身健体需求越来越强烈。体育健身健美、体育培训为内容的面向社会提供服务的体育经营活动项目日益丰富，体育经营项目和经营规模不断扩大。到2020年年底，全镇个体经营体育项目的有台球、健身健美、瑜伽等。体育产业发展较好，体育设施建设步伐加快，方便群众就地参加体育健身活动。2010年以来，全镇共投入近800万元用于体育设施建设，各村健身小广场已经建成并投入使用，全镇操场、篮球场、足球场等体育健身活动场地总面积近3万平方米，各类文体活动中心和广场17个。

图 5-54 广场舞

图 5-55 农民文化乐园

二、学校体育

学校体育工作认真贯彻执行《学校体育卫生工作条例》，每年定期召开体育中心教研组成员会议，定期进行体育公开课、观摩课活动，不断改进体育教育质量。全镇各校认真施行《国家体育锻炼标准》，施行面为100%，达标及格率稳定在95%以上并为各级体校提供较为扎实的选材基地。

初中学生冬季运动会。截至2020年年底，徐集镇初中已召开二十二届冬季学生运动会。主要运动项目有团体：舞动青春广播操、拔河、乒乓球团体赛；田径：跳远、立定跳远、实心球、跳高、100米、200米、400米、1000米（男）、800米、4×100米接力；其他：跳绳、乒乓球单打。

小学生运动会。截至2020年年底，徐集登科学校已召开十届冬季学生运动会，徐集镇中心小学已召开十六届冬季学生运动会。主要运动项目有团体：广播操、拔河；田径：跳远、立定跳远、50米、100米、200米、4×50米接力；其他：1分钟跳绳、3分钟计时呼啦圈、乒乓球和相关趣味运动。

图 5-56 运动会

三、体育比赛及部分荣誉

全镇有常年坚持活动的体育项目和业余队伍，积极参加镇、区、市级各类比赛，做到有组织、有保障。多年来，获得部分荣誉如下：

2016年9月5日在台湾桃园进行的亚洲第九届武术锦标赛上，裕安籍徐集镇东方红村运动员王兴莲，以大比分轻松夺取女子70公斤级冠军，成为新晋亚洲女子散打王。第九届亚洲武术锦标赛开始于 8 月 28 日，于 9 月 5 日结束，有 25 个国家参赛，共 415 位选手。亚洲武术锦标赛是亚洲水平和规格最高的武术比赛。

王兴莲 2005 年至 2007 年入选六安市拳击队，2007 年入选安徽省武术散打队，曾于 2008 年和 2009 年两次获得全国青少年冠军。2010 年，王兴莲首次参加全国女子武术散打锦标赛，勇夺 75 公斤级全国第二名。2011 年，王兴莲第二次参加全国女子武术散打锦标赛，勇夺 75 公斤级冠军。2012 年她入选中国武术散打队。

图 5-57　王兴莲在训练

2015 年 10 月 2 日，首届裕安区"美好乡村篮球赛"，徐集镇获得第三名。2016 至 2018 年，徐集镇连续三年获得区篮球大赛第三名。

2017 年徐集镇中心学校在全区中学生田径运动会初中组获得团体第五名，2018 年徐集镇初中和中心小学分获全区中小学乒乓球比赛中学组第五名和小学组第四名。

第五节　民政与社会保障

一、组织机构

社会事务办公室

1992 年撤区并乡后，徐集镇设民政办公室，李成海、方仁刚先后任主任，具体负责办公室工作。2001 年机构改革后，改为社会事务办公室，设助理员 1 名，负责人为方仁刚、杨晓玲、刘会、胡圣法。负责镇域内社会事务及优抚、救助等工作，婚姻登记由乡镇收回到裕安区婚姻登记处。其主要职责有：贯彻实施城乡居民最低生活保障制度，申报、发放最低生活保障金，实行动态管理；贯彻执行党和国家有关老龄事业的政策、法规，承担老年人、孤儿、五保户等特殊困难群体权益保护的行政管理工作；负责镇域内优抚对象抚恤金、优待金、定期定量补助的发放工作，组织、指导拥军优属活动，承担拥军优属的日常工作；负责镇域内因灾生活困难群众的救济和社会临时救济工作，检查灾情，做好灾情的上报工作；负责婚姻、收养登记等有关规定的宣传和咨询工作；负责农村五保供养工作，抓好五保对象的统计调查和动态管理，做好农村敬老院的管理、建设和发展工作；积极推进殡葬改革；负责镇域内社会事务信访工作；按时完成镇党委、政府和上级部门交办的其他工作。具体工作内容 2004 年后，民政工作职能逐步增加，新增落实农村特困群众生活救助制度，2005 年开始实行城镇低保，2006 年新增大病医疗救助，2007 年开始实行农村低保。库区移民生活补贴 2007 年开始实施，2018 年年底有库区移民 11 户 18 人。

徐集镇社保所

徐集镇社保所全称为六安市裕安区徐集镇人力资源和社会保障事务所。2002 年成立，由副镇长刘源泉代所长，2005 年至 2021 年 5 月由潘家新任所长，2012 年 6 月至今由吴坤任徐集镇社会保障所所长。

工作职责：负责辖区内人力资源发布、就业；处理辖区内人员劳资纠纷；负责下岗分流人员再就业工作和下岗人员就业证办理；负责企事业单位到龄人员退休办理和退休后身份认证（每年一次）；办理全镇城乡居民养老保险工作（自 2011 年开始全镇 16 周岁至 59 周岁参保人员 13 185 人，每年交费 1 次，交费档次为 100 元至 6000 元共 16 档次）。2021 年全镇 60 周岁以上人员享受国家养老金月供 135 元，2022 年个人养老保险已提升至每月每人 140 元；办理全镇城乡居民医疗保险工作，2022 年参保人数达到 28 279 人；积极配合镇扶贫工作站为全镇各村落实、转移就业和居民就业，分别于 2017 年、2018 年发放就业补贴 10 万元、8 万元，并宣传就业政策，发放宣传品，建档、上报主管局相关资料，其中，2021 年申报跨省就业交通一次性补助 2.3 万元；申报就业扶贫车间（现为就业帮扶车间）2 家，吸纳贫困人口（现为脱贫人口）67 人，为车间运营主体争取运营补助 19 万元，脱贫人口就业补助每月每人 300 元；为全镇公民办理社会保障卡业务，社保卡人手一卡是国家惠民政策，免费办理、激活。2021 年，为全镇公民升级三代社会保障卡。

二、民政事务

养老服务

原有养老服务机构：徐集镇徐集敬老院。该敬老院始建于 1990 年，原建筑面积约 1800 平方米，床位 50 张。随着经济的发展和养老服务体系的不断完善，原敬老院因年久失修已不能满足集中供养需要，为从根本上解决全镇五保老人养老问题，于 2014 年 7 月对徐集敬老院进行了新建，新建敬老院总投资 200 万元，占地 3600 平方米，建筑面积 2200 平方米，有宿舍 46 间，床位 80 张。敬老院设有会议室、活动室、厨房、餐厅、洗浴间、厕所、菜园地、猪圈等配套设施，室内配备有统一的床铺、衣柜、桌椅等生活用品，集五保供养和养生功能为一体，为老年人安度晚年提供了舒适安全的居住环境。2014 年徐集敬老院受裕安区民政局表彰，荣获"乡镇敬老院管理工作"一等奖，同时被市民政局授予"六安市文明敬老院"光荣称号。为满足养老需求，2014 年年底经区有关部门批准，新建徐集镇全红敬老院。敬老院位于徐集镇全红村，由区民政局和徐集镇共同承建，总投资约 180 万元，规划建设面积约 1600 平方米，占地 6.2 亩（4.13 公顷），建筑房屋 60 间，内设床位 80 张，可容纳 80 位五保老人。活动室、厨房、餐厅、会议室、洗浴间、厕所、菜园地、猪圈等配套设施齐全，建成后的敬老院大大提高了徐集镇养老服务水平。2016 年 4 月，徐集两所敬老院经上级有关部门批准，分别转型升级为信德徐集养老公寓和信德全红养老公寓，敬老院转型后五保老人居住环境和院民生活水平得到进一步改善和提高。

图 5-58　老年公寓

三、退役军人事务

拥军优属

新中国成立后，1950 年，徐集镇人民配合县开展了"抗美援朝、保家卫国"运动，动员热血青年应征入伍、参加志愿军，鼓励青年踊跃参军或报考军校，支援祖国国防建设。

土地革命时期，徐集镇成立义务代耕队，对红军家属、残废军人等进行义务代耕。新中国成立后，根据县先烈属后军属、先前方后地方、先老红军后军属的规定，进行代耕，保障烈、军属有住房、有饭吃、不减产。1955 年，成立初级农业生产合作社，群众优待烈、军属劳动记工分红，代耕田地产量归烈、军属；评定代耕劳动日，代耕粮和工资归烈、军属，分土地红；代耕劳动日列入劳动工分分红等方式。次年，高级农业生产合作社改群众优待形式为"五保"（保吃、穿、住、用、葬）、"半保"（保吃、住）。1957 年，开始实行集体"优待劳动日"制度。"文化大革命"期间，优待传统遭到破坏。1977 年，恢复"优待劳动日"，实行春评、夏查、秋兑现"三落实"，并发证到户。1981 年，实行义务兵家属户户优待，保障烈属，适当照顾荣、复军人和带病回乡退伍军人。1982 年开始，改"优待劳动日"为现金优待，由村筹乡管，纳入承包合同，张榜公布，发证到户，通知到部队。1985 年 3—4 月，落实安徽省《优待烈军属、残废军人暂行办法》，优待标准提高到每年户均 200 元。1986 年，县规定义务兵家属户户优待一个人均收入。进入 21 世纪，随着社会经济的发展和优抚政策的不断完善，优抚标准也不断提高，以货币形式给付到户。

优抚安置

优抚安置对象主要是烈、军属，复员退伍军人，残疾军人及其家属，优抚安置的内容主要包括提供抚恤金、优待金、补助金，安排重点优抚对象到疗养院、光荣院，安置复员退伍军人等。2021 年年底镇共有 371 人享受优抚对象定期定量补助待遇。其中复员军人 3 人，三属抚恤 4 人，伤残 10 人，参战 17 人，参试 5 人，带病回乡 123 人，60 周岁以上烈士子 13 人，60 周岁以上退伍军人 169 人，特困退伍军人 27 人。优待对象 35 人，其中现役军人 19 人，复员军人 4 人，伤残军人 2 人，三属 2 人，参战 1 人，参试 1 人，病退军人 6 人。

徐集镇服役军人立功受奖情况

截至 2018 年年底前，荣获中国人民解放军军区三等功的有 16 人：吕侠飞、翁士好、吴家有、陈昌伟、卢兴霆、刘宇、鲍奇、刘华刚、田光开、纪永哲、金家胜、胡玉卫、杨贤高、方兴同、朱春明、杨良俊。

记大功 1 人：孙世海。

图 5-59　徐集镇为烈属、军属和退役军人家庭集中悬挂光荣牌启动仪式

四、婚姻殡葬

婚姻管理

新中国成立前，受封建礼教思想的束缚，本地沿袭强迫、包办的婚姻，视"父母之命""媒妁之言"为合法婚姻。

中华人民共和国成立后，颁布《中华人民共和国婚姻法》，实行一夫一妻制，倡导婚姻自由。1951 年规定，由乡、镇人民政府办理结婚登记，区办理离婚和复婚登记（1957 年后移交给乡、镇办理），县民政科办理外侨和海外侨胞婚姻登记工作。证书由省民政厅统一印制，收取工本费。"文化大革命"期间，婚姻登记工作无人管。1978 年，党的十一届三中全会后，恢复婚姻登记工作，加强婚姻管理。1981 年 1 月，全国人大修改颁布《中华人民共和国婚姻法》和国务院批准的《婚姻登记办法》，规定社、镇和街道民政干部依法办理婚姻登记手续和发证工作。1986 年 3 月，执行民政部发布的新《婚姻登记办法》，开始清理未办婚姻登记的非法婚姻，给符合条件结婚而未登记的补办登记手续。12 月，执行婚前健康检查的规定。2002 年 4 月 10 日，婚姻登记工作由乡、镇办理收归区民政局集中办理。5 月 1 日，裕安区婚姻登记处正式集中办理全区婚姻登记工作。

殡葬管理

新中国成立前，本地沿袭封建宗法社会风俗，盛行土葬，择地建造坟墓，重殓厚葬。

新中国成立后，从 1951 年开始，县人民政府决定改革土葬，规定土葬不准占用耕地，一律深埋。"文化大革命"开始后，不少地方出现大办丧事的现象。1975 年 6 月，县人民政府重申土葬不准占用耕地，提倡深埋和不留坟冢，区、乡政府遵照执行。20 世纪 80 年代初，县民政局设殡葬管理所。县火葬场建成开始火化业务。1985 年执行县政府《关于殡葬管理的若干规定》，规定国家干部、职工死亡后一律火化。1993 年县政府发布《关于殡葬管理的实施细则》，推行火葬，改革土葬。1998 年 5 月，根据国务院和省政府的有关精神，区政府制定实施办法，强力推行火化。2001 年 6 月，裕安区政府制定出台《六安市裕安区殡葬管理实施办法》，徐集镇根据本地实际情况，制定相应的殡葬改革实施方法及奖惩措施。2007 年，裕安区制定出台《六安市裕安区公益性公墓（公祭堂）建设和管理暂行办法》，2008 年重新修订。随着政策宣传及时间推移，人们对殡改火化逐渐接受，殡葬火化率逐年提高。2006 年起，裕安区殡改工作开始进入"二次革命"，全面推进公益性公墓建设，解决骨灰安葬（放）问题。徐集镇在菊花村修建公墓，并投入使用。

五、社会保障

企业职工基本养老保险与工伤保险

根据上级统一规定，镇域内企业职工基本养老保险从 1993 年 10 月开始实施，单位缴纳 20%，个人缴纳 8%，缴费单位以职工月平均工资总额为缴纳社会保险费基数。改制后，女性满 50 周岁，男性满 60 周岁，由裕安区人社局按月发放养老金；没有达到退休年龄但累计缴纳时间满 15 年的职工，可以继续按 20% 缴纳，也可以停止缴纳。继续缴纳者，可享受三年社保补贴，2014 年，每人每年补贴 2400 元；女性 1968 年 12 月以前出生的，男性 1958 年 12 以前出生的，并在 2011 年 12 月之前续缴满三年者，补贴可享受至退休。社保补贴最早从 2006 年开始，截至 2020 年，全镇参保总数达 2000 多人，满 15 年续缴纳人员超过 50%，社保补贴年达 30 万元。镇企业职工基本养老保险按全省月平均工资 60%—100% 缴纳，个人自愿选择缴纳比例，缴费比例越高，今后退休金也越高。

失地农民养老保险

失地农民养老保险政策是针对被征地农民出台的养老保障政策，被征地农民在获取土地征用补偿外，还可以享受一定程度的养老保险缴费优惠，并得到政府的养老保险补贴。随着集镇建设步伐的加快，截止 2021 年年底，徐集镇符合失地农民养老保险政策的（人均耕地面积不足 0.3 亩），享受农村集体土地承包权利，16 周岁以上，未参加城镇职工基本养老保险的在册享受政府养老补贴 222 人，每人每月 280 元。

新型农村合作医疗和城乡居民医保

城乡居民医疗保险采取以政府为主导，以居民个人缴费为主，政府适度补助为辅的筹资方式，按照缴纳标准，政府组织实施。分路口镇城乡居民医疗保险从 2007 年 11 月开始缴纳，2008 年 1 月 1 日实行。全镇城镇居民 28 954 人，2008 年参保 22 098 人，2009 年参保 22 217 人，2010 年参保 22 569 人，2011 年参保 22 744 人，2012 年参保 22 981 人，2013 年参保 23 009 人，2014 年参保 23 418 人，2015 年参保 23 915 人，2016 年参保 24 055 人，2017 年参保 24 568 人，2018 年参保 25 120 人，2019 年参保 25 890 人，参保人数逐年递增。

农村居民医疗保险（亦称新农村合作医疗）是从 2007 年开始实施，当年个人缴费

10元，各级政府补助40元。2008年和2009年，各级政府补助80元，个人缴费20元。2010年和2011年，个人缴费30元；2012年，个人缴费标准提高到50元；2013年，各级政府补助增加到240元，个人缴费标准提高到60元；2014年，各级政府补助增加到320元，个人缴费标准提高到70元；2015年，个人缴费标准提高到100元。农村居民医疗保险覆盖率为100%。2016年，城镇居民医疗保险和农村医疗保险合并，统一为城乡居民医疗保险，个人缴费标准为120元，各级政府补助450元。2017年，城镇居民医疗保险和农村医疗保险合并，统一为城乡居民医疗保险，个人缴费标准为120元，各级政府补助450元。2018年，城镇居民医疗保险和农村医疗保险合并，统一为城乡居民医疗保险，个人缴费标准为180元，各级政府补助460元。2019年，城镇居民医疗保险和农村医疗保险合并，统一为城乡居民医疗保险，个人缴费标准为220元，各级政府补助480元。

城乡居民社会养老保险（新农保）

以"保基本、广覆盖、有弹性、可持续"为基本原则，坚持以政府主导裕安群众自愿相结合、权利与义务相统一，引导城乡居民普遍参保，参保对象是在本行政区域内，年满16周岁（在校生除外），且未参加城镇职工基本养老保险的城乡居民，均可在户籍所在地参加城乡居民养老保险。城乡居民养老保险资金由个人缴费、集体补助和政府补贴构成。至2019年个人缴费：参加城乡居民养老保险的居民按每年300元、500元、1000元、1500元、2000元、3000元、4000元、5000元共8个档次，自由选择档次缴费，多缴多得保险金。政府补贴：政府对符合领取条件的参保人员全额支付城乡居民养老保险基础养老金，进行补贴，政府对于个人选择500元的，每人每年补贴110元；个人选择1000、1500元和2000元档次的，每人每年补贴140元；个人选择500元以上档次的，每人每年补贴170元。政府补贴部分计入个人账户。参加城乡居民社会养老保险的个人，年满60周岁，缴费累计满15年，且未领取国家规定的基本养老保险待遇的，可以按月领取城乡居民基本养老保险保险金。

徐集镇从2011年开始实行新农保，当年已年满60周岁的，不需要缴费，直接每月领取55元养老保险保险金，未满60周岁的，缴费至60周岁，次月可以享受。凡缴纳费用的按个人账户金额除以139加55元，为每月享受金额。未满60周岁的，少一年未缴费都不能享受。至2019年，年满60周岁的居民，每人每月领取基本养老金增至110元。

社会救助与五保户供养

2015年开始对困难群众临时救助。困难群众社会生活定补10人。徐集镇现有五保老人234人，其中，分散供养192人，集中供养42人。镇共有2所敬老院，其中徐集镇敬老院始建于1992年，现入住敬老院24人。全红老院建于2007年，现入住敬老院16人。2012年，建立五保供养标准动态增长机制，2012年分散和集中供养年标准分别为1706元/人和2540元/人，2013年分散和集中供养年标准分别为2250元/人和2900元/人，2014年分散和集中供养年标准分别为2433元/人和3033元/人，2015年分散和集中供养年标准分别为2539元/人和3719元/人，2016年分散和集中供养年标准分别为2900元/人和4200元/人，2017年分散和集中供养年标准分别为3800元/人和5100元/人，2018年分散和集中供养年标准分别为4309元/人和5295元/人，2019年分散和集中供养年标准分别为 6720 元/人和 8040 元/人。

2015 年全镇共有五保对象 334 人，其中，集中供养 59 人，分散供养 275 人，全年打卡发放五保供养金 102.3778 万元；2016 年全镇共有五保对象 320 人，其中，集中供养 49 人，分散供养 271 人，全年打卡发放五保供养金 101.0842 万元；2017 年全镇共有五保对象 318 人，其中，集中供养 49 人，分散供养 269 人，全年打卡发放五保供养金 130.35 万元；2018 年全镇共有五保对象 253 人，其中，集中供养 44 人，分散供养 209 人，全年打卡发放五保供养金 168.406 万元。

2021 年，镇现有孤儿（事实无人抚养孤儿）14 名，由近亲代为抚养。2012 年每人每月补助生活费 600 元，2017 年提高到 900 元，2021 年下半年提高到 1150 元。

社会福利与残疾人事业

全镇共有残疾人 557 人，其中，一、二级 413 人，三、四级 144 人。2021 年年底残疾人享受生活补贴，一、二级 413 人，每人每年 800 元，三、四级 144 人，每人每年 400 元。护理补贴 542 人，每人每年 720 元。精神病药物补贴 42 人，每人每年 1000 元。白内障免费复明手术 12 人。

城乡低保

城镇低保 2005 年部分城镇居民开始享受低保，2005 年开始实行低保审核、审查、审批"三公开"，2009 年建立动态管理台账，建立部门之间信息互通与劳动就业政策相衔接机制，畅通低保对象进出渠道。2011 年，对城镇低保对象进行重新登记、评定，换发新证。2015 年全镇 693 户 1138 人享受农村低保，年打卡低保金 160.3765 万元。2016 年全镇 593 户 1008 人享受农村低保，年打卡低保金 205.5138 万元。2017 年全镇 571 户 976 人享受农村低保，年打卡低保金 304.5434 万元。2018 年全镇 568 户 996 人享受农村低保，年打卡低保金 373.0644 万元。全镇现有城镇低保 80 户，共 95 人，全年发放低保金 4.6179 万元。

农村低保 2007 年 6 月全面启动农村低保工作。区先后出台《裕安区农村低保工作实施方案》和《裕安区农村居民最低生活保障实施细则》，人均年补差 380 元，低保金通过涉农资金卡一卡发放到户。2008 年按省、市统一部署，启动农村低保提标扩面工作，保障面逐渐提高，实现农村低保应保尽保目标，坚持做到"七到位"，即责任到位、政策宣传到位、政策配套到位、程序规范到位、政策落实到位、监督检查到位、资料整理到位，全镇现有农村低保对象 667 户，共 1100 人，全年发放低保金 55.62 万元。

第六章 风土民情

本章主要记述六安本地尤其是徐集镇民风民俗、方言土语、掌故传说、宗族宗祠。

第一节 民风民俗

一、生产民俗

农业习俗

徐集大部分地区属丘陵岗畈地区，农业生产以种水稻、小麦和油菜为主，各处生产习俗大同小异。新中国成立前，每逢春分日，人们常到麦菜地里燃放爆竹，高声喊叫，说是可以避免庄稼成熟后被鸟雀啄食。春天育苗的秧苗要插绿树条，一则为预兆秧苗发青长高，二则告诉人们，水田已育苗，牲畜要管了。栽秧前一天傍晚拔秧，亲邻之间相互帮忙，不计报酬，只请喝酒，名为"黄泥酒"。在开始栽秧的当天早上，要在门口摆上香案，供上两把秧，烧香点烛，磕头祭秧，举行"开秧门"仪式。在吃第一顿午饭时，主人要恭恭敬敬地把一只煮熟的鸡头奉献给公认的栽秧能手"埂师"，意在请其带领大家快栽、栽好。栽插时，"埂师"要第一个下田，人们依次相隔数行下田。农民以当"埂师"为荣，后下田的如果栽插速度快于前面的人，就要换趟，以被换趟或被"关"在里面为耻。换趟时，爱开玩笑的常常在被换下的人的腿上拍一下，谓之"打蚂蟥"。妇女以参加拔秧为主。岗畈地区拔秧时会坐在专用的"秧马"上，山区也有站着拔秧的。第一天栽插，如把秧把甩到人身上，则被视为不吉利，栽秧时也不准唱山歌，栽插结束前，即在栽秧母田（即育苗田）时，人们习惯"泥稻仓"，即把稀泥糊在主家或其他栽秧人身上，以预兆秋后粮食满仓，此时，人们嬉戏追逐，满田泥水纷飞，欢声雷动，劳作之辛，一扫而空。收割时，为农村大忙季节，农人多起早贪黑，夜以继日，白日收割、栽插下茬，夜晚犁田、打场，碌碡声、连枷声、喝牛声、山歌声，彻夜不绝。挑稻把时，多喜大声打号子，有"栽秧无山歌，割稻打油呼"之说。旧时过了农历十月半，田地里如仍有未收割之庄稼，任何人都可以去收，人们不会认为是偷窃或侵占。

农民历来对水很重视，有"瓢水碗稻"之说。若遇天旱，必得请人车水，名曰"打河车"。农民此时多能协作，不计报酬，只招待当日饭食，旧时还要烧香祭河神。车水时，长口车的位置一般给车水能手，车水时常常听见雄壮的号子声"车呀河堰"。

新中国成立前，雇主雇请长工，每年工期为八个整月。农历二月初二上工，雇工请吃上工饭；农历十月初一下工，则无款待，所以有"上工一顿饭，下工两扁担"（一根扁担挑行李，一根扁担挑工钱米）的说法。如雇主与长工相处不睦，也要等到农历六月初六才能辞退，所以旧时称六月初六为"长工节"。

20世纪80年代，农业实行"联产承包责任制"，这些习俗渐行渐远；再后来，随着农业机械化生产规模扩大，旧时的农业习俗便不复存在了。

徐集饲养的畜禽主要有猪、牛、羊、鸡、鸭、鹅等。牛是最重要的耕田工具，农民很少杀食壮牛。旧时孵鸡、鸭、鹅，上蛋时要择吉利日子，选窝要避"太岁"（迷信传说中的"凶神"。）忌养八只鹅（因与"白"谐音）。宰杀牲畜时，忌杀第二刀，农家习惯"杀年猪"，杀年猪最迟必须在腊月二十六前，俗语说："二十八，断刀杀。"宰杀时，血喷得远，认为有喜，不见血则认为有丧（即家里有丧事）。一般杀猪当天，请亲邻喝酒，名为"打猪晃"（也有"打鹅晃"）。鹅、鸭一般在立冬前、后宰杀，腌制腊货。杀当年养成的鸡、鸭时，第一只要把血撒在野外，敬奉"黄大仙"（黄鼠狼）。

21 世纪出生的人大多不知道这些了。

工商业习俗

旧时手工工匠大多在农历正月或二月开工，日子选在初二、初六、十六等"吉日"。开工后第一场活，主家给工钱要用红纸包着，意为"开门红"。有的主家还要给六个鸡蛋（名为元宝），祝其事事顺利。投师学徒要送礼，宴请师傅，每逢节期，还要送礼，投师时要订契约，名为"投师纸"，一般学徒时间为 3 年，只管吃喝，没有工钱，中途毁约要赔偿饭钱，满师后，要设宴谢师，有的师傅则送给徒弟一套工具。

篾业工匠旧时以每年农历四月初八为会期。相传此日是篾业祖师的寿诞之日。这天，工匠都集中到火星庙烧香、磕头、祭祖师，然后玩灯、唱戏三天。工匠各有地盘，一般不能随便在别人的地盘内做活。篾业工匠做活的禁忌很多，如编活顺序为先三大件（团篾、席子、稻箩），后三小件（糁篾、筛子、畚箕等）；开张时不编拐笼和雀笼团篾三丝要三转，不能编四转；席子不能编字，只能编滚龙边；稻箩的接头不能随意弄断，要多留 1 至 3 寸；筛子的衣子要安上三个假的，称为"插早"；忌讳"龙、虎、梦、牙、快"等字。

木业工匠的会期则在六月初六。木工做结婚家具，要先做床，一般家具则先做供柜不能先做碗柜。做床的尺寸不离半，意为"有伴"；做桌则不离九，意为"有酒"；做床的用料喜用梓树、槐树和枣树，取其谐音"子怀早"的吉利意思。木工用料，一般讲究"头不顶桑（谐音丧），脚不踩槐，身不入楝（谐音殓）"，即梓树、桑树、楝树不可随便使用；堂屋所有用具不用桑树做。木工在主家做活，一般只在厅屋，不在堂屋。

旧时多不重视商业，徐集商人多为客籍。民国以后，商业渐兴，城镇多为小商埠。商店、作坊多在农历正月初七开业，置办酒席，宴请上年的从业人员，俗称"上七"。席时，如果其被主人请坐于"首席"，席间并奉以圆子的，则表示辞退，不再留用，因而人们对辞退的别称为"吃滚蛋圆子"。农历二月初二，商店、作坊烧香点烛，鸣放爆竹开张营业，并置办"上工饭"，款待从业人员，在此之前开门营业的，则叫"晾门"。开张之日忌讳打架斗殴、讲不吉利的话等。如有前来致贺的，则要喝开张酒。农历二月初二前，饮食业中的蒸炸店不起油锅，仅制作烧饼等应市。20 世纪末期已经很少见以上习俗了。

二、生活民俗

饮食习俗

徐集镇自古以大米为主食，辅之以小麦、玉米、山芋等。正常年景，一日三餐；20世纪60年代末、70年代初，经济困难，为节省粮食不少家庭不吃晚餐。三餐为一顿稀、两顿干，或者两顿稀、一顿干，极少三顿干饭，少见三顿稀饭；中餐多吃干饭，是主餐，早餐有吃点心之俗，晚餐花样颇多。20世纪，农民大忙季节有"吃下昼"之俗，即在午饭和晚饭之间增加一顿饮食。21世纪，民众饮食习俗有所变化，有追求高蛋白、高营养的，有讲究营养搭配的，等等不一而论。

婚丧嫁娶，节日寿诞，徐集人习惯于设宴款待宾朋。村镇最高规格宴席是"十大海"（用大海碗盛菜，每桌十道菜；其实，20世纪80年代末开始每桌就远不止十道菜了，往往会加上四道凉菜和四个"锅子"，有的还有水果盘等）。"十大海"必须用捧盘一碗一碗端上，而且头几碗菜的次序不能变，特别是第三碗，一定要上圆子。丧宴为"八大海"比喜宴少圆子和虾米汤两碗，而且烧菜时不放酱油等红颜色的佐料，使肉类均烧成白色以示哀悼。宴席的菜肴，均为鸡鱼肉蛋、家常蔬菜。城镇居民宴席较为随便，隆重地在饭馆招待。除婚丧宴席外，主家请客也都要让客人多吃多饮。

人们日常生活虽多节俭，但每年秋后，家家都要置办大量鸡、鸭、鹅、鱼、肉蛋等咸腊年货。从春节至正月十五前后，家庭团聚，亲友交往，宴席不断，大吃大喝，与平时对照鲜明。

图6-1 农村宴席不可或缺的扣肉

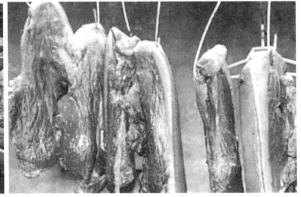
图6-2 农家自制腊肉

随着季节变化，城乡居民都有自己制作部分副食品的习惯，如清明前腌鸭蛋、鸡蛋；立夏后腌腊菜；梅雨季节做酱；白露后制泡菜，磨辣椒酱；春节前杀年猪、磨豆腐；等等。

关于饮食禁忌，除夕吃年饭，留下鱼类食品不吃，俗称"看鱼"，意在"年年有余（鱼）"，直到过了正月十五以后才吃；腊月二十三"祭灶"时，妇女忌吃祭灶糖；产妇忌吃黑色鸡和牛肉；未满十二周岁的孩子忌吃鱼籽和忘蛋（孵后未出苗的蛋类），忌吃鸡、鸭、鹅的下巴颏等，相传小孩吃鱼籽将来会不识数，吃忘蛋会忘性大，吃下巴颏会在场面上话多，乱接别人话茬；不吃过夜的蒸蛋；请客人吃论个的蛋，最少是 3 个，忌讳给两个，因为两个是给死人的祭蛋；饭桌上，忌上 3 碗菜或 8 碗菜，前者是祭祀的规矩，后者是丧宴的规格。

随着民众生活条件的改善、思想意识的转变，到 20 世纪 90 年代之后，旧的饮食习俗除宴席尚有遗风，其他禁忌几乎绝迹。

服饰习俗

清代，徐集跟六安一样，成年男子一般穿右开襟褂子、大腰裤子。冬季穿长大褂子、大袄子，下身穿棉裤。贫穷人家多穿土布，颜色为蓝、青、黑色；有钱人家穿绸缎、皮袄，外罩马褂，多为蓝黑色。夏季穿对襟褂，贫穷人家用白土布缝制，有钱人家用丝绸缝制，多为米黄和白色。民国时期，服装式样、质料、色调均无大变化。只是在城镇一部分职员和学生中时兴中山服或西服。新中国成立初，干部多穿平布，冬季穿黑色大衣，戴解放帽，20 世纪 50 年代末期，流行过"二五"（二尺五寸长）大衣。为劳动方便，群众多穿短装。20 世纪 50 年代中后期，服装布料多由机纺棉布代替家织土布，颜色多为蓝、黑、灰、白等。1966 年以后，青年人一度流行穿草绿色军装，称为"红卫兵"服。"文化大革命"后，化纤布流行，呢绒、毛料也逐渐热销，棉布服装渐少，色泽也渐渐多样。20 世纪 80 年代以后服装式样变化频繁，流行"西服热"，城乡男子服装差别缩小，渐趋一致。妇女在清代和民国时期，习惯穿右开襟褂，老年妇女褂长至臀下，下身穿大腰直筒裤，城镇少数妇女穿旗袍或百褶长裙，农村妇女着短装。短褂肥裤，是普通的服装式样。新中国成立后，年轻妇女喜爱印花短褂，秋天穿花布夹袄，冬天则穿花布棉袄，外罩青、蓝布，式样仍以偏大襟为主。农村妇女喜穿蓝士林布褂，裤子大多黑、青、蓝色。20 世纪 50 年代后期，灯芯绒风行一时。年轻妇女多爱鲜明强烈的颜色，如上身穿水红，下身穿深绿等，中老年着青色为多，夏天穿白色或其他浅淡颜色。20 世纪 60 年代起，城镇妇女流行穿裙子，"文化大革命"中又一度敛迹。20 世纪 70 年代末至 21 世纪女式服装变化巨大，城镇妇女在服装式样、花色、质料等方面逐年变化，化纤、呢绒、毛料等高档衣料及成品服装极为普遍；农村妇女的穿着也随之发生较大变化，城乡渐趋一致。

长期以来，人们的衣着受封建意识影响，遵从"男不露脐，女不露皮"的封建礼教，尤其是富裕之家，对青年妇女要求包裹严密，只能露出脸和手。新中国成立后，人们以衣着朴素为荣，视衣着华丽为资产阶级生活作风，因而在服装式样和色泽方面变化不大。进入 20 世纪 80 年代以后，随着经济生活的改善，思想的进一步解放，人们对服装的要求越来越高，服饰的审美观念也逐渐更新。青年人多喜标新立异，追求时尚。

旧时男女结婚，有女儿出嫁不穿母家一根纱的习俗，因而出嫁时，男家要备单衣、夹衣、棉衣 5 套，名为"五子衣"，有祝"连生贵子"之意。"五子衣"上衣 3 件（衬褂、外褂夹袄或棉袄），下衣 2 件（衬裤、夹裤或棉裤），其质料因贫富而异。裁制新夫妇的衣被、帏帐时，长度须带零头半寸。"半"与"伴"同音，取"作伴终身、白头偕老"之意。出嫁的姑娘要做"十子鞋"，即用红线在鞋上绣上 10 个小孩图样，一则显示手巧，二则祝多子多孙。拜堂时，新郎要穿红布做成的"踩堂鞋"。新中国成立后，"五子衣""踩堂鞋"等渐被淘汰，代之以新式服装和其他"彩礼"。

长辈年事已高，儿孙要择定一个闰年，在闰月的上半月里为其缝制"老衣"（亦称"寿衣"，即死后穿的衣服）。老衣的式样，不论男女，一律为明代服式的"圆领大袖"，并规定"五领三腰"，即上衣5件，下衣3件。上衣全钉白布带，下衣不用裤带，死人穿着时，仅于腰间系1束（1岁1根）白线。"老鞋"为软底布鞋，"老帽"分男、女两式，男帽以布折叠而成，女帽类似风帽式样。长辈去世，儿孙要立即在黑鞋上蒙白布。蒙白多少，视血缘的亲疏而异：儿子、媳妇满鞋蒙白；孙子、孙媳半鞋蒙白；重孙辈鞋头蒙白并在白布上钉红布一小块。至于女儿、女婿、侄辈、侄孙辈则又有所区别。如果父母有一人健在，儿子、媳妇只能将一只蒙成"毛口"。蒙白的鞋子要一直穿到满"五七"（即5个7天，但一般只以一个月为期），再换白鞋，穿满3年，才可换其他鞋子。3年穿孝期间，儿子所戴的帽子要缀一圈白布，衣领要换成白色，媳妇要系白色头绳。新中国成立后，戴孝蒙白习俗尚有遗留，但已不被重视，城镇居民一度用戴黑纱代替，改革开放后城乡趋于一致，恢复戴孝蒙白之俗。

此外，还有一些特殊衣饰，如清明戴柳、端午戴艾，男女同样；春季，在小孩衣服肩头上钉缀两片红绿布，内有7粒黄豆，表示种过牛痘，认为凭此可以免出天花；独生男孩，家人"金贵"，7岁前有穿"和尚衣""百家衣"的习俗，"百家衣"是用百户人家的碎布拼凑成的衣服；小孩满周岁时，外祖母为其做一身青色衣服和一双鞋，配上礼品送给母亲或祖母，说是"一蟾一鹅，背老奶奶过河"，可以使其免灾长寿。

新中国成立后，以上风俗逐渐消失，只在农村有部分遗留；21世纪，旧的服饰习俗，除了丧事中仍有部分保留外，其他均不见了。

居住习俗

住房习惯，农村的房屋正屋多盖单数（或3间或5间），以中间为堂屋，厨房设在左边，绝少例外，门内不盖厕所。两进以上的院落，房屋正门不同在一条线上，定要有一门稍偏。新中国成立前，为了防匪盗，房屋多不设窗户。新中国成立后虽有改变，但窗子仍只有2尺见方，室内光线不足，空气流通不畅。室内布置，不论城乡，堂屋皆设"供桌"，正面墙上挂"天地国亲师位"中堂。20世纪50年代后，去掉中堂，多挂领袖像。"文化大革命"时期，形式主义之风盛行，供桌均为"宝书台"所替代，上供毛主席著作和塑像，中堂位置贴毛主席像，以多贴为忠为荣，甚至贴满四壁，至20世纪70年代中期逐渐拆除。进入20世纪80年代，随着经济形势的发展，城乡居民住房条件改善，部分先富起来的农民已盖起砖瓦结构住房，其式样、装饰与城镇渐趋一致。

旧时农村建房，要选定吉日上梁。上梁时，鸣铳、放鞭炮，在梁上披挂长幅红布，并由工匠在梁上撒"欢团"（一种炸米糖团）和染成红、绿色的花生、白果等，任人抢拾哄闹；也有在新屋横眉上贴"吉星高照"横幅，柱上贴"坚柱欣逢黄道日，上梁正遇紫微星"等字样的对联。房屋建成后，择定吉日，由家人抬上一锅热饭，女主人拿着火叉、火剪，在亲友的陪同下，于黎明时进入新居，随即烧香点烛、鸣放鞭炮，举行庆贺仪式，宴请亲邻。

图 6-3　20 世纪 80 年代初徐集村集体农庄

　　居住于农村，习惯禁忌很多，如：前门不栽桑，后门不插柳（桑同"丧"音，柳同"流"音，均被视为不吉利）；每隔 1—2 年，拆换室内墙壁，每年要拆换灶台，换下的墙土和灶土作为肥料上田；家中有小孩出花、出疹的，在大门口挂上一个贴着红纸的筛子，表示忌避生人进宅；住在一个院落的人家，如有丧事，出殡后，要立即在院落外面门上披挂红布；已出嫁的女儿，不能在母亲家过年，不能在母亲家生育，女儿、女婿不能在母亲家同室居住；死于异地的人，尸体不能再运入家门；等等。

　　虽然农村城镇化步伐不断加快，很多农户已经迁居城镇小区，这些居住习俗自然消亡，但是，于村庄居住的农民依然恪守旧俗。

　　交际习俗

　　农历正月出门，有"七（初七）不出，八（初八）不归，初九出门惹是非"的禁忌。旧历书中，有"某年，太岁姓某"的记载，因此，在农历正月初一至十五这段时间里，凡是与这一年太岁同姓的人，都不能出门走动，更不能外出拜年，以免被人遇上感到流年不利。农历正月，农村玩灯（多为狮子灯和花鼓灯），宁可丢下一整个村子不去，也不能丢下一户不去。农村宴请客人，讲究席位，贵宾要请坐首席，上年纪的人要在上席。喜宴每桌定要 10 人，如人不够，还要临时拉人凑数；丧宴每桌 8 人。一般在第三碗端上桌时，主家要致谢意，客人们站起来回礼。客人吃完饭，要逐一向同桌和家主致意，有的还要将筷子并放在碗上，表示相陪。丧宴一般不劝酒猜拳。遭受火灾，被烧掉房屋的人家，三天之内，家不生火，人不入他人住宅，饮食自有亲邻主动相送。新丧出殡后，孝子要按礼单给亲族邻人谢孝，一家也不能遗漏；谢孝时，不能走进他人住宅。服丧未满 3 年的人，不出外拜年。"七月半"（传说是"鬼节"）的前几天，不能走亲戚、看朋友，连女儿也不能走娘家。新婚闹房，三天之内，不分长幼大小。妇女生产未满月，不能进入他人住宅。

　　新中国成立后，以上风习日渐淡薄，农村尚有余风；21 世纪，极少有人在乎此俗了。

三、礼仪民俗

婚嫁

婚前，按传统习俗，首先需提亲、相亲，即由男方请出媒人（俗称"老红"，以中、老年妇女为主）说合，约定日期，女方母亲及亲戚在媒人的陪同下走访男家，若接受男家宴席款待，则表示同意亲事，否则，不受款待，亲事作罢。第二步即可"作揖"下书。双方在口头说定后，男家可选定吉日，请媒人携礼物去女家再议落实，并带回女方的"生辰八字"，称为"作揖"，若被认为无八字相克，男女双方即交换"婚书"（俗称"红书"），简称为"书"，亦称为"小述"。双方皆请至亲喝酒。男方媒人携"红书"、礼品送往女家，带回女方"红书"，亲事即定。待男女双方认为适宜婚配时，即须"起媒择期"了。由男家请媒人携礼物去女家催姑娘"过门"。女家同意后，男家将选定的吉日写在红纸上，请媒人带给女家。在婚日正期前，男家须准备好"五子衣"及其他"彩礼"，在媒人的带领下送到女家，至此，婚前一应手续，始告完备。

婚期时，旧时迎娶的花轿进女家后，由双方媒人将婆家送来的"连儿肉"（即一吊中间划开的猪肉）拽开，留给母家一块。新娘梳洗打扮后，由"全人"（指儿孙满堂的人）持点燃的红纸，照遍轿内角落，意为"驱邪"。新嫁娘上轿前，要吃"分家饭"，即与哥哥或弟弟同吃盛在一只碗里的饭菜。接着，让新娘站在由婆家带来的一斗米上，由哥哥、弟弟或父亲背上轿。踩洒于地上的米要用红布包好带回婆家。斗里的米归女家。然后抬轿上路，还要注意错开来时走的路。所带嫁妆的多寡视家庭经济情况而异，但一般都陪送大小脚盆和"子孙桶子"（指便盆），里面还要装上7个鸡蛋，此蛋规定由新郎新娘吃掉，以示日后生男育女、多子多孙。花轿到了婆家，要在门外停留片刻，再抬进门去。新郎拜轿神后，再象征性地开轿锁，然后在赞喜声中，揭下红毡条，用秤杆挑开轿帘，挑去新娘盖头，再将红毡条铺于地上，交替传换，不让新娘踩踏土地走入室内，称为"传袋"（意为"传宗接代"）。新人拜完天地、祖宗、父母和三亲六堂后，入洞房。小姑子送4次饮食，新娘象征性地饮用一下，以示今后姑嫂和睦，接着喝"交杯酒"，或吃"和气面"。然后宾客开始"闹房"，新娘此时站在床前，听任哄闹，不得生气或嬉笑，以示庄重。最后，在赞喜声中，用"五色果"（指花生、核桃、棉籽、百果、枣子）撒床而结束。好事者，还有于夜里躲在窗下"听房"的习俗。

婚后，拜堂的次日，为"待二"。新娘拜灶，用木棍搅动泔水缸（意为将来喂猪发旺），家里设宴款待新娘。有的还要上喜坟。不少地方，尚有"泥红"习俗，不问男女老幼，竞相向他人脸上抹红水（尤以抹公婆为最多，但新郎新娘除外），都以挂"色"为吉利。婚后三日"回门"，新娘的兄弟（成年者）来男家探视，并邀请新夫妇到娘家去。回门时，要给娘家父母、近亲送礼，娘家和近亲则要置办酒宴款待，称为"接新客"。新婚后一个月内夫妻同居，不能"空房"。

新中国成立后，婚姻风俗有较大变化，包办婚制逐渐解体，父母之命、媒妁之言已居次要，男女本身有权决定终身大事。即使在农村，男女自由恋爱结婚越来越普遍。婚仪形式也较传统简易。相亲、"小述"等手续在农村中还较为普遍，但已不看重"生辰八字"。20世纪80年代，"彩礼"已由"五子衣"向高档衣料和缝纫机、手表、自行车、家用电器等几大件转化；再后来，"彩礼"直接以现钱取代。20世纪的农村存在借要"彩礼"之机要"孝心费"等变相买卖婚姻的现象。每年三节（端午、中秋、春节）男方都要向女家送礼。婚礼也有改变，叩拜较少，不用轿抬，典礼简便。城镇青年结婚更为简便，"旅游结婚"和"集体婚礼"逐渐增多。随着经济生活改善，结婚铺张浪费之风有所抬头，动辄数千元至上万元，城乡结婚费用已逐渐成为家庭的沉重负担。

21世纪初，婚庆公司逐渐发展，城乡青年结婚大多由婚庆公司承办婚礼，形式不拘一格。

图6-4　20世纪80年代农村婚礼现场　　图6-5　21世纪10年代农村婚礼现场

丧葬

丧葬，旧时多为木棺土葬。有钱人家都要请道士、和尚做佛事，超度亡灵，老人临终前，亲属都要守在身边送终；临终之时，还要把帐子下掉，不能让老人死在帐内，一般在堂屋墙边铺上草铺，为老人穿上"老衣"，将老人放在铺上，谓之"下冷铺"，死后普遍停丧3天，也有停5天或7天的。亲属轮流守灵，接受亲友吊唁。3日后，由"聚重"（抬棺材的人）将死者抬进棺材内，用石膏密封，谓之"入殓"（亦称"掩殓"）。封前，全家要与死者见最后一面，然后于次日鸡鸣时把棺材抬到门外，谓之"偷棺"，出殡时由孝子在前打引路幡、捧亡魂牌子，抬棺人百步以内不得停下，途中还要不断地打"嗬"。半路上，要甩掉死者的枕头。埋葬时，有的还要烧掉"灵屋"，为死者安家。出殡后，连续送火（灯和火把）3天，逢七、百日及年节，都要烧纸祭奠。过了"五七"，孝子才能理发，晚辈还要守孝3年。过了60岁的老人死后，吊唁人可以"偷寿"，即在吃过丧宴后拿走少数碗盏。

新中国成立后，丧葬风俗破除迷信，做道场、持招魂、守孝3年等习俗已渐渐消亡，其他风俗和新中国成立前基本相同；20世纪50年代曾提倡无坟深埋，20世纪90年代以后，火葬在城乡普及，而丧仪也改为送花圈、开追悼会等。

生育、寿庆

诞生

孩子生下3天后，用大麦根、金银花、槐树头、桃树头和艾枝熬水洗澡，名为"洗三"。旧时，还要请接生婆杀鸡，烧香叩头敬送子娘娘。"洗三"当日，要置办礼品向岳母家报喜。生男孩，要送给公鸡两只，带回母鸡一只；生女孩，要送给母鸡两只，带回公鸡一只。产妇在"月科里"（即产后一个月之内）不准出家门，不准到灶台打水。亲友都要带母鸡、挂面、鸡蛋、红糖等礼品前来吃喜蛋。第一个上门吃喜蛋的，主家要强其多吃。满月后，产妇要携婴儿回娘家，旧称"跑窝子"，孩子头上要顶上一块尿布；回来时，娘家要送给婴儿长命碗2只或4只、筷子1桌、红绿丝线（或棉线）各1绺、糕1条。

进入21世纪后，产妇几乎都在医院或妇幼保健院生产，出院时间不确定，亲人都把精力放在对新生儿和产妇的呵护上，旧时的繁文缛节一概被摈弃了。婴儿满月，亲邻前往祝贺，喝"满月酒"成了风气。

抓周

婴儿周岁纪念日，亲友携礼品前来庆贺，吃"抓周饭"。"抓周"时，点燃香烛，鸣放鞭炮，把准备好的花鞋、红鸡蛋、糕点、算盘、毛笔、书本、钱等东西（一般为10样），放在铺着红布的筛子里，摆在大桌中间，由母亲逗引婴儿从筛子里抓东西，以预测一生的前途。如抓笔、书之类，则认为将来爱学习、懂知识，全家皆大欢喜。

新中国成立后，过周岁纪念日的习俗一直得以保留，但已逐渐演变为生日祝福活动，如照相、欢宴等，其原有的预兆等迷信做法已很少有人施行了。

童年

乡间旧俗，认为男孩"金贵"。孩子从出生起，至12周岁后才理发，称为"留胎毛"；或者自出生起每当在剃头时，在脑后留一小撮毛，到12岁时才剃去，称为留"乌龟梢"。城镇居民也有在婴儿剃胎毛时，留下一点胎毛，缝在衣服上保存的做法。新中国成立后，除农村尚有余风，此俗渐消。

旧时民间认为，男孩难养活，因此常以猫、狗、牛等动物的名称给孩子命名，意为轻贱，易于养活；或以栓柱、铁锁、石磙等笨重、坚固、易于长久保存的物件命名，意为长命百岁。此外还有认许多"干爹"、穿"和尚衣"算出家人、改随别人姓、戴长命锁等旧俗。

新中国成立后至20世纪50年代农村还保留这些旧俗，至21世纪已经少有了。

做寿

老人年满60岁，即开始做寿，也有提前一年做60大寿的，以后每隔10年还要庆寿。生日这天，亲友携寿桃、寿面、寿幛、寿联和各色糕点前来祝贺。新中国成立前，有的富家寿星还要请道士做预修、念斋经、打寿醮。祝寿时，敲锣打鼓、鸣炮奏乐、焚香燃烛，晚辈给"寿星"磕头祝福，最重要的是摆酒席宴请亲友。

新中国成立后破除迷信，少有做寿了。进入21世纪，寿宴之事多在至亲至戚范围内进行，而且淡化了旧的形式。

社会杂识

打干亲

"打干亲"又称"认干亲"，俗称"认干爹干妈"，是徐集境内比较流行的一种保育形式。此风由来已久，家里孩子"金贵"，怕不好养育，或是以前生子夭折，怕自己命中无子，借"认干亲"消灾免祸，保住孩子；或是孩子因命相不好，克父克母，"认干亲"来转命相，以求上下和睦、家道昌盛；或是干、亲双方本身关系就好，又因孩子活泼可爱，一方极为喜爱，要求"认干亲"，以求关系日益融洽。

"打干亲"的对象是人，也有极个别认的是物的。

认人为干亲的，孩子所认"干爹干妈"确定以后，先要带"提篮礼"到干爹干妈家里上门，烧香叩头拜干爹干妈，干爹干妈要掏见面礼（钱），这算是第一次干亲正式上门。然后，干爹干妈必须给儿子（女儿）取名，并做"金命帖子"送到干儿子（女儿）家。"金命帖子"用长约2米的红布做成，上面横写"长命百岁"，下面左、右两边竖写"苏才郭福""姬子彭年"，中间写"贵府令郎寄取外名百岁图"（如对方有爷爷在堂，"令郎"改为"令孙"）。两家成了干亲家，便像正宗亲戚一样礼尚往来。

认物为干亲的，如过去有人认乌龟为干爹的，在乌龟背上刻上孩子的名字、"生辰八字"，然后放乌龟于大沙河之中，意即愿孩子长命百岁。

"打干亲"的一般喜欢认儿女较多或家境贫寒的人作为义父义母，因为儿女多或贫寒人家的孩子像成群的小动物一样容易长大，又不娇贵。认了干亲以后，两家交往大多比较频繁，而且仿照亲戚交往的方式，形成比较固定的亲戚关系。因为在传统社会，关系再近也抵不过血脉亲情，因此没有血亲关系的人喜欢用这种"打干亲"的方式"拟血亲化""准血亲化"来确定双方关系。

婴儿时期结成的干亲关系，可能是永久性的终身保持的关系，也可能是临时性的，多则三几年，少则匆匆一晤，从此各不相干。

至21世纪，"打干亲"的风俗在农民之间还有，但以口头居多，送"金命帖子"的越来越少，认乌龟为干爹的习俗绝迹。

拜把子

"拜把子"俗称"结义"，雅称"义结金兰"，是民间同辈人结为兄弟或姐妹关系的一般形式。它源于三国时期的刘关张"桃园三结义"，后来，人们崇拜之，继而效仿，即志趣、性格等相近，相互投缘的人，通过一定的形式，结为兄弟姐妹般的关系，生活上互相关心、支持帮助，遇事互相照应，久而久之遂演变成一种具有人文色彩的礼仪习俗。这是友情的升华和社会关系的定格，蕴含着儒家"义"的思想，填充于亲情和友情之间，是种特殊的社会人际关系。

它以自愿为基础，经过协商、同意，选择良原吉日，在一个大家认为较合适的地方，如祠堂等，上挂关公神像，下设三牲祭品，祭品如猪、鱼、蛋、一碗酒和"金兰谱"（也称立誓言）。"金兰谱"每人一份，以按年龄大小为序写上个人的姓名，并按手印。仪式开始后，每人拿一炷香和一份"金兰谱"，然后把鸡宰了，将鸡血滴入事先准备好的一碗酒中，每人刺破食指，分别把血滴入酒碗中，按年龄大小跪倒，大哥带头宣告："我（自己名字）和某某（结拜者名字）有难同当、有福同享，……如有违背，就如此碗"等，言毕，按年龄大小次序逐一发誓、喝酒，结束即摔碗。

结义者也有不分男女老少的，人数不限，男称兄弟、女称姐妹，有辈分差别者不结拜，八字不合者不结拜。

随着社会进步和文明程度的不断提高，人们认识到只要彼此友好相处，不必拘泥于某种形式，新中国成立后"拜把子"习俗较少。

四、岁时节日

传统节日

除夕、春节

农历腊月三十（月小的年份在二十九日）晚上叫"除夕"，加上正月初一（春节）、初二，合称为"过年"。过年前几天，家家户户要彻底清扫房舍、洗刷门窗家具。一般农户还要加工年饭米，磨豆腐，置办香烛、灯笼等年货。除夕当天，男人们忙于备足饮用水，布置房间，悬挂灯笼，粘贴春联、年画；妇女则忙于制作菜肴，烧煮足够过年3天吃的年饭，因为过年3天习惯上是不下生米的。这天做事要特别小心，不准说错话，不得打坏一件东西，否则，就视为不吉利。"早过十五晚过年"，徐集人的年饭都在傍晚时吃。饭前，要扫净地面，倒尽垃圾和污水，烧香点烛、燃放鞭炮，摆设供品，磕头礼拜，祭祀祖宗。还要外出烧纸钱，祭奠已故的亲人和孤魂野鬼。然后摆出菜肴酒饭，请出老人、长辈入席就餐。为了预祝来年生活十全十美，菜肴多为10碗，特别是不可缺少鱼（年年有"余"）、圆子（称"元宝"）、粉丝（称"钱串子"）、豆腐（谐音"都富"）等表示吉祥如意、发财纳福的菜肴。吃饭时，全家大人小孩都要入席就座，多多摆放碗筷，表示来年要添丁进口。吃年饭时不许喝汤，吃完后，碗里应有剩饭，称为"留仓底"，以示来年生活富裕、钱粮有余。年饭的锅巴要留起来。饭后，即行"接灶"，即迎接灶神下界过年，保佑家人平安。过了午夜，晚辈开始给长辈辞岁，长辈则要给"压岁钱"。夜间，所有房间都要点灯照明，通宵不熄，阖家大小围火取暖，称为"守岁"。农村还有点燃大树根，全家在烟气蒸腾中围坐守岁的习俗。年夜，还要吃红糖水煮鸡蛋、红枣，称为"拿元宝"。

翌日，即为"春节"，有拜年习俗。全家都着新衣，晚辈给长辈拜年后，全家聚在一起吃面条、"元宝"。饭后出外拜年，其顺序一般是先到近房叔伯和家族长辈家拜年，再到舅父、岳父、姑父、表叔、姨父以及朋友、邻居家拜年。各家都备有烟茶果点，招待来拜年的人们。俗谚说："拜年拜年，粑粑朝前；板凳坐坐，瓜子嗑嗑"。

新丧之家，春节不贴春联，或者贴上用蓝色纸写就的对联，上书"守孝难为礼，思亲免贺年"等内容。个别地方也有初三前，一般是初一到新丧之家去拜年的，称为"拜新年"。

春节期间，赌风盛行。亲朋之间往往白天黑夜聚赌，新中国成立后有所收敛，但一旦查禁不严，随即死灰复燃，尤以农村为盛。

新中国成立后，春节习俗中敬神等带有迷信色彩的内容逐渐消失，拜年之风也不似过去之盛了。城镇机关单位负责同志往往挨户给离、退休干部、职工拜年，是为拜年习俗之新风。

元宵节

农历正月十五是元宵节，又叫灯节，群众习惯过早不过迟，清晨即烧香点烛、放鞭炮、吃元宵。旧时人们常把铜钱包在元宵里，谁若是吃到包有铜钱的元宵，则预兆当年流年大利、财运亨通。中晚餐多设丰盛的酒宴。晚间，点亮门灯，彻夜不熄。闹花灯是元宵节的重要内容。旧时，自十五日起连续数天晚上，城乡都要结彩棚、放花炮、挑花灯、锣鼓喧天，游人络绎，彻夜不绝。花灯的形式有玩狮子、踩高跷、推花车、打连响、舞大头娃娃等。花灯队伍玩儿到谁家住宅或店铺，主人即赠以烟、糖、果点。新中国成立前，元宵节当日，常有好事者早晨到寺庙里抢"红子"（许愿后生了孩子的人家到庙里敬献给菩萨的红布），送给久婚不育的人家。抢来"红子"后敲锣打鼓送到希望生养儿女的人家时，主家要置办酒席招待酬谢，如果以后生了孩子，还要到寺庙去还"红子"。新中国成立后，此俗渐少。

"正月十五大似年，吃块肥肉好下田"，元宵节也是开始农事活动的时令，为期半个月的春节活动基本结束，人们准备投入各种生产活动了。

端午节

农历五月初五是端午节，又叫端阳节。这一天，家家户户插艾枝、用蒲草烧盘香、燃苍术薰房，清除秽气。家家包粽子，绿豆糕为应时糕点。还要喝雄黄酒，或用雄黄酒涂小孩脸，意为除瘟避疫，免遭毒虫叮咬。旧时，和尚于这天挨户散发"端午符"，意为迎吉驱邪。孩子们腕系五色线，身佩香荷包，穿五毒（蛇、蝎、蟾蜍、蜈蚣和壁虎）兜、老虎鞋。亲友之间互赠礼品，农村习惯将油条串起来赠人，名为"炸鬼腿"。初嫁姑娘之家，在初三那天就将女儿、女婿接来过节；已订婚约的姑娘由未婚夫家接去过节，赠以草帽、雨伞、毛巾、扇子等礼物。新中国成立前，端午节又是尊师节，私塾都休假一天，学生向塾师赠礼物，礼品一般以一只母鸡最为常见。

新中国成立后，除送"端午符"、赠师礼外，其他基本与旧俗相同。

中秋节

农历八月十五为中秋节。家家户户置办酒饭，庆祝丰收。亲友之间多以月饼相赠。外地亲人多在这天赶回家团聚。晚间，在月下摆设桌椅，陈列月饼、板栗、石榴、菱、藕等应时果品，焚香拜月，分食月饼、水果。农村尚有"摸秋"习俗，即在八月十五之夜到田野里摸摘瓜、豆等蔬菜，主家不以为偷。摸到丝瓜则预兆生男孩，摸到冬瓜则预兆生子，摸到辣椒不害眼等说法。这一天，接姑娘、媳妇过节，学生送尊师礼等风俗同端午节。

新中国成立后，焚香拜月、送尊师礼习俗已经消失，其余仍旧。

时令习俗

社日

社日分为"春社"和"秋社"，一般在立春和立秋后第五个戊日。每年社日到来之前，即由一个村庄或相邻几个村庄的农民，集资购买香烛鞭炮，筹办酒饭。社日下午，按户派出 1 人去土地庙祭祀土地神，祭后撤下酒饭，就地或挪入附近村庄聚餐。此外，"春社"还常常就塘、坝、沟、渠整修，道路、桥梁修补，农田用水安排，山场牛路养护，等乡里公益事宜进行讨论议决，对搞好小地域的农业生产起到一定的作用。"秋社"议事较小，一般都是为了庆祝丰收而举行的。

此风俗一直延续到 20 世纪 50 年代成立合作社前。此后，随着人民思想觉悟逐步提高与生产制度的不断变革，乡间土地庙不复存在，社日活动不废自消。

清明节

清明是传统的祭扫坟墓的时节。上坟、包坟限于清明前 10 天和后 10 天，但忌避

"寒食节"（清明前一天），"新坟不过社"，新丧之家，要在"春社"之前祭扫坟墓。清明也有安葬的，但只限于前 3 天和后 3 天。新中国成立后，城镇各单位在这天集体祭扫烈士陵园，缅怀先烈，教育后代。

清明这天，民间爱插柳枝于门头，妇女戴柳叶，吃韭菜炖鸡蛋。清明也是农业生产的重要节令之一，标志着大忙季节开始。清明前后，农村要犁田耙地、泡稻育秧、贴埂蓄水、间苗锄草、置办工具等。

此节已于 2008 年被纳入国家法定传统节日，祭扫之风不改，其余旧习渐淡。

寒食节

旧时寒食节，人们一是吃冷食、忌生火；二是忌上坟，认为阴间也忌烟火，此时烧纸钱死者得不到。

21 世纪后，吃冷食、忌生火无人为之。

入伏

徐集一带自入伏起即进入夏季最热时期。旧时，这天农村有喝井水的习俗，说是喝了可抗暑热，不致中暑。喝时，还要在水里加入少量细碎蒜米。

此俗，20 世纪 70 年代已经无人知晓了。

中元节

农历七月十五是中元节，又叫"七月半"。凡新丧之家过第一个"七月半"时，亲族、邻友都要置办香、烛、纸等，前来祭奠死者。

此俗在农村一直盛行。

冬至

"数九"头一天是冬至。城乡居民多于这天清晨吃煮南瓜、南瓜粑粑和油炸鸡蛋等食品。老年人为了防止受寒咳嗽，也有喝少量麻油的。

21 世纪后，对于"吃煮南瓜、南瓜粑粑"，城镇居民反而大行其道。

腊八

农历腊月初八，俗称"腊月腊八"。民间多认为这天是百无禁忌的"黄道吉日"，是男婚女嫁的喜庆日子，多举行婚嫁喜事，故有"腊月腊八老日子"的俗谚。这天，人们还要吃"腊八粥"，即用玉米面、肉丁、豆腐干、粉丝、海带等八样东西煮粥食。

大寒

自大寒至立春的半个月内，称为"乱岁"。传说此时为前、后任"太岁"（一种凶神）的交替时期，老的去了，新的未到。这时破土、砍树等，不会触犯"太岁头上动土"的禁忌。因此，农村群众多于这一时期进行安葬、砍树和建房等活动。

小年

农历腊月二十三是小年，又叫"祭灶"或"送灶"。祖籍从湖北、江西和本省连德等地迁来的人家在腊月二十四过小年。这天，在外地的亲人一般都要赶回来。学校也多在此时放寒假。从过小年这天起，父母多注意不再责骂孩子。当天晚上举行祭灶仪式，在灶台上贴上灶君神位，烧起香烛，摆设灶糖，并撒上一些黄豆和碎草作为灶神坐骑的饲料；家主焚烧"灶疏"，叩头礼拜，祈求灶君"上天言好事、下界保平安"。

新中国成立后过小年习俗依然存在，但祭灶君的活动已不多见。

第二节　方言土语

一、方言特点

徐集方言基本概况

徐集镇方言与六安老城区方言一致，属北方方言的江淮次方言，在安徽方言区内。

徐集方言声母、韵母与普通话相同；但徐集方言语音中，声调调值音高不足，开口呼韵母开口度不够，入声字不少，声母"n""l"不分，韵母"er""ing""eng"发音不准，等等特征还是明显的。

随着普通话的广泛推广和应用，及徐集本土民众外出年龄越来越小，在外居住时间越来越长，徐集方言中的土语、俚语渐渐消失殆尽。

读音特点举例

声母

（1）n 和 l 不分。徐集方言差不多没有声母"n"。n 和 l 几乎都发边音"l"的音，发鼻音"n"音的极少。如将南（nan）和拿（na），读成 lan 和 la；内（nei）和鸟（niao），读成 lei 和 liao；等等。

（2）在部分字的读音中，把普通话 zh、ch、sh 读成 z、c、s。如将争（zheng）读成了 zen，将初（chu）、楚（chu）读成 co 和 cu，将师（shi）、生（sheng）读成 si、sen。

（3）声母 r 在同合呼韵母 ong 相拼时，徐集方音把声母念成零声"y"。如将容、戎（rong）读成 yong。

（4）舌面音 j、q、x 在与齐齿呼韵母"i"相拼时，徐集方音将 j、q、x 发成了 z、c、s。如将机（ji）、旗（qi）、西（xi）读成了 zi、ci、si；不过，21 世纪出生的徐集人基本上都被矫正过来了，不会把机器（jiqi）说成"资刺（zici）"。

韵母

（1）a、o、ai 的韵母在一部分字中发"e"音，而且都读成了入声韵。见下面例字：

表 6-1

例字	普通话读音	徐集方言读音
爸	ba	be
麦	mai	me
法	fa	fe
墨	mo	me
闸	zha	zhe
摘	zhai	ze
达	da	de
腊	la	le

续表

例字	普通话读音	徐集方言读音
白	bai	be
搏	bo	be
拆	chai	ce
砸	za	ze
压	ya	ye
袜	wa	we

（2）o 和 u 混用。这种混用只限于 ch、m、f 三个声母与其拼合上，且不多，如将初（chu）读作 co、锄（chu）读作 co、牡（mu）读作 mo、佛（fo）读作 fu。

（3）e 韵母，在徐集方言的实际发音中，一部分发"o"音，一部分发"ei"音。如蛾、哥、科、贺等的韵母"e"发"o"音；遮、车、蛇、社等的韵母"e"发"ei"音。

（4）没有 er 韵母，方音把带 er 韵母的字，如儿、而、耳、尔、二等的韵母都发作近似"a"的音。

（5）i 和-i 不分。除了少数入声字，如你、笔、匹、敌、密、极、七、席、五、一的韵母仍发"i"音外，徐集方言把同 b、p、m、f、d、t、n、l、j、q、x 及零声母 y 相拼的 i 韵母都发作"-i"音（普通话-i 韵母只能同 z、c、s 相拼）。

（6）en 和 eng、in 和 ing 分不清。徐集方言把带有 eng 或 ing 韵母的字的韵母发作"en"或"in"的音，（但 eng 韵母同 b、p、m、f 声母相拼时除外，如崩、烹、盟、风等字的韵母仍发"eng"音）。因此，xin、xing 不分，yin、ying 不分，zhen、zheng 不分，等等。

（7）没有 ueng 韵母。徐集方言把翁、嗡、瓮三个字的 ueng 韵母读作"eng"音。

（8）除了准、春、昏、水、规等少数字外，徐集方言把普通话中带 uen 或 uei 两个韵母的字的韵母几乎都发作"en"或"ei"音，丢掉了 u 介音，如敦、吞、论、尊、村、孙等的韵母发"en"音，堆、退、最、催、岁等的韵母发"ei"音。

（9）入声韵母较多。有普通话 u 韵母的福、骨、独等；a 韵母的八、扎、达等；o 韵母的剥、搏、伯等；e 韵母的特、舌、割等；ai 韵母的白、摘、麦等；ei 韵母的黑、北、拍等；ao 韵母的着、勺、郝、药、钥等的韵母皆为入声。其他如带普通话 i 韵母的笔、立、极等；-i 韵母的直、尺、日等；ou 韵母的粥、熟、轴等；ia 韵母的甲、恰、压等的韵母也为入声。

此外，还有以下三种情况：

普通话同声母的字，有些在徐集方言中却不发同一声母的音。如疏、书和鼠，普通话都读成 shu，方音则分别读为 su、shu 和 chu。

普通话不同声母或韵母的字，有些在徐集方言里却读法相同。如梳和梭，在徐集方言里都读成 so。

普通话中声母和韵母都相同的字，在徐集方言里却可能发音不同。如逼、鼻、比、鄙、币、弊，普通话都读 bi，而在徐集方言中逼、鼻读 bi，比、鄙读 b-i，币、弊则读成了 bei。

音调

徐集方言声调有五类，比普通话多入声，调值为"5"，这是高而短促的调子，同入声韵后面带有喉部阻塞的尾音有关系。徐集方言在常用字表里约有入声字 340 个左右，占常用总量的 9%。徐集方言声调调值音高不足、起伏不大，阴平调值"44"（普通话是"55"）、阳平调值"34"（普通话是"35"）、上声调值"213"（普通话是"214"）、去声调值"41"（普通话是"51"），在整个汉字系统中，约有 1100—1300 个，约占总量的 10%，又加上大量的入声字，致使发音短促、节奏较快，音乐性比普通话逊色。普通话的阴平多半被徐集方言读作上声，如安、班、穿、翻、单、帮、方、汤、汪、章、今、拼、东、空、宗、中、天、淹、均、周、疯、衣等，普通话的上声多半被徐集方言读作阳平，如惨、敢、喊、滚、统、五、土、哑、养、眼、整、总等。

二、方言词汇举例

A

腌臢（āzā）：肮脏

呆（音近 āi）：不灵活，例：他做事有点呆。

埯子：点种农作物时刨的小坑

黯：迟，晚；例：我来黯了要被批评。

肮挤：用死缠烂打的方式从别人手里挤占财物

熬渴：馋

B

把给人：（抚养权或所有权）转让给别人

把滑：（鞋）走路不滑

掰哧：拨弄，修理

白话撩舌：能说会讲，内容不正规

拜：不要（多用于动词前，不单独用），例：你拜讲了，我懂。

般长般大：年龄差不多大

板扎、板板扎扎：实在，有分量

板掉：扔掉

半半拉拉：傻，不精明

梆梆：打

背霉：运气不好

鼻窟窿：鼻孔

鼻子：兼指鼻子和鼻涕

扁嘴子：鸭子

瞟（读作 biǎo）：背着人看

鳔：粘着，缠着；蹭，例：他常常鳔饭吃，鳔车坐。

别劲：拿架子，使别人不顺当

拨拉：拨动，抚摸

不顶龙：不懂事

不食闲：（嘴、手等）动作停不下来

C

草稞（音近 kuǒ）子：草丛

岔巴：言谈随便、不检点

抄（chào）：翻动，搅动，例：请你锅里的菜抄抄。

抄（chào）话：找碴搭讪，挑起事端

车轱辘子：车轮

抻脸：不自爱

吃喜面、吃喜蛋：前往新生儿家庭贺喜

吃斋粑：去丧家吊唁

扯谎：撒谎

赤巴脚：光着脚

赤脚巴叽：没穿鞋或穿得不周全

刺啦：拟声词，形容委屈

刺唠：讽刺，挖苦

刺头：形容难对付的人

抽盒：抽屉

蠢头吧唧、愣头吧唧、勺头吧唧、晕头吧唧：蠢、愣、勺、晕，"头吧唧"是形容词后缀

杵：塞，例：他把虫子杵到我书包里了。

D

搭：甩，掼；例：他很生气，把碗搭了。

搭把手：帮忙

耷拉：下垂

打岔：打断别人的话或正做的事情

打个转（音近 zhuán）：马上，立刻

打冷劲：颤抖

打马虎眼：欺骗糊弄

打盘：劳动中短暂休息

打皮寒：疟疾

打漂漂油：钱财不明不白地没了，不务正业

打平伙：凑钱吃喝

打水：水生家禽寻偶交配

打一头：来一小会儿

打猪（或其它大牲口）晃：杀牲畜请人吃饭

大（音近 dǎ）：不单独用，常在前加二、三、四等序数词，表示叔辈中的第几位，

如"二大、三大"指二叔、三叔

大（dà）：单音节词，称呼母亲，例：大，你看谁来了？

大大（音近 dǎdǎ）：与父亲同辈的男性

大伯（音近 pǎi）子：夫之兄

大前个：前天的昨天

大锹把子：长工

大天四亮：天色大亮

逮老头点：欺负老实人

当（dàng）、当（dàng）噬：叠用，表示不拿对方当回事

叨菜：用筷子夹菜

叨叨絮絮：说话啰唆，做事态度不坚定

叨等：磨蹭

倒沫：反刍

稻场（chang）：打谷场

嗲摆（音近 zǐbai）：撒娇

爹爹（音近 zǐ）：祖父辈

滴弄、滴滴弄弄：形容不干净、不利索

丁头拐脑：细小零碎

顶顶子：顶针

刁蛋：刁钻

丢待：对孩子不认真抚养

丢了：小孩子死了，又说"不见了"

懂经：内行

斗猴：捉弄人

独凳：方凳

肚子屙：腹泻

嘟哝：不利索，不干净

对对搭搭：凑合

多咱：什么时候

E

耳巴子：又说"耳刮子"

二百五、二青头：不精明的人

二不六：不算大不算小，中间的

F

房屋：睡觉的房子

放响爆仗：干脆，果断

匪：说儿童过分顽皮

粪箕：畚箕

风皮子：头屑

凫上水：巴结权势

富态：身体胖

G

胳肢窝：腋下

干喷：吹牛，说大话

杠祸：小孩吵嘴或打架

搞："万能"动词，跟文言文中的动词"为"和东北话中的"整"差不多

搞不撤（入声）：来不及；"不撤（入声）"，附着在动词后，表示时间不够

胳膊弯子：肘

寡汉条子：大龄未婚男子

拐：暗地里害人，例：那人拐，你得提防点。

拐蛋：有阴招

拐拐旮旯儿：角落

光蛋、光头：一个没有了

光堂、光光堂堂：平整，干净，完了

个巴、天巴：一个，一天；"巴"，词缀，表示数量极少

个抵个：一个对一个

牯牛，沙牛：公牛，母牛

归真：正派，认真

过：哺乳动物生崽，例：老母猪过了九条小猪。

过辈了：老人去世

过劲：能干，高水平

H

憨皮厚脸：脸皮厚，不知耻

寒蛋：寒碜

寒脸刮腮：对人沉着脸

行（hang）巴：不结实，衰弱

薅：间苗，除草

好咱子：什么时候

黑麻楚天：天色十分黑暗

黑头日脑：形容人黑

黑夜头：夜里

横叉竖舞：手脚乱动

后（声调为阳平）头：马上

齁（音近 hǒu）：哮喘

齁巴咸：咸得过分

睺：怒视

烀（音近 hǔ）：煮，但不与"饭"连用

花哨：颜色鲜艳，样式杂乱

晃（huàng）子：宰杀家禽或家畜时流出的血

灰面：麦面

火了（liao）子：火苗

祸弄：挑动，破坏

J

叽咕嘴：争吵

脊梁沟子：脊梁

家常：不客气，不生分

家伙：东西

尖：吝啬，例：他尖是出了名的。

将才：刚才

叫唤：大声说话，批评

嚼舌头根子：搬弄是非

嚼猪：种公猪

脚脚拉拉：剩余物

叫驴：公驴

酵头：面食酵母

解（音近 gái）：动词"解扣子""解绳结"

今个：今天

紧：老是，例：紧这样干就不好了。

禁不动：承受不起压力

诀：骂，例：报告老师，我的同桌诀我。

K

炕：动词，烙，或指再加火，例：不能炕了，快煳了。

靠（声调为上声）：口头禅，表示有点烦、遗憾等

靠（声调为上声）人：害人

磕凼子：水坑

磕鸡头子：膝盖

可：疑问词，例：这样可照？

苦巴苦磨：刻苦过日子

侉子：北方口音的人

掼（kuàn）：甩，摔

L

拉扯：客套

拉秧子：假意客气，有意让对方暂时不得实现愿望

癞癞猴子：蟾蜍

烂草无瓤：没有骨气，没有能耐

捞笊：液体中捞东西用的器物

老爹（音近 zǐ）：爷爷

老干妈：义母

老干爷：义父

老杠子：泛指老年人或辈分大的男人

老颈坝子：颈项的背部

老马子：妻子（非正式称呼）

老奶奶：岁数大的男性对爱人的称呼

老头点：肉头（太老实了）

老头子：岁数大的女性对爱人的称呼

老爷：外祖父

老衣：死者的衣服

愣头吧唧、愣头青：愣

冷子：雪粒子，小冰雹

溜溜子：冰溜，冰条儿

六指子：比喻不是本分内的事

龙翻蛋：乱七八糟

篓簸：簸箕

乱地岗子：野坟地

罗锅子：驼背

螺蛳就子：螺蛳

落气了：死了

落窝底：最后生的孩子

M

麻溜：做事灵活利索

麻麻亮：蒙蒙亮，黎明前后

蛮头咯呀：形容某人说话让人听不懂

慢腾腾：慢

满满当当：很满的样子

毛七毛八：大约，差不多

毛手毛脚：做事不稳妥，或指有盗窃前科

冒不通：突然

没魂胆大：胆量大，什么都不怕

眯：不着急

门旮旯儿：门背后的拐角

明个：明天

没（mo）孬孬：不过瘾

磨人：小孩哭闹，使人不得安宁

磨叽：做事不利索

沫沫糟糟：不洁净，或指骂骂咧咧

莫奈：非常

木掀，样掀：两种打谷农具

N

拿劲：装作为难

拿龙捉虎：很费劲

拿强霸势：要强，不讲理

那咱：那时候，刚才

那咱子：过去

难为：表示感谢

齉：鼻塞或发音不清

孬：不聪明

孬熊：没有勇气的人

闹门子：串门

泥巴头子：田中较大的土块，又称"渣巴头子"

泥鳅狗子：泥鳅

撵下山兔子：乘人之危进行逼迫

脓鼻拉乎：脸部很不干净

脓现：不讲究

O

偶：（饭等）烧焦了、烧煳了

呕愁：焦虑

怄人：小孩吵人，不听话

P

爬墙虎子：壁虎

排场：漂亮

盘搅：饭桌上客套用语，意为麻烦

盼头：希望

胖头鲢子：鲢鱼

劈（声调为阳平）：用手使直挺的物品变弯（断）或反之

劈通十五：乱七八糟的，狠狠地打

皮打洒：邋里邋遢

皮味：有钱有势

屁股头话：不中听的话

片子：尿布

撇情：没有给对方好处却说自己没有机会给，讨好

撇子：骗子

扑（音近 pǔ）：（稀饭）等因烧开而往外溢

菩子：荸荠

醭（音近 pu）：食物上生出的白毛

葡蓝：覆盆子

Q

齐抬伙：一起

清丝亮干：清洁整齐，光亮

蜻蜻子：蜻蜓

曲蟮：蚯蚓

劝小姑子：耐心开导

R

热水瓶子：保温瓶

人长树大：形容小孩的样子像成人了

人来疯：指小孩见有客人而很放肆

日白：撒谎

日掰：捉弄

日白弄空：撒谎

日忽子：有麻烦或危险了

日弄：不干净，批评

日头：太阳

入眼三相：看得透彻

软腿子：不能劳动的人

S

靸（音近 se）鞋子：拖鞋

赛脸：不知趣，人来疯

三不之：偶尔

三磨九转：拖延时间，行动慢

扫饭：吃饭

骚喷：吹牛

扫（sào）、扫（sào）当：快，例：他做事扫（sào）。

扫（sào）条：在多人面前说某人的坏

丧没（sàngmo）：在多人面前说某人的坏

山势：形象，样子

搧小扇子：唆使，挑动

骟：阉割雄性动物

勺（声调为阴平）：蠢，例：你勺啊，怎能把钱借给他？

上人：父母

上头：上座，前边走，上司

烧包：好卖弄的人，卖弄

烧醒：挖苦，讽刺

烧纸：祭祀，吊孝

甚个：什么

生软壳蛋：动摇，不坚定

拾掇：收拾，修补

十松（音近 song）：难受，麻烦

手不头子：手指

手欠：手喜欢乱动东西

叔伯兄弟：堂兄弟

耍：发牢骚，例：你别耍了，要顾全大局。

耍条：完了

四不居邻：无挨无靠

松（入声 song）人：难受，得人嫌

T

抬杠：因认死理而辩论

堂屋：农家住房中用来会客、吃饭的正中间的屋子

填箱：给新娘送礼

条干：细长俊秀

熥：（音近 těn）：用小火烧、烤等

偷里没（mo）空：暗地里抽时间

头毛：头发

土磕拉：小土块，比喻不值钱的东西

吐沫子：唾液

庹：两臂平伸时两手之间的距离

W

瓦渣子：碎瓦片，碎瓷器片

瓦（wà）匠：泥瓦工

剜：挖

歪瓜裂枣：奇形怪状

歪罗：蚌

往早早：过去

忘魂失脑：做事精力不集中

窝底翻泡：抖搂内幕

窝脓：窝囊

乌头吧唧：颜色深暗，无水分

屋都水：未烧开的温水

X

喜期：结婚日期

下书子：定亲

下水：猪、羊等的内脏

下小意：赔礼道歉

罅巴露缝：开裂很多

闲呱蛋：聊天

消生：不了了之

消停慢意：轻松，不着急

写酒：倒酒

虚、虚乎：夸大

虚虚弄弄：出手不大方

Y

桠枉：栽诬，诬陷

牙花子：牙龈

牙猪，牙狗：公猪，公狗

羊货：调皮

羊熊：厉害

快人：使人不高兴，讨厌

吆唤：喊

爷：父辈，如"大爷"指大伯父

叶熊：完了，没希望

一搞：经常

一屁三谎：经常撒谎

一偏你：客气话，饭桌上表示自己先吃了；自己去某地吃饭而对方不便同去时常用此语

一阵：一齐

意赖：不好看，不干净，恶心，讨厌

硬（音近 èn）头：不会变通的人

硬（音近 èn）睁眼：很不听话的人

油果子：油条

愚着（zhuo）：不灵活

语（声调为上声）：说话多而乱

语（声调为上声）语：聊聊

玉芦：玉米

芋头：比喻没多大用处

约约：称，量

月姥姥：月亮

Z

砸蛋：完蛋

砸锅：失败

趱紧：赶快

趱玉芦碗：骂人贪吃

糟逮：糟蹋

造色：故意散布谣言以毁坏他人形象

择日子：选定婚期

则拎：侧棱，歪斜

渣：事物不成形，人物关系变差了

揸：把手指伸开，把两腿伸开

拃：张开大拇指和中指（或其他指头）来量长度，也表示前一行为结果

找碴子：挑衅

照：同意，表示肯定，相当于河南话的"中"

照不住：受不了

照打对：差不多，质量不高

整庄：整数，完整

正月间：正月

值当：值得，合算

指脊梁筋：背后指责、讥笑

周正：正派，体面

轴（音近 zhóu）：不待见人，例：他很轴，我们都不喜欢他。

轴（音近 zhòu）头：不愿与人多交流

轴扭憋犟：不顺从，不老实

竹棍：竹子

拽（音近 zhuái）：不理人，拿架子

拽（音近 zhuǎi）子：手或手臂骨畸形的人

装王八头：装傻样，不显男人阳刚之气

自咱子：现在

走妈家：回娘家

走人家：到别人家做客

昨个：昨天

左巳：越发，不顾了

左子馍：差，低劣

作假：过于客气

作紧紧、作釉子：自认为重要、金贵

足：塞，捣；例：他把我的本子足到墙缝里了。

三、熟语

日常用语

白话撩舌：能说会讲，内容不正规

扳门框子：依仗家庭权势

般长般大：年龄一样大

板板扎扎：实在，有分量

半半拉拉：傻，不精明

背黑锅底：受冤枉，遭陷害

赤脚巴叽：没穿鞋或穿得不周全

龊龊糟糟：不干净

打溜边鼓：拈轻怕重，敷衍塞责

打马虎眼：欺骗糊弄

打漂漂油：失去了，没有了

大天四亮：天色大亮

逮老头点：欺侮老实人

叨叨絮絮：对人说话不正派

刁里古怪：奇形怪状

丁头拐脑：细小零碎

对对搭搭：凑合

放响爆仗：干脆，果断

浮皮蹭痒：不实在，不踏实

干喷黑诈：说大话，吹牛

拐拐旮旯：角落

憨皮厚验：脸皮厚，不知耻

寒丧刮脸：对人沉着脸

黑麻骏天：天十分黑暗

横叉竖舞：手脚乱动

齁巴烂咸：咸得过分

花里胡哨：颜色鲜艳，花样多

脚脚拉拉：骂人

接二连三：接连不断

金贵八宝：非常珍贵

嚼舌根子：搬弄是非

苦巴苦磨：刻苦过日子

烂草如瓢：没有骨气

啰里吧嗦：啰唆麻烦

满满当当：很满的样子

毛七毛八：大约，差不多

没魂胆大：胆量大，什么都不怕

摸摸索索：动作缓慢

沫沫糟糟：不洁净，或指骂骂咧咧

拿龙捉虎：很费劲

拿强霸势：要强，不讲道理

泥头乎脑：不清洁

搿下山兔子：乘人之危进行逼迫

搿下水鸭子：乘人之危进行逼迫

脓鼻拉乎：脸部很不干净

披流满淋：装得过满

屁股头话：不中听的话

飘头勺把：形容人不忠实

乒乓十五：狠狠地打

七老八十：年纪很大

青碧亮干：清洁整齐

清丝亮干：整洁、整齐、光亮

任打任上：不畏惧

日白弄空：撒谎

入眼三相：看得透彻

三磨九转：拖延时间，行动慢

散马油相：不务正当，不思干事

搧小扇子：唆使，挑动

神头鬼脸：举止活泼，滑稽可笑

生方撒憋：挑衅

生软壳蛋：动摇，不坚定

施头判命：不顾一切地拼闹

屎裆尿裤：做事不利索，拖泥带水

四不居邻：无挨无靠

四敞大开：敞开

四拐四齐：整齐，完整

四捞四齐：整齐，完整

踢疼抓拐：触及短处

跳黑眼井：不择手段地进行坑害

通十五：没有弄清情况

挖五掏六：使尽坏主意

歪瓜瘪枣：奇形怪状

窝底翻泡：抖搂内幕

乌头糟脑：肮脏难看

污污糟精：不干净

五焦巴干：颜色深暗，没有水分

罅巴露缝：开裂很多

祥答呵心：态度随便，爱搭不理

消停慢意：不着急，很轻松

消停、慢意：轻轻松松，不用着急

咬舌根子：搬弄是非

一屁三谎：经常撒谎

雨巴汗淋：满身是汗

站干坎子：推脱责任

指脊梁筋：背后指责、讥骂

志魂失脑：做事精力不集中

轴扭憋犟：不顺从，不老实

抓把口揽：爱占便宜

装王八憨：装样

走花瞭水：不正派

歇后语

吃柿子——拣软的捏

麻秸打狼——两怕

木匠顶枷——自凿（作）的

麻虾过河——慌了大爪

火烧乌龟——肚里忍痛

不吃柿子——心不凉

脚面支锅——踢倒就走

草稞葫芦——没见天日就老了

矮子推车——搭不上襻（伴）

鸭子吃稻——一还一报

王八打架——嘴狠

出头椽子——先烂

怀远果子——十六（石榴）

豆腐泼掉——架子在

冷水挦鸡——一毛不拔

瘫子屁股——挨地（指必然的）

霸王的兵——不战自退

张飞穿针——大眼瞪小眼

刘备招亲——弄假成真

狗咬刺猬——无处下牙

裁缝打架——针（真）干

属蛤蟆的——一戳一股气

属核桃的——要砸着吃

属银子的——越霉越鲜亮

蜻蜓吃尾巴——自吃自

瓜子去掉壳——净仁（人）

吊死鬼搽粉——死要脸

看人吃豆腐——牙快

骑竹竿溺尿——冲（充）棍

昭庆寺罗汉——唐相（指吃相不好看）

芝麻不张口——谁人敢倒

咸菜炒豆腐——有盐（言）在先

奶妈抱孩子——人家的

土查巴头冒水——土眼子（意为未见过世面）

胡子吹喇叭——毛鼓（估）着

针尖对枣刺——尖对尖

驼子育直——人吃亏

九里沟地保——管得宽

舒城过去——南港（难讲）

嗓喉头子痒——够不上抓

猴子不上树——多打一锤锣

王胖子骑驴——混收拾（指瞎指挥）

四老爷胡子——下摆摆（意为不够格）

叫花子钻草堆——享天福

乌龟过门槛——大跌

乌龟吃大麦——活糟蹋粮食

小家娶媳——挨黑进门

小鬼晒太阳——没的影子

麻雀吃老鹰——讲归讲，听归听

老猫上锅台——老熟路

老鼠钻风箱——两头受气

大椒就烧酒——辣手对辣手

黄鳝剁掉头——不是出血筒子（没有出息）

黄瓜打大锣——一锤子交易

黄鼠狼泥墙——小手小脚

赵匡胤赌钱——输打赢要

桂花掉叶子——香棒

正阳关茅厕——没你的粪（份）

齐头山蚂蚱——老油子（老资格）

芮草洼锣鼓——各打各的

苏家埠过去——横排（摆）头

火星庙乌龟——对头

属溏鸡屎的——越挑越臭

吃胡椒掌嘴巴——里外发烧

斑鸠不吃麻籽——肚里有货

三九天喝凉水——冷透了心

睡猪槽盖冰冻——没有一面热人

豆腐掉在灰里——吹不得，打不得

梁山不是上的——逼的

砍竹子扳笋子——老嫩一把捋

沈万三打死人——拿钱挡着

汤果锅下青菜——光蛋给青皮缠住了

黄鼠狼过（生仔）老鼠——一代不如一代

打蚂蚱喂八哥子——好一个，恼一个

三个钱搁两下——一是一，二是二

挑窑货断扁担——没有一个好货

头顶碓窝唱小旦——累死不好看

正月十五买门神——过了时

两个哑巴一头睡——没得讲的（没有可挑剔的）

包脚布当围嘴子——臭过来一转子

豆腐渣贴门对子——两不沾

蜈蚣咬了板凳根——白出一股毒

半夜起来叫大嫂——抄话讲

土地老爷吃经索（旧时水牛耕田用的粗绳）——用了绳（神）

癫癫猴子垫桌腿——硬撑棍

麻布口袋装菱角——里戳外捣

老母猪吃火煤子——自嚼（觉）得脆

鸡毛掸子揩屁股——绕眼子（敷衍）

一脚踢死玉麒麟——不晓得贵贱

隔壁老奶奶添孙子——小子（事）

十二个麻雀一碟子——尽是嘴壳子

孙猴子打进南天门——慌神了

猪八戒妈戴南瓜花——丑出了神

年三十晚上砧板子——家家用得上

头上生疮，脚下冒脓——坏透了

癫癫猴子掉到染缸里——疙里疙瘩青

八十岁老头学吹鼓手——学会也没气

年三十晚上打个兔子——有也过，没也过

二十八天孵不出小鸡——坏蛋

两条腿伸到一个裤筒里——并（病）倒了

讳语

双身人——孕妇

半边人——寡妇

老锤——土匪

溜门子——小偷

三只手——扒手

耗子——老鼠

长虫——蛇

大头菜——萝卜

子孙桶子——便桶

红子——火

斤半——人头

赚头——舌头

元——猪头，圆子

四对五——酒

跑山子——兔子

米猫——母猫

郎猫——公猫

水狗、草狗——母狗

伢狗——公狗

牢牛——母牛

牯牛——公牛

富态——老人胖

憨——婴儿胖

下正阳关——孩子尿床

垒长城——打麻将

舔手指头——摸牌赌钱

挂腊鹅——上吊

割耳朵——给小辈见面钱

掏耳朵——经手钱财，从中搞钱

背梢——帮别人敲诈

挤耳朵——空坐坐（请客吃饭时的主要谦语）

顺风——猪耳朵

寿器、老堂屋、瞌睡笼子枋子——棺材

害烟袋头——大人生病

老了、走了、过辈、回老家——人死了

跳槽——另搞户主

钱串子——粉条

吊木勺子——饮食不够吃的

四、谚语

农谚

正月雷打节，二月雨不歇，三月耖干田，四月秧上节。

春打五九尾，家家拽猪腿。春打六九头，家家卖耕牛。

惊蛰滴一滴，倒冷四十日。清明断雪，谷雨断霜。

清明要晴，谷雨要淋。清明前后，种瓜得豆。

清明晒死柳，一抱麦子打一斗。

清明没得摘，谷雨摘不迭（茶叶）。

四月八，雨洒洒，高田低田种芝麻。

四月八，雨潺潺，高田低田水氽氽。

麦到小满稻到秋（收割）。

小满家把家（割麦），芒种普天下。

立夏冬风晒白田。

三月三，蛤蟆叫，蓑衣斗笠都上吊（久晴）。

三月三，蛤蟆哑，蓑衣斗笠烂成渣（多雨）。

四月十六云遮天，和尚道士都种田。

吃了夏至面，一天短一线。

夏至至长，冬至至短。

有钱难买五月早，六月连阴吃饱饭。

吃了端午粽，才把棉衣送。

一天一个暴，田埂都收稻。

知了叫，割早稻。

头伏萝卜二伏菜（下种）。

六月初一下一阵，放牛哥哥跑成病（多雨）。

七月初一下一阵，家家都砌黄泥墩（丰收）。

到了七月半，棉花收斤半。

秋前三天没得割，秋后三天割不迭（中稻）。

秋前不见三披叶，再好玉芦也不结。

一雨变成秋，光蛋犯怄愁。

八月十五云遮月，正月十五雨打灯。

重阳无雨看十三，十三无雨一冬干。

一交十月节，下雨就下雪。

吃了冬至面，一天长一线。

晴冬烂年。

冷在三九，热在三伏。

一九二九不出手，三九四九冰上走。

三九中心腊，河里冻死鳖。

五九六九，沿河看柳。

不冷不热，五谷不结。

早凉晚凉，干断种粮。

春寒多有雨，夏寒水断流。

春东风，雨祖宗。

春东夏西秋不论（有风便有雨）。

春雾雨，夏雾热，秋雾凉风，冬雾雪。

西风不过酉，过酉连夜走。

东虹（jiàng）日头西虹雨，南虹北虹发大水。

早烧（火烧云）不到中，晚烧一场空（指雨）。

日落胭脂红，无雨也有风。

日落乌云涨，半夜听雨响。

乌云接日头，半夜雨稠稠。

晚晴一百天。

前月二十五，后月无干土（下雨）。

天黄有雨，人黄有病。

无雨四边亮，有雨顶上光。

拦中现一现（太阳），三天不见面。

雷大吓散雨。

普雨一大片，暴雨隔牛背。

东风急溜溜，难过五更头（下雨）。

天上鱼鳞斑，晒草不用翻。

馒头云，晒死人。

一日南风三日曝，三日南风狗钻灶。

春雨贵如油，春鸡大似牛。

冰冻响，萝卜长。

庄稼不收当年穷。

庄稼种得全，只要买个盐。

人不哄地，地不哄人。

人勤地不懒。

有钱买种，无钱买苗。

麦要风，稻要烘（热）。

秧薅五交没有糠，棉锄六交白如霜。

稻薅三交胀破壳，棉锄九交白如雪。

养猪不赚钱，回头看看田。

养羊不蚀本，绳子两大捆。

三个月鸡，门拐嘶；三个月鸭，上刀杀。

家有千棵桐，子孙不受穷。

家有千棵柳，不用满山走。

家有千棵杨，不要打柴郎。

俗谚

人多四靠

远路无轻担

磨小不压麸

锯树捉老鸹

得风扬秕子

一桌待百客

添客不杀鸡

痴汉等丫头

催工不催食

猫肚里有刺

打生不如就熟

黑毛猪家家有

各师傅各传教

眨巴眼肯招灰

萝卜不要屎来浇（教）

狗肉不上串子

粗处不算细处算

提（dí）溜尾巴烧干鱼

一天云彩散干净

指到黄河走到边

抬过床横过被

独手难拍巴掌响

打死和尚要和尚

不吃馒头蒸（争）口气

扯着荷叶满塘转

东扯葫芦西扯瓢

倒了油瓶上脚踢

懒牛上场（打谷场）尿屎多

家里乌龟往外爬

豆腐盘成肉价钱

按倒葫芦瓢起来

活活鲜鱼掼死卖

死马当作活马医

哑巴换个不叫唤

骗狗自有骗狗方

挑开窗子讲亮话

剜到篮里就是菜

老鹰单叼没毛鸡

小庙经不起大菩萨

横针不晓得竖麻钱

病汉听不得鬼叫唤

揉不到大瓜揉马脬

屙不下屎来怪茅厕

少掉萝卜缨子不成席

拽人家被条盖自己脚

现上轿现扎耳朵眼

叫花子搁不住馊豆腐

先长眉毛不如后长胡子

好老母鸡到不了三里街

不怕慢，就怕站

当面鼓，对面锣

说话轻，过话重

随得方，就得圆

省又省，窟窿等

驴不走，磨不转

细水长流，穿吃不愁

火要空心，人要实心

大路不平，众人修铲

从小看大，三岁知老

从小偷针，长大偷金

虱多不痒，债多不愁

人怕当面，树怕剥皮

吃了饼子，套住颈子

一会和尚，一会道士

瘸有瘸路，瞎有瞎路

是话有因，是草有根

天作有雨，人作有祸

刀砍不疼，针扎乱蹦

雨后作缺，贼后关门（意为防范迟了）

家有黄金，外有戥秤

人引不走，鬼拉飞跑

伸手放火，缩手不认

长草短草，一把握倒

叫人不蚀本，舌头打个滚

一步没跟上，步步牛脚凼

没打倒狐狸，惹了一身骚

人情大似债，头顶锅儿卖

火越烘越寒，肉越吃越馋

老猫不在家，老鼠上屋笆

白瞽眼好治，眨巴眼难缠

要死脸朝上，不死翻过来

宁在世上挨，不在土里埋

人到弯腰树，不得不弯腰

乌龟莫笑鳖，晚上一洞歇

买不尽的便宜，吃不尽的亏

买衣裳看袖子，找老婆看舅子

又吃鱼又嫌腥，又养汉又撇情

恶人就怕恶人磨，遇到恶人没奈何

一人不到二人智，三人出个好主意

正月十五大似年，吃块肥肉好下田

家鸡再打团团转，野鸡不打也是飞

大船芝麻泼掉了，还能靠水上撇油？

摸个眼子钉个钉，不见兔子不放鹰

驴屎角子外面光，里头一包老粗糠

什么种子出什么苗，什么葫芦锯什么瓢

八十岁老奶奶砍黄蒿，一天不死一天还要烧

十件褂子抵不上一个袄子，十个叔子抵不上一个老子

小洞不补，大洞二尺五

惯子不孝，肥田出瘪稻

人心公道，狗不吃屎了

破锅配歪灶，癞和尚住破庙

会吃吃十顿，不会吃吃一顿

三岁不成驴，到老驴驹子

一桶水不撞，半桶水晃荡

没吃过猪肉，还没看过猪走路

荞麦面白如雪，做成粑粑黑似铁

十里路讨个嘴，不如在家歇歇腿

小孩不听老人言，吃亏在眼前

光棍只能打九十九

三十年河东转河西

黄鼠狼夸儿子香，癞蛤蟆说儿子光

七十三，八十四，阎王不请自己去

笑人前，落人后，临到自己笑不够

人是铁，饭是钢，一顿不吃饿得慌

家活懒，外活勤

吃不穷，穿不穿，算计不到一世穷

又图巧，又图好，买条老牛不吃草

亲为亲，邻为邻，包公都为家乡人

第三节　掌故传说

一、地名掌故

试鼓墩

试鼓墩是梁集村内"徐集—丁集"马路东侧的一个大土墩，向南距离霸王墩 1.5 千米。相传试鼓墩是古代一座巍峨的烽燧。公元前 201 年左右，项羽驻军淮上，曾在此屯兵。当时战事渐紧，将士日夜操练，烽燧台高，鼓声震天。

试鼓墩原比现在高得多，也大得多。修徐丁路时，劈了一部分。据说，一个书记因此患上腿疾，后拜香而愈。这个耐人寻味的故事，让试鼓墩蒙上一层

图 6-6　试鼓墩遗址文物保护碑

神秘的面纱。雨如瓢泼时，地无积水，久旱不雨时，墒情有加，亦是一道迷。有人说试鼓墩内部中空，常有巨蛇出没。这些都增加了古墩身世的传奇性。

如今，繁华逝去的试鼓墩，似一座巨大的荒冢立于沃野之上，十分醒目。近前，有一条草径蜿蜒而上。路边立着区"重点文物"字样的方碑。墩上有一户人家，老人王克洛在此居住了 27 年，他来时，这里已经十分破败。现在他所居的平房是 2003 年农历九月吴诸英建设的，为续香火之用，他说，往昔这里经过一场疫情，满目疮痍，了无人烟。自从江西王家坝人迁入后，试鼓墩上遂建成曾、梁两姓的家祠，后佛事大兴改祠为庙，香火日盛。除大殿外，还有几进东西厢房，再后来改庙为校了，前殿政府办公，后屋书塾办学。1958 年时，庙里一口巨钟化铁为水，充作公用。"地灵草木得余润"。唯有那口沉默的古井和碑文斐然的庙碑埋入地下一并化作了房后巨椿澎湃的生命，它仿佛还在诉说着曾经岁月的峥嵘。2013 年，试鼓墩被列为裕安区重点文物保护单位。（汪家堂搜集整理）

霸王墩、汉王墩、漂石堰

图6-7 霸王墩遗址文物保护碑

公元前206年，暴秦政权在刘邦、项羽反秦义军的打击下分崩离析。凭借绝对的军事实力，项羽将先入关中咸阳的刘邦逐回灞上，趁楚怀王远驻彭城无暇自顾分封天下。

被封"汉王"的刘邦，有股肱之臣张良、萧何、陈平等人的辅佐，日渐强大。韩信北上开辟第二战场。至此，楚汉争霸风起云涌。

公元前201年，刘邦与项羽在淮上有过一次激烈的鏖兵。"力拔山兮气盖世"的项羽有着非人之力，电闪雷鸣之间，挥锹拘土，抛向汉王。就这轻轻的一扬，项羽驻军身边深深凹陷的一角之土，倏忽之间飞落在1千米之外刘邦戍守的高地上。一南一北相距不远的两个封墩，自此开始了它们人文内蕴成长的新足迹，有关"霸王墩"与"汉王墩"（现徐集敬老院所在地）的传说不胫而走，口耳相传之中，成就了一段极富传奇色彩的历史佳话。物是人非，沧海桑田，它们像两座不倒的山峰对峙千年，站成永恒，一直屹立在人们的心中，也屹立在历史文化的长河里。美丽的生机勃勃的裕安区徐集镇初级中学，就坐落在这巍巍"霸王墩"上。

在霸王墩的身畔，有一个漂石堰，修徐丁路时被一分为二，现已改作良田，若无人指认，莫辨端倪。在岁月的长河里，那湾碧水也曾默默地见证过英雄的悲壮。据说，项羽临空拘土时，用力过猛，口吐鲜血，堰水尽红。这也许在暗示着英雄的末路。当这支曾经的劲旅移师东去的时候，那殷殷的血水化作一块块坚硬的浮石流布于水面。后来项羽兵败乌江，徐集百姓听闻后，自发集于堰岸祭祀，以楚声歌之。

霸王墩，2013年被列为裕安区重点文物保护单位。（汪家堂搜集整理）

王八拐银塘

黄岳村郝头店附近，有一口普通的水塘，叫作王八拐银塘，方圆十几里无人不知，因为这塘曾经发生过一段蹊跷故事。

清乾隆年间，一书生进城赶考，路过此处，已是日上三竿，忽觉腹痛难忍，遂解下褡裢，置于塘边树下，寻隐蔽处解决内急。完毕洗手，正欲赶路，方见褡裢不在，心甚焦灼。褡裢内盛银两，兼有馍饼。书生遍地寻觅，不见踪影，却发现水边湿地似有动物爪印，仔细再瞧，布袋拖痕直到水边，乃悟：袋已入水！但不知水中何物所为。于是脱下鞋袜，下水寻找，可是塘大水深，无异于大海捞针，哪有踪影？正抓耳挠腮，不知如何是好。

这时，来一老农，书生问其原委。老农说，此塘有很多王八，时常爬到岸上晒太阳，可能是闻到馍饼香味，拖到水里享用，然王八并非爱财之物，内装银两随之而去。二人也无计可施。不一会儿，有一位少年来此垂钓，老农眼睛一亮："有办法了！俗话说，贼生一处，鳖生一窝。王八习惯群居深坑，今若重施一袋，内装香饵，以少年垂钓之浮系之，置放原地，鳖一定会来，也必定归窝。我们静等远观，浮动之处就是鳖之所在，寻浮至鳖窝，便可得银。"

三人如此这般，依计而行，不到半个时辰，果如所料。老农迅速脱衣下水，复收其银。

书生喜出望外，从褡裢中取出银两，要感谢二位。二位哪里肯收，但祝书生金榜题名。书生千恩万谢，赶路赴考。

从此，"王八拐银塘"便传开了。

图6-8　黄岳村王八拐银塘

二、民间传说

邻里之间

中国历史，民族团结友好是主流、绝对的，民族纷争是短暂、相对的。经过南北朝近二百年的分裂、战乱，隋唐统一后，人民倍加珍惜和平安定的局面。贞观年间，皖安县河埠乡传颂着花园村两户农民"编笆接枣""锯树为邻"的故事，生动地反映出人民钟情守义的精神境界。

花园村居住着两户勤劳善良的农民。东边的姓任，名叫友善，西边的姓易，名叫永葆，两家比邻而居，世代友好，中间只隔着一道篱笆。任家有大事，易家男女老少齐上阵；易家有难处，任家竭尽全力来相助。有一年，正值收割季节，易家小男孩猛子得重病，郎中开了处方，需要鹿茸、毒蛇胆做引子，任家几个男人连忙放下手上的活，背着猎枪，拿着铁棍，上山捕蛇捉鹿，转寻了两个昼夜，终于如愿而归，救活了易猛子。至于在吃喝上，两家更是不分你我，逢年过节，杀猪宰羊，互请互送是不用说的，就是平时任家吃个虾，也要给易家一个虾爪子，易家煮个鸡蛋，也要给任家送去蛋白。任、易两家就是这样亲亲密密、乐乐融融，和睦相处。

话说有一年，任友善在院子靠篱笆墙的一边栽了棵枣树，五年后开花结果，枣子成熟时，不用说，自然送给易家分享。又过了几年，枣树越长越大，枝繁叶茂，枝丫伸进易家的院子。贞观十六年（624），枣树果实累累，密密麻麻，压弯了干，压断了枝，枣子快成熟了，遇到风吹树摇，总要摇落几个枣子，易家的孩子免不了要捡起来往嘴里送，易永葆见状，思忖道：枣荒梨熟，这枣子结得这么多，预示荒年，眼看今年天旱，秋收大减产，不知明年午季收成如何？储物备荒，枣子能充饥，不能让小孩子们随便吃掉，我们吃掉一个，任家就少一个，得想个办法，不让枣子落到我家院子。于是就有了"编笆接枣"的举措——编个大竹笆子，挂在树枝上向东倾斜，刮掉的枣子就不会落到自家的院子了。

易永葆"编笆接枣"的行动，引起任友善深深的思考：他不让孩子们随便吃我家的枣子，是我当初枣树栽的位置不好，显得我自私狭隘。于是又有"锯树为邻"的举措。待到枣子成熟，任友善摘下几箩筐，送给易家一篮，让易家晒干备荒。枣子收罢，任友善锯掉栽在院子里的枣树，第二年春天又买来几棵枣树苗，栽在村庄的周围。任友善想：我不仅要让易家的人吃到枣子，还要让周围的邻居都能吃到我亲手栽培的枣子！

易家"编笆接枣"，任家"锯树为邻"，这任、易两家的故事，世世代代传颂不息。
（高琰枝整理）

只做翰林不做官

在王翰林的家乡流传着他"只做翰林不做官"的话，褒贬不一。褒他的人说，他淡泊名利，洁身自好，难能可贵；贬他的人说，他是书呆子，只会舞笔弄墨，不会做官；还有一些人为他惋惜。

翰林是封建社会对高层学位的称呼，即从进士中挑选的文学侍从，相当于现在的中国科学院院士。王翰林名叫王新苓，字畹香，号兰庭，六安县丁集乡大牛村人，清光绪二十四年（1898）戊戌科进士，授职翰林院御史。他回到故里，从未穿官服，一身布衣，不骑马，不坐轿，没有官架子，在老百姓眼里他一生未做官。其实他是四品文职官员，集编书处总编纂，但他耐住寂寞，乐于宁静，专事写作，编著史籍达万册，大多毁于战火，个人的诗文达数十万字，遭"文革"劫难而不存。他是晚清翰林，值科举制度最后一届，政治不圣明，慈禧垂帘听政，实际是慈禧执政，光绪帝只是个傀儡。他效仿古圣贤大隐隐于朝，入翰林院十年，从未为谋取官位而四处奔波。他编著的史册《殿试御览，有为种农之言者》，受到光绪帝御批称赞："词清似水，笔利如刀。"如此褒奖，不为"书呆"。

1909年，王兰庭奔父丧，解职归里，守孝未满辛亥革命爆发，清王朝垮台，民国建立（实际是军阀割据），他便更名"王遹"，自号"秋士"，淡泊名利，恬淡家居，彻底做了隐士——隐于野，农忙时身着布衣敝屣，率家人汲水灌禾，春秋丽日，漫步陇头，与田父野老共话桑麻。何以见得？有其诗为证，其一《四时田家乐》：柴门花落风为扫，幽栖唯有田家好。田家之乐乐如何？一幅桃源画中居。其二《七十述怀》之六：饱经忧患剩余生，名利忘却两不争。酬应粗疏容我懒，行藏得失任人品。却惭野服居城市，唯祝残年见太平。何日家国桴鼓静，陇头倚杖看春耕。

有人说，清朝被推翻，王翰林失去了做官的机会。其实不然，举两例为证。1914年，安徽督军军阀倪嗣冲，慕翰林的大名，一连找了他三次，均被他婉言谢绝。第一次，倪托六安进士汪炳辉代为致意请他出山，襄办安徽政务，王谢绝了；第二次，倪托安徽名士许世英再度力劝，未允；最后倪屈驾登门捧着红彤彤的聘书，也被谢绝了。后人猜度说："王翰林嫌官小了，未干。"

那么他真的嫌官小不干吗？非也。1932年，王兰庭带着儿子王茂权去南京治食管癌，住在同科进士胡汉民家，叫胡不要向外透露。看过病，胡送王返回，并把他来宁的消息告诉了蒋介石。蒋求贤若渴，派侍从匆匆追上王翰林，要他留下，侍从说委员长有话与他面谈，并给了他三百块大洋，表明蒋招揽人才的诚意，也被他谢绝了。

王翰林出身贫寒，世代农耕，两度辍学务农，其恩师杨钺华慧眼识人，鼎力相助，游说族人，由祠产地租供给其完成学业。在他身上既有农民淳朴敦厚的品质，又有儒家仁爱的风范。时至今日，王翰林这位纯正、高洁的士子仍在人们口中传颂着，虽死犹生！
（高琰枝整理）

穆桂英上马台

话说远古，王母娘娘请来众神仙开蟠桃会，一神仙误把一枚桃核丢入凡间，恰恰落在六安州西老淠河岸边。来年春天，桃核并没有生根发芽，却在一夜间长成一座山。神奇的是，此山日日长高，日长三尺，当地人把此山取名为"无止山"。王母娘娘发现后慌了，这山无止境地长下去怎生了得？山尖会戳破天的啊！于是她一脚狠狠地踩在山上，从此无止山再也不长高，瞬间从旁边又挤出四座山峰来。远望，五座山峰连绵相依，高低错落，状似五个向上的手指头，当地人又把无止山叫作"五指山"，后来到了西汉，汉武帝南巡曾驻跸于此，陟以眺望，才改名为"武陟山"。

道不尽沧海桑田的传奇，说不尽武陟山的故事。

走进武陟山，你会发现山的西南脚下有一块巨型方石，石块上留有一个大脚印，相传是当年杨门女将穆桂英挂帅时留下的"上马台"。

提及北宋杨门女将穆桂英，武陟山一带可是家喻户晓。穆桂英乃山东穆柯寨穆羽之女，武艺超群，机智勇敢，传说有神女传授其神箭飞刀之术。因阵前与杨宗保交战，穆桂英生擒宗保并招之成亲，归于杨家将之列，为杨门女将中的杰出人物。穆桂英是中国古代四大巾帼英雄之一，与梁红玉、花木兰、樊梨花齐名。穆桂英与杨家将一起征战卫国，屡建战功，因战功卓著，被宋廷封为"浑天侯"。

那年，穆桂英挂帅出征平南，也就是广西侬智高叛乱，穆桂英及夫杨宗保待命出征。从遥遥北国，一路向南，长途跋涉，日夜兼程，行至武陟山下，因粮草不足，人马困顿，穆桂英看此地山水相依，树木森碧，于是准备在此安营扎寨，休整军队，养精蓄锐，并在武陟山附近建居穆家寨。

都知道穆桂英除了"降龙木"，还有两件宝物——白龙马和义隼。白龙马一身纯白，通人性，跑马如飞，是百年不遇的良马神驹。穆桂英刚开始骑它打仗的时候，发现它经常偏离方向奔跑，之后才熟悉了这匹马的特点，它不仅识途还十分机警，它知道抄小路直取敌营，还知道敌人的快马从哪侧追上来，它自动偏转方向甩掉敌人，不是一般的精灵。穆桂英常常在

图 6-9　穆桂英上马台

武陟山下放牧她的白龙马,并在山的西南脚下建了上马台。

某日夜间,从大别山深处窜出一拨山贼,夜袭穆家寨,或许是穆桂英小觑了这帮山贼,没有动用她的白龙马,结果吃了一场败仗,据说这一仗是穆桂英戎马生涯中唯一的一次挫败。穆桂英吃败仗似乎归于天意,是"天将降大任于斯人也,必先苦其心志"罢了,是让穆桂英有了警觉,深知去南方平乱任重而道远。穆桂英在塞翁失马之后,方才万分谨慎,重整旗鼓。多日后她率杨家军直抵南国平乱,最终大获全胜,凯旋。看来武陟山一败,塞翁失马而已。

武陟山下,这块上马石沉睡了千年,口口相传的故事总那么耐人寻味。山下人喜欢唱《穆桂英挂帅》大戏以纪念穆桂英,奇怪的是每次在晴空皓月的日子唱大戏,只要一开场,瞬间狂风骤起,电闪雷鸣,大雨倾盆,看戏人都被淋成了落汤鸡,不散而归,可谁也说不出其中的缘由。(喻本荣整理)

拾金不昧焦状元

焦状元姓焦名焕,宋代六安人。清同治十一年(1872)《六安州志·笃行·古迹篇》中有文曰:"六安州西二十五里焦家庄,系宋焦状元故居。焦庄南有焦状元墓,其后代子孙流寓太平"。焦焕年轻时,与其弟焦炳读书于武陟山。今在徐集东南武陟山上,有焦状元读书处、砚瓦池、读书台诸古迹地名。宋高宗建炎二年(1128年),焦焕考中戊申科进士第一,状元及第,金榜题名,一时间,六安出的焦状元名传遐迩。

图6-10 武陟书院旧貌

焦焕考中状元,六安民间还流传焦状元拾金不昧的一段故事。

史载:公元1127年5月,宋徽宗第九子赵构于南京应天府(今河南省商丘)称帝,改年号为建炎,史称南宋。建炎二年(1128年),高宗皇帝诏告天下,科举开考,招贤纳士,广聚英才。于是六安焦焕一行考生进京赶考应试。

从六安到河南省商丘,两地相距千里之遥,在古代交通不便,全凭车船步行,漫漫旅程,真非易事。他们肩挑书箱,身背行囊,跋山涉水,昼行夜宿。数日来风雨兼程,十分辛苦。

在应试途中,焦焕仆人在旅店内拾到一只金环,离店几天后,焦焕发现此事,急欲返回，要将金环归还原主。同行人以试期临近，这样往返来回，势必耽误考试日期，并极力相阻。焦焕以为，此环为一妇人丢失，如不赶回送环，"妇失物，必疑左右"，身边受嫌之人，定遭株连，"捶楚相逼，则赴水投缳，"跳井上吊，抑或有之，甚至导致误害人命的不堪后果。

焦焕对阻拦的同行众人说："金环事大，人命关天。我怎能忍心以一第而误一命呢！"经再三权衡，焦焕毅然返回旅店，将金环归还了原主。

当焦焕赶到京城（商丘）的时候，原定的考期已过。谁知因考场失火，考试日期又作推迟。焦焕幸得进宫会试，一举夺魁，考中了头名状元。此事虽属巧合，但时人评说，六安焦状元，拾金不昧，品学兼优，金殿会试，金榜题名，实为国家栋梁之材。故《六安州志》云："不得南方火，怎得状元焦。"此谚语一直在六安民间流传至今。（张威整理）

第四节　宗族　宗祠　宗谱

一、宗族

同姓同祖之裔为宗，宗人聚居为族。按古宗法制度，大宗和小宗合起来称为宗族。人口众多的宗族，以始迁当地或地位比较显贵的祖先为始祖。宗族以一个姓氏聚居一地乃至形成以宗族姓氏命名的地名，可以包括很多家族。

徐集镇境内因宗族聚居而形成地名的大姓有魏、毛、徐、杨、蔡、丁、王等，每一姓氏对应不同的宗族宗祠文化。

徐集镇魏氏属巨鹿郡，在今山东枣林。康熙二十五年（1686）建谱，光绪二十年（1894）修正、充实，民国九年（1920）续修，2009年再次续修，《魏氏宗谱》合计六卷，十三部。

据《魏氏宗谱》记载，魏姓是当今中国姓氏排行第四十七位的大姓。人口较多，约占全国汉族人口的0.43%。

魏姓最早发源于今河南省北部及山西省南部一带，早期主要在今山西、河南、山东省境内发展繁衍，也有部分居于今湖北、湖南省境。魏姓源出有四：出自姬姓，为周文王裔孙毕万之后，以邑为氏或以国名为氏；出自芈姓，为颛顼帝的后裔魏冉之后，后改姓魏，据《史记》和《魏氏宗谱》等有关资料所载可知，战国秦昭襄王时有国相、穰侯、昭襄王母宣太后异父弟魏冉，本楚人，芈姓，后改姓魏；出自外姓改姓魏；出自少数民族改汉姓或为少数民族固有之姓。

魏氏宗族古今名人：战国魏无忌，三国魏延，唐朝魏征，明朝魏良辅，清朝魏源，当代魏大林，等。

图 6-11　魏氏先祖遗像　　图 6-12　魏氏先祖遗像　图 6-13　21 世纪魏氏名人魏大林

毛氏源于姬姓，属于以国名为氏。毛氏，本姓姬，是黄帝后裔，周武王母弟毛叔郑之后。毛叔郑（毛伯郑）始建有毛国，后迁于今陕西岐山、扶风一带，再后举国避难于河南荥阳地区。在毛叔郑的后裔子孙以及国民中，皆有以先祖爵号、封国之名为姓者，史称毛氏正宗。毛氏族人大多尊奉毛叔郑为毛姓始祖。

毛叔郑不仅是毛国的首领，还在周王朝中担任司空之职，总管土木建筑工程等事务，他的伯爵爵位可以由其子孙世袭。

西周时期，毛姓分封之地在黄河流域，大致在今陕西华县境内。春秋时期，毛氏家族由于发生内乱，开始有人徙居长江南部地区。唐末五代以后，毛氏除少数人居于河南、河北、北京、山东、山西、甘肃外，主要分布于中国南方。包括今浙江衢江、黄岩、杭州、余姚、江山、温州、诸暨、遂安、松阳、宁波、萧山、吴兴、遂昌，江苏常州、昆山、常熟、宜兴、吴江、太仓，上海，安徽合肥、定远，江西南昌、新昌、丰城、吉水、鄱阳，湖南长沙、平江、湘潭，福建长秦、建安，湖北公安、麻城、浠水，广西富川，云南昆明，四川成都、洪雅、夹江、仁寿，等地。从清朝雍正年间开始，毛氏陆续有人移居台湾，后又有不少人到海外谋生。

徐集镇境域内毛氏著名人物为毛正初（1901—1931 年），原名毛本忠，裕安区徐集人。1921 年，考入芜湖安徽省立第二甲种农业学校。1923 年，入芜湖私立求是中学，后转入安徽省立第五中学。1926 年秋，考入黄埔军校第六期，同年参加中国共产党。1931 年秋，毛正初在苏区"肃反"中，被以"改组派"罪名杀害于麻埠文昌宫。时年 30 岁。

徐氏有《徐氏家谱》。《徐氏家谱》有新旧之分，旧谱共有十四卷，分为三十六部，新谱共有十六卷，分为四十五部。《徐氏家谱》创建于康熙四十八年（1709），后来又经过 6 次续修。其中，2007 年重修独具特色，男女皆一一入谱。此举不仅积极响应了国家计划生育政策，而且体现社会主义制度下的男女平等。

《徐氏家谱》内容丰富，卷帙浩繁。谱内有徐氏祖先遗像、皇帝圣谕、家礼仪节图、坟墓位图、辈派命名、历次续修谱序、凡例、家规、诰命、众多人物传略、世系图等栏目，家谱跨 500 年世系，记录人丁万人。

宗谱上记载有"第一世思敬公先世居河南卢氏县明永乐中迁六安河西乡烟墩集后以族众繁衍立徐家集"，为徐集镇地名由来考证，提供重要史料。

杨氏家谱首建于清道光二十一年（1841），历经 5 次续修，谱中入丁 4531 人，按始祖老四房分支系，谱本十一卷。该族有德之士和具有影响力的人物如后汉太尉杨震，任荆州刺史时流传杨震四知之美誉；再如唐德宗侍部杨炎，主张废除"丁夫为本"改用以家产多寡为标准的两税法；北宋杨时有程门立雪尊师之佳话；南宋杨万里与陆游、范成大、尤袤为南宋四大侍人；民国四年（1915）进士杨承福；当代留学加拿大的杨肇皆在谱中详记。

蔡氏原为姬姓，始祖叔度公系周文王第五子，公元前 11 世纪因功被其兄周武王分封于蔡（今河南上蔡西南），以国为姓。据谱记载，蔡氏六十世祖，兰公，原籍河南豫章，以贡举为合肥令，迁庐州。七十一世祖，琳公，明朝洪武辛酉年（1381）贡元，授六安州学正，遂安家于州西龙潭湾，为六安祇德堂族人始祖。

清嘉庆己巳年（1809），琳公二十七世孙士建公等，初领修六安宗谱。同治五年（1866）再修宗谱，光绪二十五年（1899）三修宗谱，1940 年四修，1987 年五修，修至 105 世。

六安蔡氏敦本睦族，团结一心，克服困难，连续修谱，源远流长。

全国蔡姓人口占汉族总人口的 0.46%，台湾地区、东南亚等有不少蔡姓，少数民族中也有蔡姓。蔡姓人才辈出，最著名的有蔡邕、蔡襄、蔡伦等。

丁姓起源于姜太公三子丁公伋，绵延至今，已有 3000 多年历史。丁姓碑文：明洪武八年（1375）谢乾公由河南永城县郸阳集枣林岗迁六安永和乡谢家火冲披荆斩棘，时读时耕，聊以自乐，所居之地逐成大村落，即丁家集、丁家岭、丁峰等之名所由起也。丁家迁六安丁集五里桥谢大冲，已 600 多年，现有一万多人。

为了新中国的建立，六安丁家为革命壮烈牺牲的有 200 多人，在册烈士 60 多人。家住徐集的丁香墀，原名丁兰阶，是皖西革命领袖人物之一，1924 年加入中国共产党，1928 年配合王步文开展革命活动，1929 年与毛正初组织发动江店民团起义，1930 年 7 月被捕，死在六安县城，牺牲时才 23 岁。

二、宗祠

20 世纪 60 年代前，镇域内有宗祠 10 处左右，多为明清建筑，以徐氏宗祠为代表。新中国成立后，祠堂多用作学校，20 世纪 60 年代末，多数被拆除。2010 年后，随着"家风、家训"传统的弘扬，部分新祠堂选址重建。

毛氏宗祠概序

吾族始于周朝，历经沧桑，筚路蓝缕，精诚勤励，子孙殷盛，永寿厥福。实天之功，祖之德也。今吾毛氏家族欣逢盛世，娴于耕读，商臣教工诸百业者，乐其业，安其居，岂不思先祖庇佑，不感先祖之恩泽乎？

吾族早年建有祠堂多座，因种种已被毁。自斯以降，组人举祭祀之典，不得而行。墓垄之间，蔓草荒烟，灵爽无托，凄风苦雨，幽绪维怜。噫，吾人身居广厦，曾无片瓦以庇先人，能以安心哉？

吾族之众长，曾无托孝思之所，何以立世哉？于是，众望所归，重建宗祠，实现夙愿。

毛氏祠堂始建于 2014 年 4 月，2016 年 10 月竣工，坐落在六安市裕安区分路口镇武陟山村毛小庄村民组金山松林中。祠堂坐北朝南，门前为金山水库，碧波荡漾，东南面有古今闻名的武陟山，像高大慈祥的圣佛抚摸守护着祠堂，西北面宽敞平坦的分大路像一条玉带萦绕着。祠堂四周松柏绿树林立，整个屋宇尽在山林中。

毛氏祠堂占地约 10 亩，建筑面积为 7 亩。建筑规格既有古代建筑风味，又有现代建筑模式。整体结构为后殿 7 间正厅，东西两旁分别为东厨房、西卫浴，前殿 7 间正厅，东西两旁为天井小院。整个前后两进大厅均为双层结构造型，四角挑沿古色古香，十分宏伟壮观。前后两进中间的天井庭院长为 22 米，宽为 16 米。大院东西两边分别有 4 间空门立柱的厢房衬托，显得整个建筑结构严谨，错落有致。

尤其是前殿大门上方的"毛氏祠堂"四个红色金字熠熠生辉，后殿正门上方"和谐堂"三个大字耀眼夺目，令人望而生畏。毛氏祠堂昭示着毛氏族人精诚团结、和睦生息、健康安宁、永世昌盛。

三、宗谱

宗谱

宗谱一般追溯祖先源流，标明一姓世系，记载表彰族中官宦士绅、文人学士等，对于历史学、民俗学、人口学、社会学、经济学的深入研究，均有较好的参考价值。徐集镇境内有家谱的户族较多。

《徐氏家谱》有新旧之分，旧谱共有十四卷，分为三十六部；新谱共有十六卷，分为四十五部。《徐氏家谱》创建于康熙四十八年（1709），后来又经过 6 次［（道光丙戌年（1826）、同治十三年（1874）、民国五年（1916）、民国三十二年（1934）、1987 年、2007 年］续修。

魏氏康熙二十五年（1686）建谱，光绪二十年（1894）修正、充实，民国九年（1920）续修，2009 年再次续修，《魏氏宗谱》合计六卷，十三部。

《杨氏家谱》首建于清道光二十一年（1841），历经 5 次续修，谱中入丁 4531 人，按始祖老四房分支系，谱本十一卷。

《蔡氏家谱》清嘉庆己巳年（1809），琳公二十七世孙士建公等，初领修六安宗谱。历经咸丰内乱外侵，同治五年（1866），琳公二十七世孙士昭公，再领修宗谱。光绪二十五年（1899）三修宗谱。民国二十九年（1940 年）四修宗谱。1987 年五修，修至105 世。

家规家训

丁姓家规家训

家规十二条：

遵纪守法，爱国爱族；敬奉祖先，协和宗族；

孝敬父母，尊老爱幼；热爱劳动，勤俭持家；

夫妻恩爱，教子有方；尊师重敬，读书明理；

刻苦学习，奋斗成才；待人持物，诚实守信；

邻里互助，排忧解难；待人宽厚，处世不争；

廉洁奉公，清白做人；爱墓护墓，培土修坟。

家训十二条：

严禁违法乱纪，不许有胡作非为之行为；侮辱祖先，损坏家谱；

虐待父母，不尊不孝；重男轻女，弃婴不养；

家庭施暴，虐待家人；嬉玩弃学，逃学不读；

好逸恶劳，游手好闲；贩毒吸毒，隐瞒不报；

重婚嫖娼，贪色淫乱；赌博酗酒，恶习成性；

参帮邪教，投黑违法；欺行霸市，夺他利益。

魏氏宗谱圣谕广训：

敦孝悌以重人伦，笃宗族以昭雍睦。和乡党以息争讼，重农桑以足衣食。尚节俭以惜财用，隆学校以端士习。黜异端以崇正学，讲法律以儆愚顽。明礼让以厚风俗，务本业以定民志。训子弟以禁非为，息诬告以全良善。诫匿逃以免株连，完钱粮以省催科。联保甲以弭盗贼，解仇忿以重身命。（康熙二十五年，1686）

魏氏宗谱劝善家规十二条：

敬祖先，孝父母，隆师长，宜兄弟，正闺阃，慎交游，尚勤俭，睦宗亲，务读书，重节孝，勤职业，崇阴骘。

蔡氏家训：

敦孝悌以重人伦，笃宗族以昭雍睦；和乡党以息争讼，重农桑以足衣食；尚节俭以惜财用，隆学校以端士习；黜异端以崇正学，讲法律以警愚顽；明礼让以厚风俗，务本业以定民志；训子弟以禁非为，息诬告以全良善；诫窝逃以免株连，完钱粮以省催科；联保甲以弭盗贼，解仇忿以重身命。

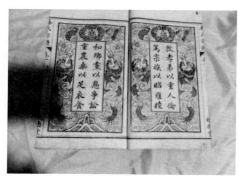

图6-14　蔡氏宗谱

毛氏宗族家规家训

吾族是一个教养极其严格、文化底蕴较深的家族，群英荟萃，人才辈出。各行各业、各级政府单位均有毛氏家族的公务人员；各类大、中、小学校都有我们家族的辛勤园丁。为了使毛氏家族获得更好、更快、更稳定的和谐发展，将良好的家风美德传承下去，我们制定了《毛氏家族家规十条》和《毛氏家族百字铭训》。

毛氏家族家规十条：

凡毛氏族人交纳建祠堂和立祖先牌位的必须分摊费用；

凡在规定时间内未交齐应摊费用的户主，待家族再续修谱牒时除名；

禁止赌博，家族祭祀期间禁止赌博，一旦发现，由族长登门批评教育，责令改正，屡教不改的报公安部门处理；

禁止酗酒，家族祭祀期间禁止酗酒，避免是非事端的发生；

账目公开，凡祠堂所收的一切费用，不准任何人挪用占有，违者家法处置，谱牒除名；

敬祖宗、孝父母，木本水源至性，父母如同天地，富者必当尽祀，贫者只在尽殷勤，亦属本分；

尊师重教，势在必行，幼儿幼女，三岁入目，六岁入校，循循善诱，务能成才；

兄弟姐妹妯娌和睦相处，听从兄长、兄嫂安排，大家必须精诚团结，以和为贵；

正闺阃，妇为夫家内主，凡事不可妄行，三从四德贵存心，时刻须当谨慎，遇事多与夫商量，免得是非诱引；

睦家族，家族成员之间，应多联系、多交往，凡家族祭祀，均不可缺席，持之以恒，务增族密也。

毛氏家族百字铭训：

孝悌家庭顺，清忠国祚昌。

礼恭交四海，仁心振三纲。

富贵由勤俭，贫穷守本纲。

言行防过错，恩德应酬偿。

正大传耕读，公平伴商贾。

烟花休入局，赌博莫从场。

族党当亲睦，冤仇要解妄。

奸谋身后报，苟刻眼前光。

正法警心畏，阴功用心禳。

一生唯谨慎，百世有馨香。

第五节　美食名产

一、徐集花生糖

徐集花生糖迄今已有近千年历史。公元 1271 年，翁由五世孙翁德芳首创翁家糖坊并初具规模。至元末明初，翁由八世孙翁祖文在六安徐集经反复实验改进，创出独具特色的徐集翁家花生糖，因质量上乘，深受当地民众喜爱。明朝时徐集花生糖成为朝廷贡品。

1998 年，徐集镇村镇规划建设管理所首次在国家工商总局注册"徐集花生糖"商标。2014 年，徐集花生糖制作技艺被列为六安市第四批非物质文化遗产项目。2019 年成立徐集花生糖产业协会。2022 年 5 月，徐集花生糖制作技艺荣获安徽省第六批省级非物质文化遗产传统技艺类项目，编号为 V111-151。

徐集花生糖是以花生米、大麦、大米为原材料，经育芽、蒸煮、发酵、翻炒等多道复杂工序制作而成。花生糖呈乳白色，食之甘甜香脆、不粘牙，具有较高的营养价值。

徐集花生糖较为知名的品牌有：六安市康尔惠食品有限公司生产的"六州牌"徐集花生糖系列产品；翁家糖坊花生糖；"皋西花牌"花生糖；徐集"夏军"花生糖；"皖酥牌"徐集花生糖；"皋陈牌"徐集花生糖等。

二、手工挂面

徐集手工挂面生产历史悠久，是徐集老街产品之一。新中国成立前，徐集镇上有专业面坊，主要产品就是手工挂面，徐集乡间分散的大大小小的面坊有20多家。手工挂面制作工序繁杂，从选料（精制面粉）、和面、出（粗）条、搓条、盘条、醒条到上架、拉长、下架、包装，历经10多道程序，但由于挂面是纯手工制作、太阳筋干，细而筋道，柔韧润滑，其风味独特，入口绵软，回味悠长，易于消化，是招待宾客的上等佳肴，是产妇恢复体质的主要食品（老母鸡汤挂面），又是老年人的保健食品。"老母鸡汤挂面""羊肉汤挂面"是老年人保健食品和病人恢复健康绝佳食品。同时易保管、易储藏，故手工挂面的制法一直流传下来。

20世纪80年代，由于受机制面条冲击，手工挂面制作工艺几近断代。20世纪90年代以后，在人们倡导绿色环保饮食的时代，手工挂面颇受青睐。目前徐集手工挂面小作坊生产的手工挂面在市场依然有出售摊点2—3处。随着务工人员的外出食用和宣传，手工挂面让越来越多的远住全国各地的徐集人找回过去的味道和感觉，手工挂面有逐渐扩大的趋势。

三、豆制品

自古以来，豆腐就是徐集人的家常菜，俗谓"青菜豆腐保平安"即能佐证。豆腐经徐集人传承和加工，至清末已很兴旺。徐集人喜爱的"腊鹅汤煮豆腐"乃是一道可口菜肴。徐集歇后语有"腊鹅汤煮豆腐——有言（盐）在先"，反映了徐集人的智慧，充分利用腊鹅汤的盐和咸鹅的风味，把豆腐烧到极致。徐集人爱说一句话："腊鹅汤煮豆腐放上粉丝和白菜，下酒菜就有了。"豆腐制作多种多样，可煮食、可凉拌，徐集特色菜"香椿头拌豆腐"更是一道可口的菜肴。此外，还有麻婆豆腐、豆腐丸子等。

干子是在豆腐的基础上制作的一样豆制品，徐集人称为"二薄"。干子是用9寸见方的白布包裹压榨而成，方块形状，可制许多菜肴，徐集人最爱的是"韭菜炒干子"，白绿相间、味美色艳，是餐桌上一道被十分看好的菜肴。

千张是由老白布一层层浇汁、压榨成行，状如书页而得名，徐集人称为"豆皮"或"薄豆皮"。每张约16开纸大小，薄而透亮有韧性，可直接食用，如徐集人喜爱早点用千张卷油条，抹上辣酱，特别好吃。

徐集的挑（tiáo）皮（腐竹），是豆油在烧煮豆浆时所结的一层油皮，人们用竹子挑起，晾干后，薄如蝉翼，色如黄玉，其佐制菜肴和滋补价值均为一等。可加入烧汤中，食之柔滑，清香可口。尤其是凉拌菜加入腐竹更是锦上添花，食之爽口，是佐餐佐酒的绝妙好菜。

徐集的豆腐、干子、挑皮远近闻名，逢年过节，更是家家户户必备之品，外地返乡的也要带点返程，赠送给亲友或自用，豆制品成为徐集特产之一。

四、特色美食

麻辣龙虾

小龙虾去掉头壳和肠，用小刷把虾刷干净，姜切细丝，葱、香菜切小段，锅中倒入油放入小龙虾翻炒，龙虾变色捞出锅，锅中再倒入少量油爆香葱、姜、干辣椒和花辣椒，放入豆瓣酱翻炒，再放入小龙虾翻炒，加入少量料酒、老抽和糖，加上一点盐，再加入少量水，大火煮一会儿，汤汁收得不多时，加入香菜翻炒，把香菜放在下面，小龙虾放在上面，盛出。这道龙虾鲜滑爽口，入口即化，令人食后回味无穷。

梅菜扣肉

梅菜扣肉，徐集人称为扣蹄。此道菜的做法是：先把猪肉所带肉皮刮洗干净，待猪肉放入冷水锅中，大火煮至八成熟，捞出擦去水分，趁热抹上酱油；炒锅内倒入油，将猪肉肉皮朝下放入锅中，至深红色，捞出晾晾；将梅花菜泡软洗净，把煮好的肉切成大长片，将肉片的皮朝下，整齐地码在碗内，肉上放入梅花菜，均匀地倒入酱油，放入蒸笼蒸约30分钟至肉软烂；关火后取出肉碗，用圆盘盖在上面，滗出汤汁，再将碗倒扣，使肉皮朝上，霉干菜在下，盛入盘中；再用大火烧热炒锅，将倒出的汤汁烧开，并熬至浓稠，淋在熟肉上即可。这道菜色泽红亮，酥烂香浓，入口即化，令人神爽。

红烧肉

选上好的五花肉切块，放入净水锅焯水去血沫，起锅放油、葱、姜、八角适量，倒入五花肉翻炒，加入老抽、生抽、料酒、盐水，大火煮沸转小火炖约40分钟，大火收汁，出锅，盛入盘中。此菜鲜嫩可口，入口即化，肥而不腻。

酸菜鱼

取黑鱼600克，泡酸菜100克，泡红辣椒25克，豆酱、蒜花、葱各15克，花椒3克，精盐2克，料酒10克，肉汤500克，熟菜油500克，将鱼两面各切3份，酸菜揉干水分，切成细丝，泡

图 6-15　农村宴席不可或缺的扣肉

红辣椒剁碎，泡姜切成料，炒锅置于中火上，倒入熟菜油烧至六成熟，放入鱼，炸成呈微黄色时捞出，锅内留油，放入泡红辣椒、姜、葱花，再掺入肉汤，将鱼放入汤内。汤沸后移小火上，放入泡酸菜，烧约10分钟，盛入盘。此菜鲜滑可口，风味独特。

红烧扒蹄（肘子）

选上好的整前猪蹄，清洗干净后，抹上料酒，放置一会儿，在表面均匀地涂抹上调好的蜂蜜、酱油；用已成熟的油炸，待表面起泡，捞出放置一旁；用调理好的汁料文火慢炖，在炖的过程中，适当晃动，使其入味，受热均匀；当汤汁快要干时，捞出肘子，将剩余的汁勾芡到肘子表面，再放上葱花即成。此菜嫩香可口，肥而不腻，常食不厌。

鱼头锅

徐集水系发达，塘、堰、河道星罗棋布，是鱼米之乡，盛产鲢鱼。徐集的鱼头锅是一道地方特色菜，深受当地人喜爱。此菜选料是10斤以上的白鲢鱼头一个。将白鲢鱼头

图 6-16 剁椒鱼头

剖开去鳃洗净，放入锅中煮。煮沸后放入腊油一块或倒入料酒，加入生姜、尖椒、盐，再文火煮，一直煮到汤白肉烂，再加上葱蒜即可食用。此汤浓鲜如奶，鱼肉绵软细腻，入口即化，既是滋补精品，又是一道上好的菜肴。食时加入一点手工挂面或腐竹更是锦上添花。

黄鳝烧腊肉

黄鳝烧腊肉是徐集人的传统菜肴，因徐集盛产黄鳝，水田、沟、塘、河、堰都有野生的黄鳝，20 世纪 70 年代前，黄鳝一直是徐集人的主要菜肴之一。选初夏之季野生黄鳝 4—5 条（每条约 100 克），划开肚子剪去头，洗净切成约 2—3 厘米的小段，腊肉（徐集的熏制腊肉）150—200 克，切成小片，锅内放入少许菜籽油（丁集人叫水油）烧沸后倒入腊肉爆炒，待腊肉微热后放入黄鳝段，加入姜、尖椒和腊油再炒，炒得黄鳝变色时放入少许开水，水不宜多放，主要用于防止煳锅，文火烧一会儿后放入葱、蒜花即可盛盘食用。此菜既可红烧盛盘食用，也可烧锅子。这道菜融合了黄鳝的鲜味和腊肉的香味，鲜腊味皆有，别有风味，是丁家集人家乡味道的传统菜肴。

咸猪爪炖冻子

徐集人爱吃冻子，冻子是徐集流传已久的菜肴。冻子的制作较简单，用冬天数九后腌制晒干的腊爪 1—2 根，用刀剁开切成小段，在温水里浸泡 20 分钟，捞出后放入锅内，加清水半锅，炖开（沸）后，放入姜，至汤浓如奶时方可倒入盆中，待次日肉冻结晶后即可食用。冻子晶莹剔透、色如软玉，吃之甘爽可口，冷如热狗，令人开胃，是下酒的可口菜。

咸鹅

咸鹅徐集人称腊鹅或腌腊鹅。徐集乃皖西白鹅主产地之一，自古以来，徐集乡民都喜爱养鹅，徐集人喜欢吃冬天腌制的咸鹅而不喜食鲜鹅。2015 年以后，鲜鹅、卤鹅的吃法才传入徐集，徐集人才开始食老鹅汤和卤鹅肉。徐集人到冬季腌制腊鹅，一般在农历十月份开始，最佳腌制时间是下霜时。一般要腌 10—12 天才拿出（徐集人叫出缸）晒，所腌的鹅身上晒得滴油和结咸霜才算晒好，这样的咸鹅吃起来才香。晒好的咸鹅用清水刷洗，晾干后放入锅中，炖腊鹅要用大铁锅、干柴火，先旺火炖开，再文火煮之。此时用筷子在鹅脯插眼放油，否则，

图 6-17 农家咸鹅

腊鹅太油腻。待用筷子插鹅脯，能够插动即为炖好了。也不能炖很烂（徐集人叫落锅）。炖煮腊鹅一定要有经验，否则就会失去腊鹅的口感。炖好的腊鹅捞出锅要用清水淋去油污，晾凉后即可剁块。剁块也很讲究，须两人配合操作方可。一人掌刀，一人拿圆木捶

砸刀背。这样剁出的熟鹅才整齐光滑。剁好的鹅块在盘中均匀码好，呈下圆上凸之状，即可端上桌。新鲜的咸鹅肉呈紫红色，皮白如玉，食之香味独特。

腊鹅腌后晒干即可食，久置皮泛黄却不好吃。食腊鹅的最佳时间是农历十月中旬至次年正月底、二月初。现在有人将咸鹅放入冰箱或冷库里，这样冻过的腊鹅也失去原来的香味和口感。

鲢巴鱼汤

徐集地区盛产鲢鱼（当地人称鲢巴鱼），这种鱼色泽光亮，鱼身呈黄色斑花，一直以来，沟、塘、河、堰都是鲢巴鱼活动的地方。

选野生鲢巴鱼一条约 500 克，洗净切成小段，放入盆中；两枚鸡蛋打散放入盆中，拌匀；备好葱、蒜、椒、食盐、腊猪油、腐竹。烧开水，放入腊油、食盐、椒、葱，等水煮沸后，将鲢鱼倒入锅中，煮开后放入腐竹片和蒜片，即可盛入盆中食用。此汤鲜美可口，是老年人、病人恢复健康的特效汤。

嘎鱼（徐集叫嘎丫鱼）汤

嘎丫鱼是徐集特产，纯野生的嘎丫鱼营养价值高，是产妇下奶的首选之物。其用料是野生嘎丫鱼 500 克约，十一二条。其做法与鲇巴鱼汤做法相似。嘎鱼汤更是鲜美可口，浓白如玉，食后爽神补身，也是老年人、产妇、病人恢复身体、健康长寿的最佳食补良品，历来为徐集人所喜爱。

泥鳅（徐集人叫泥巴狗）汤

泥鳅是徐集特产，徐集地区凡有泥巴的地方就产泥鳅。野生的泥鳅光滑油亮，身呈黄色斑纹，无鳞。新鲜的泥鳅需要在清水里养一天，去除土腥气，捞出划开泥鳅肚子，剪去头，洗净后倒入盆中拌上鸡蛋、面粉，倒入料酒，油锅煮沸后，用筷子把搅匀的泥鳅夹入油中炸，待炸成金黄色时捞出锅，晾干后备用。以下做法与鲇巴鱼汤相同，此处略。这道菜鲜美可口，汤浓如奶，是食补的必选之品，也是徐集人喜爱的一道家乡菜。

香椿头拌豆腐

徐集地区自古以来盛产香椿树，人们喜爱在庄前屋后及四周种植香椿树，农历二月底三月初香椿树开始发芽，徐集人称之为香椿头。香椿嫩头香味浓郁，摘下后用开水一焯、冷水一浸便可食用。将焯水冷浸后的香椿头切成细末拌入豆腐中，再加上醋、盐、辣椒酱、蒜花与小磨麻油即可食用。这道菜香味十足，加上豆腐的细腻，清爽可口，食后满嘴留香，令人神爽心怡，是一道绝好的下酒菜肴。

千张裹油条

徐集人历来喜爱千张（豆皮）裹油条，千张裹油条外加一碗豆浆或绿豆圆子或稀饭即可作为一顿不错的早餐。千张裹油条做法简单，只需在千张上抹上辣椒酱裹上热油条即可食用。这样既有豆子的香味又有油条的香味，使人食后满口留香。

另外，饭店还常将新鲜油条切成 10 厘米左右的小段，盘中放入切好的长 10 厘米、宽 6—7 厘米的新鲜豆皮，并放一碟调制好的果酱，食者把果酱抹在豆皮上裹住油条即可食用。此菜操作简便，食者颇众，是一道上好又易做的下酒菜。

十大海

提到徐集美食，人们都知道"十大海"，"十大海"俗称"成款饭"，请客人吃"十大海"是徐集的待客之道。十大海是：粉丝、蹄子、元子、虾米、鱼、乱肉（即红烧肉）、咸鹅、鲜鸡和两碗豆腐熟菜，计十大碗。盛菜的碗称海碗，是特制的，比较大，分三种，俗称大海碗、二海碗、三海碗，是人们家中来贵客和办红、白喜事接待客人盛装菜肴所必须使用的碗。而且上菜时的次序也十分讲究，有一定的款式，所以又叫"成款饭"。主人招待客人吃饭都是一桌坐 10 个人，次序严格：贵客坐在东风头，即右边的上坐，陪客坐在东风头的对面，即左边的上坐；上边三个人必须是长者，或有一定身份者；东边一座的客人代替主人敬酒敬菜，是第一客座，乃至全桌客人下座，接菜斟酒；下边东头坐者为斟酒、接菜；其余两座可以随便点。

上菜每次只上一碗菜，而且要使用托盘，不能用手端。第一道菜是粉丝，接着依次是蹄子（又叫扣蹄）、元子、虾米、鱼、乱肉（即红烧肉）、咸鹅、鲜鸡八大碗，故又称八大海，最后两碗豆腐熟菜一起上，意思是保主、客平安。改革开放以来，程序未变，菜肴又增加四个火锅，两个鲜锅、两个红烧，另外还随意增加几道小炒，十分丰盛。

第七章 辖村述略

第一节 黄巷村

一、村情概况

基本村情

徐集镇黄巷村位于镇域东南，东与菊花村为界，南与分路口镇交界，西与东方红交界，北与全红、徐集两村相邻，X010 县道横穿而过，全村呈椭圆形结构，黄巷村因原安徽省省长黄岩家的老坟葬在巷道口，故名为黄巷。

黄巷村现有农户 1020 户，4164 人，劳动力 2276 人，耕地面积 6725.86 亩，总面积约为 8.28 平方千米，经体制改革把原有 41 个村民小组合并为 13 个村民组。2020 年统计农业人口 2860 人，年人均纯收入 10560 元，主要来自务工。全村辖 13 个村民组（41 个小村民组），共有 127 名党员，其中女党员 22 名。

图 7-1 黄巷村党群服务中心

组织沿革

1962 年更名为黄巷大队。2004 年，为原孙庙村与黄巷村合并，合并后更名为黄巷村，大队部位于黄巷组。合并之前黄巷大队下辖 23 个生产队、孙庙村下辖 18 个生产队。2004 年根据合并村划分为现在的 13 个小村民组，分别为中心庄、胡大庄、江粉坊、罗塘、关仓、黄老庄、二里半、中庄、前进、黄巷、大竹园、七里半、东岳。2012 年 12 月，黄巷村新建 3 层框架结构办公楼，建筑面积 617 平方米。

黄巷村历任主要村干部一览表

表 7-1

组织名称	任职时间	支部书记	村主任（大队长）	备注
原黄巷大队	1960 年至 1983 年	付前山	翟庭荣	
原永胜大队	1960 年至 1976 年	陈自修	许渐学	
永胜大队与黄巷大队合并为黄巷大队	1976 年至 1977 年	付前山	翟庭荣	
1977 年永胜大队与黄巷大队分离为两个村，分别为孙庙村（原永胜村）与黄巷村				
黄巷村	1983 年至 2000 年	刘发财	陈巨宝	
	2000 年至 2004 年	李世忠	许友明	
孙庙村	1977 年至 1979 年	陈自修	许渐学	
	1979 年至 1983 年	陈自修	王道三	
	1983 年至 1986 年	陈自修	王克林	
	1986 年至 1994 年	王克林	陈广春	
	1994 年至 2000 年	谢道如	陈于筹	
	2000 年至 2004 年	王怀利	陈于筹	
原孙庙、原黄巷村合并为黄巷村	2004 年至 2021 年	王怀利	李世忠	
	2006 年 10 月至 2009 年 10 月			区农委项目科长胡化如下派黄巷村任第一书记
	2008 年 8 月至 2011 年 8 月			选聘生董明华任黄巷村书记助理
	2012 年 8 月			聘用陈娟娟为黄巷村微机员

续表

组织名称	任职时间	支部书记	村主任（大队长）	备注
原孙庙、原黄巷村合并为黄巷村	2013 年 8 月			选聘生陈瑞到村任黄巷村书记助理
	2017 年 3 月			田兴杰任黄巷村扶贫专干
	2020 年 9 月			后备干部柴磊到村跟班学习
	2021 年 2 月			王茂余委员到村任乡村振兴指导员
	2021 年 8 月			后备干部丁超（退役军人）到村跟班学习
	2021 年 9 月			王敏敏下派为村书记后备人选，本科生方声娟到村跟班学习（2022 年 2 月辞职）
	2021 年换届至今	王敏敏		田兴杰任副书记，村两委成员：陈娟娟、丁健、柴磊，乡村振兴专干邓业飞

经济发展

黄巷村现有农户 1020 户，4164 人，劳动力 2276 人，耕地面积约 6726 亩，总面积约为 8.28 平方千米。农业产业以种植业为主，农产品主要有水稻、玉米、小麦和油菜，经济作物有红麻、大豆，辅助产业有养殖业、加工业、零售业和第三产业。20 世纪 80 年代的养殖业以农户家庭养殖形式为主，规模小，随着农村经济不断深入发展，村现有三丰生态养殖有限公司、海鸿畜禽养殖专业合作社、大胜养殖场、三洋种鹅场、张传祥种鸭场、禽旺养殖场、美中养殖场等大户。每年养殖生猪 10300 余头，养鸭、鹅 26000 余只，这些大户不仅自己创造效益，还带动群众纷纷加入，发家致富。

随着改革开放不断深入，农民的经济意识逐渐增强，一大批青壮年劳动力自然地放弃农业进城或到外地打工经商，到 2020 年年底，村 90% 以上青壮年劳动力进城务工，外出打工数已有 2300 人左右，年纯收入人均 4 万元。在外劳动力有的经商，有的跑运输，更多的是从事建筑业。

村农业开发较早，皖源米业（现为国强粮油）2008 年年初开工建设，昌隆米业 2009 年建成，这两个米业解决了一批农民的就业问题，解决了本村及周边村农户粮食的销售问题。两处米业现已扩大规模，总投资近 2 千万元，形成生产销售一条龙，带动徐集镇农业经济发展。

基础设施

黄巷村不同时期道路对照表

表 7-2

建设年度	道路名称	范围	建设里程（千米）	备注
2008 年	大岗队—孙庙村委会	蔚大岗至孙庙村部	2.865	宽 3.5m
	农陈路（六叶路至渠）	黄巷	1.602	宽 3.5m
2010 年	东岳路	黄巷	1.534	宽 3.5m
2012 年	大竹园—中心庄	大竹园至中心庄	2	宽 3.5m
2014 年	大竹园—蔡大庄	大竹园至蔡大庄	1.5	宽 3.5m
2016 年	黄巷—东方红	黄巷至东方红	1.36	宽 3.5m
2017 年	黄东路	黄巷	1.361	宽 3.5m
	黄六路	黄巷	0.350	宽 3.5m
	东六路	黄巷	0.360	宽 3.5m
2018 年	六双路	黄巷	1.094	宽 4.0m
2019 年	孙庙村部—向南	黄巷	0.600	宽 4.0m
	黄刘路	黄巷	0.415	宽 4.0m
2020 年	罗徐路	黄巷村	0.652	宽 4.0m
	胡小路	黄巷村	0.478	宽 4.0m
	水厂路	七里半至水厂	0.298	宽 4.0m
	大蔡路	黄巷村	1.375	宽 4.0m
2021 年	李杨路	黄巷	0.402	宽 4.0m
	六徐路—小圩路	六徐路至小圩组	1.113	宽 4.0m
	七里半—许大郢水泥路	七里半至许大郢	0.39	宽 4.0m
	合计		19.749	

图 7-2　基础设施

村农业生产部分使用汲东干渠水源及孙庙、黄巷两条主干渠，拥有 10 万立方米以上水库 4 座、中小型水库 5 座。汲东干渠流经黄巷、七里半、东岳、中心庄、江粉坊 5 个村民组，全长约 3.7 千米；徐集支渠流经七里半、东岳、黄巷、大竹园、中心庄、前进、胡大庄 7 个村民组，全长约 6.5 千米；朱大庄南涵渠流经蔚小庄、蔚大岗、罗塘、黄老庄 4 个村民组；北涵流经朱大庄、江粉坊、土桥、黄老庄 4 个村民组，全长约 4.5 千米。村共有小二型水库 3 座，分别是关仓水库、桐林水库、孙库，蓄水量共计 35 万余立方米。村现有当家塘口 52 口，蓄水量共计 540 万立方米，灌溉面积达 5800 亩；电灌站两处：黄巷台区、七里半台区。2021 年 10 月份，高标准农田改造工程开始施工，规划改造面积 1800 亩，总投资 1187 万元。

二、皖西白鹅惠及农户

黄巷村现主要以种植、养殖发展为主，其中皖西大白鹅养殖基地建于 1998 年 2 月，位于村七里半村民组，总投资 30 多万元，成立白鹅养殖协会，十几年来，带动养殖户 520 户发家致富。

该项目实施后，大大改善了当地群众的生产生活条件，方便农民生产生活，惠及本村 9 个村民组，使 1500 人直接受益，帮助 130 人脱贫致富，极大改善了党群、干群关系，树立了党和政府在人民群众中的良好形象和威信，同时，通过"协会"示范带动，帮助会员及周边其他群众大力发展种草养鹅，增加农民收入。项目实施后，促进了当地的农副业综合开发，为项目区群众发展种植和皖西白鹅养殖提供了有利的条件，这些产业也成为该区域新的经济增长点。产业生态效益明显，利于防止水土流失，改善农业生产条件，同时实行"草—鹅（鱼）—稻"立体生态养殖，避免养殖"三度污染"，实现持续发展。

第二节　菊花村

一、村情概况

图 7-3　菊花村党群服务中心

基本村情

菊花村位于徐集镇东部，六安市西郊，距城区 5 千米，南与分路口镇杨岗交界，北与新安镇小牛集村相邻，总面积 7.8 平方千米，总耕地面积 4996.44 亩，农户 563 户，农房 3250 间，属于丘陵地带，地形凹凸，土壤贫瘠，自然条件差，已流转大户经营种植面积 1000 余亩。农作物主要以水稻、小麦、油菜、玉米为主。农业年产值 600 万元，人均 15250 元。总人口 3002 人，辖 9 个村民组，1 个党支部，2 个党小组，共有党员 86 名。原 312 国道，现

X010 道路横穿境内，镇 I 号循环路及村村通工程全面通车。淠史杭汲东干渠侧身而过，新店支渠贯通全村，立体式规范化村部一栋，花园式教学楼一所，现代化休闲养老中心——紫荆花怡养小镇巍然屹立，花园式徐集镇公益性公墓已初具规模。

组织沿革

菊花村前身是三宝岗大桥和裕兴老大队等部分生产队于 1969 年 3 月 1 日合并，正式命名为菊花大队，下辖杨大庄、菊花墩、严大庄、侯大庄、栗树元、木瓜树、宋大塘、袁庄、严高庄，共计 9 个生产队。1973 年 3 月更名为菊花大队革委会，20 世纪 80 年代初被正式命名为菊花村民委员会。

裕兴村，1957 年成立高级社，后变更为裕兴村，1982 年正式命名为裕兴村民委员会，2004 年下半年和菊花合并，为菊花村。

菊花村历任主要村干部一览表

表 7-3

序号	任职时间	支部书记	村主任（大队长）
1	1957 年至 1974 年	陈国恩	李先荣
2	1974 年至 1976 年	宋辅兴	付从权
3	1976 年至 1982 年	关福如	付从权
4	1982 年至 1985 年	付从权	王文圣
5	1985 年至 2001 年	宋家圣	关德和
6	2001 年至 2004 年	关德和	付先山
7	1973 年至 1985 年	王德清	王先国
8	1985 年至 1994 年	王先国	杨贤忠
9	1994 年至 2003 年	方业金	许友海
10	2003 年至 2004 年	许友海	朱学文
11	2004 年至 2015 年	许昌银	关德和
12	2016 年至 2018 年	陈时辉	陈时辉
13	2018 年至今	许友海	许友海

经济发展

随着城镇建设发展，村红光、张墩组先后根据区重点工程需要被征迁，涉及 213 户拆迁，收储土地 860 亩。本村失去土地的农户颇多，外出务工是本村村民收入的主要来源。据统计，外出务工人数约 460 人，家庭人均年纯收入 1.5 万—3 万元以上。

菊花村 2020 年统计农业人口 2960 人，年人均纯收入 15250 元。本村有种粮大户 3 户、生猪饲养专业户 3 户、家禽饲养专业户 2 户、桃园等专业户共计 2 户，水产养殖面积 260 亩。经济作物以蔬菜、玉米为主。油料作物主要是油菜、花生、芝麻、大豆。

菊花村农业基建面积达 4407 亩，其中耕地、水田 4211.44 亩，旱地面积 161 亩，退耕还林地 624 亩，水域养殖面积达 800 亩。

村生产用水是淠河水。全村使用抽水浇灌的区域占 60%，新店支渠放水区占 40%，

图7-4　浉河支流

主要有严大庄村民组、张墩村民组、红光村民组。拥有中小型水库4座，蓄水容量达12万立方米；塘堰达30余口，蓄水容量达10万余立方米、电灌站3座，分别是木瓜树电站、陈老坟电站、菊花墩电站，总功率115千瓦；小型农机具、犁田机300多台，用于农业代耕代作。

林业生产：2016年大面种植蜜桃、花卉苗木，现有林地共计360亩，花卉大部分已经成材。其中桃花、桂花树特别引人注目。春季桃花烂漫，雄伟壮观；秋季桂花淡淡，清香弥漫整个八月。

畜牧业：主要饲养生猪、山羊和鸡、鸭、鹅等家禽。生猪年饲养量在1000头以上，鸡、鸭、鹅等家禽饲养量在万只以上。

渔业生产：养殖水面大，资源丰富。20世纪80年代初，已有小塘、小堰分散养殖，2000年后转为建设库养经营，商品鱼产量大幅度增长，塘堰达30余口，稻虾养殖200亩，还有鳝、泥鳅、鱼等。

图7-5　畜牧养殖

基础设施

村交通便利，平桥大道穿村而过，白露园柏油路斜跨绵延北去。全村现有交通线6条，其中X010县道黄岳村柏油路一条宽5米、长2.15千米，菊花墩—栗树园—木瓜树—严大庄水泥循环路宽4米、长6.25千米，裕兴小学—红光水泥路宽4米、长1.82千米，李世友小店到关德和庄水泥路宽4米、长1.57千米，砂石路4条，村村通水泥路5条，总里程15千米。

图 7-6　基础设施

2017 年和 2018 年共改厕 76 户，发放垃圾桶 286 个，建垃圾集中处理站 1 个，设公益性岗位 19 个，农村人居环境得到有效治理。2020 年菊花村完成自来水安装全覆盖，户户用上了干净的自来水；电信网络达到户户通；新修和清淤当家塘 8 口，总投资 16.5 万元；改造提水电站 3 座，兴建 100 千瓦光伏电站 1 座，总投资 140 万元。翻新村党群服务中心，占地面积 2.2 亩，建筑面积 600 平方米，村卫生室一所，村小学一座。

二、"菊花绽放" 筑巢引凤

菊花村位于六安市近郊，平桥大道横穿村中部，交通条件十分便利。S244 省道即将与 312 国道徐集段相连接，地理区位十分优越。沿江高铁即将动工，现代化休闲养老胜地——紫荆花恰养小镇已初具规模，公益性菊花公墓已建成营业。菊花村红光组、莲花塘组已全部征迁，张墩组已拆三分之二，冰雪奇缘四季乐园项目正在开展，德胜堂已落户投产，智谷产业园即将进驻。新的历史时期，菊花村 "菊花绽放"，筑巢引凤，发展前景广阔。

第三节　东沟村

一、村情概况

基本村情

东沟村位于徐集镇东南端，系徐集镇唯一的湾区村，东与平桥乡吴巷村接壤，南与胡家渡村隔河相望，西与分路口镇舒巷村相邻，北与平桥工业园相连，总面积 5.0 平方千米。

境内有 2 条水泥路、1 条柏油路约 4.5 千米贯穿全村，方便村民出行。村内有着占全村总面积 60% 的绿化林，空气清新。村民饮用 10 米以下的纯净地下水和徐集镇自来水厂提供的自来水。古老而美

图 7-7　东沟村党群服务中心

丽的老涡河以及蜿蜒连绵的小支渠将整个村子紧紧包围，曾享有"小台湾"之美称。

东沟村人多地少，截至2021年年底有952户，2803人，劳动力1980人，耕地面积1156.21亩，人均约0.43亩，农作物种植以大麻、玉米、油菜为主。

东沟村委会现有成员6人，平均年龄41岁，是一支为民办实事的好班子。

组织沿革

1992—2004年期间东沟村有17个生产队，2004年起镇村组合并，从17个生产队逐渐合并为8个生产队至今。

历任主要村干部一览表

表7-4

序号	任职时间	支部书记	村主任（大队长）
1	1987年11月至1989年10月	王元宏	鲍传祥
2	1989年11月至1994年6月	鲍传祥	鲍传祥
3	1995年至1998年	张先锋	匡绍金
4	1999年至2021年	杨勇	鲍传祥
5	2022年至今	杨勇	杨勇

基础设施

投入资金1500万元硬化村主干道和涡河防洪堤等；2020年实现村内自来水全覆盖；村内共投建7台变压器，有效改善了全村用电情况。1998年老村部建成，2016年村党群服务中心进行改扩建，占地面积4.6亩，建筑面积510平方米。有村卫生室一所。原有小学一所，2006年撤并入镇中心小学。

经济发展

全村耕地面积1156.21亩，大部分为旱地，很小一部分为水田。东沟村虽然农业人均收入较少，但是村内拥有近3000亩的沙石资源基地，随着2003年至2013年沙石资源的开发利用，群众第三产业收入大大增加，买船购车从事沙石开采的个体达100户以上，人均纯收入从2000元增加到9000元，2014年窑岗嘴至商景高速段涡河治理征迁东沟村1195亩土地，涉及拆迁户46户，迁往金马小区和吴巷新村。

二、花生种植助力发展

东沟村属于徐集镇唯一一个湾区村，与涡河相邻，旱地多，土质多为沙土，适宜种植花生。村特色种植业有油菜、小麦种植，下一步将利用村土质优势，鼓励村民大力发展花生产业种植，规划引进优质花生品种，打造花生种植基地300亩，既提高村民经济收入也助推徐集镇花生糖品牌产业发展。

第四节　黄岳村

一、村情概况

基本村情

黄岳村位于六安市西郊，徐集镇东北侧，东北与裕安区新安镇相邻，南与平桥乡王店村、高皇村接壤，西与本镇菊花村搭界。黄岳村属典型的丘陵地区，整个村庄地势高低交错，优质良田以种植水稻为主，丘岗地主要规划为生态林、经果林、景观林，水田面积 1297.5 亩，土地面积 10.41 平方千米；下辖黄岳组、胜利组、吕院墙组、木勺井组、老鸹塘组、梅大塘组、王小河组、小金冲组、荣老庄组、宋大庄组、谢槽坊组、菜家畈组、汤桥组、寨岗头组、徐老庄组、刘老庄组、长岗店组、碾盘组、金老园组、尚郢组、民主组、胡竹园组、余大庄组等 25 个村民小组；总人口 1058 户，3264 人，设党支部 1 个，有正式党员 107 名，预备党员 4 名。

图 7-8　黄岳村党群服务中心鸟瞰图

组织沿革

新中国成立后，黄岳村隶属于六安县徐集区高皇公社，东部为吕院墙大队，西部为向阳大队（下属 25 个生产队后改名为村民组），1983 年 10 月，中共中央、国务院根据《中华人民共和国宪法》设立乡政府的规定，下发《关于实行政社分开建立乡政府的通知》，高皇公社改名高皇乡，吕院墙大队改名为黄岳村，向阳大队改名为寨岗大队后又改名为寨岗村。1992 年撤区并乡后，高皇乡并入徐集镇，2004 年机构改革，寨岗村与黄岳村合并，取名黄岳村至今。

黄岳村历任主要村干部一览表

表 7-5

组织名称	任职时间	支部书记	村主任（大队长）
寨岗村	1987 年至 2004 年	祝启金	徐家宏
黄岳村	1987 年至 2004 年	方厚法	陈习红
寨岗村与黄岳村合并为黄岳村	2004 年至 2008 年	方厚法	张绪忠
	2008	徐家宏	张绪忠
	2012	张绪忠	余学国
	2018	张绪忠	张绪忠
	2021	方昌林	张绪忠

基础设施

改革开放后，黄岳村兴修大型水库 2 个，分别是黄岳庙水库、江塘水库，库容量 187660 立方米；整修当家塘 26 口，分别是梅大塘、老鸹塘、路塘、宋大庄塘、金冲塘等，已确保全村 1297.5 亩优质良田旱涝保收。"皖西白鹭园"一号旅游线沥青路横跨全村，于黄岳村境内东起黄岳庙西至高八石组，二号旅游线东起正大花园南至菊花村交界，全长 7.2 千米，水泥路纵横交错，建设长度 16.6 千米，基本实现各村民组全覆盖。

经济发展

黄岳村经济以种植水稻为主，丘岗地主要产生态林、经果林、景观林；生猪养殖、时鲜蔬菜大棚种植等也是经济发展形式之一。

2000 年后，村里涌现出一批种植养殖型企业单位、农业合作社、种粮大户等，生态园、果园在村两委精心规划后，合理分布。如美开园艺有限公司、茂森生态农业有限公司、安徽新浩园艺有限公司、甜桃农业专业合作社、田峰生态园、三宝桃园等。养殖户有六安市君盛特种动物养殖、源丰畜牧养殖专业合作社、元军家庭农场、正兴土鸡、圣峰种养殖合作社、恒泰畜禽养殖等 53 家种养殖企业，已初具规模。

图 7-9 基础设施

二、"黄岳山羊"美名远扬

六安市绿洁牧业有限公司位于徐集镇黄岳村，成立于 2014 年 10 月，主要从事安徽白山羊标准化饲养、良种繁育。当年成功注册"黄岳山羊"商标，公司系列产品以"黄岳山羊"品牌统一对外销售。总经理蒋纯超放弃在上海经营餐饮业的稳定收入，回乡投资兴建标准化羊舍 2900 平方米、牧草地 200 亩。企业在种羊良种繁育、标准化健康养殖、种草养羊等技术示范推广工作中取得良好的经济社会效益，先后被评为市级产业化龙头企业、省级示范社。

公司致力于安徽白山羊良种选育工作，在以王立克为首席专家的专家大院指导下，先后从合肥博大牧业科技开发有限责任公司、阜阳及当地引进安徽白山羊种羊 580 只，选建核心群 303 只，培育 8 个家系并建立完整的系谱与选育档案。2017 年 9 月，公司取得安徽省《种畜禽经营许可证》，建成安徽白山羊祖代种羊场。企业帮助解决本村富余劳动力就业问题，帮助村民发家致富。

图 7-10　黄岳山羊

第五节　全红村

一、村情概况

图 7-11　全红村党群服务中心

基本村情

全红村位于徐集镇东北部，东与新安镇隔河相望，西与梁集村接壤，北临棠树村，南与黄巷村交界，村中心距离徐集镇区 3 千米，合六叶高速穿村而过，徐固路南北贯穿全村。全村跨境达 8.2 平方千米，分别有耕地面积 7166 亩、园地 120 亩、林地 520 亩、水面近 1736 亩，总人口 1082 户，4062 人，12 个村民组，93 名党员，设党支部 1 个，4 个党小组，1 所中学。全红村为 2020 年度市级文明村。

组织沿革

"大跃进"时期，全国人民都在轰轰烈烈地大干社会主义建设，到处红旗招展，热火朝天，人们向往美好生活像红旗一样红红火火全体富裕，故取名为全红村。全红村由原张贵店村和王大塘村于 2004 年 5 月合并，统一村名——全红村。（原张贵店村村址在张贵店，解放初期有一个叫张贵的人于此处开饭店，因此取名叫张贵店村；原王大塘村内有一口大塘，灌溉面积大，属几个村民组的当家塘，是全村农田水利的主要命脉，所以取名为王大塘村。）全红村分为张贵店组、兴隆组、新华组、胜利组、联合组、太平塘组、和平组、永兴组、团结组、大寨组、烟墩组和东风组 12 个村民组。

全红村历任主要村干部一览表

表 7-6

序号	任职时间	支部书记	村主任（大队长）
1	新中国成立后至 1969 年 6 月	李触彬	
2	1969 年 7 月至 2004 年 10 月	关德尧	潘家传
3	2004 年 11 月至 2010 年 10 月	丁为后	任仕刚
4	2010 年 10 月至 2016 年 1 月	丁为后	余自宏
5	2016 年 1 月至 2021 年 12 月	王善先	余自宏
6	2021 年 12 月至今	王善先	王善先

基础设施

村内交通便利。2014 年新建水泥路 1 条 1.1 千米，2015 年新建水泥路 1 条 1.5 千米、砂石路 1 条 1.8 千米；2016 年新修水泥路 2 条 1.6 千米，扩挖当家塘 5 口；2017 年，畅通工程 18 条共投资 360.77 万元，实现组组通硬化，清淤扩挖当家塘 12 口共投资 45 万元，安全饮水项目投资 224.52 万元，公共服务项目新建扶贫超市投资 31 万元，产业到村项目建设 5000 吨动物饲料用油厂房投资 50 万元；2018 年新建关烟路、张棠路 1.662 千米投资 53.2 万元，标准化村卫生室建设投资 10.2 万元，农电网改造投资 31.6 万元，产业到村、怀宇生态养殖投资 20 万元；2019 年新修东胡路、油陈路投资 46.71 万元，兴建农田水利设施 3 个投资 132.5 万元，新修道路 5 条投资 13.5 万元；2020 年投入资金 40 万元，完成道路畅通 1 千米，卫生改厕投入 12 万元，环境综合整治投入 38 万元，垃圾处理投入 10 万元，实现村级道路全部畅通、垃圾及污水有效处理、卫生改厕圆满完成。

经济发展

全村耕地面积 7166 亩、园地 120 亩、林地 520 亩、水面近 1736 亩，土地肥沃，主要出产水稻等农作物，依托汲东干渠，水资源丰富，旱涝保收。G40 高速横穿本村，S244 纵穿本村，高速收费站设在村内，预计 2022 年年底完工，极大带动村级发展。村集体投资与农户合作成立谊盛土鸡养殖专业合作社，带动村级发展与群众就业。同时投资入股六安城西饲料油脂有限公司，每年分红 40000 元。村建两座光伏发电站，每年增收 1 万余元。2022 年争取高标准农田建设项目，预计整治 4000 余亩农田、硬化主要支渠、建设生产道路，方便机械化种植。

二、裕鑫农场全面开放

图 7-12　裕鑫家庭农场葡萄园

六安市徐集镇裕鑫家庭农场，经营范围为水果种植、销售，家禽养殖，销售特色种养业产品，规模集中经营达到 1000 余亩。其中优质粳稻 280 亩、杂交水稻 600 多亩、葡萄 40 余亩。园区地势平坦，土地肥沃，光照充足，水源充沛，交通便利，基础设施日臻完善，农耕条件十分优越。园区以现代高效农业为主导，突出发展设施农业和观光农业，产业发展已见成效。葡萄园建园以来除出售葡萄以外，现已全面对外开放。服务项目由原来单一的葡萄出售，发展为葡萄采摘、葡萄酒自酿、休闲观光为一体的综合性服务体系。

第六节　棠树村

一、村情概况

基本村情

棠树村位于徐集镇东北部，东以淠史杭汲东干渠为界，与顺河刘郢村相邻，北与丁集镇柳埝村相邻，西以徐丁路为界，与梁集村相邻，南与全红村相邻，村里有省道 S244 横穿而过，有 20 条水泥路贯穿全村，交通方便。区域面积 8.7 平方千米，下辖朝阳、前进、友爱、华塘、张老庄、团结、新河、新明、长庄、同心、胜利、枣树、红星、黄郢、徐郢、井沿、永红等18 个村民组，54 个自然村，总人口 945 户，3859 人，有一个党支部，正式党员 116 人。

图 7-13　棠树村党群服务中心

组织沿革

棠树村早在清朝时就有棠树店、棠树庙之称，棠树店历史悠久，闻名方圆百里之外。20 世纪 60 年代改为爱国大队，2004 年由棠树村和永红村合并成为棠树村。

棠树村、永红村历任负责人一览表

表 7-7

序号	任职时间	支部书记	村主任（大队长）	备注
1	1960 年至 1973 年	关德政	徐师胜	
2	1973 年至 1982 年	张春香	徐师胜	

续表

序号	任职时间	支部书记	村主任（大队长）	备注
3	1983 年至 1990 年	李世余	陈善清	
4	1990 年至 2004 年	陈善清	谢宜圣	
5	2004 年至 2008 年	陈善清	陈善清	
6	2008 年至 2012 年	王成谟	陈善清	
7	2012 年至 2018 年	李辉	李辉	
8	2018 年 9 月至今	胡怀宝	胡怀宝	
1	1987 年至 1990 年	关德如		永红
2	1990 年至 1996 年	王成谟		永红
3	1996 年至 1999 年	严家友		永红
4	1999 年至 2000 年	吴树宝		永红
5	2000 年至 2001 年	张长江		永红
6	2001 年至 2003 年	林甫		永红
7	2004 年至 2008 年	王成谟		永红
8	1987 年至 1990 年	王成谟		永红

基础设施

棠树村交通便利，S244 省道 2020 年开工建设，2022 年年底全面通车，S244 途径红星、团结、井沿和卫庄 4 个村民组，为棠树村的建设和发展带来了质的变化。2010 年起，我村共硬化道路 20 条，15.5 千米，18 个村民组全部实现通水泥路。

2018 年以来共改厕 394 户，发放垃圾桶 550 个，建成垃圾集中投放站 1 座，设置公益性岗位 34 个，村人居环境得到有效治理。2019 年村完成自来水安装全覆盖，户户用上干净的自来水，农电网升级改造惠及 12 个村民组，电信网络达到户户通，村总投资 140 余万元建设 90 千瓦、100 千万电站两座，2017 年区级美好乡村点建设投入 140 万元，建立 1 栋 2 层 14 间为民服务大厅和文化广场，占地 6.4 亩，建筑面积 840 平方米。2018 年省级美好乡村点建设投入 350 万元，打造景观塘 3 口，绿化 5000 平方米，硬化村民门前道路 1000 米，亮化路灯 45 盏，建设公厕 3 座，污水管网在中心村内户户接通，文化乡村大舞台和体育配套设施齐全。

经济发展

棠树村耕地面积 7715 亩，水面面积 1080 亩，岗畈交错，土地肥沃，主要发展水稻种植和龙虾养殖，依托汲东干渠，水资源丰富，旱涝保收。村水资源丰富，淠史杭汲东干渠从村东边绕过，农业用水极为方便，靠淠史杭汲东干渠，邓家洼支渠穿村而过。水利项目总投资 500 余万元，对陆家岗和同心两个小二型水库深挖、除险、维修护坡，蓄水容积量达 50 万立方米，同时利用水利建设资金和群众自筹资金修建当家塘 60 口、长庄 6000 万提水泵站一座。2018 年向区农委争取 1200 万元，整治高标准农田 1230 亩，支渠硬化 31 条，总长 20789 米，整治中心沟 2580 米、路桥 6 座、滚水坝 1 座、拦水闸 9 座，绿化生产路 5000 米。

2021年向区农业农村局争取项目资金192万元，建设粮食仓储烘干房1座，目前准备投入使用。

引进惠丰稻虾合作社开展技术培训，流转土地，并带领村民发展稻虾规模养殖达4000亩，亩产稻虾收入在7000元以上，不仅有助于解决剩余劳动力就业问题，还有助于带动村集体经济的发展，产业结构正在稳步健康发展。

近几年来村民返乡创业，婚纱制造业兴起，为当地剩余劳动力提供了就业机会，为创业拓展了途径。

二、"稻虾共养"初具规模

稻虾共生，科学种养，产出有机大米，打造生态农业。村水稻种植大户袁业敏推进"稻虾共养"生态模式。

棠树村自然风光优美，公共交通便利，水资源丰富。2016年起，村两委联合惠丰粮食专业合作社开始探索实践"稻虾米"养殖项目，以养龙虾替代农药化肥投入，以虾护稻，以稻养虾，保证水稻产量，打造生态农业发展新模式。"稻虾米"水稻平均亩产500斤，经加工销售每斤20元计算，亩产效益达7000元。群众享用到放心大米，享受到绿色生态农业带来的效益。

村10余家种植大户加入惠丰粮食专业合作社，由惠丰专业合作社统一供种，统一提供技术指导，统一收购加工，形成一条龙的粮食生产经营模式，惠丰种植大户已注册"惠丰稻虾米"商标，经过多年科学探索，其种植的无公害有机优质稻虾米，被授予中国绿色食品。惠丰专业合作社于2020年3月被六安市裕安区评为"中国创业脱贫示范基地"，2020年9月被授予六安市产业协会理事单位。袁业敏于2020年1月被授予"六安市第三届创业之星"，在创业的同时，袁业敏主动帮扶村贫困群众，提供爱心大米4000斤，有50多户脱贫户参与到虾稻种养产业发展中，户均增收5000元左右。

图7-14 惠丰种养专业合作社喜获荣誉奖牌

第七节 梁集村

一、村情概况

基本村情

梁集村位于徐集镇北端，东与棠树、全红村相连，南同徐集村接壤，西与江家店龙门一河之隔，北靠丁集镇桂桥大牛村。X009公路侧西而过，是该村沟通丁集、固镇、徐集村的动脉。梁集村总耕地面积 7042 亩，农业以种植为主，属典型的平畈地带。辅助产业有养殖业、加工业、零售业、第三产业，90% 以上青壮劳动力进城务工，2016 年全村经济总收入 4700 万元。现有农户 958 户，农业人口 3586 人，劳动力约 1780 人，辖 11 个村民组。村两委干部 6 人，党小组 11 个，共有正式党员 117 人。梁集村为改善群众生产生活条件，修通 6 个组境内 5.5 千米沙石路，新修村村通水泥路 5.2 千米，现有大型节制闸 4 处、小型节制闸 12 处。人均住房面积 30 平方米，楼房（含平顶）3600 余间，砖瓦房 100 余间。适龄儿童入学率、巩固率达 100%。新型农村合作医疗参与农户达 100%。村民文化娱乐丰富多彩。

图 7-15　梁集村党群服务中心

组织沿革

1955 年梁集公社在此建立，1958 年撤社建立大队，取名梁集大队，下辖 20 个生产队（包括现在的梁堰村）。1969 年分为梁集大队和梁堰大队。1983 年基层机构改革，原梁集大队改名为梁集村，原梁堰大队同时改名为梁堰村。2004 年，梁集、梁堰合并，取名为梁集村。

<h3 style="text-align:center">梁集村历任主要村干部一览表</h3>

表 7-8

序号	任职时间	姓名	职务
1	1969 年 1 月至 1982 年 4 月	张正清	书记
2	1982 年 5 月至 2001 年 3 月	尹立香	书记
3	2001 年 4 月至 2004 年 4 月	何顺利	书记
4	1969 年 1 月至 1980 年 1 月	张成仓	主任
5	1980 年 2 月至 2001 年 4 月	何顺利	主任
6	2001 年 5 月至 2004 年 5 月	余道全	主任
7	1969 年 1 月至 1971 年 12 月	张学付	书记
8	1972 年 1 月至 1991 年 10 月	尹立哲	书记

续表

序号	任职时间	姓名	职务
9	1991 年 11 月至 1996 年 11 月	王成玉	书记
10	1996 年 12 月至 2002 年 12 月	马世华	书记
11	1996 年 12 月至 2002 年 12 月	尹安平	主任
12	2003 年 1 月至 2004 年 4 月	林先玉	主任
13	2011 年 9 月至 2013 年 11 月	王善德	主任
14	2013 年 12 月至 2021 年 12 月	孙业云	主任
15	2021 年 10 月至今	荣发成	书记、主任

基础设施

水利建设

20 世纪 70 年代水利兴修扎实开展，为村现有的水利设施打下基础，全村共有 4 座中小型水库，蓄水量 20 万立方米，另有塘堰 30 余处，可供全村 4100 亩村组蓄水灌溉。邓家洼支渠引进汲东干渠河水灌溉小梁集部分农田，也极大地方便了群众的生产生活。

道路建设

梁集村村内主要交通要道 8.9 千米，分别是徐丁 1 千米、梁堰主干路 5.2 千米、曾堰桥 1 千米、羊农路 1.7 千米，也是镇 Ⅱ 号循环路，遍及全村每个角落。

水泥路两条，梁堰主干路 6.2 千米，曾堰桥路 1 千米，总里程 7.2 千米。村民组砂石路 10 条，总里程 9.4 千米，谢堰路 1.5 千米，团堰路 1.1 千米，长庄路 0.5 千米，张槽坊路 1 千米，西堰路 0.8 千米，张大庄路 0.8 千米，大墩路 0.5 千米，羊农路 1.7 千米，柴大庄路 0.8 千米，团结路 0.7 千米。

梁集村不同时期道路对照表

表 7-9

单位：千米

路名称	长度	20 世纪 80 年代基本情况	2008 年基本情况
徐丁路	1	砂石路	柏油路
梁堰主干路	5.2	土路	水泥路
曾堰桥路	1	土路	水泥路
羊农路	1.7	土路	砂石路

经济发展

梁集村是农业大村，全村拥有耕地 7042.53 亩，人均占地约 2 亩，村民主要种植水稻、小麦和油菜以及经济作物瓜蒌。围绕瓜蒌种植，村里成立了"裕安区正宏家庭农场"等 5 家家庭农场，已经产生较大规模效应。全村粮食生产总量 3520 吨，人均纯收入 7800 元。

截至 2016 年，村民拥有私家车 96 辆，客货车 16 辆，电瓶车、摩托车近 930 辆。村民拥有高档家电逐渐增多，手机 2400 余部，彩电 1200 余台，农机 260 台，大型收割机 3

台，大型旋耕机 5 台，空调 88 台，电脑 88 台。

图 7-16　梁集村村民游乐园

二、毛正初墓

徐集曾经是六安河西革命武装暴动策源地，20 世纪 30 年代，黄埔军校第六期入伍生毛正初以家乡徐集为根据地，发动徐家集民团起义，从而带动独山、丁集等地武装暴动，打红皖西半边天。现徐集镇梁集村仍有毛正初墓，为纪念毛正初的丰功伟绩，党委政府建立区级烈士纪念设施，用以缅怀革命先烈。

图 7-17　毛正初墓

第八节　东方红村

一、村情概况

基本村情

东方红村位于徐集镇南方，东与黄巷村为界，南与分路口镇大岭村、江堰村交界，西与江家店永兴村为邻（邱堰小河从西边侧过），北部六梅路贯穿而过，与徐集村为界，全村呈长方形结构。全村总面积 5.01 平方千米，总耕地面积 4559.76 亩，人均不足 1.5亩。全村共有 8 个村民组，725 户，总人口 2821 人。648 户大小房屋 2175 间，人均收入达到 15000 元。

现有正式党员 63 名，预备党员 3 名，村民代表 51 名，6 名村干部，1 名驻村扶贫工作队长，2 名驻村工作队成员。村 2014 年被列为建档立卡贫困村，2014 年建档立卡户数167 户 475 人，自建档立卡以来，2014 年脱贫 37 户 137 人，2015 年脱贫 9 户 28 人，2016年脱贫 116 户 265 人，2017 年脱贫 4 户 13 人，2019 年脱贫 1 户 3 人，截至 2021 年年底有贫困户148户422人已全部脱贫。

2021年6月党支部书记徐登平同志被中共六安市裕安区委授予裕安区优秀党务工作者称号。

图7-18　东方红村党群服务中心

组织沿革

1958年建村，原名红石桥大队，1974年更名为东方红村。1969年8月1日，红石桥大队与三岔大队等部分生产队合并，正式命名为东方红生产大队，下辖有面坊、下郢、立新、朱老庄、卢糟坊、荷叶塘、花鼓楼、宋大塘、红石桥、石闸、瓦房郢、郭堰、双竹元、横堰、上连塘、下连塘共计16个生产队。时任支部书记许介福，大队长张正田、孙恒芝。1973年3月更名为东方红大队革命委员会，下辖生产队增至23个，许介福任支部书记，张正田任革命委员会主任，20世纪80年代确定为今天的东方红村。

东方红村历任主要村干部一览表

表7-10

序号	任职时间	支部书记	村主任（大队长）	备注
1	1987年1月至1988年1月	王丙宏	陈绍武	
2	1988年1月至1988年年底	王丙宏	陈巨山	王丙宏从1988年度任至1989年春
3	1989年春至1991年	王丙宏	许光兵	
4	1992年至1995年	王丙宏	许光兵	
5	2000年至2001年	王丙宏	许光兵	许光兵从1999年任至2001年
6	2002年2月至2005年4月	许光兵	张明夫	张明夫从2002年2月任至2005年4月
7	2005年4月至2006年2月	方仁刚	许光兵	1. 方仁刚为徐集镇下派 2. 许光兵从2005年4月任至2006年2月

续表

序号	任职时间	支部书记	村主任（大队长）	备注
8	2006 年 2 月至 2007 年 3 月	王丙宏	许光兵	
9	2007 年 3 月至 2008 年 4 月	许光兵	许光兵	
10	2006 年 10 月至 2008 年 10 月	宋大林	许光兵	省委组织部下派区财政局宋大林自 2006 年 10 月底任第一书记
11	2008 年 4 月至 2017 年 7 月	许光兵	许光兵	
12	2015 年 3 月至 2017 年 3 月	童坤	许光兵	2015 年 3 月下派市场监管局童坤任第一书记
13	2017 年 7 月至 2019 年 2 月	林甫	徐登平	1. 徐集镇下派林甫任第一书记 2. 徐登平从 2018 年任职至 2021 年 12 月
14	2018 年 5 月至 2019 年 5 月	李国耐	徐登平	市委组织部下派市场监管局李国耐任第一书记
15	2019 年 5 月至 2021 年 5 月	杜恒	徐登平	市委组织部下派市场监管局杜恒任第一书记
16	2019 年 4 月至 2021 年 12 月	徐登平	徐登平	
17	2021 年 12 月至今	刘杰	刘杰	

基础设施

水利建设

20 世纪六七十年代水利兴修轰轰烈烈地开展，为东方红村水利建设打下坚实基础。以徐分路为线兴建"五岗穿四库"，全村共有 2000 立方米以上水库 4 座，中小型水库、大塘 7 座，有芦槽坊、立新、宋大塘 3 条主干渠与七里半汲东干渠紧连，村 90% 农田灌溉方便，给广大群众、种粮大户带来极大的方便，生产生活与丰收有保障。

东方红村水利工程统计表

表 7-11

名称	建设年代	境内长度或容量（米、立方米）	完成土石方（立方米）	投入		效益
				劳动力（个）	资金（元）	灌溉面积（亩）
干渠	20 世纪 50 年代	6000	不详	1500	5000	1500
支渠	20 世纪 60 年代	20000	不详	2000	15000	2100

续表

| 名称 | 建设年代 | 境内长度或容量（米、立方米） | 完成土石方（立方米） | 投入 | | 效益 |
				劳动力（个）	资金（元）	灌溉面积（亩）
水库	20世纪70年代	300000	150000	10000	60000	2000
塘堰	20世纪70年代	20000	120000	12000	70000	2500

道路建设

东方红全村主要交通要道 13.1 千米，分别是三纵三横和户户通工程。河沿路 2 千米，红石桥路 2.5 千米，荷叶塘路 2 千米，小学路 1.5 千米。徐分路沿线与农户相通工程：面坊、立新、下郢、芦槽坊、农科等 7 处与农户相通，共 2.5 千米，连塘、双竹园、红石桥、宋大塘与农户相通共 5 条 2.6 千米。基本构成村组循环，方便群众出行。

东方红村道路建设对照表

表 7-12   单位：千米

路名	长度	20世纪80年代基本情况	2016年基本情况
河沿路	2	土路	水泥路
红石桥路	2.5	土路	水泥路
荷叶塘路	2	土路	水泥路
小学路	1.5	土路	水泥路
面坊、立新路	0.6	土路	水泥路
下郢路	0.8	土路	水泥路
芦槽坊路	0.5	土路	水泥路
农科路	0.6	土路	水泥路
双竹园路	0.6	土路	水泥路
红石桥路	1.2	土路	水泥路
石闸、宋大塘路	0.6	土路	水泥路

经济发展

东方红村是以农业为主的大村，全村耕地面积 4385.27 亩，人均耕地 1.58 亩。1970 年代农产品主要是水稻、玉米、小麦，经济作物很少，群众基本上无人外出打工，1978 年十一届三中全会后，随着改革开放的深入发展，种植结构有了明显改变，品种越来越多，村内 80% 劳力外出打工，土地也不断地流转给种田大户。

随着改革开放的深入发展，东方红村以家庭形式为主的养殖业发展起来，主要有张成碧养殖与供料一条龙的企业，张磊种猪、仔猪养殖，王爱东的养殖场，徐为宝的养殖场，王成业、王成恩鸡鹅养殖，杨怀德的养牛场，这些大户每年养殖生猪100000余头、鸡鸭鹅20000余只供应市场需求，自己也创造效益，带动一批农民加入养殖行业，走上创造财富，共同奔小康的大道。

图7-19　光伏发电

二、特色种养引领致富

随着农业的不断发展和新时代农业生产需求的更新，村大半以上的土地流转承包给能人大户，推动、带动农户致富。主要体现在闲置人员可以搞副业，可以外出务工创业；在乡的不适应外出的人员可以为大户管理粮食生产增加经济收入；目前村蔬菜大棚种植有45亩，草莓大棚种植有12亩；畜禽养殖业挂牌的有鑫诚畜禽养殖特色产业扶贫基地，散户养殖大多以猪、羊、牛、鸡、鸭、鹅为主。

图7-20　大棚草莓

图 7-21　大棚蔬菜

东方红村大棚、水稻种植统计表

表 7-13

户名	种植品种	设施面积
汪胜良	蔬菜	45 亩/大棚
胡良军；刘自明	草莓	12 亩/大棚

序号	姓名	承包面积（亩）	主要种植作物	户数
1	盛绍麒	287.2	水稻	45
2	李立亲	115	水稻	30
3	胡良军	1391.97	水稻	392
4	谢长和	654.34	水稻	111
5	宋来刚	170.04	水稻	20
6	郭昌林	548.6	水稻	151
7	刘爱国	505.42	水稻	86
8	陈巨山	126	水稻	21
9	周应民	114.95	水稻	15

第九节　徐集村

一、村情概况

基本村情

徐集村位于徐集镇街道四周，东西跨 3.1 千米，南北 1.6 千米。全村总人口 3784 人，辖 12 个村民组，其中党员 91 名，劳动力 1890 人，耕地面积 3807 亩。县、乡级公路穿越境内。村内有 3 条沙石路到组。村经济作物以粮食种植、加工为主。个体经营户 41 个，

图 7-22　徐集村党群服务中心

种粮大户 4 个，农业示范基地 2 个。

组织沿革　徐集村紧邻徐集街道东部和北部，新中国成立初期，主要以徐姓居民居住多，加之地理位置因素，在 20 世纪 60 年代，人民公社时期，命名为"徐集大队"，1982 年年初更名为"徐集村"。

三岔村位于徐集街道西侧和南侧，新中国成立前，徐集到清凉寺、徐集到南岳庙，有一个三岔路口在此为路标，故在 20 世纪 60 年代末，人民公社时期，设立为三岔大队，1982 年年初为三岔村。

2004 年体制改革后，徐集、三岔两村合并为一体，命名为"徐集村"。

历任主要村干部一览表

表 7-14

序号	任职时间	支部书记	村主任（大队长）
1	1969.2—1976.5	谢道煜	张宏友
2	1976.5—1984.4	张宏友	柴永福
3	1984.5—1996.3	柴永福	吴怀仁
4	1996.3—1999.3	吴怀仁	丁定东
5	1999.3—2004.5	丁定东	张克福
6	2004.5—2009.3	方明星	丁定东
7	2009.4—2021.12	孙玉革	权家丽
8	2021.12 至今	孙玉革	孙玉革

经济发展　徐集村外出务工是本村村民获得收入的主要方式。据统计，外出务工人数有 420 人左右，这些人员的家庭人均年净收入约 1.5 万元—3 万元。徐集村耕地面积 5303 亩，大部分为水田。2020 年统计农业人口 3620 人，年人均净收入 9820 元。农业生产正在从传统农业向现代农业转型过渡，无论是种粮大户还是小户，均实行科学种田，机械化耕作收割。粮食生产，主要是以水稻为主。近几年由过去一年两季稻改为一年一季杂交中稻，产量得到大幅度上升。截至 2020 年，本

图 7-23　徐集村文化活动广场

村有种粮大户 17 户；生猪饲养专业户 2 户；饲养家禽专业户 1 户；葡萄园专业户 1 户；水产养殖面积 320 亩。经济作物，以蔬菜为主，油料主要是油菜。

林业生产：主要有林地共计 220 亩，为种植户带来可观收入。

畜牧业：主要饲养生猪、鸡、鸭、鹅等家禽。生猪生产在农业经济中占有重要地位，年饲养量在 2000 头以上，鸡、鸭、鹅等家禽饲养量万只以上，具有广阔的开发前景。

渔业生产：小二型水库 3 座，境域内养殖水面大，资源丰富。20 世纪 70 年代初，已有小塘、小堰分散养殖，转为建设库养经营，商品鱼产量大幅度增长，稻虾养殖 200 亩，还有鳝、泥鳅、鱼等。

基础设施 徐集村交通便利，济广、沪陕两条高速公路横穿境内。脱贫攻坚以来全村实现村组组通。2017 年和 2021 年共改厕 147 户，发放垃圾桶 226 个，建垃圾集中处理站 1 个，设公益性岗位 37 个，农村人居环境得到有效治理。2019 年，徐集村完成自来水安装全覆盖，户户用上了干净的自来水；电信网络达到户户通。2021 年，新建、改建村党群服务中心，建筑面积 600 平方米，村民文化活动广场一处，整治下店大塘清淤。

二、区位优越，引领镇域经济发展

图 7-24 油菜种植

徐集村位于集镇周边，交通条件十分便利。本村自主成立农业合作组织有：朝云家庭农场、六安市裕安区康源生态种养殖专业合作社、众力家庭农场等。村特色种植业有：草莓、莲藕、大棚蔬菜；特色养殖业有：小龙虾、白鲢鱼等。

徐集村农科组土地被规划为徐集镇工业园区。征地后村集体换置土地 20 亩。结合乡村振兴战略目前正在申报建设钢构车间 4000 平方米，仓储 1500 平方米，职工宿舍 520 平方米；总投资约 600 万元。

第十节　徐集街道

一、村情概况

基本村情 徐集镇街道居委会位于徐集镇政府西北侧，六梅路、六固路穿街而过。面积达 1.2 平方千米。户籍人口 2860 人，流入人口 5000 余人。街道共有六个工作区，街道居委会成员 6 名，党员 59 名。集镇辖 2 所中学，5 所幼儿园，9 个小区，一个农贸市场，三条商贸大街，一个社区医疗卫生室。街道社区环境整洁，商贸繁荣、交通发达，社会治安稳定，居民安定祥和。

图 7-25 徐集街道党群服务中心

组织沿革 徐集镇街道又名徐集街道大队，1970 年，成立徐集街道大队，1992 年，更名为"徐集镇街道居委会"，2003 年，街道仅有 4 间 100 平方米办公室，2013 年，新建街道办公室 240 平方米。集镇面积从 1970 年的 0.3 平方千米扩展到现在 1.5 平方千米。

历任主要村干部一览表

表 7-15

序号	任职时间	支部书记	村主任（大队长）
1	1970 年—1986 年	侯守山	许光明
2	1987 年—1990 年	许幼松	侯守山
3	1991 年—1998 年	魏大国	郭业海
4	1999 年—2014 年	张先锋	李敦俊
5	2015 年至今	张先锋	张先锋

经济发展 随着城镇建设发展，街道被规划为徐集镇工业园区和集镇商住功能区。工业园区入驻企业 30 多家，其中规上企业 4 家，集镇商户达到 1000 余户，大型商超 3 家，较大型宾馆饭店 6 家，就业人数达到 400 余人，人均年收入达到 2 万元以上。徐集花生糖享誉皖江南北，徐集镇婚纱、特色小吃远销全国各地。

图 7-26 徐集街道鸟瞰图

基础设施 徐集镇街道交通便利，六叶路、徐分路、徐丁路穿街而过。集镇主街路段道路提升工程全面完成，污水管网给排水系统设施完善，美化、亮化、绿化全部到位。有大中型广场 2 个，背街巷道全部实现水泥路面，移动网络、安广网络等进入千家万户，集镇共建成标准住宅小区 9 个，集镇基础设施配套齐全，各项功能完善。

二、美食婚纱享誉四方

特色婚纱 2018 年以来，徐集街道婚纱作坊达到 120 多家，员工 1000 多人，生产制作的婚纱礼服、童装、旗袍远销海内外。

徐集花生糖 对于大部分六安人来说，徐集花生糖承载着儿时的回忆。相传北宋时期，宋徽宗在汴梁微服私访时，吃到一种糖觉得特别好吃，一问才知是六安徐集花生糖，之后就传开了。到明朝，徐集花生糖已被钦点为贡品。徐集花生糖已销往华东六省一市各大商超，成为家喻户晓的徐集品牌。

图 7-27　特色婚纱　　　　　　　图 7-28　徐集花生糖

第八章　人　物

　　徐集境内崇文重教，地灵人杰。明朝有被尊为"天官"的进士徐致党，近代境域内走出毛正初、黄岩、关盛志等老一辈革命家。民国纪年后，特别是土地革命时期，无数徐集儿女投身到火热的革命浪潮中，仅有名有姓的革命烈士及红军、老战士失散人员就有150人。中华人民共和国成立后至2020年年底，镇域内更是人文蔚起，英才辈出，社会各界在政治、经济、文化、教育及其他行业均涌现出一批对社会有贡献有影响的人物。

　　本"人物"章，共收录1901年至2020年年底人物1527名。其中"人物传略"节分为省军级人物传略、开国将校军官传略、革命烈士传略、其他人物传略，按卒年顺序收录人物12名；"人物简介"节按生年顺序收录人物67名；"人物表录"节随机顺序收录人物1451名。

第一节　人物传略

一、省军级人物传略

　　黄岩（1912—1989年），原名黄家银，1912年8月16日出生，安徽省六安市裕安区徐集镇黄巷人。

　　1931年加入中国共产党，任中共霍邱城区委书记。1932年7月随红军坚守霍邱县城，城陷被捕，1937年获释。不久去延安中央党校学习。次年回皖，历任中共安徽省工委委员兼中共霍邱县委书记、六安中心县委书记、舒无地委书记、新四军江北游击纵队政委、皖东津浦路西各县抗敌联防委员会办事处主任、津浦路西参议会参议长、新四军二师第六旅政委、淮南区党委副书记等职。解放战争时期，先后担任华中驻山东办事处政委、淮南工委书记、华中干部学校政委、中共华东局副秘书长、江淮区党委副书记。

图 8-1　黄岩

　　1949年后历任中共合肥市委书记、皖北区党委副书记、皖北军区副政委、皖北行署主任、安徽省委书记处书记、安徽省人民政府副主席。1955年任安徽省省长。"文化大革命"后任省政协副主席、省人大常委会副主任等职。

　　1929年冬，黄岩先参加了四区十三乡（徐集）少年先锋队，任分队长、中队指导员；又秘密参加了农民协会。后经卢炳森介绍加入共产主义青年团，并担任青工部部长；同时，被选为代表出席皖西北总工会训练班学习。学习结束后，黄岩被选为代表出席皖西北苏维埃第一次代表大会，担任霍邱县叶集苏维埃财经委员。

　　1931年3月，黄岩参加了规模较大的河西农民起义，并经曹子仲介绍，加入中国共产党。1932年6月，蒋介石全力进犯大别山苏区。黄岩临危受命，担任霍邱城关区委书记并参加县委。1932年7月6日，敌人攻破霍邱城，黄岩被俘，后被区政府秘书龚正纪出卖，遂以"红军书记"身份被列入"匪首"名单，严加看管。

1932年12月22日，敌人根据所谓的《危害民国紧急治罪法》判处黄岩等有期徒刑十年。次年新春伊始，黄岩被转到南京江东门外中央陆军监狱监禁。

1937年7月7日，抗日战争全面爆发，国共两党实现第二次合作，国民党被迫实践释放政治犯的诺言。1937年8月28日，作为南京中央陆军监狱第一批被释放的政治犯，黄岩在南京八路军办事处受到叶剑英、李克农等领导的接见，并在办事处负责联络出狱同志。同年9月底，根据党中央的安排，黄岩赴延安中央党校学习。

1938年6月，黄岩从中央党校毕业，返回六安。随后，黄岩参加安徽省工委秘密召开的工作会议，并被委任为工委委员兼皖北中心县委书记。为便于开展活动，他的公开身份是总动员委员会巡视员。为完成省工委分配的任务，黄岩遂以省动委会巡视员的合法身份，带着由李宗仁签发的护照，日夜兼程，往返于六安、霍邱、寿县之间，积极开展抗日救亡工作：恢复、重建各县党的组织活动，通过社会各种关系，普遍建立党领导的各界抗敌协会，开展声势浩大的抗日总动员，组织和发展地方抗日武装。

1936年10月，廖磊接任安徽省政府主席、省动委会主任委员，安徽的抗日形势猝然逆转。国民党五届五中全会制定的《限制异党活动办法》实施后，更加紧了反共反人民的步伐。黄岩在皖西的革命活动，自然引起了他们的注意。黄岩的巡视员身份被取消，还上了缉捕名单。为了有利于继续进行革命活动，从这个时候起，他正式改名为黄岩。

1939年1月，鄂豫皖区党委在立煌县（今金寨县）白水河正式成立。黄岩任委员、秘书长兼党训班主任。1937年2月，区党委为加强对皖中地区党组织的领导，决定撤销舒城中心县委，成立舒无地委，任命黄岩为地委书记。1934年4月底，黄岩又被任命为新四军江北游击纵队政委，在新四军江北指挥部领导下，为反"扫荡"、反摩擦斗争做了大量卓有成效的工作。

1940年4月，国民党桂顽势力以一七六师一部和保安八团4000余人，对江北游击纵队司令部及驻无为地区的新九团发动大规模军事进攻。由于纵队主力在路西反顽尚未回师，黄岩奉命率司令部和地委机关退入和含地区。1940年5月，和含地区又遭敌重兵进犯。黄岩等奉命经广兴集继续向津浦路西撤退。此后，黄岩一直留在这里参加创建、巩固和发展淮南津浦路西抗日根据地的工作。

1941年5月，黄岩任路西区党委书记。1943年2月，成立淮南区党委，谭震林任书记，下辖路东、路西两个地委，黄岩任路西地委副书记兼新四军二师六旅（兼军分区）副政委。1944年9月，黄岩参加淮南区党委任委员并任路西地委书记。1945年2月，又任重建后的新四军二师六旅（兼军分区）政委。

1946年8月，黄岩率部由路东撤离到达华中分局驻地苏北清江。1946年10月，继续北撤到山东临沂。在临沂，路西分区党委撤销，改为华中局驻鲁办事处，黄岩任政治委员，负责收容、安置由淮南撤来的荣军、干部家属，以及训练新兵、办理供应等。

1947年3月，华中分局决定，在临沂成立华中干部学校，由桂蓬任校长，黄岩任政治委员。1947年4月，蒋介石对山东解放区发起重点进攻，黄岩和桂蓬一起率领干校一部分体弱学员和干部家属，继续北撤，到达安东省（今辽宁省）大连，任安东省副秘书长，分管省委机关工作。

1948年2月，华东局电召黄岩由大连返回山东，主持土改工作队训练班工作。1948年4月，返回临沂，任华东局副秘书长。1948年12月，调任江淮区党委副书记。

1949年1月21日，在孙仲德、谭启龙率领的华野先遣纵队进军下，盘踞合肥的国民党刘汝明部弃城潜逃。合肥宣布和平解放，回到了人民的怀抱。此时，在临沂的黄岩奉命日夜兼程，赶往合肥负责接管工作。1949年1月31日，合肥改县为市，成立中共合肥市委，黄岩任书记。1949年2月5日，军管会正式成立，孙仲德任主任，黄岩任副主任。

1949年4月初到5月中旬，华东局决定以长江为界，分别成立皖北区党委和皖南区党委。曾希圣任皖北区党委书记，黄岩任副书记，后又兼皖北人民行政公署主任。

1949年9月，黄岩被选为皖北行政区代表，出席在北平召开的中国人民政治协商会议第一届全体会议。参与新中国成立之初起宪法作用的《共同纲领》的制定工作，并参加开国大典。

1952年8月，中央人民政府委员会第十七次会议决定撤销皖南、皖北人民行政公署，成立安徽省人民政府，曾希圣任省政府主席，黄岩任副主席。1955年2月，安徽省人民代表大会一届二次会议，选举黄岩为安徽省省长。1956年7月，黄岩被选为省委书记处书记，1956年9月，黄岩出席党的第八次全国代表大会。

1964年9月，黄岩再次当选为省长，主持省政，一直到“文化大革命”。

1967年9月，受“文化大革命”冲击，黄岩被“军管”，受到打击和迫害。1978年1月，黄岩被选为省政协副主席，1979年12月，黄岩又被选为省人大常委会副主任等重要领导职务，1985年，黄岩主动要求退出省委领导岗位，提前离休。

1989年6月9日，黄岩因病医治无效，逝世。

张广恩（1919—1992年），1919年7月出生，安徽省六安市徐集乡王大塘村人。1930年12月，参加中国工农红军。1934年加入中国共产党。土地革命战争时期，任红四方面军第73师219团战士、班长，第30军89师连政治指导员、组织干事，军委机要局译电员、科长、股长。参加鄂豫皖革命根据地第二至第四次反“围剿”，川陕革命根据地反三路围攻、反六路围攻和红四方面军长征。抗日战争时期，任豫西军区机要科长。解放战争时期，任中原军区第1纵队机要科长，第2野战军第3兵团机要处长。参加了中原突围、淮海、渡江战役。中华人民共和国成立后，任川东军区军务处长，四川省军区办公室主任，原成都军区作战处长、部长，军区司令部副参谋长，四川省军区副司令员，原成都军区司令部顾问。1955年，荣获三级八一勋章、二级独立自由勋章、二级解放勋章。1988年获二级红星功勋荣誉章。1992年12月4日，在成都逝世。

二、开国将校军官传略

张忠（1912—1982年），1912年出生，六安徐集镇人。原名张成发，又名张桂亭。1930年，参加中国工农红军，同年加入中国共产党。张忠于1929年参加农民协会。土地革命战争时期，张忠历任少先队分队长、红军赤卫队中队长、红33师政治部宣传队宣传员、红四军班长、红四方面军红31军排长、连长、红9军副营长、中央军委通信营营长、中央军委总司令部警卫团副团长，参加长征。

抗日战争开始后，张忠任山西青年抗日决死队第4纵队随营学校大队长。1938年，组建游击第6团，张忠任1营营长。1939年，张忠率一个连伏击敌军，毙伤日伪军30余人。后历任第35团参谋长、19团副团长、工人武装自卫旅21团团长、新四军5师13旅教导团政委、第1纵队2旅6团政委。抗战胜利后，张忠任新四军第1纵队3旅副旅长、鄂豫皖军区第4军分区副政委、中共鄂豫陕四地委委员、中原军区野战陈韩纵队第4支队政委、豫皖苏军区第3军分区司令员、中共豫皖苏三地委委员。1949年2月，中原野战军第1纵队20旅改编为第2野战军第5兵团第18军52师（属头等主力师），张忠任52师副师长。

图 8-2 张忠

中华人民共和国成立后，张忠任第十八军54师师长，在川西剿匪作战中立一等功。后任陕西省军区咸阳军分区政委、西南军区高级干部训练班主任。1953年起，张忠任进藏后方部队副司令员、成都西藏转建委员会主任。1961年，张忠毕业于高等军事学院基本系，任甘肃省军区副司令员兼参谋长。1969—1975年，张忠任甘肃省军区司令员。1972—1975年，张忠兼任甘肃省委书记、省革委会副主任。1975—1979年，张忠任贵州省军区司令员。后任贵州省委常委、四川省军区顾问。

张忠1955年被授予少将军衔（正师级，评为少将方案公布后，正师级均调整为准军级，故从此以后首批授衔的少将不再有师级干部。原西南军区），荣获二级八一勋章、二级独立自由勋章、二级解放勋章。是中共第九次全国代表大会代表，第四、五届全国人大代表。1982年2月7日，张忠在成都逝世，终年70岁。

关盛文（1904—1988年），1904年12月23日出生于六安高皇长岗店（今属六安市裕安区徐集镇菊花村）一户贫农之家。1927年4月，参加中共六安县的党组织农民运动。1928年，发动农民进行"砍柴斗争"和抗粮、抗税、抗债斗争。1929年11月，参加六霍起义。1930年，加入中国共产党。1931年5月，跟随毛正初策划河西农民暴动。1932年，六安独立团编入红四方面军红25军75师，当时负责后勤衣食钱粮工作。1932年，参加三、四次鄂豫皖苏区反"围剿"斗争。1934年11月，跟随红25军长征。1937年，参加百团大战，是年任八路军山东12纵队五旅15团3营教导员。1947年1月，参加松花江、四保临江战役。1948年9月，参加辽沈战役。1949年1月，12纵队编入第四野战军49军，参加平津战役。1949年11月，任49军146师437团政委。1950年，组织安排广西南宁地委书记。1955年，授予大校军衔，获八一奖章、三级独立自由勋章，三级解放勋章。1988年，获二级红星勋章。1956年，调任安徽省商业厅副厅长。1960年，由于身体原因离休。1988年，在合肥逝世，享年84岁。

关盛志（1916—2011年），男，安徽六安高皇乡长岗店（今属六安市裕安区徐集镇菊花村）人，中共党员。中国人民解放军空军少将，第四、五届全国人民代表大会代表。曾任中国人民解放军师政治委员，东北军区空军干部部部长，原兰州军区空军政治委员，原济南军区空军政治委员等职。

图 8-3 关盛文

1932 年，关盛志参加了中国工农红军，同年加入中国共产主义青年团。1936 年，关盛志由共青团转入中国共产党。

土地革命战争时期，任红十五军团第七十三师政治部宣传队队长。参加了长征。

抗日战争时期，任八路军一一五师三四四旅六八七团政治处青年干事、宣传股副股长，营政治教导员，团政治处组织股股长，冀鲁豫军区直属政治处主任，独立团政治委员，第二军分区政治委员，陕甘宁晋绥联防军教导第一旅一团政治委员。

图 8-4　关盛志

解放战争时期，任陕甘宁晋绥联防军教导旅第一团政治委员，第二团政治委员，西北野战军第六纵队教导旅政治委员，第一野战军六军十六师政治委员。在解放战争中西府屯子镇一战，六纵司令员罗元发、政委徐立清、教导旅旅长陈海涵被敌军困在镇里，情况十分危急。彭德怀来电指示突围，大家情绪不够稳定，徐立清召开会议要求实现突围的决心，不要犹豫。关盛志在会上发言，支持突围。凌晨 1 时，关盛志带领轻伤员和机关后勤人员突围。在突围中，关盛志负伤。

1949 年，新中国成立后，任中国人民解放军师政治委员，东北军区空军干部部部长，原兰州军区空军政治委员。

1958 年，兰空参加青海、西藏地区的平叛战斗，20 世纪 60 年代后期又参与完成我国第一颗氢弹爆炸的实验任务。1962 年，毕业于高等军事学院基本系。1968 年，任济南军区空军政委。后又担任济南军区空军顾问，直至 1983 年 3 月离休。

关盛志离休后，又焕发第二次青春，与老伴双双进入山东老年大学"深造"。撰写《难忘的教诲，深刻的怀念》《陕北战斗生活片段》《四坡村反击战》等回忆文章。

2011 年 9 月 13 日，关盛志因病医治无效，逝世。

主要荣誉：关盛志是第四、五届全国人民代表大会代表。1955 年，被授予少将军衔。

获三级八一勋章、二级独立自由勋章、一级解放勋章。1988 年，获一级红星功勋荣誉章。

三、革命烈士传略

丁香墀（1908—1930 年）原名丁兰陵，化名丁本赤，六安徐家集人，丁香墀出身地主家庭，1920 年，考入"三农"学校，1922 年，转入芜湖省立"二农"读书，1924 年，考入上海大学社会学系学习，被上海大学党组织吸收为中共正式党员。

1927 年，丁香墀接受党的派遣，返回家乡开展革命活动，1928 年下半年，丁香墀在家中掩护中共中央巡视员王步文夫妇达半年之久，临行前，还变卖自家 30 亩田，赠给王步文夫妇作路费。是年秋，丁香墀利用自己的家世和社会影响，力保毛正初出任徐集民团队长，并在民团中物色进步分子，秘密建立党小组。1930 年 6 月，丁香墀奉毛正初之命，秘密潜回家中筹措粮饷，不幸被国民党军侦悉而遭逮捕。次日清晨，年仅 22 岁的丁香墀被杀害于六安城西便门滩。

图 8-5　丁香墀

图 8-6　毛正初

毛正初（1901—1931 年），原名毛本忠，1901 年 3 月 2 日出生在安徽省六安县徐集毛大庄一户大地主家庭。他在四个兄弟中，排行最小，另有一个妹妹，父母去世后，依靠三哥毛占鳌抚养，由于十月革命的影响，逐步背叛其剥削家庭，走上革命道路，成长为一名优秀的共产主义战士。他先后领导六安徐家集民团兵变、河西农民起义，历任六安四区红军游击大队长、独立团长、游击师长、赤卫军总指挥、皖西北军委常委等领导职务。

1921 年，毛正初考入芜湖安徽省立第二甲种农业学校。1923 年，入芜湖私立求是中学，后转入安徽省立第五中学。1926 年秋，考入黄埔军校第六期，同年参加中国共产党。

1927 年 6 月，毛正初受党组织派遣回六安开展革命活动。1927 年 10 月，根据中共六安特别区委员会决定，毛正初在家乡徐集以教书做掩护进行秘密活动。1928 年秋，毛正初利用社会关系打入徐集民团，并担任队长，暗中发展有觉悟的士兵加入党组织，并在 22 个团丁中争取了 15 人信仰党的革命主张，把徐集民团改造为革命武装。1929 年春，因其大哥毛占魁告密，毛正初潜入农村活动。独山爆发武装起义后，1929 年 11 月 24 日，中共六安中心县委常委周狷之在徐集联络毛正初等人，决定举行民团起义。1929 年 11 月 25 日晚 10 时后，毛正初率领突击队包围了民团驻地老佛堂，在起义团丁接应下，一举占领民团团部，徐集民团起义获得成功。起义部队 22 人被编为六安四区红军游击大队，毛正初任大队长。毛正初带领游击大队还策应支援李野樵领导的江店民团起义，然后一同开至王桥子，成立了六安四区革命委员会，揭开了河西农民武装起义的序幕。

1930 年 1 月，毛正初率游击大队在徐集附近击溃反动"红学"500 余人，击毙了"红学"首领。游击大队辗转于江店、南岳庙、郭店、丁集一带，截至 1930 年 2 月，已发展到 200 余人枪。

1931 年 2 月下旬，六安四区红军游击大队改编为游击师，毛正初任师长。不久又改称六安赤卫军总司令部，毛正初任司令，下辖 4 个团，共 3100 余人，枪 700 余支。这时，中共六安县委根据皖西北特委指示，决定在河西新安集再一次举行武装起义，并派毛正初任总指挥。1931 年 5 月 2 日夜，毛正初集结赤卫军 5000 人，分三路包围新安民团团部火神庙。1931 年 3 日拂晓，毛正初率部进攻，民团团长逃往淠河以东。随后，毛正初率领起义大军连克火星、郭店、单王、丁集等地，使上自西两河口、下至马头集的淠河西岸广大地区连成一片完整的革命根据地。

1931 年 5 月，六安县苏维埃政府和县赤卫军总指挥部在独山成立，毛正初任赤卫军总指挥兼县独立团团长，统率 6 个赤卫军团，共计 2.5 万余人枪。同年夏，毛正初被任命为中共皖西北特委军事委员会常委。这时，国民党军一个团及六安民团 1000 余人向河西进犯，毛正初集中独立团、赤卫军 4000 余人枪，在武陟山、徐集南岗头一带毙敌 200 余人，生俘国民党正规军 393 人，缴枪 390 余支、马 50 匹、子弹 50 箱。敌人还把河东从单家埠至马头集 40 里沿线划为 6 段，对河西苏区进行经济封锁。毛正初率领 3 个团 9000 余人枪，突然渡河出击，共毙伤敌 700 余人，俘敌 800 余人，一举突破敌人武装封锁线，取得了保卫河西苏区经济建设的关键一战。

1931年秋，寿县、霍邱、颍上和六安边境的黄学、红学、大刀会等1800余人进犯根据地，破坏苏区人民秋收。毛正初率领独立团，在郭店子一带击毙会首赵厚培，毙伤俘会众1100余人。同年秋，毛正初集中兵力拔掉了河西敌人的唯一据点——清凉寺陈后圩子，缴获土枪100余支、钢枪200余支、大米100余石，彻底肃清了河西革命根据地内的反动据点。

1931年秋，毛正初在苏区"肃反"中，被以"改组派"罪名杀害于麻埠文昌宫。时年30岁。

1957年，毛正初被党和政府追认为革命烈士。

图8-7　左立鹏

左立鹏（1946—1978年）1946年出生于六安徐集一个农民家庭。1968年入伍，1969年入党，在部队历任战士、副班长、排长等职。1976年退伍，担任江店公社团委书记，人武部长。1978年9月24日，他带领江店公社武装民兵连进行实弹投掷训练，因掩护在场干部和民兵牺牲。中共六安县委和县政府追认他为革命烈士，并号召全县共产党员、全体干群广泛开展向左立鹏同志学习的活动。

朱存国（1964—1985年）徐集人，徐集中学高中毕业，1982年10月入伍。1984年10月参加对越自卫反击战，1985年2月13日随连长察看地形时不幸踩雷，把连长推到旁边，自己不幸壮烈牺牲，时任连队文书。1985年5月30日，中国人民解放军政治部颁发烈士证书，荣获原南京军区"二等功"勋章。

图8-8　朱存国

四、其他人物传略

张庆初（1892—1968年）原名张正友，六安徐家集人，上海南洋医科大学毕业。曾任黄埔军校中尉医官，后离职还乡，在六安城开设"庆初医院"研制"白附子合剂"，对治疗急、慢性支气管炎有良效，被誉为本县"医术能手"。新中国成立后，张庆初在县人民医院工作，曾获省人民委员会表彰，历任县医院主治医师，县人民委员会委员，县政协第二、三、四届常委等职。

王效禹（1912—1981年）六安徐集人，1912年出生。新中国成立前，任职国民党中央后勤部出纳股股长。1949年，随蒋介石赴台，曾任台北市市长，1981年去世。其子王心坦仍居台湾。

王逸常（1896—1986年），字纯熙，安徽六安徐集尚庙人。1921年，由柯庆施介绍加入共青团，1923年9月，由周颂西介绍加入中国国民党，同年11月，由瞿秋白、施存统介绍加入中国共产党。

1924年春，受中共党委派到广州，由国民党中央执行委员及上海大学校长于右任介绍考入黄埔军校第一期第一队学习，毕业后留校，历任军校政治部干事，中共黄埔军校第一期支部宣传委员、第二期支部候补干事，军校政治部组织科少校科员、代理政治部秘书，兼中国青年军人联合会秘书。

1924年4月，起任黄埔军校教导团第三营少校营党代表，国民革命军第一军第三师第一补充团中校团党代表，黄埔军校潮州分校政治部中校秘书，第一军政治部上校组织科长。

1928 年，在上海党中央军事部工作，1929 年，任中共六安、霍山联合县委书记。1932 年，脱离中共，入国民党中央政治学校学习和任教。1935 年，任军事委员会北平分会政训处上校处员，东北军第五十三军政训处上校处长。

图 8-9　王逸常

抗日战争爆发后，历任保定行营政训处上校处长兼特别党部执行委员等职。1941 年 4 月，任第一战区司令长官部政治部少将副主任。1943 年 4 月，任军事委员会政治部少将部附。1946 年，退役，1947 年 8 月，授陆军少将，未出任军职，任重庆私立中学校长。

1949 年，新中国成立后，转入重庆市人民政府干部文化学校任班主任，学员多为长征干部，1955 年，先后在重庆十三中学，十二中学等中学任历史教员。1962 年，经当时湖北省第一书记王任重同意调往武汉市政府文史研究馆任馆员。1986 年 10 月 24 日，在武汉病逝。

第二节　人物简介

顾武　1918 年 6 月出生，祖籍菊花村栗树元村民组，曾担任过四川省原成都军区军务处处长、副司令员。

严长寿　1920 年 6 月出生，祖籍菊花村严大庄村民组。在部队最高职务任原济南军区副司令员。

郭耀东　原名德福，1925 年 2 月出生，中共党员，徐集镇人，高中文化。1951 年 2 月，参加教育工作，历任小学校长、区教育干部等职。1980 年年底退休。安徽省诗词学会会员，安徽省六安诗词楹联学会理事，出版个人诗集《知非斋吟草》。

吴昌荣　1938 年 2 月出生，徐集镇三岔人，青少年就读于徐集小学和六安一中，1958 年，考入合肥工业大学地质系。参加工作后，任东北大学教师，教授，后转入行政工作，1993 年 4 月，任河北省秦皇岛市副市长，直到退休。1998 年 6 月—2000 年 6 月，创办安徽皖西昌荣职业学校并担任校长兼法人法定代表。2006 年 4 月 3 日去世。

桂福如　1941 年 12 月出生，徐集镇人，1960 年参加中国人民解放军，现任中国医疗协会副总参谋长，副师级干部。

李先才　1949 年 2 月出生，徐集镇人，1966 年毕业于六安一中，1969 年 12 月，加入中国人民解放军，1970 年 9 月入党，1972 年 6 月提干，历任空军导航台台长、分队长，沈阳空军处参谋，被授予大校军衔，1989 年 3 月，转业到沈阳市通信器材修配厂任供销处处长，工程师。

郭元勋　1952 年 5 月，出生于徐集镇东方红村奶奶庙组，后迁至徐集街道老街。1968 年，毕业于六安二中初中部。同年知青下放。1970 年招工，曾任值班长、副厂长、县级六安市经济开发公司经理。现为中华诗词学会会员，安徽省诗词学会理事，安徽省太白楼诗词学会常务理事，六安市诗词楹联学会会长。

付贵英　1953 年 3 月 29 日出生，徐集镇梁集村人，中共党员，1975 年 1 月入伍，

1980 年 1 月退伍，在 35514 部队服役，1979 年参加对越自卫反击战。在部队荣获三等功。

谷怀平　1953 年 12 月出生，裕安区江家店镇人，本科学历，中学高级教师，安徽省书法家协会会员，安徽省毛泽东书法研究会会员，安徽省高级书画师，六安市书法家协会会员，六安市教育书法协会会员。作品曾被韩国、中国上海等地收藏，在国家、省、市、区级不同形式书法展中入展、获奖。2013 年，在六安市老年大学举办"纪念毛泽东诞辰 120 周年"个人书法展，《皖西日报》等多家媒体报道。

宋智兴　1953 年 12 月 8 日出生，研究生学历，徐集镇人。曾就读于新店小学、徐集中学、新安中学。1972 年 11 月，高中毕业应征入伍参加中国人民解放军，在第二炮兵某通信工程部队服役。1974 年 11 月，加入中国共产党。1976 年，由战士提为干部，曾任营部书记、团政治处书记、组织干事。1979 年，调北京第二炮兵司令部工作，历任党务干事、秘书、副处长、处长等职，2000 年 1 月，被授予大校军衔。8 次获军队科技进步奖，2 次荣立三等功。

吴少荣　1955 年 5 月出生，六安徐集镇徐集村人，1970 年，参加中国人民解放军。现任洛阳市交通局纪检书记、正团级干部。

刘大志（女），1955 年，六安师范毕业，1955 年，六安县南官亭小学任教。1964 年，调任丁集小学，1984 年，调徐集小学担任校长，曾当选六安县第八届、第九届、第十一届县人大代表，第六届县政协委员，1986 年，被评为县优秀党员，1987 年，受到县委县政府记大功奖励，1989 年，被评为全国优秀教师。

侯良成　1957 年 12 月出生，徐集镇梁集村人，历任中国人民解放军八一电影制片厂置景员、营房科助理员、副科长、科长、置景技师。

丁美芝　1958 年 12 月出生，徐集镇黄岳村人，毕业于高皇初中和徐集中学。2008 年 10 月，就读于清华大学继续教育学院经济管理高级研修班。1976—1988 年，先后在工程兵第五十三师、北京第二炮兵后勤部服役，1978 年，加入中国共产党，1988 年，转业至重庆市电信局人事处工作。1994 年，辞职经商，任吴江市盛泽通信电缆厂重庆分公司总经理。1995 年，创办江苏吴江盛信电缆厂，任法人代表。2004 年，收购重庆市美乐迪天然食品有限公司，任公司董事长。2005 年，被评为全国食品安全百佳先进个人、重庆市人民代表大会法制委员会调研员，任市级龙头企业协会常务理事。2006 年，当选为重庆市工商联（总商会）执委、重庆市綦江县工商联副会长、重庆市农业产业化龙头企业协会理事、重庆市安徽商会副会长。2007 年，当选为重庆市綦江县政协常委、中国食品安全年会工程技术先进个人、重庆市绿色食品协会副会长。2009 年，被评为"和谐中国·2008 年度十大创新企业家"和"改革开放 30 年·重庆食品经济影响力十大人物"。

汪浜海　1958 年 12 月出生，分路口镇殷家畈村人。1978 年，于分路口公社殷家畈小学任民办教师，1982 年 7 月，六安师范毕业。被评为"全国优秀教师"，是六安市"政府特殊津贴"享受者，中学高级教师。《落实三多，培养语感》等 10 多篇论文在省市级刊物发表。《表析法导读例谈》等 20 多篇论文获省、区、市奖。六安市教育局师训部兼职教师，首届"皖西好老师"候选人，六安市家庭教育指导中心成员，裕安区小学教学研究理事会副会长，裕安区家庭教育讲师团成员。

徐鑫　女，1981 年，师范毕业任教于徐集小学，1993 年，电教课《看云识天气》获六安市一等奖，1996 年，获"市教坛新星"，1997 年，全国语文教师写作比赛一等奖，2007 年，获六安市"教学能手"称号，是裕安区骨干教师讲师团成员，2008 年，获裕安区"三八红旗手"称号，2012 年，获裕安区模范教师称号。

张德圣 徐集镇人，出生于中医世家，其父张子权更是闻名裕安的"老张先生"。自幼跟随父亲学习中医医术，1973 年 4 月 17 日到大岭公社卫生院参加工作。因为医术精湛，1980 年 8 月调到徐集区卫生院工作，1984 年到六安县毛坦厂卫生进修学校学习，学成归来后，一直在徐集卫生院中医门诊兢兢业业工作至今，特别是用祖传秘法治疗男、女不孕不育，中医治胃病更是有独到之处。

邓德销 1962 年 9 月生，徐集镇黄巷村人，本科学历，高级工程师。1978 年 12 月—1983 年 10 月南炮部队服兵役任通讯班长。1983 年 11 月—2007 年五月，历任六安县徐集镇砖瓦厂车间会计、厂长兼党支部书记，六安县乡镇企业局建材协会副会长、技术咨询站站长、燃建公司副经理兼办公室主任、应用技术研究所所长、六安市福利包装厂厂长兼徐集镇企业党支部书记、豪华竹品开发公司经理、六安市四方工业总公司总经理兼党支部书记、通达轮窑厂厂长、通达建安公司经理。2007 年 6 月—2018 年 12 月，历任安徽劳联建筑公司任技术负责人，六安市天运建筑安装工程有限公司任质量科科长、技术负责人、徐集镇企业党支部书记，安徽诚恒置业有限公司工程部经理兼总工，六安市恒龙置业有限公司恒龙公馆项目负责人、工程部经理兼总工，徐集镇企业党支部书记等职。

苏万余 1963 年 1 月出生，徐集镇徐集村人，本科学历，1981 年 7 月参加工作，中学高级教师，中共党员。1981—1992 年历任原六安县挥手初中、徐集初中教导主任，1992 年，调入裕安区徐集镇中心学校工作，2007 年，起任徐集镇中心学校校长。多次获得镇、区、市级奖励，2015 年 12 月，获安徽省教育厅关心下一代工作委员会颁发"十佳'五老'志愿者奖"。

翁仕好 1963 年 6 月 11 日出生，徐集镇街道人，中共党员，1982 年 10 月 29 日入伍，1987 年 1 月 1 日退伍，先后在 35159、83236 部队服役，1984 年 7 月—1985 年 7 月参加"两山"轮战，在部队荣获战时三等功。

朱春明 1963 年 5 月 8 日出生，徐集镇街道人，中共党员，1982 年 10 月 29 日入伍，1987 年 1 月 1 日退伍，先后在 35159-61、83235-61 部队服役，1984 年 7 月—1985 年 7 月参加"两山"轮战，在部队荣获战时三等功。

吴树瑜 1964 年 5 月出生，徐集镇棠树村永红组人。中共党员，硕士学位，副教授。六安师专毕业后任教于六安四中、六安市第一职业高中、六安市工业学校、六安职业技术学院。现任中共六安职业技术学院信息与电子工程学院党委书记。

权家宝 1964 年 8 月 18 日出生，徐集镇街道人，中共党员。1982 年 10 月入伍，1988 年 1 月退伍，在 83235 部队服役，1984 年 7 月—1985 年 7 月参加"两山"轮战。在部队荣获战时三等功。现任徐集镇退役军人服务站站长。

陈善虎 1964 年 8 月 18 日出生（农历），徐集镇黄巷村土桥组人，中共党员，任徐集镇中心小学教师、工会主席、副校长。1986 年 8 月，毕业于六安师范学校，2007 年 8 月，被评为裕安区"五好文明家庭"。2007 年 12 月，获区级"教学能手"称号，2008 年 7 月，获六安市"教坛新星"称号，2009 年 9 月，被评为裕安区"优秀教师"，2013 年 3

月，获市教育系统校务公开先进个人称号，2017年、2018年参加信息化大赛、课件制作、微课比赛四次获区级奖。

夏有军　1965年10月出生，江家店镇永兴村人，中共党员，镇人大代表。1982年，进入徐集镇粮油食品厂从事徐集花生糖生产工作，1984年，升任师傅及技术指导员，1992年，创办徐集夏军花生糖食品厂，1997年，食品厂迁至徐集镇六梅路，2008年，投资百万元建成标准化生产车间生产徐集花生糖系列产品。2010—2022年连续多年获"优秀共产党员"称号。2019年，担任徐集花生糖协会第一任副会长。2022年，新冠疫情防控工作中被裕安区工商联、中共非公支部授予"最美志愿者"称号。2022年，荣获非物质文化遗产项目《徐集花生糖技艺》裕安区非物质文化遗产代表性传承人，为徐集花生糖的传承引领，行业发展奠基人和引路人。

郝先庆　1965年12月9日出生，六安市金安区人，中共党员，1982年10月入伍，1985年10月退伍，先后在35161-82、83237-82部队服役，1984年7月—1985年7月参加"两山"轮战，在部队荣获战时三等功。

陈世宏　徐集镇人，1986年，毕业于安徽师范大学，同年分配至六安城南中学，1996年，调入六安二中，担任教研组长、校刊《墨浪花》副主编。

金家吾　1964年11月出生，裕安区分路口大岭村人，中共党员，大专学历。1984年11月，在六安县大岭乡财政所工作。1985年10月，在六安县徐集区、裕安区徐集镇财政所工作，1999年9月，任徐集镇财政所副所长，2005年11月，任徐集镇财政所所长至今。1988—2008年曾先后获得六安县财政局"先进个人"、六安市三大查"先进个人"、六安市财政局"先进个人"、裕安区财政局"先进个人"、安徽省农业税征管业务"先进个人"等荣誉称号。

关德勇　1965年8月出生，徐集镇菊花村张墩村民组人，1986年11月入伍，1989年12月入党，研究生学历，技术七级。曾任火箭军排长、指导员、协理员、处长等职务。荣立三等功六次。

谢贻祥　1965年8月出生，中共党员，六安市徐集中学副校长，中学高级教师。1990年7月，毕业于安徽师范大学历史系，同月参加工作。2004年，荣获"安徽省优秀教师"称号，2005年5月，荣获"六安市职业道德标兵"称号，2005年9月，荣获"全国中小学德育先进工作者"、"全国优秀教师"荣誉称号。2005年12月，起担任国家教师奖励基金"十一五"规划重点课题"全国教师队伍建设研究"实验校课题"教师学校、社会、家庭三结合德育创新研究"课题组长。2008年7月，被中国中小学幼儿教师奖励基金会评为"全国教育科研杰出校长"。在《诗刊》等杂志发表诗词十余首，发表灯谜作品或谜评300余则（篇），2005年被《中华灯谜网》评为"全国十佳谜人"，部分谜作被收入《中华灯谜年鉴（2005—2006）》。

徐为圣　1965年12月10日出生，徐集镇东沟村人，1983年1月入伍，1987年12月退伍，先后在83236、35160部队服役，1984年7月—1985年7月参加"两山"轮战，在部队荣获战时三等功。

梁绍明　1966年1月出生，徐集镇街道人，1982年10月入伍，1986年10月退伍。在执行对越自卫还击作战期间，开辟通路1400多米，排除各种险雷484枚，在战斗中带领攻击分队最先冲上 2 个高地，为战斗胜利做出较大的贡献。1987 年 5 月，被安徽省人民政府授予"对越自卫还击作战人民功臣"称号。任工商银行六安分行副总经理。

刘文芬 女，1966 年 10 月出生，裕安区分路口镇大岭村人，中共党员，中学高级语文教师，合肥市拔尖人才，合肥市中学语文学科带头人，合肥市教育名师工作室主持人，合肥市中学语文培训基地专家组成员，安徽省第二届教坛新星，全国中语会会员，2010 年，参加全国第八届全国中小学信息技术与课程整合优质课大赛现场课决赛，荣获全国一等奖，2019 年，全国第八届初中语文基本功展评课例一等奖。2002 年，走"绿色通道"到合肥市第五十中学工作，2014 年 9 月，到蜀山区教体局，做专职教研员，指导年轻老师参加各级教育教学比赛，数十位老师获得国家级一等奖和省级一等奖，2019 年，被评为合肥市第九批专业技术拔尖人才，合肥市第四批学科带头人和语文基地授课专家。

李兆耿 1966 年 11 月出生，徐集镇人，装甲兵学院装备运用系主任，行政副师、技术医师、硕士研究生导师。

王罗华 1966 年 11 月出生，裕安区江家店镇人。1987 年，加入中国共产党，1988 年，被毕业于六安师范学校，1988 年 8 月，被分配至徐集小学任教。2001 年 7 月，毕业于安徽省教院，获本科学历。2013 年，被评为高级教师。1999 年，参加教师基本大赛获钢笔字、简笔画、普通话三项冠军，2009 年，获裕安区家庭才艺大赛一等奖。2001 年，获安徽省第二届"教坛新星"称号。2010 年，获六安市"农远应用新星"称号。曾获六安市骨干教师、市学科带头人、市模范教师、皖西好老师、皖西乡村好教师、区优秀教师、中国青少年基金会"TCL"奉献奖皖西最美教师、六安市拔尖人才等荣誉奖励。

李翔 1966 年 12 月出生，徐集镇棠树村人，中共党员，镇第五届人大代表。1991 年，毕业于六安市孙岗高级职业中学农学专业班，同年考入中央广播电视大学农学专业函授班，1994 年毕业。1989—1997 年在六安市裕安区徐集镇农技站工作，从事农业技术咨询，推广新农药、种子、肥料，经营与服务双结合。1996 年，荣获"安徽省科技兴农创业之星"称号，同年获"六安市科技进步先进个人"称号。2004 年 8 月，与李和国、李和廷 3 人共同资助棠树村修水泥路 8 万元。2011 年 6 月，创办六安市康尔惠食品有限公司，专业生产六州牌徐集花生糖系列产品，并担任公司法人代表。2014 年，获镇"优秀党员称号"。2019 年，担任徐集花生糖协会第一任会长。2020 年，荣获裕安区"十佳产业扶贫带头人"称号。2022 年，当选为镇五届人大代表，镇商会会长，裕安区工商联执委。2023 年 3 月，获安徽省劳模乡村振兴工匠联盟成员。

田淮民 1966 年出生，徐集镇黄巷村人。大学本科学历，高级工程师，1985 年，参加工作，时任司法系统六安地区劳改支队管教干部。1992 年下海，历任六安建筑建材厂建安公司技术员、六安市建设发展有限公司副总、安徽中挚建设发展有限公司任副总、安徽省六安市宇航房地产开发有限公司董事长，法人代表，兼任市政协委员，市慈善协会常务理事，市消协常务理事。自 2006 年每年为 50 位老人，20 名特困学生捐赠款物人均近 200 元。为家乡徐集镇黄巷村修路、修塘捐款 10 万元，为原孙庙小学修路捐款 1.5 万元，为城南镇樊通桥村修路捐款 6 万元，2004 年，先后为徐集、城南中学捐资近百万元。为华源招商引资项目捐款近千万元。2014 年，任安徽紫荆花控股集团董事长，领衔开发的集生态养老、温泉度假、文旅研学、高新农业为一体的紫荆花怡养小镇，受到新华网、新浪网、中国网等多家权威媒体广泛关注和赞誉，曾多次接受省、市电视台专访。

潘鑫　1967 年 9 月出生，徐集镇全红村人，中共党员，大学学历，农业推广硕士。现任安徽省农业农村厅副厅长，党组成员。历任安徽省农业厅畜牧局科员、主任科员、安徽省兽医工作站（安徽省动物血防站）站长（副处级）、安徽省农业委员会畜牧局副局长、安徽省畜牧兽医局兽医处处长（副处级）、安徽省畜牧兽医局副局长（正处级），安徽省农业委员会财务处处长，安徽省农业农村厅计划财务处处长、一级调研员。分管种植业管理局（农药管理处）、省农业技术推广总站、省植物保护总站、省土壤肥料总站、省特色农业管理站（省菜篮子工程办公室）。协助分管农村金融工作。

马启彬　1968 年 2 月出生，徐集镇菊花村菊花村民组人。中共党员，华南农业大学农学院副院长，博士，副教授，硕士生导师。美国阿肯色大学访问学者。教育经历：安徽农业大学/农学院农学学士、中国农业科学院研究生院/中国农业科学院作物科学研究所农学硕士、中国科学院大学/中国科学院植物研究所理学博士。主要成就：主持国家自然科学基金、广东省科技计划项目等课题 10 项以上，主要参加研究课题 20 项以上。在 The EMBO Journal、Cell Research、The Plant Journal、Plant Physiology、PLOS ONE、BMC Plant Biology、Theoretical and Applied Genetics、Molecular Plant 等国际刊物上发表研究论文 30 多篇。育成大豆新品种 20 个，获得 2020—2021 年度神农中华农业科技奖科学研究类成果（一等奖）1 项，第 13 完成人；2012 年，获得广东省农业科技推广奖（一等奖）1 项，第 4 完成人；2014 年，获得广东省科学技术奖（一等奖）1 项，第 5 完成人。

潘显道　1968 年 8 月 20 日出生，徐集镇人，研究员。1991 年 7 月，获中国科学技术大学近代化学系有机化学硕士学位。1991 年 8 月—1998 年 9 月，在安徽省药物研究所从事新药研制、化学药物及中间体新工艺研究，及国家自然科学基金项目研究；1998 年 9 月—2001 年 4 月，在美国加州太平洋医学中心从事新抗肿瘤药设计、合成和生物活性试验。2001 年 6 月—2007 年 1 月，在中国医学科学院药物研究所药物化学研究室从事新抗癌药和抗病毒药的设计、合成和生物活性研究。2003 年 2 月至今任北京协和药厂、北京协和制药二厂总工程师，任国家自然科学基金同行评议专家，科技部中小型企业技术创新机关报基金审评专家。

韩明　女，1969 年 10 月出生，裕安区丁集镇人，中共党员，本科学历，中级职称。1991 年 7 月，参加工作，任徐集镇综治办公室副主任。2002 年 6 月，通过全国统一的专技术职称考试，取得统计师资格。被评为"优秀共产党员""十五期间全区计划生育工作先进个人""裕安区优秀调查员""全省人口和计划生育目标责任制考评抽样调查优秀调查员"等称号。

刘一浩　1969 年 10 月出生，中共党员，大学文化。1992 年，参加工作，1997 年 7 月，入党，曾在固镇卫生院、江家店镇卫生院、徐集镇中心卫生院工作，历任医政干事、副院长、院长，曾多次获得"优秀共产党员""先进个人"称号，2003 年，获裕安区委区政府"抗击非典先进个人"表彰，2020 年，获六安市五一劳动奖章。

李进　1969 年 4 月出生，中共党员，大专学历，裕安区分路口镇新沟村人。1992 年 10 月，参加工作，1998 年，任徐集镇村镇规划建设管理所副所长兼徐集镇环卫所所长，并主持建设所日常工作。2007 年，任徐集镇村镇规划建设管理所所长、土建党支部书记，土木工程师职称。裕安区交通行风监督员、裕安区第五届人大代表。1995—2021年，先后10余次获市、区级"先进个人""最美扶贫人"等称号，享受裕安区政府津贴。2001—2003年连续3年、2009—2020年连续12年，获徐集镇事业单位年度考核优秀等次。主笔编制《徐集镇村庄布点图》《徐集镇"康居工程"居民点规划图》。1998年，参与"徐集花生糖"地标产品"徐集"花生糖商标设计、注册，收集、撰写徐集花生糖的起源传说、文化渊源，一并纳入"徐集"花生糖商标权、图文版权中。2011年，独立起草完成徐集镇运站容积率法定调整论证，作为示范文本，获六安市规划局推广。2022年，两篇专业论文在《科技创新与应用》刊物发表。

王黎黎 女，河南省南阳市社旗县人，1989年，毕业于上海华东理工大学生物化学专业，获学士学位，在随后的10年中一直从事精细化工和制药方面的工作。2002年，同爱人一同回六安创立六安市恒信化工有限责任公司，并出任董事长。公司属中小企业，以开发精细化工产品、医药、农药中间体为主导。2008年1月，获全国妇女"双学双比"活动女能手称号，为地方经济建设和发展做出一定的贡献。

李昌军 徐集镇黄巷村江粉坊村民组人，1985年10月，开始学习建筑技术，1993年3月，带领一班人员在本地帮农户建房，手下有农民工50多人，2008年后，开办李昌军百货商店，投资50多万元，创建六安市裕安区海鸿畜禽养殖专业合作社坐落于徐集镇黄巷村大竹园村民组，占地面积200亩，建筑面积约50亩，总投资1200万元，年出栏3500头。

葛先军 徐集镇人，毕业于六安卫校，一直在家从事中医针灸诊所，通过刻苦钻研掌握了精湛医术，享誉徐集本镇及周边县乡，被大伙尊称"葛神仙"。2008年医改后，被招入徐集镇中心卫生院工作，利用针灸医术，在腰椎间盘突出、腰腿痛、面神经麻痹，妇科等症方面治愈3000余人次，得到广大患者普遍认可。

李张周 1971年出生，裕安区顺河镇王圩村人。1988年，从徐集镇霸王墩中学毕业后，学习从事家庭装饰工作，两年后，在徐集开办家庭装饰油漆培训班，成功培训大批优秀学员。1992年，先后就职于多家喷塑和机械公司。1999年，回到六安开办裕安红星静电喷塑厂，填补六安市喷塑行业的空缺。2008年，成立六安市华鑫金属制品有限公司，着重发展钣金行业。2009年，成立六安市红星金属材料有限公司，着重发展钢板的切割制作。2011年，成立安徽馨佳园农业科技有限公司，从事园林行业。2011年年底，在徐集镇工业集中区，成立安裕新电力科技有限公司，主要生产太阳能路灯，GGD配电箱，等等。

蒋纯超 1972年6月出生，徐集镇东沟村人，中共党员，中专学历。六安市绿洁牧业有限公司总经理，六安市裕安区源丰畜牧养殖专业合作社理事长。2012年10月，投资200万元，在徐集镇黄岳牵头组建六安市裕安区源丰畜牧养殖专业合作社，并任理事长，带领合作社103个成员（其中，建档立卡贫困户5户）和周边32个农户共同发展山羊养殖，在安徽白山羊良种选育、标准化饲养、秸秆饲料综合利用、种草养羊等技术示范推广工作中取得良好的经济效益和社会效益。合作社获得安徽省农民专业合作示范社奖项。2017年9月，顺利通过安徽省农委专家组评审，获得安徽白山羊祖代场《种畜禽经营许可证》，建成安徽白山羊祖代种羊场。该公司存栏安徽白山羊核心群种羊8个家系413

只，年可出栏父母代种羊 1000 多只，商品羊 1500 多只。授牌为"六安市农业产业化龙头"。

刘发祥　1972 年 9 月出生，裕安区丁集镇人，本科学历，中共党员。曾任徐集财政所副所长，兼职镇人武干事、生猪办主任。1998 年，因档案管理被档案局授予"先进个人"，2002—2004 年连续三年考核为优秀，2003—2006 年连续四年被评为优秀共产党员，2002—2004 年连续三年被区财政局评为"先进个人"受区政府表彰。

张传明　1972 年 10 月出生，徐集镇棠树村徐郢组人，中共党员。1987 年初中毕业后，外出上海创业，先后创立上海二比建筑装饰工程有限公司，新欧坊餐饮（上海）有限公司，滁州欧力建筑新型建材有限公司。现有管理人员 80 人，员工达到 500 人，公司年产值达到 5000 万元以上。创业成功也不忘家乡发展，对社会亦有担当意识，2016 年，帮棠树困难党员代缴党费，2017 年，为棠树村部捐献价值 1.7 万元桌椅办公用品，2018 年，为棠树村部落成捐献 0.9 万元，2019 年，为棠树困难群众慈善捐献 2000 元，2021 年，庆祝建党 100 周年捐献价值 3000 元茶杯。2017—2021 年连续 5 年获得棠树村"优秀共产党员"光荣称号。

吴斌　1972 年 10 月出生，徐集镇棠树村新塘村民组人，中共党员，大学本科学历，1990 年 3 月入伍，1993 年 9 月，考入济南陆军学院步兵分队指挥专业学习，1996 年 7 月毕业，分配至原济南军区 67 集团军防化兵第十三团历任排长、副连长、连政治指导员、司令部政治协理员（副营职），2005 年，调入山东省军区泰安军分区宁阳县人武部任政工科长（正营职），2008 年 1 月，分配至山东省物价局任副主任科员、主任科员。其中，2002 年 9 月—2005 年 6 月，在济南陆军学院，法律专业本科毕业，2003 年"非典"期间因工作成绩突出被 26 集团军评为优秀共产党员。2014 年，挂职担任聊城市阳谷县十五里园镇陈堤口村"第一书记"，2017 年 1 月，调入中共山东省纪律检查委员会任正科级检查员，四级调研员，2019 年 12 月至今，历任山东省纪委监委四级调研员（副处级）、三级调研员（副处级）、二级调研员（正处级），其中，2018 年 9 月—2020 年 10 月，任省委选派驻郓城县乡村振兴服务队党支部组织委员，2020 年 10 月—2021 年 10 月，担任省委选派"加强农村基层党组织建设"日照市莒县总队队长，2016 年，被山东省物价局记三等功一次，2020 年，被郓城县人民政府记三等功一次，2021 年，被莒县人民政府记三等功一次，被山东省纪委监委记三等功一次。

孙宗清　1972 年 12 月出生，裕安区分路口镇人。本科学历，文学学士，中共党员，中学高级教师。1992 年毕业于六安师范学校，六安地区"双优"毕业生，一直从事中小学乡村教育工作。主要荣誉："书香安徽"全民阅读 2021 年度"书香之家"获得者（安徽省委宣传部颁发）；多次获国家、省、市级征文，书法类奖项；主编《徐集镇志》等 4 部乡镇地方志，300 余万字，六安市地方志编纂工作"先进工作者"。

徐登全　1973 年 2 月出生，徐集镇东沟村徐郢组人，1989 年，初中毕业后开始外出务工，1995—2002 年，担任上海一家外企羊毛衫厂生产厂长一职，2003 年，凭借多年积累的经验在上海创办第一家羊毛衫加工厂，2017 年，经六安市政府招商回安徽六安，注册"安徽欧汐雅服饰有限公司"并担任总经理兼法人职务。工厂地址坐落于六安市裕安区徐集镇街道，多年来徐登全立足于家乡企业发展，带动周边群众就业。热衷于公益慈善事业，疫情防控期间，组织多次捐款，为镇发展做出巨大贡献。

钱祥龙 1974年11月出生，六安市裕安区固镇镇人，中共党员，在职研究生学历。1994年11月，参加工作，1994年11月—2016年3月，历任固镇镇农经站农经员，计生办副主任，顺河镇计生办主任（其间在省委党校经济学类专业学习），顺河镇副镇长，狮子岗乡党委副书记、纪委书记，平桥乡党委副书记、纪委书记，2016年3月—2020年5月，任职石婆店镇党委副书记、镇长，2020年5月至2023年6月，任徐集镇党委书记、一级主任科员。

谢浩 1976年9月出生，中共党员，原籍徐集镇棠树村永红组，本科就读于中国矿业大学，硕士就读于南京航空航天大学，博士就读于上海理工大学。2000年9月—2013年9月，任职南京师范大学能源与机械工程学院副教授，2013年9月—2016年8月，任职南京师范大学能源与环境系统工程专业支部书记/系主任，2016年8月—2017年8月，常州市新北区河海街道副书记（挂职），2017年4月至今，任职南京师范大学镇江创新发展研究院院长。工作领域：开展技术研发、产业孵化、成果转化等科技创新工作。研究方向：清洁能源利用、智慧能源管理等方向。个人荣誉有：2017年，获常州市杰出创新人才"云计划"，2019年，获江苏省重点研发计划（社会发展）项目资助。

吴崇新 1978年4月出生，徐集镇棠树村人，1997年7月，毕业于安徽广播电视大学法律专业。1997年11月，参加工作，2003年2月入党。历任徐集镇有线文化广播电视站职工、站长、支部书记，徐集镇人民政府档案员、统计员、人编干事。1999年10月—2000年5月，负责全镇有线电视网络升级改造工作，将300MHz的12个频道升级为550MHz的26个频道，2006年1月，实现与市、区有线电视网络光纤联网，2008年，在全镇开通17个广播电视"村村通"村点。2004年，主持镇第一次全国经济普查工作并获得省级"先进个人"称号，2005年，被评为全区优秀档案员，2006年，主持全镇第二次全国农业普查工作，2008年，被授予第二次全国农业普查省级"先进个人"。2015年，荣获安徽省首届"书香之家"称号，2018年11月，荣获国家新闻出版署颁发"全国书香之家"称号。

尚必武 1978年7月出生，徐集菊花村人，中共党员。博士学历，博士生导师。主要学习经历：徐集高级中学、安徽师范大学外国语学院英语教育专业、上海交通大学外国语学院英语语言文学专业硕士研究生、上海交通大学外国语学院外国语言学及应用语言学专业博士研究生、美国俄亥俄州立大学英文系联合培养博士生、华中师范大学文学院比较文学与世界专业博士后。主要工作经历：安徽工业大学外国语学院助教，浙江工商大学外国语学院副教授、硕士生导师，美国宾夕法尼亚大学英文系访问学者，上海交通大学外国语学院特别研究员、博士生导师，美国国家人文中心 Fellow，上海交通大学外国语学院教授、博士生导师，2020年9月至今，上海交通大学长聘教授、博士生导师、跨学科叙事研究中心主任、*Frontiers of Narrative Studies*（ESCI）杂志主编。主要获奖经历：浙江省首批"之江青年社科学者"，浙江省高校中青年学科带头人，上海市第十二届哲学社会科学优秀成果奖一等奖，教育部第七届高等学校人文社科优秀科研成果奖三等奖，美国国家人文中心 Fellow，中组部"万人计划"青年拔尖人才，上海市第十三届哲学社会科学优秀成果奖二等奖，欧洲科学院外籍院士，上海交通大学"唐立新优秀学者奖"。

鲍丙同　1981年10月出生，中共党员，原籍徐集镇棠树村徐郢组人，毕业于中国人民解放军第二炮兵指挥学院，曾是96520部队营长，先后两次获得三等功，现工作于保定市公安局交警支队。

荣娟　女，1982年出生，安徽大学毕业，本科学历。大学期间多次荣获优秀学生及学生会优秀干部等荣誉，工作中被评为裕安区民办教育优秀法人，裕安区创业之星，等等。2004年，创办徐集镇登科学校，任登科教育集团董事长，登科学校董事长。她是中国梦的坚定践行者，忠诚党和人民的教育事业，情系农村教育，并为之付出全部的心血与智慧。她倡导与人为善，用高端宽广的国际视野、德财智聚全的厚重人脉，打造登科品牌学校。

丁浩　1986年2月出生，徐集镇棠树村徐郢组人，中共党员，2009年，本科毕业于皖西学院教育学院，同年考试录取为公务员，历任安徽省宣城市绩溪县荆州乡团委书记、党委秘书，团县委办公室主任等职务，2014年，遴选调入宣城市经济和信息化局，历任副主任科员、办公室副主任，现任机关党委专职副书记（正科级）。曾获"优秀共产党员""优秀党务工作者""机关先进工作者""创建全国文明城市先进工作者"等荣誉称号。

蔡志祥　1986年10月出生，六安市裕安区罗集乡人，中共党员，硕士学历，现任徐集镇党委副书记、镇长。学习工作经历：2010年9月—2013年7月，在合肥工业大学信号与信息处理专业学习，硕士研究生，2013年8月—2016年11月，任徐集镇政府科员，扶贫工作站站长，2016年11月—2018年4月，任裕安区纪委办公室科员，2018年4月—2021年11月，任裕安区纪律检查委员会组织部部长、区政纪委监委驻区委组织部纪检监察组组长，2021年11月，任徐集镇党委副书记、镇长。

张学斌　1987年8月出生，江家店镇永兴村人，非物质文化遗产传承人。2010年，毕业于合肥万博科技职业学院。2013年，将祖传翁家糖坊创业成立"六安市翁家糖坊食品有限公司"，主要经营传统花生糖等系列产品。2014年，带领企业将"徐集花生糖制作技艺"申获"六安市第四批非物质文化遗产"。2015年，荣获"非物质文化遗产传承人"称号。2016年，当选为江家店镇第四届人大代表。2019年，参加中国科学技术大学企业家特训营并结业。同年，担任徐集花生糖产业协会秘书长。2020年，被选为六安市新的社会阶层人士联谊会会员，同年，将六安市翁家糖坊食品有限公司申请为"市级非物质文化遗产传习基地"。2022年5月，"徐集花生糖制作技艺"荣获安徽省第六批省级非物质文化遗产传统技艺类项目，编号为Ⅷ–151。翁家糖坊也被评为"安徽省老字号"称号（安徽省商务厅颁发），并多次参加安徽省非遗活动。

陈善智　1989年5月出生，徐集镇棠树村新河组人，中共党员，大学本科学历，2009年12月，加入中国共产党，2011年8月，参加工作。2011年8月—2019年1月，先后任六安市霍邱县县长集镇机要员、纪委副书记、党政办副主任、党政办主任，2019年1月—2021年4月，任霍邱县县长集镇党委委员、武装部长、党政办主任，2021年4月至今，任霍邱县夏店镇党委副书记。个人荣誉有：2020年1月，受六安市军分区表彰为2019年度"练兵备战标兵个人"，2020年9月，受中共霍邱县委员会、霍邱县人民政府记"三等功"，2021年1月，受六安市军分区表彰为2020年度"练兵备战标兵个人"。

谷延亮 1990年出生，裕安区江家店镇永兴村人。2004年，从江家店初级中学毕业后，学习从事服装加工工作，2010年左右去江、浙、沪一带闯荡，带领家乡人一起从事于服装缝制行业，学习大量服装缝制操作技巧，成衣成本核算，国际贸易订单操作流程和规范。2014年，回家乡开办六安万腾服饰有限公司，主要承接内销、外贸等一系列品牌服装（经销）加工订单。从2014年的近似于作坊式的服装缝制，发展为至今的自主接单、裁剪、缝制、后道为一体的综合性服装生产企业。2018年年底，厂房搬迁至徐集经济开发园区，设备更新换代，生产能力和品质管控得到大幅提升。

李星星 1991年9月出生，徐集镇棠树村友爱组人。学习学历：2005—2008年，六安一中高中在读，2008—2012年，南开大学经济学院经济学系本科在读。工作简历：2011年，任浦发银行天津分行实习，2012年，任厦门银行像屿支行客户经理，2013—2022年任六安市气象局财务核算中心中级会计师。

王兴莲 女，1991年出生，徐集镇东方红村人，中国武术散打队运动员，2011年，全国女子武术散打锦标赛冠军。小时候就读东方红小学，初中就读于徐集镇初中。2005年秋，王兴莲到皋城文武学校参加体能训练，后转到裕安拳击训练基地学拳击。2006年10月，在合肥召开的安徽省全运会上，获得省75公斤级自由摔跤比赛银牌。2007年，入选安徽省武术散打队，2008年5月，王兴莲代表安徽省参加在郑州举行的全国青少年武术散打锦标赛，夺得女子70公斤级冠军。2009年，获全国青少年冠军。2010年4月，王兴莲首次参加全国女子武术散打锦标赛，获武术散打女子75公斤级全国第二名。2011年6月，王兴莲第二次参加全国女子武术散打锦标赛，获75公斤级冠军。2012年，入选中国武术散打队。2016年9月5日，在台湾桃园进行的2016亚洲第九届武术锦标赛上，以大比分轻松夺取女子70公斤级冠军，成为新晋亚洲女子"散打王"。

王爽 1999年3月出生，徐集镇菊花村人，中共党员，本科毕业于南京航空航天大学机械工程专业，博士就读于上海交通大学医疗机器人专业。主要科研经历：获全国节能减排大赛校内选拔赛二等奖、南京航空航天大学钻木取火大赛最佳装置奖一等奖、南京航空航天大学钻木取火大赛最快奖二等奖、零件建模大赛工图赛区二等奖、零件建模大赛三维建模赛区三等奖、最美电路创意焊接大赛三等奖、国家级大创——手部运动康复训练机器人设计与研究优秀结题、成飞—南航"智汇蓝天"工程实践项目——钛合金薄壁件3D打印仿真技术研究优秀结题、中国工程机器人大赛暨国际公开赛二等奖、南京航空航天大学高等数学竞赛二等奖、南京航空航天大学互联网+大学生创新创业大赛二等奖、南京航空航天大学机器人大赛三等奖、"群星"创新奖提名奖、南京航空航天大学第十届本科生学术论坛冠军、实用新型专利授权一项。2021—2022学年申请国家发明专利一项。发表3篇SCI论文，1篇EI会议。主要荣誉有：获国家励志奖学金、优秀学生奖学金一等奖、学业奖学金一等奖、园丁励志奖学金二等奖等。

第三节 人物表录

一、徐集籍革命烈士简表

徐集籍革命烈士简介（106 名）

表 8-1

姓名	性别	籍贯	单位、职务	英雄事迹及其他
丁兰洞	男	六安县徐集乡	赤卫军十一连六班班长	参加苏家埠战役
陈世贵	男	六安县徐集乡	赤卫军队员	1932 年在地方做秘密工作
郭秀发	男	六安县徐集乡	赤卫军战士	1928 年在韩摆渡河沿战岗被偷岗牺牲
周正奎	男	六安县徐集乡	土地委员	1928 年在参加革命，31 年被白色军小保队逮捕
罗永视	男	六安县徐集乡	地方通信员	1933 年参加地方送信工作，不幸病难
王少周	男	六安县徐集乡	皖西北道区书记	1928 年与毛正初在肃反时被改组派用石头砸死
王兴亮	男	六安县徐集乡	皖西北列宁小学校长	1928 年与毛正初、王少周被石块砸死
丁香迟	男	六安县徐集乡	红四军不师1018 团秘书长	1929 年与毛正初做革命秘密工作，死在河沙滩
张文华	男	六安县徐集乡	新四军 11 师32 团战士	红军撤退时失踪
李太初	男	六安县徐集乡		
吴先怀	男	六安县徐集乡	红 25 军 75 师战士	红军撤退时失踪
陈具宝	男	六安县徐集乡	新 25 军战士	红军撤退时失踪
刘为盛	男	六安县徐集乡	新四军 73 师战士	红军撤退时失踪
梁伯林	男	六安县徐集乡	新四军 12 师战士	红军撤退时失踪
吴修荣	男	六安县徐集乡	75 军 73 师营 3 连战士	红军撤退时失踪
江选林	男	六安县徐集乡	73 师班长	红军撤退时失踪
高厚安	男	六安县徐集乡	75 军 73 师战士	红军撤退时失踪
葛正义	男	六安县徐集乡	独立营事务长	红军撤退时失踪

续表

姓名	性别	籍贯	单位、职务	英雄事迹及其他
刘寿奎	男	六安县徐集乡	红四军74师特务连	红军撤退时失踪
区焕章	男	六安县徐集乡	红四军73师战士	红军撤退时失踪
罗亨义	男	六安县徐集乡	红15军炊事员	红军撤退时失踪
许承宝	男	六安县徐集乡	75军74师班长	红军撤退时失踪
杨计前	男	六安县徐集乡	秘密工作	1933年被改组派杀害
田从道	男	六安县徐集乡	75军独立3师	失踪
辛启德	男	六安县徐集乡	红四军战士	失踪
江求叶	男	六安县徐集乡	独立军战士	失踪
杨本权	男	六安县徐集乡	75军战士	不详
梁德才	男	六安县徐集乡	75军战士	苏家埠战役牺牲
戴家英	男	六安县徐集乡	红军团部宣传员	1931年7月在宣传中牺牲
张学友	男	六安县徐集乡	75军73师38团宣传员	失踪
余道海	男	六安县徐集乡	新四军战士	不详
侯守才	男	六安县徐集乡	25军战士	失踪
袁少文	男	六安县徐集乡	75军连长	1931年改打王家圩牺牲
胡道明	男	六安县徐集乡	75军战士	失踪
杨保友	男	六安县徐集乡	75军战士	失踪
刘发荣	男	六安县徐集乡	75军战士	失踪
梁从贵	男	六安县徐集乡	75军战士	失踪
王光元	男	六安县徐集乡	游击队排长	1931年苏家埠老虎头牺牲
张丕庆	男	六安县徐集乡	75军战士	失踪
张大祥	男	六安县徐集乡	红四军217团机抢连排长	失踪
徐晓峰	男	六安县徐集乡	独立团连长	失踪
高厚义	男	六安县徐集乡	红四军12师55团战士	作战牺牲
江贤香	男	六安县徐集乡	25军73师传领	失踪
严长友	男	六安县徐集乡	25军73师战士	失踪
陈友富	男	六安县徐集乡	红四军75师223团战士	不详
钟明炎	男	六安县徐集乡	25军战士	不详
刘金才	男	六安县徐集乡	独立团战士	1933年战斗中牺牲

续表

姓名	性别	籍贯	单位、职务	英雄事迹及其他
袁少云	男	六安县徐集乡	25军战士	不详
黄远海	男	六安县徐集乡	独立团战士	作战牺牲
郭德全	男	六安县徐集乡	25军传令兵	失踪
徐士明	男	六安县徐集乡	25军73师战士	作战牺牲
傅继榜	男	六安县徐集乡	红四军战士	失踪
刘希富	男	六安县徐集乡	25军73师战士	失踪
吴啟宝	男	六安县徐集乡	25军73师战士	失踪
吴啟宽	男	六安县徐集乡	25军74师战士	失踪
付继福	男	六安县徐集乡	25军战士	失踪
徐存恩	男	六安县徐集乡	不详	失踪
毛红树	男	六安县徐集乡	25军战士	失踪
傅承元	男	六安县徐集乡	25军73师 218团战士	失踪
田从状	男	六安县徐集乡	25军74师战士	失踪
张在文	男	六安县徐集乡	红四军10师战士	攻河南七里坪牺牲
陈于堂	男	六安县徐集乡	地方村主任	1932年在村部被敌人杀害
刘广荣	男	六安县徐集乡	25军炮兵	失踪
杨开支	男	六安县徐集乡	25军73师战士	失踪
黄远江	男	六安县徐集乡	25军73师班长	失踪
沈自业	男	六安县徐集乡	红四军战士	送信时牺牲
张世财	男	六安县徐集乡	25军73师战士	失踪
徐延炳	男	六安县徐集乡	红四军战士	失踪
鲍传府	男	六安县徐集乡	75军73师战士	1930年4月战斗中牺牲
牛世安	男	六安县徐集乡	红四军25师战士	失踪
黄文科	男	六安县徐集乡	25军73师战士	失踪
张德贵	男	六安县徐集乡	25军74师战士	1933年牺牲
魏林富	男	六安县徐集乡	红四军战士	失踪
黄世祥	男	六安县徐集乡	25军战士	失踪
黄乃文	男	六安县徐集乡	红四军战士	失踪
蒋先慈	男	六安县徐集乡	上海大学教授	1931年牺牲于上海
汪显义	男	六安县徐集乡	25军73师战士	失踪
张昌太	男	六安县徐集乡	红四军战士	失踪
王茂德	男	六安县徐集乡	红军排长	不详
王维富	男	六安县徐集乡	不详	失踪

续表

姓名	性别	籍贯	单位、职务	英雄事迹及其他
江求回	男	六安县徐集乡	新25军73师战士	失踪
汪启宝	男	六安县徐集乡	25军73师战士	失踪
翁美银	男	六安县徐集乡	独立团战士	失踪
陈炳强	男	六安县徐集乡	红四军27师事务长	失踪
张德华	男	六安县徐集乡	25师93师副连长	1936年9月在甘肃岭作战牺牲
高显正	男	六安县徐集乡	红四军战士	失踪
周启才	男	六安县徐集乡	红25军战士	失踪
赵发友	男	六安县徐集乡	红四军班长	失踪
侯仁庆	男	六安县徐集乡	25军73师班长	失踪
方正田	男	六安县徐集乡	25军72师28团战士	失踪
张贵山	男	六安县徐集乡	红四军战士	战死
张显艮	男	六安县徐集乡	红四军73师独立团工作	失踪
业正富	男	六安县徐集乡	红四军35团战士	战死
梁从全	男	六安县徐集乡	25军73师219团战士	失踪
张文山	男	六安县徐集乡	红四军战士	失踪
周启如	男	六安县徐集乡	25军战士	失踪
陈家才	男	六安县徐集乡	红四军三营九连战士	牺牲
陈祥友	男	六安县徐集乡	红四军三营九连战士	不详
陈礼发	男	六安县徐集乡	共产国际队员兼战士	失踪
付正修	男	六安县徐集乡	担架队	开会途中被白色军警备第二旅打死
罗福华	男	六安县徐集乡	25军73师战士	苏家埠战役时失踪
翁美恒	男	六安县徐集乡	新四军连长	在湖北南面阵亡
顾启友	男	六安县徐集乡	传令兵	在独山作战牺牲
陈永华	男	六安县徐集乡	25军73师战士	攻打京汉铁路牺牲

续表

姓名	性别	籍贯	单位、职务	英雄事迹及其他
李筐生	男	六安县徐集乡	红四军十师30团战士	在桃花山寨口战死
鲍传胜	男	六安县徐集乡	25军战士	失踪

二、徐集籍红军、革命老战士失散人员简表（44名）

徐集籍红军、革命老战士失散人员简表

表8-2

姓名	性别	单位、职务	英雄事迹及其他
余朝贵	男	25军73军炊事员	失踪
芮世才	不详	25军73师战士	失踪
张德友	不详	25军排长	失踪
翁美常	男	25军73师战士	作战牺牲
杨继志	不详	25军战士	失踪
孙德成	不详	模范连战士	失踪
傅继科	不详	独立师八团战士	1933年在六安作战牺牲
刘美风	男	红四军炊事班长	四川战斗中牺牲
傅从才	男	25军73师宣传员	失踪
黄方圣	男	25军75师战士	失踪
刘为德	不详	红四军副营长	失踪
翁元寿	男	25军73师战士	失踪
陈子后	男	25军73师医院炊事班长	失踪
傅承平	男	25军75师战士	失踪
王祥申	男	25军排长	失踪
张世军	不详	25军班长	失踪
朱禧元	不详	红四国战士	失踪
徐师圣	不详	25军战士	失踪
吴顺礼	不详	不详	不详
黄昌前	不详	不详	不详
张德树	男	25军战士	失踪
黄运发	不详	25军73师战士	失踪
邱立才	不详	25军战士	失踪
高小扬孜	不详	红四军战士	游击战中牺牲
邱荣福	不详	不详	失踪

续表

姓名	性别	单位、职务	英雄事迹及其他
陈世贵	不详	乡主席	被敌人用手枪打死
徐正文	不详	模范连班长	失踪
杨春福	不详	班长	1932年3月战斗中牺牲
汪啟有	不详	不详	1932年牺牲
卢宜成	男	25军战士	失踪
张在金	男	独立团连长	失踪
郭习道	男	红四军十师三十团一营二连三排战士	失踪
蔡度全	男	25军战士	失踪
李道和	男	红四军十一师战士	失踪
郭法宏	男	25军战士	失踪
翁元昌	男	印刷科支部书记	失踪
刘自维	男	皖西北道区主任	失踪
张大中	男	地方村长	35军在界牌被伪民团打死
王克海	男	红四军战士	失踪
邱立桂	不详	25军战士	失踪
傅继续	不详	25军班长	失踪
黄昌年	男	25军战士	失踪
王天移	男	25军排长	失踪
陈从军	男	新四军战士	失踪

资料来源：六安市裕安区档案馆

三、光荣在党五十年老党员名单

光荣在党五十年老党员名单

表8-3

序号	党员基本情况					
	姓名	性别	民族	出生年月	入党时间（年月日）	所在党支部委员会
1	孙世海	男	汉族	1926.05	1949.12.15	中共六安市裕安区徐集镇粮油支部委员会
2	侯怀珠	男	汉族	1926.04	1954.04.15	中共六安市裕安区徐集镇徐集村农业支部委员会

续表

序号	党员基本情况					
	姓名	性别	民族	出生年月	入党时间（年月日）	所在党支部委员会
3	陈宇江	男	汉族	1933.02	1955.11.11	中共六安市裕安区徐集镇街道支部委员会
4	晏立清	女	汉族	1937.07	1956.10.15	中共六安市裕安区徐集镇黄岳村寨岗支部委员会
5	高厚堂	男	汉族	1933.02	1956.10.15	中共六安市裕安区徐集镇徐集村农业科技支部委员会
6	陈正兰	女	汉族	1929.05	1957.04.15	中共六安市裕安区徐集镇棠树村棠树支部委员会
7	魏明英	女	汉族	1938.04	1957.08.09	中共六安市裕安区徐集镇东沟村支部委员会
8	邓先才	男	汉族	1939.10	1958.09.15	中共六安市裕安区梁集村农业支部委员会
9	许道荣	女	汉族	1934.07	1958.11.15	中共六安市裕安区第三人民医院支部委员会
10	关德尧	男	汉族	1935.10	1959.03.15	中共六安市裕安区徐集镇全红村农业支部委员会
11	田道友	男	汉族	1935.11	1959.04.15	中共六安市裕安区徐集镇全红村农业支部委员会
12	鲁应堂	男	汉族	1941.07	1964.03.29	中共六安市裕安区梁集村农业支部委员会
13	张传贵	男	汉族	1930.04	1959.08.15	中共六安市裕安区徐集镇黄巷村第二支部委员会
14	苏正祥	男	汉族	1937.09	1959.10.15	中共六安市裕安区徐集镇徐集村农业支部委员会
15	关德政	男	汉族	1933.11	1959.12.15	中共六安市裕安区徐集镇棠树村棠树支部委员会
16	潘家传	男	汉族	1939.10	1959.12.15	中共六安市裕安区徐集镇全红村农业支部委员会
17	王成堂	男	汉族	1937.08	1960.01.15	中共六安市裕安区徐集镇全红村农业支部委员会
18	魏传英	女	汉族	1931.07	1960.03.15	中共六安市裕安区徐集镇黄巷村第二支部委员会

续表

序号	党员基本情况					
	姓名	性别	民族	出生年月	入党时间 （年月日）	所在党支部委员会
19	王存付	男	汉族	1936.10	1960.03.15	中共六安市裕安区徐集镇黄岳村寨岗支部委员会
20	胡法云	女	汉族	1939.09	1960.03.15	中共六安市裕安区徐集镇黄巷村第一支部委员会
21	李学成	男	汉族	1941.05	1960.08.15	中共六安市裕安区徐集镇菊花村支部委员会
22	叶义英	女	汉族	1939.01	1960.08.15	中共六安市裕安区徐集镇徐集村农业科技支部委员会
23	王文圣	男	汉族	1938.12	1961.01.15	中共六安市裕安区徐集镇菊花村支部委员会
24	陈习章	男	汉族	1944.03	1961.04.15	中共六安市裕安区徐集镇老干部支部委员会
25	刘来堂	男	汉族	1940.04	1961.07.15	中共六安市裕安区徐集镇全红村农业支部委员会
26	陈习忠	男	汉族	1936.11	1961.07.15	中共六安市裕安区徐集镇菊花村支部委员会
27	田德银	男	汉族	1936.09	1962.02.15	中共六安市裕安区徐集镇黄巷村第二支部委员会
28	鲁承先	男	汉族	1943.10	1962.04.15	中共六安市裕安区徐集镇老干部支部委员会
29	张家英	女	汉族	1942.12	1962.04.15	中共六安市裕安区徐集镇黄岳村吕院墙支部委员会
30	鲍传君	男	汉族	1941.05	1962.10.01	中共六安市裕安区徐集镇东沟村支部委员会
31	陈昌如	女	汉族	1945.10	1963.07.01	中共六安市裕安区徐集镇菊花村支部委员会
32	周华忠	男	汉族	1937.10	1964.01.15	中共六安市裕安区徐集镇老干部支部委员会
33	余朝运	男	汉族	1934.02	1964.06.15	中共六安市裕安区徐集镇菊花村支部委员会
34	张成祥	男	汉族	1941.07	1964.07.15	中共六安市裕安区梁集村羊叉店支部委员会

续表

序号	党员基本情况					
	姓名	性别	民族	出生年月	入党时间（年月日）	所在党支部委员会
35	宋继新	男	汉族	1944.01	1964.07.15	中共六安市裕安区梁集村农业支部委员会
36	王步金	男	汉族	1937.10	1964.07.15	中共六安市裕安区梁集村羊叉店支部委员会
37	张桃本	男	汉族	1947.05	1966.01.01	中共六安市裕安区梁集村羊叉店支部委员会
38	王仰凯	男	汉族	1937.01	1964.07.15	中共六安市裕安区梁集村农业支部委员会
39	袁仁才	男	汉族	1940.10	1964.09.23	中共六安市裕安区梁集村羊叉店支部委员会
40	魏求富	男	汉族	1939.09	1965.01.15	中共六安市裕安区第三人民医院支部委员会
41	陈家珍	女	汉族	1942.10	1965.01.15	中共六安市裕安区徐集镇全红村农业支部委员会
42	宋正兴	男	汉族	1937.10	1965.03.15	中共六安市裕安区徐集镇菊花村支部委员会
43	陈习才	男	汉族	1947.04	1965.05.11	中共六安市裕安区梁集村农业支部委员会
44	刘延和	男	汉族	1942.12	1965.06.15	中共六安市裕安区徐集镇徐集村农业科技支部委员会
45	黄运芝	女	汉族	1931.11	1965.06.15	中共六安市裕安区徐集镇徐集村农业科技支部委员会
46	张正兰	女	汉族	1947.07	1965.07.15	中共六安市裕安区梁集村农业支部委员会
47	许照明	男	汉族	1938.08	1965.07.15	中共六安市裕安区徐集镇老干部支部委员会
48	王克林	男	汉族	1939.05	1965.07.15	中共六安市裕安区徐集镇黄巷村第二支部委员会
49	梁直厚	男	汉族	1943.08	1965.08.01	中共六安市裕安区徐集镇东沟村支部委员会
50	吴继珍	女	汉族	1939.12	1965.09.15	中共六安市裕安区徐集镇全红村农业支部委员会

续表

序号	党员基本情况					
	姓名	性别	民族	出生年月	入党时间（年月日）	所在党支部委员会
51	宋发兴	男	汉族	1942.02	1965.10.15	中共六安市裕安区徐集镇黄岳村寨岗支部委员会
52	吴启山	男	汉族	1943.12	1965.12.15	中共六安市裕安区徐集镇非公企业联合第二支部委员会
53	邓先洲	男	汉族	1941.08	1965.12.15	中共六安市裕安区徐集镇棠树村棠树支部委员会
54	蔚芝祥	男	汉族	1937.03	1965.12.15	中共六安市裕安区徐集镇棠树村棠树支部委员会
55	汤德山	男	汉族	1941.06	1965.12.15	中共六安市裕安区徐集镇老干部支部委员会
56	尹立哲	男	汉族	1943.12	1966.01.06	中共六安市裕安区梁集村羊叉店支部委员会
57	潘贵庭	男	汉族	1932.02	1966.01.15	中共六安市裕安区徐集镇全红村农业支部委员会
58	葛坤芳	男	汉族	1945.01	1966.01.15	中共六安市裕安区徐集镇徐集村农业支部委员会
59	丁维银	男	汉族	1943.10	1966.03.15	中共六安市裕安区徐集镇老干部支部委员会
60	方业友	男	汉族	1946.01	1966.05.15	中共六安市裕安区徐集镇菊花村支部委员会
61	田维忠	男	汉族	1942.06	1966.05.15	中共六安市裕安区徐集镇黄巷村第二支部委员会
62	张广友	男	汉族	1937.11	1966.05.15	中共六安市裕安区徐集镇东方红村支部委员会
63	张宏有	男	汉族	1936.11	1966.05.15	中共六安市裕安区徐集镇东方红村支部委员会
64	汪永英	女	汉族	1942.12	1966.05.15	中共六安市裕安区徐集镇东方红村支部委员会
65	黄文升	男	汉族	1938.03	1966.06.03	中共六安市裕安区徐集镇供销社区支部委员会
66	朱承德	男	汉族	1943.01	1966.06.15	中共六安市裕安区徐集镇老干部支部委员会

续表

序号	党员基本情况					
	姓名	性别	民族	出生年月	入党时间（年月日）	所在党支部委员会
67	吴承宝	男	汉族	1948.02	1966.06.15	中共六安市裕安区徐集镇老干部支部委员会
68	谢宜红	男	汉族	1947.02	1966.06.15	中共六安市裕安区徐集镇黄岳村寨岗支部委员会
69	杨道英	女	汉族	1940.12	1966.06.15	中共六安市裕安区国强粮油贸易有限公司支部委员会
70	刘兴山	男	汉族	1938.09	1966.07.15	中共六安市裕安区徐集镇街道支部委员会
71	庄德发	男	汉族	1937.01	1966.07.15	中共六安市裕安区徐集镇老干部支部委员会
72	鲍远付	男	汉族	1945.09	1966.07.15	中共六安市裕安区徐集镇徐集村农业科技支部委员会
73	朱俊凤	女	汉族	1946.11	1966.07.15	中共六安市裕安区梁集村羊叉店支部委员会
74	黄炳华	女	汉族	1948.09	1966.08.01	中共六安市裕安区徐集镇徐集村农业科技支部委员会
75	梁德金	男	汉族	1942.03	1966.08.05	中共六安市裕安区徐集镇老干部支部委员会
76	陈巨堂	男	汉族	1938.02	1966.08.15	中共六安市裕安区徐集镇黄巷村第一支部委员会
77	李维胜	男	汉族	1950.05	1966.08.15	中共六安市裕安区徐集镇黄巷村第一支部委员会
78	许昌玲	女	汉族	1943.06	1966.08.15	中共六安市裕安区徐集镇黄巷村第一支部委员会
79	胡道友	男	汉族	1940.05	1966.08.15	中共六安市裕安区徐集镇黄巷村第一支部委员会
80	王学英	女	汉族	1935.09	1966.08.15	中共六安市裕安区徐集镇黄巷村第二支部委员会
81	邱德勤	男	汉族	1941.07	1966.08.15	中共六安市裕安区徐集镇黄岳村寨岗支部委员会
82	谢道如	女	汉族	1948.01	1966.08.15	中共六安市裕安区徐集镇黄巷村第一支部委员会

续表

序号	党员基本情况					
	姓名	性别	民族	出生年月	入党时间（年月日）	所在党支部委员会
83	汪传英	女	汉族	1934.09	1966.08.15	中共六安市裕安区徐集镇黄巷村第二支部委员会
84	王志德	男	汉族	1933.10	1966.08.15	中共六安市裕安区徐集镇黄岳村寨岗支部委员会
85	胡兴胜	男	汉族	1943.01	1966.08.16	中共六安市裕安区徐集镇黄巷村第一支部委员会
86	梁少全	男	汉族	1945.10	1966.10.15	中共六安市裕安区徐集镇全红村农业支部委员会
87	许光和	男	汉族	1926.12	1966.10.15	中共六安市裕安区徐集镇棠树村棠树支部委员会
88	田道才	男	汉族	1933.07	1966.11.19	中共六安市裕安区梁集村羊叉店支部委员会
89	魏兴华	男	汉族	1931.07	1966.12.15	中共六安市裕安区徐集镇全红村农业支部委员会
90	张成武	男	汉族	1947.08	1967.01.15	中共六安市裕安区梁集村羊叉店支部委员会
91	潘家安	男	汉族	1941.11	1967.02.15	中共六安市裕安区徐集镇徐集村农业支部委员会
92	曹金如	女	汉族	1946.06	1967.07.02	中共六安市裕安区徐集镇徐集村农业科技支部委员会
93	李余财	男	汉族	1936.12	1967.07.15	中共六安市裕安区徐集镇徐集村农业支部委员会
94	魏良付	男	汉族	1942.08	1967.08.15	中共六安市裕安区徐集镇黄岳村寨岗支部委员会
95	陈于堂	男	汉族	1942.08	1967.08.15	中共六安市裕安区徐集镇黄巷村第二支部委员会
96	王克友	男	汉族	1940.09	1967.08.15	中共六安市裕安区徐集镇全红村农业支部委员会
97	陈绍武	男	汉族	1947.11	1968.01.15	中共六安市裕安区徐集镇东方红合作社区支部委员会
98	陈习凤	女	汉族	1948.10	1968.02.15	中共六安市裕安区徐集镇菊花村支部委员会

续表

序号	党员基本情况					
	姓名	性别	民族	出生年月	入党时间 （年月日）	所在党支部委员会
99	方厚法	男	汉族	1949.10	1968.03.15	中共六安市裕安区徐集镇黄岳村吕院墙支部委员会
100	杨忠才	男	汉族	1946.11	1968.04.15	中共六安市裕安区徐集镇徐集村农业科技支部委员会
101	胡仁圣	男	汉族	1944.01	1968.07.02	中共六安市裕安区徐集镇东沟村支部委员会
102	侯方红	男	汉族	1948.08	1968.07.12	中共六安市裕安区徐集镇黄巷村第一支部委员会
103	李玉发	男	汉族	1950.10	1968.08.11	中共六安市裕安区徐集镇东沟村支部委员会
104	张学树	男	汉族	1945.12	1968.09.10	中共六安市裕安区徐集镇事业支部委员会
105	王光金	男	汉族	1948.12	1968.10.15	中共六安市裕安区徐集镇黄岳村寨岗支部委员会
106	陈世乐	男	汉族	1946.08	1969.03.15	中共六安市裕安区徐集镇粮油支部委员会
107	尚春元	男	汉族	1951.05	1969.03.15	中共六安市裕安区徐集镇菊花村支部委员会
108	陈广发	男	汉族	1947.07	1969.05.15	中共六安市裕安区徐集镇黄巷村第二支部委员会
109	陈正富	男	汉族	1934.03	1969.08.15	中共六安市裕安区徐集镇棠树村棠树支部委员会
110	王立村	男	汉族	1947.09	1969.09.04	中共六安市裕安区徐集镇供销社区支部委员会
111	刘志华	男	汉族	1949.02	1969.09.15	中共六安市裕安区徐集镇徐集村农业科技支部委员会
112	丁太维	男	汉族	1949.04	1969.10.03	中共六安市裕安区徐集镇供销社区支部委员会
113	穆代金	男	汉族	1949.12	1969.10.15	中共六安市裕安区徐集镇老干部支部委员会
114	丁为宪	男	汉族	1944.05	1969.10.15	中共六安市裕安区徐集镇棠树村棠树支部委员会

续表

序号	党员基本情况					
	姓名	性别	民族	出生年月	入党时间（年月日）	所在党支部委员会
115	邓德田	男	汉族	1947.02	1970.03.15	中共六安市裕安区徐集镇全红村农业支部委员会
116	徐登海	男	汉族	1955.12	1970.04.15	中共六安市裕安区徐集镇街道支部委员会
117	蔡广友	男	汉族	1943.09	1970.04.15	中共六安市裕安区梁集村农业支部委员会
118	周大松	男	汉族	1945.08	1970.06.15	中共六安市裕安区徐集镇老干部支部委员会
119	陈永华	男	汉族	1951.07	1970.08.15	中共六安市裕安区徐集镇东方红村支部委员会
120	陈家兰	女	汉族	1945.09	1970.09.15	中共六安市裕安区徐集镇街道支部委员会
121	陈凤才	男	汉族	1951.11	1970.10.15	中共安徽欧汐雅服饰有限公司支部委员会
122	宋家胜	男	汉族	1945.09	1970.11.15	中共六安市裕安区徐集镇菊花村支部委员会
123	翁维胜	男	汉族	1949.01	1970.12.15	中共六安市裕安区徐集镇粮油支部委员会
124	梅义山	男	汉族	1946.12	1971.02.15	中共六安市裕安区徐集镇黄岳村吕院墙支部委员会
125	纪立艮	男	汉族	1951.07	1971.02.15	中共六安市裕安区梁集村农业支部委员会
126	赵登志	男	汉族	1942.12	1971.04.15	中共六安市裕安区徐集镇老干部支部委员会
127	孟成余	男	汉族	1941.10	1971.04.15	中共六安市裕安区徐集镇菊花村支部委员会
128	宋辅兴	男	汉族	1942.07	1971.05.15	中共六安市裕安区徐集镇老干部支部委员会
129	宋家法	男	汉族	1946.04	1971.06.15	中共六安市裕安区徐集镇黄岳村吕院墙支部委员会
130	朱成发	男	汉族	1946.01	1971.06.15	中共六安市裕安区徐集镇菊花村支部委员会

续表

序号	党员基本情况					
	姓名	性别	民族	出生年月	入党时间 （年月日）	所在党支部委员会
131	许昌友	男	汉族	1938.09	1960.08.01	中共六安市裕安区徐集镇棠树村永红支部委员会
132	谢长山	男	汉族	1929.12	1959.10.01	中共六安市裕安区徐集镇棠树村永红支部委员会
133	张丕德	男	汉族	1938.10	1964.05.01	中共六安市裕安区徐集镇棠树村永红支部委员会
134	张丕俊	男	汉族	1939.08	1964.04.01	中共六安市裕安区徐集镇棠树村永红支部委员会

四、受表彰人员简表（1987—2008 年，37 名）

表 8-4

姓名	授奖单位	荣誉称号	获奖时间
袁依平	国家计生委	优秀调查员	1989.09
王黎黎	全国妇联	生产女能手	2008
汪浜海	国家人事部、国家教委	全国优秀教师	1993.09
刘大志	国家人事部、国家教委	全国优秀教师	1987
吴崇新	省统计局	先进个人	2005.04、2008.04
金家吾	省财政厅	先进个人	1995
刘发祥	省档案局	先进个人	1998
韩明	省人口计生委	优秀调查员	2004.12
王罗华	省教育厅	教坛新星	2002.07
刘文芬	省教育厅	教坛新星	2000.07
苏万余	六安市教育工会	师德先进个人	2000
李国华	六安市教育局	先进个人	1991.03
田维平	六安地区	师德先进个人	1990.08
杨谋俊	市教育局	师德先进个人	2007.09
徐明龙	市教育局	师德先进个人	2007.09
吴崇新	市委宣传部	先进个人	2001.10
袁依平	六安行署	优秀调查员	1987.12
金家吾	六安市财政局	先进个人	1997、1998
杨富中	六安市财政局	先进个人	1998

续表

姓名	授奖单位	荣誉称号	获奖时间
周燕	共青团六安市委	共青团团员	2000.05
王富民	六安县委、县政府	记功	1989.12
田从江	六安县委、县政府	记功	1989.12
谷怀平	六安县委、县政府	记大功	1988.09
邓德荣	六安县委、县政府	记大功	1988.09
张登菊	区教育局	师德先进个人	2002.09
许昌明	区教育局	师德先进人人	2005.09
袁学刚	区教育局	师德先进人人	2006.09
吴崇新	裕安区委办	档案工作先进个人	2005.05
李勇	裕安区财政局	先进个人	2000
侯树均	裕安区人事局	优秀个人	2007
韩明	区人事局、计生委	先进个人	2002.11
徐永霞	区人口计生委	先进个人	2006.08
邹邦辉	区人事局计生委	先进个人	2006.08
孙恒霞	区妇联	先进个人	2005
孙恒霞	区妇联	先进工作者	2008
徐鑫	区妇联	三八红旗手	2008
严正才	六安县计生委	先进个人	1991

五、在职专业技术人员简表

徐集镇专业技术高级职称在职人员简表 （2018 年，62 名）

表 8-5

姓名	性别	单位	专业类别	取得该职时间
许光宏	男	徐集中学	中学物理	1999.12
许红旗	男	徐集中学	中学数学	2000.12
黄英来	男	徐集中学	中学语文	2000.12
徐晓涛	男	徐集中学	中学语文	2001.12
姚翼	男	徐集中学	中学物理	2002.12
郭元皎	女	徐集中学	中学物理	2002.12
查大本	男	徐集中学	中学语文	2002.12
邓业奎	男	徐集中学	中学数学	2002.12
胡多明	男	徐集中学	中学语文	2002.12
傅前荣	男	徐集中学	中学化学	2004.01

续表

姓名	性别	单位	专业类别	取得该职时间
谢贻祥	男	徐集中学	中学历史	2004.01
朱炬明	男	徐集中学	中学语文	2004.01
陈昌盛	男	徐集中学	中学生物	2004.12
王宜林	男	徐集中学	中学政治	2005.11
陈琦	男	徐集中学	中学体育	2005.11
陈道齐	男	徐集中学	中学政治	2005.11
高峰	男	徐集中学	中学语文	2005.11
孙自文	男	徐集中学	中学语文	2005.11
张羽	男	徐集镇初中	中学物理	2005.12
张春新	男	徐集镇初中	中学物理	2006.08
关传江	男	徐集镇初中	中学物理	2006.08
郭嘉新	男	徐集镇初中	中学语文	2007.01
毛腾飞	男	徐集中学	中学物理	2007.01
豆光全	男	徐集中学	中学物理	2007.10
林承卓	男	徐集中学	中学语文	2007.10
蒋纯坦	男	徐集中学	中学英语	2007.10
申祥余	男	徐集中学	中学物理	2007.12
杨国兵	男	徐集中学	中学化学	2008.11
田丰	男	徐集中学	中学生物	2008.11
徐平	男	徐集镇初中	中学语文	2008.11
魏永军	男	徐集镇初中	中学物理	2008.11
张应好	男	徐集中学	中学历史	2009.11
葛志明	男	徐集中学	中学英语	2009.11
张和新	女	徐集中学	中学历史	2010.12
崔有兵	男	徐集中学	中学语文	2010.12
鲍远兵	男	徐集中学	中学美术	2010.12
安军	男	徐集中学	中学物理	2010.12
陈勇	男	徐集中学	中学化学	2012.12
苏万余	男	徐集镇初中	中学英语	2012.12
庄严	女	徐集中学	中学英语	2013.12
王罗华	男	中心小学	小学语文	2013.12
卢士霞	女	徐集镇初中	中学地理	2013.12
罗其宝	男	徐集中学	中学语文	2014.12
杨剑	男	徐集中学	中学语文	2015.12

续表

姓名	性别	单位	专业类别	取得该职时间
王晓东	男	徐集中学	中学物理	2015.12
徐鑫	女	中心小学	小学语文	2016.12
胡礼中	男	中心小学	小学数学	2017.12
龚承友	男	中心小学	小学数学	2017.12
陈善虎	男	中心小学	小学语文	2018.11
江开庆	男	中心小学	小学数学	2018.11
关传中	男	中心小学	小学数学	2018.11
单杰	女	中心小学	小学语文	2018.11
曾宪琼	女	中心小学	小学数学	2018.11
权良品	女	中心小学	小学语文	2018.11
张俊	女	中心小学	小学数学	2018.11
殷康敏	女	中心小学	小学数学	2018.11
夏业满	男	中心小学	小学语文	2018.11
汪家堂	男	徐集镇初中	中学语文	2018.11
傅立琴	女	徐集镇初中	中学语文	2018.11
时宗春	男	中心小学	小学数学	2018.11
方道伦	男	中心小学	小学数学	2018.11
刘功明	男	中心小学	小学数学	2018.11
张登宏	男	镇政府机关	农艺师	2009.12
陈习飞	男	镇政府机关	工程师	2013.12
胡圣发	男	镇政府机关	农艺师	2017.12
杨某刚	男	区三院	副主任医师	
王小兵	男	区三院	副主任医师	
臧文兴	男	区三院	副主任检验技师	
丁兰荣	女	区三院	副主任护师	
刘宇	男	区三院	副主任医师	
张超	男	区三院	副主任医师	
徐本军	男	区三院	副主任医师	

徐集镇专业技术中级职称在职人员简表（2018 年，111 名）

表 8-6

姓名	性别	专业类别	取得该职时间
赵启富	男	小学数学	1995.12

续表

姓名	性别	专业类别	取得该职时间
刘家发	男	小学数学	1998.12
陈习华	女	小学数学	1998.12
许哲文	男	小学语文	1998.12
丁美华	男	厨师	1998.1.30
郭远东	男	初中英语	2000.7
苏俊	男	小学数学	2001.12
杨先霞	女	小学语文	2002.12
马道芹	女	小学数学	2003.12
王贤龙	男	初中语文	2003.12
李柱权	男	初中语文	2003.12
贾敦萍	女	初中数学	2004.12
张士亮	男	中学教育	2005.11
汪洁	男	初中体育	2005.11
方明志	男	初中语文	2005.12
刘嘉胜	男	初中体育	2005.12
丁绪宏	男	小学数学	2006.11
束为霞	女	小学语文	2006.11
李秀玲	女	初中数学	2006.12
朱敏	女	中学教育	2006.12
赵玉刚	男	中学教育	2006.12
张碧松	男	中学教育	2006.12
王煜	男	中学教育	2006.12
余辉	女	初中语文	2006.12
戴永谋	男	初中美术	2006.05
荣华琼	女	小学数学	2007.12
江绪才	男	初中英语	2007.12
付勇	男	小学语文	2007.12
朱德国	男	中学教育	2007.12
余琼	女	中学教育	2007.12
王成宏	男	中学教育	2007.12
郭春迎	男	中学教育	2007.12
张登菊	女	小学数学	2007.12
涂晓静	女	初中英语	2007.12
徐小梅	女	初中美术	2007.12

续表

姓名	性别	专业类别	取得该职时间
侯义松	男	初中音乐	2007.12
吴允江	男	中学教育	2008.11
胡晏桥	男	中学教育	2008.11
王存哲	男	初中化学	2008.11
张万许	男	小学语文	2008.12
庞云峰	男	小学语文	2008.12
谢宜琴	女	初中政治	2008.12
陈昌龙	男	中学教育	2009.12
王汇雪	女	中学教育	2009.12
黄娟	女	中学教育	2009.12
柴运伟	女	中学教育	2009.12
汤家跃	男	中学教育	2009.12
金世玉	男	中学教育	2009.12
陈明荣	女	中学教育	2009.12
杨家山	男	中学教育	2010.12
汪贵云	女	中学教育	2010.12
梁浩	男	中学教育	2010.12
李成海	男	中学教育	2010.12
郭亮	男	中学教育	2010.12
陈敏	女	中学教育	2010.12
张发枝	男	厨师	2010.07
刘玲	女	中学教育	2011.12
朱家杰	男	中学教育	2011.12
张全中	男	中学教育	2011.12
张明伟	女	小学数学	2012.12
许传信	男	中学教育	2012.12
侯方海	男	小学语文	2013.12
张学梅	女	小学数学	2013.12
张本宝	男	中学教育	2013.12
佘浩	男	中学教育	2013.12
谢承宏	女	中学教育	2013.12
潘家勇	男	中学教育	2013.12
徐高伟	女	小学语文	2013.12
江绪昆	男	初中数学	2013.12

续表

姓名	性别	专业类别	取得该职时间
田其春	男	初中信息技术	2013. 12
田彬	男	小学数学	2014. 12
黄春宝	男	小学语文	2014. 12
鲍文琦	女	小学语文	2014. 12
王永芳	女	中学教育	2014. 12
翁怀敏	男	中学教育	2014. 12
汪永发	男	中学教育	2014. 12
苏娟娟	女	初中政治	2014. 12
王少凤	女	初中语文	2015. 11
杨谋俊	女	初中音乐	2015. 11
汪家瑞	男	小学语文	2015. 12
许昌飞	男	小学数学	2015. 12
王文静	女	小学语文	2015. 12
张家祺	男	小学语文	2015. 12
王振	男	小学数学	2015. 12
张前荣	女	小学语文	2015. 12
张毅	男	中学教育	2015. 12
苗庆芳	女	中学教育	2015. 12
黄丙莉	女	小学语文	2015. 12
刘华荣	女	初中化学	2015. 12
郭修军	男	初中数学	2016. 12
梁兰	女	中学英语	2016. 12
张中慧	女	小学语文	2017. 12
乔楠	男	小学数学	2017. 12
邱长丽	女	小学语文	2017. 12
姚瑶	女	小学音乐	2017. 12
杨成宝	男	小学语文	2017. 12
秦俊伟	女	小学语文	2017. 12
侯义菊	女	小学英语	2017. 12
孙中锐	女	小学语文	2017. 12
田晓星	女	小学数学	2017. 12
汪先霞	女	初中英语	2017. 12
钱门保	男	初中信息技术	2017. 12
刘先建	男	小学数学	2018. 12

续表

姓名	性别	专业类别	取得该职时间
乔义莲	女	小学数学	2018.12
李本应	男	初中化学	2018.12
周言璐	女	小学数学	2018.12
胡梅香	女	小学语文	2018.12
徐静	女	小学美术	2018.12
李元元	女	初中语文	2018.12
方勇	男	初中英语	2018.12
张青杨	女	初中英语	2018.12
胡必福	男	小学数学	2019.01
余登勇	男	主治医师	
夏长青	男	主治医师	
鲍学胜	男	主治医师	
张学松	男	主治医师	
许炳聪	女	主治护师	
金世娟	女	主治护师	
梁璠璠	女	主治护师	
胡成娇	女	主治护师	
许友玲	女	主治护师	
王静	女	主治护师	
黄慧	女	主管药师	

六、徐集镇创业有成人物简表（109名）

表8-7

姓名	性别	企业名称	企业所在地
田峰	男	六安市裕安区黄岳生态园	黄岳
关传辉	男	六安市裕安区宇龙庄园	黄岳
许浩	男	安徽省嘉浩生态养殖有限公司	黄岳
丁美开	男	六安市裕安区美开园艺有限公司	黄岳
李先友	男	六安市六州丰裕畜牧养殖有限公司	黄岳
王存明	男	六安市裕安区黄土地生态养殖场	黄岳
刘传兵	男	六安市三宝生态农业有限公司	黄岳
刘运红	男	六安市裕安区宏达养殖场	黄岳
方浩	男	六安市茂森生态农业有限公司	黄岳

续表

姓名	性别	企业名称	企业所在地
田敏	男	六安市龙峰养殖场	黄岳
张成兴	男	裕安区成兴养殖场	黄岳
谢正兴	男	裕安区谢正兴养殖场	黄岳
谢宜堂	男	裕安区大平塘养猪场	黄岳
张明露	男	六安市裕安区明露养殖场	黄岳
邱茂松	男	六安市裕安区邱茂松养殖场	黄岳
马家亮	男	六安市兄弟生态养殖场	黄岳
林先兵	男	六安市裕安区林先兵养猪场	黄岳
何良凯	男	六安市凯华工贸有限责任公司	黄岳
蒋纯超	男	六安市绿洁牧业有限公司	黄岳
刘莉莉	男	六安市君盛特种动物养殖有限公司	黄岳
俞成新	男	安徽新浩园艺有限公司	黄岳
张绪乾	男	六安市黄土地养殖有限公司	黄岳
田绪文	男	六安市裕安区徐集镇永红生态养殖场	棠树
刘太平	男	六安市天之源生态农业有限公司	菊花
刘传道	男	六安市裕安区徐集镇佳旺养殖场	菊花
刘太平	男	六安市森淼园艺有限公司	菊花
徐为胜	男	六安市裕安区庆堂畜禽养殖场	菊花
徐登军	男	六安市裕安区徐登军蔬菜种植园	菊花
马瑞国	男	六安市皋西花花生糖有限公司	徐集街道
夏军	男	六安市裕安区徐集镇夏军食品厂	徐集
黄宏斌	男	安徽省六安市鑫润油脂有限责任公司	徐集
李丙祥	男	安徽润泽园生态林业发展有限公司	徐集
周庆怀	男	徐集镇徐集村扶贫互助社	徐集
左传发	男	六安市裕安区怀宇生态养殖场	全红
梁先武	男	六安市裕安区梁先武种鹅场	全红
丁瑞文	男	六安安皋养殖有限公司	全红
刘存好	男	安徽省沪皖生态养殖场	全红
杨贤胜	男	六安市裕安区三洋种鹅场	黄巷
杨贤胜	男	六安市裕安区徐集镇黄巷村皖西 白鹅营销协会	黄巷
高大胜	男	六安市裕安区徐集镇大胜综合养殖场	黄巷
湛永贤	男	六安市裕安区皖源精米厂	黄巷
湛超	男	六安市国强粮油贸易有限公司	黄巷

续表

姓名	性别	企业名称	企业所在地
方兴敏	男	六安市裕安区徐集镇昌隆米业有限公司	黄巷
丰勇	男	六安市三丰农业生态养殖有限责任公司	黄巷
田怀军	男	安徽海泰景观园林有限公司	黄巷
田秉昌	男	安徽紫荆花生态养老股份有限公司	黄巷
张俊	男	千树生态园	黄巷
高茂俊	男	六安市裕强机械制造有限公司	东方红
余琴	男	六安市德意盛生态养殖有限公司	东方红
章锐	男	安徽华杰农业开发有限公司	梁集全红
陈久忠	男	六安市久忠园林场	梁集
林先好	男	六安市裕安区先好综合养殖场	梁集
胡超	男	六安金碧园瓜蒌科技发展有限公司	梁集
李和廷	男	六安市康尔惠食品有限公司	镇工业园
张道君	男	安徽诚恒置业有限公司	安徽省六安市裕安区徐集镇街道
湛超	男	六安市裕安区皖源精米厂	安徽省六安市裕安区徐集镇街道
付绪刚	男	安徽嘉禾粮食机械有限公司	六安市裕安区徐集镇工业集中区
丰勇	男	六安市三丰生态农业有限责任公司	安徽省六安市裕安区徐集镇黄巷村
李翔	男	六安市康尔惠食品股份有限公司	安徽省六安市裕安区徐集镇工业集中区
张良田	男	六安皖源米业有限公司	安徽省六安市裕安区徐集镇
王善平	男	安徽鑫隆生态农业开发有限公司	安徽省六安市裕安区徐集镇王店村
王跃飞	男	六安市富达物流有限公司	安徽省六安市裕安区徐集镇街道
李自高	男	六安市天和房地产开发有限公司	安徽省六安市裕安区徐集镇文化街
刘之东	男	安徽明升房地产开发有限公司	安徽省六安市裕安区徐集镇明升大道58号
刘之东	男	安徽明升服装有限公司	安徽省六安市裕安区徐集镇明升大道58号
方浩	男	六安市茂森生态农业有限公司	六安市裕安区徐集镇黄岳村
刘建国	男	安徽省鑫阳置业有限公司	安徽省六安市裕安区徐集镇高皇村
邵英明	男	六安市城西饲料油脂有限公司	安徽省六安市裕安区徐集镇全红村
金玲	男	六安市祥和机械阀门铸造有限公司	安徽省六安市裕安区徐集镇
田秉昌	男	安徽紫荆花养老服务股份有限公司	安徽省六安市裕安区徐集镇菊花村安徽紫荆花怡养小镇
周兆江	男	安徽富春丽景园林建设有限公司	六安市裕安区徐集镇街道

续表

姓名	性别	企业名称	企业所在地
王锐	男	六安市万腾服饰有限公司	安徽省六安市裕安区徐集镇徐集工业集中区
李娟	男	六安龙博智能科技有限公司	六安市裕安区徐集镇工业园
田淮民、田秉昌	男	六安紫荆花生态农业观光园（普通合伙）	六安市裕安区徐集镇黄巷村
徐波	男	安徽壹路达商贸有限公司	安徽省六安市裕安区徐集镇街道
谢正荣	男	六安盛鑫医疗器械有限公司	六安市裕安区徐集镇平桥工业园
李善峰	男	安徽竹笋园生态农业科技有限公司	六安市裕安区徐集镇黄岳村
王勇	男	六安市裕安区徐集加油站（普通合伙）	六安市裕安区徐集镇
徐祖发	男	安徽腾晖农业开发有限公司	六安市裕安区徐集镇西大街西侧
王中印	男	六安恒毅基础工程有限公司	六安市裕安区徐集镇街道（六安市成祥服饰有限公司一楼）
张玉	男	六安市双玉餐饮服务有限公司	六安市裕安区徐集镇中心学校内
张栋源	男	六安市星光演艺传媒有限公司	六安市裕安区徐集镇老街80号
江贤芬	男	安徽恩兴商贸有限公司	安徽省六安市裕安区徐集镇梁集村
辛乃祥	男	六安市龙辉建筑劳务有限公司	六安市裕安区徐集镇文化路27号
吴泽猛	男	安徽明升户外用品有限公司	六安市裕安区徐集镇街道
李传运	男	安徽省金宏源防火门有限公司	安徽省六安市裕安区徐集镇
高鸿	男	六安凯弘新型建材有限责任公司	六安市裕安区徐集镇徐集村
李文敏	男	安徽富亿网络科技有限公司	六安市裕安区徐集镇徐丁路东侧
李恩来	男	六安兴来贸易有限公司	六安市裕安区徐集镇聚富苑小区16幢（B4附2）104号
梅克胜	男	六安传惠生态养殖有限公司	六安市裕安区徐集镇黄岳村
谢正明	男	六安俊禾鑫建筑材料有限公司	安徽省六安市裕安区徐集镇西大街东侧
徐登全	男	安徽欧汐雅服饰有限公司	安徽省六安市裕安区徐集镇街道
黄子银	男	六安市隆安塑料加工有限公司	六安市裕安区徐集镇（安徽奥德电器有限公司内）
尹鑫磊	男	安徽沐筌艺术发展有限公司	六安市裕安区徐集镇紫荆花怡养小镇
肖科升	男	安徽裕德建筑劳务有限公司	安徽省六安市裕安区徐集镇街道
刘俊华	男	六安市宏泰消防设备有限公司	安徽省六安市裕安区徐集镇街道徐分路东侧
黄子禄	男	六安禄徽家居有限公司	六安市裕安区徐集镇徐集村关塘组

续表

姓名	性别	企业名称	企业所在地
郭元武	男	安徽振洲贸易有限公司	安徽省六安市裕安区徐集镇聚富苑小区 24 幢 133 号房
王锐	男	安徽安美服装有限公司	安徽省六安市裕安区徐集镇复兴大道工业园区
李亮	男	安徽丝萝服饰有限公司	六安市裕安区徐集镇工业集中区（安徽裕新电力科技有限公司内）
湛发军	男	六安宝城建筑劳务有限公司	安徽省六安市裕安区徐集镇聚富苑 B4 附 1 栋
张栋源	男	安徽星光显视广告传媒有限公司	安徽省六安市裕安区徐集镇老街 80 号
杨克术	男	安徽牧渔工坊渔具经营有限公司	安徽省六安市裕安区徐集镇西大街 155 号
余江	男	安徽海泰景观园林有限公司	安徽省六安市裕安区徐集镇紫荆花怡养小镇
方志涛	男	安徽洁锦物业服务管理有限公司	安徽省六安市裕安区徐集镇西大街 62 号
丁龙	男	安徽海悦建筑工程有限公司	安徽省六安市裕安区徐集镇徐丁路
邓业婷	男	六安博通钢铁商贸有限公司	安徽省六安市裕安区徐集镇徐分路东侧（六安市日虹建材有限公司内）
何升亮	男	安徽正江装饰工程有限公司	安徽省六安市裕安区徐集镇恒龙公馆一期 6 号楼 112 铺
程彬	男	安徽正绿园林绿化工程有限公司	安徽省六安市裕安区徐集镇黄岳村（六安市美开园艺有限公司院内）

附　　录

重要文献辑存

砥砺奋进谋发展 蓄势扬帆再出发
奋力谱写徐集高质量发展新篇章
——在中国共产党徐集镇第十三次代表大会上的报告

钱祥龙

2021 年 5 月 20 日

各位代表、同志们：

中国共产党徐集镇第十三次代表大会今天隆重开幕了，这次大会是我镇"十四五"规划开局之年召开的一次大会，是一次承前启后、继往开来的重要会议，是在全面建成小康徐集、推进乡村振兴的关键时期召开的一次极其重要的会议，是一次集中全镇党员智慧、共商发展大计、实现新的发展的一次盛会。

这次大会的主要任务是：高举习近平新时代中国特色社会主义思想伟大旗帜，全面贯彻落实党的十九大和十九届二中、三中、四中、五中全会精神，深入贯彻习近平总书记考察安徽重要讲话精神，回顾和总结徐集镇第十二次党代会以来的工作，明确今后五年的奋斗目标和主要任务，部署新时期党的建设工作，选举产生徐集镇新一届党委和纪委，选举产生出席区新一届党代会代表，进一步团结和动员全镇广大党员干部群众凝聚力量、攻坚克难，奋力谱写徐集镇经济社会发展新篇章。

现在，我代表中共徐集镇第十二届委员会向大会报告工作，请予审议。

一、过去五年主要工作回顾

镇第十二次党代会以来的五年，是全镇各项工作顺利平稳推进的五年，是全镇经济社会协调健康发展的五年，是全镇政治大局安全稳定的五年。五年来，我们经受了如何转变发展方式、增强发展后劲的考验，经受了如何抢抓机遇、改善发展条件的考验，经受了如何应对自然灾害、确保农民增收的考验，经受了如何化解纠纷、维护社会和谐的考验。五年来，在区委、区政府的坚强领导下，徐集镇坚定不移地贯彻党的路线、方针、政策，深入贯彻落实习近平新时代中国特色社会主义思想和党的十九大、十九届二中、三中、四中和五中全会精神，以脱贫攻坚统领经济社会发展大局，团结和带领全镇广大干部群众，立足实际、科学谋划、担当作为、砥砺奋进，经济社会呈现出发展提效、脱贫提速、民生提质、环境提优、稳定提高的良好局面，圆满完成了镇第十二次党代会提出的主要目标任务，"十三五"发展顺利收官，各项事业继续向前向好发展。

（一）党的建设呈现新面貌

五年来，我们始终坚持把抓好党建作为最大政绩，一以贯之推进全面从严治党。全面推进党的思想、组织、作风、反腐倡廉和制度建设。深入开展群众路线教育实践活动、"三严三实"、"两学一做"和"不忘初心、牢记使命"主题教育等活动，各级党组织和广大党员干部"四个意识"进一步增强，"四个自信"更加坚定。"三会一课""党员活动日""主题党日"等活动持续加强，党内政治生活气象更新，基层组织基础更加牢固。认真落实意识形态工作责任制，意识形态阵地建设和管理得到加强；完善宗教工作三级网络两级责任制，宗教场所管理逐步规范。严格落实中央八项规定精神，驰而不息纠正"四风"。构建和实施全面从严治党主体责任体系，加强党风廉政建设和反腐败斗争，认真践行监督执纪"四种形态"，严肃查处一批违纪违法案件。扎实抓好上级巡视巡察"回头看"反馈意见整改工作，努力推动管党治党从宽松软走向严紧硬。

（二）经济实力迈上新台阶

五年来，我们始终坚持高质量发展方向不动摇，经济发展实现了量的合理增长和质的稳步提升。2020 年年底，全镇农村经济总收入由 2015 年年底的 13.07 亿元增加到 20.55 亿元，增长了 57.2%；财政收入由 2233 万元增加到 2243 万元，增长了 0.45%；农民人均纯收入由 9349 元增加到 15456 元，增长了 65.3%。

（三）脱贫攻坚取得新胜利

攻坚任务圆满完成，顺利实现户脱贫、村出列。深入落实精准扶贫、精准脱贫基本方略，成立脱贫攻坚指挥部，对照贫困户标准，扎实开展精准识别、精准帮扶，制定四项清单，实行党政同责、镇村共抓、干部齐上，坚持尽锐出战、决战决胜，实现全镇现行标准下贫困人口共 1682 户 4579 人全部脱贫。2016 年，脱贫 293 户 734 人，2017 年，脱贫 372 户 869 人，2018 年，脱贫 348 户 901 人，2019 年，脱贫 152 户 286 人，2020 年，脱贫 23 户 52 人，东方红村、全红村整村退出贫困序列。

（四）农业农村打开新局面

五年来，我们始终坚持"农业增效、农民增收、农村发展"的总目标，在稳定粮油生产的基础上，加快调整农业产业结构，大力发展特色农业，增加了农业的产出率和经济效益。

1. 农业基础逐步增强。历时 16 个月开展农村土地承包经营权确权登记颁证，保障农民基本权益，完成实际测绘面积 50046.63 亩，归档资料 16834 件；建立了农业农村部万亩优质粮油示范基地和国家绿色食品原料（水稻）标准化生产基地，并向周边 5 个村辐射，优质粮油生产面积达上万亩；配合实施了全镇土壤有机质提升补贴和徐集村现代农业产业科技示范基地等两个农业农村部、财政部项目。全面推行"林长制"、"河长制"工作，深入推进农村集体产权制度改革，完成合作社开户、挂牌工作，发放股权证书 8971 户 33180 人。

2. 涉农企业稳步发展。全镇共有各类涉农企业单位 131 家，其中农民专业合作社 80 家，家庭农场 46 家，涉及畜牧、苗木、种植、加工、病虫害防治等各个方面，获得有机产品认证证书 1 家，绿色认证证书 2 家，无公害农产品认证证书 2 家；获得国家级示范社 1 家，省级示范社 1 家，市级示范社 2 家，区级示范社 2 家，区级示范场 1 家。大力培育特色农业，孕育出康尔惠花生糖、绿洁牧业、君盛养殖等一批龙头企业。积极引导花生糖产业发展，六洲、皋西花等花生糖品牌在扩大生产规模、研发新产品、对外宣传方面都有新突破。

3. 生产条件显著改善。兴修水渠 30.7 公里，兴修当家塘 157 口，修建电灌站 13 座，除险加固小Ⅱ水库 29 座；整理开发土地 2465 亩，完成徐集、梁集两村基本农田建设项目，总投资 2000 余万元。

4. 人居环境不断提升。扎实开展农村人居环境整治，有效改善镇容村貌；保持秸秆禁烧高压态势，加强水源地治理保护，保障空气和饮用水安全；强力推进美丽乡村建设，建成了宇航新村、红石桥新村、棠树中心村、胜利中心村等 4 个省级美丽乡村示范点以及红石桥、胜利、菊花、黄岳等 4 个区级美丽乡村示范点；完成了裕安区旅游扶贫 PPP 项目特色镇（村）建设任务，完成工程投资 1900 万元。积极创建森林城镇、森林村庄，创建省级森林村庄 7 个，国家级森林村庄 1 个，省级森林城镇 1 个，并全部通过上级验收。

（五）工业经济实现新跨越

五年来，我们始终坚持实施"工业强镇"战略，经济增长速度不断加快，经济效益明显提高。

1. 招商引资项目取得新突破。五年来，积极探索招商引资新路子，引进紫金花养老服务中心、安徽明升户外用品有限公司、裕新电力、康尔惠食品、金宏源防火门等 10 余个项目，其中紫荆花生态园被列为市重点工程，实现了大项目的突破，并荣获省第四批特色小镇称号；主动抓住苏州婚纱产业转移商机，积极承接 130 余家婚纱企业落户；全镇逐步形成了养老休闲、服装、建材、食品、粮油加工等为主导的产业布局。

2. 管理服务常抓不懈。围绕企业发展中的要素和项目需求，持续深入推进"四送一服"双千工程，落实了领导班子成员联系企业制度，努力营造亲商、安商、便商、利商的发展环境，破解企业在发展过程中遇到的难题，助力企业经济又好又快发展。

（六）集镇建设呈现新面貌

五年来，我们始终坚持按照"向东加速推进、向南迅速展开、向北逐步延伸、向西适度发展"的总体规划，集镇建设"三纵三横"框架基本形成。

1. 集镇开发成果显著。3.6 万平方米的聚富苑、1.4 万平方米的中央商城、1.9 万平方米的锦江花园和 2.7 万平方米的学府名城已建成入住，5.2 万平方米的南大街、1.15 万平方米的客运站和 13.6 万平方米的西城首府、5 万平方米的恒龙公馆一期已完成建设任务，恒龙公馆二期正在建设之中。

2. 配套设施落实到位。改造了徐丁路、文化路、六梅路、徐分路的排水系统；投入 310 万元延伸建设了复兴大道东段 510 米，投入 340 万元新建了徐丁南路 860 米，投入 600 万元协助实施了徐江路、徐分路混凝土改造升级工程；新建了徐分路、复兴大道、老街的水泥路面，更新了街道路灯，改善了集镇功能，提升了集镇品位。

3. 美丽集镇建设有序推进。特色村镇建设快速推进。投资 670 万元完成粮贸市场建筑立面综合整治、背街小巷道路硬化以及棠树特色村 PPP 资金等项目；投资 1392 万元的集镇综合改造提升工程已基本完成。建成了徐集镇污水处理站、全红村微动力处理站以及大别山水环境治理、汲河流域污染治理污水管网工程，村镇生态环境明显改善。

4. 集镇管理规范到位。集镇环境卫生长效管理机制得到落实；大力实施"绿化、硬化、美化、亮化"工程，集镇环境日益改善。

（七）平安创建获得新成效

五年来，我们始终坚持把稳定寓于发展与和谐主题之中，社会治理卓有成效。以平安创建为抓手，纵深推进扫黑除恶专项斗争和打击整治黄赌毒专项行动，整治效果明显，社会风气进一步好转。坚持领导干部下访和接访制度，加大矛盾纠纷排查调处力度，实行重点人员包保稳控制度，主动跟踪化解历史遗留矛盾，截至目前无因排查调处不力引发越级上访和群体性上访事件；高度重视安全生产工作，定期开展安全生产检查和专项整治，及时清理排查各类安全隐患，有力维护了社会大局稳定。

（八）社会事业得到新发展

五年来，我们始终贯彻以人民为中心的发展思想，致力为群众谋取更多的获得感、幸福感、安全感。

1. 民生工程大力实施。大力实施农村公路畅通工程、"四好"农村路建设工程，投入改造资金 3998.1 万元完成了 122 条总里程达 118.202 公里的农村公路改造任务，全镇交通状况大为改观，群众出行更加方便，满意度大大提高。安居工程保障有力，大力开展农村住房安全质量排查，完成农村危房改造 347 户，累计发放补助资金 542.65 万元。

2. 文教体卫事业深入推进。实施了广播电视村村通工程，开放了各村农家书屋和镇综合文化站，建成梁集村农民文化乐园，定期组织各类文化娱乐活动；实施中小学校舍安全工程，重视体育工作，积极参加裕安区举办的各类体育活动，我镇在区篮球赛中连续五年获得较好位次；强化食品药品卫生安全工作，落实全面二孩政策，变计生管理为优质服务，加强孕前优生健康检查、妇幼保健及家庭医生签约服务工作，严格落实各项奖特扶政策。

3. "两场硬仗"全面打赢。齐心协力打赢疫情防控阻击战。坚持科学防控、精准施策。镇村两级联动，社会各界主动参与，全镇上下团结一心、昼夜奋战，重点人群和场所管控到位，所有小区和村组封闭管理，疫情防控阻击战取得了明显成效。众志成城打赢防汛救灾保卫战。坚持靠前指挥、全力救援。全镇上下不等不靠，广大党员干部群众一线抢险，全力开展灾后自救工作，及时恢复供水供电、交通通信、修复水毁设施，清理灾后垃圾，正常生产生活秩序快速恢复。

4. 其他社会事业全面落实。全民国防教育、军民双拥共建及预备役工作扎实开展，历年征兵任务圆满完成；法制宣传教育、依法行政工作稳步推进；精神文明建设和民族宗教工作得到加强；人民安居乐业的良好环境已经形成。

各位代表，过去的五年奋斗充满艰辛，变化有目共睹，付出值得铭记。我们坚持全面从严治党永不懈怠、扎根脱贫战场挥洒汗水、聚焦经济发展破浪前行、情系人民福祉倾心竭力。取得的每一点进步，获得的每一项荣誉，迈上的每一个台阶，都凝聚着全镇广大党员干部和人民群众的心血和汗水，饱含着社会各界的深情关怀和倾力支持。在此，我代表镇党委向全镇广大干部群众，向所有关心和支持徐集建设事业的社会各界人士表示衷心的感谢！

各位代表，我们在肯定成绩的同时，也必须清醒地看到我镇经济和社会发展中还存在不少困难和问题：

一是脱贫攻坚巩固提升任务较重，脱贫户稳定增收的后劲不足；二是产业发展基础还不稳固，产业结构不尽合理，受土地指标等因素制约，招商引资遇到新瓶颈；三是农村发展乏力，对传统发展模式的依赖还没有破除，农村集体经济难以找到有效的新出路；四是集镇配套需要加强，集镇管理发力不均衡，离"建好更要管好"的目标仍有差距；五是镇村管理水平、环境保护有待进一步加强；六是新形势下征地拆迁工作难度进一步加大，因集镇建设、重点工程建设引发一些矛盾，维稳工作任务艰巨；七是少数干部作风不实、担当不够、能力不足的现象依然存在，少数基层党组织仍存在软弱涣散等等。

对此，全镇上下务必高度重视，采取更加有力的措施，尽快落实解决。在此，也恳请各位代表多提宝贵意见，并监督和帮助我们把工作做得更好。

二、今后五年社会发展目标和任务

今后五年，是我镇实施乡村振兴的重要战略机遇期，也是我镇实现快速发展的关键时期。今后五年，全镇经济和社会发展的指导思想是：以习近平新时代中国特色社会主义思想为指导，全面贯彻党的十九大和十九届二中、三中、四中、五中全会和习近平总书记考察安徽重要讲话指示精神，科学把握新发展阶段，坚持贯彻新发展理念，围绕"康养首选地，城市后花园"的发展定位，坚持工业化、城镇化、农业产业化"三化"同步，建设"四大基地"（全区重要的承接产业转移基地、优质农副产品生产加工基地、区域性商贸物流集散基地、养老养生休闲旅游基地），融入城区经济、统筹快速发展、实现跨越崛起，为我镇社会主义现代化建设开好局、起好步。

今后五年，我镇经济和社会发展的主要预期目标是：农村经济总收入达到33.9亿元，年均增长10.5%；规模工业总产值达3.65亿元，年均增长8.5%；地方财政收入达到3530万元，年均增长9.5%；农民人均纯收入达到28476元，年均增长13%。

为实现上述目标主要做好以下几项工作

（一）着力推进乡村振兴

1. 巩固拓展脱贫成果。落实过渡期内"四个不摘"要求，保持现有帮扶政策、资金支持、帮扶力量总体稳定；巩固"两不愁三保障"成果，进一步健全防止返贫动态监测和帮扶机制；突出脱贫低收入人口就业、产业扶持、普惠民生和社会兜底保障，推进与乡村振兴有效衔接。加强扶贫项目资产管理和运营。培育壮大村级集体经济。

2. 发展优质粮油生产。加大新型职业农民培训，提高生产技能；推广粮食优良品种，优化种养结构；落实各项强农惠农政策，提高种田积极性。

3. 培育农业生产加工企业。继续加大土地流转力度，提高流转的质量和效益，五年内，新建1000亩以上的蔬菜基地3家，1000亩以上的风景林基地3家，1000亩以上的优质粮油生产基地10家，新增农产品加工企业5家。

4. 扶持发展地方特产。结合生态旅游，打好休闲食品牌，做大做强徐集花生糖产业。

5. 加快发展休闲农业。利用近郊优势，引导发展"周末菜园"、"趣味农场"、"生态农家乐"等城郊休闲观光农业10家，以紫荆花为龙头，打造菊花休闲养生核心区，不断推进农、旅深度融合。

（二）着力推进工业转型升级

1. 整合盘活现有资源。坚持提质增效，大力整合存量土地，依托现有厂房，积极开展二次招商，嫁接项目，充分利用闲置生产要素加快经济发展。

2. 继续加大招商力度。采取外出招商、以商招商、全民招商等多种方式，开展招商引资工作，力争在未来五年，引进亿元以上项目2个，5000万元以上的项目5个，规模企业达到10家。

（三）着力推进镇村统筹发展

1. 打造新型产业片区。借力G40徐集互通和S244的建成，积极融入长三角，延长长景路至徐集，使徐集与平桥园乃至城市西部往返实现双道连接，在此区域布局重大项目，推动一二三产融合发展，形成裕安一个新的增长极。

2. 提升集镇功能。加强顶层设计，注重科学规划，严把开发企业资质关，开发集商住、休闲、教育等功能于一体的高质量房地产项目，打造现代化小区；盘活集镇存量土地，加快棚户区改造和危房改造，加强集镇地上地下基础设施建设，提高建筑标准和质量；建设农民新型居住区、公共租赁住房和休闲广场，逐步实现集镇建成区2.5平方公里远景规划。新建集镇外环道路，彻底解决交通拥堵问题。

3. 发展商贸经济。继续发展超市、连锁商场，完成农贸市场升级改造，建设专业建材、物流市场，整合徐集花生糖生产基地，打造皖西特色（花生糖）产业小镇，促进城镇建设和第三产业相互协调发展。

4. 加快美丽集镇建设。加强集镇管理，深入推进农村人居环境综合整治，加大项目资金整合力度，改善农村生产生活环境；强化环保宣传和执法，综合施策，开展大气、水、土壤保护和治理；实施政府驻地建成区整治，落实美丽集镇建设工程；抓好美丽乡村管理。

（四）着力推进社会事业全面进步

抓好民生工程，落实各项惠民政策；加大社会治安综合治理，维护社会稳定；狠抓安全生产，及时排查整治各类安全隐患；加强食品安全检查，保障"舌尖上的安全"；提高教育办学水平，改善中小学教育设施；围绕计生政策导向，强化优质服务；开展军民双拥共建及预备役工作；做好民政、劳动就业、社会保障工作，促进教育、文化、体育、卫生、统计、档案、"三老"、群团、工会、统战、民族宗教等各项事业全面进步。

（五）着力推进法治社会建设进程

1. 加强平安徐集建设。加大矛盾纠纷隐患排查调处力度，解决源头性问题；畅通和规范群众诉求表达、利益协调、权益保障渠道，加强人民调解、行政调解和司法调解力度，解决疏导问题；建立重大项目和重大决策社会稳定风险评估机制，解决倾向性问题；加大历史遗留问题化解力度，解决深层次问题；深入开展平安徐集创建活动，解决全面性问题。

2. 全面推进依法治镇。推进行政权力运行、财政预算、重大项目建设等方面的政府信息公开，建立完善重大行政决策法定程序，建设法治政府；推进综合执法，完善执法程序，严格规范公正文明执法；做好"八五"普法，深入开展法治宣传教育，推动形成遵法守法的浓厚氛围；积极开展机关工作人员学法用法工作，提升党员干部法治思维和依法办事能力，提高全镇依法行政水平。

三、全面加强和改进党的建设

习近平总书记强调，必须毫不动摇坚持和完善党的领导，毫不动摇推进党的建设新的伟大工程，把党建设得更加坚强有力。实施"十四五"规划，全面实现徐集镇今后五年的发展目标，任务艰巨，使命重大。核心在党、关键靠人，要坚持党要管党、全面从严治党方针，以党的先进性、纯洁性建设和执政能力建设为重点，进一步创新思维思路，增强活力动力，夯实基层基础，完善体制机制，不断提高党的建设科学化水平，以高质量党建引领保障高质量发展。

加强思想政治建设。持续加强党对意识形态工作的领导，坚持不懈地进行思想政治理论学习培训。加强习近平新时代中国特色社会主义思想学习教育，完善党委中心组学习制度和理论学习的领导责任制，围绕庆祝建党100周年，扎实开展党史学习教育，自觉用贯穿其中的立场观点方法武装头脑、指导实践、推动工作。树牢"四个意识"、坚定"四个自信"、做到"两个维护"。要加强班子和干部队伍作风建设，倡导逢山开路、遇水架桥的工作闯劲，倡导遇到问题不退缩、穷尽办法向前进的韧劲，推动工作不断开拓局面、出新出彩。大力提升党员干部综合素质，增强思想理论武装和教育培训工作的针对性和实效性。开展干部教育培训工作，优化干部知识结构，强化干部实践锻炼，不断提升党员干部推动改革发展的能力水平。

加强基层组织建设。推深做实"一抓双促""抓乡促村"，围绕打造"四强"基层组织，全面深化"四提四增"工程，整治软弱涣散村党组织，持续铸强战斗堡垒。统筹抓好集体经济收入强村培育和弱村扶持。高质量完成村"两委"换届，把选优培强带头人作为重中之重，着力推动班子年龄降、学历升、结构优，真正换出新气象、激发新活力、实现新作为。持续优化农村党员队伍结构，推进"四联四帮"提标扩面，促进党员管理更加规范、精细、高效。突出基层党建服务功能。推进服务型党组织建设，大力创新服务载体和方式。加大"两新"组织党建工作力度，推进党的组织、党的工作和党员作用发挥"三个全覆盖"。落实党员干部直接联系服务群众制度，扎实开展党代表、党员进户活动，打通服务群众"最后一公里"，不断增强党的影响力和凝聚力。深入抓好党内温暖工程，不断增强党的阶级基础，扩大党的群众基础。

加强党风廉政建设。严明党的纪律。切实增强纪律和规矩意识，严格遵守党的政治纪律、组织纪律、财经纪律、群众纪律和廉洁纪律以及工作、生活纪律，坚决同违反党纪的行为作斗争，以严肃纪律保证各项工作顺利推进。狠抓作风建设。强化对违反中央八项规定精神行为的监督执纪问责，坚决防止"四风"反弹回潮。进一步完善和落实厉行节约反对浪费公务接待等制度，建立督查和考评问责机制，推进作风建设常态化、长效化。保持惩治腐败高压态势。严格落实党风廉政建设党委主体责任和纪委监督责任，制定落实"两个责任"清单和问责办法。坚持"无禁区、全覆盖、零容忍"，严肃查处违纪违法、侵犯群众利益的案件，充分发挥纪检职能作用，不断促使党风廉政建设向纵深推进。

各位代表，宏伟的目标召唤我们团结拼搏，美好的蓝图等待我们同心绘就。让我们更加紧密地团结在以习近平同志为核心的党中央周围，在区委、区政府的坚强领导下，同心同德，知重负重，苦干实干，善作善成，为加快新阶段现代化美好徐集建设、夺取社会主义现代化建设新胜利而努力奋斗！

政府工作报告

——在徐集镇第五届人民代表大会第一次会议上

徐集镇人民政府　蔡志祥

（2021 年 12 月 24 日）

各位代表：

现在，我代表徐集镇人民政府，向大会报告工作，请予审议，并请各位代表和其他列席人员提出意见。

一、过去五年工作回顾

过去五年，是徐集镇砥砺奋进，锐意进取，决战决胜全面小康的重要五年。五年来，徐集镇人民政府在区委、区政府和镇党委的坚强领导下，深入贯彻党的十九大和历次全会精神，坚持以习近平新时代中国特色社会主义思想为指导，围绕"康养首选地，城市后花园"的发展定位，紧扣"生态立镇、工业强镇、商贸活镇"战略目标，凝心聚力谋发展、尽心竭力惠民生、齐心协力促和谐，经济发展势头持续增强，民生福祉持续增进，社会大局和谐稳定，实现了"十三五"圆满收官、"十四五"良好开局。

五年来，我们创新发展理念，综合实力不断增强。

经济总量稳步提高。全镇经济生产总值 20.55 亿元，同比增长 57.22%；财政收入由 900 万元提高到 2205 万元，增长 145%；累计招商引资 7.82 亿元；固定资产总投资 8.38 亿元；规上工业企业产值突破 2.8 亿元；农民人均纯收入由 9349 元提高到 15456 元，增长 65.3%。

产业集聚效应凸显。五年来，积极探索招商引资新路子，引进了紫荆花怡养小镇、安徽明升户外用品有限公司、金宏源防火门、中禾机电、裕新电力、康尔惠食品、欧汐雅服饰、六安铠聚产业园等 10 余个大项目，其中紫荆花生态园被列为市级重点工程，荣获省第四批特色小镇称号，徐集花生糖制作技艺被评为省级非物质文化遗产。主动抓住苏州婚纱产业转移商机，承接 130 余家婚纱企业落户。全镇逐步形成了以养老休闲、服装、建材、食品、粮油等为主导的产业布局。

五年来，我们决胜脱贫攻坚，乡村振兴开启新局。

攻坚任务如期完成。始终把脱贫攻坚作为首要政治任务和第一民生工程，围绕"七个不落、一个不少"总要求，狠抓责任落实、政策落实、工作落实，强化动态管理，确保对象真实、措施严实、帮扶务实、脱贫扎实。实行"单位包村、干部包户"工作机制，安排 531 名党员、干部、能人大户，实行"一对一、点对点"精准帮扶。东方红、全红两个贫困村按期出列，现行标准下 1951 户 4894 名贫困人口全部脱贫，并荣获六安市脱贫攻坚社会（定点）扶贫工作"百佳"单位。

政策落实保障有力。五年来，共投入 360 万元发展到村项目 5 个，增加村集体经济收入 74.2 万元；发放产业到户项目奖补资金 1247.2 万元，受益贫困户达 6724 户次，实现户均年增收 3000 元；开发贫困户公益性岗位 438 个，户均增收 1 万元；发放教育资助资金 252.9 万元，受益贫困学生 1296 人次；完成贫困人口代缴医保 13851 人次；投入 347.8 万元实施 225 户危房改造和住房提升工程。

乡村振兴有效衔接。2021年发放奖补资金131.67万元扶持产业到户项目524个，投入248.63万元发展产业到村项目2个，投入772.85万元建设水利、道路畅通项目24个，投入1350万元实施黄巷村1800亩高标准农田治理，启动全红村高标准农田整治项目前期准备工作。通过46家新型经营主体采取劳动务工、入股分红、订单收购、土地流转等方式带动511户脱贫户创收增收。动态监测3户8人，安排帮扶包保，落实扶持政策，化解致贫风险，脱贫攻坚成效持续巩固拓展。

五年来，我们筑牢农业根基，特色产业逐步优化。

农业基础逐步增强。全面完成50046.63亩农村土地承包经营权确权发证，清产核资农村集体资产1846.8万元，成立10个农村集体股份合作社组织，发放股权证书8971户33180人，农民基本权益得到有效保障。兴修水渠28.6公里，当家塘79口，新建电灌设施14座，除险加固小Ⅱ水库16座，修复水毁工程28处，有效增加和改善灌溉面积2万亩。完成徐集、梁集、东方红、菊花、黄巷5个村上万亩核心区高标准农田建设项目，农业机械化程度逐步提高。建成农业农村部万亩优质粮油示范基地和国家绿色食品原料（水稻）标准化生产基地，有效带动周边村居产业集聚。

涉农企业不断壮大。培育畜牧、苗木、种植、加工、病虫害防治等各类涉农企业单位131家，获得有机产品认证1家，绿色认证2家，无公害农产品认证2家，国家级示范社1家，省级示范社1家，市级示范社2家，区级示范社（场）3家。培育壮大康尔惠、绿洁牧业、君盛养殖、惠丰稻虾等一批龙头企业。积极扶持徐集花生糖产业做大做强，六洲、皋西花等品牌在规模扩大、技术研发、宣传包装等方面突破明显。

五年来，我们强抓双基建设，镇村面貌焕然一新。

集镇建设成果显著。3.6万平方米的聚富苑、1.4万平方米的中央商城、1.9万平方米的锦江花园、2.7万平方米的学府名城、13.6万平方米的西城首府、5万平方米的恒龙公馆一期全面建成入住，6.3万平方米恒龙公馆二期基本建成。5.2万平方米的南大街、1.15万平方米的客运站和农村公交首末站已建成使用。投入3292万元建设旅游扶贫PPP特色镇（村）项目和集镇综合改造工程。通过项目实施，资金注入，集镇功能进一步完善、集镇品位进一步提升。

美丽乡村谱写新篇。投入580万元建成全红、棠树、黄岳三个村1440平方米党群服务中心及5880平方米文化健身广场，投入1800万元建成宇航新村、红石桥新村、棠树中心村、胜利中心村4个省级美丽乡村及菊花、黄岳2个区级美丽乡村。

基础设施日趋完善。大力实施农村畅通工程、"四好"农村路建设工程，投入3998万元完成122条118.2公里农村公路改造工程；投资50万元延伸建设复兴大道510米，投资95万元新建徐丁南路860米，配合实施徐江路、徐分路县道改造升级工程。投资275万元建设中心村污水处理设施5处，投资2817万元建设日处理规模1000吨镇级污水处理厂及徐丁路、文化路、六梅路、徐分路管网改造工程，同时，供电、通讯、照明、绿化等基础设施持续完善，群众出行更加便捷，居住环境更加优化，集镇功能更加齐全。

五年来，我们守好青山绿水，生态文明优势凸显。

生态保护更加有力。持续做好森林抚育和植树造林，新增造林1834.2亩，道路两旁绿化54.6公里428亩，森林抚育8000亩，义务植树40.7万株，创建国家级森林村庄1

个，省级森林城镇 1 个，省级森林村庄 7 个；河长、湖长、林长、田长制全面推进，禁渔行动推进有序，秸秆禁烧控制有力，水源保护治理有效，生态环境得到明显改善，污染防治攻坚战阶段性目标顺利实现。

人居环境更加和谐。有序开展"五清一改一提升"环境治理，实施卫生改厕 1705户，新建公厕 22 座，安排 6 万元经费建立常态化运维机制，强力推进城乡环卫一体化项目实施成效，申报 4000 亩稻田畜禽粪污资源化利用项目落地，进一步加强污染源管控力度，持续优化生态环境，争创生态文明示范区。

五年来，我们坚持民生优先，社会事业再上台阶。

疫情防控科学有序。坚持科学防控，精准落实排查、管控、检测、扫码、消杀、防护等各项措施，组建强有力的领导体系，系统制定疫情防控方案，累计发放《宣传一封信》6000 余份、发布疫情防控知识 2000 余条次、制作宣传条幅 50 余条、宣传展板 20 余块，设置劝返点 38 处，组织镇村干部、党员群众志愿者 200 余人参与值班值守。全镇无疑似病例和确诊病例发生。持续推进疫苗接种，在全区率先完成第一针剂和第二针剂疫苗接种工作，截至目前，共接种疫苗 51808 针次，做到应接尽接，筑牢疫情防控全民免疫屏障，疫情防控阻击战取得阶段性胜利。

民生福祉持续提升。城乡居民最低生活保障、特困供养、临时救助、孤儿基本生活保障、残疾人救助等社会保障兜底政策精准落实。发放低保金 1498 人 2930 万元、特困供养生活费 266 人 792 万元、孤儿基本生活保障 26 人 86 万元、残疾人生活、护理补贴544 人 317 万元、临时救助 252 人次 54 万元、拥军优属抚恤资金 617.72 万元。实施广播电视村村通工程，发挥党群服务中心、新时代文明实践所（站）功能作用；实施中小学校舍安全工程，注重文化体育事业发展；关爱妇女、儿童、空巢老人，全面落实医疗保险、养老保险政策；全民国防教育、军民双拥共建及预备役工作扎实开展；第四次经济普查、第七次全国人口普查圆满收官；工会、妇联、团委、科协、慈善等各项事业取得新发展。

社会治理有力有效。以平安创建为抓手，纵深推进扫黑除恶专项斗争和群防群控工作，组织开展校园安全大排查及社会治安大防控，开展联动巡逻 8000 余人次，开展反邪教"八进"活动 50 余场。狠抓安全生产，消除安全隐患，开展烟花爆竹排查 400 余次，重点行业专项检查 1000 余次，累计下达整改通知书 80 余份。依法规范管理宗教事务，严格落实宗教工作三级网格两级责任制，严厉打击非法宗教活动。调处征地拆迁、邻里纠纷等 240 余次，规范各类信访件 130 余件，未发生一起群体性事越级上访事件，社会治理成效持续向好，人民获得感、幸福感、安全感更加充实、更有保障。

各位代表！奋斗创造历史，实干成就未来。回首过去五年，我们主动适应经济发展新常态，凝心聚力谋发展，精准施策惠民生。五年来，我们的经济更加繁荣，环境更加优美，社会更加和谐。这是区委、区政府和镇党委正确领导的结果，是镇人大和社会各界人士大力支持的结果，是全镇上下勠力同心、奋力拼搏的结果。在此，我代表徐集镇人民政府，向各位代表，向全镇广大干部群众，向所有关心、支持徐集发展的同志们、朋友们，致以衷心感谢和崇高敬意！

在肯定成绩的同时，我们也清醒地认识到经济社会发展还存在不少困难和问题。具体表现在：综合实力不强，经济总量偏小，财政压力较大，产业结构不优，市场竞争力不强，集镇建设不均衡，招商引资遇到新瓶颈；政府自身建设有待加强，部分同志工作激情不高、思想解放不足、能力本领不强、干事效率、服务效能有待进一步提升。下一步我们将直面问题，采取有效措施，切实加以解决。

二、今后五年发展的主要目标任务

今后五年，是我镇适应新阶段、抢抓新机遇，打造新动能、厚植新优势，实现新发展、展现新面貌的关键五年。未来五年政府工作的总体思路是：高举习近平新时代中国特色社会主义思想伟大旗帜，全面贯彻党的十九大和十九届历次全会精神，围绕"康养首选地，城市后花园"的发展定位，集中精力抓好大健康产业，巩固发展现代农业，做强培优工业商贸，加快推进乡村振兴，把徐集镇建设成宜居、宜业、宜游的西部新区，保持经济持续健康发展，确保"十四五"完美收官。

主要发展预期目标是：经济生产总值达到 35.22 亿元，年同比增长 8%；农民人均纯收入达到 27753 元，年同比增长 10%；地方财政收入达到 3500 万元。

为实现上述奋斗目标，将重点抓好以下五个方面工作：

（一）围绕乡村振兴，推动农业农村新发展

严格落实过渡期内"四个不摘"要求，保持现有帮扶政策、资金支持、帮扶力量总体稳定，巩固"两不愁三保障"成果，进一步健全防止返贫动态监测，推进与乡村振兴有效衔接。加强扶贫项目资产管理和运营，培育壮大村级集体经济。精准把握"138+N""6969""1612"目标任务，科学谋划乡村振兴项目库，立足徐集区位优势，建成一批特色现代农业产业园、现代花生糖综合产业园，继续扶持产业到户项目，全面落实特色农产品保险，推进特色种养业示范村建设，积极推动"四带一自"民生工程实施和作用发挥。

（二）围绕转型升级，厚植工业发展新动能

继续加大双招双引。突出高质量发展，优化经济发展环境，聚焦新能源、生态旅游、高新技术等新兴产业。围绕企业发展中的要素和项目需求，持续深入推进"四送一服"双千工程，努力营造亲商、安商、便商、利商的发展环境，破解企业在发展过程中遇到的难题，助力工业经济又好又快发展。坚持提质增效，大力整合存量土地，依托现有厂房，积极开展二次招商，嫁接项目。力争引进投资 5000 万元以上项目 10 家，新增规模以上工业企业 3 至 5 家。

（三）围绕产业定位，致力产业集聚新优势

支持紫荆花控股集团做大做强，引资 3 个亿打造紫荆花现代农业科技产业园，建成展示智能化玻璃温室、育苗中心和果蔬深加工厂房，积极支持紫荆花怡养小镇创建 3A 级景区。极力推进板块内汉妆美谷、冰雪奇缘等项目的实施，丰富大健康产业的业态和内容。培育皖西特色（花生糖）产业小镇，投资 1.2 个亿兴建徐集花生糖现代化综合产业园。进一步优化国家级示范社绿洁牧业安徽白山羊种羊品质，逐步壮大发展规模。加大粮油、生猪、皖西白鹅标准化、自动化、规模化生产、加工、供销链设施建设。努力打造成全区现代服务业发展的一张亮丽名片。

（四）围绕环境治理，打造生态宜居新家园

坚持习近平生态文明思想不动摇。全力做好秸秆禁烧管控，发挥秸秆收储站点作用，提高综合利用率。持续巩固集镇文明创建，推进农村人居环境整治，着力建设集镇外围四期及紫荆花污水管网延伸项目。继续深化落实林长、河长、路长、田长制工作，加大对水源地保护的投入和治理，积极推进绿色可持续发展，探索绿色低碳循环发展新方式，竭力改善镇村人居环境。

（五）围绕民生保障，谋划社会事业新布局

坚持以人民为中心，加强保障和改善民生，不断增进人民福祉。常态化开展疫情防控，加强重点行业领域安全监管，落实防灾减灾举措，增强应急处置能力，全面推进文化、体育、教育、卫生事业健康发展，引导群众参与全民健身，做好民政、退役军人、医疗、养老、食品药品、农民工权益等工作，全面落实各类救助，加大低收入人群扶持力度。推进"八五"普法，常态化机制化推进扫黑除恶，深入创建平安徐集。

三、2022 年政府工作安排

2022 年是党的二十大召开之年，是实施"十四五"规划、落实省区市党代会精神的重要一年，也是新一届政府的起步之年，做好今年的工作至关重要。我们将牢记使命责任，坚持稳中求进的工作总基调，全力做好以下几个方面工作：

（一）持续推进招商引资。聚焦"双招双引"，由"大招商"向"招大商"转变，由"重数量"向"重质量"转变，通过资源招商、产业招商、以商招商等有效形式，认真贯彻落实"四送一服"双千工程，服务实体经济。进一步与江苏绿港现代化农业发展股份有限公司洽谈 3 个亿投资项目，力争落户我镇紫荆花怡养小镇，加快推进六安市铠聚产业园发展有限公司投资建设。继续远赴江浙沪等地考察招商，力争招商引资取得新突破，实现新增规上工业企业 2 家，工业产值突破 2 个亿，固定资产投资达到 1.6 个亿。

（二）做大做强支柱产业。进一步打造农业万亩优质粮油示范基地、国家绿色食品原料标准化生产基地、现代农业产业科技示范基地建设名片。打响徐集花生糖品牌，扩大生产规模、研发新产品，拓宽销售渠道，加快投资 1.2 个亿徐集花生糖现代化综合产业园项目建设。做强培优安徽明升户外用品有限公司、金宏源防火门、中禾机电、裕新电力、康尔惠食品等一大批工业企业，着力构建"一镇多业"、"一村一品"的发展新格局。

（三）优化城镇发展格局。立足"十四五"发展规划，加快推进集镇恒龙公馆二期投资 9600 万元 62548 平方米商住小区建设进程，争取 2960 万元 18.7 万平方米六梅路、徐丁路徐集段、集镇建成区道路白改黑、6950 万元 4.47 千米集镇外环路、280 万元 8.9 亩文化健身广场、450 万元 20 亩公共停车场等重点项目落地建设。

（四）夯实乡村振兴基础。严格落实过渡期内"四个不摘"要求，保持现有帮扶政策、资金支持、帮扶力量总体稳定。不断扩大农民就近就业，推进低收入人口稳定增收，筑牢返贫防线。争取莉鹰新型全自动生猪养殖、东方红村万亩粮油深加工、黄岳标准化种羊繁殖、梁集绿色稻米粮油加工等项目落地建设。鼓励农业适度规模经营，培育专业大户、农民专业合作社、产业龙头企业等农业新型经营主体。建强农村基层组织，培育村级集体经济 50 万强村 2 个，30 万-50 万较强村 2 个，20 万-30 万村 4 个。加大农村基础设施建设，新建村内循环路 7 条，桥梁 3 座，排灌渠综合治理 5 条，当家塘整治 20 口，电力台区改造 12 处，卫生室改扩建 3 座。

（五）巩固生态治理成效。坚持"绿水青山就是金山银山"的发展理念不动摇，严格落实环保工作"党政同责、一岗双责"制。持续推进秸秆禁烧、砂石禁采，加强水域和林地生态修复，有序开展农村人居环境整治，加大农村生活垃圾 PPP 君联公司的运营实效，用活村级公益性岗位。建设集镇污水处理设施四期工程项目，新增镇区日处理规模 200 吨污水处理站 1 座、中心村污水处理设施 2 处。

（六）维护社会大局稳定。坚持常态化疫情防控，全面推进疫苗接种，筑牢全民免疫防线。进一步细化防范化解重大风险方案，织密社会治安防控体系，维护信访合法秩序，畅通群众诉求渠道，积极开展矛盾排查调节，依法解决群众合理诉求。推进新时代文明实践活动开展，完善公共文化服务体系。常态化开展安全生产和食品药品安全专项整治。以高度的政治自觉、政治担当做好社会稳定工作，确保人民安居乐业、社会安定有序。

各位代表！紧跟区第五次党代会战略部署，领会镇第十三次党代会重要精神，完成本届政府各项目标任务，对政府自身建设提出了更高要求，我们要：加强政治建设。深入学习贯彻习近平新时代中国特色社会主义思想，增强"四个意识"、坚定"四个自信"、做到"两个维护"。自觉在思想上和行动上同以习近平同志为核心的党中央保持高度一致，不断提高政治判断力、政治领悟力、政治执行力，不折不扣贯彻落实好党中央及上级的各项决策部署。加强法治建设。深入贯彻习近平法治思想，带头尊法学法守法用法，善于用法治思维和法治方式推动工作，严格落实重大事项决策程序。自觉接受人大法律监督、政协民主监督、司法监督、审计监督和社会舆论监督，认真办理人大代表议案建议和政协提案建议。全面深化政务公开，健全政府守信践诺机制。加强作风建设。以永远在路上的恒心和韧劲，正视问题自觉和刀刃向内的勇气，持续转变工作作风，力戒形式主义官僚主义，发扬钉钉子精神，对确定的目标任务紧盯不放、一抓到底。紧扣重大项目、重点工程、民生实事，始终牢记职责使命，真正做到知责于心、担责于身、履责于行。加强能力建设。加强学习研究，提高领导干部的政治能力、调查研究能力、科学决策能力、改革攻坚能力、应急处突能力、群众工作能力、抓落实能力，增强历史使命感和时代责任感，提高能力克服本领恐慌。加强廉政建设。严格执行中央八项规定精神及其实施细则，深化"基层减负年"成效。坚持带头过紧日子，从严控制"三公"经费、压缩一般性支出，积极创建节约型政府。认真履行党风廉政建设"一岗双责"制，大力开展反腐败斗争，对侵害群众利益问题及时查处，对懒政怠政乱政者严肃问责，全力维护风清气正的政治生态。

各位代表！唯有负重前行，方能岁月静好。站在新的历史起点，我们使命在肩、心潮澎湃。新阶段，再出发的号角已经吹响，让我们更加紧密地团结在以习近平同志为核心的党中央周围，在区委、区政府和镇党委的坚强领导下，凝心聚力、锐意进取、奋勇争先，无愧使命担当，不负伟大梦想，保持昂扬斗志，为加快建设新阶段现代美好徐集而努力奋斗！以优异的成绩迎接党的二十大胜利召开。

徐集镇荣誉称号一览表

序号	时间	名称	单位
1	1995	全国农村科普工作先进集体	中国科学技术协会
2	2000.05	六个好乡（镇）党委	中共六安市委
3	2001.03	2001年度思想政治 工作先进单位	中共六安市裕安区委思想政治 工作领导小组
4	2002.04	全市创建村镇工作先进单位	六安市精神文明建设知道委员会
5	2007.12	六安市2005—2007年度社会治 安综合治理模范乡镇（街道）	中共六安市委 六安市人民政府
6	2009.01	六安市平安乡镇（街道）	中共六安市委 六安市人民政府
7	2009.05	六安市无邪教乡镇（街道）	中共六安市委 防范和处理邪教问题领导小组
8	2010.01	2008—2009年度全市社会治安 综合治理模范乡镇（街道）	中共六安市委 六安市人民政府
9	2012.04	2011年度全市平安乡镇 （街道）	中共六安市委 六安市人民政府
10	2013.03	2012年度全市平安乡镇 （街道）	中共六安市委 六安市人民政府
11	2020.12	第五届六安市文明村镇	六安市精神文明建设 指导委员会
12	2016.06	2015年度全市无越级上访乡镇 （街道）创建工作先进单位	中共六安市委 六安市人民政府
13	2018.06	六安市无偿献血先进单位	六安市公民无偿献血领导组
14	2019.03	2018年度全市平安乡镇 （街道）	中共六安市委办公室
15	2020.07	2018—2019年度无偿献血 先进单位	六安市公民无偿献血领导组
16	2002.02	创建文明村镇工作先进单位	六安市裕安区精神文明建设 指导委员会
17	2007.03	2006年度社会治安综合治理 先进单位	中共六安市裕安区委员会 六安市裕安区人民政府
18	2008.05	2007年度全区信访工作 "四无"乡镇（街）	中共六安市裕安区委 六安市裕安区人民政府 信访工作领导组

续表

序号	时间	名称	单位
19	2008.03	2007 年度社会治安综合 治理先进单位	中共六安市裕安区委员会 六安市裕安区人民政府
20	2009.02	"五五"普法中期先进集体	裕安区依法治区暨法制宣 传教育领导组
21	2009.03	裕安区 2008 年度防范和处理 邪教工作先进集体	裕安区防范和处理邪 教问题工作领导小组
22	2009.08	2008 年度城镇居民基本医疗 保险工作先进单位	裕安区劳动和社会保障局
23	2010.01	2009 年度全区殡葬管理工作 目标管理考核进步奖	裕安区人民政府
24	2011.04	2010 年度党风廉政建设 先进单位	中共六安市裕安区委
25	2011.03	2010 年全区信访工作责任 目标考核先进单位	中共六安市裕安区委
26	2011.03	2010 年度社会治安综合 治理先进单位	中共六安市裕安区委 六安市裕安区人民政府
27	2011.03	2010 年度殡葬管理目标 考核工作鼓励奖	六安市裕安区人民政府
28	2011.11	全区新型农村合作医疗 工作先进单位	六安市裕安区人民政府
29	2013.05	创建全国社会主义新农村建设 档案工作示范区先进单位	六安市裕安区人民政府
30	2013.03	2012 年度宣传思想 工作先进单位	中共六安市裕安区委
31	2016.11	2011—2015 年全区法治宣传 教育先进集体	中共六安市裕安区委
32	2016.03	2015 年武装工作先进单位	中共六安市裕安区委
33	2021.05	2020 年度全区人大宣传信息 工作先进单位	六安市裕安区人大常委会
34	2020.08	全区城乡居民医疗保险 工作先进单位	六安市裕安区人民政府办公室
35	2021.12	2021 年度全区人大宣传信息 工作先进单位	六安市裕安区人大常委会

主要参考书目

1. 六安县地名委员会. 安徽省六安县地名录［M］. 六安：六安县地名委员会办公室，1985.

2. 安徽省六安行署林业局. 六安地区林业志［M］. 六安：安徽省六安行署林业局，1990.

3.《六安县志》编纂委员会. 六安县志［M］. 合肥：黄山书社，1993.

4. 中共六安县委组织部，中共六安县委党史工委办公室，六安县档案馆. 中国共产党安徽省六安县组织史资料［M］. 合肥：安徽人民出版社，1995.

5. 中共六安县委组织部，中共六安县委党史工委办公室，六安县档案馆. 中国共产党安徽省六安地区组织史资料［M］. 合肥：安徽人民出版社，1995.

6. 六安地区地方志编纂委员会. 六安地区志［M］. 合肥：黄山书社，1997.

7. 六安市委党史研究室. 红色六安：六安市革命传统教育读本［M］. 合肥：安徽人民出版社，2007.

8. 六安市委党史研究室. 皖西党史资料辑要：第一册［M］. 六安：六安市委党史研究室，2011.

9. 六安市裕安区地方志编纂委员会. 六安市裕安区志（1999—2008）［M］. 合肥：黄山书社，2013.

10.《将魂育后生：裕安籍卅二位开国将军故事集》编委会. 将魂育后生：裕安籍卅二位开国将军故事集［M］. 六安：六安市裕安区党史办，2015.

11. 六安市政协文史资料委员会. 六安红军与长征［M］. 北京：中共党史出版社，2016.

12. 中共六安市委党史和地方志研究室. 红六安［M］. 北京：中共党史出版社，2019.

为徐集镇镇志编写提供资料和
给予支持的单位

（排名不分先后）

中共六安市委党史和地方志研究室

区直单位： 裕安区民政局　　　　　　　　裕安区林业局

裕安区交通局　　　　　　　　中共裕安区委党史和地方志研究室

（区档案馆）

裕安区统计局　　　　　　　　裕安区档案局

镇直单位： 徐集镇党政办　　　　　　　　徐集镇社会事务办

徐集镇人武部　　　　　　　　徐集镇综治办

徐集镇农业管理服务站　　　　城管徐集镇中队

徐集镇文广站　　　　　　　　徐集镇计生办

徐集镇人力资源和社会保障所　徐集镇国土资源管理中心所

徐集镇派出所　　　　　　　　徐集镇中心学校

裕安区第三人民医院　　　　　徐集镇邮政支局

徐集镇电信支局　　　　　　　徐集镇财政所

徐集镇电力管理所　　　　　　徐集司法所

徐集镇建设所　　　　　　　　农商银行徐集支行

徐集镇退役军人事务站　　　　徐集敬老院

徐集镇乡村振兴工作站　　　　徐集镇农综站

徐集镇水利站　　　　　　　　徐集镇食安办

徐集镇环保办　　　　　　　　交警徐集中队

徐集市场监督管理所　　　　　徐集交通运输所

徐集法庭　　　　　　　　　　徐集镇各村（居）委会

编纂始末

　　《徐集镇志》编纂工作大体经过成立组织，抽调人员，培训业务，编写提纲，收集资料，拟写初稿，充实完善，上报审核，定搞打印，出版成册等程序。

　　2017年8月，中共六安市裕安区委办公室下发〔2017〕67号文件。为贯彻落实省区市关于编纂地方志工作文件精神，徐集镇于2018年5月以徐办〔2018〕40号文件形式，印发《徐集镇地方志编纂2018年度工作方案》，成立裕安区徐集镇地方志编纂委员会，主任委员为时任镇党委书记杨振宇，第一副主任委员为徐集镇党委副书记、镇长张富恩，副主任委员为镇人大，成员由党政副职，各办公室和镇直各单位负责人担任。编纂工作委员会下设办公室，从教育界抽调2位退休人员和一位在职人员具体编修。同年5月，在全镇机关和村街干部大会上，镇党委副书记、镇长，方志编纂委员会副主任委员张富恩作专题部署和要求，形成党委领导、政府主持，全镇参与，专人编写工作方案，徐集镇志编纂工作全面启动。

　　5月中旬，编纂人员到岗后，立即组织学习有关地方志编纂文件和专业资料，根据区发有关提纲，针对徐集镇镇情和地方特点，开始酝酿构思徐集镇志提纲。5月底，镇人大常委会副主任方仁刚，镇党委委员、办公室主任孙杰以及宣传委员傅勇率领地方志编纂人员到本区苏埠镇参观学习。6月19日，镇召开地方志编纂专题培训会，后方志办人员深入镇直各单位、各行政村（街道）居委会调查走访，收集资料，然后形成操作性很强的提纲表格，发至相关单位。其间，方志办人员通过不同形式协助指导有关人员按提纲表格提供材料。陆续收稿后，专职人员整理汇总，分章节撰写初稿。9月，镇主要领导又率地方志编纂人员到本区独山镇参观学习，并收集相关资料。11月，方志办人员参加市在舒城组织的研讨会，后参考兄弟单位先进经验和做法，又重新审视本镇地方志材料，努力开阔视野，拓宽思路，挖掘本镇特点，形成不求鸿篇巨制，但求规范，不求尽善尽美，但求可读的新思路。

　　2019年上半年，方志办人员进一步深入学习相关材料，调查走访相关人员，深入协助各单位收集资料，积累素材。其间，多次到区市方志办请教咨询，参加专题培训，不断调整章节，修正错误，充实内容。2019年下半年，市区方志办领导专家到镇上督促指导方志工作进展。方志办工作人员不断调整思路，多次到市区档案部门、报社、有关科局，收集资料，走访相关人员，力求不留缺憾，加快镇志工作进度。镇党委根据情况，调整人员，增添副编。10月底，镇又一次召开镇机关，各村、街负责人参加的方志工作会议。会上，人大常委会副主任方仁刚带领学习省、区、市有关文件，镇长张富恩做出具体强调，对方志编纂工作进行再动员、再挖掘、再提高。11月至年底，各单位陆续完成补充资料收集整理成文交镇方志办。镇方志办人员边整理资料，边通过走访、查阅、调档等形式填补资料遗缺，确保重要内容不漏不错。当年底初稿基本完成。

　　2020年2月—3月，方志办将初搞发至相关单位，征求意见，并对有关资料进行再审核。2020 年 4 月—12 月，镇方志编纂人员进一步核实、完善资料，反复修改初稿。

2021 年年底，经市区专家推荐，由孙宗清承担《徐集镇志》的统筹统稿、目录章节体系调整、内容编纂充实，文字增删润色等任务，于 2022 年 6 月形成评审稿送交市、区方志办专家审阅。2022 年 8 月 23 日，召开《徐集镇志》市区专家评议会。

在编纂过程中，我们重点掌握以下原则：一是秉笔直书。在编写中，我们以已核实史料为根据，尊重史实，秉笔直书。二是薄古厚今。史料内容广泛、丰富，不可能全部入志，需要精挑细选，而挑选的原则就是薄古厚今。本志详述之重点就是从新中国成立后，特别是 1992 年撤区并乡之后。三是突出特色。徐集镇底蕴厚重，人杰地灵。境域内有试鼓墩、霸王墩、汉王墩等遗址，有漂石堰、王八拐银塘的美丽传说，见证历史的沧海桑田。诞生将军 5 人，省部级干部、厅师级干部、国家级体育冠军多人。这里是红色热土，将军故里。徐集曾经是六安河西革命武装暴动发祥地。因而在编写中就自然突出人文徐集，红色徐集，和谐徐集的特点。四是为鉴资政。志载盛世，资以治政。编者客观、详细地记述史实，述而不评，给从政者以借鉴、反思。

在志书文稿的产生、形成定稿过程中，市、区两级，镇直机关各部门、各村（街道）都给予大力支持，体现了众志成城纂修社会主义新方志的时代特点。在此，感谢市方志办应申主任、黄晓燕科长等领导亲临编写现场督促和精心指导，感谢镇文化站吴崇新、建设所李进等人为镇志编写付出的努力。对于其他为志书的编纂给予关心、支持和帮助的单位和个人，恕不一一列名，在此一并致以衷心感谢。

编纂《徐集镇志》工程巨大，任务繁重。囿于自身业务知识和能力水平，加之资料征集不够全面，难免有疏漏和不妥之处，欢迎社会各界多提宝贵意见，敬请大家批评指正。

《徐集镇志》编辑室
2022 年 12 月